suhrkamp taschenbuch
wissenschaft 1590

Bei dem neuen Buch von Bernhard Waldenfels handelt es sich um den Entwurf einer Phänomenologie der gebrochenen Erfahrung, die auf uneinholbare Widerfahrnisse zurückgeht. In der Fremdheit bricht die Erfahrung auf im Zuge einer Spaltung und Verdoppelung des leiblichen Selbst, einer Über- und Unterschreitung von Ordnungsgrenzen. Herausgefordert wird diese Phänomenologie durch Psychoanalyse und Technologie. Das Unbewußte als Sinn- und Selbstentzug sowie die Eingriffe einer Phänomenotechnik erzeugen produktive Reibungsflächen. Der Doppelsinn von Erfahrungen, die wir *machen*, droht freilich zu schwinden, wenn die Technik sich autopoietisch gegen die Brechungen der Erfahrung abschirmt und Pathos in Poiesis aufgeht.

Bernhard Waldenfels ist emeritierter Professor für Philosophie an der Ruhr-Universität Bochum. Er hat im Suhrkamp Verlag zuletzt veröffentlicht: *Grundmotive einer Phänomenologie des Fremden* (2006); *Antwortregister* (stw 1838); *Schattenrisse der Moral* (stw 1813); *Phänomenologie der Aufmerksamkeit* (stw 1734); *Das leibliche Selbst* (stw 1472).

Bernhard Waldenfels

Bruchlinien der Erfahrung

Phänomenologie
Psychoanalyse
Phänomenotechnik

Suhrkamp

Bibliografische Information der Deutschen Nationalbibliothek
Die Deutsche Nationalbibliothek verzeichnet diese Publikation
in der Deutschen Nationalbibliografie;
detaillierte bibliografische Daten sind im Internet über
http://dnb.d-nb.de abrufbar.

suhrkamp taschenbuch wissenschaft 1590
Erste Auflage 2002

Druck: Books on Demand, Norderstedt
Printed in Germany
Umschlag nach Entwürfen von
Willy Fleckhaus und Rolf Staudt
ISBN 978-3-518-29190-0

3 4 5 6 7 8 – 15 14 13 12 11 10

Inhalt

IV. VERSCHIEBUNGEN DER ERFAHRUNG

V. AUSSER SICH UND ZWISCHEN UNS

VI. INNERHALB UND AUSSERHALB DER ORDNUNG

VII. PSYCHOANALYTISCHE AUFSPRENGUNG DER ERFAHRUNG

VIII. TECHNISCHE EINGRIFFE IN DIE ERFAHRUNG

Vorwort

Unsere Erfahrung ist nicht aus einem Guß. Sie ist nicht nur der Ort, wo es zu springen gilt: *Hic Rhodus, hic salta;* anders als die klassische Natur macht sie selbst Sprünge und zeigt Sprünge wie ein angeschlagenes Glas. Daß dem so ist, daß diese Sprünge weder durch Zielvorgaben noch durch normative Regelungen, noch durch Kausalmechanismen zu beheben sind, sollen die folgenden Untersuchungen zeigen. Sie schöpfen gut phänomenologisch aus den Quellen der Erfahrung. Doch diese Erfahrung erweist sich als brüchige Erfahrung; sie ist gebrochen wie eine Linie, die einen Knick macht, wie eine Welle, die sich am Felsen bricht, wie ein Lichtstrahl, der sich in einem fremden Medium spiegelt, wie eine Farbe, die eine gebrochene Tönung annimmt, wie eine Stimme, die einen Bruch erleidet, wie die Frakturschrift alter gotischer Lettern, die voneinander Abstand nehmen, wie das gebrochene Deutsch eines Anfängers oder wie eine gebrochene Zahl, die nicht aufgeht. Eine derartige Erfahrung ist von Bruchlinien durchzogen, an denen Bewegungen an- oder abbrechen und Neues aufbricht, sie weist Breschen auf, wo Einbrüche, Ausbrüche und Durchbrüche stattfinden, sie gerät in ein Gelände, wo der Boden nachgibt und einbricht.[1] Die Tatsache, daß immerfort die Einheit, Stimmigkeit, Kontinuität oder die Bodenhaftung der Erfahrung beschworen wird, weist hin auf eine Brüchigkeit, die der Erfahrung selbst anhaftet und die jeder Erfahrungsordnung den Stempel der Zerbrechlichkeit aufdrückt. Erfahrung, die sich ihrer Brüchigkeit zu entledigen trachtet, verleugnet sich selbst.

Die Phänomenologie einer gebrochenen Erfahrung gruppiert sich um zwei Leitmotive, die sich als Pathos und Diastase bezeichnen lassen. Das alte Wort *Pathos* verweist auf Widerfahrnisse, die uns zustoßen, uns zuvorkommen, uns anrühren und verletzen, keine Grundschicht also, sondern ein Geschehen, in das wir wohl oder übel und auf immer verwickelt sind. Das seltenere Wort *Diastase* bezeichnet die Gestaltungskraft der Erfahrung, die etwas oder jemanden entstehen läßt, indem sie auseinandertritt, sich zerteilt, zerspringt. Eine gebrochene Erfahrung fällt nicht unter das Verdikt einer Ursprungs-

1 Die Durchmusterung des sich um ›Brechen‹ und ›Bruch‹ gruppierenden Wortfeldes soll hier nicht fortgesetzt werden. Welcher Reichtum an Nuancen hier schlummert, zeigt etwa die subtile Unterscheidung von ›fragil‹, ›fragmentarisch‹ und ›fraktural‹.

oder Präsenzmetaphysik, da das Ursprüngliche selbst zerspringt. Die beiden Leitmotive widersetzen sich aber nicht nur der Annahme einer letztlich fugenlosen Ordnung, sie stehen auch im Gegensatz zu bestimmten Binsenwahrheiten der modernen Philosophie. Das Pathos untergräbt die Position eines Subjekts, das in Autonomie, Selbstsetzung und Eigenhandlung seine Freiheit sucht. Die Diastase bildet den Kontrapunkt zu einem Vernunftdenken, das einzig in der Synthesis, der Komposition, seine ordnende Kraft entfaltet. Dies bedeutet auch, daß der transzendentale Ansatz, der alles, was uns in der Erfahrung begegnet, transsubjektiven Möglichkeitsbedingungen und universalen Geltungsregeln unterwirft, zu kurz greift. Diese halbe Umstülpung der Metaphysik reicht nicht aus, sobald es um die Genese der Erfahrung selbst geht und nicht bloß um das, was aus der Erfahrung stammt. Jedes Pathos zeigt Züge des Unmöglichen, des Nicht-Ermöglichten. Eine solch radikalisierte Erfahrung würde allerdings in einen schlichten Empirismus ausarten, würden wir uns auf *etwas* berufen, das den Bedingungen der Erfahrung vorausliegt. Wenn etwas der Erfahrung vorausgeht, so ist es diese selbst. Damit gewinnt die Diastase die eminent zeit-räumliche Bedeutung einer *Verschiebung*. Erfahrungen sind gegenüber sich selbst verschoben in Form einer *Vorgängigkeit* dessen, was uns affiziert, und einer *Nachträglichkeit* dessen, was wir darauf antworten. Diese Urdiastase, wie wir es nennen werden, ist in allen weiteren Differenzierungsbewegungen am Werk. Sie verhindert, daß sich der Bogen dialektisch schließt in der Aufhebung eigener Voraussetzungen und in der Heilung aller Brüche.

Damit ist der Spannungsbogen skizziert, der unsere phänomenologischen Erkundungsgänge vorantreiben wird. Diese bilden den Inhalt der ersten sechs Kapitel. Kapitel I beginnt damit, den intentionalen Bedeutungen und Bestrebungen ihren pathischen Hintergrund zurückzugeben und die üblichen phänomenologischen Koordinaten der Erfahrung zu verrücken. Gefühle, Affekte und Emotionen werden aus dem Käfig der neuzeitlichen Subjektivierung, Privatisierung und Irrationalisierung befreit. Das Pathische gipfelt im Getroffensein durch Fremdes, das alle Sinngebungen und Zielsetzungen übersteigt. In Kapitel II, das ein Stück phänomenologischer Ästhesiologie enthält, wird dieses Initialmotiv durchgespielt im Bereich leiblich-sinnlicher Berührung, die eine eigentümliche Ferne in der Nähe und eine Unantastbarkeit im Tastbaren offenbart. In Kapitel III geht es um den Umschlag des Affekts, den wir erleiden, in einen Appell, auf den wir zu antworten haben. Damit lädt sich das Pathos auf mit einem Ethos, das jeder Normierung vorausgeht. Kapitel IV bildet ein methodisches Zwischenspiel. Der diastatische Charakter, der das Schrittmaß der vorausgehenden Untersuchungen bestimmt, wird nun explizit erörtert und spezifiziert. Die daran anschließenden Kapitel V und VI greifen das Motiv der Fremdheit auf, das den pathischen Voranfängen der Erfahrung entstammt und sich in verschiedene Dimensionen verzweigt: als Spaltung meines leiblichen Selbst und als dessen zwischenleibliche Verdoppelung im Anderen sowie als Über- und Unterschreitung jeglicher Ordnungsgrenzen.

Es sei ausdrücklich betont, daß in diesen Analysen frühere Versuche auf neue Weise fortgesetzt werden. Die Responsiviät, die im *Antwortregister* (1994)[2] entfaltet wurde, erhält nun ein stärkeres pathisches Gegengewicht; auch der Beitrag der Sinne verstärkt sich gegenüber der sprachlichen Vororientierung. Die Fremdheit, die im *Stachel des Fremden* (1990) und in den *Studien zur Phänomenologie des Fremden* (1997-1999) einer sich auf ihre Grenzen besinnenden Moderne als Prüfstein diente, konturiert sich in spezifischen Gestalten, nicht im Sinne einer sachlich unangemessenen Systematisierung, wohl aber in der Zuordnung zu verschiedenen Bruchlinien der Erfahrung. Auch die *Leiblichkeit des Selbst* (2000) gewinnt damit eine Bedeutung, die weit über die Leib-Seele-Problematik hinausführt. Der Leib steht nicht für eine neue Innigkeit des Subjekts, er ist selbst durch und durch fraktural verfaßt. Schließlich wird die Ordnung, die sich als *Ordnung im Zwielicht* (1987) mit ihren offenen Anknüpfungen und ihren Grenzüberschreitungen gegen eine völlige Normalisierung sperrt, ganz und gar in die neu differenzierte Behandlung des Fremden einbezogen. Die Fremdheit haftet nicht nur an uns selbst im Verhältnis zum Anderen, sie durchfurcht die Welt, in der wir leben.

In die Sachanalysen, die im Vordergrund stehen, werden immer wieder Verweise auf repräsentative Texte eingeblendet, vielfach in heuristischer Absicht. Dem Schreibenden hilft dies bei der Suche nach einer sachgemäßen Sprache, und Lesende mögen darin Anschlußmöglichkeiten entdecken, die auch dann hilfreich sind, wenn der Gedankengang vom Vertrauten abweicht. Entgegen der fruchtlosen Unsitte, die Arbeit an den Phänomenen oder an der Sprache der

2 Zitiert als AR.

Phänomene gegen eine Arbeit an Texten und historischen Umständen sowie diese gegen jene auszuspielen, werden die Türen in beiden Richtungen so weit wie möglich offengehalten. Dies geschieht in deutlicher Gegenstellung zu einer angeblich reinen Systematik, die ihre historische Vorprägung bloßlegt, je mehr sie diese verleugnet, in Gegenstellung aber auch zu einem einseitig historischen oder historisierenden Vorgehen, das kaum je über die Textränder hinausblickt. Eine dekonstruktivistische Textversessenheit, die – anders als Derrida selbst – glaubt, die Phänomenologie *der Erfahrung* durch eine Dekonstruktion von Texten *über die Erfahrung* ersetzen zu können, ist kaum besser dran. Spricht nicht alles für ein mehrgleisiges Verfahren, in dem Sach- und Textbezüge überkreuz gehen, ohne sich zu decken? Was schließlich die Reduktion des Denkens auf Denktechniken angeht, so führt sie dazu, daß die ›wilde‹ Erfahrung kanalisiert und der philosophische Fragenerv auf die Dauer abgetötet wird. Doch dies führt uns bereits zu den Schlußkapiteln.

Kapitel VII und VIII befleißigen sich einer anderen Gangart. Der Gang durch das Feld der Psychoanalyse und durch das Feld der Technologie befaßt sich mit Problematiken, die man unter philosophischem Blickwinkel als Beiwerk betrachten könnte, doch nur dann, wenn man damit rechnet, daß diese Parerga zu den Erga selbst gehören. Psychoanalyse und Technologie kämen über den Rang einer zweiten Philosophie oder auch einer zweiten Phänomenologie nicht hinaus, würden sie nicht Spuren in der Sache selbst hinterlassen. Daß dies der Fall ist, soll in einer erst psychoanalytisch, dann technologisch ausgerichteten Retraktation phänomenologischer Überlegungen gezeigt werden. Angesichts der Problemfülle, die sich hier auftut, bedarf es einer rigorosen Selektion. Wir werden uns auf die Bruch- und Schnittstellen konzentrieren, an denen phänomenologische Zugangsweisen sich mit psychoanalytischen und technologischen Ansätzen berühren – und auch befehden. Sowohl von der Psychoanalyse wie von der Technologie gehen Provokationen aus, die einer schlichten Eingliederung in die Phänomenologie oder allgemein in die Philosophie im Wege stehen. Die Gebrochenheit der Erfahrung steigert sich. Die Psychoanalyse wirkt provozierend, indem sie mit ihrer Wühlarbeit mitten in der Erfahrung ansetzt. Das entscheidende Brückenmotiv bildet das Unbewußte; wird es als Entzugsphänomen verstanden, so gibt es der Fremdheit der Erfahrung weiteren Auftrieb. Anders steht es mit der Technologie, denn Phänomenotechnik besagt, daß selbst das, was sich zeigt, auf gewisse Weise hergestellt wird. Auf welche Weise und bis zu welchem Grad dies geschieht, das erweist sich dann als die entscheidende Frage. Unsere phänomenologischen Überlegungen kreisen um die Polarität von natürlicher Entstehung und künstlicher Herstellung. Den vorläufigen Fluchtpunkt bildet eine autopoietische Form der Selbstherstellung und Selbstorganisation von Systemen. Ein Weg also vom Pathos zur Autopoiesis? Ein Zurück zur Natur, zwar nicht zur Natur vor der Techne, aber zur Natur als Techne? In den neueren Möglichkeiten biotechnischer Eingriffe deutet sich anderes an; denn wenn das Leben selbst zum Gegenstand technologischer Eingriffe und Angriffe gemacht wird, schlägt das Pendel zurück. Das Pathos meldet sich mit neuer Dringlichkeit zu Wort. Es stellt sich die Frage nach Leerstellen des Atechnischen inmitten einer scheinbar ungebrochenen technischen Entwicklung.

Wir pflegen bei allen Hervorbringungen von Rezeption zu sprechen. Dieses Wort sollte als Aufnahme und Empfang einen Hauch von Hospitalität bewahren. So gilt mein abschließender Dank allen, die mir über Jahre hin mit Fragen, Einwänden, Zugaben, mit teilnehmenden und weiterführenden Gedanken entgegengekommen sind. Unter ihnen erwähne ich namentlich Regula Giuliani, die sich hilfsbereit der Erstellung des Manuskripts angenommen hat, assistiert von Claudia Rupp.

München, Oktober 2001

I. Bedeuten und Begehren auf pathischem Hintergrund

In diesem ersten Kapitel geht es um die Frage nach dem Ort der Erfahrung, an dem Fremdes einbricht oder einsickert. In meinen früheren Texten bin ich immer wieder von einer Beunruhigung oder Störung ausgegangen, mit der das Fremde gewohnte Zusammenhänge durchbricht, und ich habe als Worauf des Antwortens all das zu fassen versucht, was sich dem Netzwerk der Bedeutungen ebenso entzieht wie der Ökonomie der Ziele. Nun nehme ich einen neuen Anlauf, indem ich von der Sphäre des Pathischen ausgehe, um diesen Ort des Fremden deutlicher zu umschreiben. Das Pathische steht vielfach im Schatten epistemischer und praktischer Bestrebungen, die – traditionell gesprochen – auf das Wahre und Gute ausgerichtet sind und die heute in Deutungssystemen und normativen Regelungen befangen sind, ganz zu schweigen von den technologischen Apparaturen und ihrem spezifischen *Know-how.* Wenn wir annehmen dürfen, daß das Pathos sich schwerer regeln oder codieren läßt als das kognitive und praktische Verhalten, so folgt daraus eine spontane Nachbarschaft zum Fremden, das unserem Zugriff entgleitet. Es fragt sich allerdings, ob das Pathische so ohne weiteres aus seinem Schattendasein heraustreten kann, ohne daß sein Eigencharakter sich abschwächt. Gewiß ist auch das pathische Erleben nicht frei von Künstlichkeit, doch vieles spricht dafür, daß es sich nur beiläufig äußert, angelehnt an Bedeutungsmuster, Zielvorgaben, Praktiken und Techniken. Wir werden also im folgenden einen indirekten Weg wählen, indem wir nach einer ersten Vororientierung, die in den Bereich der Gefühle führt, den Umweg über das Bedeuten und Begehren nehmen, um am Ende mit dem Getroffensein durch Fremdes zum Kern einer Erfahrung vorzustoßen, die das Fremde immer schon in ihrem Rücken hat.

1. Pathos, Affekt und Gefühl

Die moderne Einschätzung der Gefühle schwankt zwischen Verwässerung und Überhitzung. Das eine Mal scheint das Gefühl einem »dritten Seelenstand« anzugehören, das andere Mal steigt es auf zu einem Alleinheitsgefühl: »Gefühl ist alles ...« Das war nicht immer so; manches gehört zum Geschick der Moderne. Ein Blick in die antike Begriffsgeschichte entdeckt schon in der teils vieldeutigen, teils vielfältigen Nomenklatur eine komplexe Ausgangslage.

Die grundlegende Bedeutung der Wörter πάθος und πάθημα, die sich von dem Verb πάσχειν herleiten, ist die des *Widerfahrnisses*. Gemeint ist etwas, das uns ohne unser eigenes Zutun zustößt oder entgegenkommt. Im Hintergrund steht die grammatische Form des Passivs, die Leideform, die sich von der Tätigkeitsform abhebt; beide Formen finden sich in der aristotelischen Kategorienlehre wieder. Die neutrale Form des Erleidens von Einwirkungen findet bei Aristoteles im Bereich der sprachlich vermittelten Erkenntnis ihren Platz. Durch παθήματα τῆς ψυχῆς, durch »Widerfahrnisse der Seele«, die bei der Äußerung konventioneller Zeichen zustande kommen, werden die Dinge wiedergegeben, abgebildet und nicht etwa im Sinne moderner Bewußtseinslehren vorgestellt oder gesetzt.[1] Diese Widerfahrnisse werden zu »Zuständen«, sofern die Erkenntnis im Wissen (ἐπιστήμη) zum Stehen kommt.[2] Gleich zu Beginn von *De anima* werden der Natur und dem wesenhaften Sein der Seele spezifische Zustände (ἴδια πάθη) gegenübergestellt. Der physiologischen und epistemischen Verwendung tritt die praktische und rhetorische Verwendung des Begriffs an die Seite. Affekte (πάθη), die für Lust und Unlust nach sich ziehende Urteile von Belang sind (*Rhet.* 1378 a 19-21), werden vom Redner hervorgebracht (ebd., 1356 a 14 f.), und ihre Moderierung bildet ein zentrales Thema der Ethik.

Mit dieser neutralen Bestimmung ist es allerdings nicht getan. Die Zweiteilung von Tun und Leiden geht in eine *Stufung* über, sofern die tätige Vernunft (der später sogenannte *intellectus agens*) dem Göttlichen näher steht als die passiv empfängliche Vernunft. Auch die traditionelle Geschlechterhierarchie macht sich bis ins Organische hinein diese Abstufung zunutze.

Weiterhin spielt die Bedeutung von ›Pathos‹ ins *Widrige* hinüber, sofern etwas nicht nur ohne unser Zutun und wider Erwarten, sondern auch entgegen unseren Wünschen eintreten kann und überdies in Situationen vorkommt, wo wir nicht mehr Herr der Lage sind. So erklärt sich, daß für Aristoteles das freizügige Geben dem Abhängigkeit schaffenden Nehmen vorgezogen wird (*Nik. Eth.* IV, 1). Der

1 Vgl. *De interpretatione* 1 und die entsprechende Übersetzung und Kommentierung durch H. Weidemann, AK.-Ausgabe, Bd. I/III, S. 137

2 In dieser Etymologie, die bereits in *Kratylos* 437 a und in *Analytica Posteriora* II, 19 zu finden ist, vgl. den oben zitierten Kommentar.

widrige Aspekt steigert sich hin bis zur emphatischen Form des unglücklichen *Leidens.* Wird dem Leiden gemäß dem sprichwörtlichen πάθος μάθος ein Sinn abgewonnen, so erst nachträglich; das Leiden bleibt Leiden, auch wenn der Leidende selbst oder andere daraus lernen.

Schließlich steht ›Pathos‹ für die durchaus ambivalente Steigerungsform der *Leidenschaft*, die dann eintritt, wenn jemand mit Leib und Seele außer sich gerät, sei es im Zorn wie Ajas, der blindlings metzelnd in die Rinderherde fährt, sei es im Eros, der den Liebenden angesichts des Geliebten ergreift: »Was ihnen aber widerfährt (τὸ πάθος), wissen sie nicht, weil sie es nicht genügend durchschauen« (*Phaidros* 250 a). Dem göttlichen Wahnsinn, der den himmlischen Eros antreibt, stellt Platon Verfallsformen eines irdischen Wahnsinns an die Seite; hier nähern sich die leidenschaftlichen Zustände (παθήματα) Zuständen krankhafter Art (νοσήματα) (vgl. *Politeia* 439 d).

Im Lateinischen wird das ›Pathos‹ durch verschiedene Begriffswörter wiedergegeben. *Affectus* oder *affectio* bedeuten das, was später Gefühlszustand heißt, *emotio* bezeichnet die Gemütsbewegung, während *passio* dazu noch den starken Sinn des Leidens wie auch der Leidenschaft übernimmt. Affekte werden, wie bei Platon, vielfach als Störungen, als *perturbationes animi* begriffen, die der ruhigen Überlegung abträglich sind. Das vor allem von epikureischem und stoischem Gedankengut geprägte Vokabular geht in die neuzeitlichen Traktate über, die sich mit den *passiones animae* befassen. Besonders sprechend ist der Ausdruck *Af-fekt*, der wörtlich ein Antun (*afficere*) anzeigt und einen wenn auch noch so dünnen Faden aufrechterhält zwischen moralischen Affekten und Affektionen des Verstandes.

Sehen wir von vielen Einzelheiten der antiken Affektenlehre ab, so ist nicht nur die Spannweite der Bedeutung bemerkenswert, sondern auch die indirekte Behandlung, die in die verschiedensten Kontexte führt. Formen des Pathos finden wir in den Sinnesempfindungen, mit denen die Wahrnehmung beginnt, im Bereich des Strebens, das Angenehmes sucht und Unangenehmes meidet, oder schließlich im Reden und Überreden, das praktische Wirkungen hervorbringt. Ferner gehört das Pathische zum Hintergrund des Verhaltens, das entsprechend der Verhaltenslage eingestimmt wird, und es erreicht einen Überfluß und Überschuß über alles Gewohnte hinaus in der Ekstase des Eros, aber auch im unermeßlichen Leid, das die Tragödien auf die Bühne bringen. Bei Platon ist nicht nur das All durch den

Eros in sich selbst verbunden (*Symposion* 202 e), sondern auch die Polis erscheint als ein Gemeinwesen, dessen Bürger sich über dasselbe freuen und über dasselbe betrübt sind (*Politeia* 462 b) oder in der moderierteren aristotelischen Fassung an fremdem Glück und Leid Anteil nehmen in Form eines Mitlebens (συζῆν). Wörter wie *concordia* und auch *consensus* hatten einst einen durchaus sinnlichen Klang. Diese zugleich kosmische, psycho-somatische und politische Ordnung, in die jedes Pathos und jeder *affectus* letzten Endes eingebettet ist, macht es schwierig, von einer eigenen Gefühlswelt zu sprechen. Das Mitgefühl der Sympathie durchdringt die Welt, so wenigstens, wenn wir den platonischen und aristotelischen Vorbildern folgen.

Einige Probleme hat uns dieses Denken gleichwohl hinterlassen. Dazu gehört einmal das Schwanken des Gefühls zwischen der Gegenständlichkeit von Dingen, die als angenehm oder bedrohlich erscheinen, und der Zuständlichkeit der Seele und des ihr verbundenen Leibes, die im Lustempfinden oder in der Furcht verschiedene Tönungen annimmt. Daß Gefühle eine »affektive Perspektive« (Hua XI, 172) bilden oder sich zu einem »affektiven Relief« (ebd., 168) ausformen,[3] zu einer Zwischenform also, die weder in der Welt der Dinge noch in der Welt der Seele Platz findet, dies ist innerhalb eines alles umwölbenden Kosmos schwer zu denken. Ferner besteht die Neigung, das Pathos allgemein und nicht erst die sprichwörtlich blinde Leidenschaft als ein Alogon dem Logos entgegenzusetzen; diese Herabminderung der Sinne wird lediglich abgemildert, wenn diesen Sinnen ein Hören auf die Stimme des Logos zugestanden wird, vergleichbar dem Hören auf den Vater (*Nik. Eth.* I, 13, 1103 a 3). Schließlich hat die Kosmopolitik ihre Grenzen, so wenn Platon der naturgegebenen Sympathie zwischen griechischen Freunden eine ebenso naturgegebene Antipathie zwischen Feinden, nämlich zwischen Griechen und Barbaren, an die Seite stellt (*Politeia* 470 c). Dies gehört zu den Schatten einer verdrängten Fremdheit, mit der das Widerfahrnis doch noch einer vorgängigen binären Ordnung unterworfen bleibt. Für die Zweiteilung der Mania in göttlichen und menschlichen Wahnsinn gilt ähnliches.

Versetzen wir uns mit einem Sprung in die Neuzeit, so ändert sich die kulturelle Landschaft. Erst hier begegnet uns eine resolute *Subjektivierung der Gefühle*, die überhaupt erst so etwas wie eine private

3 Schon Nietzsche spricht von einem »Gefühlswinkel« (Briefwechsel, KGB II, 5, S. 5). Ich sehe davon ab, daß die Sprache der Optik nur eine erste Annäherung erlaubt; Berührungspunkte sind keine Gesichts- oder Standpunkte.

Gefühlswelt und einen subjektiven Gefühlsausdruck aufkommen läßt. Man kann diesen Sinneswandel in Zusammenhang bringen mit der Verwandlung der Lebenswelt in bloße Natur, wie Husserl sie in der *Krisis* nachgezeichnet hat. Was nicht auf der Ebene theoretisch zu bestimmender Gegenstände und praktisch zu realisierender Zwecke unterzubringen ist, wandert nach innen und bildet eine Innenwelt psychischer Realitäten, so daß die physikalische Abstraktion durch eine psychische Gegenabstraktion aufgewogen wird. Der Rest findet seine Heimstatt in der Kunst, die seitdem mit der bloßen Verengung zur Ausdruckskunst zu kämpfen hat. Diese Konstitution innerer Gefühle, die wesentlich zur modernen Subjektbildung beiträgt, hat eine Reihe von Konsequenzen. Von dem *Subjektivismus* habe ich schon gesprochen; die Redensart »ich habe das Gefühl« wird wörtlich genommen im Sinne von Zuständen, die ich mir zuschreibe. Hinzu kommt ein *Atomismus* elementarer Empfindungen, ein verstärkter *Irrationalismus*, der verlangt, daß ›rohe‹, das heißt ungestaltete und regellose Gefühle durch Regelungen diszipliniert werden, ein *Dualismus*, der strenger, als Platon es je getan hat, zwischen seelischen und körperlichen Gefühlen unterscheidet, und schließlich eine *Privatisierung*, die jedem seine eigenen Gefühle zuschreibt; diese bleiben auch dann meine eigenen Gefühle, wenn sie sich als soziale oder altruistische Gefühle auf Andere richten. Bezeichnend ist, daß bei Hume Farb- und Schmerzempfindungen einander angeglichen werden. Kurz gesagt: die Subjektivierung der Gefühle führt zu deren *Entweltlichung* und *Entgemeinschaftung*. Der »possessive Individualismus« macht auch vor den Gefühlen nicht halt: sie gehören mir. Noch bei Theodor Lipps, einem vielbeachteten philosophischen Psychologen des ausgehenden 19. und des beginnenden 20. Jahrhunderts, der sowohl von Husserl und Scheler wie von Freud gelesen wurde, treten sinnlichen Empfindungen wie sauer, süß, warm oder kalt, die als Qualitäten der Dinge der physischen Außenwelt zugerechnet werden, Gefühle wie Lust, Unlust, Trauer oder Überraschung als psychische Ichqualitäten oder Ichzuständlichkeiten gegenüber. »In diesen erlebe ich unmittelbar *mich*«, so heißt es gleich zu Beginn der grundlegenden Schrift *Vom Fühlen, Wollen und Denken* ([3]1926). Dies alles schließt natürlich nicht aus, daß gleichzeitig vieles im Alltag überwintert. Faßbar ist dies vor allem in der Literatur, die den Modernisierungsschub begleitet, von Jane Austins *Sense and Sensibility* bis zu Laurence Sternes *Sentimental Journey*, deren durchaus welthafte und soziale Empfindsamkeit einen anderen Locke und einen anderen

Hume durchscheinen läßt, als wir sie aus den Handbüchern kennen. Nicht nur Husserl, sondern auch James, Bergson und Deleuze haben versucht, einer gesteigerten Empirie Raum zu geben, ohne diese in einem ›faulen Empirismus‹ enden zu lassen.

2. Intentionales Fühlen und Gestimmtheit

Im 20. Jahrhundert fehlt es nicht an philosophischen Versuchen, die Welthaltigkeit der Gefühle zurückzugewinnen und sie aus ihrem innerpsychischen Verlies zu befreien, ohne deswegen die Errungenschaften moderner Subjekttheorien aufzugeben. Damit eröffnen sich neue Wege zu einem Mit-leiden und Mit-fühlen, dem das Mit nicht nachträglich aufgesetzt ist.

Schon in seiner *V. Logischen Untersuchung* (§ 15) läßt Husserl die auf den Wegen Brentanos entdeckte Intentionalität auch der Gefühlswelt zugute kommen, indem er *intentionale Gefühlsakte* einführt und damit die maßgeblich von Theodor Lipps geprägte empiristische Gefühlstheorie hinter sich läßt. Wir freuen uns über etwas, wir haben Gefallen an etwas, so wie wir von etwas überzeugt sind. Doch diese Gefühlsakte decken nicht die gesamte Gefühlssphäre ab. Es bleiben *nicht-intentionale Gefühlsempfindungen*, so etwa der Schmerz, wenn ich mich verbrenne, der Wohlgeruch einer Rose, der Geschmack einer Speise. Dies sind leib-seelische Gefühlszustände, die nicht als Attribute von Gegenständen aufgefaßt werden können. Es gibt »Gefallendes«, also etwas, das mir gefällt, aber es gibt nicht in gleicher Weise »Schmerzendes« auf seiten der Dinge. Dies schließt nicht aus, daß Gefühlsempfindungen wie alle Empfindungen sowohl auf Gegenstände wie auf den Leib *bezogen* werden, etwa auf das gebrannte Leibesglied und das brennende Objekt. »Genau so werden ja beispielsweise die Berührungsempfindungen auf das berührende Leibesglied und den berührenden Fremdkörper bezogen«; der »brennende, stechende, bohrende Schmerz«, der von vornherein mit Berührungsempfindungen verschmolzen ist, dient als »Anhalt« für eine empirisch-gegenständliche Deutung (Hua XIX/1, 407). Dies kennen wir schon von Descartes her, der die unbezweifelbare Schmerzempfindung von seiner durchaus zweifelhaften Lokalisierung unterscheidet. Husserl geht aber noch einen Schritt weiter. Zur Komplexion von Gefühlsakten und Gefühlsempfindungen gehört es, daß freudige oder traurige Ereignisse, über die wir uns freuen oder betrübt sind, ihrerseits »lustgefärbt« oder mit »Trauer umkleidet« auftreten. Wie es in leicht blumiger Sprache heißt: »Das Ereignis erscheint *als wie* von einem rosigen Schimmer umflossen, die Lust erscheint als *etwas an* dem Ereignis« (ebd., 408, Hervorhebung B. W.).[4] Der fundierende Charakter sogenannter doxischer Akte und ihrer Gegenständlichkeit bleibt selbstverständlich gewahrt. Ist schon dies nicht selbstverständlich, so gilt dies erst recht für die negative Kennzeichnung der Gefühlsempfindungen als »nicht-intentional«, deren Negativität sich sprachanalytisch in der Bestimmung als »nicht-propositional« festsetzt. Husserl erläutert diesen Ausschluß damit, daß Empfinden und Empfundenes eins sind. Doch wären sie völlig eins, gäbe es keinen Spalt zwischen ihnen, so würde das Empfinden den Empfindenden in Sprachlosigkeit stürzen und ihn auf jenes Alogon festlegen, das das ›Pathos‹ wie ein Schatten begleitet. Doch Husserl ist hierbei nicht stehengeblieben, wie seine spätere Affektionslehre zeigt. Die Intentionalität der Gefühle bedeutet nur einen ersten, in der Tat wichtigen Schritt.

Bleibt man dabei stehen, wie John Searle es in seinem Werk *Intentionality* tut, so bleibt für Angst, Depression oder gehobene Stimmung nur die Auskunft, sie seien »undirected«. Dies führt zu einer simplen Unterscheidung zwischen Angst und Furcht: »[...] in the case of anxiety, the experience of anxiety and the anxiety are identical; but the fear of snakes is not identical with snakes« (1983, S. 2). Läßt man diesen nicht-intentionalen Bereich auf sich beruhen, so beschränken sich die zugelassenen intentionalen Gefühle, wie so manches andere, auf einen impliziten propositionalen Gehalt. Wohlgemerkt, es geht nicht darum, Gefühlen Wertungsaspekte und Wahrheitsgehalte abzusprechen, es fragt sich nur, ob der spezifische Charakter des Pathischen damit nicht gerade verpaßt wird.

Gehen wir einen Schritt weiter. Die Phänomenologie der Gefühle verdankt einiges Max Scheler, der in seine phänomenologischen Analysen nicht nur Motive der augustinisch-pascalschen Logik des Herzens einfließen läßt, sondern auch der Trieblehre Freuds als einer der ersten Beachtung schenkt. Eine wichtige sprachliche Neuerung besteht darin, daß das Substantiv *Empfindung*, das allzu gut in das psychologische Baukastenmodell paßt, durch das Verb *Empfinden* ersetzt wird (*Formalismus*, S. 77, 169 f.). Gleichzeitig wird das Gefühlsleben, das mit spezifischen »Antwortreaktionen« aufwartet

4 Die zweite Satzhälfte wurde in der zweiten Auflage fallengelassen.

(ebd., S. 118, 124-126), von seiner intellektualistischen Überwucherung befreit. Es gibt einen *Drang zu etwas*, der jeder *Vorstellung von etwas* vorausgeht, selbst wenn es in ihr seine Artikulation und Spezifikation findet und dabei durch Phantasievorstellungen belebt wird. Die affektive Besetzung ist konstitutiv für das, was sie besetzt, sie taucht nicht nur »an ihm« auf.

Die Befreiung des Empfindens von der empiristischen Empfindungssprache bildet ein zentrales Motiv in der Sinneslehre von Erwin Straus. In *Vom Sinn der Sinne* (1956, S. 372) heißt es: »Das Jetzt des Empfindens gehört weder der Objektivität noch der Subjektivität allein, es gehört notwendig stets beiden zusammen. Im Empfinden entfaltet sich für den Erlebenden zugleich Ich und Welt, im Empfinden erlebt der Empfindende sich und die Welt, sich in der Welt, sich mit der Welt.« Dem entspricht eine Polarität von gnostischem »Sich-richten-auf« und pathischem »Getroffen-sein-durch« (ebd., S. 394), die alle möglichen Akzentuierungen und Schattierungen zuläßt, aber dem Fühlen einen zentralen Platz einräumt.[5] Merleau-Ponty hat sich diese Einsichten zunutze gemacht. Das entsprechende Kapitel der *Phänomenologie der Wahrnehmung*, in dem die Zuordnung von Empfindendem und Empfundenem als eine Art Frage-Antwort-Spiel beschrieben wird, trägt ebenfalls den Titel »Le sentir«.

Schließlich ist auf Heideggers *Sein und Zeit* zu verweisen. Obwohl Heidegger, wie so oft in seinem frühen Werk, an Aristoteles und damit auch an dessen Pathos-Lehre anknüpft, entwickelt er eine eigene Sprache, um den Affekten und Gefühlen ihren Platz im In-der-Welt-sein zurückzugeben. Das Empfinden wird damit zur *Befindlichkeit*,

5 Die Unterscheidung zwischen Pathischem und Gnostischem, die von Autoren wie Hans Lipps aufgenommen wurde, erinnert natürlich an Ludwig Klages. Doch selbst wenn dieser für die neue Verwendung dieser alten Worte Pate gestanden haben sollte, so besagt dies nicht, daß besagte Polarität eine Antithese von Logos und Pathos sowie eine Abwertung des ersteren impliziert. Vgl. zu dieser Problemlage den Artikel »Pathisch, Pathik« im *Historischen Wörterbuch der Philosophie*, der auch auf die zwischen Geist und Leben schillernde »Pathosophie« von Victor von Weizsäcker Bezug nimmt. Es hat etwas Mißliches, wenn sprachliche Wachsamkeit in eine Sprachverdächtigung ausartet, die jedes Wort zunächst einmal für falsche Münze nimmt. Um eine differenzierte Betrachtungsweise des Klageschen Denkens bemüht sich Michael Großheim in seiner Studie *Ludwig Klages und die Phänomenologie* (1994), die auch denen, die der ›neuen Phänomenologie‹ mit Distanz begegnen, mannigfache Funde beschert. Was die Sache selbst angeht, so plädiert der bekannte Emotionspsychologe Klaus Scherer mit guten Gründen für eine »Rationalität der Emotionen« (1986), der zufolge rationalistische und irrationalistische Extrembildungen und eine Entgegensetzung von Ratio und Passio vermieden werden.

einem Sich-befinden in der Welt, das im jeweiligen *Gestimmtsein* eine bestimmte Färbung und Tönung annimmt. Stimmungen wie Langeweile oder Angst, die das »pure ›daß es gibt‹« des Daseins (S. 134) und dessen »Weltoffenheit« (S. 137) einfach anzeigen, bilden den Hintergrund allen Verhaltens, den Hintergrund also auch für bestimmte Affekte, in denen uns dieses oder jenes auf spezifische Weise begegnet. Allerdings hat diese ontologische Ausweitung der Gefühle zur Folge, daß die Eröffnung der Welt in der Freigabe und Freilegung eines Ermöglichungsspielraumes die Fremdheit dessen, was uns widerfährt, abschwächt und entschärft. Die Ekstatik des Daseins behält gegenüber einer möglichen Diastatik die Oberhand.[6]

Dieser kurze, durchaus ergänzungsbedürftige Überblick deutet bereits in eine bestimmte Richtung.[7] Die Erneuerung einer Macht des Pathischen ist nicht von einer affektiven Intentionalität zu erwarten, die sich den kognitiven und praktischen Bestrebungen und Regelungen als sozusagen dritte Kraft beigesellt. Vielmehr ist zu erwarten, daß sich das Pathische als besondere Modalität herausstellt, als die Art und Weise nämlich, in der wir auf das ansprechen, was wir meinen und erstreben, was wir verstehen und behandeln. Daher empfiehlt sich die bereits angekündigte indirekte Vorgehensweise.

3. Intention als Ineinander von Bedeuten und Begehren

Es gehört zu den Vorzügen der Husserlschen Intentionalitätslehre, daß die Intentionalität auf alle Arten von Erlebnissen ausgedehnt wird. Die Behandlung der Gefühlsakte hat uns einen Vorgeschmack gegeben, aber auch einige Probleme sichtbar werden lassen. Husserl

6 Vgl. hierzu die Auslegung von *Sein und Zeit* durch Günter Figal. Der Interpret weist die Deutung von Stimmungen als »erlittenen Zuständen« und eine entsprechende Nähe zur aristotelischen Affektenlehre ausdrücklich zurück (Figal 1988, S. 162). Dies mag als Interpretation zumindest des frühen Heidegger einleuchten, die sachlichen Bedenken sind damit nicht ausgeräumt. Sie verstärken sich noch in einer ›responsiven‹ Lesart, mit der Michel Vanni an die Heiderggerschen Texte herangeht. Vgl. *L'impatience des réponses*, Kapitel III, 1 (Diss. Lausanne 2001).

7 Es geht uns im folgenden also um eine bestimmte, zugespitzte Fragestellung, nicht aber um eine breit angelegte Philosophie der Gefühle, der Affekte und der Stimmungen. Zur heutigen Diskussion, beschränkt allerdings auf einige lebens- und existenzphilosophische Motive und neuere Errungenschaften der analytischen Philosophie, vgl. den von Hinrich Fink-Eitel und Georg Lohmann herausgegebenen Band *Zur Philosophie der Gefühle* (1993), dazu den von Emil Angehrn und Bernard Baetschi herausgegeben Band *Emotion und Vernunft/Émotion et rationalité* (2000). Für den

hat zunächst keine Schwierigkeiten damit, die Liste der intentionalen Akte fortzusetzen und sie auf die Sphäre des Begehrens und Wollens auszudehnen (Hua XIX/1, 409). Daß letztere in Vorstellungsakten fundiert sind, gibt den kognitiven oder, wie es später heißt, den doxischen Akten einen gewissen Vorrang; doch davon abgesehen, wird doxischen, wertenden und praktischen Intentionen die gleiche Originalität zugestanden. Die Intention als solche ist weder mit einem Aufmerken noch mit einem Abzielen oder einer Betätigung gleichzusetzen (ebd., 392 f.). Damit scheint Husserl der klassischen Unterscheidung von Sein und Sollen Genüge zu tun; die Ausdifferenzierung der Intentionalität entspräche einer Ausdifferenzierung der Rationalität, wie sie zu den Kennzeichen der Moderne zählt. John Searle bringt diesen Unterschied wie so oft auf eine griffige Formel, indem er Theorie und Praxis auf einen doppelten Einbahnverkehr festlegt. Einmal werden die Wörter der Welt, das andere Mal wird die Welt den Wörtern angepaßt. Der Vergleich mit einem doppelten Input und Output drängt sich auf.

So naheliegend eine intentionale Rollenverteilung auch ist, so wenig wird sie der Sache, auch der Sache Husserls gerecht. Bei genauem Hinsehen greifen Bedeuten und Begehren ineinander. Nicht umsonst sind Neukantianer wie Natorp beunruhigt von dem, was wie eine Vermischung logischer und psychologischer Aspekte aussieht, wogegen Husserl sich ausdrücklich verwahrt (vgl. Hua XIX/1, 393). Aber was hier auf dem Spiel steht, ist viel mehr als die Sonderung zweier Disziplinen. Daß Wissen selbst eine Form der Praxis darstellt und daß im praktischen Wissen die strebende Vernunft (ὀρεκτικὸς νοῦς) und das vernünftige Streben (ὄρεξις διανοητική) ineinandergreifen (vgl. *Nik. Eth.* VI, 2, 1139 b 4 f.), ist eine alte Einsicht, die neu durchdacht werden muß. Wenn Bedeuten und Begehren voneinander abzusondern sind, so nur durch einen künstlichen Schnitt.

Es gibt eine Stelle, wo Platon sich dem merkwürdigen Phänomen nähert, das wir heute ›Intentionalität‹ nennen. Er spricht von einem »Auf-etwas-aus-sein«, einem εἶναί τινος, wobei der griechische Genitiv andeutet, daß es *um etwas* geht, sei es im Begehren wie bei Hun-

Bereich der älteren und der neueren Phänomenologie ist der gewichtige Zeitschriftenband *Alter*, No. 7 (1999) zu beachten, der unter dem Leitthema *Émotion et affectivité* steht. Was die »Hochkonjunktur de Emotionsforschung« in der Psychologie betrifft, so sei auf den Forschungsbericht von Klaus Scherer verwiesen: »Theorien und aktuelle Probleme der Emotionsforschung« (1990) sowie auf die zahlreichen Einzelstudien ebendieses Autors.

ger und Durst, aber auch im Erkennen. Im Englischen spricht man bisweilen schlicht von *aboutness*. Das Merkwürdige dieses Urphänomens liegt darin, daß das Erkennen oder Begehren, das auf etwas aus ist, nicht so beschaffen ist wie jenes, auf das es aus ist, als wäre die Erkenntnis des Gesunden und Kranken selbst gesund und krank (*Politeia* 438 e), und doch hat eines mit dem anderen zu tun, so wie die Baukunst (οἰκοδομική) es mit dem Haus (οἶκος) zu tun hat. Was später durch die Lehre der vierfachen Ursache auf reguläre Bahnen gelenkt wird, besteht zunächst einmal in der Tatsache, daß etwas aufbricht (ὁρμᾶσθαι) in Form eines Dranges oder Triebes (ὁρμή). Die Griechen betrachteten dies als entscheidendes Merkmal des Lebens: Etwas geschieht aus eigenem Antrieb, als ἑκούσιον, im Gegensatz zum ἀκούσιον, das einem fremden Zwang gehorcht (vgl. *Nik. Eth.* III, 1). Bemerkenswert ist, daß Platon dieses Auf-etwas-aus-sein oder Sich-um-etwas-drehen auch auf die Rede ausdehnt, die nicht nur etwas sagt, sondern als λόγος τινός über etwas redet (*Sophistes* 262 e).

Was nun Husserl und vor ihm Brentano angeht, so kann man ihre Bemühungen um eine intentionale Deutung des Erlebens als den Versuch betrachten, das Erleben auf der ganzen Linie aus der Enge einer Seelenkammer zu befreien und ihm seine Lebendigkeit und Welthaltigkeit zurückzugewinnen, ohne in eine Psycho-Kosmologie zurückzutauchen und die Einsichten der neuzeitlichen Subjektlehre einfach über Bord zu werfen. Die Sprödigkeit, mit der bereits der frühe Husserl sich um Unterscheidungen bemüht, die »vor aller Metaphysik und an der Pforte der Erkenntnistheorie« stehen (Hua XIX/1, 401), hatte ihr gutes Recht zu einer Zeit, als die lebensphilosophischen Wellen höher schlugen, wie es immer wieder zu geschehen pflegt. Deshalb möchte ich nicht geradewegs auf Husserls späte Triebintentionalität zusteuern, die neben dem Logos der ästhetischen Welt auch deren Pathos neuen Raum gewährt. Wichtiger scheint mir zu zeigen, daß die Intentionalität von Anfang an ein gewisses Defizit aufweist. Intentionalität bedeutet einmal das *Gerichtetsein* auf einen *Sinn*, in dem sich etwas als etwas artikuliert oder sich als solches aufbaut, eine Verfassung annimmt und sich in diesem Sinne ›konstituiert‹. In der späteren Konstitutionslehre wird der Sinn zur Form, die ihr Material durchdringt. Auch wenn nicht die griechischen Terme ›Morphe‹ und ›Hyle‹ dastünden, wäre klar, daß hier die Zweiheit von Form- und Materialursache bewußtseinstheoretisch umgesetzt wird. Die Bauelemente sind Elemente aus dem Stoff des Empfindens. Jeder Sinn hat seine Verweisungshorizonte, da die Bedeutung einer Sache nicht in der punktuellen Gegebenheit festzumachen ist. Intentionalität besagt in diesem anfänglichen Sinne Bedeutungsintention. Sofern etwas nur etwas ist, indem es sich als solches, also in allgemeiner Gestalt oder in allgemeinen Strukturen wiederholt, nimmt die Intentionalität eine *Regelstruktur* an. Die Intention richtet sich nicht nur *auf etwas*, sie richtet sich auch *nach etwas*, nämlich nach einer Regel, die dem Gang der Erfahrung innewohnt und unsere Erwartungen lenkt, bevor sie als Regel formuliert und gesetzt wird. Im Zuge einer Normalisierung nimmt die Aisthesis die Form einer Orthoästhesie, der Logos die Form einer Orthologie an.[8]

Dies wäre die eine Seite der Intentionalität, die andere besteht darin, daß die Gerichtetheit einer Bewegungsrichtung folgt. Das Was bedeutet, nochmals aristotelisch gesprochen, ein Woraufhin, es erweist sich als *Ziel* eines Strebens. Diese Dynamik berücksichtigt Husserl, indem er der Bedeutungsintention eine *Bedeutungserfüllung* an die Seite stellt. Das intentionale Geschehen spielt sich ab zwischen Fülle und Leere. Um das Mißverständnis zu vermeiden, das Bewußtsein würde zusätzlich zu seinen Artikulationsleistungen von Erfahrungen überschwemmt, betont Husserl ausdrücklich: Erfüllungen sind selbst intentionale Akte (Hua XIX/1, 393). Das hieße, daß Intentionen durch Intentionen erfüllt werden. Den qualitativen Variationen der Intention entsprechen qualitativ variable Erfüllungen; dazu gehört die Erfüllung durch Anschauung ebenso wie die Wunscherfüllung, die Befehlsausführung oder das praktische Gelingen eines Vorhabens. Theoretische und praktische Erfahrungsarten können ineinandergreifen, so etwa in der Beantwortung einer Frage, die sowohl die »theoretische Frage« wie die darin fundierte »Wunschfrage« befriedigt. Das Fragen, auch das theoretische, nimmt die Form des Strebens und Wünschens an (*V. LU*, § 25, Zusatz). Doch hier scheint etwas nicht zu stimmen. Daß das Begehren mit Fülle und Leere zusammengebracht wird, beruht auf einer alten, allerdings ebenfalls nicht unzweideutigen Annahme. Jemand strebt nach etwas, das nicht da ist, das er nicht hat, das er sucht oder erzeugt und das er womöglich, wie im Falle des platonischen Eros, für immer zu erhalten sucht. Doch Leere und Fülle können zwiefach verstanden werden, als *Leere und Fülle an Bestimmtheit* und *Grad an Gesättigtheit* oder aber als Wechsel von *Ab-* und *Anwesenheit*, wobei die Abwesen-

8 Zu dieser Problematik, die bei Husserl mehr und mehr an Boden gewinnt, vgl. Hua IV, § 18 und Hua XIII, Text 14.

heit als bloß vorläufiger Zustand des Unbefriedigtseins oder aber als konstitutive Abwesenheit verstanden werden kann. Nun könnte man versucht sein, diesen zwiefachen Charakter von Leere und Fülle in eine Einheit zu überführen, indem man vollendete Gegenwart mit vollständiger Bestimmtheit gleichsetzt. Die Tension, die der Intention innewohnt, wäre dann nichts weiter als das Potential eines Sinntriebes. Das Begehren wäre im Bedeuten eingefangen wie in einer Muschel. Der Sinn der Sinne würde sich reduzieren auf einen puren Sinn in den Sinnen. Das Widerfahrnis, von dem wir ausgingen, wäre nichts weiter als die Initialzündung für einen Prozeß der Sinnbildung.

Auf den ersten Blick spricht einiges gegen diese einseitige Engführung. Wie verhält es sich mit dem Überdruß am Allzubekannten, der die Neugierde nährt? Kann man dies nur als Einbruch der Affekte in den Wissensbestand deuten, oder gehört das Wissensbegehren, das in dem niederländischen *wijsbegeerte* für die Philosophie selbst steht, nicht in die Dynamik des Wissenserwerbs? Wie steht es mit dem Gang der Erfahrung, der auch für Husserl niemals an ein Ende kommt, da stets weitere Horizonte offenbleiben? Die Wahrnehmung würde sich in eine ›unglückliche Wahrnehmung‹ verwandeln und einer schlechten Unendlichkeit nachjagen, wenn sie sich nicht, wie Husserl selbst annimmt, auf relative Optimierungen einlassen würde (Hua IV, 67). Doch ein Optimum setzt Präferenzen und Relevanzkriterien voraus, die einer nach Vollständigkeit strebenden Vielwisserei nicht zu entnehmen sind. Schließlich stellt sich die Frage, ob die Erfüllung, die der Genuß bietet, mit einer Sinnökonomie zu vereinbaren ist.[9] Sättigen läßt sich nur ein Begehren, das als Mangelzustand, als pures Bedürfnis definiert wird; darauf werde ich noch zurückkommen. Doch was sich solcherart auf den ersten Blick zeigt, bedarf einer genaueren Prüfung, Stück für Stück. Diese Überprüfung wird unserem Leitthema folgen und sich auf den pathischen Anteil des kognitiven und praktischen Verhaltens konzentrieren. Im folgenden Schema deutet sich der Weg an, den wir einschlagen werden.

9 Im älteren deutschen Sprachgebrauch regiert das ›Genießen‹ noch den Genitiv; es nähert sich damit dem lat. *frui* als einem ›Sichnähren von etwas‹. Bei Platon dienen selbst die Ideen als Seelennahrung (vgl. das Verb τρέφειν in *Phaidros* 247 d-e). Auch das lat. *gaudere*, von dem sich die bei Lacan und Lévinas auf verschiedene Weise zu neuen Ehren gekommene *jouissance* herleitet, bedeutet zunächst ein ›Genießen‹, darunter auch einen Wahrheitsgenuß (*gaudium de veritate*).

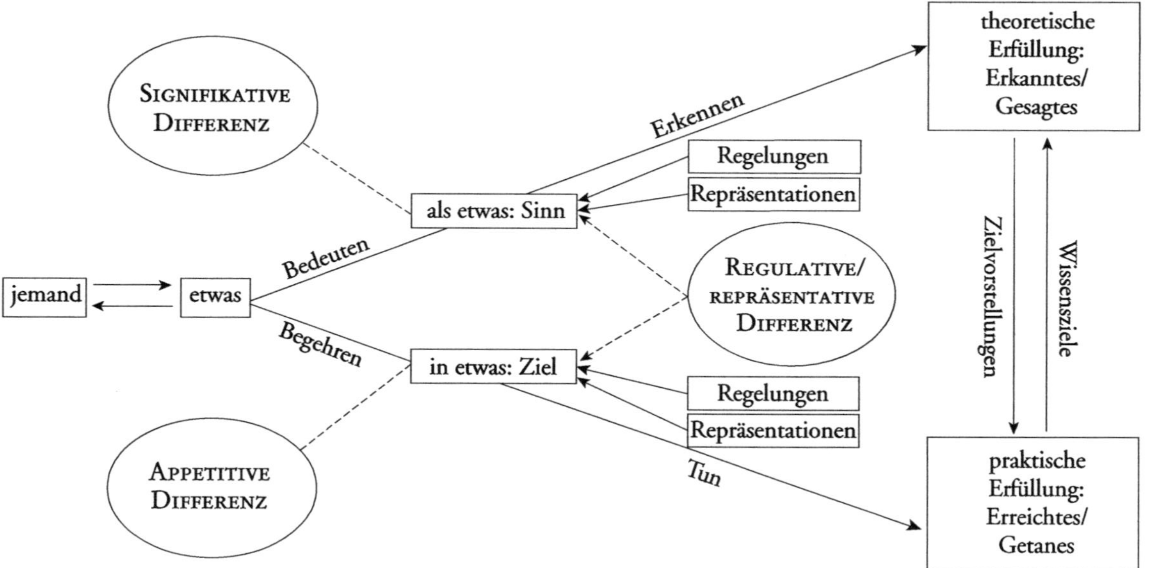

Schema 1: Bedeuten und Begehren

4. Etwas erscheint als etwas

Das Bedeuten können wir als die strukturelle Seite der Intentionalität bezeichnen. Selbst wenn das Bedeuten sich als Prozeß vollzieht, der über bloße Bedeutungsrelationen hinausgeht, selbst wenn Gestaltungs- und Strukturierungsprozesse nicht bei festen Gestalten und Strukturen stehenbleiben, so beziehen sie ihre Dynamik nicht aus Bedeutungen, Gestalten und Strukturen. Derridas Feststellung: »Was ich in einer Struktur nie begreifen kann, ist das, wodurch sie nicht geschlossen ist« (*Die Schrift und die Differenz*, S. 238, dt. 245), ließe sich abwandeln in den Satz: »Was ich innerhalb eines Bedeutungsgefüges nie begreifen kann, ist das, wodurch das, was Bedeutung hat, bedeutsam ist.«

Die Bedeutung, die der Bedeutungsintention innewohnt, läßt sich in die minimale Formel *etwas als etwas* fassen. Etwas ist als etwas gemeint oder gegeben, es tritt als etwas in Erscheinung. Diese neutrale Formel leidet nicht von vornherein unter allzu engen bewußtseins- oder sprachtheoretischen Voraussetzungen, die von Bewußtseins- oder Sprechakten ausgehen und diese individuellen »Trägern« zuweisen.[10] Sie ist auch nicht gleichzusetzen mit der formalen Differenz von Signifikanten, die sich auf ein pures Andersbedeuten reduziert. In dieser Formel bekundet sich vielmehr eine *signifikative Differenz*, der zufolge etwas in einer bestimmten Bedeutung gefaßt wird. In unserem Zusammenhang interessiert weniger die Bedeutung oder der Sinn, worüber von vielen Seiten viel Bedenkenswertes geschrieben wurde, als vielmehr dieses karge ›etwas‹, das Bedeutung annimmt, sowie das ebenso karge ›als‹, das diese Bedeutungsentstehung oder Sinnbildung anzeigt. Diese Differenz wäre ein erstes Exempel für jene Diastasen, um die es uns geht. So wie Intentionalität keine reelle Beziehung zwischen Akt und Objekt besagt, so erst recht keine reelle Beziehung zwischen Bedeutung und Gegenstand. Etwas tritt als etwas auf, indem es *als solches* auftritt, und umgekehrt ist eine leere Bedeutung, selbst eine absurde Bedeutung direkt oder indirekt auf *etwas* bezogen. Die Einbettung intentionaler Akte in Sprachspiele, die dazu führt, daß das Als sich primär im Sprachgebrauch und in entsprechenden Handlungszusammenhängen entziffern läßt, ist mit unseren folgenden Überlegungen durchaus zu vereinbaren. Der Sinn, mit dem etwas erscheint, fügt sich ein in weitere Sinnhorizon-

10 Vgl. hierzu Gottlieb Frege: *Der Gedanke* (in: *Logische Untersuchungen*, 1966, S. 41): »Vorstellungen werden gehabt«, und »Vorstellungen bedürfen eines Trägers«.

te, die sich zu einer Welt zusammenschließen. Dies gehört zu den Grundannahmen jeder Phänomenologie und Hermeneutik des Sinnes, die wir hier nicht weiter zu erörtern brauchen.

Das merkwürdige Als, das in der besagten Differenzformel auftaucht, bildet kein Zwischenglied, das sich zwischen Dinge und Bedeutungen schiebt, keine Relation, die zwei Relata voraussetzen würde, und auch keine Konstante einer Funktionsgleichung, die zwei Größen miteinander koordiniert. Das Als fungiert als Scharnier zwischen dem, was ist, und dem, als was es ist, indem es zugleich eine Kluft zwischen beidem aufreißt. Modalitätsadverbien, die diesen Übergang bezeichnen, tun dies mit verschiedenen Konnotationen: das griechische ᾗ (sc. ὁδῷ) oder das lateinische *qua* (sc. *via*) verweist auf den Weg, die Art und Weise, wie etwas auftritt, das französische *comme* schwankt zwischen ›wie‹ und ›als‹, ähnlich das englische *as*. Das deutsche *als* ist eindeutiger, es kann aber mißdeutet werden als eine bloße Rolle, eine Form der Repräsentanz – eine Idee, die heute fröhliche Urständ feiert. Husserls fundamentale Einsicht, die auf einer nicht zu leugnenden Präsenz besteht, bleibt – allen Unkenrufen zum Trotz – beherzigenswert; sie ist übrigens komplexer angelegt als die meisten dargebotenen Alternativen. Wenn Husserl in bezug auf die Wahrnehmung von »leibhafter Gegenwart«, von »Gegenwart in eigener Person« spricht, so läßt er nicht etwa eine repräsentative Vermittlung gegen Null gehen, als gäbe es rein Präsentes, *bevor* es als etwas repräsentiert wird. Ein solch intuitionistisches Verständnis, das nicht wenige Formulierungen nahelegen, widerspricht Husserls Annahme, daß selbst im äußersten Falle reiner Gegenwart etwas *als es selbst* erscheinen würde und daß – wie schon erwähnt – die Erfüllung Erfüllung einer Intention, wenn nicht gar selbst eine Intention ist. Das ›Als‹ verschwindet also nicht in einem reinen *ipsum esse*. Wir dürfen aber annehmen, daß es ein präsentatives Moment in jeglicher Repräsentation gibt, etwas, das nicht etwas, aber deswegen doch nicht nichts ist.[11] Man kann die signifikative Differenz durchaus deu-

11 Vgl. hierzu die subtile Verteidigung eines moderaten Präsentatismus Husserlscher Provenienz gegen neuere Spielarten eines Repräsentatismus bei Tanja Eden: *Lebenswelt und Sprache* (1999), besonders S. 233-237. Der Unterschied von Präsentation und Repräsentation wird auch von Bergson, Heidegger und in der Schule Cassirers festgehalten; er verschwindet, wenn man das Ding selbst als Zeichen oder *repraesentamen* begreift, wie Derrida es in Anschluß an Peirce tut (*Grammatologie*, S. 72, dt. 86). Der Siegeszug des Kognitivismus, aber auch der vereinte Ansturm von Sprachanalyse, Hermeneutik und Semiotik hat offensichtlich einige feinere Unterschiede verwischt.

ten als eine *originäre Verschiebung* oder *Versetzung*. Etwas ist *anders* als es selbst, indem es als dieses oder jenes auftritt; aber es ist nicht *etwas anderes* als es selbst, etwa ein bloßes Bild oder Zeichen. Gegenüber einem solchen schlichten *quid pro quo*, durch das im Grunde nur eine Wirklichkeit gegen eine andere, eine Welt der Dinge gegen eine Welt der Vorstellungen oder der Zeichen ausgetauscht wird, behält Husserl weiterhin recht. Um es in zeitgemäßen Begriffen auszudrükken: Zu behaupten, es gäbe nichts als Konstrukte, heißt, diese für die letzte Wirklichkeit ausgeben – was man einst Metaphysik nannte. Oder sollte es eher heißen: Es gibt nur Interpretationen? In seinem Nietzsche-Buch, das den Weg ebnet für eine »Interpretationsphilosophie«, konstatiert Günter Abel: »Wenn etwas *so* ist, so ist es ipso facto ein interpretierbares Etwas« (1998, S. VII, ausführlicher S. 162 ff.). Dem soll nicht widersprochen werden, doch ist etwas einfach so? Man muß nicht der »Idee einer reinen Gegebenheit« nachhängen, um diese Frage zu stellen.

5. Fixierung, Störung und Verwirrung

Das Als, um das sich die Artikulation der Erfahrung dreht und das einen Spalt öffnet zwischen dem, was erscheint, und der Art, wie es erscheint, aufgefaßt oder gedeutet wird, kann nun auf verschiedene Weise fungieren, und dies führt uns zurück auf die Frage nach den pathischen Komponenten der Intentionalität. Nietzsches Kennzeichnung des Menschen als eines nicht festgestellten, zu Erfindungen genötigten Tieres läßt sich entsprechend abwandeln. Die Art und Weise, wie und als was wir etwas erfahren, kann mehr oder weniger festliegen. Dem entspricht eine *starke* und eine *schwache Variante der Erfahrung*. Die starke Variante besagt, daß wir Erfahrungen machen und durchmachen, die uns und unsere Welt verändern, während die schwache Variante sich auf das Vorhandensein oder Nichtvorhandensein solcher Erfahrungsdaten beschränkt, die unsere Voranannahmen und Vorentwürfe bestätigen oder entkräften. Hinzu kommt eine Polarisierung der Erfahrung, die sich zwischen *Gewöhnung* und *Überraschung* bewegt. Starke Erfahrungskonzeptionen wären solche, die der Überraschung und so auch dem produktiven Zufall ein relativ großes Gewicht einräumen bei der Strukturierung und Umstrukturierung der Wirklichkeit. Die Polarisierung kann bis ins Extrem führen, so daß wir auf der einen Seite mit *Klischees* und *Ste-*

reotypien, auf der anderen Seite mit *Störungen, Verwirrungen* und *Erfahrungsschocks* konfrontiert werden. Es fragt sich nun, was dies für die Als-Struktur der Erfahrung besagt.

Beginnen wir mit der Schwächung der Erfahrung, die man positiv als Habitualisierung, als Normalisierung und schließlich als Programmierung verstehen kann. Eine solche Schwächung bereitet sich vor in der Abspaltung des Bedeutens vom Begehren, die allerdings das Begehren nirgends spurlos auslöscht. Wird Erfahren primär als ein Konstitutionsprozeß begriffen, in dem sich Wirklichkeit aufbaut, so beschränkt sich das, was der Erfahrung vorhergeht, auf Materialien, *aus denen* (ἐξ οὗ) etwas aufgebaut wird und *von denen* (ὅθεν) dieser Aufbau ausgeht. Es beschränkt sich auf *einfache* Bausteine, die zu komplexeren Gebilden zusammengefügt werden. Die Sache verdünnt sich noch weiter, wenn ein bloßes unbestimmtes X zurückbleibt, ein irrationaler Rest innerhalb eines unaufhaltsamen Rationalisierungsprozesses oder, physiologisch gesehen, ein unspezifischer elektrischer Reiz, der alle Spezifikationen und Qualifizierungen den psychischen oder auch kulturellen Verarbeitungen überläßt. Die Affektion, die Tatsache nämlich, daß es in der Sprache Kants Gegenstände gibt, »die unsere Sinne rühren« (KrV B 1), verringert sich zu einem bloßen Anstoß – ein säkularisierter Rest jenes »Nasenstübers«, den die Deisten Gott noch zubilligten.

Die Schwächung der Erfahrung steigert sich ins Extrem, wenn das Als eingefroren wird in Klischees oder Schablonen, die wie fertige Bildstocks oder Bildvorlagen verwendet werden, und wenn es sich in Stereotypen, also in feststehende Typen, verwandelt. Die Technologisierung der Erfahrung, die sich in solchen Termen andeutet, kann man folgendermaßen charakterisieren. Das *als etwas* verfestigt sich selbst zu einem *etwas*, sobald die Differenz zwischen dem, was zurechtgemacht wird, und den Formen des Zurechtmachens verschwindet. Was sich in kleinformatigen Klischees und Stereotypien vollzieht, bildet den Kern für eine Stereotypisierung im großen. Die Welt verwandelt sich in ein »Weltbild«, in ein »stahlhartes Gehäuse« oder in ein flexibles Netzwerk. Daraus gibt es kein Entrinnen, wenn das, was ist, mit seinem Vor- und Hergestelltsein zusammenfällt, wenn das, was sich zeigt, sich mit seinem Sinn deckt. Kants ominöses Ding an sich behält als Grenzbegriff seine Bedeutung und sein Recht; nur fragt sich dann, wie eine Grenzerfahrung aussehen kann, die nicht auf eine intelligible Hinterwelt zusteuert.

Von hier aus ergeben sich interessante Querverbindungen zur Noo-

und Psychotechnik der Gegenwart. Der Siegeszug von Kognitivismus, Neuro- und Computerwissenschaften hat mit dem simplen Vorstellen und Herstellen von etwas gründlich aufgeräumt. Das Als läßt sich durchaus auf der Ebene von Modellen, Codes und Netzwerken wiederfinden, doch dies mit all den erwähnten Zweideutigkeiten. Bemerkenswert ist in unserem Zusammenhang, daß die relative Ablösung des Bedeutens vom Begehren die Intentionalität computergerecht macht. Diese Ablösung scheint gravierender als die Reduktion der Semantik auf eine Manipulation symbolischer Zeichen. Wird den Affekten und dem Begehren hinreichendes Gewicht eingeräumt, so lautet die entscheidende Frage nicht mehr: »Was kann ein Computer tun – oder nicht tun?«, sondern: »Was kann einem Computer widerfahren – oder nicht widerfahren?« Die Annäherung der KI-Forschung an biologische und medizinische Bereiche läßt eine solche Frage weniger abwegig erscheinen als die Orientierung an formalen Regelystemen. Dann stellt sich allerdings die erneute Frage, wie Pathologie und Physiologie zusammenwirken. Außerdem gibt es neurophysiologische Befunde, die einer Stärkung des Erfahrungsbegriffs Auftrieb geben. Wenn Reizwirkungen mit wandelbarer Aufmerksamkeitseinstellung variieren, wenn dem Unterschied zwischen vertrauten und muttersprachlichen Lauten auf der einen Seite, fremdsprachlichen und fremdartigen Lauten auf der anderen Seite verschiedene Hirnareale entsprechen oder wenn aufgrund einer gestuften neuronalen Organisation der Wahrnehmung Rezeptions-, Orientierungs- und Kategorisierungsleistungen sich überlagern, so spricht dies dafür, daß kognitive Leistungen in stärkerem Maße mit affektiven Anteilen durchsetzt sind, als die klassische Psychophysik, aber auch die klassische Transzendentalphilosophie es vermuten lassen. Die bloße Hyle, das einfache Datum oder die rohe Empfindung erweisen sich dann als Fiktionen, die der Dynamik der Erfahrung in keiner Weise gerecht werden. Davon wird in Kapitel VIII ausführlicher die Rede sein.

Wechseln wir nun auf die andere Seite über, wo die Feststellungen des Als sich abschwächen oder gar zusammenbrechen. Den Saum geregelter Erfahrungen bevölkern Störungen, Hindernisse, Anomalien, Verwirrungen und im äußersten Falle katastrophale Zusammenbrüche. Der einfachste Fall ist die Störung, etwa ein Geräusch, das mich ablenkt. Die Störung besteht nicht darin, daß mehrere Intentionen miteinander im Widerstreit liegen und sozusagen einen Deutungsstreit austragen, störend ist vielmehr das, was unseren Intentionen in die Quere kommt, ähnlich einem Hindernis, das sich uns in den Weg stellt und das nicht mit einem Zielkonflikt zu verwechseln ist. Störungen können auch inmitten der Erfahrungen auftreten, etwa als Blendung bei überhellem Licht, als Betäubung bei starkem Lärm, als Verletzung bei der Berührung eines heißen Gegenstandes. Hier spielen Intensitätsgrade eine Rolle, die auf einen verträglichen Mittelwert verweisen. Daß etwas als *zu laut* oder *zu heiß* empfunden wird, besagt, daß etwas unerträglich wird, gemessen an unserer Störanfälligkeit und unseren Abwehrmöglichkeiten. Solche unerträglichen Wirkungen können gezielt herbeigeführt werden, etwa in der Folter, die vom monotonen Tropfgeräusch über das Hautkitzeln bis zur Nagelprobe und weiteren Eingriffen reicht. Hinzu kommen Anomalien, Phänomene also, die nicht mit den üblichen Erwartungen zusammenstimmen. Schließlich gibt es Schockwirkungen, ein plötzlicher Schrei, ein Blitzschlag, ein gewaltsamer Zugriff oder ein Kälteschock, der uns lähmt. In all diesen Fällen taucht etwas auf, das uns zufällt, zustößt, bevor es als etwas aufgefaßt, verstanden oder abgewehrt wird. Die Störerfahrung ist nicht zu verwechseln mit der nachträglichen Deutung als Störung und entsprechenden Abwehrmaßnahmen, mit denen wir unsere Fassung zurückgewinnen. Das Etwas, das uns als Pathos zustößt, das uns im Extremfall überwältigt, lähmt und vernichtet, erweist sich als *bedeutungs-los* oder *belang-los* (vgl. *Sein und Zeit*, S. 187) oder als *über-bedeutend*. Dies ist nicht so zu verstehen, als gäbe es hier eine nackte Realität, die all ihre »Ideenkleider« abgelegt, alle kulturelle Firnis abgestreift hätte, sondern dieses *etwas*, das *nicht als etwas* erscheint, entzieht sich den geläufigen Sinnerwartungen und Regelungen, es übersteigt deren Fassungskraft bis hin zu dem Punkt, wo für uns eine Welt zusammenbricht. Das Pathos, das hier inmitten des intentional gerichteten und geregelten Geschehens auftaucht als ein *être sauvage*, zeigt, daß etwas, das als etwas aufgefaßt und gedeutet wird, *mehr* oder *weniger* ist, als das, was es bedeutet. Es zeigt sich jeweils mehr und anderes, als sich sagen läßt. Das als Widerfahrnis zu verstehende Pathos ist nicht intentional verfaßt. Dem »Empfindungsgewühl«, das Kant am Rande der transzendentalen Ordnung auftauchen sieht als ein förmliches Unding, gehört zu den Grenzerfahrungen, die sich in Verwirrungen und Störungen, in den traditionellen *perturbationes animi* äußern, in jener ταραχή, gegen die spätantike Weise und auch Kant noch die ἀταραξία und ἀπάθεια zur Hilfe riefen. Dieser Ausweg wird fragwürdig, wenn wir mit Platon annehmen dürfen, daß die Philosophie selbst einem Pathos entstammt und ihr Entstehen mit Schwindelgefühlen einhergeht, daß Philosophie selbst eine Form des Wahnsinns darstellt, sofern sie uns aus dem gewohnten Gang der Dinge herausreißt. Daß etwas als etwas erscheint, heißt nicht, daß dieses Erscheinen selbst einen Sinn hat. Sinn und Nicht-Sinn lassen sich nicht voneinander trennen. Gerade Grenzerfahrungen, auf die wir im äußersten Falle mit Lachen oder Weinen antworten, führen nicht nur auf »verschiebbare Grenzen des Nicht-Sinnes«, sondern auf »Grenzen prinzipieller Art«.[12]

6. Repräsentationen und Depräsentationen

Dadurch, daß etwas als etwas erscheint, öffnet sich ein Spalt, der das, was ist, von sich selbst trennt. Dies bedeutet, daß etwas nicht einfachhin vorgestellt und hergestellt wird, sondern daß es *sich darstellt*, daß es zur Erscheinung, in den Blick, zur Sprache kommt, ohne daß das, was sich präsentiert, durch seine Repräsentationsmodi ausgeschöpft würde. Eben deshalb setzt sich die Urvermittlung, die darin besteht, daß etwas in Form einer *repräsentativen Differenz* von sich selbst abrückt, in einer Serie von Repräsentationen fort.

Nehmen wir den Begriff der Repräsentation, der sich neuerdings in den sogenannten Kulturwissenschaften einer besonderen Beliebtheit erfreut. Hierbei lassen sich mehrere Repräsentationsmodi unterscheiden. Oft wird Repräsentation, entsprechend dem französischen und englischen Sprachgebrauch, als *Vorstellung* (1) verstanden. Dieser Modus, der in der *Herstellung* von etwas sein poietisches Pendant findet und oftmals mit ihm verschmilzt, ist ein unechter Modus, sofern er lediglich in simplifizierter Form das darstellt, was ich in die Formel »etwas erscheint als etwas« gefaßt habe. Der zweite Modus entspricht der *Darstellung* im engeren Sinne (2), der Darstellung im Medium von Bildern, Zeichen und Sprache. Weiterhin kann der Terminus Repräsentation verwendet werden für das, was bei Husserl *Vergegenwärtigung* (3) heißt, einer Re-präsentation über zeitliche und räumliche Abstände hinweg. Schließlich bleibt als letzte Möglichkeit die Repräsentation als *Vertretung* (4), wo einer an Stelle des anderen tritt.

12 So Helmuth Plessner, *Philosophische Anthropologie*, S. 170. Zum generellen Verhältnis von Sinn und Nicht-Sinn vgl. Merleau-Ponty, *Phänomenologie der Wahrnehmung*, frz. S. 489-492, dt. 487-489. Nicht umsonst hat der Autor seinem frühen Aufsatzband den Titel *Sens et non-sens* gegeben.

Diese Typologie schließt nicht aus, daß verschiedene Funktionen sich überkreuzen, so etwa, wenn Vergangenes in Spuren und Dokumenten vergegenwärtigt wird oder wenn ein Bild des Herrschers Ehrbezeugungen fordert, als sei er selbst da. Es kommt mir hier nicht auf funktionale Details an, sondern auf die retardierenden Momente, die den Prozeß des Bedeutens aufhalten und die eine durch bloße Bedeutungsdifferenzen nicht zu erzielende Spannung erzeugen.

Beginnen wir mit der Darstellung: etwas erscheint als solches *im Medium* des Bildes, des Zeichens, der Sprache. Dies besagt zunächst nicht, daß etwas gegeben ist und dazu noch etwas, in dem es sich darstellt. Die alte Zeichendefinition *aliquid stat pro aliquo* ist insofern irreführend, als sie eine zeichenlose und analog eine bild- und sprachlose Realität suggeriert, die sich erst nachträglich verdoppelt. Dem Stehen-für-etwas geht ein Begegnen-in-etwas voraus, eine Verdichtung im Bild, eine Vorzeichnung in Umrissen, die andeutet, ohne das Angedeutete in feste Grenzen einzuschließen.[13] Bild- und Zeichenhaftigkeit beginnen damit, daß im Bereich der Erfahrung eines sich im anderen spiegelt und auf zeitlich-räumlich Benachbartes verweist. Die alten Assoziationen, die im empiristischen Fahrwasser als eine bloße Ansammlung von Daten verstanden werden, tragen vielmehr zur Sinnbildung bei. Daß etwas *zusammen mit* anderem auftritt, bereitet den Boden für wiederholte Konfigurationen, aus denen sich etwas als solches herauskristallisiert.[14] Assoziationen sind von Dissoziationen begleitet, die Beigesellung trägt einen Schatten der Ungeselligkeit mit sich, da eine bestimmte Anknüpfung andere mögliche Anknüpfungen ausschießt. Assoziationen sind keine Stükke eines vorgefertigten Puzzles, sondern sie gleichen Splittern, die durch Gewohnheit glattgescheuert werden, ohne daß die Unebenheiten völlig verschwinden. Für Assoziationen kann man nicht bürgen. Eben deshalb spielen sie in der Psychoanalyse eine solch verräterische und unfreiwillige Rolle. Die beiden Möglichkeiten einer *metonymischen* Syntagmatik und einer *metaphorischen* Paradigmatik, die sich als zwei Seiten der Sprache betrachten lassen (vgl. Jakobson

13 Dazu paßt nicht nur das Motiv der ›Vorzeichnung‹ bei Husserl, sondern auch das der *image* bei Bergson, das weit von jeder bloßen Ersatzfunktion entfernt ist und das von Mirjana Vrhunc mit ihrer Untersuchung zu *Bild und Wirklichkeit* (2002) in ein neues Licht gerückt wird.

14 Zur phänomenologischen Erneuerung der Assoziationslehre vgl. Elmar Holenstein, *Phänomenologie der Assoziation* (1972) und literatur-theoretisch unterfüttert: Eckhard Lobsien, *Kunst der Assoziation* (1999) sowie unter Einbezug von Deleuze: Marc Rölli, *Der transzendentale Empirismus* (Diss. Bochum 2002).

1974, S. 117 ff.), haben nicht umsonst in der Linguistik und Poetik, aber auch in der Psychoanalyse und der Sprachpathologie große Aufmerksamkeit gefunden. Von beiden Möglichkeiten erscheint die Metonymie als zufälliger, aber auch als überraschender als die Metapher, die in Form eines Sehens von Ähnlichem auf bestimmte Gesichtspunkte hinausläuft. Es stellt sich die Frage, ob die Metapher, deren Lebendigkeit Paul Ricœur so sehr betont, ihre eigene Lebendigkeit erhalten kann, ohne durch Nichtzugehöriges, das heißt Fremdes beunruhigt zu werden. Die Relation von Metonymie und Metapher gleicht jener von Allegorie und Symbolik. Erstere steht jeweils dem Fremden näher als letztere. Schließlich gewinnt auch die dritte Assoziationsform, die Kausalität, eine andere Bedeutung, wenn sie mit dem Widerfahrnis als einer erfahrenen Kausalität zusammengebracht und nicht auf die bloße Anwendung von Funktionsgleichungen beschränkt wird.

Die Medialität der Erfahrung verstärkt sich, wenn die bild- und zeichenhaften Medien sich verselbständigen. Doch selbst hier ist zu beachten, daß das Urmedium unser Leibkörper ist, der als Urbild und Urskript auftritt. Beachtet man diesen Sachverhalt, so könnte man auch neuronale Markierungen und mentale Bilder in eine Medientheorie der Erfahrung einbeziehen, ohne dem alten Repräsentationismus zu verfallen, der die Wirklichkeit durch Repräsentanten verdoppelt – oder womöglich ersetzt. Wir wehren uns damit gegen eine apokalyptische Rede vom Verschwinden des Referenten, die in ihrer negativen Realistik an bestimmte Züge der negativen Theologie erinnert. Das, *worin* etwas als etwas erscheint, wird zu einem zweiten Etwas, wenn man es aus seiner Funktion herauslöst. Doch dies gilt schon für das traditionelle Tafelbild; ich kann es an die Wand hängen oder verkaufen, doch das Bild, *in dem* ich etwas sehe, hängt so wenig an der Wand, wie es verkäuflich ist. Darin gleicht das Bildding dem Leibkörper, dessen Fungieren in aller Thematisierung und Verdinglichung bereits vorausgesetzt ist.

Die dritte Repräsentationsform, die Vergegenwärtigung von zeitlich und räumlich Entferntem, ist ebenfalls freizuhalten von einer voreiligen Vervielfältigung der Gegenwarten durch vergangene oder künftige Gegenwarten und von einer Verwechslung der Vergangenheit mit ihren archivarischen oder musealen Substituten. Die Vergangenheit wirkt in der Gegenwart, bevor Vergangenes als solches erinnert wird. *Vergangenes* sucht uns heim, entfesselt, belastet und beschwingt uns, bevor es *als Vergangenes* vergegenwärtigt wird. Es gehört selbst in den Bereich jener Widerfahrnisse, die durch keine intentionale Auffassung und durch keine repräsentative Wiedergabe oder Wiederbelebung zu erschöpfen sind. Für die Zukunft, die uns in Erwartungen, Hoffnungen und Befürchtungen entgegenkommt, bevor wir sie durch Voraussicht, Vorplanung und Vorsorge gestalten, gilt das gleiche. Im Ver-gehen und An-kommen rückt die Gegenwart von sich selbst ab. Die Musealisierung des Lebens, die schon Nietzsche beklagt hat, bestünde dann darin, daß die Gegenwart selbst in die Zeitgalerie einrückt als frühzeitiger Ahne ihrer selbst. Technikenthusiasten mögen auf operationale Schleifen verweisen, in denen Vergangenes verlustlos wiederkehrt. Doch dann fragt sich, was Vergangenheitserfahrung besagt. Handelt es sich um Daten, die man abspeichert oder löscht, so wäre Vergangenheit in der Tat vorstellbar und herstellbar in den Grenzen technischer Möglichkeiten. Diese Möglichkeiten sind uns verwehrt, sofern wir den Wirkungen der Zeit ausgesetzt sind, über alle ausdrückliche Vergegenwärtigung hinaus. Für die Überbrückung räumlicher Fernen gilt ähnliches. Wenn Ferne bedeutet, daß wir anderswo sind, indem wir hier sind, wenn also schon die lokale Präsenz etwas von einem Fremdort hat, so erweist sich die globale Omnipräsenz als ein Phantasma.

Es bleibt schließlich als letzte Repräsentationsform die Vertretung. Sie begegnet uns in verschiedenen Gestalten, in der Vormundschaft, in der Form von Amts- oder Volksvertretern. Im ersten Falle wird jemand präventiv vertreten oder auch nachträglich bei Verlust der Zurechnungsfähigkeit, während man sich in den beiden anderen Fällen selbst vertreten läßt, indem man bestimmte Rechte und Pflichten delegiert. Bei dieser Form der Repräsentation wird nicht nur etwas in einem anderen medial dargestellt, und es wird nicht bloß etwas erinnernd oder erwartend vergegenwärtigt, vielmehr wird eine bestimmte Funktion übernommen beziehungsweise abgetreten. In diesem Sinne spricht oder handelt jemand an Stelle einer oder eines anderen. Sofern es bei einer bloßen Funktionsverschiebung bleibt, kann die Vertretung auch automatisiert werden. Wie jede Form der Repräsentation läßt auch diese zuviel oder zuwenig erwarten. Man erwartet zuviel von ihr, wenn die Vertretung, das ›anstelle von …‹, als bloßer Platz- oder Funktionswechsel verstanden wird. Die Vertretung geht dann in einen puren Ersatz über, der den Gesetzen der Äquivalenz gehorcht. Diese Ersetzbarkeit stößt auf keine prinzipiellen Schranken. Gegen eine solche allgemeine Funktionalisierung pflegt man sich zu wehren, indem man bestimmten Werten oder Wertträgern eine Unersetzlichkeit einräumt. Die Unersetzlichkeit gehört zu den üblichen Attributen der Person, sofern diese mehr ist als ein Funktionsträger, sofern sie eine Würde hat und keinen Preis. Problematisch ist diese Sichtweise darin, daß man genau so, wie bestimmte Bild- beziehungsweise Zeichentheorien es tun, die Vertretung als etwas Nachträgliches behandelt. Doch ähnlich wie im Falle von Bildern, Zeichen und Spuren könnte man behaupten, daß man ist, was man ist, indem man *zugleich für Andere oder Anderes* steht. Diese Überschiebung gehört zur Seinweise von Wesen, die ein Selbst erlangen, indem sie sich mit Anderen identifizieren und in Form eines genuinen Synkretismus Eigenes und Fremdes im Eigenen vorfinden (s. u. S. 213). Auch das Phänomen der Übertragung und Gegenübertragung besagt, daß eine Beziehung sich über die andere schiebt. Es gibt usurpierte Stellvertretungen, bei denen jemand oder eine Gruppe sich anmaßt, für Andere zu sprechen. Zu erinnern ist schließlich an die ethische Substitution bei Lévinas, der zufolge ich durch meine bloße Existenz für den Anderen einstehe, ob ich will oder nicht. Auch dadurch wird das Selbstsein nicht aufgehoben, es wird allerdings bis ins Abgründige verfremdet.

Repräsentationen, die darauf hinauslaufen, daß etwas als etwas in einem Medium, aus der Ferne oder vertreten durch Andere zur Erscheinung kommt, haben zur Kehrseite bestimmte Formen der Depräsentation, einer Entgegenwärtigung im weiteren Sinne, die sich nicht auf die zeit-räumliche Ferne beschränkt (vgl. Hua VI, 189). Etwas tritt als solches auf, indem es von sich selbst abrückt und nicht schlichtweg da ist, zugänglich einer *simplex apprehensio*. Die Frage ist nur, wie diese Entwirklichung innerhalb der Verwirklichung zu denken ist.

Nehmen wir das zentrale Problem der Versprachlichung, so zeigen sich wiederum verschiedene Möglichkeiten. Es gibt eine weiche Variante, die zwischen Dingen und Worten ein *Kontinuum* ansetzt dergestalt, daß die Dinge selbst zu sprechen beginnen. Das Als wird zur Brücke eines ungehinderten Verkehrs, der in einer Richtung beginnt und ungehindert in der Gegenrichtung fortgesetzt werden kann. Für die Verbildlichung, Vergegenwärtigung und Stellvertretung würde ähnliches gelten. Die Dinge finden ihre gemäße Gestalt, Vertreter werden zum Sprachrohr derer, die sie vertreten, und die Gegenwart findet sich allüberall wieder, wenn auch auf Umwegen und in bestimmten Grenzen. Diese Vision muß scheitern, wenn das ›etwas als etwas‹ eine genuine Diastase bedeutet, die verbindet, indem sie trennt, wenn also dieses Als und der Kometenschweif weiterer Repräsentationen keinen sicheren und unverbrüchlichen Halt finden in einem schlicht Gegebenen, wenn also etwas auch jeweils als anderes erscheint.

Nun gibt es auch hier eine harte Variante, die der reinen Präsenz mißtraut und von einem *Bruch* zwischen Dingen und Wörtern ausgeht. Diese dramatische und der Moderne näher stehende Variante findet ihren kräftigen Ausdruck bereits bei Hegel, wenn in seiner Nürnberger Enzyklopädie für die Oberklasse schreibt: »Die Sprache ist die höchste Macht unter den Menschen. – Adam, heißt es, gab allen Dingen (Tieren) ihren Namen. – Die Sprache ist die Ertötung der sinnlichen Welt in ihrem unmittelbaren Dasein, das Aufgehobenwerden derselben zu einem Dasein, welches ein Aufruf ist, der in allen vorstellenden Wesen widerklingt« (*Werke* 4, 52). Der Geist macht lebendig, indem er die unmittelbare Gestalt zerstört und durch den Tod hindurchgeht; doch auf diesen Tod wartet die dialektische Wiederauferstehung, die ›Aufhebung‹ heißt. Der Riß, der durch die Welt der Dinge hindurchgeht, wird nicht geleugnet, im Gegenteil, aber er entpuppt sich als Zerrissenheit einer wiederzufindenden Einheit. Wenn das, was auseinandertritt, zueinander findet, bedarf es keiner Brücke mehr. Gerät das Vertrauen auf jenen Phönix, der sich aus der Asche erhebt, ins Schwanken, so bleibt doch das Moment der Gewalt, der Vernichtung, das getragen wird durch ein schillerndes Bündnis aus Abwesenheit, Vergessen und Tod. Bei Mallarmé, einem intensiven Hegelleser, endet die Abwesenheit der Dinge in einer reinen *poésie pure*. An der berühmten Stelle aus der *Crise des Vers* heißt es: »Ich sage: eine Blume! und jenseits der Vergessenheit, der meine Stimme jede Kontur überantwortet, als etwas anderes als die gewußten Kelche, erhebt sich musikalisch, Idee selbst und sanft, die aus allen Sträußen abwesende« (Üb. G. Goebel). Diese Motive setzen sich fort in Kojèves Einführung in Hegel, in Sartres Theorie der Imagination als einer Nichtung, in Lacans Diskurs des Unbewußten: »Es ist die Welt der Worte, die die Welt der Dinge schafft« (1966, S. 276, dt. I, S. 117); dieses Schaffen bedeutet auch hier einen Todesstoß für die Dinge selbst. Die Reihe ließe sich fortsetzen mit Foucault und anderen, ich zitiere hier lediglich Blanchot, diesen literarischen Katalysatoren, der sich ausdrücklich auf die erwähnte Mallarmé-Passage bezieht, wenn er 1949 in *La part du feu* (S. 312) schreibt: »Ich sage: diese Frau. Hölderlin, Mallarmé und insgesamt alle, deren Dichtung das Wesen der Dichtung zum Thema hat, haben im Akt des Nennens ein beunruhigendes Wunder gesehen. Das Wort gibt mir, was es bezeichnet, doch was es bezeichnet, beseitigt es zunächst (*supprime*). Damit ich sagen kann: diese Frau, muß ich ihr auf die eine oder andere Weise ihre Wirklichkeit, ihre Wirklichkeit aus Fleisch und Blut nehmen, sie in Abwesenheit setzen und sie vernichten.« Es folgt dann das schon erwähnte Hegel-Zitat. Dies alles bedürfte einer ausführlichen und detaillierten Ausdeutung.[15]

Ich frage mich jedoch, ob durch diese Ineinssetzung von Bezeichnung und beseitigender Aufhebung, von Abwesenheit und tödlicher Vernichtung das gebrochene Verhältnis zwischen Dingen und Wörtern nicht verzeichnet wird, als gäbe es hier einen totalen Bruch. Die Schaffung einer reinen Poesie, die mit dem spontanen Einverständnis einer »natürlichen kommunikativen Einstellung« bricht (vgl. Hua VIII, 59) und die sich faszinieren läßt durch das weiße Blatt Papier (vgl. Merleau-Ponty 1968, S. 201, dt. 159), setzt eine Fremdheit frei innerhalb der Vertrautheit, sie löst einen Bedeutungsschwund aus innerhalb einer Welt von Bedeutungen. Doch Verfremdung bedeutet nicht Vernichtung, Abwesenheit bedeutet nicht Nichtsein, außer man setzt ein kompaktes, fugenloses Sein voraus, das aus reiner Anwesenheit bestünde. Keine Dialektik von Sein und Nichts kann etwas ausrichten gegen das, was nicht etwas und in diesem Sinne auch nicht nicht-etwas ist. Hier öffnen sich Seitenwege, die aus den Kreisläufen der Dialektik hinausführen. Das, was Merleau-Ponty als Paradox des Ausdrucks bezeichnet, leistet das Unmögliche, etwas förmlich »zur Sprache zu bringen«, was weder in ihr noch außer ihr Platz findet. Etwas als etwas sagen bedeutet, eine Kluft zu überqueren, ohne sie zu überbrücken, es sei denn über »Schneebrücken« (1968, S. 202, dt. 160), die über Nacht wieder wegschmelzen können. Doch hinter dem Paradox eines Ausdrucks, der anderswo beginnt, ohne dort Fuß zu fassen, steht die »geduldige und schweigsame Arbeit des Begehrens«.[16]

15 Ich verweise auf eine gründliche Untersuchung von Andreas Gelhard: *Sprache, Zeit und Exteriorität bei Maurice Blanchot und Michel Foucault* (Diss. Bochum 2002), namentlich Kapitel III. Dieser Arbeit verdanke ich die Kenntnis der erwähnten Textzusammenhänge; ihr folge ich auch in der deutschen Wiedergabe des Zitats aus Blanchot.

16 Merleau-Ponty, *Das Sichtbare und das Unsichtbare* (frz. u. dt. S. 189). Vgl. zuvor schon *Die Prosa der Welt* (frz. S. 106, dt. 95), wo der Übergang vom Erlebten zum malerischen Ausdruck einem unermüdlichen Ausdrucksverlangen zugeschrieben wird.

7. Streben im Kreislauf der Ziele

Mit den letzten Bemerkungen wechseln wir zu der anderen, der dynamischen Seite der Intentionalität über. Auch hier gilt es eine Befangenheit zu überwinden, die uns – nach dem Durchbrechen des intentionalen und hermeneutischen Zirkels – in einen erneuten Zirkel einzuschließen droht. Dem Wahrnehmen und Erkennen tritt traditionellerweise das Streben gegenüber, das im Griechischen zumeist ἐπιθυμία und ὄρεξις oder verbal ἐφίεσθαι heißt und das im Lateinischen gewöhnlich mit *appetitus* oder *desiderium* wiedergegeben wird.[17] Platon und vor allem Aristoteles sehen das menschliche Streben eingebettet in eine allgemeine Zielstrebigkeit. Das Ziel wohnt dem zugehörigen Streben und einem daraus hervorgehenden Tun inne als ein *Woraufhin* (οὗ τινος), als ein *Worumwillen.* Das Telos gibt eine bestimmte Richtung an, und in ihm verkörpert sich zugleich die Bewegkraft, obwohl die Bewegung im Sichbewegenden ihren Ursprung hat. Alfred Schütz unterscheidet folglich zwischen Um-zu- und Weil-Motiven. Bei der Verwirklichung des Strebens kommen weitere Faktoren ins Spiel. Das gilt zunächst für die Vorstellungskraft, so etwa im Falle der Flucht, wo die φαντασία uns ein drohendes Übel vor Augen stellt (*Rhet.* 1382 a 21 f.). Hinzu kommen Lust und Unlust. Für Aristoteles bedeuten sie nicht das Ziel der menschlichen Tätigkeit, aber sie vollenden diese »als hinzutretende Vollendung gleich der Jugendblüte« (*Nik. Eth.* X, 4, 1174 b 33). Als Ingrediens des jeweiligen Tätigkeitsvollzugs, der *Energeia*, und als Ingrediens des Lebens als dem Insgesamt aller Tätigkeitsvollzüge wird die Lust von allen Wesen erstrebt (vgl. ebd., 1175 a 11-22). Weit entfernt von einem bloß subjektiven Gefühlszustand ist die Lust in ihrem Kern Lebenslust, die Lust des Lebens an sich selbst. Die Frage, ob wir das Leben um der Lust willen oder diese um des Lebens willen wählen, wird offengelassen. Mit der Wahl hätte es hier überhaupt seine Schwierigkeit; denn gewählt wird laut Aristoteles nur das, was zum Ziel führt, nicht das Ziel selbst. Das Ja zum Leben ist gesprochen,

17 Vgl. hierzu Markus Riedenauer, *Orexis und Eupraxia. Ethikbegründung im Streben bei Aristoteles* (2000). So sorgfältig diese Untersuchung auch angelegt und durch neuere Forschungen zu Aristoteles unterbaut ist, sie enthält nahezu keine Spuren der im folgenden zu entfaltenden Problematik, und dies obwohl oder gerade weil Aristoteles allerlei zeitgenössische Motive nachgerühmt werden: »ein dialogisches Verständnis des Seins, Leben als Antwortgeben, Entsprechen in der Wirklichkeit aus der Physik: das responsorische Dasein als leibliches, vernünftiges, weltlich-situatives, gemeinschaftliches, zeitliches« (S. 345).

wenn die Frage auftaucht, was wir jeweils tun sollen. Es gibt noch weitere Faktoren, die in diese Zielordnung eingehen, so etwa dauerhafte Haltungen, die uns für ein bestimmtes Handeln disponieren, günstige Umstände und institutionelle Rahmenbedingungen. Ich begnüge mich damit, jene Aspekte hervorzuheben, die für unsere Fragestellung von besonderem Belang sind.

Das Streben nach Zielen folgt im einzelnen dem binären Schema von Suchen und Meiden, einem praktischen Ja und Nein, das es erlaubt, von praktischer Wahrheit zu sprechen. Doch wie schon angedeutet, gilt dies nicht ebenso für das Gesamtstreben des Lebens. Niemand wählt, glücklich zu werden. Es gibt also ein integrales *Ja vor dem Ja und Nein*, ein merkwürdiger Vorklang der Lehre des Zarathustra, der diese Bejahung nur als A-moral zurückfinden kann. Dieses Grundstreben führt dazu, daß sich im Streben selbst ein Spalt auftut zwischen dem, *was* als Ziel erstrebt beziehungsweise als Weg und Mittel zum Ziel gewählt wird, und dem, was *in diesem Ziel* gesucht wird. Die *appetitive* Differenz, die sich hier andeutet, findet später ihren Ausdruck in der Rede von einem Streben *sub specie boni*, und dies durchaus mit onto-theologischen Hintergedanken. Die Spaltlinie läuft in eine andere Richtung, wenn bei Freud zwischen Triebobjekt und Triebziel oder zwischen Lust und Lustprinzip unterschieden wird. Was wird hier unterschieden? Bei Aristoteles führt die Anlehnung der Lüste an entsprechende Tätigkeiten zur qualitativen Differenzierung. Jede Tätigkeit hat ihre eigentümliche Lust (οἰκεία ἡδονή, *Nik. Eth.* X 5, 1175 a 31). Die quantifizierende Wechselwirtschaft der Lüste, die Platon schon im *Protagoras* namhaft macht, rückt in weite Ferne.

Entscheidend ist eine weitere Eigenart, die nach einer uns so gründlich eingehämmerten Anthropologie der Bedürfnisse besonders ins Auge fällt. Aristoteles weigert sich beharrlich, das Streben und die diese begleitende Lust auf ein Behebung von Mängeln zurückzuführen. Wer Lust mit bloßer Auf- oder Nachfüllung (ἀναπλήρωσις) gleichsetzt, orientiert sich einseitig an der Nahrungszufuhr (*Nik. Eth.* X, 2, 1173 b 14), die nicht mit dem stets libidinös besetzten Essen und Trinken und mit der Tischgenossenschaft von Sym-posien zu verwechseln ist. Natürlich führt Aristoteles hier eine Debatte fort, an der Platon kräftig beteiligt war. Schon im *Protagoras* wird uns eine Kulturtheorie vor Augen geführt, die den Menschen als »Mängelwesen« begreift, und im *Gorgias* wird das endlose Füllen und Leeren der Lustfässer gehörig persifliert als ein Leben, das dem der Ente gleicht, bei der vieles ein- und ausfließt (*Gorgias* 493 a-494 c). Schließlich entwickelt Platon im *Philebos* die Idee reiner Lüste, die Aristoteles dann aufgreifen wird. Beispiele liefern die Lust an der Erkenntnis, an der Musik, sinnliche Lüste am Gehörten, Gesehenen, an Gerüchen, an Erinnerungen und Erwartungen. Die Reinigung, die etwa im makellosen Weiß kulminiert, bleibt zweifelhaft; sie kann als Sublimierung verstanden werden, aber auch als Freisetzung einer höheren Lust, die sich ihrer *pudenda origo* enthoben glaubt. Im Hintergrund dieser Theorie, die sich an der *Vollendung* orientiert, steht, wie nicht anders zu erwarten, eine göttliche Lust: »[...] der Gott erfreut sich immerfort einer einzigen und einfachen Lust; denn es gibt nicht nur eine Tätigkeit (ἐνέργεια) der Bewegung, sondern auch eine Bewegungslosigkeit, und der Ruhe wohnt die Lust eher inne als der Bewegung« (*Nik. Eth.* VII, 5, 1154 b 26-28). Der Grundterminus dieser Teleologie heißt ›Energeia‹, also weder Bewegung noch Handlung. Die Ewige Wiederkehr bildet das Rahmengeschehen für die menschlichen Dinge, bei denen – wie Aristoteles hinzufügt – die Veränderung (μεταβολή) in der Tat süß ist, aber doch nur aufgrund einer gewissen Schlechtigkeit. Im menschlichen Bereich kommt es in der Tat vor, daß Neues schal wird. »Denn anfangs fühlt sich der Geist angerufen (παρακέκληται) und beschäftigt sich intensiv (wörtlich: angespannt) mit den Dingen, wie wenn wir unser Augenmerk auf etwas richten, dann ist es nicht mehr so, und die Tätigkeit läßt nach« (ebd., X, 4, 1175 a 8-10). Dem »Anruf« der Dinge, der »gespannten« Aufmerksamkeit folgt die Störung, die dann auftritt, wenn eine lustvollere Tätigkeit die andere aus dem Feld schlägt (ἐκκρούει), so wenn etwa der Flötenliebhaber durch Flötentöne vom philosophischen Gespräch abgelenkt wird und seine Philaulie der Philosophie Konkurrenz macht (ebd., X, 5, 1175 b 3-6). Diese und ähnliche Stellen zeigen, daß das Streben auch bei Aristoteles nicht etwas ist, was einfach weltprogrammgemäß abläuft, doch aufs Ganze gesehen wird das Streben von einer übermenschlichen Vollendung her auf eine göttliche Ruhe hin gedacht. Könnte es aber nicht sein, daß wir mit dem Mangel auch den Überfluß abgeschafft haben? Hätte nicht schon Platon seinen Eros ins Feld führen können, der zwischen Armut und Überfluß angesiedelt ist, ein Zwischenwesen, das seine eigene Beharrungskraft entwickelt?

Daß das Streben bei Aristoteles nicht von einem noch ausstehenden Endzustand aus, sondern von seiner Vollendung her konzipiert wird, hat eine letzte Konsequenz, die der Zielstrebigkeit im ganzen ihr Siegel aufprägt. Das Erreichen des Zieles ist gewiß von Umständen abhängig, die der Handelnde und Strebende nicht in der Hand hat; deshalb bewahrt die Eudaimonia, die gleichsam einem Schutzgeist, einem Daimon anheimgestellt ist, Momente einer Eutychia, einer Gunst des Zufalls. Platon beruft sich ferner auf ein göttlich zugeteiltes Geschick in Gestalt einer θεία μοῖρα. In Goethes *Urworten* wird alles nochmals nachbuchstabiert; es sind Urworte im Plural, die Pluralität der Mächte bildet ein Gefüge, kein System. Entscheidend ist jedoch etwas anderes. Das Erreichen des guten Endes ist von anderem abhängig, nicht so die Vollendung selbst. In Form der Entelechie wohnt das Ziel der Energeia als einer Tätigkeit der Seele inne. Dies unterscheidet schon die Praxis, die ihr Ziel in sich selbst hat, von der Poiesis, die bei bestimmten Werken endet, von denen nicht vorweg ausgemacht ist, wozu sie gut sind. Die höchste Praxis, das Denken, zeichnet sich nochmals dadurch aus, daß sie sich nicht in einem fremden Medium realisiert, etwa in der freiwilligen Austeilung von Gütern oder in der Berücksichtigung fremder Ansprüche, daß sie vielmehr *bei sich bleibt* und nicht zu anderem übergeht (*Politik* VII, 3). Gewiß gehen Platon und Aristoteles von Wesen aus, die zunächst ihr *Eigenes* (οἰκεῖον) suchen, das also, was *für uns,* und zwar für jeden von uns gut ist und scheint; doch das Streben endet beim *Guten schlechthin*, bei dem, was unter allen Rücksichten und für jegliches Seiende gut ist. So heißt es im *Symposion* an markanter Stelle (205 d): »Denn nicht an dem Seinigen (τὸ ἑαυτῶν) hängt jeder, glaube ich, es müßte denn einer das Gute das Angehörige (οἰκεῖον), das Schlechte aber Fremdes (ἀλλότριον) nennen).«[18] Auch die Ekstatik des Eros, die den Strebenden nach außen treten läßt, verläßt sich auf eine letzthinnige Deckung von Guten und Eigenem und – so können wir hinzufügen – von Gemeinsamem (κοινόν); denn, wie das vielzitierte Sprichwort sagt, ist Freunden alles gemeinsam. Das Wohlwollen (εὔνοια), die Gutgesinntheit, macht nicht beim eigenen Wohlergehen halt. Im Ziel ist alles und jedes bei sich und bei den Anderen, die mit ihm dasselbe Ziel erstreben, wenn auch jeder dies auf seine Weise tut, wie Aristoteles Platon gegenüber nachdrücklich betont. Die lobenswerte Menschenfreundlichkeit, die sich laut Aristoteles selbst beim Herumirren auf der Reise bewährt (*Nik. Eth.* VIII, 1, 1155 a 21 f.), setzt sich auf kosmopolitischer Ebene fort in der

18 Vgl. schon *Lysis* 222 a und ausführlicher dazu vom Verf. »Das Phänomen des Fremden und seine Spuren in der klassischen griechischen Philosophie«, in: Jostes/Trabant 2001.

Oikeiosis-Lehre der Stoa; die gestufte Aneignung orientiert sich auf einen Logos hin, der das All durchwaltet, so daß auch die stärker hervorgehobene Selbsterhaltung mit einer allgemeinen Vernunfterhaltung harmonisiert. Ich nenne dies den *appetitiven Zirkel*; er ist das Urbild aller Zirkel, die sich selbst als gute Zirkel verstehen. Alle Widerfahrnis scheint in einer Selbsterfahrung des Alls aufgehoben, die in der νόησις νοήσεως des ersten Bewegers ihre höchste Wirklichkeit hat. Hegel hat nichts anderes getan, als die anfängliche Gewißheit des »ich denke« im Denken des Denkens endgültig wahrzumachen.

8. Wollen im Bannkreis des Gesetzes

Der Einbruch des Fremden, der mit einer Neubewertung des Eigenen Hand in Hand geht, läßt nicht auf sich warten. Schon im Umfeld von Platon und Aristoteles taucht ein ungezügelter Drang nach Mehrhabenwollen und Stärkerseinwollen auf; doch gemessen an einer vorgegebenen Zielordnung widerspricht ein solcher Drang dem eigenen Glücksstreben, noch bevor Andere ihre Rechte geltend machen. Deshalb steht hinter dem Richter stets der Arzt, der eine *medicina animi* verordnet. Was uns im Denken der frühen Neuzeit begegnet als neuartige Bündelung vieler älterer Motive und was seitdem eine unaufhaltsame Wirkung entfaltet hat, ist etwas anderes. Schon die politische Anthropologie von Hobbes legt davon ein lebendiges Zeugnis ab, und in Kants Moralphilosophie findet das neue Denken seine ausgereifte Gestalt.

Die neuzeitliche Entzauberung des Kosmos treibt das Fühlen nach innen, in eine psychische Innenwelt, so daß tätigkeitsverstärkende Affekte sich in subjektive Gefühlszustände verwandeln. Damit wird das Streben auf seine eigenen Bedingungen zurückgeworfen, da es nicht länger an einer universalen Zielstrebigkeit partizipiert. Hinter dem Umbau der Psychologie steht eine veränderte Ontologie. Bei Hobbes bezieht das Streben seine entscheidenden Antriebe aus dem *Mangel*, der sich in entsprechenden Bedürfnissen äußert. Daß notwendige Bedürfnisse befriedigt sein müssen, bevor das freie Streben Ziele um ihrer selbst willen verfolgt, galt auch für das klassische Denken als selbstverständlich. Doch nun bekommen materielle Not und soziale Gefährdung, im Extremfall der physische Tod und der Mord, ein motivationales Übergewicht. Außerdem zersplittert das Streben in individuelle *Einzelwillen*, die nicht mehr durch ein gemeinsames

Gut verbunden sind. Der Übergang vom »ich will« zum »wir wollen« wird zum Problem, wie überhaupt der Wille als *freier Wille* eine Dramatik entfaltet, wie sie einer teleologischen Lebens- und Weltauffassung fremd war. Die Frage, warum ich das moralisch Gute wollen soll, gewinnt einen Sinn, den die Frage, warum ich nach dem Glück streben soll, nicht hatte. Wo Ziele nicht vorgegeben sind, bedarf es einer Instanz, die Ziele setzt. Der Mensch, der bei Aristoteles nur als freier Bürger frei ist, nimmt die Freiheit als Mensch in Anspruch. Diese Verschiebung im Gefüge menschlicher Bestrebungen hat zur Folge, daß Widerfahrnisse primär als widrige Ereignisse auftreten, in besonderer Prägnanz bei Hobbes, bei dem der qualvolle Tod zum *summum malum* aufrückt, nachdem ein *summum bonum* außer Sicht geraten ist.

Bei Kant, dem neuzeitlichen Antipoden von Aristoteles, dessen praktische Philosophie es an Differenziertheit und Ausgewogenheit mit jenem aufnehmen kann, kehren traditionelle Elemente wieder, aber in einem durchaus neuartigen Rahmen. Wie schon Hobbes und Rousseau beginnt Kant nicht mit einer natürlichen Geselligkeit, sondern mit der »brutalen Freiheit« eines »wilden Menschen«.[19] Das Streben wird gefaßt als *Begehrungsvermögen*, eine Formulierung, in der das Begehrliche eines versklavten Willens stärker mitanklingt als in dem neutraleren Begriff des Strebens. Das menschliche Begehren wird definiert mittels der *Vorstellung* seines Gegenstandes, die dem herkömmlichen Mitwirken des Logos seinen Tribut zollt. Lust und Unlust werden zu Indikatoren der Lebensbefindlichkeit: »Vergnügen ist das Gefühl der Beförderung, Schmerz das einer Hindernis des Lebens« (Ausg. Weischedel, VI, 551). Der Beitrag der Sinne wird in eine Polarität von Zuständlichkeit und Gegenständlichkeit hineingezogen: »Je stärker die Sinne bei eben demselben Grade des auf sie geschehenen Einflusses sich *affiziert* fühlen, desto weniger *lehren* sie. Umgekehrt: wenn sie viel lehren sollen, müssen sie mäßig affizieren« (ebd., 452). Die alte Hierarchisierung der Sinne, die ihrem Reinheitsgrad folgt, taucht hier unter anthropologischen Vorzeichen wieder auf mit der Konsequenz, daß das Pathos, auch das fremdgewirkte Pathos, an seiner größeren und geringeren Nähe zum Logos gemessen wird, so im Falle des Rhetorik, die eine »hinterlistige« Rednerkunst von sich absondert (vgl. KU B 218). Das *animal rationale* ist jeweils mehr oder weniger rational. Schließlich wird auch dem

19 *Ideen zu einer allgemeinen Geschichte in weltbürgerlicher Absicht*, siebenter Satz.

Glücksverlangen Genüge getan, indem dem *höchsten* Gut, das die Glückswürdigkeit schafft, ein *vollendetes* Gut hinzugefügt wird, das dem Glück selber zur Verwirklichung verhilft. Doch hier deutet sich schon ein Bruch an, der mit den traditionellen Mitteln nicht mehr zu heilen ist. Dieser Bruch spaltet den Willen selbst auf in einen *Willkürwillen*, der seinen Antrieb aus eigensüchtigen Neigungen und Interessen bezieht, und einem *Vernunftwillen*, der einem unbedingten Gesetz entspringt. Das »ich will« schlägt um in ein »du sollst«. Kein Weiser kann von einem zum andern übergehen, indem er seine Sinne läutert. Er müßte seinen Eigenwillen ganz und gar dem allgemeinen Gesetz unterwerfen und auf der anderen Seite der Kluft Fuß fassen. Kant verbindet diese Grenzmöglichkeit mit der Idealfigur des Heiligen. Da das moralische Gesetz auf einen Willen trifft, der nicht heilig ist, tritt es primär als *Verbot* auf, als Einspruch, nicht als Zuspruch, als ein Ja, das sich im Nein ausspricht. Der appetitive Zirkel, der mich im Guten mich selbst finden läßt, verwandelt sich nun in einen *moralischen Bruch*; der menschliche Wille ist ein gebrochener Wille, der Mensch ein gespaltenes und nicht nur ein zusammengesetztes (σύνθετον) Wesen wie bei Aristoteles, wo er seinen göttlichen Anteil in sich vermehrt und sich soweit möglich unsterblich macht (*Nik. Eth.* X, 7, 1177 b 33). Den abgeschwächten Widerfahrnissen der Sinne steht nun also ein starkes Widerfahrnis des Gesetzes gegenüber, das uns in der Achtung affiziert. Doch dieses Widerfahrnis ist weiterhin ein bloßes Pathos »für uns«, nämlich sofern wir Sinnenwesen sind. Die Selbstgesetzgebung, die uns als Vernunftwesen zusteht, verwandelt auch das Gefühl der Achtung für das Gesetz in eine Selbstachtung. Die Affektion durch das Gute ist nicht bloß von einer Selbstaffektion begleitet, sie bedeutet alles in allem eine *Selbstaffektion*. Wird die Stimme des Gesetzes am Ende auf eine universale Geltung reduziert und das »Du sollst« in ein »Jedes Vernunftwesen soll ...« übersetzt, so fügt sich auch dieses Widerfahrnis in einen Zirkel ein. Der Zielkreis, in dem das Streben befangen ist, wird lediglich ersetzt durch einen Pflichtenkreis, in dem sich das Wollen verfängt.[20] Doch der Spalt im Selbst bleibt, wenn wir den Einbruch des Gesetzes ernst nehmen, ernster jedenfalls, als manche neuere Kantianer es zu tun pflegen.

20 Diese Zirkelstruktur läßt sich aus dem Wechselbezug von Frage und Antwort entwickeln, vgl. AR, Kapitel I, 16-17.

9. Mangel und Bedürfnis

Wenn in der Neuzeit das Streben vom Mangel her gedacht und entsprechend vereinzelt wird, so steckt dies voller Zweideutigkeiten. Wir werden uns davor hüten, entsprechende Tendenzen einer bloßen Verfallsgeschichte zuzurechnen. Nicht nur im Falle Galileis, sondern auch im Falle von Hobbes und Descartes wohnen Entdeckung und Verdeckung eng beieinander. Es lohnt sich, das Moment des Mangels nochmals eigens zu betrachten.

Auf den ersten Blick sieht die Sache einfach aus. Die elementare Bestimmung des Mangels besagt, daß es einem x an einem y fehlt, wobei das y einem Richt- oder Sollwert gehorcht und als erforderlich oder erwünscht zu charakterisieren ist. Der Mangel läßt sich als *Bedarf* bezeichnen, wenn der Mangel an y einem x zugeschrieben wird, als *Bedürfnis*, wenn der Mangel an y von x selbst als Mangel erlebt wird. Das *Streben* bestünde dann in der Tendenz, von einem Ausgangszustand des Mangels in einen Zielzustand verminderten oder behobenen Mangels überzugehen. Das Streben wäre erfüllt, wenn der Zustand einer *Befriedigung* des Bedarfs beziehungsweise des Bedürfnisses durch einen geeigneten Prozeß oder ein geeignetes Tun zustande gekommen wäre. Ich habe eine möglichst neutrale Beschreibungssprache gewählt, um verschiedene Bedeutungs- und Anwendungsmöglichkeiten offenzuhalten. Ein einfaches Beispiel, das schon Platon an der erwähnten Stelle in *Politeia IV* heranzieht, wären Hunger und Durst. Ein Lebewesen hat Durst nach Getränk, wobei der Durst weiter spezifiziert werden kann, etwa als Durst nach Wein. Der Durst treibt den Dürstenden zum Trinken an wie ein Tier (*Politeia* 439 b); das Trinken selbst ist ein Tun, das Befriedigung verschafft, und es wird begleitet von einem angenehmen Gefühl der Sättigung. Die Unterscheidung zwischen Bedarf und Bedürfnis ist von Belang, wenn Leibgefühl und Körperwissen auseinanderklaffen, wobei letzteres dem Arzt gemeinhin in hohem Maße zur Verfügung steht. Der Arzt kann behaupten, mein Körper brauche mehr Flüssigkeit, obwohl ich keinen Durst verspüre.

Wir haben viel von der Macht der Negativität gehört. Natürlich stellt der Mangel einen negativen Zustand dar, in dem etwas nicht vorhanden ist. Doch umgekehrt bedeutet nicht jede *Negation* eine Privation. Negation besagt, daß etwas nicht gegeben, Privation, daß etwas genommen ist. Unlöslichen Stoffen, stimmlosen Lauten oder unsichtbaren Lichtwellen fehlt nichts. Den Unsterblichen wird mit der Negation gerade der Makel der Sterblichkeit abgesprochen. Außerdem verhalten sich bloße negative Kennzeichnungen symmetrisch zueinander. Wenn a nicht b ist, so ist b auch nicht a. Hier haben wir es mit bloßen Differenzen zu tun. Anders steht es im Falle der *Privation*.[21] Unvernünftigkeit und Ungeselligkeit sind Zustände oder Verhaltensweisen, denen es an Vernunft oder Geselligkeit mangelt. Eines der beiden Bezugsglieder findet eine positive Bewertung, es ist Träger einer Präferenz, die über die bloße Differenz hinausgeht. Die Bestimmungen verhalten sich somit asymmetrisch zueinander. Welches der beiden Glieder einen positiven Akzent trägt, steht nicht von vornherein fest. Ein eklatantes Beispiel liefert die griechische Kennzeichnung der Geschäftigkeit als Mußelosigkeit (ἀσχολία). Armut, Ehelosigkeit oder Interesselosigkeit unterliegen ebenfalls einer schwankenden Bewertung. Wenn Freud einen Todestrieb einführt, so bedeutet dies, daß Spannungsabbau und Indifferenz keine bloße Privation darstellen gegenüber dem Spannungsgefälle der Lust, zumindest ist eine gewisse Ambivalenz im Spiel.

Diese Überlegung stellt uns vor die Frage, worin die Präferenz besteht, woher der Soll- oder Richtwert stammt, an dem sich der Mangel bemißt. Auch hier stoßen wir auf gravierende Unterschiede. Dem Tier ist der Sollwert in Grundzügen eingeschrieben, ebendeshalb schreiben wir dem Tier natürliche, instinktiv gesteuerte Bedürfnisse zu. Menschliche Bedürfnisse haben dagegen einen Spielraum. Wenn Philosophen wie Platon oder Epikur immer wieder mit der Ausschaltung oder Eindämmung nicht-notwendiger Bedürfnisse liebäugeln, so zeigt dies eine mangelnde Einsicht in die Künstlichkeit aller menschlichen Verrichtungen. Doch auf jeden Fall ist der Mensch in der Lage, zu seinen Trieben nein zu sagen, wie schon Platon annimmt, indem er dem Begehrungsvermögen, das den Dürstenden zum Trinken auffordert, eine Instanz gegenüberstellt, die ihn daran hindert (*Politeia* 439 c). Wir erkennen hier einen schwachen Abglanz des Verbots, aber nur einen Abglanz; denn das Gebietende besteht letzten Endes in dem verfolgten Ziel, in diesem Falle in der gesunden

21 Vgl. zur στέρησις Heideggers Ausführungen, die den Akzent auf das Gegeneinander von An- und Abwesung legen. »Wenn etwas [zum Beispiel das Fahrrad] fehlt, dann ist das *Fehlende* zwar weg, aber das *Weg* selbst, das Fehlen bringt uns gerade auf und beunruhigt uns deshalb, was alles das ›Fehlen‹ nur kann, wenn es selbst ›da‹ ist, das heißt *ist*, das heißt ein Sein ausmacht. Στέρησις als Abwesung ist nicht einfach Abwesenheit, sondern *Anwesung*, diejenige nämlich, in der gerade die *Abwesung* – nicht etwa das Abwesende – anwest« (*Vom Wesen und Begriff der φύσις*, in: *Wegmarken*, S. 296 f.).

Leibesverfassung, und dieses Ziel kann und braucht nicht geboten zu werden, es kann sich nur verdunkeln unter dem Andrang ungezügelter Lüste oder Ängste. Darin liegt eine erste Bedeutung von Mangel, die in der bloßen Zielstrebigkeit fundiert ist. Im Mangel (ἔνδεια) drückt sich die *Unvollendung* dessen aus, was als ein ἀτελές sein volles Ziel noch nicht erreicht hat. Den Maßstab liefert also ein vollendetes Ganzes, so wie das Glück als vollendet (τέλειον) und selbstgenügsam (αὐταρκές) bestimmt wird (*Nik. Eth.* I, 5). Dieses vollendete Ganze ist nun, wie wir gesehen haben, kein Zielpunkt einer unendlichen Perfektibilität, sondern es verwirklicht sich schon jetzt in der gelingenden Tätigkeit, wenngleich nur augenblicksweise. Der Mangel als Antrieb beschränkt sich daher auf die zum Leben notwendigen Dinge, ohne die ein gutes und freies Leben nicht zu führen ist. Mängelwesen sind für Aristoteles nur Sklaven, die nicht um ihrer selbst willen leben. Daß es diese Sklaven gab, ist die eine Sache; daß es sie geben muß, folgt daraus nicht. Die Frage, ob das Wesen, dem es an etwas mangelt, und das Wesen, das ermangelt, *etwas* oder *jemand* ist, ob also im Zweifelsfalle ein Begehren auf ein anderes Begehren trifft, spielt innerhalb der Ganzheitsvision ebenfalls keine entscheidende Rolle. Auch Freunde gehören zu den Lebens- und Glücksgütern; die allseitige Teilhabe macht scharfe Zäsuren hinfällig. Dies ändert sich in der Moderne, wo deutlich zwischen Personen und Sachen unterschieden wird.

In der Neuzeit verlagern sich die Gewichte, wenn der Mangel sich mehr und mehr von der *Abwesenheit* herleitet, und dies mit einem deutlichen Akzent auf dem *Selbst*, das etwas oder jemanden vermißt, dem etwas fehlt oder das etwas verfehlt. Der Mangel trägt nicht unwesentlich dazu bei, das Subjekt, wie es fortan heißt, oder das Selbst, wie ich lieber sage, aus der Taufe zu heben. Das Selbst, das aus dem Mangel erwächst, beruht nicht auf dem Selbstbewußtsein oder der Selbstsetzung mit all den Aporien, die dieser reflexiven Form der Selbstheit anhaften. Der Mangel läßt als solcher die Frage nach dem Wer aufkommen, die über jede Was-ist-Frage hinausgeht. Schon in den klassischen griechischen Texten verbindet sich der Mangel nicht nur mit dem Genitiv (τινός), in dem sich das zeigt, worum es geht, sondern er verbindet sich auch mit dem Dativ (τινί). Wie wir gesehen haben, reduziert sich der Mangel auf keine bloß negative Eigenschaft oder keinen bloß negativen Zustand, den ein Beobachter oder Betrachter einem Gegenstand zuschreibt. Mangel als Privation setzt voraus, daß etwas nicht nur ist oder nicht ist, sondern daß es zu sein hat, und dieses Zu-sein besagt, daß das Seiende an sich selbst gemessen wird, daß es trotz aller Berührung durch anderes eine gewisse Intaktheit aufweist, daß es wie ein Wirbel um sich selbst kreist und nicht bloß bestimmten Regeln unterliegt. Infolgedessen ist das Streben kein Vorgang, der zu einem vorliegenden Zustande des Mangels äußerlich hinzutritt; denn der Mangel setzt voraus, daß etwas mehr und anderes ist, als es ist. Das Streben fällt zusammen mit dem Mangel im Zustand seiner Behebung, und nur im Rückblick erscheint der Hunger oder das Liebesbedürfnis als Disposition, die unter geeigneten Umständen aktiviert wird. Der Mangel *an etwas*, durch den etwas sich als Selbst erweist und nicht nur als Selbes, stellt ein ebensolches Urphänomen dar wie die Auffassung von etwas *als etwas*, und dies in dem Sinne, daß deren Bezweiflung sie weiterhin voraussetzt. Jede Befragung befragt etwas nicht nur auf etwas hin, sie enthält bereits ein Wissensstreben, ein Wissenwollen, und sie geht aus von einem Mangel an Wissen, der niemals mit dem Wissen um den Mangel zusammenfällt. Ebendeshalb ist die Bedeutung niemals eine positive Gegebenheit. Es stellt sich dann allerdings das Problem, wie die beiden Urphänomene des Bedeutens und Begehrens zusammenhängen. Doch erstaunlicher noch ist die Tatsache, daß etwas auf etwas anderes aus ist, selbst wenn es, wie wir sagen, um sich selbst kreist.

Blicken wir nochmals auf die klassisch-griechische Teleologie zurück, so finden wir auch hier dieses Selbst. Es zeigt sich indirekt, aber an prominentem Ort, nämlich in der Bestimmung des Lebens oder der Seele als sich-selbst-bewegend (αὑτὸ κινοῦν), so schon im *Phaidros* (245 c) und natürlich in der aristotelischen *Physik*, wo die Selbstbewegung als Kriterium dient, um Natürliches von künstlichen Produkten zu unterscheiden. Die entscheidende Annahme der klassischen Physik und Metaphysik bezieht sich nicht auf Zielursachen; geht man von ihnen aus, so gerät man leicht auf ein teleologisches Weltbild, das als Gegenbild fungiert zu einer mechanischen Weltauffassung, in der es lediglich Wirkursachen gibt. Das Entscheidende der klassischen Kosmologie liegt vielmehr in der Urtatsache des Strebens, in einfachen Phänomenen wie denen, daß es Wesen gibt, die hungern und dürsten. Die sogenannte Teleologie ist im Grunde eine Epithymologie, eine Lehre vom Streben. Das Staunen darüber, daß es Wesen gibt, die nach etwas streben, ähnelt durchaus dem im *Phaidon* und in *Politeia VII* beschriebenen Staunen darüber, daß bei allem Wandeln im einzelnen etwas *als dasselbe* erscheint oder daß es umgekehrt beim Vergleich mit anderem *als größer oder kleiner* erscheint, ohne selber zu wachsen oder zu schrumpfen. Wenn dies alles zutrifft, so stellt sich doch die Frage, warum das Selbst so sehr in die Bewegung der Selbst*bewegung* hineingerissen wird bis hin zu dem Punkt, wo es bewegungslos in sich selbst verharrt. Einfacher gesagt, es stellt sich die Frage, warum in der klassischen Antike der Platz, den in der Neuzeit das ›Subjekt‹ einnimmt, indem es ›ich‹ sagt, nahezu unbesetzt bleibt. Eine mögliche Antwort sehe ich eben darin, daß der Mangel, der das Einzelwesen auf sich selbst zurückwirft und eben damit konstituiert, als bloße Unvollendetheit gedeutet und jede Abwesenheit einer vollendeten Gegenwart zugeordnet wird. Das Seiende, das außer sich ist, findet sich als Teil in einem Ganzen wieder. Hegels Dialektik enthüllt sich als eine Mischung aus Klassik und Moderne, Negation und Privation verschmelzen miteinander, wenn die Substanz selbst begriffen wird als ein Etwas, das *über sich selbst* hinausstrebt und sich im Begriff, den es von sich selbst hat, *an sich selbst* mißt – bis zu dem Punkt, wo es *selbst* alles in allem ist. Am Ende kommt nicht nur der Begriff der Sache und die Sache dem Begriff gleich, sondern gleichzeitig konvergieren Bedeutung und Begehren im »Ganzen einer Bewegung«, das als Ruhe aufgefaßt wird, so in der Vorrede der *Phänomenologie des Geistes* (*Werke* 3, 46). Allerdings gibt es auch gegenläufige Momente schon bei Platon in seiner Eros-Lehre, wo die Seele aus sich heraustritt, getrieben nicht nur durch ein Ganzes, sondern auch durch die Ferne eines Fremden, Ungewohnten, Abwesenden. Dieser Auszug der Seele endet allerdings doch wieder mit der Rückkehr in eine Seelenheimat, der die Seele entstammt. Immerhin öffnen sich hier und an ähnlichen Stellen die Spalte, die das All ebenso durchziehen wie das Selbst.

Betrachten wir nach diesem Rückblick nochmals die moderne Konzeption des Mangels, so entdecken wir auch hier eine tiefe Zweideutigkeit, die bis in unsere Gegenwart nachwirkt. Der Mangel kann verstanden werden als Ausdruck bloßer *subjektiver* Bedürfnisse. Der Mangel bemißt sich in diesem Falle an der Differenz zwischen tatsächlicher und vollendeter *Wunscherfüllung*. Das *pursuit of happiness* nimmt immer noch an einem All Maß, aber an einem subjektiv ermäßigten All, so daß jeder nach seiner Fasson selig werden mag. Das bedürfnisorientierte Streben findet seinen Rückhalt in einem nicht mehr weiter befragten Trieb der Selbsterhaltung, Selbstsetzung, Selbsterweiterung, der auf eine mehr egoistische oder eine mehr altruistische Weise befriedigt werden mag und der im utilitären Kalkül seine rationale Gestalt findet. Schon Hobbes nennt die schlechte Unendlichkeit einer *progressio infinita* beim Namen (*De Homine*, Kapitel 11), und Kant weist mit aller Deutlichkeit auf das Desaster hin, das eintritt, wenn die variablen Leitvorstellungen einer subjektiv oder partikular begrenzten Glückssuche zum Fundament einer Rechts- und Moralordnung gemacht werden. Nur ist sich Kant nicht im klaren darüber, wie weit diese *happiness* hinter der griechischen Eudaimonia zurückbleibt, indem sie das Gute auf das reduziert, was mir, einigen von uns oder einer Tradition als gut erscheint.[22] Wenn schließlich Freud in seiner Analyse des Unbehagens in der Kultur lapidar feststellt: »Die Absicht, daß der Mensch ›glücklich‹ sei, ist im Plan der ›Schöpfung‹ nicht enthalten« (GW XIV, 434), so gibt er zu verstehen, daß der Zustand einer vollendeten Bedürfnisbefriedigung ein infantil gesteuertes Phantasma ist. Dies impliziert, daß die Phantasievorstellung nicht nur an der Bestimmung lust- und unlusterregender Objekte und somit an der Artikulation des Strebens beteiligt ist, sondern daß sie ein Ganzes vorgaukelt, das es so gar nicht gibt.

Die Alternative, die wir an dieser Stelle nur andeuten wollen, bestünde darin, daß der Mangel als *Abwesenheit eines Anderen* gefaßt wird. Die emphatische Form eines Strebens, das sich auf ein abwesendes Anderes richtet, schwebt uns vor Augen, wenn wir – ähnlich wie Lacan und Lévinas es tun – von einem *Begehren* sprechen, das sich vom subjektiven Bedürfnis grundlegend unterscheidet. Dieses Begehren geht also weder aufs Ganze wie das Glücksstreben der klassischen Griechen, noch beschränkt es sich auf die Befriedigung subjektiver Bedürfnisse. Die Alternative, die sich hier ankündigt, gibt selbst zu weiteren Fragen Anlaß. Grundlegend ist die Annahme, die sich schon bei Hegel vorbereitet, daß das Begehren sich zu einem *Begehren des Begehrens* verdoppelt. Jener, der unter einem Mangel an etwas leidet, sieht sich mit einer Art Doppelgänger konfrontiert. Es fragt sich dann, woraus dieser Mangel resultiert. Ist es die Freiheit des Einzelnen, die als ein »Loch im Sein« auftritt, die das Sein zerreißt und de-totalisiert? Ist es das Subjekt, das den Mangel ›sein läßt‹? Ist es ein Gesetz, das dem Begehren nach dem Anderen Einhalt gebietet und es zugleich konstituiert? Ist es das Gebot eines fremden Angesichts, das mich zur Verantwortung zieht und immer schon zur Ver-

22 Aristoteles unterscheidet bekanntlich zwischen dem Guten (ἀγαθόν) und dem von den Vätern Ererbten (πάτριον) (*Politik*, II, 8).

antwortung gezogen hat? Ist es ein fremder Anspruch, dessen Unzugänglichkeit sich in verschiedenen Dimensionen der Fremderfahrung bekundet? Dies sind Fragen, die unsere weiteren Überlegungen begleiten werden.

10. Vorgängiges Getroffensein

Auf der Suche nach dem Pathischen sind wir ausgegangen von der zeitgenössischen Theorie der Intentionalität. Gleichzeitig haben wir zu zeigen versucht, daß in der Intentionalität Bedeuten und Begehren miteinander verquickt sind. Man könnte weiterhin der Frage nachgehen, wie beide aufeinander übergreifen. Daß ein solches Übergreifen geschieht, liegt auf der Hand. Das, wonach wir streben, läßt sich *als* gut oder lustvoll explizieren, ohne daß diese Qualitäten einer entsprechenden Vorstellung entspringen. Das Woraufhin ist kein Was, aber es läßt sich als solches betrachten. Umgekehrt fungiert das, was wir zu erkennen versuchen, als Ziel eines Wissensstrebens, ohne daß die Gültigkeit der Erkenntnis aus der Neugier oder aus dem Nutzenkalkül hergeleitet werden kann. Insofern hat ein Wissensverbot keinen Sinn, wohl aber ein Wissenserwerbsverbot. Ebenso kann es keine falsche Lust geben, wohl aber eine Fehleinschätzung ihrer Voraussetzungen und Konsequenzen. Was uns hier interessiert, ist etwas anderes. Es geht uns um eine Engführung der beiden Motivstränge, von denen wir ausgegangen sind, und um die Frage, worin beide sich treffen. Dahinter steht die zentrale Frage nach dem, was uns im Bedeuten und Begehren widerfährt.

Wenn es ein Überkreuz beider Motivstränge gibt, so ist dieses dort zu erwarten, wo Bedeuten und Begehren über sich selbst hinausweisen in Form eines *Überschusses*, der sich wie folgt bestimmen läßt. Das *Etwas*, das als etwas intendiert wird, stellt mehr dar als einen Träger jenes Sinnes, der dieser Intention entspringt. Insofern ist es in sich selbst *bedeutungs-los*. Dies zeigt sich in Störungen und Verwirrungen, in denen etwas den vorgegebenen Bedeutungsrahmen verläßt. Die signifikative Differenz, die etwas als etwas auftreten läßt, widersetzt sich deshalb einer Synthese. Ähnliches finden wir auch auf seiten des Begehrens. *Etwas*, das in einem Zielobjekt gesucht wird, erweist sich für sich genommen als *ziel-los*. Auch dies zeigt sich, wenn das Zielstreben ins Stocken gerät und die Zielordnung gestört wird. Ein extremes Beispiel liefern Situationen praktischer Sinnlosigkeit, wie Sartre sie im *Ekel* beschreibt. Die nackte Baumwurzel ist in ihrem puren ›daß‹ zu nichts da. Keine Erfahrung ist gegen solche Formen des Sinnentzugs gefeit. Die appetitive Differenz, die besagt, daß etwas in etwas anderem gesucht oder gemieden wird, läßt sich ebensowenig in eine Synthese überführen wie die signifikative Differenz. In diesem Sinne müßte der alte Satz abgewandelt werden: *ens et verum/ bonum non totaliter convertuntur.* Dies bedeutet nicht, daß es etwas jenseits aller Erkenn- und Erstrebbarkeit gibt. Eine solche Annahme würde der Rationalität eine Irrationalität, der Freiheit des Wollens eine Abhängigkeit unterlegen, als gäbe es eine affektive Unterwelt, diesseits von Wille und Vorstellung. Das *non totaliter* weist vielmehr hin auf einen Spalt innerhalb jeglicher theoretischen und praktischen Ordnung; die Tatsache, daß es eine Ordnung gibt, findet selbst keinen Eingang in die Ordnungen des Bedeutens und Begehrens, außer man verkennt deren Genese und verwandelt Gewordenheit in ein Sein.

Der doppelte Überschuß verschwindet, wenn die signifikative und die appetitive Differenz, die das Geschehen des Bedeutens und Begehrens offenhalten, von einer Diastase in eine bloße Distinktion verwandelt werden nach dem Muster: Was in einer bestimmten Bedeutung auftritt, *ist*, was es bedeutet, oder: Was in einem anderen erstrebt wird, *ist*, was erstrebt wird. Mit Freud gesprochen, würden Triebobjekt und Triebziel kollabieren. Damit würde sich die Lücke schließen, die das Spiel der Bedeutung und des Begehrens offenhält. Der Mangel würde ontologisiert, psychologisiert, mediatisiert: als objektiver Fehlbestand, als subjektives Bedürfnis oder als Bruchstück eines Ganzen. Die technologische Bewältigung des Mangels würde diesen Schwund verstärken. Das pure Bedürfnis, das von der Dynamik des Begehrens abgekoppelt wird, läßt sich ebenso maschinell nachbauen wie eine von allem Begehren gereinigte Bedeutungsstruktur. Definiert man den Mangel als Nichterreichen eines Sollzustandes, der – wie im Falle des Thermostaten – in einen künstlichen Automaten eingebaut oder – wie im Falle der Regulierung der Körpertemperatur – einem automatenförmig konstruierten Organismus zugeschrieben wird, so bleiben in der Tat nur Bedürfnisse zurück im Sinne dessen, »was wirklich fehlt«.[23] Um herauszufinden, ob ein sol-

23 So Dietrich Dörner (1994, S. 142); ich erspare mir hier die Kritik an den Visionen, die der Autor mit seiner Gefühlsmaschine EMO verbindet; vgl. dazu meine Ausführungen in *Grenzen der Normalisierung*, S. 112 f., 247 f. Die Kritik richtet sich nicht gegen die simulative Erprobung funktionaler Zusammenhänge von menschlichem

ches Bedürfnis vorliegt, genügt es, einen weiteren Apparat als Kontrollinstanz einzusetzen.

Es fragt sich nun, wie dieser Überschuß zu fassen ist, für den keine Ordnung zur Verfügung steht. Wir haben auf Störphänomene und Katastrophen hingewiesen, doch sind dies offensichtlich nur negative Bestimmungen. Selbst die Annahme eines Überschusses bedeutet nur, daß etwas innerhalb der jeweiligen Ordnung keinen Platz findet. Wir stoßen hier auf ähnliche Probleme wie die einer negativen Dialektik, die sich den Boden unter den Füßen wegzieht, ohne einen neuen Boden zu finden, von dem aus sie dies tun könnte. Wechselt man unaufhörlich Standbein und Spielbein, so landet man bei einer ›schlechten Dialektik‹, die ihren eigenen Problemen aus dem Weg geht. Den Kalamitäten einer endlosen Vermittlung entgeht man freilich nicht, indem man alle Vermittlungen über Bord wirft und so tut, als könne man mit einer ›unbefleckten Erkenntnis‹ beginnen, die dann ›Erfahrung‹ oder ›wirkliche Erfahrung‹ heißen mag. Eine behauptete Unmittelbarkeit ist keine, und eine forcierte Unmittelbarkeit ist erst recht keine. Den indirekten Weg werden wir uns nicht ersparen können, wenn wir uns nicht Sand in die Augen streuen wollen. Doch was wir ›Widerfahrnis‹ nennen, bringt uns auf einen Weg besonderer Art. Dieser Weg öffnet sich, wenn wir das pathische Ereignis des Widerfahrnisses als *Getroffensein* zu denken versuchen.

Im Getroffen*sein* steckt ein perfektivisches Moment, ein Moment zeitlicher *Vorgängigkeit*. Was uns zustößt oder zufällt, ist immer schon geschehen, wenn wir darauf antworten. Eben deshalb hat jede Bezugnahme auf Widerfahrnisse einen indirekten Charakter, sie geschieht aus einem zeitlichen Abstand heraus.[24] Widerfahrnisse sind keine Wunderdinge, auf die wir einladend oder warnend mit dem Finger zeigen können. Einladung und Warnung kämen entweder zu früh oder zu spät. Widerfahrnisse gleichen einer Wunde, die wir schon empfangen haben, wenn wir sie vorweisen. Sie folgen sprachlich betrachtet einem »apriorischen Perfekt« (*Sein und Zeit*, S. 85). Eben dies unterscheidet das platonische Staunen von einem Anfang, den wir machen, indem wir uns etwa zu einem methodischen Zwei-

Körper und Geist, wohl aber gegen die systematische Übertünchung der Schnittstellen zwischen Körperautomat und leiblicher Erfahrung. Natürlich kann man jedes Neinsagen, etwa das Fasten, beschreiben wie den Einbau eines elektrischen Widerstandes, doch damit setzt man die entscheidende Dynamik schlicht voraus.

24 Darin liegt die Wahrheit des Motivs der Wirkungsgeschichte, doch nur dann, wenn die Einwirkung den »geschlossenen Stromkreis« des geschichtlichen Sinns unterbricht.

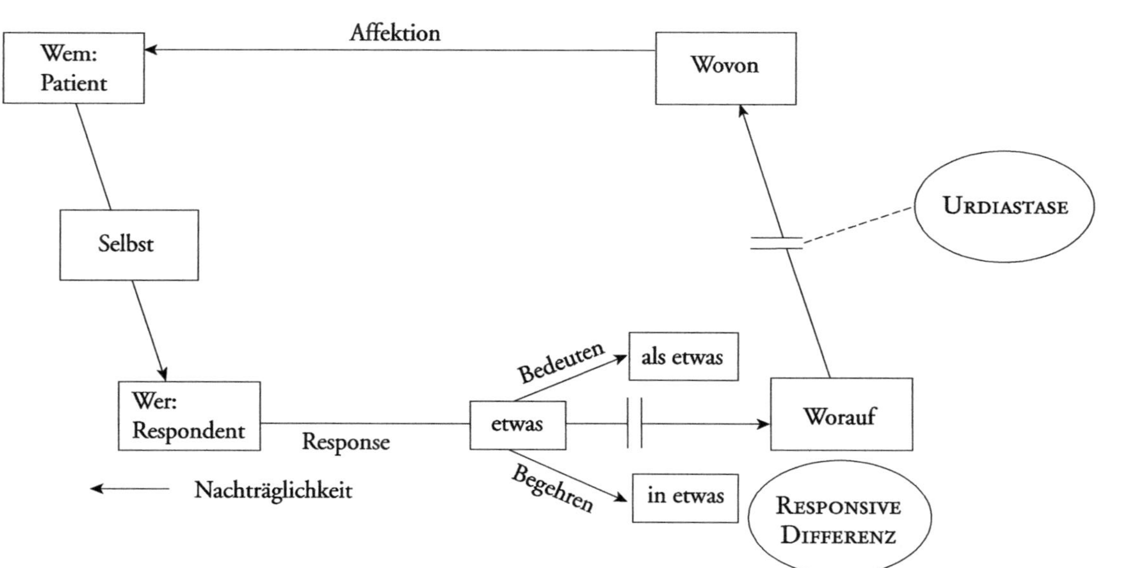

Schema 2: Affektion und Response

fel entschließen. Ebendeshalb beschreibt Platon das Staunen gleich dem Eros, der ebenfalls einen initiatorischen Einschlag hat, als Pathos. Für die Selbsterschütterung in der Angst gilt ähnliches wie für die Welterschütterung im Staunen. Ruhige Zeiten sind solche, in denen das Außerordentliche in eine Latenzphase einrückt; doch als imminentes und nicht bloß eminentes Sein wohnt es der Ordnung inne. Jede Ordnung beruht auf Abweichungen und Übertretungen, auf einer besonderen Art ordnender Gewalt, das heißt, sie ruht auf keinem sicheren Fundament. Das unaufhebbare zeitliche Prius, diese Diachronie, erklärt auch die Asymmetrie zwischen mir selbst und dem Anderen; denn die erste Voraussetzung einer Symmetrie zwischen uns bestünde in der Synchronisierung des Eigenen und Fremden, die es mir erlaubt, den Standort des Anderen einzunehmen. Eine solche Synchronisierung würde das Getroffensein in ein aktuelles Zusammentreffen verwandeln, frei nach dem Motto: Wo Es war, soll Wir werden.

Im *Getroffen*sein kommt eine eigentümliche *Passivität* zum Ausdruck, aber – wie vor allem Levinas uns einschärft – eine Passivität, die nicht das schiere Gegenteil einer Aktivität ist. Man kann, wie Husserl es in den *Ideen II* tut, von einer Polarität aus Ein- und Ausstrahlung ausgehen und jeder Aktivität einen Untergrund an Urpassivität zuordnen, man kann Begehrungstendenzen zulassen, die als »aktive Passivität« eine Mittellage einnehmen (Hua IV, 337), um schließlich bis zu einer »passiven Intention« vorzustoßen (Hua XI, 76). Man kann das gnostische »Sich-richten-auf« aufwiegen durch ein pathisches »Getroffen-sein-durch«, wie Erwin Straus es in seiner Sinneslehre tut (1956, S. 394). All das ist wichtig, aber es reicht nicht aus. Es legt sich immer noch der Gedanke nahe, daß wir »von etwas leiden«, in einem »passiv durch etwas bestimmt [sind] und darauf aktiv reagieren« (Hua IV, 217). Es bestünde immer noch der Eindruck, daß es bei Licht besehen *jemanden* gibt, der *etwas* erleidet.[25]

Doch das Getroffensein-von ... ist entschieden radikaler zu denken, nämlich als *Vorgängigkeit* einer *Wirkung, die ihrer Ursache vorausgeht.* Man könnte einwenden, diese Priorität gälte nur für die Betroffenen, nicht für den Beobachter; sie gälte nur für die erlittene,

25 Über Husserls hartnäckige, aber letzten Endes vergebliche Bemühungen, dem, was er »Vor-Ich«, »Vor-Sein, oder »Vor-Zeit« nennt, einen mehr als vorläufigen Status zuzugestehen, unterrichtet eine neuere, auf reichliche Materialien aus dem Nachlaß gestützte Untersuchung von Anne Montavont: *De la passivité dans la phénoménologie de Husserl* (1999).

nicht für die kausal zu erklärende Wirkung, ganz gleich, ob man einer naturalen Erklärung oder einer spezifischen Handlungserklärung folgt. Doch damit betrachtet man das Widerfahrnis, das stets ein Widerfahrnis ist für jemanden, dem es anhaftet, am Ende doch als einen bloßen Fall, der in der natürlichen oder sozialen Welt vorkommt. Es kann also nicht darum gehen, das Getroffensein-von ... als bloße Umkehrung eines intentionalen Erzielens und Treffens zu deuten (vgl. Hua XIX/1, 393). Das Getroffensein erzeugt rückwirkend seine Geschichte, es strahlt auf das Vergangene zurück (vgl. Hua X, 54). Die fragliche Ursache gleicht dem kantischen Ding an sich, das nicht wiederum bestimmten Möglichkeitsbedingungen unterliegt. Doch dieses merkwürdige Ding an sich erfordert eine Affektion ohne etwas, das affiziert. Das Etwas gehört bereits zur deutenden Antwort auf das Geschehen. Das Getroffensein, das ähnlich zu verstehen ist wie das Ergriffensein, geht dem Treffen von etwas voraus.

Erst im *Antworten auf* das, wovon wir getroffen sind, tritt das, was uns trifft, als solches zutage. So heißt es bei Valéry: »Zu sagen, etwas sei ›real‹, ist eine *Antwort* ... ausgelöst durch einen Widerstand oder eine Schwierigkeit, die dieses Etwas hervorgerufen hat« (*Cahiers*, Bd. I, 766, dt. Bd. 2, 351, Übersetzung leicht verändert). Dieses Antworten ist also ganz und gar vom Getroffensein her zu denken, in der *Nachträglichkeit* eines Tuns, das nicht bei sich selbst, sondern beim anderen beginnt, als eine Wirkung, die ihre Ursache übernimmt. Der Antwortende tritt primär auf als der, *dem* etwas widerfährt und widerfahren ist. Diese Verzögerung läßt sich niemals aufholen; um sie aufzuholen, müßte ich mein eigenes »Vor-Sein« aufholen, obwohl dieses unauflöslich mit fremden Einwirkungen verquickt ist. Hier liegt auch der Grund dafür, daß das Antworten auf keine Antwortmöglichkeit zurückzuführen ist, etwa auf eine Rezeptivität, die für geeignete Aufnahmebedingungen sorgen würde. Widerfahrnisse zeichnen sich dadurch aus, daß die jeweils erlittene Wirkung ihre Möglichkeiten übersteigt. Begreift man den Menschen als »nicht festgestelltes Tier«, so heißt dies auch, daß das, was uns widerfährt, nicht mit zurechtgemachten, selegierten oder programmierten Daten zu verwechseln ist. Selektionen gehören bereits zur ›Feststellung‹ des Menschen, sie gehen ihr nicht voraus. Insofern ist der Mensch ein Lebewesen, das nicht nur einen spezifischen Logos hat, sondern auch ein spezifisches Pathos. Schon dieses Pathos ist alles andere als bloß animalisch.

Damit kommen wir zurück auf die Frage, wie der pathische Überschuß zu fassen sei. Folgende Unterscheidungen bieten sich an. Etwas, das *als etwas* intendiert oder *in etwas* erstrebt wird, ist darüber hinaus etwas, *wovon* wir getroffen sind und *worauf* wir antworten, indem wir es auf diese oder jene Weise meinen und erstreben. Bei der Behandlung der Responsivität habe ich von einer *responsiven Differenz* gesprochen, einer Differenz zwischen dem, worauf wir antworten, und dem, was wir zur Antwort geben. Das Worauf des Antwortens nimmt im Wovon des Widerfahrnisses eine pathische Färbung an.

Ich vermeide es, den Doppelaspekt von Worauf und Wovon wiederum als Differenz zu fassen. Statt dessen spreche ich von einer Urdiastase, einem genuinen Auseinandertreten. Hier klafft ein Spalt auf inmitten des Geschehens, dem eine Welt, Andere und ich selbst entspringen. Wird dieser diastatische Charakter außer acht gelassen, so verwickeln wir uns in Ungereimtheiten, indem wir einen Referenten X unterstellen, der mit zwei Attributen versehen ist oder unter zwei Aspekten auftritt, nämlich gleichzeitig als Agens, durch das etwas geschieht, und als Patiens, worauf sich das Geschehen richtet. Es stimmt zwar, wir antworten auf das, wovon wir getroffen sind, und wir sind von dem getroffen, worauf wir antworten, doch beides geschieht in eins, wenngleich in einer zeitlichen Verschiebung, die eben aus der Antwort ein nachträgliches, aus dem Widerfahrnis ein vorgängiges Ereignis macht. Die Scheidung vollzieht sich in dieser Verschiebung und sie erklärt, daß das Antworten auf sich selbst rekurriert und eben darin seine freie Initiative entfaltet.[26] Die Verschiebung bildet zugleich den Ort jenes Mangels, der sich jeder Sinngebung und Zielsetzung entzieht und doch bewirkt, daß es etwas zu sagen und zu tun gibt.

11. Verletzung und Traumatisierung

Das Getroffensein enthält noch eine zusätzliche Bedeutungsnuance, die in dem verwandten und leider ziemlich abgegriffenen Wort ›Betroffensein‹ oder ›Betroffenheit‹ weniger stark hervortritt. Ich denke an das Getroffensein von einem Blitz, durch einen Pfeil, durch die

26 Levinas spricht in *Jenseits des Seins* wiederholt von ›Rekurrenz‹, und dies in einem weder rein operativen noch in einem reflexiven Sinne. Vgl. die Anmerkung des Übersetzers in der deutschen Ausgabe, S. 227.

Spitze des Floretts: *touché*, ein Getroffensein also, das nicht harmlos ist, sondern verletzt.[27] Dieser Zug ins Widrige haftet auch dem Wort ›Widerfahrnis‹ an, auf diese Weise kontrastiert es mit dem unverfänglicheren, friedlicheren Wort ›Erfahrung‹. Die Tatsache schließlich, daß das griechische Wort ›Pathos‹ zwischen neutralem Erleiden und schmerzlichem Leid schillert, bildete ohnehin den Ausgangspunkt unserer Überlegungen. Fügen wir noch das griechische Wort ›Trauma‹ hinzu, das wie viele andere griechische Termini (so etwa Autismus, Manie, Paranoia oder Schizophrenie) in klinische Bereiche führt, so sehen wir, welche Probleme hier auf uns lauern. Ich werde dieses verminte Gebiet nur ein Stück weit betreten und mich von zwei Extremen fernhalten. Auf der einen Seite macht man es sich zu leicht, wenn man zwischen Normalität und Pathologie eine strikte Grenze zieht und sich auf diese Weise gegen den Einbruch des Anomalen und Pathologischen immunisiert. Pathologien werden auf diese Weise verharmlost; man unterzieht sie einer Quarantäne und überläßt sie der Zuständigkeit von Leidensexperten. Kommunikationen können dann ›unverzerrt‹ weiterlaufen. Was uns affiziert, wäre säuberlich geschieden von dem, was uns infiziert. Man macht es sich aber auch zu einfach, wenn man pathologische Qualifikationen umstandslos in das Alltagsvokabular eindringen läßt, so daß in unserem Falle jeder mit seinem Trauma aufwarten kann wie mit einer feineren Sorte von Zahnschmerzen. Man macht es sich auch zu einfach, wenn man das Trauma geradewegs in das Kulturvokabular aufnimmt. Opfer traumatischer Erfahrungen haben ein Anrecht darauf, daß ihre Verletzungen nicht vernebelt werden und im Allgemeinmenschlichen oder im Allgemeinkulturellen verschwimmen. Eine dritte Möglichkeit bestünde darin, daß der Philosoph sich eines klinischen Vokabulars bedient, um sich bestimmten Unebenheiten und Abgründen der Erfahrung zu nähern, die der sogenannte gesunde Menschenverstand und seine philosophischen Nutznießer

27 Vgl. hierzu Herbert Plügge, *Der Mensch und sein Leib* (1967), S. 19 f., im Anschluß an F. J. J. Buytendijk. Heidegger spricht im Zusammenhang mit der Befindlichkeit des Daseins von »Betroffenwerden« und »Betroffenheit« (*Sein und Zeit*, S. 137). Bei Hermann Schmitz wird daraus das »affektive Betroffensein«, das den eigenen Leib ins Spiel bringt, aber durch die Absonderung von gespürtem Leib und wahrnehmbarem Körper in ein subjektives Betroffenheitsreservat zurücklenkt (vgl. »Gefühle als Atmosphären und das affektive Betroffensein von innen«, in: Fink-Eitel/Lohmann 1993). Wird Betroffenheit schließlich auf ein einklagbares Mitspracherecht auf seiten Geschädigter reduziert, so verblaßt der Charakter des Zustoßenden und Einfallenden zugunsten einer ausgleichenden Verteilungsgerechtigkeit, die ihr Recht hat, aber eben ein begrenztes.

gern wegpolieren. Platons Lehre von einem göttlichen und einem menschlichen Wahnsinn gehört in diesen Grenzbereich. In der Gegenwart wäre die Ethik von Lévinas zu nennen, die vielfach auf klinische Ausdrücke und eben auch auf Trauma und Traumatisierung zurückgreift, doch auch dies, wie sich zeigen wird, auf nicht unproblematische Weise. Ich selbst begnüge mich mit einigen Annäherungsschritten, die von den bisher gewonnenen Einsichten ausgehen. Von ›Verletzung‹ werde ich sprechen, wenn es primär um das pathische Phänomen geht, von ›Trauma‹, wenn der pathologische Aspekt überwiegt.

Das, was wir als Getroffensein bezeichnet haben, hat generell ein Moment des *Verletzenden* und auch des *Gewaltsamen* an sich, sofern jedes Widerfahrnis, das den normalen Gang der Dinge verläßt, in gewohnte Lebensweisen eindringt, gängige Verhaltensweisen in Frage stellt und eine bestimmte Integrität antastet. Dies beginnt bereits auf der Ebene sinnlicher und motorischer Störungen, und es setzt sich fort auf der verbalen und kommunikativen Ebene, wenn uns etwa eine Nachricht erschreckt und aus der Fassung bringt. Nicht umsonst sprechen wir von Hiobsbotschaften. Was uns derart unerwartet trifft, was uns überrascht und uns wehrlos findet, hat offenbar einen ambivalenten Charakter. Dieser ist auch in leiblichen Reaktionen faßbar, so wenn wir vor Freude weinen oder eine angebotene Lebenschance uns zittern macht. Derartige ›Treffer‹ sind selten eindeutige Glücks- oder Unglückstreffer; so neigen wir im geheimen dazu, wie Polykrates einen Ring zu opfern, um »der Götter Neide« zu entfliehen. Das leibliche Ausgesetztsein markiert eine Situation, in der nicht bloß dieses oder jenes gegeben ist und dieses oder jenes uns anzieht oder abstößt, sondern in der etwas droht, und dies in dem doppelten Sinn von ›bevorstehen‹ und ›bedrohen‹. Was uns droht, hat stets eine Außen- und eine Innenseite. Sich vor etwas fürchten heißt zugleich, um sich, das Seine und die Seinigen fürchten.

Diese allgemeine Verletzlichkeit wird verständlich im Zusammenhang mit jenem Getroffensein, das jeder Reaktion zukommt. Die fremde Wirkung ist nicht lediglich etwas, auf das wir stoßen, das uns entgegenkommt, dem wir begegnen, auf das wir zugehen – all dies klingt nach Schönrednerei. Wir dürfen jene Wirkungen nicht außer acht lassen, die sich uns eindrücken; als Ichfremdes hinterläßt die Impression Spuren des Fremden *in uns,* bevor wir das Geschehene vor-stellen und notfalls Vorkehrungen treffen. Die Fremdheit beginnt mit einer Selbstvorgängigkeit, zu der wir erst Distanz gewinnen müssen. Sie beginnt als *Tyche*, jenseits des *Automaton*, das noch mit der lustbestimmten Wiederkehr des Gleichen im Bunde steht (vgl. Lacan, *Sem. XI*, frz. S. 53, dt. 60).

Das Verletzende geht über das Eindringliche und Zudringliche hinaus und erreicht eine neue Stufe, wenn es ins *Widrige* ausschlägt, ohne daß wir uns dessen erwehren können. Das Widrige wird zum Verletzenden, wenn es über unsere Kräfte geht, wenn es unerträglich wird und uns am Ende vernichtet. Diese Widrigkeiten beginnen mit dem Lärm, der uns betäubt, dem grellen Licht, das uns blendet, dem Stoß, der uns umwirft, mit den Wellen, die uns fortreißen, mit der Beleidigung, die uns erblassen läßt, mit dem Verlust, der uns lähmt.

Schließlich bleibt die äußerste Stufe einer *Traumatisierung*, die den, der sie durchmacht, nicht nur unerwartet und schutzlos trifft, sondern ihn an eine Vergangenheit fesselt und ihm jede Antwort aus dem Mund nimmt. Man denke etwa an das bosnische Kind, das den Mord an seinem Vater miterlebte und fortan kein rotes Spielzeug sehen kann, ohne buchstäblich ›rot zu sehen‹, oder an die vielen Kinder, die im sexuellen Mißbrauch durch sogenannte Vertrauenspersonen ihren Leib als Fremdkörper kennenlernen. Man denke an Überlebende von Todeslagern und Todesmärschen, die an das Kreuz ihrer Erinnerungen geschlagen sind und bei jedem rauchenden Schornstein und jedem vorbeirollenden Eisenbahnwaggon zusammenzucken. Diese und ähnliche Grenzfälle pathischer Erfahrung weisen hin auf eine leibhaftige Berührung, die unsere Erfahrungen ganz und gar durchdringt und sie besonderen Zerreißproben aussetzt.

II. Berührung aus der Ferne

Nachdem wir im ersten Kapitel die intentional gerichtete und regelgelenkte Erfahrung bis zu einem Punkt geführt haben, wo sie im Getroffensein sich selbst überrascht und in der Verletzung ihre Fassung verliert, wenden wir uns der Berührung zu als einem Erfahrungsgeschehen, in dem sensorische, motorische und affektive Fäden zusammenlaufen. Gleichzeitig entsteht hier eine Fernnähe besonderer Art. Mit dieser Thematik betreten wir das Reich der leiblich verfaßten Sinne. Im klassischen Konzert der fünf Sinne ist es der Tastsinn, der zunächst besonders hervortritt, ein Sinn, der in der Tradition vielfach unter- und überschätzt wurde; unterschätzt wegen seiner materiellen Grobschlächtigkeit, überschätzt als Probe auf die Wirklichkeit. Kann man näher an die Wirklichkeit herankommen als dann, wenn sie uns mani-fest, hand-greiflich entgegenkommt? Doch befreit von epistemischen und praktischen Überfrachtungen und eingebettet in das pathische Geschehen der Erfahrung zeigt das Berühren ein anderes und vielfältigeres Bild. Die haptische Erfahrung bildet kein bloßes Spezialphänomen, sie ist auf mannigfache Weise überdeterminiert. Was in der speziell leiblichen Berührung aufscheint, strahlt auf die anderen Sinne aus und durchzieht unsere Gesamterfahrung, nicht zuletzt jene, die wir mit Anderen machen. Die Ferne in der Nähe, die sich überall zeigt, steigert sich am Ende zu einer besonderen Form der Unantastbarkeit, die nicht aus Berührungsverboten erwächst, sondern diese erst hervorruft. Das Berühren bildet also einen zentralen Bestandteil jener Heterosomatik, in der Heteroästhetik und Heteropraktik sich treffen. Sprechen wir traditionsgemäß vom Tastsinn, so wäre dieser als ein Fremdheitssinn besonderer Art zu betrachten.[1]

1. Tasten und mehr als Tasten

Wie schon angedeutet, begegnet uns der Tastsinn als ein Sinn besonderer Art. Dies beginnt bereits mit seiner Einstufung und Einschätzung. Betrachtet man das Tasten als rein kognitive Leistung, so erscheint dieser Sinn als elementar, da er Leistungen vollbringt, die von

1 Hiermit setze ich frühere Überlegungen zum »leiblichen Responsorium« fort (vgl.

den sogenannten höheren Sinnen vorausgesetzt werden, oder er erscheint als primitiv, da er rudimentärere Leistungen erbringt als jene. Mit solchen Überlegungen betreten wir bereits die traditionelle Stufenleiter der Sinne. Betrachtet man das Tasten dagegen im Rahmen eines Gesamtsensoriums, das seinerseits mitsamt der entsprechenden Motorik in das menschliche Gesamtleben eingebettet ist und eine »Tastwelt« entstehen läßt,[2] so rückt es in die Mitte eines »Spektrums der Sinne«, so bei Erwin Straus. In seinem gedankenreichen Werk *Vom Sinn der Sinne* schließt er sich Kants *Anthropologie* an, nicht ohne dessen sensualistische Erblast abzuschütteln. »Denkt man sich die Modalitäten [der Sinne] um den Tastsinn als die natürliche Mitte angeordnet, dann wird in der Richtung auf das eine Ende des Spektrums das Gegenständliche, in der Gegenrichtung das Zuständliche vorherrschend. Im Sehen können wir, im Anblick der sichtbaren Dinge, verloren über dem *Anderen,* uns selbst vergessen. Im Schmerz werden wir in die Einsamkeit unseres leiblichen Daseins zurückgeworfen, bis uns im Übermaß des Schmerzes Hören und Sehen vergeht« (1956, S. 396 f.). Man könnte sich fragen, wie natürlich diese Mitte ist, da die Dominanz bestimmter Sinne durchaus ihre kulturellen Komponenten hat. Doch wichtiger ist für uns, daß Straus innerhalb der Sinneslehre »gnostische« von »pathischen« Momenten unterscheidet (ebd., S. 394). Gewiß kommen beide Momente in jeder Sinnesmodalität vor; man denke an die Möglichkeit eines tätigen Beobachtens und Aushorchens auf der einen Seite, an das Eintauchen in Farb- oder Tonsphären auf der anderen Seite. Doch das Tasten bildet eine Nahtstelle, weil hier beide Momente eng miteinander verknüpft und nicht nur polar aufeinander bezogen sind. Der Widerfahrnischarakter der Erfahrung tritt dabei also besonders intensiv zutage. Wie fließend die Übergänge vom Tasten und Anfassen zum Berühren sind, deutet sich bereits in der Sprache an.[3] Ausdrücke wie *tangere / attingere / contingere, toucher* oder *to touch* lassen sich in beiderlei Weise verwenden, während das Griechische mit ἅπτειν (verwandt dem deutschen ›haften‹) und θιγγάνειν ähnlich wie das

AR, Kapitel III, 10), unter Betonung dessen, was sich vorweg in unseren Leib einzeichnet und entsprechende Antworten provoziert.

2 Vgl. das immer noch lesenswerte Werk *Der Aufbau der Tastwelt* (1925), das der Husserl nahestehende Gestaltpsychologe David Katz verfaßt hat.

3 In dem Verb ›berühren‹ steckt das Grundwort ›rühren‹ (vgl. ahdt. ›ruaran‹, ›hriran‹), das in Ausdrücken wie ›in etwas herumrühren‹ oder ›etwas rührt sich‹ einen deutlichen Bewegungsaspekt erkennen läßt. Dieser spielt auch beim Anfassen und Betasten eine Rolle, wie David Katz ausführlich darlegt.

Deutsche über zwei gesonderte Ausdrücke verfügt, die auch beide philosophisch genutzt werden, letzterer vor allem dann, wenn das unmittelbare Erfassen gemeint ist. Die Nachbarschaft zwischen beiden Nuancen der Erfahrung ist bereits in den Besonderheiten des Tastsinns angelegt, von denen wir im folgenden einige anführen.

Was zunächst die *Tastqualitäten* angeht wie hart/weich, glatt/rauh, feucht/trocken, klebrig oder glitschig, so gehören sie verschiedenen Skalen an, die sich nicht ohne Bezugnahme auf die Tastbewegung unterscheiden lassen. Härte setzt dem Zugriff einen besonderen Widerstand entgegen, Rauhigkeit hält die Bewegung auf, während Glätte ihr freien Lauf läßt; an Klebrigem bleibt die Bewegung hängen, während sie an Glitschigem ausgleitet. Die Vereinigung von Aisthesis und Kinesis, die als Kinaisthesis bei allen Sinnen vorkommt, nimmt hier eine besonders enge Form an. Anders steht es mit den Qualitäten der Wärme und Kälte. Der Gegensatz warm/kalt hat durchaus etwas mit dem Tasten zu tun; ich spüre, wie der Stein sich erwärmt, wie das Wasser mich frösteln macht. In solchen Fällen schreibe ich den Dingen durchaus Eigenschaften zu: Die Kochplatte ist heiß, der Wind ist kühl. Doch wie auch Aristoteles bemerkt, beziehen sich Wärme- und Kälteempfindung jeweils auf eine Temperaturdifferenz, die zwischen Dingen oder Außenatmosphären und eigenem Leib besteht. Etwas wird als warm empfunden, wenn es auf merkliche Weise wärmer ist als der eigene Leib, wenn es als ὑπερβολή über das Normalmaß hinausschießt (vgl. *De anima* II, 11, 424 a 4). Dies gilt auch für differenzierte Leiberfahrungen, etwa für das Abtasten mit beiden Händen. Sinnesempfindungen werden gleichzeitig als »Empfindnisse« aufgefaßt (vgl. Hua IV, 146). Es ist nicht damit getan, daß die Sinneswahrnehmung unmittelbar in eine Eigenbewegung übergeht, sie geht auch in ein Eigengefühl über in Form einer Koinaisthesis. Wenn man auf Widriges stößt, fühlt man sich selbst unwohl oder unbehaglich. Das Empfinden weitet sich aus zu einem Wohl- oder Mißbefinden, sei es auch nur augenblicksweise wie im Falle einer Verbrennung oder eines Kälteschocks.

Tastqualitäten weisen eine besondere *Materialität* auf. Diese findet sich allgemein betrachtet bei allen sinnlichen Gestalten; auch Farbkontraste, Lineaturen und Melodien sind keine idealen, sondern inkarnierte Bedeutungen, die an materielle Realisierungen gebunden sind. Dennoch gibt es Unterschiede. Optische oder akustische Gestalten lassen sich leichter ablösen von ihrem Umfeld, sie lassen sich freizügiger transformieren und deformieren und in Seh- oder Hörgebilde umsetzen, die in der Phantasie flottieren. Die Rede von den Augen und Ohren des Geistes oder der Seele, die schon bei Platon auftaucht, läßt eine Lockerung der materiellen Verankerung erahnen, die den Tastqualitäten abgeht. Wenn wir uns Glätte vorstellen, so denken wir an Eisflächen, wenn wir uns Rauhes vorstellen, so lassen wir unsere Finger über Teppiche und Stoffe gleiten, und bei den Qualitäten der Härte oder der Weiche kommt uns die Härte von Stahl oder die Nachgiebigkeit der Haut in den Sinn. Der Übergang zum Gebrauch von Härteskalen wird nicht vorbereitet durch entsprechende Härtegestalten, die mit vorgeometrischen Gestalten wie dem Rund des Mondes oder des Rades vergleichbar wären. Härte und Glätte lassen sich deshalb auch nicht auf gleiche Weise deformieren, wie wir es von einem schrillen Ton, einer falschen Melodie, einem schlecht gezeichneten Kreis oder einer schiefen Linie kennen.

Die größere Eingebundenheit der Tastqualität in das sinnliche Material verführt allerdings zu gravierenden Mißdeutungen, deren erste in einer einseitigen *Materialisierung* besteht. Wenn ich mich an einem Schrank stoße und mir eine Beule hole, so kommt es nicht darauf an, daß dies ein Schrank oder speziell ein Biedermeierschrank war; letzteres gehört, so sollte man meinen, bereits einer optischen Auffassung an, die in dem, woran ich mich stoße, einen Schrank oder eine spezielle Art von Schrank wiedererkennt. Die reine Härte hinge somit an etwas, an dem ich mich stoße, ohne daß dieses Etwas schon als Schrank erfaßt wäre. Diese Materialisierung würde noch verstärkt durch die Berücksichtigung der kinetischen und praktischen Komponenten des Tastens. Im Tastgegenstand würde sich eine Gegenkraft äußern, die der eigenen Kraftausübung einen Widerstand entgegensetzt. Wir würden eigentlich nicht etwas erfahren, sondern das, *wogegen* das eigene Tun angeht oder anrennt. Damit stünde ein *reales* Etwas, wogegen wir angehen, der *symbolischen* Deutung gegenüber, mit der wir etwas als so etwas ansehen oder behandeln. Der symbolische Charakter wäre den sogenannten höheren Sinnen vorbehalten, für die sogenannten niederen Sinne bliebe nur ein gefühltes Etwas, etwa das Druck- oder Schmerzgefühl, das ich erleide, ohne es als solches zu begreifen. Darin gliche das menschliche Tasten dem der Tiere. Der Materialisierung auf seiten der Dinge entspräche eine *Animalisierung* auf seiten des leiblichen Subjekts.[4]

4 Wolfgang Welsch hebt in seiner Darstellung der aristotelischen Sinneslehre zu Recht hervor, daß die Polarität von Lebensnotwendigkeit und Überschuß nicht verschiedene Sinne voneinander scheidet, sondern Funktionsarten desselben Sinnes, ein-

Für Geschmack und Geruch, die ohnehin dem Lebensprozeß näherstehen als Gesicht und Gehör, würde dies erst recht gelten. Dem Tastsinn käme es immerhin zu, eine Beziehung zu stiften zu jenem X, das der rationalen Bestimmung harrt. Die Tasterfahrung selbst würde zerstückelt in reale und gnostische Elemente auf der einen Seite, in pathisch gefühlte Elemente auf der anderen Seite. Hinter dieser Sichtweise scheinen sich einige Halbwahrheiten zu verbergen. Die Tatsache, daß *etwas* sich nicht restlos und umstandslos *als etwas* erfassen läßt, diente uns als Anhaltspunkt bei der Suche nach Widerfahrnissen, die unserer Initiative vorausgehen. Dieser Fund wird verschenkt, wenn wir das, was über das Bedeuten und Begehren hinausgeht, nach außen verlegen in Form einer kruden Realität und nach innen in Form eines dumpfen Gefühls. Tastqualitäten sind durchaus Qualitäten, nur daß wir tastend *an etwas* rühren, nämlich an die »Haut der Dinge«, bevor wir es als Eigenschaft von Dingen auffassen.

Eine weitere Frage betrifft das *Medium* des Tastens. Von alters her wird den sogenannten Fernsinnen ein Medium zugeordnet, ein Zwischen (μεταξύ), dem Sehen und Gesehenwerden das Licht der Sonne, dem Hören und Gehörtwerden die Luft, die den Schall überträgt. Der uranfängliche und in Platons *Politeia* mit solchem Glanz und solchem Verve entwickelte Gedanke, daß das Sehen etwas erfordert, *worin* gesehen wird, kann verschiedene Richtungen nehmen. Das »dritte Genus« (*Politeia* 507 e) läßt sich als Medium verstehen, das die Sehstrahlen bündelt, oder als Medium, in dem sie sich brechen. Man kann auf den verwegenen Gedanken verfallen, die Sonne selbst sehen zu können, indem man in die Sonne schaut, oder man kann darauf hinweisen, daß eben dieser Versuch zu Blendung und Blindheit führt. Die Zweideutigkeit dieser »Lichtmetaphysik« gehört zum »Geschick« des Sehens und nicht nur des Sehens. Doch wie steht es mit dem Tasten, gibt es hier ebenfalls ein Drittes? Bei Aristoteles fungiert das Fleisch (σᾶρξ), also die Materialität und Körper-

schließlich des Tastsinnes. Vgl. *Aisthesis* (1987), S. 63-68. Dazu paßt die ästhetische Aufwertung der Hand im Verhältnis zum Auge, des Haptischen im Verhältnis zum Optischen bei Konrad Fiedler und Alois Riegl. Diese Neubewertung bahnt sich bereits in der frühen Neuzeit und vollends bei Herder an, vgl. dazu Ulrike Zeuch: *Umkehr der Sinneshierarchie* (2000). Daß die ausdrückliche »Verschiebung des visuellen Wahrnehmens zugunsten einer taktilen Annäherung« eigene aisthetische und ästhetische Impulse freisetzt, indem sie etwa das Wiedererkennen von Formen und Dingen erschwert, zeigt Maria Peters in klug ausgesonnenen kunstdidaktischen Verfremdungsstrategien. Vgl. *Blick – Wort – Berührung* (1996), S. 158 ff.

lichkeit des eigenen Leibes, als ein »angewachsenes Zwischen« (*De anima* II, 11, 423 a 16 f.).[5] Dies würde bedeuten, daß auch zwischen Tasten und Getastetem keine reine Unmittelbarkeit herrscht, als hätten wir es hier mit einem reinen Schock, einem bloßen Zusammenstoß zu tun. Wollten wir die berühmten Billardkugeln zum Vergleich heranziehen, so würden wir den Bereich der Tasterfahrung verlassen und in eine reine Beobachterstellung überwechseln. Schließen wir uns dagegen dem rätselhaften Vorschlag von Aristoteles an, so hätte dies beachtliche Konsequenzen. Das leibliche Geschehen würde *sich selbst* aufspalten und unterbrechen, um ein solches Zwischen zu bilden. Das Fleisch, das schon bei Sartre und vollends bei Merleau-Ponty als *chair* von sich reden macht, würde aus sich selbst eine Zwischenleiblichkeit ausbilden.[6] Dieser zentrale Punkt wird uns noch mehrfach beschäftigen.

Schließlich bleibt die Frage nach speziellen *Tastorganen*. Gäbe es so etwas, so wäre nur die Haut zu nennen; doch sie bildet die allgemeine Kontaktzone zwischen Umwelt und leiblicher Innenwelt. Auf gewisse Weise ist die Haut an jeglicher leiblichen Erfahrung beteiligt. Sie fungiert als Schutzorgan, als Wärmeregulator, und gleichzeitig gibt es Hautsinnesorgane, die in die Haut eingelagert sind. Meissnersche Tastkörperchen, die ungleichmäßig auf der Haut verteilt sind, am dichtesten auf den Lippen und auf der Zunge und beim Erwachsenen auf den Fingerspitzen, vermitteln Berührungsempfindungen. Krausesche Körperchen, die sich in Kälte- und Wärmepunkte zerteilen, sind für Temperaturempfindungen zuständig. An den freien Nervenendungen treten Schmerzempfindungen auf, die durch Zerfallsstoffe von Gewebezerstörungen hervorgerufen werden. Neurologische Forschungen sprechen dafür, daß es kein taktiles Hirnzentrum gibt, das dem Seh-, Hör- und Geruchszentrum vergleichbar und ähnlich abgegrenzt wäre; die Areale des *Gyrus postcentralis* korrespondieren offensichtlich mit den verschiedenen Regionen der Körperoberfläche und nicht mit einem spezifischen Tastapparat. Gewiß

5 Zur Frage, warum Aristoteles das Fleisch als Medium des Tastens und nicht als Tastorgan betrachtet, vgl. Welsch 1987, S. 311. Zu den sachlichen Fragen, die sich dahinter verbergen, vgl. auch die in Anm. 9 erwähnten Schriften von Edith Wyschogrod (1980, S. 193-199) und Antje Kapust (1999, S. 309-312).

6 Bei Sartre wird das ›Fleisch‹, das nicht nur den eigenen und fremden Körper umfaßt, sondern als »chair des objects« auf die Dinge übergreift, in die Subjekt-Objekt-Dialektik eingespannt als ein unmögliches Drittes (vgl. *Das Sein und das Nichts*, frz. S. 458-463, dt. 680-687), während es beim späten Merleau-Ponty eine eigene Dimension des Zwischen eröffnet.

dürfen wir das Körperwissen, das wir der Physiologie und der Neurologie verdanken, der leiblichen Erfahrung nicht einfach unterschieben, doch kann es als »Anzeige« genutzt werden für entsprechende Erfahrungen (vgl. Hua IV, 276). Die weitgestreute und über den gesamten Leib verbreitete Tastempfindlichkeit schließt aus, daß wir das Tasten auf ähnliche Weise unterbrechen, wie wir die Augen schließen oder uns die Ohren verstopfen. Als leibliche Wesen, die sich nur am Leben erhalten, indem sie sich gegen eine Umwelt abgrenzen, sind wir taktilen Empfindungen immerzu ausgesetzt. Unsere Verletzlichkeit findet hier ihre leibliche Grundlage. Wir können uns gegen taktile Empfindungen durch Kleidung oder ähnliche Schutzmaßnahmen abschirmen; doch Kleidung, die man an sich trägt wie eine zweite Haut mit weiteren möglichen Hautschichten, schaltet die Tastempfindungen nicht aus. Ausschalten lassen sie sich nur durch Lokalanästhesie oder eine Allgemeinnarkose, also durch künstliche Eingriffe, die unsere Lebensfunktionen reduzieren.

Nun könnte man einwenden, die Haut sei zwar kein Tastorgan, das man gezielt einsetzt, so wie man die Augen öffnet und schärfer hinschaut. Doch dafür gäbe es die schon erwähnten Körperglieder, die man tastend betätigt und die nicht umsonst mit besonderen Tastkörperchen ausgestattet sind. Es bliebe uns also die Hand mit Geschicklichkeiten, die man buchstäblich »in den Fingern hat«. Doch dieses vielgepriesene »Werkzeug der Werkzeuge«, das im übrigen ebensogut als »Spielzeug der Spielzeuge« zu betrachten wäre, kann ebensowenig als Tastorgan angesehen werden wie die Haut. Man kann die Hand tastend betätigen, indem man eine scharfe Klinge abtastet, über einen Kleiderstoff streicht, den Puls fühlt oder im Dunkeln herumtappt, doch in den meisten Fällen ist das Tasten Bestandteil einer sinnlich ausgeübten und überwachten Tätigkeit, in der wir ein Werkzeug gebrauchen, nach etwas greifen, etwas aushändigen, handgemein werden oder eine Tastatur bedienen und sie nicht etwa betasten. Wie bei den übrigen Sinnestätigkeiten tritt das Tasten erst dann als solches hervor, wenn uns bei der Betätigung etwas auffällt, wenn etwas nicht stimmt oder sonstwie unsere Neugierde geweckt wird.

Die Durchmusterung der Sonderrolle des Tastsinns zeigt also, daß Tasten immer schon mehr ist als Tasten, und dies nicht nur, weil es ein Teil unseres leiblichen Gesamtverhaltens darstellt, sondern weil es unmittelbar in anderes übergeht. Den Sachverhalt, der sich da andeutet, werden wir nun Stück für Stück verfolgen, bis wir den Punkt erreichen, wo das Tasten sich als Berühren entpuppt.

2. Eindrücke und Stärkegrade

Daß in der Erfahrung das Bemerken in ein Bewirken übergeht und dieses auf das Bemerken zurückwirkt, daß also Sensorik und Motorik kreisförmig zusammengeschlossen sind, das ist eine Einsicht, die sich seit den Tagen von Jakob von Uexküll mehr und mehr durchgesetzt hat. Auch Husserl trägt dieser Einsicht Rechnung, indem er in dem, was er traditionellerweise Kinästhese nennt, Aisthesis und Kinesis ineinandergreifen läßt. Das ›ich nehme wahr‹ impliziert generell ein ›ich bewege mich‹. Wenn wir dem Tastsinn eine Sonderrolle zubilligen, so heißt das keineswegs, daß wir ihm etwas zuschreiben, was den anderen Sinnen, vor allem den sogenannten Fernsinnen, völlig abgeht. Wohl aber heißt dies, daß Tasten und Berühren auf ihre Weise prototypisch sind, zumindest ebenso prototypisch wie der traditionell wegen seiner Erkenntnisleistungen bevorzugte Gesichtssinn. Sollte der Tastsinn etwas Protoypisches haben, so müßte dies auf das gesamte Sensorium abfärben. Dies gilt auch für die besondere Eigenschaft, die wir im ersten Durchgang herausgefunden haben, nämlich für die in den Tastqualitäten direkt greifbaren Effekte. Das Sehen als solches verändert nicht das Gesehene, außer man beruft sich auf einen sozialtheoretisch zu interpretierenden bösen Blick; das Sehen geht lediglich von einem tätigen Umgang mit den Dingen aus und kehrt dahin zurück, reflexartig oder zentral gesteuert. Für das Hören gilt ähnliches. Anders steht es mit dem Tasten. Obwohl auch hier epistemische, praktische und pathische Aspekte zu unterscheiden sind, kann man sie nicht in der Weise trennen wie im Falle von Sehen und Hören. Indem ich etwas be-rühre, bewege und bewirke ich etwas. Unter meinem Druck verändert sich die Oberflächengestalt und die Temperatur des betasteten Gegenstandes. Selbst wenn die Veränderungen minimal sein mögen, zeigen sich auf die Dauer Abnützungserscheinungen, etwa glatt polierte Stellen, wie wir sie von der »Anrührung« von Kultfiguren her kennen. Verbotsschilder wie »Nicht berühren« werden ausgehängt, nicht um Tastdaten zu schützen, sondern um Tastwirkungen zu verhindern.

Diese Erwägungen führen uns auf ein schwieriges Gelände. Wer von Wirkungen in der sinnlichen Erfahrung spricht, gerät auf die Bahnen kausaler Betrachtungen. Für antike Autoren erwuchsen daraus keine besonderen Probleme, da man von einem Wirkungszusammenhang ausging, der Ziel- und Wirkursachen, Form- und Materialursachen miteinander verband, und zwar so, daß die *vis a fronte* tonangebend blieb, ohne eine *vis a tergo* auszuschließen. Mit der Enteleologisierung des Kosmos ändert sich die Lage; die mechanische Kausalität, die nur Kräfte und Gegenkräfte umfaßt, tritt in Konkurrenz zur Zielorientierung und zur Eigeninitiative des menschlichen, auch des tierischen Verhaltens. Es werden neue Verbotsschilder aufgestellt, die einer Vermischung der Sphären vorbeugen. Transzendental betrachtet, gilt: Die Bedingungen der Erfahrung, innerhalb deren Kausalverhältnisse und Kausalprozesse eine entscheidende Rolle spielen, unterliegen selbst keiner kausalen Einwirkung, oder transzendental-phänomenologisch gesprochen: Die Konstitution des Erfahrungssinnes, zu dem auch Kausalwirkungen gehören, geht auf keinerlei kausale Einwirkung oder Mitwirkung zurück. Kausalität findet in der empirischen Welt statt, nicht zwischen Erfahrendem und Erfahrenem. Alles, was wir erfahren, also auch das, was uns widerfährt, unterliegt auf diese Weise einer kategorialen, einer bedeutungshaften oder textuellen Überwucherung. Wenn die Kategorie der Wirkung fortlebt, so in sublimierter Form als Wirkung der Freiheit, als soziale oder rhetorische Wirkung oder als Movens einer Wirkungsgeschichte. Diese sublimierten Formen sind durch einen Abgrund getrennt von naturalen Kausalwirkungen, darin eingeschlossen körperliche Mechanismen; diese spielen sich auf einem Nebenschauplatz oder im Untergrund ab. Rein sind Vernunft oder Sinn, denen keine Kausalwirkungen beigemengt sind.

Nun wäre es wenig sinnvoll, Gesetz oder Sinn geradewegs mit Kausalwirkungen in Beziehung zu setzen. Eine solche Vermischung kann nur auf Kosten der einen oder der anderen Seite gehen; man schmuggelt Sinn ein, wo kausale Erklärungen verlangt sind, und stellt kausale Warumfragen, wo Sinn und Bedeutung einer Sache auf dem Spiel stehen. Wenn Husserl in den *Ideen I* (Hua III, 222) feststellt: »Der Baum schlechthin kann abbrennen [...] Der Sinn aber – Sinn *dieser* Wahrnehmung [...] kann nicht abbrennen, er hat keine chemischen Elemente, keine Kräfte, keine realen Eigenschaften« – wer wollte ihm auf dieser Ebene widersprechen, ohne seinen eigenen Widerspruch den vernichtenden Flammen preiszugeben? Es fragt sich nur, ob der »Baum schlechthin« mehr bedeutet als ein Gesichtspunkt, und es fragt sich, wie das Gesamtgeschehen aussieht, innerhalb dessen dieser Gesichtspunkt geltend gemacht wird. Tatsächlich sehen wir, daß es auch bei den klassischen Autoren Stellen gibt, wo die strikte Grenzziehung fragwürdig wird. Auf den dünnen Faden, der die Affektion des Verstandes mit emotionalen Affektionen verbindet, wurde schon hingewiesen; daß es nicht angeht, einem unbestimmten X bestimmte Wirkungen zuzuschreiben, steht außer Frage. Doch schon das geläufige Phänomen sensorischer Störungen geht über Kants Grenzbetrachtung hinaus, die bei einem generellen Ding an sich stehenbleibt. Daß es hier zu hell oder zu dunkel, daß etwas zu laut oder zu leise ist, sprengt das schlichte Gestalt- oder Sinnschema. Dieses Übermaß betrifft die Lautstärke und den Helligkeitsgrad, also etwas, das durch seine Intensität das normale Maß des Wahrnehmbaren überschreitet. Die Störung kann aber ebensogut darin bestehen, daß die Konzentration auf ein bestimmtes Phänomen abgelenkt wird durch anderes, das sich in stärkerem Maße aufdrängt; auch hier haben wir es mit einem Kräftespiel zu tun und mit keinem reinen Gestalt- oder Bedeutungswechsel, als würde lediglich ein Programm gegen das andere ausgetauscht. Solche Störungen und Umgestaltungen des normalen Erfahrungsablaufs zeigen, daß Intention und Kausalität, Sinn und Kraft keineswegs durch einen Abgrund voneinander getrennt sind.[7]

Nehmen wir uns nochmals den Tastsinn vor, so bemerken wir, wie der Zusammenhang von Sinn und Wirkung nicht nur beiläufig, sondern inmitten des Tastphänomens auftaucht. Härte und Weiche bekunden sich in Form von *Druck* und *Gegendruck*, also in Form eines Kräftespiels, eines Kräftemessens. Ich erfahre, wie »mich der Schuh drückt«, und dies im wörtlichen und weiteren Sinne. Ein solches Kräftespiel erklärt nicht, daß etwas *als etwas* auftritt, sondern *daß* und *wie* es auftritt, mit welchem Nachdruck. Etwas kann einen starken oder einen schwachen Eindruck hinterlassen, es kann einen stärkeren oder schwächeren Ausdruck hervorrufen. Der Ein*druck*, die Im*pression*, die sich einprägt, die Er*regung*, die uns in Bewegung setzt, auch der Sinnes*reiz* sind wörtlich zu nehmen als *nomina agentis*. Sinnes*reize* sind keine bloßen Sinnes*daten*, die man registriert, entziffert, lagert und nach Bedarf abruft. Sie fallen weder unter die *Soft*ware noch unter die *Hard*ware, ein technologisches Gegensatzpaar, das noch einen Hauch von Tastbarkeit bewahrt, denn sonst könnte man die Terme schlichtweg vertauschen. Sinnliche Eindrükke drängen sich auf, es sei denn, eine Erfahrung wird nur noch repro-

7 Ich habe diesen Gedanken erstmals unter dem Titel »Intentionalität und Kausalität« (wiederabgedruckt in *Spielraum des Verhaltens*, 1980) entwickelt, ohne ihn weiter zu verfolgen. Daß auch Husserl auf verschiedene Weise über die Grenzen einer reinen Sinnsphäre hinausgeht, zeigt sich in seinen Nachlaßschriften. Vgl. hierzu Ulrich Kaisers Untersuchung *Das Motiv der Hemmung in Husserls Phänomenologie* (1997).

duziert. Für die Qualitäten des Glatten und Rauhen oder Körnigen gilt ähnliches. In ihnen tut sich kund, daß die Bewegung der Hand oder der Füße aufgehalten, verzögert oder beschleunigt wird, und das Klebrige entwickelt eine eigentümliche Adhäsionskraft: wir »gehen jemandem auf den Leim«, bleiben irgendwo hängen. Die Hervorhebung dieser dynamischen Aspekte besagt nicht, daß sie sich darin erschöpfen. Das Überdeterminierte bedarf einer mehrfachen Lektüre.

Wenn der Wirkung eine bestimmte Kraft zugeschrieben wird, so sind dabei verschiedene Aspekte zu unterscheiden. Die Kraft verläuft zunächst in eine bestimmte *Kraftrichtung*. In bezug auf den, der die Kraftwirkung erleidet, ist zu unterscheiden zwischen anziehenden und abstoßenden Kräften, zwischen Attraktion und Repulsion. Damit deutet sich auf der dynamischen Ebene der zwiefache Charakter des Strebens an, das sich in Such- und Fluchtbewegung zerteilt. Treten mehrere Kraftzentren miteinander in Beziehung, so ergeben sich *Kraftfelder*, sie sich nach Mustern anordnen.

Entscheidend ist nun der *Kräftegrad*, die Intensität, mit der uns etwas entgegentritt. Damit hat es seine besonderen Schwierigkeiten, wenn als Referent der Erfahrung nur ein unbestimmtes X zugelassen wird, dem wir auf Grund unserer Empfindungen bestimmte Eigenschaften anhängen. Die Steigerung der Erfahrung, die Hume als größere Lebendigkeit von Ideen zu fassen versucht und auf unglückliche Weise mit dem Unterschied von Wahrnehmung und Imagination vermengt, verlagert sich mangels eines gegenständlichen Anhalts nach innen und trifft auf eine Skala subjektiver Zustände, die eine Steigerung durchlaufen. So spaltet Kant die Empfindung auf in eine extensive Größe, der die Raum-Zeitgestalten der Anschauung zuzuordnen sind, und eine intensive Größe, die der Affektion als solcher zukommt. Da es in der subjektiven Affektion noch keine Vielfalt gibt, die auf ein einheitliches Etwas zu beziehen wäre, kann die Vielheit nur »durch Annäherung an die Negation = 0« vorgestellt werden (KrV B 210). Das Leben der Empfindung bestünde demnach in Differenzen; den Grenzfall bildet der Zustand der Differenzlosigkeit, der mit Leibniz als Schlaf des Bewußtseins oder mit Husserl als »Nullweckung« (Hua XI, 155), als »Null der Unterschiedslosigkeit« (ebd., 174) zu bezeichnen wäre. Wir können davon absehen, daß diese Größe sich im Rahmen der *Kritik der reinen Vernunft* als mathematische Größe darstellt; dies hängt damit zusammen, daß es Kant um objektive Erfahrungsurteile und nicht um bloße subjektive Wahrnehmungsurteile zu tun ist.[8] Gehen wir von einer Tasterfahrung aus, die unter Einwirkung dessen steht, was sie als solches erfährt, so öffnet sich auch hier ein Mittelweg, der die Aufspaltung in Zustandsgrößen und Gegenstandsqualitäten vermeidet. Gleichzeitig ließen sich Kraftsteigerungen und Kraftverminderungen denken, die sich am Nullpunkt einer leiblichen Orthoästhesie orientieren. Das Zuviel und Zuwenig, das im Kräftespiel zutage tritt, stellt eine relative Größe dar, die von verschiedenen Faktoren wie Disposition oder affektive Beteiligung abhängt. Dem Sichempfinden mit Anderen in der Welt entspräche ein Messen der eigenen an fremden Kräften, ein Kräftemessen, das nicht nur auf Überwindung angelegt ist, sondern Nachgiebigkeit erlaubt. Einwirkungen in diesem dynamischen Verständnis wären ebenfalls eine Form des Ichfremden, das in seiner Wirksamkeit erfahren wird, noch bevor wir ihm eine Wirklichkeit zuschreiben.

3. Kontakt und Kontiguität

Nach dem Betasten, das Tastqualitäten entdeckt, und dem Einwirken, das uns mit Wirkkräften konfrontiert, bleibt nun noch das Berühren. Dieses führt uns abermals zu dem gesuchten pathischen Geschehen, das von kognitiv-perzeptiven und praktisch-kinetischen Erfahrungsweisen nicht nur zu unterscheiden ist, sondern diese permanent untermalt und unterfüttert. Das Mehr als Tasten, dieser Überschuß, der die Tastwelt aufbricht, tut sich kund im Berühren.[9]

8 Zur Einführung dieser Problematik bei Hermann Cohen und dann bei Gilles Deleuze vgl. Marc Rölli, *Der transzendentale Empirismus*, 2. Kapitel, Abschnitt II, 4. Entscheidend ist die Frage, wie zu vermeiden ist, daß Intensität auf pure Meßbarkeit zurückgeführt und in einen strikten Gegensatz zur Intentionalität gebracht wird. Was Husserl angeht, so unterscheidet er deutlich zwischen einer »Null« der »Bewußtseinslebendigkeit«, das heißt einem »Nichts nur an affektiver Kraft«, und einem »Null der Intensität qualitativer Merkmale«, etwa dem Anhören eines Tones (Hua XI, 165). Dies führt zu einer entsprechenden Differenzierung im Bewußtseinsleben. Dazu eine Passage aus dem Nachlaß, die Husserls Nuancierungskunst ins Licht rückt: »Null-Reiz hat für das Ich keine ›Abhebung‹ in dem ichlichen Sinn, der den negativen Modus der Aufmerksamkeit ausmacht. Dies wäre dann seinerseits die Voraussetzung (als Anruf, Anspruch) für den Aktus des Ich als ›Antwort‹ (Bewußtsein im prägnanten Sinn); die ichliche Abhebung hat ihre Voraussetzung, ihr Korrelat in der gegenständlichen; die ichliche Unabgehobenheit (das ›unbewußt‹ für mich da) in der sachlichen Unabgehobenheit (das inhaltliche Verschwimmen).« Ms. C10/8a, zitiert nach Montavont 1999, S. 233.

9 Der Übergang zwischen Tasten und Berühren wird verdunkelt, wenn man diesen

Das beginnt mit Berührungsspielen seltener Art. »In der ganzen Welt trifft man auf die wiederholte Manipulation kleiner Gegenstände, die Meditationszustände oder ruhige Träumereien begleiten [...]; Beispiel dafür sind die christlichen, islamischen oder buddhistischen Gebetsketten, Körner oder Jadestücke, die man zwischen den Fingern wendet, oder weiche Gegenstände, die mit großer Beharrlichkeit geknetet werden.« So der Paläontologie André Leroi-Gourhan, der hier eine spezifisch taktile Ästhetik am Werk sieht, beschränkt »auf ein eng begrenztes Feld, jenseits dessen die Stille des Körpers herrscht« (*Hand und Wort*, S. 369). Das Berühren unterhält also eine besondere Nähe zur spezifischen Sinnlichkeit des Tastens, doch darüber hinaus wohnt ihm eine Rätselhaftigkeit inne, die weit über diese Affinität hinausweist. Erwin Straus, der die verschiedenen Sinne auf das Grundthema »Ich-und-das-Andere« einstimmt, betrachtet das »Wechselseitige« als das Motiv, das in der Tastsphäre vorherrscht (1956, S. 402). Er macht keinen sonderlichen Unterschied zwischen Tasten und Berühren und begreift letzteres als »unmittelbare Wechselseitigkeit« (ebd., S. 396). Doch hier sind einige Unterscheidungen vonnöten, um den einseitigen Eindruck einer taktil erzeugten Nestwärme zu vermeiden, als ginge das, was Lacan (*Écrits*, S. 413) als »con-tact af-fec-tif« persifliert, den Dingen selbst auf den Leim. Die skandierenden Bindestriche lassen sich gleichzeitig als Trennungsstriche entziffern, ohne daß die dadurch angezeigte Distanz allein auf verbale Kontaktschranken zurückzuführen wäre.

Bleiben wir also noch einen Augenblick beim Betasten, das durch das Antasten in Gang gesetzt wird und im Abtasten seinen Lauf nimmt. Wir können jederzeit die Frage stellen: Wer betastet was oder wen?, oder auch: Wer wirkt worauf ein? Betastender und Betastetes mögen noch so eng ineinander verwickelt sein, sie sind zu unterscheiden, selbst in dem Falle, daß meine rechte Hand die linke abta-

Überschuß geradewegs in einen Gegensatz verwandelt, wie Edith Wyschogrod es tut, indem sie im Anschluß an Lévinas *touch* und *tacility* im Ethischen aufgehen läßt. Die Schlußfolgerung ihres Aufsatzes »Doing before Hearing: on the primacy of touch« lautet demgemäß: »touch is not a sense at all; it is in fact a metaphor for the impignement of the world as a whole upon subjectivity« (1980, S. 198). Überzeugender scheint mir der Versuch von Antje Kapust. In ihrer großangelegten und mit reichen philosophiehistorischen Materialien versehenen Untersuchung, betitelt *Berührung ohne Berührung* (1999), unternimmt sie es, mit Merleau-Ponty und in Abgrenzung von Lévinas zu zeigen, daß Unberührbares nicht einfach von außen einbricht, sondern sich als »Unberührbares des Berührens« (*l'intouchable du toucher*)«, wie es in *Das Sichtbare und das Unsichtbare* heißt (frz. S. 308, dt. S. 321), dem Berühren entzieht. Auf diese Schrift sei nachdrücklich verwiesen.

stet und mein Leib sich selbst in tastenden und betasteten zerteilt. Darin gleicht der Nahsinn immer noch den Fernsinnen. Das Sehen und Hören als ein »Auf-etwas-aus-sein«, als εἶναί τινος, bringt es mit sich, daß das Auge nicht selbst grün ist, wenn es Grünes sieht, und daß das Ohr nicht selbst laut wird, wenn es Laute vernimmt. Umgekehrt gilt, daß die gesehene Farbe nicht selbst sieht und der gehörte Ton nicht selbst hört. Dies ist sozusagen der Witz eines wahrnehmenden Erkennens, das auf etwas ausgerichtet ist und nicht mit ihm zusammenstößt wie eine Billardkugel mit der anderen.[10] Auch die sonst höchst fragwürdige *tabula rasa* der Seele hat ihre Wahrheit im Hinweis auf eine weiße Fläche, einen leeren Ort, an dem Wahrnehmung entsteht und in den nicht Bilder einströmen wie Sendboten der Wirklichkeit. Der Aufenthaltsort der Wahrnehmung beruht auf einer Enthaltung, die dem, was wahrzunehmen ist, Raum gibt. Ähnliches gilt auf für das Tasten. Die Fingerkuppen, die Glätte oder Unebenheiten spüren, sind als tastende nicht selbst glatt oder rauh, gläsern oder hölzern. Man mag die Hand und den Leib im ganzen als Ding auffassen, doch dann handelt es sich um ein »Ding besonderer Art« (Hua IV, 158), nämlich um ein Ding, ohne das es für uns keine Dinge gäbe. Doch die Angleichung des Tastsinns an die Fernsinne hat ihre deutlichen Grenzen. Es gehört zur Eigenart des Tastsinns, daß wir vom Betasten nahezu unbemerkt in das Berühren übergleiten.

Berühren zeichnet sich in der Tat dadurch aus, daß in der Berührung Berührendes und Berührtes *einander* berühren, daß sie *sich berühren*, wie wir zu sagen pflegen. Diese wechselseitige Berührung bedeutet mehr als eine Wechselwirkung, die darin bestünde, daß das Berührte zugleich ein Berührendes wäre, vergleichbar dem Wechselblick oder dem Händedruck. Offensichtlich strahlt das Berührungsereignis in verschiedene Richtungen aus, und zwar kontinuierlich nach Art einer Homöostase, so wenn in der Berührung Erwärmung und Erkaltung zu einem Temperaturausgleich führen, wenn Druck und Gegendruck ein Kräftespiel erzeugen oder wenn in einem Zusammenstoß eines an das andere stößt. Die Bewegungsrichtung divergiert, sonst würde nicht eines das andere berühren, doch die Berührung selbst läßt sich nicht aufteilen. Es ist unmöglich, daß X Y berührt, ohne daß Y zugleich X berührt. Das Berühren stellt eine symmetrische Relation dar; sie ähnelt der wechselseitigen Nachbar-

10 Die paradox anmutende Behauptung, daß auch Dinge uns ansehen, verlöre ihre Wirkung, wenn Sehendes und Sichtbares schlicht dasselbe wären.

schaft, nicht aber der Freundschaft oder der Bekanntschaft, die auch einseitig auftreten können. Diese Wechselseitigkeit der Berührung findet ihren treffenden Ausdruck im *Kontakt*, wörtlich einer Mitberührung (vgl. Mitleid, Mitleben, Mitsein). Zu beachten ist, daß das nämliche Wort sowohl für menschliche Beziehungen wie für die Stromzufuhr verwandt wird; hier wie dort kann »der Funke überspringen«, ähnlich wie in der blitzartigen Einsicht, von der Platon im *Siebten Brief* spricht. Der medizinische Ausdruck *Kontagion*, der die Ansteckung des Körpers durch Krankheitserreger bezeichnet, erinnert daran, daß Kontakte nicht ungefährlich und Affektion und Infektion nicht nur sprachlich verwandt sind. Mit dem *Kontaktion*, einer Hymnusform der orthodoxen Kirche, deuten sich bereits sublimere Formen des Kontaktes an. Zu erwähnen ist schließlich die *Kontiguität*, eine räumlich-zeitliche Nachbarschaft, ein Zusammenvorkommen, das nicht schon durch innere Zusammengehörigkeit präfiguriert ist (vgl. Hua XIX/1, 36); sie gehört bekanntlich zu den klassischen Assoziationsformen. Nicht weit entfernt davon ist das *Kontinuum* (συνεχές), ein ›Zusammenhalt‹, der darin besteht, daß eines ohne Unterbrechung in das andere übergeht. Die Mathematik beschert uns außerdem die *Tangente*, eine Gerade, die eine gekrümmte Linie in einem Punkt ›berührt‹.

4. Sich-angerührt-fühlen

Mit Bedacht bin ich so weit wie möglich zur Sprache der Dinge übergewechselt; so läßt sich leichter vermeiden, daß die Berührung vorschnell dem Bereich des Wissens von … und des Redens über … zugeschlagen wird. In der Berührung geschieht mehr, als daß etwas ins Licht tritt oder zur Sprache kommt. Wir rühren *an etwas*, bevor wir es *als etwas* verstehen und dabei *auf etwas* aus sind. Nehmen wir diese Berührungserfahrung ernst als Form des Widerfahrnisses, also als eine Erfahrung, die jemandem zustößt, so wird die Kontinuität durch eine Diskontinuität, die Homöostase durch eine Diastase aufgesprengt. Der Dis-takt, der diesen Kon-takt unterbricht, gehört zu dem Geschehen, das sich zwischen uns, den Dingen und den Anderen abspielt. Das ›Wider‹ des Widerfahrnisses ist von dem ›Zwischen‹ zu unterscheiden, jedoch nicht zu trennen. Insofern haben wir es bei der Berührung weder mit zwei Entitäten zu tun, die miteinander in Beziehung treten, noch mit einer einzigen Entität, die sich zerteilt.

Das Einander des Berührens läßt sich weder dualistisch noch monistisch fassen; es entstammt einem *Ur-sprung.*

Den diastatischen Charakter der Berührung verkennen wir gründlich, wenn wir die Berührung auf Dinge beziehen, die innerhalb eines gemeinsamen Raumes auftreten und dabei aneinander grenzen beziehungsweise aufeinander einwirken. Zwei Dinge berühren einander, wenn sie diskrete Raumstellen einnehmen und dabei einen Raumpunkt, eine Raumlinie oder eine Raumfläche gemeinsam haben, so etwa zwei Billardkugeln, die beieinanderliegen, zwei Spielflächen, die durch eine Grenzlinie voneinander abgetrennt sind, oder zwei Häuser, die eine Brandmauer miteinander teilen. Einfach gesagt, zwei Dinge berühren sich, wenn es keinen Platz zwischen ihnen gibt. Strenggenommen gilt dies nur für mathematische Gebilde, deren Abstand gegen Null geht; im Falle physischer Grenzziehungen werden minimale Abstände geduldet, und dies je nach Genauigkeitsmaßstab. Die wechselseitige Berührung geht in eine Wechselberührung über, wenn ein Körper auf den anderen stößt, der Bewegungsimpuls sich in beiden Richtungen fortpflanzt und sich ausgleicht wie im Falle zweier Billardkugeln, die aufeinander zurollen und eine Nahwirkung auslösen. Diese Art der Berührung ist dadurch eingeschränkt, daß Dinge im Raum durch bloße *Binnengrenzen* voneinander abgegrenzt sind und bloße *Binnenwirkungen* aufeinander ausüben; denn diese Berührung wird vorweg zusammengehalten durch ein einheitliches Raumsystem beziehungsweise durch eine Kausalität, die das »Zement des Universums« bildet. Strenggenommen gibt es hier kein *Einander*, da die Berührung nicht aus der Sicht eines der Berührungskontrahenten aus betrachtet wird, sondern vom Standpunkt eines Dritten. Für ihn ist es gleich, ob A B oder B A berührt, ob A auf B eine Wirkung ausübt oder B von A eine Wirkung erleidet. Für den Betrachter gilt eines so gut wie das andere, da die Kluft bereits überbrückt ist und der Betrachter diese Brücke in beiden Richtungen benützen kann. Im Grunde berührt ›sich‹ hier nichts, weil es kein ›Sich‹ gibt, das sich aus dem allgemeinen Prozeß heraushebt, und wenn es kein ›Sich‹ gibt, so auch keinen Anderen, der mehr wäre als ein Nicht-Selbes.

Das Sichberühren erinnert uns nochmals an die Besonderheit des Tastsinnes. Daß das Berühren sich selbst berührt, besagt nicht, daß das Berühren sich auf sich selbst bezieht in Form eines reflexiven Wissens oder auch in Form eines Mitwissens oder Mitwahrnehmens (vgl. *Nik. Eth.* IX, 9). Der pathische Charakter, der dem Tasten innewohnt und in der Berührung den Ton angibt, bringt es mit sich, daß das Wovon des Berührtseins oder allgemein des Getroffenseins früher ist als das, was wir berühren. Das Wovon des Berührtseins geht nicht nur dem Was des Berührens, sondern auch dem Wer des Berührens voraus, sofern etwas und jemand aus dem Berührtwerden entspringen. Eben deshalb spreche ich auch vom Sichberühren des Berührens und nicht des Berührenden. Ein Sub-jekt, das dem Getroffensein des Widerfahrnisses entstammt und nicht zuvor schon weiß, was und wie ihm geschieht, ist nicht mit einem selbstbewußten und selbstmächtigen Subjekt zu verwechseln. Das Sich des Sichberührens bedeutet keine Quelle, kein Ausstrahlungszentrum, vielmehr bildet es innerhalb der Bewegung des Berührens einen Wirbel, der den allgemeinen Wirkungsfluß, auch den Rede- und Handlungsfluß unterbricht. Das Sich bezieht sich nicht auf sich, es zieht sich auf sich zurück, es ist auf sich zurückgeworfen, es wird zu einem Selbst, indem es sich angerührt und getroffen fühlt. Insofern entspringt der Hiatus zwischen Eigenem und Fremdem der Berührung. Das Präfix An- bezeichnet einen adressierenden Vorgang, der eine Antwort hervorruft und zugleich auch ausspart, im Gegensatz zu einem determinierenden Geschehen, das eine Wirkung erzielt. Damit rückt das Anrühren in eine Reihe mit dem Anreden und Antun. Das Anrühren oder Anfassen (*attingere*) kontrastiert mit dem Er- oder Umfassen (*comprehendere*), das Angehen oder In-Angriff-nehmen (*aggredi*) mit der Ausführung (*exsequi*). Entscheidend ist dabei, daß das Angerührtwerden durch Anderes dem eigenen Anrühren vorausgeht. Traditionell gesprochen besagt dies, daß die Selbstaffektion im Zuge der Fremdaffektion auftritt und ihr nicht vorausgeht. Das Sichberühren bildet die Kehrseite des Berührtwerdens und nicht etwa seine Vorbedingung. Ähnlich äußert sich Jean-Luc Nancy: »Berühren *ist* der Augenblick der Berührung *und* der Erfahrung der Fremdheit. Es läßt uns fühlen, was uns fühlen läßt (was fühlen wirklich *ist*): die Ferne, das Streben nach inniger Nähe.«[11]

11 *Die Musen* (1999), S. 32. Der Autor bezieht sich auf Derrida, der in seiner jüngst erschienenen Schrift *Le toucher* (2000) seinerseits Anregungen von Nancy aufnimmt. Vieles davon überkreuzt sich mit dem hier und schon im *Antwortregister* von mir unternommenen Versuch.

5. Hautnähe und Hautferne

Die traditionelle Aufteilung der Sinne in Nah- und Fernsinne, an die wir wiederholt erinnert haben, bedarf einer gründlichen Überprüfung. Als Fernsinne gelten jene Sinne, deren Gegenstände sich in einem mehr oder weniger großen Abstand vom wahrnehmenden Körper befinden, als Nahsinne jene, bei denen dies nicht der Fall ist. Das polare Verhältnis von Nähe und Ferne bricht auseinander; es gibt nur noch »Nähe ohne Ferne« und »Ferne ohne Nähe« (Straus 1956, S. 406). Der Tastsinn würde dann wie der Geschmackssinn zu den Nahsinnen zählen. Diese Nähe scheint auf der Hand zu liegen. Kann ich einer Sache oder einer Person näherkommen, als wenn ich sie berühre, wenn ich mit ihr in »Tuchfühlung« bin, wenn ich etwas »mit Händen greife« und die Berührung sich »hautnah« gestaltet? Ein Überkonsum von Bildmedien nährt die Sehnsucht nach Dingen und Personen, die »zum Anfassen« sind. Alte erkenntnistheoretische Träume, die von einem direkten Kontakt mit der Wirklichkeit eine neue Vergewisserung erhoffen, finden sich im Alltag wieder, wo sie früher nur verständnisloses Kopfschütteln hervorgerufen hätten. Wer mit den Händen arbeitete, pflegte sich um Realitätsbeweise nicht zu kümmern. Der neuerliche Kult der Nähe ist eine Parodie auf jene gute Nachbarschaft mit den nächsten Dingen, die Nietzsche anempfiehlt (KSA 2, 551). Die Dimension von Nähe und Ferne gehört gewiß zu den anthropologischen Konstanten, doch ihre Ausgestaltung variiert beträchtlich.

Eine phänomenologische Anthropologie der Sinne, wie sie von Erwin Straus und von verwandten Autoren entwickelt wurde, lehrt uns, daß hier etwas grundlegend falsch ist. Wenn die Sinneswahrnehmung stets mit einem Sichbewegen verschwistert ist, so müssen wir auch die Berührung als eine Näherung begreifen. »Die Tastbewegung beginnt mit der Annäherung aus dem Leeren und endet mit einem Weitergreifen in das Leere« (Straus 1956, S. 406). Ergreifen kann ich nur etwas, was ich nicht fest in der Hand habe, das mir jederzeit entschlüpfen kann und das sich von einem Hintergrund abhebt. Daraus folgt: »Der Gegensatz von Ferne und Nähe wird auch in der Berührung nicht ausgelöscht« (ebd., S. 407).

Man könnte den Gegensatz von Nähe und Ferne aber noch anders fassen, nicht von der objektiven Raumanlage und dem *meßbaren räumlichen Abstand* her, sondern als größere und geringere Reichweite meines Umgangs mit Dingen und mit Menschen. Der Tastsinn wäre dann ein Nahsinn, weil tastbare Gegenstände ein unmittelbares Eingreifen zulassen und manipulierbar sind. Auf gewisse Weise gilt dies auch für den sozialen Kontakt; selbst wenn die zwischenleibliche Berührung nur einen Teil des sozialen Kontaktes ausmacht, so sind Umarmung oder Handgreiflichkeit jederzeit möglich. Dies veranlaßt Alfred Schütz dazu, der Wirkwelt beziehungsweise der sozialen Umwelt mit ihren Face-to-face-Kontakten beim Aufbau der sozialen und kulturellen Welt einen Vorzug einzuräumen. Auch in diesem Falle strebt die Annäherung einem Optimum zu, nur daß dieses nicht mehr als kleinster objektiver Abstand zwischen Ding und Körper verstanden wird, sondern als *Höchstgrad an subjektiver Verfügbarkeit*, wobei man allerdings mögliche Hindernisse zu berücksichtigen hätte. Ein Höchstmaß an Nähe wäre erreicht, wenn etwas oder jemand in unmittelbarer Reichweite wäre, zugehörig einem gemeinsamen Hier, das in einer Werkstatt, einem Büroraum oder einer Wohnung bestehen kann. Die allseitig um sich greifende Professionalisierung sorgt auch für Kontaktexperten, die für die Berührungspflege zuständig sind.

Doch wenn wir Annäherung und Entfernung von Widerfahrnissen her denken und nicht bloß von verfügbaren Daten und realisierbaren Projekten aus, so ergibt sich ein anderes Bild. Es zeigt sich eine fliehende Nähe, eine Ferne, die sich mit der Annäherung nicht verringert, sondern noch steigert – und zwar in dem Maße, wie Erfahrungen, allen unvermeidlichen und unerläßlichen Normalisierungen zum Trotz, etwas Anomales und Überraschendes bewahren. Bei Sartre trägt die Liebkosung als Ausdruck des Begehrens dazu bei, daß der Körper des Anderen wie auch der eigene Körper seinen medialen Charakter verliert und Fleisch wird, sich ›inkarniert‹ (1943, S. 458-462, dt. 680-687). Während bei Sartre die wechselseitige Fleischwerdung in der Freiheit des Einzelnen ihre Grenze findet, erwähnt Erwin Straus die Liebkosung als Beispiel für eine »grenzenlose Bewegung der Näherung«, die er allerdings mit dem »Erlöschen der Begierde« beendet sieht (1956, S. 407 f.). Lévinas geht einen Schritt weiter, indem er die Begierde aus dem Zyklus von Leere und Erfüllung herauslöst und von daher zu einer eigentümlichen Fernnähe findet. In *Jenseits des Seins*, wo das Phänomen der Liebkosung wiederholt auftaucht, heißt es: »In der Liebkosung wird das, was da ist, gesucht, als sei es nicht da, als sei die Haut die Spur ihres eigenen Rückzugs; eine Sehnsucht, die, als sei es eine Abwesenheit, das weiter sucht, was doch, so sehr es nur kann, da ist. Die Liebkosung ist das

Nicht-Koinzidieren [in] der Berührung, ein Entblößen, das niemals entblößt genug ist. Das Nächste erfüllt nicht die Annäherung« (1974, S. 114, dt. 202). Nicht umsonst taucht auch hier das Motiv der Nacktheit und der Entblößung auf. Wie kann man die nahe Berührung weitertreiben, als wenn man sich die Kleider vom Leib reißt? Doch die nackte Wahrheit kann nicht darüber hinwegtäuschen, daß der fremde Leib nackter ist als nackt, daß er sich hinter sich selbst zurückzieht. Die unendliche Annäherung, die ihre Ziele immer wieder woanders sucht, weicht einer unendlichen Nähe, einer Annäherung auf der Stelle. Dies bedeutet einen Verzicht darauf, das fremde Widerfahrnis in das Ziel eines Strebens oder gar in den bloßen Gegenstand eines Bedürfnisses zurückzuverwandeln, was nicht heißt, daß solche Tendenzen mit im Spiel sind. Wir nähern uns einem Unberührbaren im Berühren.

Berührungen finden nicht bloß an der Oberfläche statt, sie streifen nicht bloß die Haut der Dinge und die Haut des Leibes, sie gehen in die Tiefe. Dabei begegnen sich In-sein und Um-sein. Was sich berührt, kann sich ineinander schieben, umfangend umfangen, eindringend, umhüllend, Einlaß suchend und gewährend, Einlaß erzwingend, ein Ausweichen verhindernd. Welches Kind ist nicht versucht, seinem Spielzeug näher zu kommen, indem es dieses auftrennt, zerreißt, um ›dahinter zu kommen‹ und in die Sache ›einzudringen‹. Beim Erwachsenen, der sich um Ein-sicht, um Erschließung, Aufdeckung und Vertiefung bemüht, verbinden sich Entdeckungseifer und Zerstörungslust, fern jeder reinen Erkenntnis, die sich als Erkenntnistheorie nochmals einen Kokon schafft. Auch Gewalt und Haß können Nähe erzeugen; man kann sich in etwas und ineinander ›verbeißen‹. Berührungen können ›unter die Haut gehen‹. Wenn die Berührung allzu einseitig mit einer flächigen Raumvorstellung verbunden und die Voluminosität ausgespart wird, so resultiert dies aus einer einseitigen Orientierung an der Optik. Berührung findet stets in einem voluminösen Raum statt, das heißt in einem Raum, der uns umgibt. Selbst wenn sie an der Schwelle zum fremden Raum haltmacht, bewegt sie sich auf der Schwelle, sie ist nicht einfach diesseits einer bestimmten Grenzlinie lokalisiert. Berühren bedeutet eben nicht nur Betasten und Einwirken, es bedeutet auch ein *Betreten* fremder Räume, ein Öffnen und Aufschließen. Freud hat eindringlich gezeigt, wie sehr bei der ›Objektfindung‹ die Beziehung zu Dingen und die Beziehung zu leiblich faßbaren Anderen ineinanderspielen. Wie die Traumanalyse und die Entzifferung von Körpersymptomen zeigt, ist die Welt der Dinge erotisch und sexuell gefärbt und durchtönt. Die Ausbildung erogener Körperzonen und das Spiel mit diversen Körperöffnungen verleiht der Berührung eine erotische Aura. Auf den fremden Leib blicken wir nicht wie auf eine Leinwand, wir dringen in ihn ein wie in ein fremdes Territorium; selbst der Voyeur tut dies.

Wenn man hierbei die Geschlechterdifferenz und die entsprechende Genese der Geschlechter geltend macht (vgl. Seewald 1992, S. 222-224), so ist zu beachten, daß das zwischenleibliche Ineinander auf beiden Seiten der Geschlechter ihr eigenes Entzücken und ihre eigenen Tücken hat. Die metaphorische Nähe von Frau und Haus oder Höhle, die Freud immer wieder hervorhebt und die den Mann zum Eindringling macht, hat ihre Kehrseite im Umgarnen und Umschlingen und in der Abgründigkeit des weiblichen Körperraums, den niemand durchmißt. Betrachtet man entsprechende Märchenmotive, so ist keineswegs ausgemacht, wer der oder die Stärkere ist, der Held, dem sich alle Türen öffnen, oder die Nixe, die ihre Opfer in den Abgrund lockt, oder die Alte, die ihre Opfer in ihre Netze zieht. Die Bewegung verläuft nicht nur von außen nach innen, sondern ebenso von innen nach außen. Eindringen und Abstoßen lösen einander nicht nur ab, sie überlagern sich auch. Nähe und Ferne haben durchaus einen ambivalenten Charakter. Wird diese weitgestreute Raumsymbolik vernachlässigt, so gewinnen Nähe und Ferne eine allzu abgezirkelte Form, als würde die Zweidimensionalität lediglich durch eine dritte Dimension erweitert, als würde Kafkas Landvermesser seine Tätigkeit als Schloßvermesser fortsetzen.

6. Ablösung und Wiederannäherung

Betrachten wir die Entfernung und Näherung als gegenläufige Bewegung, so fragt sich, ob die eine oder die andere Bewegungsrichtung auf die Dauer dominiert. Wir sind gewohnt, die Entwicklung des Selbst als einen Zweitakt von *Bindung* und *Ablösung* zu deuten, etwa als Ablösung von der Mutter, von den Eltern, den Lehrern, der Heimat, als einen Prozeß also, der sich mit jeder lebensbestimmenden Neugeburt wiederholt. Die *Wiederannäherung* bestünde dann in einer Suche nach Nähe aus der Ferne heraus. Doch unsere Überlegungen lassen erwarten, daß sowohl in der Ablösung durch Entfernung wie in der erneuten Bindung und Wiederannäherung Nähe und Ferne ineinandergreifen. Die anfängliche Ablösung des Kindes von seinen Eltern wird von Aristoteles im Rahmen seiner Freundschaftsabhandlung beschrieben, im Ausgang von verschiedenartigen affektiven Bindungen (*Nik. Eth.* VIII, 14). Von den Eltern, und im besonderen Maße von der Mutter, heißt es dort, daß sie ihre Kinder lieben als »etwas von ihnen selbst seiend [= ihnen zugehörig], daß die Kinder ihre Eltern lieben als »von ihnen seiend [= von ihnen abstammend]« (1161 b 19 f.).[12] Von den Eltern aus betrachtet sind die Kinder »andere Selbste (ἕτεροι αὐτοί)«. Das Kind ist ein anderes *Selbst*, weil von den Eltern abstammend; es ist ein *anderes* Selbst aufgrund seines Getrenntseins (τῷ κεχωρίσθαι) (1161 b 28). Die familiäre Zusammengehörigkeit, die sich in der Geschwisterliebe und weiteren Verwandtschaftsbeziehungen ausfächert, wird von Aristoteles in die Perspektive einer biologischen Produktionstheorie gerückt. Die Urtrennung geschieht in Ablösung des Produkts vom Produzenten; alles Weitere ist Sache der Erziehung, die den Einzelnen dazu bringt, aus eigener Einsicht und nach eigener Wahl zu handeln. Doch das Rätsel, wie ein Selbst erzeugt werden kann, das doch mehr sein muß als ein bloßes Erzeugnis, bleibt ein Rätsel. Anders sieht es bei Lévinas aus, der in *Totalität und Unendlichkeit* (frz. S. 245, dt. 391) schreibt: »Mein Kind ist ein Fremder (Jesaja 49), aber er gehört mir nicht nur, denn er *ist* ich. Mein Kind, das bin ich, der ich mir fremd bin.«[13]

In der Doppelbewegung von Entfernung und Annäherung liegt eine Zweideutigkeit. Folgt man der gängigen Entwicklungsperspektive, so neigt man zur Annahme einer *Urnähe*, die sich in Ferne verwandelt und in erneute Nähe zurückverwandelt wird. Doch damit unterschiebt man ein Selbst, das in seinem Kern bei sich ist, auch wenn es sich mit anderem verbunden fühlt. Theodor Lipps, der Theoretiker der Einfühlung, tut dies, wenn er umstandslos von einem unmittelbaren Selbstwertgefühl ausgeht: »Ich kann sogleich sagen, ich erfasse mich in einer eigentümlichen *Nähe* und *Innigkeit* der *Berührung*. Ich bin mir ja doch selbst der Nächste« (Lipps 1926, S. 230). Die Alternative bestünde in einer genuinen *Fernnähe*, einem Moment des Nicht-selbst im Selbst, einem ursprünglichen Spalt, der dazu führt, daß ich auf anfängliche Weise schon von mir und dem Anderen abgelöst bin, wenn ich zu einem Selbst erwache. Auch der

12 Die griechischen Ausdrücke für ›Eltern‹ (γονεῖς, verwandt mit γίγνεσθαι) und ›Kinder‹ (τέκνα, verwandt mit τίκτειν) betonen den Zeugungs- und Geburtsvorgang.

13 Der Text lautet im Original: »Mon enfant est un étranger[...], mais qui n'est pas seulement à moi, car il *est* moi. C'est moi *étranger* à soi.«

primäre Narzißmus wäre ein gebrochener Narzißmus, und der Ödipuskomplex würde nicht in ein symbiotisches Paradies eindringen wie ein Fremdkörper.

Wenn dem so ist, so bedeutet Wiederannäherung keine allmähliche Wiederkehr einer Urnähe, außer auf der Ebene imaginativer Selbstspiegelungen, in der Erzeugung von Wunschbildern, die eine Wunschnähe erzeugen und einen »Vereinigungswahn« nähren (Castoriadis 1975, S. 403, dt. 494). Die Fernnähe entsteht vielmehr in der Entfernung, als gleichzeitige Steigerung von Nähe und Ferne, als Wachsen des Begehrens im Begehren. Der genuinen Fernnähe entspricht eine wiederholte *Nahferne*. Wenn wir vom ›Nächsten‹ sprechen, so benutzen wir einen merkwürdigen Superlativ, eine Art *superlativus tantus*, vergleichbar dem grammatischen *singulare tantum*. Denn diese Nähe zum Nächsten, die schon bei Nietzsche und erst recht bei Lévinas mit dem Fernsten durchsetzt ist, entstammt keiner allmählichen Approximation, die das Feld meiner Möglichkeit erweitern und den Anderen in zunehmende Reichweite bringen würde. Diese Nähe ist vielmehr das Signet einer genuinen Fremdheit, einer Abwesenheit in der Anwesenheit, in der diese sich nicht abschattet, sondern aushöhlt. Aus Lacans Sicht betrachtet, gehört diese Nähe nicht dem Imaginären, sondern dem Symbolischen an. Der Wunsch nach unvermittelter Nähe würde zu einem erotischen, teils auch religiösen Infantilismus führen. Der von Lévinas geforderten »Religion für Erwachsene« entspräche ein »Eros für Erwachsene«. Das bedeutet nicht, daß jede Kindlichkeit ausgetrieben wird; ausgetrieben wird ein falscher Traum kindlicher Allmacht, der alles zu seiner Verfügung wähnt und ödipale Wünsche perpetuiert. Die ursprüngliche Ferne läßt sich aber auch nicht aufheben oder auch nur abmildern durch ein Verstehen, das lediglich die Sinnräume erweitert. Sie läßt sich ebensowenig eintauschen gegen eine Gemeinsphäre, die auf einer partizipativen oder narrativen Gemeinsamkeit fußt. Das Widerspiel von Nähe und Ferne widersetzt sich nicht nur einem Infantilismus, der einer Nähe ohne Ferne nachjagt, er widersetzt sich ebenso einem Adultismus, der sich in einer Ferne ohne Nähe einrichtet.

Nähe in der Ferne besagt weder einen minimalen Abstand zwischen Dingen noch eine maximale Erreichbarkeit für mich, noch die Einbeziehung in eine Wir-Sphäre, vielmehr besagt dies, daß etwas *mit hier und doch fern* ist, vom Hiersein spaltet sich ein gleichzeitiges Anderswo ab. Die anfängliche Fernnähe und die wiederholte Nahferne schließen es aus, die Geschichte eingleisig zu lesen als Weg von der Nähe durch die Ferne zu erneuter Nähe. Nähe und Ferne schieben sich vielmehr ineinander wie Figur und Gestalt, ohne jemals zur Deckung zu kommen.

Was hat dies alles mit der Berührung zu tun? In der Berührung vollzieht sich der Umschlag von Nähe in Ferne, von Ferne in Nähe, und dies in der doppelten Richtung, die dem Zweitakt von Abschied und Begrüßung entspricht. In der Entfernung sind wir uns *noch nahe*, in der Annäherung bleiben wir uns *noch fern*; dies entspricht einer originären Vergangenheit, die nicht aus der Erinnerung, und einer originären Zukunft, die nicht aus der Erwartung stammt. Die Berührung stellt sich einerseits als *transitorisch* dar, weil die Beziehung auf keiner der beiden Seiten heimisch wird. Sie oszilliert zwischen Anklammerung und Loslassen, zwischen zwei Extremen, deren Realisierung die Berührung aufheben würde. Im reinen Loslassen würde der Kontakt sich verlieren; er würde aber auch verschwinden, wenn Berührendes und Berührtes wie zwei Glieder zusammengeschweißt wären. Berührung ist eine Übergangserscheinung par excellence. Andererseits zeigt die Berührung einen *metabolischen* Charakter. Sie kann jederzeit von der einen in die andere Richtung umschlagen, von der Ferne in die Nähe, von der Nähe in die Ferne, und dieser Umschlag verhindert, daß Berührung sich im Besitz konsolidiert. Wenn wir die alte Unterscheidung von Nah- und Fernsinnen aufnehmen, so wäre der Tastsinn, der sich in der Berührung betätigt, als Nah-Fern-Sinn anzusehen, also nicht als bloße Mitte eines Sinnesspektrums, sondern als ein Oszillationsfeld besonderer Art. Dann aber fragt sich, ob eine radikal gedachte Berührung nicht auf alle anderen Sinne ausstrahlt und maßgebend ist für alles, was uns widerfährt.

7. Berührbares und Unberührbares

Das Phänomen des Berührens hat sich schrittweise angereichert, vom bloßen Betasten von etwas und dem Einwirken auf etwas bis hin zum Angerührt- und Umfangenwerden von dem, was uns fremd ist; der leibkörperliche Bereich wird damit nicht verlassen. Berühren bedeutet mehr als Betasten und Bewirken, doch das, was uns anrührt, bleibt nicht verschont von Momenten der Tastbarkeit und der Wirksamkeit. Die Überbestimmtheit eines Phänomens setzt auch in diesem Falle einen bestimmten Bedeutungskern voraus. Das Berühren beginnt nicht in einem vagen Fluidum. Es fragt sich dann, worin dieser Bedeutungskern besteht und wie die Ausstrahlung auf anderes vor sich geht. Wenn es Berührbares gibt, so auch Unberührbares. Doch dieses Gegensatzpaar läßt sich auf zweierlei Weisen denken. Man kann dem Berührbaren *Unberührbares als Negation* entgegensetzen und diesen Gegensatz abmildern, indem man zwischen einem eigentlich Berührbaren und einem Berührbaren im übertragenen Sinne unterscheidet. Im Hintergrund einer solch klassischen Metaphorik steht die Annahme, daß es vieles gibt, was sich nicht mit Händen greifen läßt: Farben, Moleküle, Zahlen oder Ideen. Wenn es eine Brücke gibt, die Sinnen- und Gedankenwelt verbindet, so wäre dies eine Sehbrücke: »Gut zu übertragen bedeutet, das Ähnliche sehen«, so lautet die bekannte Definition aus der aristotelischen *Poetik* (1459 a), auf die sich Paul Ricœurs Belebung der Metapher stützt. Greift nicht diese buchstäbliche Sichtweise zu kurz, wenn wir *von etwas* angerührt werden, das erst nachträglich *als etwas* aufgefaßt wird? Wem sieht die traumatische Wirkung ähnlich? Dies ist eine verquere Frage, die sich eines *prius posterius* schuldig macht. Unsere bisherigen Überlegungen weisen in eine andere Richtung. Sie sprechen für ein *Unberührbares im Berührtwerden*, das dem Berührbaren nicht entgegengesetzt ist, sondern dieses aushöhlt, indem es sich dem Berühren entzieht.

Bleiben wir zunächst im Bereich sinnlicher Erfahrung, so kann Unberührbarkeit zweierlei besagen. Unberührbar sind nicht-taktile Sinnesqualitäten, die einer fremden Sinnesmodalität zugehören. Farben, Töne, Gerüche oder Geschmäcker können wir nicht ertasten wie Härte oder Glätte; eben deshalb sprechen wir von spezifischen Sinnesqualitäten. Doch diese Unberührbarkeit betrifft nur einen *Aspekt der Erfahrung* und keinen isolierten Bereich. Wandern wir auf dem Sinnesspektrum zunächst in Richtung einer zunehmenden Gegenständlichkeit und eines zunehmend ›gnostischen‹ Verhaltens, so haben wir es mit keinen bloßen Qualitäten zu tun, sondern mit Sichtbarem oder Hörbarem, das in und aus der Welt begegnet und in dem diese sich verdichtet. Seh- und Hörgestalten wären reine Phantome, wenn ihnen nichts entspräche, was sichtbar und hörbar wäre, was in der Welt seinen Weg ginge und seinen Platz fände, und wenn ferner niemand da wäre, der sich ihm zuwendet oder sich von ihm abwendet, der sich ihm annähert oder sich von ihm entfernt. In dieser Kinaisthesis spielt die Tastbarkeit eine konstitutive Rolle. Die Unberührbarkeit von Fern- oder Ultra-Dingen, wie etwa der Mond am Himmel, reduziert sich auf *faktische Unberührbarkeit* dessen, was außerhalb unserer Reichweite liegt. Kinder, denen das Abwägen von Nähe und Ferne noch nicht geläufig ist, greifen nach dem Mond wie nach einem Balle, der in den Lüften schwebt, und sie rufen nach einem Reparateur, wenn ihm plötzlich die eine Hälfte fehlt. Wäre der Mond an sich ungreifbar und unbetretbar, so hätten wir es lediglich mit einer Luftspiegelung oder einem Schattenbild zu tun. Für die Bewohner der platonischem Höhle wird der phantasmagorische Charakter des Bilderreiches dadurch gesteigert, daß die übliche Kinaisthesis einer Stas-aisthesis Platz macht; die Betrachter sitzen gefesselt an einer Stelle, unfähig, nach dem zu greifen, was sie vor Augen haben. Wie schon Berkeley bemerkt, läßt sich die Größe des Mondes nicht abschätzen ohne Bezugnahme auf Position und Entfernung des Beobachters, so wie die Raumdifferenz von oben und unten eine taktile Bodenhaftung und eine aufrechte Haltung voraussetzt. Da der Blick nicht bloß bestimmte Formen abspiegelt, sondern die Welt erkundend durchstreift, kann Merleau-Ponty behaupten, daß das Sichtbare aus Betastbarem/Berührbarem geschnitzt ist (1964, frz. u. dt. S. 177). Wir sehen, was wir berühren können, ohne daß Sichtbares und Tastbares durch eine nachträgliche Synthese vereinigt werden müßten; die sogenannte Synästhesie hat hier ihren Ursprung. Das Hörbare fügt sich freilich nicht in gleicher Weise in die Welt ein. Klänge oder Geräusche kommen aus einer bestimmten Richtung zu uns, sie kommen und vergehen, und nur indirekt sind sie an etwas gebunden, das den Ton aussendet und als Tonquelle faßbar ist. Wir hören nicht etwas, das wir berühren können, sondern wir hören nur von etwas, das sich berühren läßt. Hören bedeutet vielmehr ein Vernehmen, kein Gewahren. Gehen wir schließlich auf der Sinnesskala in die Gegenrichtung einer atmosphärisch sich ausbreitenden Sinnlichkeit und eines zunehmend pathischen Erlebens, so fühlen wir uns von Geschmäckern und Gerüchen verführt und verfolgt, denen mit dem Etwas auch die Tastbarkeit fehlt; allerdings folgt daraus nicht, daß es auch mit der Berührbarkeit zu Ende geht.

Unsere ästhesiologischen Betrachtungen nähern sich nun dem entscheidenden Punkt. Man könnte sich fragen, woher denn die optische Erfahrung ihr herkömmliches Prestige nimmt, wenn doch die taktile Erfahrung sich als derart unentbehrlich erweist. Diese Unentbehrlichkeit zeigt sich unter anderem darin, daß ein Blinder oder Tauber, gemessen an den orthoästhetischen Voraussetzungen der normalen Erfahrung, eine Heteroästhesie ausbildet, innerhalb deren Ausfälle wettgemacht werden, während der Tast- oder Berührungslose sich der Anästhesie nähert.[14] Der traditionelle Grundzug des Gesichtssinnes beruht offensichtlich weniger auf seiner Lebensnotwendigkeit als auf seiner Bedeutung für die Erkenntnis. Der Gesichtssinn ist der erkenntnisdienlichste, der ›gnostischste‹ aller Sinne. Das Licht stellt das Medium dar, in dem alles er-scheint, zu-tage tritt, sich offen-bart, und zwar in einer größtmöglichen Klarheit und Distinktion. Diese einseitige Wertschätzung des Sehens verliert ihren Glanz, wenn wir die pathische Seite der sinnlichen Erfahrung in Betracht ziehen, die im Berühren auf prototypische Weise hervortritt. Hier begegnen wir einer *konstitutiven Unberührbarkeit*, die nicht auf eine spezifische Sinnesfärbung oder auf Grenzen unserer Reichweite zurückgeht, sondern inmitten des Berührens auftritt als ein Angerührtwerden von dem, was sich dem Berühren entzieht. Im Berühren rühren wir an Unberührbares. Ähnlich wie der kognitive Anspruch des Sehens alle Sinne in Beschlag nimmt, so wirkt sich umgekehrt das pathische Geschick des Berührtwerdens auf alle Sinne aus, auch auf den Lichtstrahl, der unser Auge trifft, auch auf Geräusche, die an unser Ohr dringen. Es betrifft alles, was uns affiziert. Wir haben im *Antwortregister* von einem leiblichen *Responsorium* gesprochen, das die verschiedenen Register der Sinne übergreift. Diese Responsivität der Sinne hat zur Kehrseite eine leibliche Pathik, die in Gestalt eines leiblichen *Affektoriums* ebenfalls quer durch alle Sinnesfelder läuft. Die Syn-ästhesie nimmt damit Züge einer Sym-pathie an, die aus der Berührung erwächst. Es bedarf keiner Anschwärzung des Blicks, um dessen Dominanz zu brechen. Es genügt, das Gewicht der Sinne und die Gewichte innerhalb jedes Sinnesbereichs zu verändern, um einer einseitigen Visualisierung der Erfahrung und der Vernunft zu entkommen.

Das Berührungsgeschehen steigert seine Reichweite, wenn wir von der ästhesiologischen zu einer noologischen Betrachtung übergehen und die sogenannten geistigen Prozesse in Betracht ziehen. Geistiges erscheint in einer dualistischen Sichtweise als unbetastbar. Schon Platon ruft Ideenfreude zu Hilfe gegen den grobschlächtigen Realismus jener »Erdgeborenen«, die glauben, man könne alles mit den

14 Wir müssen uns allerdings hüten, solche Ausfälle rein subjektiv zu verstehen als bloße Eigenschaft eines Steins, als bloßes Vegetieren oder, wie heute naheliegend, als bloße Dezerebralisierung. Jeder Ausfall der Aisthesis bewirkt eine spezifische Lebensorganisation, nirgends deckt sich Anästhesie mit Apathie.

Händen betasten wie Stein und Baum (*Sophistes* 246 a). Doch wenn wir mit Husserl annehmen dürfen, daß der Logos sich als »Logos der ästhetischen Welt« im »fruchtbaren Bathos der Erfahrung« betätigt, so dürfen wir umgekehrt auch erwarten, daß es ein »Bathos der noologischen Welt« gibt, daß also das Pathische ähnlich dem Logischen auf allen Organisationsstufen und in allen Organisationsweisen der Erfahrung wiederkehrt.

Nehmen wir die Vielschichtigkeit der Sprache als Indiz, so zeigt sich, daß die Berührung, und zwar in der doppelten Hinsicht einer handgreiflichen und eines pathischen Berührtwerdens, sich auch im sogenannten höheren Verhalten auf verschiedene Weise zu Wort meldet. Vom bloßem ›Berühren‹ oder ›Streifen‹ einer Sache sprechen wir dann, wenn wir sie nicht ausführlich behandeln und nicht tiefer in sie eindringen. Das Berühren beschränkt sich dabei auf eine bloße Anfangsphase des Erforschens. Es erhält ein weitaus größeres Gewicht, wenn wir an etwas ›Unbegreifbares‹ und ›Unfaßliches‹ rühren, das sich dem ›erfassenden‹ und ›umfassenden‹ Verstehen entzieht. In diesem Sinne stellen Augustinus und Descartes bei der Erkenntnis Gottes dem unmöglichen *comprehendere* ein mögliches *attingere* entgegen, das seinerseits auf das plotinsche θιγγάνειν des Einen zurückgeht. In diesem Falle steht das Berühren für die höchste Form des Erkennens, wo dieses an seine eigenen Grenzen ›stößt‹. Allerdings schlägt eine solche Überwindung des Rationalismus in einen Irrationalismus um, wenn das ›Unberührbare‹ *als etwas* verstanden wird, das wir nicht verstehen und das wir dann gern einem *bloßen* Gefühl überlassen. Wir verwickeln uns in die von Hegel weidlich ausgeschlachteten Widersprüche einer Rede, die über etwas spricht, von dem sie doch behauptet, man könne darüber nicht sprechen, und die eine Unmittelbarkeit erschleicht, indem sie ihre eigenen Mittel verleugnet. Diesen Streit, der bei allem gedanklichen Aufwand auf allzu schlichten Voraussetzungen beruht, lassen wir hinter uns, wenn wir das Berühren als Pathos, als Widerfahrnis verstehen, also als ein Sichangerührtfühlen und als ein Ergriffenwerden, das unserem Begreifen und Erfassen uneinholbar vorausgeht. Ein schwacher Abglanz davon findet sich selbst bei Aristoteles,[15] wenn er das Wahrnehmen mit einem ›Berühren‹ anheben läßt, mit einer *simplex apprehensio*, wie es später heißt, einer Erfassung, die deshalb ›schlicht‹ ist, weil sie noch nicht etwas als etwas auffaßt, auslegt oder aussagt und weil sie dem-

15 Vgl. *Met* IX, 10, 1051 b 24 beziehungsweise im Hinblick auf den sich selbst im Denken ›berührenden‹ Nus: *Met* XII, 7, 1072 b 21.

gemäß auch noch nicht den binären Gegensatz von Ja und Nein, von Zusprechen und Absprechen ins Spiel bringt. Dieses Berühren geht jeder Stellungnahme voraus. Es bleibt allerdings stumpf, wenn es als bloßer Einsatzpunkt einer Wahrnehmung gefaßt wird, die sich durch Wiederholungen hindurch in eine gewohnte Einstellung verwandelt. Ihre Schärfe gewinnt diese Berührung erst dann, wenn sie unsere Gewohnheiten durchbricht und erschüttert wie das Staunen und der Eros bei Platon. Hier kündigt sich das Paradox der Fremderfahrung an als ein Berühren des Unberührbaren, einer Wirklichkeit und Wirksamkeit, die jeder Ermöglichung vorausgeht.

Mit der Anspielung auf Fremdes, das unsere eigenen Möglichkeiten überschreitet, betreten wir den Bereich des Ethischen, den Bereich von Ansprüchen, denen wir ausgesetzt sind, ob wir wollen oder nicht. Abermals weist die Sprache darauf hin, daß das Berühren und selbst das Betasten in seiner Überbestimmtheit nicht nur alle Höhen und Tiefen der Erfahrung durchmißt, sondern auch der Scheidung in Eigenes und Fremdes ihr Gepräge gibt. Wir sprechen von der Unantastbarkeit der menschlichen Würde, konkreter: von der Unantastbarkeit des menschlichen Angesichts oder von einer Unnahbarkeit in aller Nähe, die im Takt eine »richtige Wahl der Kontakte« zu treffen sucht (Straus 1956, S. 395). Wie wenig es sich hierbei um eine bloße Metaphorik handelt, die physische Kontakte ins Psychische und Soziale überträgt, zeigt das immense Problemfeld von Berührungsscheu, Berührungsangst und Berührungsverboten, das sich bis in die Frühphase der menschlichen Onto- und Phylogenese erstreckt und auch dem tierischen Verhalten nicht gänzlich fremd ist, wie ethologische Beobachtungen zeigen.

Nun fehlt es nicht an Versuchen, auch diesen Kontakten den Stachel pathischer Erfahrung zu rauben, indem man sie domestiziert. Archaische Tabus werden als irrationale und autoritär abgestützte Abwehrmaßnahmen begriffen, die mit der zunehmenden Säkularisierung sakraler Vorschriften und Bindungen versprachlicht und teilweise verrechtlicht werden, etwa in der vertraglichen Absicherung einer Privatsphäre, die Leib, Wohnung, Besitz, Ansehen, Überzeugungen und ähnliches betrifft. Der Datenschutz wäre ein technologischer Ausläufer jener Verwandlung archaischer Berührungsverbote in die Errichtung vertraglich gesicherter, rechtlich-moralischer Schutzzonen. Es fragt sich, was am Ende dann von der radikalen Unberührbarkeit des Berührbaren übrigbleibt.

Es bleibt strenggenommen nichts übrig. Das Verbot, Leib, Leben,

Besitz, Ruf und Überzeugung des Anderen anzutasten, impliziert, daß ich das, was ich faktisch antaste, das heißt was ich beeinträchtigen, schädigen und im äußersten Falle vernichten *kann,* nicht antasten *darf,* und zwar deshalb, weil ich als Staatsbürger eines Rechtsstaates beziehungsweise als Vernunftwesen dies nicht *wollen* kann, ohne mir selbst zu widersprechen. Was uns widerfährt, ist durch die Trias von Können, Sollen und Wollen vorweg reguliert. Das Rechtsbeziehungsweise Sittengesetz fungiert als Kontrollinstanz, wenn sich die Frage stellt, welchen Sitten und Gewohnheiten wir folgen sollen. Kants Faktum der Vernunft, das innerhalb des Arkanums der Vernunft mit dem Hören auf die Stimme des Gesetzes ein Moment von Widerfahrnis festhält, verschwindet in der etablierten Ordnung, die ihre eigene Herkunft verleugnet.

8. Zugriff und Zudringlichkeit

Wenn die pathische Seite der Erfahrung prototypisch durch das Berühren vertreten wird, so besagt dies auch, daß jene Verletzlichkeit, die sich mit dem Getroffensein verbindet, im Berührtwerden besonders prägnant hervortritt. Wiederum ist es die Haut als Kontaktzone zwischen Innen- und Außenwelt, zwischen Eigen- und Fremdwelt, die widrigen Einwirkungen eine besondere Angriffsfläche bietet. Verletzungen beschränken sich nicht auf äußere Schädigungen, es gibt innere Verletzungen wie Gehirnerschütterungen oder Blutgerinnsel, doch der Schutzschicht der Haut kommt eine besondere Bedeutung zu bei der Aufrechterhaltung eines Selbst, das nur dann intakt ist, wenn der Austausch mit der Umwelt sich über bestimmte Grenzen hin vollzieht. Das leibliche Selbst ist nicht bloß, aber doch in entscheidendem Maße, was Didier Anzieu ein *Haut-Selbst* nennt. Die leibliche Verletzung, die dieses Selbst antastet, unterläuft die Unterscheidung von bloßer Körperverletzung und Personenverletzung, die allzu schnell mit der Verletzung von Rechten und Pflichten gleichgesetzt wird. Wer sich ›in seiner Haut‹ wohl fühlt und nicht wohl fühlt, wird selbst verletzt, wenn etwas an ihm geschädigt wird. Schmerzen, die ›unter die Haut‹ gehen, sind mehr als Betriebsstörungen. Für Schmerzen gilt ähnliches wie für den Leib, ich *bin* meine Schmerzen, die ich in einem distanzierten Schmerzverhalten *habe.* Ebendeshalb sprechen wir schlichtweg von Patienten, wie wir von Akteuren sprechen.

Der spezifische Charakter einer Verletzlichkeit, die mit der Berührbarkeit verschmilzt, tritt deutlich zutage, wenn wir uns nochmals die genuine Fernnähe vor Augen halten. Der Zugriff, der uns berührt und anrührt, artet in Zudringlichkeit aus, wenn die Aura der Ferne verblaßt und jemand uns ›zu nahe tritt‹, wenn das ›Pathos der Distanz‹ in Distanzlosigkeit umschlägt, als wäre Fremdes mit Händen zu greifen. Das berühmte *noli me tangere* wäre hingegen ohne Sinn, wenn es gar nichts zu greifen gäbe. Hierin liegt die Ambivalenz eines Tabus, das verlockend und verbietend in eins auftritt und auf diese Weise Berührbares mit Unberührbarem verquickt. Die Besonderheit der berührenden Verletzung liegt nun darin, daß Pathisches ins Pathologische übergleiten kann auf eine Weise, wie es in den übrigen Sinnessphären nicht vorkommt.

Das Sehen und Hören kann jederzeit durch Störungen unterbrochen werden, die sich nicht außerhalb des Gesehenen und Gehörten abspielen, sondern mitten in dem Gesehenen und Gehörten selbst. Das grelle Licht eines plötzlich aufleuchtenden Scheinwerfers oder das schrille Geräusch von Eisenschienen oder quietschenden Reifen kann uns die Sinne rauben. Dies geschieht in der Weise, daß uns ›Sehen und Hören vergeht‹. Der Blendung entspricht im extremen Falle eine Betäubung, die sich in physiologischen Schäden wie dem Platzen des Trommelfells oder einem Gehörsturz niederschlagen kann. Im übrigen ruft nicht nur ein überstarker sinnlicher Reiz Schmerzen hervor, auch ein monotones Tropf- oder Tickgeräusch kann jemanden an den Rand des Wahnsinns treiben. Eine pathoswidrige Pathosregulierung führt dazu, daß immer genau das eintritt, was wir erwarten – bis hin zu dem Punkt, wo wir nichts mehr erwarten, weil die Gegenwart gewissermaßen auf der Stelle tritt. Diese *borderline*-Fälle der Sinnlichkeit lassen sich auf verschiedene Weise nutzen, als Foltermaßnahmen, die das Opfer auf eine bestimmte Sinnlichkeit festnageln, oder als Weg zum mystischen Versinken der Welt ins unterschiedslose Nichts. Wenn wir von Eintönigkeit oder Monotonie sprechen, wie es bereits Aristoteles tut (vgl. *Politik* II, 5), so bezeichnen wir damit eine Selbstaufhebung des Sinnlichen, in der das Nichts als Nicht-Etwas vernehmlich wird. Das Leiden unter dem Sicht- und Hörbaren spielt sich am Rande der Seh- und Hörwelt ab.

Beim Berührtwerden verschmilzt das Leiden geradezu mit dem Erleiden. Die Verletzung des Intakten beginnt nicht am Rande des Kontakts, sondern im Tangieren selbst. Pascal, der in seinen *Pensées* (ed. Brunschvicg, Frg. 366) dem vernunftlosen Philosophen seine

Abhängigkeit von sinnlichen Einwirkungen vor Augen hält, schreibt: »Der Geist des obersten Richters der Welt ist nicht so unabhängig, daß er nicht durch den ersten besten Lärm in seiner Nähe gestört werden könnte. Man braucht keine Kanonen abzuschießen, um sein Denken zu hindern: Das Gekreische einer Wetterfahne oder eines Flaschenzuges genügen. Wundert euch nicht, daß ihr jetzt falsch schließt: Eine Fliege summt um sein Ohr, das reicht hin, um ihn unfähig zu machen, richtig zu urteilen« (Üb. E. Wasmuth). Nehmen wir statt der Fliege, die sich auf akustische Störungen beschränkt, eine Stechmücke, etwa eine, die den treffenden Namen *culex pipiens* trägt. Sie macht sich vielfach bemerkbar durch den Stich, der uns aus dem Schlaf weckt, bevor wir das Triumphgesurre vernehmen. Der Stachel, der sich in unsere Haut bohrt, läßt uns nicht nur leiden unter dem, was uns berührt, Berührt- und Verletztwerden sind vielmehr eins. Die Schutzhülle, die wir umlegen und die auch aus einer Dufthülle bestehen kann, gleicht einer Sonnenbrille, die das Licht filtert, sie hält den Stich ab. Man kann Farben sehen, ohne unter ihrer Leuchtkraft zu leiden, aber man kann keinen Stich verspüren, ohne nicht wenigstens augenblicksweise unter ihm zusammenzuzucken. Eine solche Art von Schmerz gehört sozusagen zur ›Sache selbst‹, zur ›Sache des Empfindens‹. Darin liegt die Ambivalenz des *touché*, das sich nicht in kognitive, motorische, affektive und vulnerative Elemente zerlegen läßt. Die gleiche Ambivalenz wohnt auch dem Pathos und dem *affectus* inne, wenn wir uns auf die Ebene leiblicher Berührung begeben. Steigert sich der Zugriff bis zur verletzenden Zudringlichkeit, so ist die Verletzung keine Nebenwirkung der Berührung, sondern diese wirkt selbst verletzend. Platons Katharsis der Sinne macht bei reinen Farben, Tönen und Gerüchen halt, weil die Lust in diesen Fällen nicht mit Unlust vermischt ist (*Philebos* 51 b-e). Warum sollte es keine reinen Tastqualitäten geben? Man denke an die Glätte eines Seidenstoffes oder an die Weichheit der Haut, die durch die stoffliche Weichheit hindurchschimmert wie ein Grundmuster. Oder muß man nicht umgekehrt annehmen, daß die Reinheit der Sinnesqualitäten ebenfalls aus einer Sublimierung hervorgeht, die ihren Erdenrest und die Nähe zur animalischen Leibkörperlichkeit nie völlig hinter sich läßt?[16]

Der Sondercharakter des Berührens tritt noch auf andere Weise hervor, nämlich in einer gewissen Polarisierung oder Spektralisie-

16 Vgl. Freuds bekannte Bemerkungen zur zivilisationskonformen Entwertung der Geruchsreize in: *Das Unbehagen in der Kultur*, Abschnitt IV.

rung. Sie hat zur Folge, daß das Qualvolle der Berührung keineswegs auf ein Übermaß beschränkt bleibt, das mit übergroßer Licht- oder Lautstärke zu vergleichen wäre. Die Skala tangibler Verletzungen ist reichhaltiger. Ohne hier einen Verletzungs- oder Folterkatalog aufstellen zu wollen, der sich im übrigen nicht auf tangible Verletzungen beschränken dürfte, möchte ich unterscheiden zwischen *harter*, *geschickter* und *sanfter* Gewaltausübung.

Die harten Varianten sind uns nicht nur aus mittelalterlichen und modernen Folterkammern bekannt, deren schwarze Phantasie erschreckt, sondern auch aus dem Repertoire des ärztlichen Bestecks. Traditionellerweise wird die Berufstätigkeit des Arztes mit dem *Schneiden* und *Brennen* in Verbindung gebracht. Das Schneiden, das Auf- und Abschneiden, das sich später im Sezieren des Leichnams *in mortuo* fortsetzt, bildet die physische Seite, die sich nicht auf die Auftrennung der Haut und das Eindringen in den Körperraum beschränkt, aber damit beginnt. Das Brennen kann man als die chemische Seite betrachten, bei der es um eine Stoffverwandlung, um eine Zersetzung von Geweben und ähnliches geht. Am Horizont dieser harten Variante steht der Tod als Aufhebung jener Grenze, mit der sich die Innenwelt des Lebewesens von seiner Umwelt abhebt. Der Tod läßt sich auf verschiedene Weise bestimmen, unter anderem als eine Form der Enthäutung, die mit einer besonderen Form der Unberührbarkeit einhergeht. In diesem Sinne spricht der platonische Kallikles von der Bedürfnislosigkeit eines Steines, der wir uns als lebende Tote annähern können (*Gorgias* 492 e).

Geschickt nenne ich eine Verletzungsart, die der List verwandt ist, indem sie schwache Stellen und Lücken ausnutzt. Das gilt für das *Stechen*, das die Haut durchdringt, ohne größere Zerstörungen zu hinterlassen. Hierzu bedarf es einer besonderen Finesse. Schon die Mücke verfügt über eine gewisse Finesse, indem sie eine ergiebige Hautstelle aussucht. Die Finesse steigert sich zur Technik in der ärztlichen Hand, die Spritzen verabreicht oder Akupunkturnadeln ansetzt. Sie findet sich aber auch in der Hand dessen, der den Todesstoß versetzt oder eine tödliche Spritze verabreicht. Harmlos ist eine solche Geschicklichkeit ebensowenig wie die harte Gewaltausübung. Sie bildet das Grundregister für ein soziales Verhalten, das wir als Sticheln oder als Nadelstichpolitik bezeichnen.

Schließlich bleibt eine sanfte Spielart der Zudringlichkeit, die sich an das *Streicheln* und *Streifen* der Haut anschließt. Im Streicheln wird die Haut nur oberflächlich berührt, ohne daß die Hand oder das

Streichelwerkzeug unter die Haut dringt. Wir sind gewohnt, das Streicheln mit der Liebkosung als einer zärtlichen Weise taktiler Zuwendung in Verbindung zu bringen. Doch abgesehen davon, daß auch erotische Berührungen nicht frei sind von aggressiven Komponenten, so daß das Küssen in ein Beißen, das Zupacken in ein Zwikken übergehen kann, nähert sich das Streicheln dem Kitzeln, das wir zunächst mit der hilflosen Geste des Lachens beantworten, das sich aber bis ins Qualvolle steigern kann. Als »katastrophale Reaktion« sind Lachen und Weinen einander benachbart.[17] Hier zeigt sich eine Überempfindlichkeit, die aus einer spezifischen Hautnähe oder Hautübernähe erwächst. Hinzu kommen allergische Juckreize, auf die wir spontan mit Kratzen, also mit einer milden Form der Selbstzerstörung antworten. Wenn Platon sich über die Hedonisten lustig macht, indem er ihre Lustfreude auf die Lust beim Kratzen der Haut ausdehnt (*Gorgias* 494 c), so übersieht er die Kehrseite der Medaille, nämlich die allseitige Empfindlichkeit der Haut, die sonst nicht ihresgleichen hat. Juckreize können sich ausbreiten wie ein leibhaftiges Nessusgewand, aus dem es kein spontanes Entrinnen gibt.[18]

Die Überdeterminierung des Tastens und Berührens verleiht der Verletzlichkeit des leiblichen Selbst eine besondere Schärfe. Die Intaktheit des leiblichen Selbst ist in der Sphäre des leiblichen Berührens verankert. Doch das Wort Intaktheit hat einen zweideutigen Klang; es könnte uns in Form der Unberührtheit eine Autarkie vorgaukeln, die allen Widerfahrnissen entgegenstünde. Der Faden zu dem, was uns affiziert, was uns widerfährt, hält sich durch, wenn wir die leibliche Verletzung nicht primär als Beschädigung oder Zerstörung von etwas denken, das seine Integrität einbüßt, sondern als Zudringlichkeit, als erzwungene Nähe, als eine Form des Antuns, die selbst in der versuchten Vernichtung ein Moment adressierenden Verhaltens wahrt. Das Berühren, das stets ein Sichberühen und ein Berührtwerden einschließt, drängt uns förmlich die Annahme auf, daß Fremd- und Selbstaffektion sich durchdringen, ohne miteinander zu verschmelzen. Das Rühren an ... sprengt den Kreis purer Wechselseitigkeit.

17 Vgl. zum »katastrophalen« Verhalten Kurt Goldstein, *Der Aufbau des Organismus*, und zu den Anlässen von Lachen und Weinen die bekannte Schrift von Helmuth Plessner.

18 Vgl. dazu die medizinisch fundierten Beschreibungen von Herbert Plügge, *Der Mensch und sein Leib*, S. 17-22.

III. Von der Affektion zum Appell

Die Versunkenheit der Erfahrung im Widerfahrnis, jene Rückbindung an das Pathos, die in der Berührung ihren prototypischen Ausdruck findet, stellt uns vor weitere Fragen. Wenn wir das, was uns widerfährt, als einen bedeutungslosen und ziellosen Überschuß allen Bedeutens und Strebens fassen, so setzen wir voraus, daß wir auf das, wovon wir in der Affektion getroffen werden, mit unseren Intentionen und Bestrebungen antworten. Dabei stellt sich die Frage nach dem Übergang vom Wovon des Widerfahrnisses zum Worauf des Antwortens. Gäbe es einen solche Übergang nicht, so wären wir dem Widerfahrnis blindlings und hilflos ausgeliefert. Getroffene hätten nicht einmal die Möglichkeit zu sagen, daß sie etwas getroffen hat. Der Zusammenhang zwischen dem, wovon wir getroffen sind, und dem, worauf wir antworten, läßt sich am ehesten fassen, wenn wir die Aufforderung in Betracht ziehen, die aus dem erwächst, was uns widerfährt, jenen Ap-pel, der aus dem bloßen Effekt eine Af-fektion macht und das Factum in ein Faciendum verwandelt. Der Appell erinnert an das, was ich im *Antwortregister* als An-spruch dem Antworten gegenübergestellt habe, doch hebe ich den pathischen Charakter des responsiven Geschehens nun stärker hervor sowie die Eigengewichtigkeit dessen, was uns anrührt und bewegt. Nicht nur beginnt jeder von uns in allem, was ein jeder unternimmt, woanders, *es* beginnt mit uns woanders. Weitere Fragen, die sich nach wie vor stellen, betreffen den Unterschied zwischen einer Aufforderung, die mich zu etwas bewegt, und einer Aufforderung, die sich ausdrücklich an mich richtet. Es geht hierbei um den Unterschied zwischen einem Etwas und einem Jemand, der bei Widerfahrnis, Aufforderung und Antwort bedeutsam wird. Wir drohen in einem Meer von Passivitäten zu versinken, wenn wir einen solchen Unterschied nicht machen, doch wir verkennen den Eigencharakter der Widerfahrnisse, wenn wir uns an das Ufer fixer Unterscheidungen retten und Differenzen wie die zwischen Sache und Person schlicht unterschieben. Im Hintergrund steht schließlich die Frage nach einer ethischen Dimension der Erfahrung, auch der sinnlichen Erfahrung, die über eine bloße Ästhesiologie, eine bloße Pragmatik und eine bloße Affektenlehre, aber auch über eine Gebotsmoral hinausgeht. Spuren eines Ethos, das dem Pathos eingezeichnet ist, sind uns wiederholt begegnet, vor allem dort, wo Widerfahrnisse in Verletzungen übergehen und Berührungen die Form sozialer Kontakte annehmen. All dies ist erneut zu bedenken. Dabei werden normative Dimensionen nur insoweit berücksichtigt, als Gesetze im fremden Anspruch einen Mitanspruch erheben, der allen Geltungsansprüchen vorausliegt.

1. Affektion ohne etwas, das uns affiziert

Wird das Widerfahrnis aus der Beteiligungsperspektive des Erleidenden, des ›Patienten‹ betrachtet,[1] so tritt es auf als Wirkung, die ihrer Ursache vorausgeht. Darin entspricht das Widerfahrnis dem Antworten. Das Geschehen, in dem wir von etwas getroffen werden, sowie jenes Geschehen, in dem wir auf etwas antworten, gehören zu den Hintergründen eines Geschehens, in dem etwas als etwas auftritt; insofern ist es selbst kein Etwas, außer im Rückblick oder in einer nachträglichen Beschreibung. Eben deshalb geht die wirkende Wirklichkeit des Widerfahrnisses jeder Ermöglichung voraus. Darin gleicht das Affiziertwerden, das wir durchleben, wenn wir erschrekken, wenn wir freudig überrascht werden oder ein Schmerz uns übermannt, impersonal zu verstehenden Vorkommnissen wie dem ›es blitzt‹, ›es blüht‹ oder ›es brennt‹. Nur in der mythischen Ausdeutung steht hinter dem ›es‹ ein Urheber, so etwa der Blitze schleudernde Zeus, und nur in der kausalen Erklärung steht dahinter eine Ursache. Bei kausaler Steuerung wäre das Widerfahrnis gleich der Passion in Descartes' *Passions de l'âme* nichts weiter als eine Aktion mit umgekehrten Vorzeichen. Wäre das Widerfahrnis ferner nichts weiter als ein zu beobachtendes Ereignis, das den normalen Gang der Dinge unterbricht, so wäre es nicht zu unterscheiden von einer bloßen Anomalie. Die Normalisierung würde nicht auf sich warten lassen, dazu bedarf es nur wiederholter Erfahrungen, gezielter Beobachtun-

1 ›Patient‹ wird hier in einem ebenso weiten Sinne verstanden wie ›Agent‹ oder ›Akteur‹. Ähnlich bezeichnet Blanchot mich selbst als *patient* in Hinsicht auf jene radikale Passivität, die mir durch den Anderen widerfährt und die mir die Vorzugsstellung der ersten Person raubt (*L'écriture du désastre*, 1980, S. 35). Die Bedeutungsverengung auf jemanden, der unter einer Krankheit leidet, erklärt sich aus einer weitgehenden Bevorzugung des Tuns, die dem Leiden den Stempel mangelnder Eigenmächtigkeit aufdrückt. Bedenkenswert ist auch die Zweideutigkeit des frz. *sujet*, das sowohl den Patienten oder den Untertan wie auch das seiner selbst mächtige Subjekt bezeichnet. Lacan und Lévinas machen sich diese Zweideutigkeit bei ihrer Umdeutung des Subjektbegriffs zunutze.

gen und genauer Berechnungen. Jede Feuerversicherung kalkuliert Brandrisiken ein.

Die Normalisierung macht allerdings auch vor Widerfahrnissen nicht halt. In der Eingangspassage seines *Mann ohne Eigenschaften* zeigt Robert Musil aus der Perspektive zweier Großstadtpassanten, wie ein tödlicher Verkehrsunfall zu einem Fall unter anderen wird, und wie Überraschung in Routine umschlägt. Der Blutfleck auf der Straße verwandelt sich ähnlich wie die Bremsspur des beteiligten Autos in ein Indiz. Doch ungeachtet solcher Normalisierungen, bei denen verschiedene Subsysteme ihre Codes spielen lassen, unterscheidet sich das Widerfahrnis von einem Regelfall dadurch, daß es mir oder dir zustößt, daß jemandes Haus brennt oder angezündet wird, daß jemandes Kleider Feuer fangen, daß jemand zum »gebrannten Kind« wird. Das Widerfahrnis als solches ist kein bloßes Vorkommnis, das sich mit anderen Vorkommnissen verbindet, sich mit ähnlichen Vorkommnissen vergleichen und nach Bedarf auch namentlich identifizieren läßt, etwa als Sturm namens »Lothar«. Es tritt nicht als Bezugsobjekt dem Subjekt gegenüber, das es bezeichnet, es begrüßt oder flieht. Das Widerfahrnis, das jemandem zustößt, unterscheidet sich vielmehr von sich selbst in Form einer Diastase, die keine Drittinstanz hinter sich hat. Was jemandem widerfährt, ist von dessen Getroffensein ebensowenig zu trennen wie das Lächeln von jemandes Gesichtszügen oder der Schmerz von jemandem, der ihn verspürt. Im Pathos treten keineswegs zwei separate Individualwesen miteinander in Beziehung. Das Widerfahrnis ist kein Widerfahrnis ohne jemanden, der von ihm getroffen wird, so wie Erleidende keine Erleidenden sind, ohne von etwas getroffen zu sein. Das Getroffensein und das Wovon des Getroffenseins können nicht voneinander getrennt werden. Auf eine Weise haben also jene recht, die Empfundenes und Empfindendes in eins setzen, doch sie gehen zu weit, wenn sie die Kluft, die Ichhaftes von Ichfremdem trennt, ignorieren und das auf diese Weise Versäumte nachholen, indem sie der psychischen Innenwelt eine physische Außenwelt gegenüberstellen. Wie sich bei der Berührung zeigt, gehört die Scheidung zur Sache selbst. Das Widerfahrnis kann weder auf immanente noch auf transzendente Ereignisse reduziert werden, vielmehr überquert es eine Kluft, ohne sie zu schließen. In diesem Sinne greifen bei der Affektion Selbst- und Fremdaffektion ineinander.

Wenn wir uns also hüten, dem Widerfahrnis etwas zu unterschieben, das uns widerfährt, und auf diese Weise das Wovon der Affektion in ein vorweg bestimmtes Was zu verwandeln, so bleibt doch die Frage, was uns überhaupt in die Lage versetzt, das, wovon wir affiziert wurden, als ein Pathos bestimmter Art aufzufassen und es künftig als solches zu suchen, zu meiden oder abzuwehren. Von einem Pathos schlechthin ließe sich nichts lernen. Gäbe es gar keinen Bezug zwischen der Hitze, die ich verspüre, und dem Brandherd oder dem Brandstifter, den wir gemeinsam identifizieren, so gerieten wir in einen merkwürdigen Okkasionalismus. Das Pathos wäre dann ein bloßer Anlaß für eigenmächtige Sinnbildungen und Zielsetzungen.

Ein ähnliches Problem ist uns bereits früher begegnet im Bereich der Responsivität. Wir haben unterschieden zwischen dem, *worauf* wir antworten, und dem, *was* wir zur Antwort geben. Auch hier muß es einen Zusammenhang geben. Bliebe das Worauf des Antwortens ganz und gar unbestimmt, so wäre jede Antwort zutreffend oder keine. Auf der Ebene des Antwortens bot sich ein Ausweg aus dieser Schwierigkeit in Gestalt eines Überschusses des Sagens im Gesagten. Wir antworten auf einen fremden Anspruch, indem wir an das anknüpfen, was dieser besagt; wir gehen auf den fremden Anspruch ein, indem wir tun, was Andere verlangen. Der fremde Anspruch kommt von anderswoher, aber nicht irgendwoher, da er eben jenen Sinnzusammenhang voraussetzt, den er überschreitet oder stört. Insofern bewegt sich das Antworten vorweg innerhalb einer Differenz, die wir als responsive Differenz bezeichnen. Hat es Sinn, analog von einer affektionalen oder pathischen Differenz zu sprechen, die uns aus dem Dilemma einer völlig bestimmungslosen Affektion hinausführen würde? Nach anfänglichem Liebäugeln mit diesem Gedanken habe ich ihn verworfen. Wie im Falle des Antwortens bietet sich zwar auch hier ein indirekter Weg an. Wir haben uns dem vorgängigen Widerfahrnis über das nachträgliche Bedeuten und Begehren genähert, anknüpfend an jenes verstohlene ›Etwas‹, das immer nur in bestimmten Deutungen und Strebungen vorkommt, ohne völlig darin aufzugehen. Hermeneutischer und appetitiver Zirkel schließen sich nicht. Doch selbst wenn dies alles stimmt, findet sich kein Anlaß, zwischen dem, was uns widerfährt, und dem, wovon es uns widerfährt, eine Differenz anzusetzen; denn dann würden wir genau das tun, was wir als unsachgemäß beiseite gesetzt haben. Wir würden der Affektion ein Etwas unterschieben und sie aus der Perspektive eines fremden Agens betrachten, so wie ein Schiedsrichter den Blick zwischen zwei Spielparteien hin und her wandern läßt.

Wenn es ein Zwischenglied zwischen dem Wovon des Widerfahrnisses und dem Worauf des Antwortens gibt, so müssen wir es an anderer Stelle suchen. Aus der Helmholtzschen Wahrnehmungsphysiologie stammt die Annahme eines unspezifischen elektrischen Reizes, der seine Spezifikation allein der Verarbeitung durch die Sinne verdankt. Die Physikalisierung des Dings an sich kann in der Tat zu keinem anderen Resultat führen; diese Dequalifizierung der Erfahrung geht schon auf Descartes und auf Locke zurück. Im radikalen Konstruktivismus taucht dieses Motiv wieder auf als »Prinzip der undifferenzierten Codierung«.[2] Die Dinge, »die unsere Sinne rühren«, verdünnen sich zu einem unbestimmten X, dessen Bestimmung einzig und allein auf konstruktive Operationen zurückgeht. Die Affektion verliert damit jeden Appeal, und mit Affekten hat sie sowenig und soviel zu tun wie mit Farben oder Größeneinheiten; denn auch sie werden konstruiert. An solchen Stellen wird deutlich, daß die Frage nach Affektion und Appell keine bloß psychologische Frage ist, sondern eine durchaus ontologische. Es geht um die Ordnung der Dinge und nicht um bloße psychologisch-physiologische Mechanismen.

Gehen wir nun also von der Erfahrung aus und nicht von Erfahrungskonstrukten, so spricht einiges dafür, daß die genuine Affektion keineswegs unspezifisch und undifferenziert auftritt, sondern eine qualitative Färbung zeigt und verschiedene Richtungen vorzeichnet. Dies geschieht, wenn das, wovon wir getroffen werden, *zu etwas* anregt oder sich gar *an uns* wendet. Dies führt uns auf den Weg von der Affektion zum Appell, doch dieser Weg enthält einige Fußangeln.

2. Aufforderung zu etwas

Zwischen dem Wovon der Affektion und dem Worauf der Responsion, zwischen dem, was *mir* widerfährt, und dem, was *ich* zur Antwort gebe, geschieht etwas, das sich weder der einen noch der anderen Dimension zuordnen läßt. Was hier geschieht, ist genau die Umwandlung des Wovon in ein Worauf, die Umwandlung des erleidenden in ein antwortendes Selbst. Aus dem ›Patienten‹ wird ein Respondent, das heißt jemand, der von anderswoher spricht und handelt, aber dies selbst tut. Diese Umwandlung beschränkt sich

2 Vgl. Heinz v. Foerster 1993, S. 31, Ernst v. Glasersfeld 1996, S. 190. Gerhard Roth spricht ähnlich von einer »Neutralität des neuronalen Codes« (1996, S. 93).

nicht auf eine einmalige Genese der Dinge und des Selbst, sondern sie geschieht immer wieder, wenn wir neue Erfahrungen machen und nicht nur fertige Erfahrungen wiederholen. Vorgängigkeit des Widerfahrnisses und Nachträglichkeit der Antwort, die ja nicht einander nachgeordnet sind wie zwei Ereignisse auf einer Zeitlinie, begegnen sich in der Erfahrung, die wir machen. Diese Begegnung führt zu keiner Verschmelzung, zu keiner Aufhebung der zeitlichen Verschiebung in eine reine Gegenwart, vielmehr bedeutet sie, daß die Verschiebung sich als solche bemerkbar macht, und dies in Form einer ständigen Oszillation.

Um dieses Zwischengeschehen zu artikulieren, greife ich auf das Phänomen der Aufforderung zurück. Aufforderung bedeutet, daß *etwas von jemandem zu tun* ist. Dem entspricht die grammatische Form des Gerundivums: *mihi faciendum est;* den Dativ, der hier auftritt, bezeichnet die Grammatik als *Dativus auctoris.* Hier tritt also *etwas jemandem* gegenüber auf eine Weise, wie wir es aus den bloßen Widerfahrnissen nicht kennen. Doch müssen wir uns weiterhin davor hüten, der Aufforderung fixe Instanzen wie Objekt und Subjekt zu unterschieben. Etwas tritt erstmals auf *als* Auffordern, so wie jemand erstmals auftritt als jemand, der sich aufgefordert oder angesprochen fühlt. Damit eröffnet sich eine Dimension des *An-* (lat. *ad,* gr. πρός), die alltagssprachlich in Worten wie Anreiz, Anregung, Angehen, Anmutung, Anruf, Anrede, Antun beziehungsweise Appell, Allokution oder Adressieren zum Ausdruck kommt. Die Beteiligung zweier Instanzen stellt uns vor die Frage, ob beide gleichwertig sind oder eine der beiden vorrangig ist. Die Herkunft der Aufforderung aus dem Widerfahrnis spricht eindeutig dafür, daß die Aufforderung, die *an uns* ergeht, der Aufforderung, die *durch uns* selbst ergeht, vorausgeht. Daß die Richtung des An-, so etwa in der Anrede, auf mich zu oder von mir weg laufen kann, besagt nicht, daß beide schlechthin austauschbar sind. Ein Oszillieren zwischen Aufforderungs- und Erwiderungsinstanz ist allerdings anzunehmen, da sich das Zwischengeschehen mehr dem fremden Widerfahrnis oder mehr der eigenen Antwort annähern kann. Erfahrung gestaltet sich auch als ein offenes Kräftespiel.

Dies wird deutlicher, wenn wir die Realisierung des Aufforderungsgeschehens in Betracht ziehen. Ein sprachorientiertes Verfahren legt es nahe, vom Aufforderungssatz und der grammatischen Form des Imperativs auszugehen. Laut Richard Hare (1972, S. 5) hat ein Imperativsatz die Funktion, jemandem mitzuteilen, »daß etwas dazu gebracht werden soll, der Fall zu sein«, während der Indikativsatz sich darauf beschränkt, mitzuteilen, »daß etwas der Fall ist«. Diese strikte Aufteilung läßt sich schon auf der pragmatischen Ebene nicht durchhalten. Jede Mitteilung, auch die einer bloßen Tatsache, setzt voraus, daß der Hörer dazu gebracht wird, zuzuhören und damit sowohl der Sache wie dem Unterredner Aufmerksamkeit zu schenken. Eben deshalb legt die Rhetorik solchen Wert darauf, die Affekte der Hörer zu beachten und zu lenken.

Doch abgesehen davon, geht es nicht an, die Aufforderung auf sprachliche Äußerungen zu beschränken und diese geradewegs auf die Bahnen eines wechselseitigen Austauschs zu lenken. Aufforderungen, die uns zu etwas veranlassen, setzen keinen auffordernden Partner voraus, sie können auch von den Dingen ausgehen, die uns aufgrund bestimmter *Aufforderungscharaktere* zu entsprechendem Verhalten anregen. Schon die Dinge haben die Struktur eines »etwas zu etwas für jemanden« (AR 482). Aufforderungen wie verlockend, einladend, anregend oder abstoßend entspricht ein Verhalten der *Zu-* und *Abwendung*, das von Husserl nicht zu Unrecht als primäre Ichtätigkeit angesehen wird. Ein Kriterium für die Beteiligung des Ich findet sich in der möglichen Abwehr oder Vermeidung, die bei Platon als Hemmung gefaßt wird. Dem sinnlich Antreibenden (ἄγον) steht das Hindernde (κωλῦον) gegenüber, das dem Muthaften der Seele angehört (*Politeia* 439 b-c). Die Zuwendung und Abwendung wird traditionellerweise der Aufmerksamkeit zugeschrieben. Das lateinische Wort *attentio* betont ebenso wie das griechische προσέχειν τὸν νοῦν die Hinwendung zu ... So wenig Ausdrucksqualitäten objektive Eigenschaften der Dinge sind, so wenig ist das Aufmerken ein subjektiver Akt, bestenfalls handelt es sich um attentionale Modifikationen intentionaler Akte (Hua III, § 92). Aufforderungsqualitäten und Aufmerksamkeitsmodi haben ihren Ort in eben jenem Zwischenfeld, das Widerfahrnisse mit eigenen Antworten verbindet. Die Frage nach dem Primat erübrigt sich vollends, wenn man die Aufmerksamkeit mit Aron Gurwitsch und Maurice Merleau-Ponty als Organisation eines Erfahrungsfeldes betrachtet, innerhalb dessen etwas auftritt, das jemandem auffällt, das ihn angeht. Selbst eine naturalistische Erkenntnistheorie wie die von Quine ist auf solche »Auffälligkeiten« angewiesen (vgl. Eden 1999, S. 191 ff., 266 ff.). Relevanzkriterien, die sich herausbilden, setzen voraus, daß dieses und nicht jenes affektiv besetzt wird, daß etwas aus dem Hintergrund hervortritt und ein besonderes Gewicht bekommt. Das Ineinander von Bedeuten und Begehren, das wir der Intentionalität zugesprochen haben, zeichnet auch die Attentionalität aus. Die Tension, die der Intention so gut wie der Attention innewohnt, verhindert, daß das Aufmerksamkeitsgeschehen in normalen oder gar programmierten Aufmerksamkeitsleistungen zur Ruhe kommt. Aufforderung streitet mit Aufforderung; eine Erfahrung, die sich von Widerfahrnissen nährt, ist von einem unwiderruflichen Widerstreit gezeichnet. Der Versuch, beunruhigenden und widerstreitenden Erfahrungen mit *Apathie* oder *Ataraxie* zu begegnen, fruchtet nicht. Apathie bedeutet nicht, daß man sich vom Pathos befreit. Apathie bedeutet, daß man die Ansprechbarkeit reguliert oder den Ansprechbarkeitsgrad gegen den Nullwert einer Gleich-gültigkeit tendieren läßt oder daß pathische Erlebnisbereiche sich abspalten, wobei verdrängten Affektionen forcierte Kraftakte gegenübertreten. Der Intellektualismus, der sich einseitig an Sinn und Regel orientiert, der Voluntarismus, der einseitig auf Zielsetzungen und Entscheidungen baut, und der Emotionismus, der diese Mängel durch den Rückzug auf subjektive Gefühle wettzumachen hofft, sind bloße Zerfallsprodukte eines Geschehens, das sich zwischen fremder Aufforderung und eigener Antwort abspielt.

Wenn Aufforderung generell besagt, daß etwas für jemanden zu tun ist, so zeigen sich bedeutsame Unterschiede in der Art der Aufforderung. Wir können von einer *Aufforderungsskala* sprechen, der sich verschiedene »Anspruchsmodalitäten« zuordnen lassen (AR 243). Die Aufforderung kann sich zunächst als *Anreiz* oder als *Anregung* bemerkbar machen, wobei etwas als Stimulus oder Inzitament wirkt, oder sie kann sich ins Gegenteil verkehren. Etwas erscheint als angenehm oder unangenehm; es weckt unser Begehren, es korrespondiert mit Zu- und Abneigungen, in denen das Begehren sich habitualisiert. Es kommen weitere Komplikationen und Variationen hinzu, die wir hier nur erwähnen. Die Phantasie, die dazu beiträgt, Begehrenswertes vorzustellen, sowie das Gedächtnis, das frühere Erfahrungen festhält, bewirken, daß etwas Lust oder Unlust verspricht; hier liegt die Quelle für Selbst- und Fremdtäuschungen. Das Lustvolle kann verführerisch auftreten, indem es sich gegen widerstrebende Neigungen oder Verbote durchsetzt. Es gewinnt einen zwanghaften Charakter im Falle von Süchten, denen Begehrende ausgeliefert sind. Es verbindet sich mit dem Nützlichen und Schädlichen, das auf indirekte Weise zur Erreichung oder zur Verhinderung des Erstrebten beiträgt. Da das, was erstrebt wird, keineswegs zusammenfällt mit den Zielobjekten, in denen es erstrebt wird, mit anderen Worten: da Wunschziele und Wunschobjekte auseinanderklaffen in Form einer appetitiven Differenz, kann der Anreiz von einem Zielobjekt auf ein anderes übergehen oder sich in bestimmten Objekten verdinglichen, entsprechend jener Ökonomie der Triebe, deren verschlungene Pfade die Psychoanalyse untersucht. Zugleich bedeutet dies, daß der Anreiz Zyklen der Wunscherfüllung eröffnet, aber als Aufforderung den appetitiven Zirkel übersteigt. Sofern der Anreiz auf ein Widerfahrnis zurückgeht, von dem wir getroffen sind, bevor wir darauf antworten, gibt es kein ›autonomes Wunschsystem‹, das nicht von Ichfremdem beunruhigt würde. Eine Lust, die »Ewigkeit will«, ist mehr als bloße Lust, die unsere Wünsche widerspiegelt. Doch dieses Mehr bleibt rätselhaft als »promesse de bonheur«, als ein Versprechen, das mehr (ent)hält, als es verspricht.

Die Aufforderung macht ihrem deutschen Namen Ehre, indem sie zugleich in Form von *Herausforderungen* und *Anforderungen* auftritt. Ein Streben, das durch Anreize in Bewegung gesetzt, also im wörtlichem Sinne angeregt wird, geht in eine Eigenbewegung über, in ein Tun, das ein »Tunkönnen« (Scheler 1966, S. 140 f.), ein »ich kann« (Hua IV, § 60) einschließt. Auch das erwähnte Gerundivum *faciendum est* hat den doppelten Sinn von etwas, das getan werden soll, und etwas, das getan werden kann. Das »Tunliche« (Scheler, a. a. O., gr. πρακτόν) ist ebenso wie das Angenehme und Widerwärtige an den Dingen abzulesen als eine Wahrnehmungsgestalt, die in Handlungen übergeht; Henri Bergson (*Œuvres*, S. 216, dt. 1964, S. 94) spricht in diesem Zusammenhang von *actions naissantes*, Karl Bühler (1933, S. 196) von »Handlungsinitien«. Die Handlung entfaltet eine Eigenbewegung, die von der Initialkraft der Dinge profitiert, sich vom Lauf der Dinge mitnehmen läßt. Die Eigenbewegung kann insofern als Mitbewegung bezeichnet werden, vergleichbar der Fortbewegung des Schalls in der Resonanz, im Mittönen. Die Herausforderung besteht nun darin, daß sie an unsere Kräfte, an unser Können appelliert, während sich am Grad der Anforderungen unsere Kräfte erproben. Sofern Aufforderungscharaktere solche ›Gefordertheiten‹ einschließen, wirken sie ermutigend oder abschreckend, und die Aufforderungen kristallisieren sich in Aufgaben, die sich als leichter oder schwieriger herausstellen. Den möglichen Störungen von Erfahrungsabläufen entsprechen Hindernisse bei der Verfolgung von Zielen. Lust und Unlust greifen auch auf diesen Bereich über; die Bewältigung von Hindernissen kann selbst Unlust erzeugen oder umgekehrt eine Funktionslust, eine Freude am eigenen Können wekken. Dennoch gehen Herausforderungen und Anforderungen über bloße Anreize hinaus. Schon die Allmachtsphantasien des Kindes haben mit Macht und Ohnmacht zu tun und nicht mit bloßer Lustsuche und Unlustvermeidung. Vom bloßen Wünschen sprechen wir, wenn das, was wir tun oder erreichen möchten, über unser Vermögen hinausgeht. Allerdings läßt dieser Zustand der Hilflosigkeit sich indirekt beseitigen, indem wir von Anderen wünschen oder erbitten, was wir selbst nicht zustande bringen.

Dies verweist uns bereits auf eine weitere Möglichkeit der Aufforderung, die wir als *Anruf* oder als *Appell* bezeichnen. Damit betreten wir ein schwieriges Gelände. Nehmen wir das Wort Anruf und den entsprechenden lateinischen Ausdruck *invocatio*, so deutet dies hin auf die Stimme (*vox*), die in der Rufform, dem Vokativ, eine eigene grammatische Form gefunden hat.

Wenn wir diese sprachlichen Anregungen aufgreifen, so lassen sich drei grundlegende Aspekte unterscheiden.

(1) Der Anruf ist dem Aufruf, der Anrufung oder dem Weckruf, dem Warnruf und dem Notruf darin verwandt, daß er eine *explizite, gesteigerte*, unter Umständen besonders lautstarke Form der Anrede darstellt. Darin unterscheidet er sich von der impliziten, unauffälligen Form der Anrede, die in der bloßen zweiten Person des Verbs oder auf nicht-verbale Weise im Redekontakt zum Ausdruck kommt. Der Anruf unterscheidet sich von der gewöhnlichen Anrede wie das Ausrufezeichen vom Punkt. Daß wir von einem Telefon-Anruf sprechen, hängt damit zusammen, daß im Fernruf die Herstellung, die Aufrechterhaltung und die Beendigung des Kontakts einzig mit verbalen Mitteln herbeigeführt wird und daß man den Telefonsprecher förmlich herbeirufen muß, daß man ihn mit einem *coup de téléphone* überrascht, überfällt, und dies selbst dann, wenn der Anruf erwartet wird. Zu dieser Steigerungsform der Anrede paßt der emphatische Gebrauch von ›Ruf‹ und ›Berufung‹ als Eröffnung einer Lebensbahn, die allerdings auf eine bloß normierte Laufbahn herabsinken kann. Hinzuzufügen ist, daß der Anruf keineswegs auf den sprachlichen Ausdruck beschränkt bleibt, es genügt ein Blick, ein Wink, eine Geste – oder auch eine Alarmanlage.

(2) Gleichgültig nun, welche Form der Anruf annimmt, er zeichnet sich aus durch eine eigentümliche *Gerichtetheit*. Anders als der Anreiz, der von einer offenen Tür, von einem Apfel oder einem

Messer auf dem Tisch ausgeht, anders auch als die Herausforderung, die ein steiler Aufstieg oder ein schwer zu entziffernder Text darstellt, richtet sich der Anruf *an jemanden.* Der Anruf ist adressiert. Er fordert nicht nur dazu auf, etwas zu tun, er fordert mich oder sonst jemanden dazu auf.

(3) Schließlich verbindet sich mit dem Anruf ein *Anspruch auf etwas*, nämlich der Anspruch darauf, daß ich nicht nur irgend etwas sage oder tue, sondern daß ich den Anruf erwidere und antwortend auf ihn eingehe. Diesen Zusammenhang von an jemand gerichtetem Ansprechen und Anspruch auf etwas hatte ich im Auge, als ich im *Antwortregister* den Begriff des An-spruchs im doppelten Sinne des Wortes in den Mittelpunkt rückte. Daran knüpfe ich an, wenn ich immer wieder den Appell der Affektion gegenüberstelle.

Abschließend einige Bemerkungen zu der Frage, wie Aufforderungsformen auf der Aufforderungsskala angeordnet sind. Die direkte Form der Aufforderung, die wir als Anruf oder Appell bezeichnen, spielt insofern eine integrative Rolle, als jeder Anruf Anreize und Anforderungen einschließt, so wie jedes Antworten vom Streben und Können getragen wird. Ebendeshalb ist eine Rede nie rein appellativ, sondern immer zugleich verlockend oder abschreckend, befeuernd oder einschläfernd, bestärkend oder einschüchternd. Die geläufige Sprechakttheorie wäre demnach in eine Ansprechakttheorie umzumodeln, die wie schon die klassische Rhetorik allokutive Wirkungen einbezieht und sich nicht mit perlokutiven Nachwirkungen begnügt. Der Anruf spielt außerdem eine bevorzugte Rolle, da im Anruf, der einen fremden Anspruch geltend macht, der Charakter des Widerfahrnisses besonders intensiv durchschlägt, stärker als in den beiden anderen Fällen, in denen das eigene Wünschen und das eigene Können uneingeschränkter zum Zuge kommen. Das Niveau der Anforderungen wird unterschritten durch eine schiere Affektion, ein Angerührtwerden, das *nichts zu tun gibt oder zu tun läßt*, sie wird überschritten durch einen geltenden Rechtsanspruch oder durch einen rechtsförmigen Moralanspruch, der etwas zu tun gebietet oder verbietet, *ohne sich an jemanden zu wenden* (vgl. Habermas 1981, Bd. I, S. 427). Diesen Grenzfällen entsprechen teils Grenzerfahrungen, teils Konstrukte, die von den konkreten Formen der Aufforderung und damit auch vom vorgängigen Widerfahrnis und vom nachträglichen Antworten absehen.

Im folgenden werden zwei Fragekomplexe aufgegriffen, nämlich die bei aller Unentbehrlichkeit fragwürdigen Unterscheidungen zwischen Jemand und Etwas, zwischen Sollen und Sein, die sich mit dem zweiten beziehungsweise dem dritten Aspekt des Anrufs verbinden.

3. Adressierte und unadressierte Aufforderungen

Den Anruf oder den Appell haben wir aus der Kette typischer Aufforderungen ausgegliedert, unter anderem deshalb, weil in diesem Falle nicht nur etwas von jemandem zu tun ist, sondern sich etwas auf jemanden richtet. Husserl spricht im kommunikativen Zusammenhang von »adressierender Intention« (Hua IX, 484). Doch abgesehen davon, daß hier bereits eine »Mitteilungsgemeinschaft« vorausgesetzt ist, wird in dieser Formulierung die Anrede mit der Rede über etwas vermengt. Das Sichwenden an jemanden, das Adressieren also, ist von dem Sichrichten auf etwas, dem Intendieren ebenso zu unterscheiden, wie in Bühlers Zeichenmodell die Appellfunktion von der Darstellungsfunktion abgesondert wird. Dieser Unterscheidung verschiedener Zeichenfunktionen und Erfahrungsdimensionen dürfen wir die besonders im westlichen Denken eingebürgerte ontologische, bis ins Juridische gehende Unterscheidung von Person und Sache nicht einfach unterlegen. Offensichtlich können wir auch jemanden sehen und nicht nur ansehen, offensichtlich können wir auch über jemanden reden und ihn nicht nur anreden; umgekehrt ist die Möglichkeit, den Mond, die »Fremdlingin unter den Menschen«, oder einen Baum anzureden oder auch seinen Computer zu beschwören und zu verfluchen, nicht von vornherein ausgeschlossen, ganz zu schweigen von den Tieren, die irgendwo zwischen *res* und *persona* angesiedelt sind. Die pure Disjunktion von Person und Sache stellt eine ebensolche »Substruktion« dar wie mathematische Formeln, solange ihre Herkunft aus der Erfahrung im dunkeln belassen wird.

Wir könnten uns fragen, warum die Möglichkeit des Adressierens, die Adressanten und Adressaten auf den Plan ruft, uns erst auf der Ebene der Aufforderung begegnet und nicht schon auf der Ebene des Widerfahrnisses. Die Antwort, die unsere früheren Erörterungen nahelegen, kann nur lauten: Wenn hinter der Affektion, hinter dem, was mir zustößt, kein Affizierendes steht, so entfällt die Möglichkeit, vorweg zwischen affizierender Ur-sache und affizierendem Ur-heber und dementsprechend zwischen einem adressierten und einem nicht adressierten Widerfahrnis zu unterscheiden – außer im nachträglichen Rückgang auf dieses vorgängige Geschehen. Die Affektion als An-gerührtwerden setzt jemanden voraus, dem etwas zustößt, sie selbst setzt keineswegs jemanden voraus, der oder die als solche(r) gemeint ist. Sofern das An- eine Richtung und den Ankunftsort einer gezielten Bewegung anzeigt, steht es hier noch nicht zur Debatte. Das An- beschränkt sich auf ein An-tasten, das an etwas rührt, eine Verletzung besagt gleichsam eine An-verletzung, die eine Integrität antastet im Gegensatz zur bloßen Beschädigung von etwas. Das Pathos als erlittene Wirkung darf nicht verwechselt werden mit dem Zielpunkt einer fremden Intention. Vom Zielenden her kann gefragt werden, ob jemand getroffen hat, ob der Pfeil die Zielscheibe oder den Mittelpunkt der Scheibe erreicht hat. Hier gibt es Fehlschüsse. Doch aus der Sicht des Getroffenen, bei dem die Wirkung der Ursache vorausgeht, ist jeder ›Schuß‹ ein Treffer, jeder ›sitzt‹. Die Frage, ob ein Trauma jemanden getroffen hat, ist ohne Sinn, da das Pathos noch keine Intentionen einschließt und sich also auch diesseits von adressierendem Jemand und nicht-adressierendem Etwas bewegt.

Die Wurzel für die von Lévinas so heftig betonte Asymmetrie zwischen mir und dem Anderen liegt darin, daß die *passio* des Widerfahrnisses keine bloß umgekehrte *actio* darstellt. Das Widerfahrnis geschieht nicht *face à face*. Es gibt eine Gesichts- und Namenlosigkeit des Erleidens, die nichts von Gleichgültigkeit an sich hat. Als ›Patient‹ ist das Selbst kein Adressat, es wird zum Adressaten im Antworten auf das, was es zum eigenen Tun auffordert und in der Aufforderung ein Gesicht erhält. Die Umwandlung der Affektion in einen Appell gilt es nun genauer zu erforschen.

Beginnen wir mit dem einfachen Beispiel eines ausbrechenden Brandes. Aus der Perspektive dessen, der am eigenen Leib oder in Gestalt seiner Habe, seiner Angehörigen und seiner Umwelt von der drohenden Gefahr betroffen und am Ende von ihr ereilt wird, stehen am Anfang die wachsende Hitze, die um sich greifenden Flammen und im äußersten Fall die erlittene Verbrennung, die tödlich enden kann. Der Brandstifter mag es auf die Bewohner eines Hauses abgesehen haben, nicht so der Feuerbrand; er trifft wo, wie und was er trifft, er greift niemanden, aber er greift um sich, und seine gefährliche und gefährdende Kraft löst Abwehr- und Fluchthandlungen aus. In der von uns gewählten Sprache können wir feststellen: Das Feuer fordert durch sein pures Erscheinen die Beteiligten zu Abwehr-

und Fluchthandlungen auf oder löst Panikreaktionen aus, wenn die Antworten direkt auf ihr Ziel zugehen, ohne daß praktische Überlegungen und technische Vorrichtungen eingeschaltet werden. Von dem Brandereignis, das seine Opfer findet, unterscheidet sich der Feueralarm, der den Brand ankündigt oder vor dem Brand warnt. Da der bloße Ausruf »Feuer!« in den meisten Fällen wirkungslos verhallen würde, werden Alarmsirenen eingesetzt bei einem ausgebrochenen Feuer oder bei einem herannahenden Bombengeschwader. Nicht nur die sprachlich geäußerte Warnung, auch das maschinell ausgelöste Warnsignal fordern zu etwas auf und richten sich an jemanden, der hörend, verstehend und handelnd auf die Aufforderung eingeht. Der Anonymitätsgrad von Adressat und Adressant spielt in diesem Fall keine Rolle, denn selbst eine Warnung, die sich global an alle möglichen Beteiligten, etwa an die Bewohner eines Stadtteils oder eines Landstrichs richtet, ist zu unterscheiden von unadressierten Ereignissen, die durch ihr pures Eintreten wirken. Dies gilt auch für technische ›Befehle‹, die der Computer erteilt; sie gelten potentiellen Benutzern, nicht irgendwelchen Zimmergästen, die ahnungslos herumstehen. Natürlich kann die Instanz des ›Befehlsempfängers‹ ihrerseits automatisiert werden, und die ›Befehlskette‹ läßt sich beliebig verlängern. Doch ›Befehle‹ werden zu unadressierten Auslöseereignissen, wenn ihnen nur noch etwas folgt ohne jemanden, der ihnen folgt und sie zugleich als Aufforderungen versteht. Die Möglichkeit der Automatisierung nötigt zu einer weiteren Unterscheidung. Die Warnäußerung kann in dem Maße, und auch dies nur in gewissem Umfang, durch automatisierte Warnvorrichtungen ersetzt werden, als sie sich auf *Gesagtes* oder *Bezeichnetes* reduzieren läßt. Adressant und Adressat sind in diesem Falle auf bestimmte Rollen festgelegt; der Adressant bestimmt sich durch das, wozu er auffordert, der Adressat durch das, was er antwortet. Das Ereignis des *Sagens*, die Forderung, die in der Aufforderung *erhoben* wird, und die Antwort, die im Antworten *gegeben* wird, geht über den bloßen Informations-, Gedanken- und Willensaustausch hinaus. Abgelöst von einem Sagen, dessen Anspruch das Gesagte überschreitet, reduziert sich die Aufforderung im Grunde auf die Mitteilung einer Aufforderung. Eben deshalb hat es keinen Sinn, dem Computer die Gefolgschaft zu verweigern; man kann ihn abstellen oder zertrümmern, man kann ihn beschädigen, aber nicht beleidigen. Wieviel mehr bei einer adressierten Aufforderung im Spiel ist, zeigt eine von Freud aufgezeichnete Traumsequenz. Die Äußerung: »Vater, siehst du denn nicht, daß ich verbrenne?«,[3] mit der das tote Kind im Traum noch einmal zum Leben erwacht, verweist auf ein libidinöses und traumatisches Geschehen, dessen Widerfahrnischarakter jede bloße Betriebsstörung hinter sich läßt. Auch Aufforderungen sind überdeterminiert, sofern sie auf »Triebschicksale«, also auf Widerfahrnisse zurückverweisen. Schließlich wäre darauf hinzuweisen, daß nicht nur Widerfahrnisse in Aufforderungen ihre Artikulation finden, sondern daß diese ihrerseits in Widerfahrnisse zurücksinken können, so im Falle von Plinius, der – angestachelt durch seine Wißbegierde – den Vesuvausbruch beobachtete und im Aschenregen umkam.

Der genetische Zusammenhang des Aufforderungs- und Antwortgeschehens, der durch Vor- und Rückgriffe sowie durch ein wechselseitiges Übergreifen gezeichnet ist, verdunkelt sich, wenn man sich auf eine schlichte Disjunktion von Person und Sache verläßt. Das Eingehen auf eine Aufforderung hätte dann zweierlei Arten von Referenten: bloße *Sachen*, deren Aufforderungen adressenlos auftreten, und *Personen*, deren Aufforderungen an jemanden adressiert sind. »Felder und Bäume wollen mir nichts erzählen«, stellt Sokrates ernüchtert fest, indem er Baumblätter gegen Buchrollen eintauscht (*Phaidros* 230 d). Platon läßt die Zikaden zwar weiterhin singen, doch abhold allen verzaubernden und betörenden Sirenenklängen, gründet der Dialog selbst ganz und gar auf der Zweiteilung von Sachen, *über die* wir uns verständigen, und vernunftbegabten Wesen, *mit denen* wir auf gleichem Fuß verkehren. Ich richte mich auf etwas, sofern dieses sich nicht umgekehrt auf mich richten kann; ich richte mich auf jemanden, sofern dieser oder diese sich umgekehrt auf mich richten kann. Geht man von einer solchen Zweiteilung aus, so endet man bei einem eigentümlichen Dilemma. Entweder setzen wir die Zweiheit schlicht voraus, ohne angeben zu können, was sich entzweit und wie trotz der Entzweiung eine Verbindung zustande kommt. Oder wir überwinden die Zweiheit, indem wir auch den Dingen eine Stimme leihen und dieses unter Vorbehalt: Es ist, *als ob* die Dinge sprächen; wenn sie sprechen, so im *übertragenen Sinne.* Mehr zu behaupten hieße, auf einen Animismus zurückzufallen, der Fiktionen für bare Münze und Metaphern wörtlich nimmt.

Daß dieses Dilemma im herkömmlichen Denken sowenig hervortritt, liegt daran, daß das anfängliche Pathos unterbestimmt bleibt. In der *teleologischen* Sichtweise, wo das Wovon des Widerfahrnisses

3 *Traumdeutung*, GW II/III, 513, dazu Lacans Kommentar im *Seminar XI*.

und das Worauf des Antwortens im Schatten des zielstrebigen *Woraufhin* stehen, wird die Differenz von Vernunftwesen, Lebewesen und Dingen aufgefangen durch gemeinsame Ziele, zu deren Verfolgung es fremder Hilfe, aber keiner gezielten Aufforderung bedarf. Das Streben und die Begierde werden geweckt und nicht befohlen. Die eigentliche, von innen her aufsteigende Gefahr liegt im Gaukelspiel und in der Gaukelrede, die auf dem Register sinnlicher Antriebe spielen und von daher ihre Verführungskraft entfalten. Modern gesprochen, sind Propaganda und Reklame wirksamere Zugkräfte als der äußere Zwang. Deshalb läuft die Einsicht in das, was zu tun ist, dem Hören auf entsprechende Aufforderungen den Rang ab. Im Gegensatz zur neuzeitlichen Autonomie freier Vernunftwesen könnte man hier von einer Autotelie sprechen. Die neuzeitliche *nomologische* Sichtweise besitzt nicht die gleiche Integrationskraft. Hier treten das Wovon des Widerfahrnisses und das Worauf des Antwortens zurück hinter dem *Wonach* von Gesetzesregeln; doch diese zerteilen sich selbst in theoretische Gesetze, denen etwas unterliegt, und praktische Gesetze, denen jemand folgt. In praktischer Hinsicht werden die Dinge (einschließlich der Tiere) zu Mitteln, während Personen ein Selbstzweck zugebilligt wird. Der Imperativ als Form der Aufforderung spielt zwar eine zentrale Rolle, doch hinter ihm steht die Stimme eines Gesetzes, das jeder sich selbst gibt. Dort, wo die Aufforderung eine mehr als pragmatische Bedeutung erlangt und wo sie das Selbst als solches in den Status eines Adressaten versetzt, handelt es sich letzten Endes um eine Selbstaufforderung.[4] In beiden Fällen, in der teleologischen wie in der nomologischen Sichtweise, wird die Unterscheidung von Etwas und Jemand gewonnen durch Ablösung von jenen initiatorischen Widerfahrnissen, die weder auf Ziele ausgehen noch bestimmten Regeln folgen. Daß es derartige Unterscheidungen gibt, unterliegt keinem Zweifel. Vielfach genügt ein Blick in das Bürgerliche Gesetzbuch. Doch im BGB steckt vieles an abgesunkener Philosophie, deren Voraussetzungen selbst auf ihre Herkunft zu befragen sind.

4 Zu anderweitigen Möglichkeiten, die der Stimme als solcher innewohnen, s. u. Kapitel VI, 5.

4. Affektion, die zum Appell wird

Eine Alternative, die dem, was uns widerfährt, nicht von vornherein die Spitze abbricht, kann nur darin bestehen, daß die Differenzierung zwischen adressierender und nicht-adressierender Aufforderung im Aufforderungsgeschehen selbst vor sich geht. Der Unterschied zwischen Etwas und Jemand, der weitere Nuancen zuläßt, wäre das Resultat eines Differenzierungsgeschehens, an dem die Anderen, die Lebewesen und die Dinge ebenso teilhaben wie ich selbst. Wie haben wir uns dies vorzustellen?

Ich knüpfe an bei dem Lächeln, mit dem das zu sich selbst erwachende Kind die Mutter begrüßt. Vielbeachtet wurde Vergils *risu cognoscere matrem*, das von Horaz ins Allgemeine gewendet wird: *Uti ridentibus arrident, ita flentibus adflent humani vultus.*[5] Dieses ›Anlächeln‹ und ›Anweinen‹ betont den antwortenden Charakter des Lächelns und Weinens, das nicht bloß ausstrahlt und zerrinnt wie Sonnenstrahlen und Regentropfen, sondern sich an jemanden wendet. Was Vergils Vers angeht, so dient er René Spitz als Motto für seine Untersuchung des frühen kindlichen Lächelns (Spitz 1967, Kapitel 5). Das ›Erkennen‹, von dem Vergil spricht, wird hier in Zusammenhang gebracht mit dem Fremdeln, also einer Abwendung von nicht vertrauten Gestalten, die man als die Kehrseite der Zuwendung zur vertrauten Gestalt der Mutter zu verstehen hat. Die Forschungen von Autoren wie D. W. Winnicott, J. Bowlby und D. Anzieu, zu denen abgesehen von Freud Melanie Klein Entscheidendes beigetragen hat, werfen viele Detailfragen auf, zu denen ich mich nicht äußern kann und möchte. So sehe ich von der Frage ab, ob nicht die Unterscheidung der mütterlichen Stimme der Unterscheidung des menschlichen Gesichts vorausgeht und ob nicht die Abhebung von Vertrautem und Fremdem viel stärker auf die Absonderung von eigener und fremder Körperzone und entsprechenden Berührungsverboten bezogen werden müßte (vgl. Anzieu 1992, S. 192 f., 214). Mir kommt es an auf die Genese des adressierenden Verhaltens, die wir im übrigen niemals völlig hinter uns lassen. Jedes Kennenlernen, das über konventionelle und normalisierte Beziehungen hinausgeht, ist mit Unsicherheiten behaftet. Dies rührt daher, daß wir vorweg nicht schon wissen, wer der oder die Andere ist, daß wir nicht einmal wis-

5 Hume zitiert diese Stelle aus der *Ars poetica* in seinem *Enquiry concerning the principles of morals* (Sect. V, Part II) und gibt sie wie folgt wieder: »The human countenance [...] borrows smiles or tears from the human countenance.«

sen, wer wir selbst zu werden im Begriffe sind. Freundschaft und Liebe oder ›Beziehungen‹, wie man heute reichlich abstrakt zu sagen pflegt, bedeuten nicht viel, wenn diese Fragen sich nicht stellen.

Nehmen wir also das Lächeln. Daß dieses Lächeln auch ausbleiben oder sich verspäten kann, zeigt, daß es nicht fristgerecht auftritt wie eine Frucht, die aus sich selbst zur Reife kommt. Die Erfahrung lehrt, daß das Lächeln zu einem Anlächeln und Zulächeln wird, das auf eine Aufforderung seitens der Mutter beziehungsweise der entsprechenden Bezugsperson antwortet. Das Lächeln tritt auf als »blickerwiderndes Lächeln« (Spitz 1967, S. 106), und Schreie, die eine »Schreinachricht« aussenden (Freud, GW, Nachtragsband, S. 457), übernehmen eine ähnliche Funktion.[6] Damit bietet sich eine erste Interpretation an, die die Klippen unseres Dilemmas allerdings allzu elegant umschifft. Man setzt zunächst voraus, daß die Mutter *als Bezugsperson* fungiert, die in ihrem Verhalten, wozu das Nähren, Wiegen und Säubern gehört, bestimmte Signale aussendet und ein adressierendes und kein bloß zielbewußtes und instrumentales Verhalten zeigt. So scheuen sich Autoren wie Spitz nicht, von einem Dialog zwischen Mutter und Säugling zu sprechen. Damit soll natürlich der bloße Sachbezug ausgeschlossen werden zugunsten einer intersubjektiven Beziehung. Die Frage ist nur, ob damit nicht schon zu viel behauptet wird. Die meisten Autoren stimmen darin überein, daß der Appell seitens der Mutter sich weitgehend absichtslos und unkontrolliert vollzieht. Doch dieser vorbewußte Anteil verstärkt sich durch einen unbewußten Anteil, der darauf beruht, daß an jedem Appell Widerfahrnisse haften, für die niemand voll und ganz einstehen kann. Nicht erst das Spiel der Übertragungen und Gegenübertragungen, mit dem die Psychoanalyse steht und fällt, schon die »Urverführung«, die jeder Sexualbeziehung eingeschrieben ist (vgl. Laplanche 1996, S. 83 u. ö.) schließt ein, daß der Adressant niemals völlig weiß, wozu er auffordert und an wen sich die Aufforderung wendet. Daß der Appell von Widerfahrnissen ausgeht, hat zur Folge, daß er von sich selbst getrennt ist, daß in dir, der du mich ansprichst, ein Es mitspricht. Dies hindert uns daran, umstandslos von einem Jemand oder von einem Adressanten auszugehen. Damit stimmt die Tatsache überein, daß auch »künstliche Mütter« in bestimmten Umfange einspringen können, indem etwa entsprechende Drahtgestelle,

6 Vgl. dazu die höchst differenzierten Beobachtungen von Didier Anzieu: *Das Haut-Ich* (1992), S. 213-219, sowie die Unterscheidung verschiedener frühkindlicher Lautäußerungen bei Jürgen Seewald: *Leib und Symbol* (1992), S. 383-385.

die eine Flasche reichen, mit hautartigen Fellen bekleidet werden.[7] Weiterhin ist zu erinnern an »Übergangsobjekte« wie Kissen oder Plüschtiere, die ihre Funktion nicht wahrnehmen könnten, wenn nicht bestimmte physiognomische Züge in die Dinge und umgekehrt bestimmte dinghafte Züge in das persönliche Gebaren eingingen. Schließlich ist darauf hinzuweisen, daß Tiere als sozusagen lebendige »Übergangswesen« einspringen, wie sie in der Romulus und Remus säugenden Stadtwölfin verewigt sind. Auch dies wäre nicht möglich, wären menschliche Personen von ihren tierischen Verwandten durch einen Graben getrennt und gäbe es nicht eine vielfältige Nähe und Ferne. Wir dürfen also nicht einfach voraussetzen, daß die Mutter *als jemand* das kindliche Lächeln auslöst, als läge darin eine subjektive Leistung.

Problematisch ist auch die weitere Voraussetzung, daß mütterlicher Appell und kindlicher Response durch eine *Rückkoppelung* miteinander verbunden sind. Soweit dies der Fall ist, wirken Stimme und Gesichtsausdruck der Mutter als Stimulus, der beim Kind ein Lächeln oder eine vergleichbare Reaktion auslöst. Die Rückmeldung, die der Reaktion zuteil wird, wirkt je nachdem verstärkend oder schwächend. Gleichzeitig ermöglicht sie es dem Kind, mittels eines erzielten Feedbacks zwischen Wesen zu unterscheiden, die antworten, und solchen, die eine Antwort vermissen oder nur erraten lassen. So sondern sich menschliche von menschennahen und leblosen Wesen, wobei die detaillierte Abgrenzung kulturellen Deutungssystemen vorbehalten bleibt. Es ist keine Frage, daß solche Regelkreismodelle, die das Verhaltenssystem offenhalten und der Interaktion des Erfahrenden großen Kredit einräumen, vieles erschließen, doch ist zu bezweifeln, daß sie die entscheidenden Aspekte der menschlichen Erfahrung, um die es uns geht, zu fassen bekommen.

Wenn wir von einer zeitlichen Verschiebung zwischen vorgängiger Affektion und nachträglicher Antwort ausgehen, so kann es keine rückläufige Bewegung geben, die ihre Anfänge in akkumulierenden und stufenförmigen Lernprozessen aufhebt. Wenn wir das, was zwischen Kind und Mutter und in vergleichbaren Erfahrungssequenzen vor sich geht, auf diesem Hintergrund betrachten, so ergibt sich ein anderes Bild. *Affektionen*, denen das Kind ausgesetzt ist, solange es lebt, *werden zum Appell*, und diese μετάβασις εἰς ἄλλο γένος voll-

7 Anzieu 1992, S. 40. Der Autor bezieht sich auf Affenversuche, aber auch auf Attrappenversuche mit Menschenkindern.

zieht sich mittels einer merkwürdigen Verschränkung von Eigenem und Fremdem. Für das Kind, das auf den fremden Appell lächelnd oder sonstwie antwortet, wird der Appell zu einem Appell, der es selbst meint, *durch die Rückantwort*, die ihm gegeben – und damit auch vorenthalten wird; denn das Gegebene mag in Verzehr oder Besitz übergehen, nicht so das Geben. Der fremde Appell macht sich geltend als Antwort auf meine eigene Antwort, die er hervorruft; er macht sich erst nachträglich geltend, indem er auf sich zurückkommt. Dies unterscheidet das Antwortverlangen von einem antizipatorischen Wunsch, der auf Erfüllung aus ist und aus einem Nichthaben erwächst. Die Verwandlung der Affektion in einen Appell hat zur Folge, daß etwa die mütterliche Brust, die dem Kind Milch zuführt, zugleich die Nahrungsspenderin verkörpert; als ›Partialobjekt‹ ist sie wie alle späteren Partialobjekte Etwas und Jemand in eins, doch dies nicht in konfuser Vermengung, sondern derart, daß die Mutter, die Nahrung spendet, mehr darstellt als eine bloße Produzentin und Distribuentin von Nahrung.[8] Dies wiederholt sich mit jeder Hilfe, die dem Kind in seiner Hilflosigkeit zuteil wird und die als gegebene Hilfe über eine bloße Bedürfnisbefriedigung oder Hilfeleistung hinausgeht. Die Mutter gibt nicht etwas, sie gibt nicht sich, sie ist *jemand, die etwas von sich preisgibt, sich also zugleich vorenthält.* Es ist zu fragen, ob nicht das Verbot, das Nein sagt, in dem Selbstentzug, der jedem Geben innewohnt, vorgezeichnet ist, und ob nicht die Spaltung von Ich und Überich ebenso wie die von Ich und Es den ›Schicksalen‹ des Widerfahrnisses entspringt, bevor sie sich zu verschiedenen Rollen ausformt. Dieser Spaltungsprozeß findet seinen Niederschlag im Selbst, das sich vom erleidenden zum antwortenden Selbst wandelt, indem es sich als Adressat angerufen fühlt. Die merkwürdige Nachträglichkeit, die darin besteht, daß der Appell sich erst in der Rückantwort als solcher bewährt, wiederholt sich im Leben der Erwachsenen, wenn etwas die gewohnten Deutungen und Zielsetzungen durchbricht. Man denke an den Gruß eines Unbekannten oder einer Halbbekannten, der sich erst im Quittieren meines Gegengrußes als solcher erweist. Der erstaunte Gegenblick kann uns

8 Vgl. zur symbolischen Überdeterminierung der Mutterbrust Anzieu 1992, S. 56, sowie zur Theorie der Partialobjekte von Melanie Klein und zu deren leibphänomenologischen Implikationen die Kommentare von John O'Neill (1986) und Jürgen Seewald (1989, Kapitel III). Jean Laplanche hebt in besonderem Maße den erogenen Charakter der Brust hervor, der genuin auf Andere bezogen ist und sich nicht bloß an die Nahrungsaufnahme anlehnt (vgl. 1996, S. 30 f., 137).

darüber aufklären, daß wir nur einen Gruß vermuteten, wo es keinen gab. Was diese beim Erwachsenen auftretenden ›Gesprächsinitien‹, wie wir sie in Anlehnung an Karl Bühler nennen können, von denen des Kindes unterscheidet, ist die Tatsache, daß Erwachsene sich schon in einem sozialen Feld befinden, wenn sie aufeinander hören und antworten, wenn sie aufeinander zugehen oder aneinander vorbeigehen. Auch wer nicht grüßt, grüßt insofern, als er sich aufgrund der Grußriten in einem öffentlichen Raum und einem öffentlichen Austausch befindet (vgl. Goffman 1974). Doch die kindliche Früherfahrung macht uns darauf aufmerksam, daß dieses Feld seine asozialen Ränder und Löcher hat, daß Blicke und Worte nicht nur ausgetauscht, sondern immer wieder neu initiiert werden. Die mangelnde Rücksicht auf kindliche Erfahrungen rächt sich durch einen Erwachsenenjargon, der sich durch eine forcierte Seriosität hervortut und in gelegentlichen Infantilismen seinen Ausgleich sucht.

Die Verwandlung einer Affektion in einen Appell führt dazu, daß das, *wovon* wir getroffen werden, sich in ein *von wem* und *von was* sondert, so wie das, worauf wir antworten, sich in ein *wem* und *auf was* zerteilt. Das *Wer* markiert den Ort für adressierte, das *Was* den Ort für nicht-adressierte Aufforderungen.

Gegen die von uns vorgeschlagene Gabelung des Aufforderungs- und Antwortgeschehens erhebt sich das Bedenken, ob *der* oder *die Andere* (frz. *autrui*), deren singulärer Anspruch über jede Ordnung hinausgeht, letzten Endes nicht doch wieder einem binären Raster unterworfen wird, sobald er als Glied einer Disjunktion auftritt, und ob nicht der fremde Anspruch mit der Berufung auf eine konstitutive Rolle der fremden Antwort doch wieder vom eigenen Mangel und von einem Streben her gedacht wird, das den Mangel behebt. Es geht also um die radikale Andersheit des oder der Anderen, die auf spätere ethische Betrachtungen vorausweist. – Darauf wäre folgendes zu erwidern: Der Adressant wird keinen Kriterien unterworfen, die uns bestimmen helfen, was Andere sind oder wozu sie gut sind, denn damit wären wir bereits auf den Bahnen des Bedeutens und Begehrens. Der Adressant wird vielmehr einer Art Adressantenerprobung ausgesetzt, die der Realitätsprüfung gleicht. Es wird in der Erfahrung, so auch im ›Feedback‹ der kindlichen Erfahrung, erprobt, ob da jemand ist, der an mich appelliert oder nicht. Wäre niemand da, so entstünden auch keine Ansprüche, die verletzt werden könnten. Zum anderen ist die fremde Rückantwort nicht etwas, was mein eigenes ›Antwortbedürfnis‹ stillt; denn sie setzt meine eigene Antwort

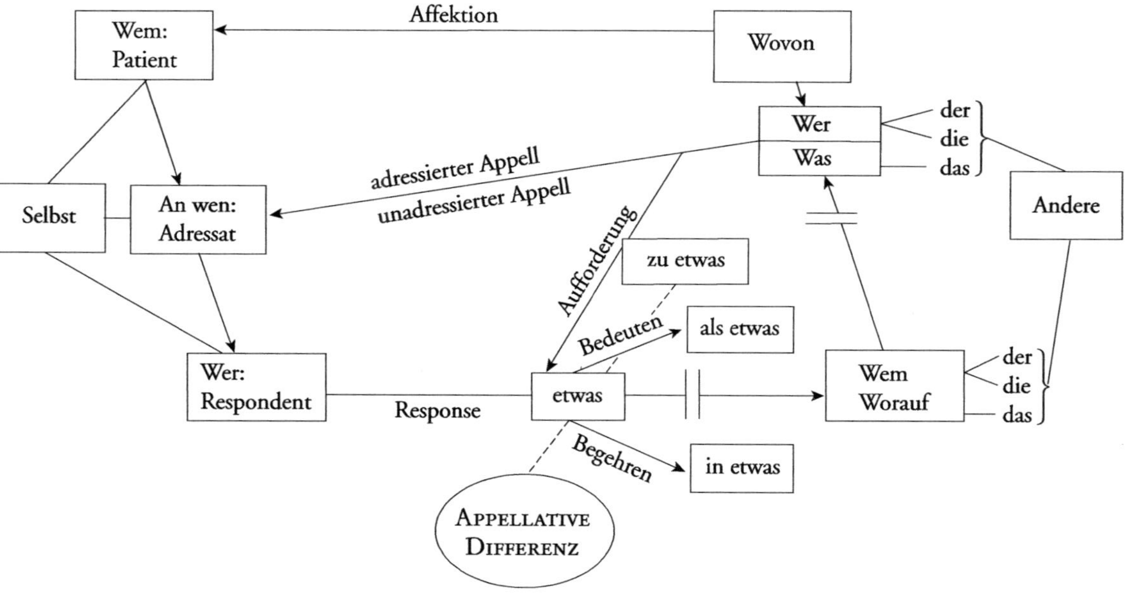

Schema 3: Affektion – Appell – Response

auf den fremden Appell voraus. Mir selbst wird das Antworten nicht ›geschenkt‹ im doppelten Sinne dieser Redeweise. Der primäre Narzißmus, das Haften am eigenen leiblichen Selbst, das nur eine Seite des ursprünglichen Pathos ausmacht, wird durch jeden Appell, der nicht nur zu etwas *auf*fordert, sondern zugleich noch zu etwas auf*fordert,* durchbrochen. Wenn der Scheidung in fremden Appell und eigene Antwort etwas vorausgeht, so nicht ein Verhaftetsein an das Selbst, sondern eine enge Verschränkung von Berührtem und Berührendem, von eigenem und fremdem Widerfahrnis, die im Phantasma einer »gemeinsamen Haut« ihren Ausdruck findet. So lautet einer der Grundgedanken aus Didier Anzieus *Haut-Ich.* Es versteht sich, daß durch ein solches Phantasma die Rissigkeit und Verletzlichkeit der Haut imaginativ übermalt wird.

Der Einwand gegen unsere genetische Skizze verläuft in umgekehrter Richtung, wenn er gegen die rein negative Bestimmung der Dinge opponiert. Fassen wir Dinge als etwas, das sich *nicht* an mich wendet, das *keinen* Anspruch erhebt und *keine* Rückantwort gibt, so erscheinen sie als bloße Privation. Dinge sind dann bloße Nicht-Lebewesen, die man mit Sartre (1943, S. 462, dt. 686) als »anti-streichelnd« bezeichnen könnte, Tiere sind dann bloße Nicht-Menschen, und man könnte fortfahren: Menschen sind Nicht-Götter. Nur wenn, mit Hegel zu reden, die Substanz selbst als Subjekt aufzufassen und der Geist alles in allem ist, wäre die Negation in einer doppelten Negation aufgehoben. Ohne diese massive Voraussetzung stünde der Sympathie des Lebendigen die Apathie eines Steines gegenüber, der alles unberührt über sich ergehen läßt, so etwa die Sonne als roter Stein, die für Anaxagoras zum Streitpunkt eines Asebie-Prozesses wurde. Der »Appell der Dinge« wäre dann eine bloße Redensart, wir Menschen wären es, die ihnen die Sprache leihen, mit denen sie uns ansprechen. – Darauf ließe sich einiges erwidern, was der von Francis Ponge verfochtenen *Parti pris des choses*[9] zuzurechnen wäre, so die Kerze, »die ertrinkt in dem, was sie speist«, oder Bäume im Frühling: »sie lassen ihre Worte los, ein Gewoge, ein Erbrechen von Grün«, oder das Feuer, das sich bewegt »wie eine Amöbe und zugleich wie eine Giraffe, ruckt mit dem Hals und kriecht auf allen Füßen«. Das Schweigen der Dinge, auch das »ewige Schweigen der unendlichen Räume«, bildet wie alles Schweigen keine Antithese zur Rede, sondern einen Hintergrund, der in Befindlichkeiten und Gestimmthei-

9 Deutsch: *Im Namen der Dinge* (1973).

ten eine wechselnde Tönung annimmt. Natürlich stimmt es, daß es dieses Schweigen nur gibt für jemanden, der zur reden fähig ist; ein Stein ist kein *infans*. Dennoch läßt sich nicht von der Hand weisen, daß die Dinge im weitesten Sinne, eingebettet in eine uns umhüllende Atmosphäre, eine Lauthülle, eine Wärmehülle, eine Geschmacks- und Geruchshülle sowie eine Schmerzhülle, von der Didier Anzieu spricht, den Appell mittragen, auch wenn sie nicht von sich aus an uns appellieren. – Übergangsobjekte im Sinne von Winnicott sind keine bloßen Kompromißbildungen aus Ding und Person, die gleichsam die Vorhut bilden auf dem Marsch in eine Erwachsenenwelt, in der tote Dinge klar unterschieden sind von lebendigen Wesen und selbstverantwortlichen Personen. Dinge gehören in die Zwischenzone des Leibes, der ständig zwischen Jemand und Etwas changiert, so die schon erwähnte mütterliche Brust, so das gesamte Register des libidinösen Leibes: Haut, Mund, After, Genitalien, in denen sich eine Art von erotischem Stoffwechsel vollzieht. Das bloße Ding, das aus allen leiblichen Bezügen entlassen wäre, bildet nur einen Grenzfall oder ein Konstrukt, ähnlich einem reinen Geist, dem nichts widerfährt als er selbst. – Darüber hinaus bleibt zu erwägen, ob der Anspruch, der sich an uns richtet, sich nicht ausweiten läßt, ohne sich an das kindliche Phantasma einer Allansprache zu klammern, dem zufolge die Mutter, der Vater … verlockend oder verwehrend aus allen Dingen spricht. Daß Dinge uns anschauen und ansprechen, kann auch besagen, daß natürliche Eigengestalten und Eigenkräfte freigesetzt werden, die über eine pragmatische und technische Nutzung der Dinge hinausgehen und teilhaben an dem, was uns ohne unser Zutun widerfährt.

Diese vorgegenständlichen Erfahrungen sind zugleich der Nährboden für eine künstlerische, mythologisch-religiöse und denkende Gestaltung der Wirklichkeit, die den Rahmen der normalen Erfahrung übersteigt. Selbst die Askese wissenschaftlicher Forschung, die von der unmittelbaren Lebensbedeutsamkeit absieht, beläßt den Dingen ein Eigengewicht, das über ihre Nutzung und Bemächtigung hinausgeht. Das *prévoir pour pouvoir* wird zu einem wissenschaftstheoretischen Klischee, wenn es als erschöpfende Definition des Wissenserwerbs verstanden wird. Daß es etwas zu sehen oder zu hören gibt, bedeutet einen Überschuß gegenüber dem, was sich daraus machen läßt. Darin liegt die Wahrheit der griechischen Theoria, die sich über die Nutzbarmachung des Wissens erhebt. Religiösen Deutungen bleibt es vorbehalten, den frühkindlichen Synkretismus, der sich zu einem omnipräsenten Appell von Mitmenschen, Lebewesen, Dingen und Kräften vereint und den Platon auch archaischen Lebensformen zuschreibt (vgl. *Politikos* 272 b-c), auf reflektierte Weise zu wiederholen: als Gesang an die »brüderliche Sonne«, als Anruf des »Vaters Äther«, als Bezugnahme auf ein »ewiges Du«, das aus aller Kreatur spricht, als Inanspruchnahme eines ganz Anderen, der uns aus jedem menschlichen Gesicht anblickt. Werden damit die Phantasmen eines kindlichen Animismus in einen potenzierten Animismus überführt, der die Allbeseelung einem göttlichen Animateur zuschreibt? Der Gedanke, daß die Visionen einer Allmutter und eines Allvaters, die eine zurückweisend auf die Mutter als ›erste Berührerin‹, die andere verweisend auf den Vater als den ›ersten Gebieter‹, nur Erwachsenenträume sind, ist nicht von der Hand zu weisen. Doch auch er kann zum Klischee einer Religionskritik werden, die überall Projektionen wittert. Fragwürdig werden religiöse Deutungen, wenn sie die Zweideutigkeit jedes Widerfahrnisses verklären und die Ferne, die dem fremden Appell und jeder Berührung innewohnt, in eine Wunschnähe verwandeln.

Schließlich ist der Übergang von der Affektion zum Appell von Verzögerungen, Störungen und pathologischen Brüchen gezeichnet. Die Genese des Appells wird begleitet von einer Pathogenese, die sich im Herzen des Selbst ausbreitet. So scheitert die Umformung, wenn der fremde Appell nicht oder nicht kräftig genug durch eine Rückantwort bestätigt wird, wenn Appelle einander widerstreiten und inkompossible Gefühle hervorrufen, wenn das Selbst auf sein pathisches Erleben zurückgeworfen wird. Der Hospitalismus, den René Spitz auf den Wechsel der Pflegepersonen zurückführt, bedeutet ein Hindernis unter vielen Hindernissen, die den Weg von der Affektion zum Appell, vom Erleiden zum eigenen Antworten verstellen. Das Kind hat zu lernen, daß die Rückantwort sich verzögert, vor allem aber, daß sich um die Antwort Zonen des Schweigens ausbreiten und daß sie nicht zu erzwingen und zu haben ist.

5. Unausweichlichkeit von Affektion und Appell

Beim Übergang von der Affektion zum Appell haben wir unterschieden zwischen dem Ansprechen, das sich an jemanden richtet, und dem Anspruch auf etwas, der im Anspruch erhoben wird. Der Appell unterscheidet sich durch seinen adressierenden und seinen prätendierenden Charakter von den Aufforderungen, die sich auf einen bloßen Anreiz oder eine bloße Anforderung beschränken. Der Anspruchscharakter des Appells führt zu der neuzeitlichen Unterscheidung von Sein und Sollen. Die Aufforderung kann uns zu etwas auffordern, das *sein kann*, also von dem abhängig ist, was der Fall ist, was der Adressat faktisch wünscht und vermag; sie kann aber auch zu etwas auffordern, was *sein soll*. Dies setzt eine Instanz voraus, die den Willen des Adressaten bindet und Willkür in ein rational begründbares Wollen verwandelt. Der fremde Anspruch wird zum rechtmäßigen Anspruch aufgrund eines gemeinsamen Gesetzes, das den Anspruch einer Anspruchsordnung unterstellt. Dies heißt nicht, daß die Aufforderung, dieses oder jenes zu tun, selbst aus dem allgemeinen Gesetz abzuleiten ist, doch es besagt, daß der Aufforderungsgehalt dem allgemein-verbindlichen Gesetz nicht widersprechen darf. Ein Gesetz, das den Spielraum der subjektiven Willkür einschränkt, aber das individuelle Begehren und individuelle Interesse voraussetzt, hat primär *Verbotscharakter*.

Darin unterscheiden sich Gesetzesvorschriften von Aufforderungen. Die Aufforderung, etwas zu tun, entfaltet eine Bewegkraft, indem sie unser Streben und unsere Kräfte wachruft oder zumindest an sie appelliert. Werden wir aufgefordert, etwas nicht zu tun, so im Hinblick auf andere, beständigere, höhere oder umfassendere Ziele. Aufforderungen, die einen *protreptischen* Charakter haben, sind primär bejahend, selbst wo sie zum Verzicht oder zur Vermeidung aufrufen. Anders die Gesetzesvorschrift, ihr Kern ist das Verbot, das nicht fordernd, sondern hemmend einschreitet und einen *prohibitiven* Charakter annimmt. Verboten wird, was wir zu tun begehren, was wir wollen und können, aber nicht tun sollen – was wir faktisch nicht tun sollen, sofern es sich um faktische Rechtsordnungen handelt, was wir um keinen Preis tun sollen, sofern es sich um eine universale Moralordnung handelt. Das derart Verbotene läßt sich nicht durch das Erreichen höherer Ziele aufwiegen, wie es bei relativen Gütern der Fall ist. Würden wir von Natur aus wollen, was wir sollen, wären nicht nur Verbote, sondern auch Gebote überflüssig. Würde das Sollen das Begehren und Wollen selbst gebieten, so nähme die Vorschrift einen Zwangscharakter an, sie würde sich als Vorschrift selbst aufheben, indem sie dahin tendiert, den Adressaten in ein Produkt zu verwandeln. Würde man das Begehren unterschlagen und mit Geboten wie dem Tötungsverbot beginnen, so wäre dies so, als würden wir das Essen als ein Nichtverhungern, das Trinken als

Nichtverdursten definieren. Der primäre Verbotscharakter des Gesetzes schließt nicht aus, daß die Gesetzesordnung eine Vielzahl von Geboten enthält, durch die eine Pflichtenverteilung erreicht wird oder bestimmte Handlungsausführungen geregelt werden; Privatrecht und öffentliches Recht sind voll von entsprechenden Bestimmungen. Doch diese faktischen Ordnungen hängen an einer kontrafaktischen Grundordnung, deren Geltung eben Verbotscharakter hat. Dies zeigt sich unter anderem darin, daß im Konfliktfall moralische beziehungsweise grundrechtliche Normen angerufen werden, also immer, wenn es darum geht, einseitige Machtsprüche zu unterbinden. Die Unterscheidung von Aufforderung und Gebot beziehungsweise Verbot läßt durchaus zu, daß beide gleichzeitig auftreten und Mischformen, auch fragwürdige Mixturen, sich ausbilden oder daß Aufforderungen sich in Gebote, Gebote sich in Aufforderungen kleiden; doch damit wird die Unterscheidung nicht hinfällig. Der neuzeitliche Gegensatz von Sein und Sollen gewinnt von daher sein Profil. Dieser Gegensatz verbündet sich mit dem bereits erörterten Gegensatz von Sache und Person, da letztere unter moralisch-praktischen Gesichtspunkten als Träger von Rechten und Pflichten gefaßt wird. Doch wie im Falle des zuvor erörterten Kontrastpaares gilt es auch hier, die Differenz nicht einfach zu unterstellen und die Erfahrung einem binären Raster zu unterwerfen, vielmehr kommt es darauf an, die Erfahrung selbst daraufhin zu befragen, ob und in welchem Umfang sie eine solche Entgegensetzung zuläßt. Wir betreten damit das Gebiet einer Genealogie der Moral.

Die folgenden Überlegungen legen es nahe, von einer *Unausweichlichkeit* auszugehen, das heißt von einer Situation, in der etwas auftritt, was für mich nicht zur Wahl steht und mich dennoch trifft und angeht. Was uns auf diese Weise begegnet, fällt nicht unter die Disjunktion von Sein und Sollen. Die Unausweichlichkeit läßt sich modallogisch fassen als praktische Notwendigkeit, die sich wie jede Notwendigkeit als Nicht-Möglichkeit des Gegenteils formulieren läßt. Ich kann etwas nicht nicht tun.

Diese Unausweichlichkeit begegnet uns zunächst im Bereich jener Widerfahrnisse, die unserer Initiative zuvorkommen. Das Pathos haben wir bestimmt als Affektion ohne etwas, das uns affiziert. Im Pathos erfahren wir nicht etwas, sondern das Pathos ist die Erfahrung selbst in Form eines Widerfahrnisses. All das, wovon wir getroffen und angerührt werden, bewegt sich *diesseits von gut und schlecht, von richtig und unrichtig, von Ja und Nein.* Wer plötzlich vom Blitz eines

Gedankens, von einem unerwarteten Geschenk, einer Verletzung wie von einem Lichtstrahl oder von einer Nadel getroffen wird, kommt zu spät, um zu dem Widerfahrnis Ja oder Nein zu sagen, es zu begrüßen oder abzuwehren. Dies gilt aber auch für Wirkungen, die sich einschleichen oder anbahnen wie ein langsam wirkendes Gift oder ein Belebungsvorgang. Was uns trifft, trifft uns nicht unbedingt unvorbereitet, aber doch niemals hinreichend vorbereitet. Die Qualifizierung des jeweils eingetretenen Ereignisses als beglückend und erfreulich, als widerwärtig und verderblich mag ihm auf dem Fuße folgen, doch sie folgt ihm nach. Hinzu kommt eine durchgängige Ambivalenz, die bei den Elementen beginnt, beim Feuer, das wärmt und zerstört, beim Regen, der Ländereien befruchtet und überschwemmt. Die Qualifizierung geschieht nachträglich, angetrieben durch ein Begehren, das sich in ein gegensätzliches Suchen und Meiden sondert, und aufgehellt durch ein von Phantasie beflügeltes Deuten, das die Welt mit erfreulichen und schrecklichen Ereignissen bevölkert. Die nachträgliche Qualifizierung erlaubt es, Bedrohlichem aus dem Wege zu gehen, sich abzuschirmen und Vorsorge zu treffen gegen ähnliche Ereignisse. Das gebrannte Kind scheut das Feuer, doch die Brandmale treten früher auf. Widerfahrnisse begegnen uns nicht nur diesseits von gut und schlecht, sondern auch diesseits von natürlicher und sozialer Herkunft, diesseits also von *Naturgewalt*, die man als unadressierte Gewalt bezeichnen könnte, und *Gewaltausübung*, die jemand an jemanden adressiert. Feuersbrunst und Brandstiftung, Stromschlag und Elektrofolter unterscheiden sich voneinander durch die verschiedenen Zuschreibungen. Doch zunächst ist jemand, *dem* etwas zustößt, noch nicht jemand, *der* oder *die* darauf mit Dankbarkeit, Empörung oder Ergebung antwortet. Die traumatische Erfahrung läßt sich nicht ohne weiteres in Abwehr und Anklage umsetzen. Aber auch pathische Erfahrungen, die jemanden, der sie erleidet, nicht derart auf sein Leiden zurückwerfen, fallen nicht zusammen mit Fragen der Schuldzuweisung und der Rechtfertigung. Wer sich gegen das Pathos wehrt, wehrt sich gegen das Leben selbst – was durchaus möglich ist, wie wir wissen, aber nur um den Preis des Lebensverzichts, der Lebensauslöschung. Der *amor fati*, den Nietzsche herbeiruft, erteilt uns – fern jeder möglichen Resignation, fern jeder unmöglichen Rechtfertigung – eine harte Lektion.

Die Unausweichlichkeit beschränkt sich nicht auf Widerfahrnisse, die uns ohne unser Zutun überkommen. Auch die Aufforderung, auf die ich zustimmend, ablehnend oder ausweichend antworte, hat ein Moment der Unausweichlichkeit. Doch entsprechend den verschiedenen Aufforderungsvarianten sind verschiedene Formen der Unausweichlichkeit zu unterscheiden. Soweit sich die Aufforderung im Angebot von Möglichkeiten erschöpft, die mir gelegen kommen oder nicht, kann von Unausweichlichkeit nicht die Rede sein; denn nichts zwingt mich, auf solche Angebote einzugehen und andere auszuschlagen. Die Wahlfreiheit ist definiert durch einen Spielraum von Möglichkeiten, der niemals unendliche viele Wege eröffnet, aber mehrere. Nun kann sich dieser Spielraum verengen bis zu dem Punkt, wo er gegen Null geht.

Unausweichlichkeit besagt dann, daß wir uns dem Punkt nähern, wo es nur noch eine Möglichkeit gibt; die Lage ist ausweglos. Wir nennen dies eine *Notlage*. Würde der Nullpunkt erreicht, so würde die Aufforderung in ein Widerfahrnis umschlagen, da es *nichts mehr zu tun gibt*. Der Abschied vom eigenen Tun bestünde darin, daß man aufgibt und den Dingen freien Lauf läßt. Wer in diese Lage gerät, dessen Eigenkräfte sind gelähmt. Die Ohnmacht des Handelnden kann in eine buchstäbliche Ohnmacht übergehen, die sich dem Erlöschen des Lebens nähert. Auf der anderen Seite gibt es das Sprichwort: »Not macht erfinderisch.« Die Beengung des Spielraums kann ungeahnte, also nicht einfach schon bereitstehende Kräfte wecken, so etwa eine Naturkatastrophe oder eine andauernde Einschränkung und Behinderung der Lebensmöglichkeiten. Das »nicht festgestellte Tier« folgt dem Zwang zur Erfindung, indem es die Ausweglosigkeit als Herausforderung annimmt. Findigkeit verwandelt die Aporie in eine Euporie, in ein Durchkommen, oder gar in eine Pantoporie, in ein allseitiges Zurechtkommen, das Sophokles dem Menschen als eine zentrale kulturschaffende Eigenschaft nachrühmt; nur im Tod findet der Mensch seinen Meister (*Antigone*, V. 360).

Von dieser Unausweichlichkeit, die sich an unseren eigenen Möglichkeiten bemißt, unterscheidet sich jene Unausweichlichkeit, die aus der *Nötigung* erwächst, die vom fremden Anspruch ausgeht.[10] Sie bedeutet gemäß der von Lévinas in seinem Essay *Die Zeit und der Andere* (frz. S. 58, dt. 44) gegenüber Heidegger verfochtenen Unterscheidung nicht mehr nur eine »Möglichkeit der Unmöglichkeit«, sondern eine »Unmöglichkeit der Möglichkeit«, das heißt jener

10 Vgl. hierzu die schulphilosophische Unterscheidung von *necessitas* und *necessitudo*, die Kant von Baumgarten übernimmt (Ak.-Ausg. XIX, 12).

Möglichkeit, die alles andere ermöglicht. Doch selbst diese Formulierung, die durchaus eine stoizistische Deutung zuläßt, reicht nicht aus. Daß der Tod all meine eigenen Möglichkeiten zunichte macht und außerhalb meiner Möglichkeiten liegt, behauptet auch Sartre, ohne daraus moralische Folgerungen zu ziehen (1943, S. 621, dt. 923). Das bloße *il faut*, das Lyotard in seiner Schrift *Der Widerstreit* heranzieht in Form eines Verkettenmüssens, bleibt zweideutig; ontologische Möglichkeiten und Unmöglichkeiten werden ethisch aufgeladen, man weiß nicht recht, wie.[11] Die Unmöglichkeit, um die es im Falle fremder Ansprüche geht, bedeutet mehr als eine Vernichtung von Möglichkeiten, sie tritt gleichsam als provokative, generative Un-möglichkeit auf, als ein Ereignis, das mir das Wort aus dem Mund nimmt, indem es mir eine Antwort abverlangt. Als Adressat bin ich von einem An-spruch, einem Ansprechen, das einen Anspruch erhebt, getroffen, ob ich es will oder nicht. Das Hören auf einen Appell geht dem Tun voraus.[12] Selbst wer sich weigert zu tun, wozu er aufgefordert wird, selbst wer die Aufforderung als unzulässige Zumutung empfindet oder sich zu etwas verleiten läßt, was ihn nachträglich reut, hat sie vernommen. Auch wer bei einer Berührung zurückzuckt, fühlt sich berührt. Das Sehen, das die Illusion nährt, wir könnten etwas in Ruhe in Augenschein nehmen, bevor wir uns selbst darauf einlassen, ist vom Hören und Berühren her zu revidieren. Es gibt einen Anblick, der dem eigenen Blick zuvorkommt, der uns trifft, bevor er im Gesehenen versinkt. Doch scheint es, daß – von extremen Situationen wie dem Lichtblitz abgesehen –, Sichtbares sich weniger stark vordrängt und aufdrängt als das, was auf das Gehör eindringt oder uns berührend auf den Leib rückt. Wie andere sensorielle Parameter, zum Beispiel Raumbesetzung, Zeitrhythmus oder Wiederholbarkeit, scheint auch der pathische Charakter von Sinn zu Sinn zu variieren. Damit stimmt die schon erwähnte Tatsa-

11 Ich verweise auf meine kritischen Bemerkungen in *Deutsch-Französische Gedankengänge*, Kapitel 16. Auch Jacques Derrida äußert sich bisweilen recht ausweichend, wenn es darum geht, bei der Verknüpfung der Dekonstruktion mit Pflicht und Gerechtigkeit einen Weg zwischen faktischem Müssen und normativem Sollen zu finden: »Dies muß so sein, falls es so etwas gibt wie Pflicht, falls es so etwas geben muß« (*Auslassungspunkte*, S. 283), oder: »Wenn es so etwas gibt wie die Gerechtigkeit, eine Gerechtigkeit außerhalb oder jenseits des Rechts, so läßt sie sich nicht dekonstruieren« (*Gesetzeskraft*, S. 30). Das klingt wie die Hypothese eines kategorischen Imperativs, doch auch Hypothesen schweben nicht in der Luft.

12 Vgl. hierzu Edith Wyschogrod, »*Doing before Hearing*« (1980). Die Autorin verbindet in ihrer Lévinas-Darstellung phänomenologische Analysen mit Motiven aus dem Talmud.

che überein, daß das Kind zunächst die mütterliche Stimme vom Hintergrund des Unvertrauten absondert, als sei der akustische Aufforderungscharakter durch eine besondere Prägnanz ausgezeichnet. Wir heben diesen Aspekt hervor, weil der Appell, der sich an uns wendet, in besonderem Maße mit dem Hören verbunden ist.

Die Unausweichlichkeit des Appells geht auch hier einer Weichenstellung voraus, die das, wozu aufgefordert wird, nach gut und schlecht, nach zumutbar und unzumutbar sortiert. Wiewohl der Anspruch sich gabelt in ein Ansprechen von jemand und einen Anspruch auf etwas, steht die Skala von Geboten und Verboten im Schatten einer *gebieterischen Forderung*, die uns in Anspruch nimmt, bevor sie uns dieses oder jenes abverlangt. Ähnlich wie im Bereich der Aussage ist auch hier zu unterscheiden zwischen Aufforderungsgehalt und Aufforderungsereignis. Letzterem kann ich nicht ausweichen, auch wenn das, wozu ich aufgefordert werde, auf spontane und heftige Ablehnung stößt. Das Erheben eines Anspruchs, der stets über eine bloße Willensbekundung hinausgeht, geschieht im Ansprechen selbst, und zwar in Form eines »Mitanspruchs« des Gesetzes.[13] Die »Stimme des Gesetzes«, in der sich die *Gesetzlichkeit des Gesetzes* ausspricht, noch bevor sie – als Stimme Gottes, Stimme der Natur oder Stimme des Volkes – einer gesetzgebenden Instanz zugeschrieben wird, fällt nicht zusammen mit *allgemeinen Gesetzesvorschriften*, deren Gültigkeit sich nach dem Radius ihrer Zuständigkeit bemißt und von den Betroffenen kritisch in Frage gestellt werden kann.[14] Ebendeshalb läßt sich die Frage nach der Verbindlichkeit ei-

13 Vgl. hierzu *Antwortregister*, Kapitel II, 14 und III, 12.5. Das ›Mit‹ des Mitanspruchs, so möchte ich klärend hinzufügen, weist in eine doppelte Richtung. Das Gesetz des Dritten ist auf den Anspruch des Anderen angewiesen und dieser auf jenes. Das ›Mit‹ bedeutet eine offene Verknüpfung, keine Synthese oder Harmonie. Konflikt ist also jederzeit möglich, worauf László Tengelyi zu Recht hinweist (vgl. *Der Zwitterbegriff der Lebensgeschichte*, 1998, S. 364 f.). Dem »Anarchischen« bei Lévinas, das der Autor ebenfalls anmahnt, hoffe ich mit dem Rückgang auf Pathos und Affektion stärker gerecht zu werden, allerdings nicht ganz so, wie Lévinas es versteht. Der Ausdruck »responsive Ethik«, den ich mitunter gebraucht habe, ist nur als Kurzformel zu nehmen. Ich verstehe darunter, daß das Antworten, gerade auch das leiblich-sinnliche Antworten, nicht frei ist von ethischen Aspekten und daß umgekehrt jede Ethik responsive Züge aufweist, was nicht besagt, daß Ethos und Response dekkungsgleich sind. Für Pathos und Ethos gilt ähnliches. Eine Genealogie der Moral ist ohne solche Kontaminationen nicht zu denken. In diesem Sinne ist das »›diakritische‹ Modell der *alternance*«, das Tingelyi in diesem Zusammenhang heranzieht, durchaus am Platz.

14 Dies führt bei Lacan zu einer Verdoppelung des Gesetzes, in ein »kleines Gesetz« des Über-Ich, das durch allgemeine Verbote gemeinschaftsstiftend wirkt, und in ein

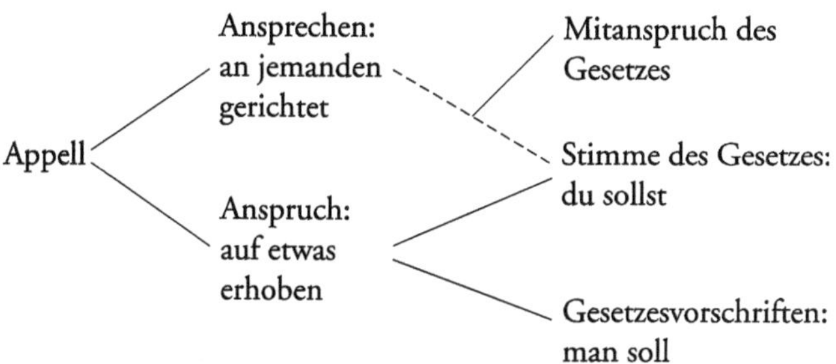

Schema 4: Appell und Gesetz

nes fremden Anspruchs nicht beantworten, indem man seine Gültigkeit unterstellt und ihn auf seine Verallgemeinerungsfähigkeit hin prüft. Wenn es einen Anspruch des Gesetzes gibt, wenn es einen Sinn hat, stellvertretend im Namen des Gesetzes zu sprechen, kann dies nur besagen, daß der Adressat dem Gesetz *untersteht*, bevor er die Rechtmäßigkeit einer bestimmten Vorschrift *unterstellt*. Deshalb gibt es eine Genealogie der Moral, die mit deren Rechtfertigung nicht zu verwechseln ist, und ebendeshalb stellt sich die Frage nach der Genese eines An-spruchs, der Aspekte einer An-ordnung an sich trägt. Diese Genese, die sich auf einer »hypokritischen« Ebene abspielt,[15] ist von der des fremden und des eigenen Selbst nicht zu trennen.

Infolgedessen werden wir einige Fragen aufwerfen, die sich um die Gabelung des Appells in Ansprechen, Anspruch und Rechtsanspruch, um die Zweiteilung der Aufforderungsgehalte in etwas, was ist und was sein soll, sowie um die Durchlässigkeit von Appell und Affektion drehen. Bei diesen Überlegungen wird, so gut es geht, unterschieden zwischen dem *Ethischen* und der *Moral*. Das Ethische, dessen adjektivische Form andeuten soll, daß es sich hierbei um durchgehende Aspekte der Erfahrung handelt und nicht um einen separaten Bereich, hat es mit dem *Verbinden* und *Trennen* von Eigenem und Fremdem zu tun als einem Geschehen, das über unsere eigenen Wünsche und Fertigkeiten hinausgeht, aber noch nicht den Status einer bestehenden *Verbindlichkeit* erreicht. Von *Moral* soll ge-

»großes Gesetz« des Anderen, das ein Aufgehen in der Gemeinschaft verwehrt. Vgl. dazu unten Kapitel VII, Anm. 51.

15 Ich beziehe mich auf den Grundgedanken eines Buches von John Llewelyn: *The HypoCritical Imagination. Between Kant and Lévinas* (2000).

sprochen werden, wenn es um eingeübte Tugenden, um Maximen und geltende Gesetze geht, die sich zu einer Moralordnung zusammenschließen. Der bestehenden Moral, deren Prüfung diese selbst schon voraussetzt, steht also ein Ethos in statu nascendi gegenüber, das auf vielfache Weise in die leiblich-weltliche Erfahrung und ihre pathischen Hintergründe verflochten ist. Ein solches Ethos macht auch vor dem Denken oder vor dem künstlerischen Schaffen nicht halt.[16]

6. Zweideutigkeiten und Paradoxien des Imperativs

Wie wenig das traditionelle Schema von Sein und Sollen dem Antworten auf einen fremden Appell gerecht wird, zeigt sich, wenn wir auf Erfahrungen zurückgehen, die uns mit Aufforderungen konfrontieren, und wenn wir uns hüten, uns dabei von grammatischen und sprachlogischen Formen gängeln zu lassen.

Richard Hare bewegt sich auf den Bahnen von Hume, wenn er den Indikativsatz, der angibt, daß etwas der Fall ist, vom Imperativsatz unterscheidet, der angibt, daß etwas dazu gebracht werden soll, der Fall zu sein (s. o., S. 103 f.). Dieses Schema wird weiter aufgefächert, wenn man mit Anthony Kenny und Ernst Tugendhat (1976, 7. und 28. Vorlesung), die sich stärker an der aristotelischen Einteilung der Philosophie orientieren, den assertorischen Sätzen praktische Sätze gegenüberstellt, die ihrerseits in Absichtssätze, Imperativsätze und Wunschsätze zerfallen. In Absichtssätzen, die das eigenen Handeln leiten, kommt ein *Wollen*, in Imperativsätzen, die sich an Andere richten, ein *Sollen,* in Wunschsätzen, die keinen bestimmten Adressaten haben, ein *Wünschen* zum Ausdruck. Es läßt sich zeigen, daß durch solche Schemata, die mit gewissen Varianten in vielen Ansätzen einer sprachorientierten Philosophie vorkommen, all das, was sich zwischen Aufforderung und Antwort abspielt, unterbestimmt, also auch vereinfacht wird. Die Herkunftsgeschichte des fremden Anspruchs wird gleichsam aufgesaugt durch ein dialogisches Geschehen, und erst recht gilt dies für den pathischen Hintergrund, der sich in einer gewissen Adialogik bemerkbar macht.

16 Verwiesen sei etwa auf Prousts wiederfindendes Schreiben, das von einem Geheiß der Sinne und einer Verpflichtung zum Schreiben ausgeht, einer Nötigung, einem Zwang, wie Deleuze kommentiert. Vgl. dazu meine Ausführungen in *Deutsch-Französische Gedankengänge*, S. 359-399.

Der Imperativ wird vielfach zu hoch angesetzt als Ausdruck einer autoritativen *Befehlsgewalt* (= ich will), der wir ausgeliefert sind, solange wir nicht gegen sie rebellieren, oder sie wird zu niedrig angesetzt als Applikation einer *normativen Regelung* (= man muß oder soll), deren Gemeinsamkeit jede Befehlsausübung relativiert. Wer sich auf ein allgemeines Recht beruft, befiehlt nicht, da der Befehlsempfänger ebenso ein Befehlsgeber ist wie der Befehlsgeber ein Befehlsempfänger. Auftretende Differenzen sind nur relativ, bezogen auf bestehende institutionelle Rollenverteilungen, die selbst wieder der Zustimmung aller Beteiligten unterliegen.[17] Insgesamt wird der Imperativ auf sehr einseitige Weise behandelt, belastet durch zwei Fragekomplexe, bei denen die Aufforderung als Anruf nur eine minimale Rolle spielt. Der erste Komplex betrifft den *Gültigkeitsradius*. Ein Imperativ kann sich auf eine Situation beziehen: »Tu dies (nicht)!« oder er kann in unbestimmter Allgemeinheit verharren: »Tu so etwas immer (nie)!«. Ein partikulärer Imperativ bezieht sich auf Einzelfälle, ein allgemeiner auf alle erdenklichen Fälle. Der zweite Komplex ermittelt den *Verbindlichkeitsgrad*. Ein Imperativ kann etwas kategorisch gebieten oder verbieten, so daß jede gegenteilige Handlung zum Verstoß wird. Im Deutschen drücken wir diese Modalität durch ein Müssen oder Nicht-Dürfen aus: »Du mußt der Obrigkeit gehorchen!«, »Du darfst nicht lügen«. Die strikte Aufforderung kann auch die indirekte Form einer Mahnung annehmen, die an bestehende Verpflichtungen erinnert. Solche unbedingten *Gebote* und *Verbote* unterscheiden sich von gelockerten Soll-Vorschriften, in denen Befehle zu bloßen *Empfehlungen* abgemildert werden (vgl. frz. *commande* vs. *recommendation*). In diesem Falle wird dem Empfänger der Vorschrift ein Ermessensspielraum eingeräumt, den er den Umständen gemäß nutzen kann. Das Ratgeben ist dem Empfehlen verwandt, doch geht es einen Schritt weiter, indem es die Entscheidung gänzlich dem Beratenen anheimstellt. Schließlich kann die Aufforderung bei einer bloßen *Erlaubnis* stehenbleiben, die durch Hilfsverben wie ›Dürfen‹ oder ›Nicht-Müssen‹ zum Ausdruck gebracht wird: »Du darfst ruhig rauchen«, »Du mußt dich nicht beeilen«. Die Aufforderung besteht in diesen Fällen in einem bloßen

17 Für Jürgen Habermas zerfällt der Imperativ in »echte Imperative«, die sich auf bloße Machtansprüche beschränken, und Aufforderungen, die als »regulative Sprechhandlungen« normative Geltungsansprüche erheben. Vgl. *Theorie des kommunikativen Handelns* (1981), Bd. I, S. 376, und dazu meine wiederholte Kritik im *Antwortregister*, S. 74-77, 162, 416.

Ein-räumen oder Ge-statten, das dem Belieben des Anderen Raum gibt, indem es ihn ermuntert oder durch das Versprechen eines Nichteinspruchs ermutigt. Gewiß kann man Regeln aufstellen wie »Was nicht verboten ist, ist erlaubt«, doch diese Nichteinmischungsklausel beschränkt sich auf Fragen der Rechtmäßigkeit, während alltägliche Einräumungen und Einladungen in die Motivation der Handlung einfließen. Es gibt ein permissives Klima, das einem Überangebot an Geboten und Verboten entgegenwirkt, doch gleichzeitig ein Vakuum aufreißt, das durch deren Fehlen allein nicht zu erklären ist.

Bleiben wir bei diesen beiden Fragekomplexen stehen, so lassen sich indikativische und imperativische Äußerungen parallelisieren. Auch Aussagen haben einen wechselnden Allgemeinheitsgrad, und die Modalitäten der Verbindlichkeit, die sich modallogisch formalisieren lassen, finden sich in einer assertorischen so gut wie in einer deontischen Logik. Eine Behauptung kann ebenso wie eine Aufforderung mehr oder weniger Gründe für sich haben, und der theoretischen entspricht eine praktische Notwendigkeit, nämlich ein Müssen, das sich in ein Nicht-Nichttundürfen umformulieren läßt.

Diese Imperativlogik weist zwei entschiedene Mankos auf. Das eine Manko betrifft den Kreis möglicher Adressaten, das andere die Verbindlichkeitsinstanz. In beiden Fällen versagt nämlich die Parallelisierung von theoretischen und praktischen Sätzen. Bei einem Imperativ ist wie bei jeder Aufforderung zu fragen, an wen er sich richtet. Bei situativen Aufforderungen ist die Sache relativ einfach. Die Aufforderung kann sich an jemanden richten, aber auch an mehrere. »Tut dies zu meinem Andenken!«, heißt es in einem ritualisierten Vermächtniswort. Vorausgesetzt ist in solchen Fällen nur, daß die Adressaten das situative Feld mit dem Adressanten teilen. Die Aufforderung kann sich auch an eine diffuse Menge richten wie bei Reden auf einer Massenveranstaltung, oder sie kann sich an ein anonymes Publikum wenden. Nur eines ist ausgeschlossen: ein All-Adressat, eine Adressatengemeinde, die alle Berliner, alle Frauen, alle Physiker, alle gläubigen Muslims und schließlich alle Menschen einschießt. Die Unmöglichkeit einer Kollektivierung der Adressaten-Instanz hängt nicht an der Quantität möglicher Adressaten; diese läßt sich durch technische Medien ins Grenzenlose steigern. Der Grund liegt woanders, nämlich in der Selektivität einer jeden adressierten Aufforderung. Eine kumulative Aufforderung gliche einer kumulativen Aufmerksamkeit. Wer auf alles zugleich achtet, achtet auf nichts; wer alle zugleich anredet, redet niemanden an. Jedes Anrufen bedeutet ein Herausrufen, so wie jedes Aufmerken impliziert, daß sich etwas heraushebt. In der Sprache der Gestalttheorie kann man Adressaten als bevorzugte Gegenüber bezeichnen. Die Gesamtheit der Gruppe, im Grenzfall die Allgemeinschaft der Menschen, läßt sich nur stellvertretend anreden, so wie Moses die Gesetzestafeln stellvertretend für das Volk Israel in Empfang nimmt. Die Aufforderung, die jeden angeht und auf die jeder für sich eingeht, bewirkt eine Vereinzelung, ähnlich wie der Schmerz es tut. Was darüber hinausgeht, sind anonyme und virtuelle Aufforderungsmechanismen, wie sie sich in einem Verkehrssystem, in den Befehlssignalen eines Computers oder auch in einem Fernsprecher realisieren. Wer dem Haltesignal folgt, antwortet ebensowenig dem Verkehrszeichen, wie ein Fernsehzuschauer auf den Blick oder das Wort des Fernsehsprechers antwortet. Der Blick verfängt sich in den Spiegelungen eines Phantasmas, das vieles verheißt und zu nichts verpflichtet. Dieses Problem wird überdeckt, wenn Vertreter einer kommunikativen Moral direkt von einem »Du sollst ...« oder »Ihr sollt« zu einem »Alle sollen« überwechseln, also die in der zweiten Person formulierte Aufforderung in eine in der dritten Person formulierte Allaussage umformen. Der spezifische Charakter der Aufforderung verschwindet in der Angleichung an theoretische Gesetzesaussagen, in der Reduktion auf eine Gesetzesforderung, unter die alle Individuen einer bestimmten Sorte fallen.

Das andere Manko betrifft die Instanz, auf die sich die Verbindlichkeit einer Aufforderung stützt. Jemand sagt: »Tu dies!« – »Mit welchem Recht sagst du dies?«, so lautet die stets mögliche Gegenfrage. Das gleiche Rechtfertigungsproblem entsteht nicht bei theoretischen Aussagen. Die Sache spricht für sich selbst, ihre Wahrheit mag umstritten sein, doch hängt sie nicht ab vom Gutdünken derer, die sie aussprechen. Mit imperativischen Äußerungen hat es eine andere Bewandtnis, weil der Wille des Auffordernden stets Gefahr läuft, mit dem des Aufgeforderten zu kollidieren. Dieser latente Konflikt wird überspielt, wenn der Anspruch, der sich in der Aufforderung an jemanden richtet, gleichgesetzt wird mit dem Gesetzesanspruch, unter den der Aufgeforderte fällt. Der Gesetzesanspruch wendet sich an niemanden, da er sich ohne Rücksicht auf die jeweilige Person behauptet. »Wanderer, kommst du nach Sparta, so verkündige dorten (= unbestimmt adressierte Aufforderung), du habest uns hier liegen gesehn, wie das Gesetz es befahl (= berichteter Befehl eines/des Gesetzes, bei dem Stimme und Gesetzesinhalt verschmelzen).«[18] Ein solches Zitat gibt mehr Rätsel auf, als es sie lösen hilft.

Zunächst einmal ist es keineswegs selbstverständlich, daß man den Imperativ als praktische Alternative zum Indikativ hervorkehrt. Ein Blick in die griechische Philosophie zeigt, daß es auch anders sein kann. Wenn es dort heißt: »Alles strebt nach dem Guten« oder »Alle Menschen streben nach dem Glück«, so werden die Schwierigkeiten eines allseits gerichteten Imperativs vermieden, da das Einzelstreben im Streben nach einem Gesamtziel aufgehoben ist. Und was den Verbindlichkeitsgrad von Imperativen angeht, so sind auf dem Hintergrund eines allgemeinen Strebens nach dem Guten und nach dem Glück alle Imperative hypothetisch. »Du mußt solches tun und solches meiden, wenn du glücklich werden willst«; ob du es willst, steht nicht in deiner Hand. Der Hinweis auf widrige Folgen ist nicht zu verwechseln mit einer Strafandrohung, die einer Gesetzesvorschrift Nachdruck verleiht. Sanktionen haben nur eine verstärkende Wirkung, denn im Grunde bestraft jeder, der unrecht tut, sich selbst, da er sich mehr noch als seine Opfer ins Unglück stürzt. Der Täter, der nicht zur Räson kommt, erscheint als Unheilbarer, nicht als ein Sünder. Die gesamte Argumentation in Platons *Gorgias* liegt auf dieser Linie. Hier zeigt sich eine Unausweichlichkeit besonderer Art. Sie erwächst nicht aus dem, was mir widerfährt, bevor ich mich widersetzen kann, sie erwächst auch nicht einem Appell, dem ich mich nicht entziehen kann, vielmehr entstammt sie dem, was ich von Natur aus bin. Erst die Entzauberung dieser Natur gibt dem Sollen gegenüber dem Sein ein solches Gewicht. Doch die erwähnten Mankos, die dieser desontologisierten Deontik anhaften, treten deutlich zutage, wenn wir uns einige wichtige Details vor Augen führen.

Beginnen wir mit der *Bitte*. Äußerungen wie »Sag mir bitte ...!« oder »Gib mir bitte ...!« sind offensichtlich Beispiele für Sätze, mit denen jemand von jemandem dazu aufgefordert wird, etwas zu tun. Die Bitte gehört so sehr zum Bestand alltäglicher Rede, daß die einzelnen Sprachen Bittfloskeln ausgebildet haben wie *bitte, please, s'il vous plaît* oder *per favore*. Wir rechnen sie zu den Höflichkeitsfloskeln und neigen dazu, ihre Bedeutung herunterzuspielen, indem wir die häufig anzutreffende Gedankenlosigkeit in der Verwendung durch eine gedankliche Vernachlässigung zementieren. Dabei gehören sie

18 Wörtlich übersetzt lautet der von Schiller zitierte Grabspruch: »Fremder, melde den Lakämoniern, daß wir hier liegen, gehorsam ihren Satzungen« (Herodot VII, 228).

zu den unentbehrlichen »Interaktionsritualen« im Sinne von Erving Goffman. Doch es geht hier nicht bloß um die Verharmlosung von Bittfloskeln, sondern um die Verkennung der Bitte selbst. Diese mangelhafte Einschätzung geschieht auf zwei Wegen. Zum einen wird die Bitte als *Wunschäußerung* interpretiert. Mit der Bitte ist kein moralischer Staat zu machen. Der Bittsteller oder die Bittstellerin bleiben in den eigenen Wünschen befangen, aus denen sie erst durch fremde Befehle oder allgemeine Gesetze herausgerissen werden. Dieses Verständnis der Bitte entspricht der grammatischen Form des Optativs, griechisch εὐκτική.[19] Das Verb εὔχεσθαι bedeutet ›sich rühmen, geloben, beten‹ und schließlich ›seine Wünsche aussprechen‹ und ›danken‹. Hier zeichnet sich ein weiterer Horizont ab, der religiöse Rituale miteinschließt im Gegensatz zu dem kargeren, kriegerischen, προστάττειν, das wörtlich bedeutet: ›danebenstellen, anordnen, befehlen‹; hiervon leitet sich der Imperativ (προστακτική) her.[20] Damit geraten wir auf den zweiten Weg der Deutung, auf dem die Bitte als *Hilferuf* verstanden wird. Dieser wendet sich zwar an die anderen, doch geht er einseitig von der eigenen Hilflosigkeit aus. Diese hängt zusammen mit einem frühen Entwicklungsstadium, auf dem die eigenen Kräfte noch nicht erwacht sind, oder mit einer Notlage, mag sie selbstverschuldet sein oder nicht. Diese Dimension wird übrigens völlig ausgeblendet, wenn man – wie Ernst Tugendhat es tut (1976, S. 511) – Wunschsätzen den bestimmten Adressaten abspricht. Doch selbst wenn man den Aufforderungscharakter berücksichtigt, bleibt für die Bitte nur ein minderer Status, der aus der kindlichen Ohnmacht erwächst. Diese Schwäche läßt sich in Stärke umsetzen, wenn man sie strategisch einsetzt, sie kann in Allmachtsphantasien herbeiwünschen, was sich nicht herbeiführen läßt. Bei Erwachsenen wird daraus ein Infantilismus, etwa in Form religiöser Gebetspraktiken und Gebetsrituale, mit denen Bittsteller sich an göttliche Mächte wenden, um eine Wunscherfüllung herbeizubeten. Die Nähe von Thron und Altar führt dazu, daß die Bitthaltung sich der weltlichen Obrigkeit gegenüber fortsetzt. Eine funktional aufgefächerte Gesellschaft hat dafür keine Verwendung mehr, doch bleibt

19 Von der grammatikalischen Form des Optativs als einer gemilderten Behauptung sehe ich hier ab.

20 Darin steckt das Wort τάξις, das heißt die Aufstellung eines Heeres, ebenso die Ordnung im allgemeinen. Daß Ordnung von Anfang an auch etwas von einer Schlachtordnung, also von einer Tötungsarbeit an sich hat, wovon so erhabene Texte wie *Met.* XII, 10, 1075 a 11-16 Zeugnis ablegen, sollte nachdenklich stimmen und uns von einer schlichten Ästhetisierung des griechischen Kosmos abhalten.

ein Rest an Kontingenz zu bewältigen, aus der die Bitte weiterhin ihre Nahrung zieht.

Diese wohlvertraute Entwicklungsgeschichte der Moral krankt nur daran, daß sie der Andersheit des Anderen und der gleichzeitigen Andersheit des eigenen Selbst systematisch aus dem Wege geht. Halten wir uns dagegen an die *fremde Bitte*, wie sie sich auf außerordentliche oder auf gewöhnliche Weise äußert, so sehen wir, wie dadurch die Imperativlogik durcheinandergewürfelt wird. Die Bitte, die ich vernehme, läßt sich weder auf meine Wünsche noch auf mein Unvermögen zurückführen, im Gegenteil, die fremde Bitte stellt wie jeder fremde Anspruch mein Vermögen in Frage; sie geht über mein Können hinaus, bleibt nicht hinter ihm zurück. Umgekehrt findet die Bitte auch keinen Platz auf der Verbindlichkeitsskala. Hinter der Bitte steht kein verallgemeinerungsfähiges Gebot, das die Bitte rechtfertigen könnte, und doch handelt es sich um keine Ermessenssache, keine pure Erlaubnis, die ich nach Belieben nutzen kann. Die Bitte ist keine bedingte, minder strikte und minder allgemeine Form von Imperativ, die eines Berechtigungsausweises ermangelt, dies zeigt die Unausweichlichkeit und Unbedingtheit eines Anspruchs, auf den wir nicht nicht antworten können. Auch wenn wir eine Bitte ablehnen, machen wir sie nicht ungeschehen. Das gilt ebensosehr für unausgesprochene Bitten. Eine unterlassene Hilfeleistung bleibt eine Unterlassung, auch wenn der oder die Hilfsbedürftige mich nicht ausdrücklich dazu auffordert. Eine Einladung bleibt eine Einladung, auch wenn ich sie ablehne. Wir haben es hier mit Ansprüchen zu tun, die uns nicht gleichgültig lassen, ohne daß sie auf allgemeine Rechts- oder Moralansprüche zurückgeführt werden können. Obwohl wir weder auf alle fremden Bitten, die uns erreichen, eingehen können und müssen, ist die Bitte stets mehr als eine Tatsache, die wir nach Belieben registrieren. Floskeln wie »Nein, danke« oder »Es tut mir leid« bringen zum Ausdruck, daß man fremde Bitten und Angebote nicht abschüttelt wie lästige Fliegen, und sie wären auch dann keine bloßen Fliegen, wenn man so tut, als könne man sie abschütteln. Die fremde Bitte mag ungelegen kommen, sie mag dreist sein oder hinterlistig, sie mag Unmögliches oder Gesetzeswidriges verlangen, eines ist sie nie: etwas, was bloß der Fall ist. Daß im Griechischen, wie schon erwähnt, Bitte und Dank eng beieinander wohnen, weist überdies darauf hin, daß in der Bitte, die etwas zu tun *gibt*, etwas von einer Gabe steckt. So gebührt der Dank für die Weisheit, die uns im Buch Taoteking überliefert wird, auch dem Zöllner, der den

Weisen zum Schreiben anhielt: »Darum sei der Zöllner auch bedankt/Er hat sie ihm abverlangt.« Hilfeleistung und Empfang der Hilfe lassen sich nicht gegeneinander aufrechnen wie Soll und Haben, weil das Geben sich nicht im Gegebenen, das Nehmen sich nicht im Empfangenen erschöpft.

Nehmen wir als zweiten Testfall *Aufforderungsfloskeln* wie »Hör! Schau her! Komm! Geh! Sei nicht ...!« (vgl. lat. *ecce*, ἰδού, ἴθι, frz. *voici*). Reduziert man das Aufforderungsereignis auf die bloße Realisierung eines Sinn und Rechtmäßigkeit beanspruchenden Gehaltes, so gerät man in beträchtliche Aporien. Wie sind solche Formeln zu verstehen und zu bewerten? Ihre Deutung als pure *Leerformel* scheidet aus. Die Aufforderung zu hören, ohne auf etwas zu hören, wäre eine leere Aufforderung, die einem leeren Versprechen gliche; sie wäre ein Sprechakt ohne propositionalen Gehalt. Eine andere Möglichkeit bestünde darin, diese Kurzäußerungen mit Austin, Searle und Habermas als *reflexive* und *explikative Bezugnahme* auf den Kommunikationsvorgang zu verstehen (vgl. AR 77). Eine solche Aufforderung, auf das Gesagte zu hören, ist in jeder kommunikativen Äußerung beschlossen, sie tritt hier nur ausdrücklich hervor, retrospektiv, aber auch antizipatorisch, so daß die Floskel »Hör!« mit »Hör: ...« umschrieben werden kann. Damit nähern wir uns der phatischen Redefunktion, der die Aufgabe zufällt, den Redefluß in Gang zu halten. Dazu gehören Floskeln wie »Verstehst du?« oder »Nicht wahr?«, mit denen der Sprecher sich des Verständnisses oder der Zustimmung des Hörers versichert. Diese kommunikative Deutung der Aufforderungsformel vermeidet eine schlichte *Deckung* von Aufforderungsereignis und Aufforderungsgehalt, die dazu führen würde, daß das zu Hörende in nichts weiter bestünde als in der Aufforderung selbst. Dies läßt sich als performative Tautologie bezeichnen, bei der die Performanz als solche, nämlich das Zuhören, die Aufforderung erfolgreich macht. Doch so leicht entgeht die kommunikative Deutung dieser tautologischen Engführung nicht; denn wenn die genannten Floskeln als reflexive Explikation zu verstehen sind, so heißt dies, daß eine Tautologie, die jedes Tun zu einem gelingenden macht, auf andere Weise vermieden werden muß, aber wie? Wird das Hören als bloße *performative Wirkung* verbucht, so wäre es aus der kommunikativen Regelung entlassen. Die Aufmerksamkeit könnte auch durch lautes Schreien herbeigeführt werden oder durch einen merkwürdigen Tonfall; jedenfalls wäre eine derart gesteuerte Wirkung den Maßstäben einer gelungenen Verständigung entrückt.

Man gerät ins andere Extrem, wenn man die pure Aufforderung, die uns hinzuhören nötigt, und den entsprechenden Hörakt selbst schon als geltungsrelevante und konsensorientierte Äußerungen begreift. Möglich wäre dies schon, aber nur im Rahmen einer institutionell geregelten Kommunikation, innerhalb deren Sprecher- und Hörerrollen vorweg festgelegt sind. So ist der Angeklagte in der Tat gehalten, auf die Worte des Richters zu hören, so wie ihm Erinnerungsleistungen abverlangt werden. Doch das »Hör!« oder »Versuch, dich zu erinnern!« des Richters ist strenggenommen nicht mehr als eine Ermahnung, die auf eine bestehende Verpflichtung verweist, und kein Imperativ, der eine Verpflichtung schafft.

Das Bild ändert sich, wenn wir das Sagen des Gesagten, das in der Aufforderungsphrase zum Ausdruck kommt, anders verstehen, nicht als bloße Leerformel, nicht als bloßes Explikat und auch nicht als Tautologie von Sagen und Gesagtem, aber auch nicht als einseitige Steuerung oder als konsensuelle Verständigung – sondern als *Überschuß des Sagens im Gesagten*, dem ein *Überschuß des Hörens im Gehörten* entspricht. Diese Alternative drängt sich auf, wenn wir das einladende »Hör!« gegen ein abwehrendes »Hör nicht auf mich!« oder »Hör nicht hin!« vertauschen. Dieser ins Negative gewendete Imperativ, der mich dazu auffordert, etwas nicht zu tun, also etwas zu unterlassen,[21] führt in eine paradoxe Situation, aus der es kein Entrinnen gibt. Der also angeredete Hörer unterliegt einem *double bind*. Hört er weg, so hört er auf den Befehl und tut, was er nicht tun soll; hört er hin, so hört er nicht auf den Befehl und tut ebenfalls, was er nicht tun soll. Viele neigen dazu, das Dilemma auf ähnliche Weise aufzulösen wie das Lügner-Paradox. Doch beseitigt man das Paradox durch einen Typensprung, indem man zwischen zwei Sprachebenen, einer Objekt- und einer Metasprache, unterscheidet, so macht es keinen Unterschied, ob der Kreter sagt: »Alle Kreter sind Lügner« oder »Alle Kreter sagen die Wahrheit«. Beide Aussagen sind dann gleichermaßen unzulässig. Doch sprachpragmatisch betrachtet, sind beide Aussagen nicht gleichwertig. Die zweite Äußerung mag falsch, unwahrhaftig oder unbeweisbar sein, sie ist nicht widersprüchlich, da der Einschluß des Sprechers in die Allaussage deren Geltungsanspruch nicht antastet. Anders steht es im ersten Falle, da die Allaussage, daß alle Kreter und so auch der Sprecher Lügner seien, keinen Ort mehr läßt, von dem aus diese Feststellung getroffen werden

21 Das Unterlassen unterscheidet sich vom *bloßen* Nichttun darin, daß es ein Können voraussetzt.

könnte. Die Aussage bringt sich selbst zu Fall – eine seit der von Platon und Aristoteles geübten Elenktik geläufige Sache, die heute den pompösen Namen ›performativer Widerspruch‹ trägt. Dieser besagt, daß das, was jemand explizit sagt, den impliziten Voraussetzungen des Gesagten widerspricht. Manch ein Virtuose des performativen Widerspruchs mag dazu neigen, dieses Verdikt auch gegen den verbietenden Imperativ »Hör nicht auf mich!« zu richten. Wer eine solche Aufforderung ausspricht, scheint sich tatsächlich in einem praktischen Widerspruch zu verfangen, der die praktische Wahrheit unterminiert. Er widerspricht sich selbst, damit fordert er Unmögliches; also ist der Hörer aus der Hör- und Antwortpflicht entlassen.

Doch diese elegante Lösung scheitert daran, daß kein Aussageereignis, also auch nicht das Aufforderungsereignis auf ein implizit Gesagtes reduziert werden kann, es sein denn, man vergißt über dem Gesagten dessen Herkunft aus einem Ereignis, das ebendies *zur Sprache bringt.* Widersprechen kann sich nur Gesagtes, das den genannten Geltungsansprüchen unterliegt; das Sagen als solches kann dem Gesagten nicht widersprechen, da es weder wahr noch falsch, weder richtig noch unrichtig zu sein beansprucht, da es weder den Bedingungen des Seins noch denen des Sollens untersteht. Was es tatsächlich gibt, das ist ein *Widerstreit* zwischen Sagen und Gesagtem, ein Sagen, das sich vom Gesagten zurückzieht, ihm den Beistand versagt (vgl. *Phaidros* 275 e). Die unbefolgbare Aufforderung gleicht den absurden Bedeutungen im Sinne Husserls, die durch ihre innere Widersprüchlichkeit keineswegs aus dem Reich der Bedeutungen verbannt sind. Eine unbefolgbare Aufforderung ist ebensowenig ein bloßer *flatus vocis* wie das runde Viereck. Der Unterschied liegt nur darin, daß man absurde Bedeutungen sozusagen in eine logische Quarantäne verbannen kann, auch dies allerdings nur dann, wenn man von den Umständen der Äußerung absieht, daß umgekehrt Aufforderungen, die in sich strittig sind, mit dem Aufweis ihrer Strittigkeit nicht aus dem Verkehr gezogen werden wie ungültige Geldstücke. Man kann die Forderungen, die einer Aufforderung innewohnen, ablehnen, damit wird die Aufforderung nicht schlichtweg hinfällig. Nicht umsonst verlegen die Theoretiker eines pathogenen *double bind* dieses nicht auf die bloße Inhaltsebene, auch nicht auf die bloße Beziehungsebene, sondern auf einen Widerstreit, der sich auf beiden Ebenen zugleich abspielt und der das Gesagte durch das Wie des Ansprechens sowie dieses durch jenes desavouiert, so etwa mit einem hinterhältigen »Tu das ruhig« oder einem ironischen »Wie recht du hast«.[22] Alles in allem zeigen die paradoxen Eigenschaften des negativ ausgerichteten Imperativs, daß der fremde Anspruch, der einer Aufforderung innewohnt, nicht mit dem Geltungsanspruch allgemeiner Gesetze und Regelungen gleichgesetzt werden kann. Was sich zwischen dem Adressanten und dem Adressaten einer Aufforderung abspielt, läßt sich weder als bloße kausale Wechselwirkung abtun noch als konsensuell geregelter Austausch fassen.

Zu guter Letzt bliebe die Frage, ob das Paradox der Selbstbezüglichkeit nicht eine Eigenart akustisch vermittelter Imperative ist, weil hier das, wozu aufgefordert wird, in dasselbe Medium fällt wie das Aufforderungsereignis selbst. Verbote wie »Lies dies nicht!« oder »Lies nicht weiter!« oder auch »Nicht berühren!« blieben dann von diesen Schwierigkeiten verschont. Doch diese Barriere, die das Sehen vor solchen Widersprüchen bewahren würde, wird durchbrochen, wenn eine Aufforderung wie *»tolle, lege!«* in ebendem Buch auftaucht, zu dessen Lektüre der Leser aufgefordert wird. Hier kommt es zu ähnlichen Problemen wie bei der mündlichen Aufforderung; sie werden lediglich verschleiert, wenn man sich auf eine Stimme jenseits des Textes beruft, als sei diese ein bloßes Ausdrucksmittel. Wie aber steht es mit einem Verbot wie dem *»noli me tangere«*, das in der Ostergeschichte der Bibel auftaucht? Schiebt nicht dieses Berührungsverbot dem unmittelbaren Kontakt einen Riegel vor? Bekanntlich gehört das Berührungsverbot zu den Abstinenzregeln der Psychoanalyse, mit der sie sich vom hypnotischen Handauflegen wie auch von den hysterischen Schauspielereien entfernt. Freud berichtet selbst von einer frühen Patientin, die ihn beschwört. »Seien Sie still! Reden Sie nichts! Rühren Sie mich nicht an!« Doch Didier Anzieu, der diese Stelle zitiert (1992, S. 182), nimmt zugleich eine Korrektur an der einseitigen verbalen Orientierung der Analyse vor, indem er das Berührungsverbot in das präverbale Verhältnis zwischen Mutter und Kind zurückverlegt, wo es zur Grenzziehung zwischen Ich und Es, zwischen Vertrautem und Fremdem, zwischen Körper und Welt beiträgt (ebd., S. 191-196). Dies würde besagen, daß das Unberührbare nicht jenseits des Berührens auftritt, sondern im Berühren selbst, im Entzug dessen, an das wir rühren. Auch die Begegnung des auferstandenen Christus mit Maria Magdalena, die wir aus zahlreichen Bilddarstellungen kennen, spielt sich im Feld von Blick, Geste und

22 Vgl. Watzlawick u. a. 1969, S. 53-56, 194-203. Da diese Autoren die beiden Sprachebenen gemäß der Russellschen Typenlehre bestimmen, tendiert der performative Wider*streit* allerdings doch wieder auf einen bloßen Wider*spruch* hin.

Wort ab; die abwehrende Geste unterbricht einen Berührungsversuch, das die Gesetze begleitende Verbot spricht nicht aus einer anderen Welt, sondern reißt Leerstellen auf in dieser Welt. Ein Spukgeist hätte es nicht nötig, sich gegen eine Berührung zu wehren. Anzieu macht in seiner Deutung dieser Szene darauf aufmerksam, daß das Berührungsverbot nicht nur mit der vielfältigen Figur der Maria Magdalena eine Vielfalt von Berührungsfunktionen ins Spiel bringt, von der sexuellen Verführung über die Pflege des Körpers bis zur körperlichen Vergewisserung, sondern daß das biblische Berührungsverbot nicht eindeutig ist, so wenn Thomas der Zweifler ausdrücklich dazu aufgefordert wird, den Leib des Auferstandenen zu berühren (vgl. Anzieu 1992, S. 186-191). Wir schließen daraus, daß das Paradox eines selbstbezüglichen Verbots die zwischenleibliche Existenz als solche durchzieht. Erneut zeigt sich ein Überschuß, nämlich ein Überschuß des Berührens im Berührten. Der schmale Grat, der Unberührtes und Berührtes miteinander verbindet und voneinander trennt, wird verlassen, wenn Berührung sich in einer Anklammerung verfestigt oder in eine Beziehungsscheu flüchtet. Der Berührungsscheu haftet wie aller Scheu eine Zweideutigkeit an in der Mischung von Selbstschutz, Abwehr des Fremden und Rücksichtnahme. Diese Zweideutigkeit ist der Boden für fruchtbare Polarisierungen, aber auch für pathologische Extrembildungen.

7. Verbotene, verwehrte und erlittene Gewalt

Wenn wir diesseits von Sein und Sollen beginnen, bei Aufforderungen, die noch nicht dem binären Maßstab von gut und schlecht, von richtig und unrichtig unterliegen, so laufen wir Gefahr, in eine neutrale Zone der Indifferenz zu gelangen, wo alles, was geschieht, gleich-gültig ist. Wenn wir als minimale Bedeutung des Ethischen festhalten, daß es *besser* ist, dieses zu tun als jenes,[23] oder daß Ansprüche auftreten, die sich durch eine *Nicht-Indifferenz* auszeichnen, so käme es darauf an, Ansprüche zu denken, die *nicht gültig* im Sinne geltender Gesetze und doch *nicht gleichgültig* sind. Eine solche Nicht-Indifferenz findet ihren paradigmatischen Anhalt in Gestalten, die aus einem Hintergrund hervortreten und das eintönige Einerlei durchbrechen, oder in Abweichungen, die das Gleichmaß der

23 Vgl. *Phaidon* 98 d: βέλτιον ἔδοξε Ἀθηναίοις ...

Normativität erschüttern. Gestalten werden bevorzugt, Abweichungen werden geduldet, doch in beiden Fällen ist eine Andersheit im Spiel, die nicht wie eine Position der Negation gegenübersteht. Die Frage ist dann, worin dieses Mehr besteht, das über das bloße Nicht hinausgeht.

Wir kommen dieser Frage näher, wenn wir wiederum von einem Schlüsselphänomen ausgehen, nämlich von der Gewalt. Auch sie ist aus der Perspektive von Affektion und Aufforderung zu behandeln, unter Hinzuziehung des Verbots, in dem die Gewalt besonders nachdrücklich zur Sprache kommt. Lévinas' Ethik, die sich im Angesicht und unter dem Anspruch des Anderen entwickelt, soll uns den Weg bahnen. Wie bei Hobbes bildet die Gewalt, die Menschen einander antun, den Anlaß für ethische Überlegungen, die sich auf der Schwelle zur Moral und nicht schon auf dem Boden der Moral bewegen. Demgemäß steht die Herkunft der Gewalt im Vordergrund und nicht ihre Beurteilung oder Verhinderung.

Der Kernsatz, mit dem Lévinas auf den drohenden Mord Bezug nimmt, lautet: »Du wirst keinen Mord begehen« oder einfach: »Du wirst nicht töten.«[24] Zunächst vermuten wir hinter diesen Formeln einen negativ gewendeten Imperativ, eine Aufforderung, etwas – nämlich das Morden als eine spezifische Form des Tötens – zu unterlassen. Ein solches hier und jetzt und immer wieder ausgesprochenes Tötungsverbot gliche dem schon erwähnten Berührungsverbot, auch was den unausgesprochenen kulturübergreifenden Hintergrund angeht. Aber bei näherem Hinhören entdecken wir Besonderheiten, die aufhorchen lassen. Die Adressierung der Äußerung in der zweiten Person gehört zu den Eigenarten einer adressierten Aufforderung, eines Appells. Daß der Adressant sich selbst als Opfer eines möglichen Mordes nicht oder nur nebenbei erwähnt, könnte darauf hindeuten, daß er nicht nur in eigener Sache spricht. Würde er dies tun, so würde sich der Spalt öffnen für eine Gegenfrage wie: »Warum soll ich gerade dich verschonen?« Der Anspruch, der im fremden Angesicht aufleuchtet, schließt den Mitanspruch Anderer mit ein, und zwar den Mitanspruch aller Anderen. Im Angesicht der Anderen blickt uns die Menschheit an, wie Lévinas ausdrücklich versichert (1961, S. 188, dt. 308). Würde der Andere nur für eine Gruppe sprechen, der er angehört, könnte der potentielle Mörder abermals

24 Vgl. *Totalité und Unendlichkeit*, frz. S. 173, dt. 285 beziehungsweise in einer früheren Textfassung: *En décrouvrant l'existence avec Husserl et Heidegger*, S. 173, deutsch: *Die Spur des Anderen*, S. 198.

fragen: »Warum wollt gerade ihr verschont werden?« Hier deutet sich ein Weg an zu der Formulierung eines allgemeingültigen Gesetzes, eines Verbots, das ohne Unterschied der Person für den potentiellen Täter ebensogut gilt wie für das potentielle Opfer. Die Geltung des Mordverbots, das für alle Vernunftwesen gilt, ohne sich speziell an jemanden zu wenden, wäre zu unterscheiden von dessen Applikation in partikulären Handlungen oder Handlungsmaximen, die nach dem allgemeinen Gesetz zu beurteilen sind. Doch handelt es sich bei diesen Sätzen überhaupt um ein Verbot, das die Unterlassung bestimmter Handlungen vorschreibt?

Lévinas hält nicht nur an der Rede in der zweiten Person fest, ohne sie in einer allgemeinen Gesetzesbestimmung aufgehen zu lassen, der fragliche Satz steht außerdem in einem indikativischen Futur. Nun kann man einwenden, daß im Deutschen so gut wie in anderen Sprachen das Futur eine besonders starke Form des Imperativs darstellt, da es die Erfüllung des Befehls als geschehen vorwegnimmt. Ein Satz wie »Du wirst dies nicht tun!« bedeutet, im rechten Ton gesprochen, alles andere als eine Vorhersage. Die Tiefenstruktur des Befehls hängt nicht ab von der grammatischen Form des Imperativs. Man könnte zusätzlich darauf hinweisen, daß das Hebräische keine negative Befehlsform kennt und Formen verwendet, die in unseren Ohren wie Ersatzformen klingen. Doch die Art und Weise, wie Lévinas seine Formulierung erläutert, enthebt uns weiterer grammatikalischer Mutmaßungen. Die Suche gilt einer genuin ethischen Ausdrucksweise, die in keiner der üblichen Modi ihren unzweideutigen Ausdruck findet. Stünde der Satz für ein übliches Verbot, so müßte er etwas zu tun verbieten, was der Adressat sowohl tun möchte als auch tun kann. Schon der supponierte Tötungsversuch ist nicht selbstverständlich; dies steht hier jedoch nicht zur Debatte, wohl aber das Können. So wie Lévinas seinen Kernsatz versteht, kommt in diesem Satz die schon erwähnte Unmöglichkeit der eigenen Möglichkeiten zum Ausdruck, eine *Un-möglichkeit*, die sich dem ureigensten Können einschreibt. Im fremden Angesicht verkörpert sich ein ethischer Widerstand, der die Gewalt weder abwehrt noch verbietet, sondern der uns die Gewalt verwehrt. Er erwächst aus einer Unfaßlichkeit, die dem physischen Widerstand abgeht. Die Gewalt ›prallt von ihm ab‹, wie wir zu sagen pflegen. Ich kann den Anderen töten, aus der Welt schaffen, soweit er etwas und jemand in der Welt ist, ich kann ihn nicht töten, sofern er mehr ist als das, nämlich jemand, der meine Welt in Frage stellt. Der Folterer mag seinem Opfer die Augen ausstechen, er kann ihm nicht den Blick ausstechen, auch der Geblendete und Getötete schaut ihn an, selbst der Henker bleibt dem Blick seines Opfers ausgesetzt, wie schon Sartre in *Das Sein und das Nichts* vermerkt (1943, S. 47, dt. 70).

Was wäre das für ein Gebot, das mir verbietet, was nicht sein kann? Der Satz *nemo ultra posse obligatur* gehört zum Abc jeder Rechtslehre. In Anbetracht dessen wird verständlich, daß Lévinas übliche Formulierungen wie »Du sollst (mich) nicht töten« vermeidet. Solche Sollenssätze klingen unweigerlich nach Verboten, die jemand dem potentiellen Mörder gegenüber ausspricht. Damit beträte er eo ipso den Boden eines Dialogs, in dem Äußerungen und also auch Mordandrohungen und Mordverbote bei Bedarf zu rechtfertigen sind. Läßt der potentielle Mörder sich auf diesen Dialog ein, indem er dem Satz widerspricht, kann man ihn leicht eines performativen Widerspruchs überführen. Er würde durch die angekündigte Auslöschung dessen, zu dem er spricht, seiner eigenen Rede den Boden entziehen. Es wäre, als würde er zu jemandem sprechen, den er selbst zu einem potentiellen Niemand erklärt. Mißlich ist nur, daß Mörder zwar über ihre Opfer sprechen, aber selten mit ihnen und daß sie spätestens dann damit aufhören, wenn sie die Untat begehen. Warum sollte der Mörder mit seinem Opfer sprechen, und warum sollte er sich nicht widersprechen?

Lévinas kommt es nicht an auf ein dialogisches Für und Wider, das den Ernstfall immer schon hinter sich hat, sondern es geht um diesen Ernstfall selbst. Das »Du wirst mich nicht töten« erklingt früher als alles, was der Andere mir sagen, gebieten oder verbieten kann. Es bildet den Selbstausdruck dessen, der zu mir spricht, mich anblickt, anrührt, was immer er oder sie sagt und tut. Als »sprechendes Angesicht« hat der oder die Andere teil am Geschehen des Sagens, das alles Gesagte mit seinen Gebots- und Verbotsinhalten unendlich übersteigt. Umgekehrt ist der Adressat nicht jemand, der etwas hört und darauf reagiert, sondern er wird zu einem Selbst, indem er vom fremden Anspruch getroffen wird. Das Tötungsverbot gleicht darin dem Inzestverbot, daß es das Begehren selbst von sich abspaltet. Wer vom fremden Anspruch getroffen wird, erleidet eine Unterwerfung (*sujetion*), durch die es zu einem ›Subjekt‹ wird (Lévinas 1974, S. 17, 161, dt. 49, 280). Wir stoßen wiederum auf eine Unausweichlichkeit dessen, was weder bloß ist, noch erst sein soll. Mit Bedacht wählt Lévinas als Kernsatz jenen Satz, der die Unmöglichkeit des Mordens ausspricht. In dieser Unmöglichkeit, sich dem fremden Anspruch zu entziehen, entdecke ich mich als Adressat dieses Anspruchs und als Respondent, der auf ihn antwortet. Die Frage »Soll ich dem fremden Anspruch antworten?« gliche der Frage »Soll ich leben?«, ganz zu schweigen von den Warum-Fragen, die sich anschließen. Wer solche Fragen stellt, hat sie schon beantwortet, wie recht und schlecht auch immer. Somit führt der Kernsatz »Du wirst mich nicht töten« heraus aus der Alternative vorgefundener Fakten und geltender Normen.

Lévinas geht nun einige Schritte weiter in dem Versuch zu zeigen, wie ich dem fremden Anspruch ausgesetzt bin, bevor ich mich imstande sehe, zu ihm Stellung zu nehmen, bevor ich überhaupt imstande bin und einen eigenen Stand gewinne. Die Exposition meiner selbst geht der Position voraus. Das Sollen kann deshalb ebensowenig das erste Wort haben wie das Sein. So wie das ›es ist‹ ein ›ich weiß‹ voraussetzt, so setzt das ›ich soll‹ ein ›ich will‹ voraus. In beiden Fällen wird also zuviel vorausgesetzt, nämlich ein eigenmächtiges Subjekt. Doch der Widerstand gegen meine eigene Gewaltausübung kann nicht darüber hinwegtäuschen, daß die Gewalt auch von Anderen ausgeht. Natürlich wird dies von Lévinas ebenfalls, und zwar entschieden in Betracht gezogen. Doch dabei kommt es zu einer fragwürdigen Engführung von Affektion und Appell, von Anruf und Erwählung: die Unterschiede zwischen Pathischem und Pathologischem, zwischen Fremdem und Feindlichem, zwischen gesichtsloser und gesichtshafter Gewalt drohen sich zu verwischen. Dies wird deutlich, wenn wir die erlittene Gewalt eigens bedenken.[25]

Unter Gewalt, die bislang nur ostensiv definiert wurde mit dem Hinweis auf den extremen Fall des Mordes, verstehe ich die *Verletzung eines Anspruchs*, der im Appell laut wird und sich in gesetzlich verankerten Rechts- und Moralansprüchen niederschlägt. So wie der fremde An-spruch nicht auf Gesetzesansprüche zurückgeführt werden kann, können Verletzungen nicht auf Regelverstöße und Verbotsübertretungen reduziert werden. Verletzungen finden ihren Ansatz in der *Verletzlichkeit des leiblichen Selbst*, einer Verletzungssphäre, die verschiedene Gewaltmodalitäten wie physische und psychische,

25 Den Hintergrund zu den folgenden Überlegungen bilden meine früheren Ausführungen zur Gewalt: »Grenzen der Legitimierung und die Frage nach der Gewalt« (in: Waldenfels 1990) und »Aporien der Gewalt« in dem von M. Dabag, A. Kapust und mir herausgegebenen Band *Gewalt* (2000), der eine Reihe weiterer thematisch einschlägiger Beiträge enthält. Zur Gewalt bei Lévinas vgl. den Beitrag »Verletzungen« von Pascal Delhom in diesem Band sowie die kritische Unterscheidung verschiedener Gewaltformen bei Michel Vanni: *L'impatience des réponses: L'éthique d'Emmanuel Lévinas au risque de son inscription pratique* (Diss. Lausanne 2001).

harte und weiche, aktuelle, habituelle und institutionelle Gewalt übergreift. Gewalt in diesem weiten Sinne gibt es überall dort, wo der Andere sich auf den Status eines bloßen Jemand oder eines Etwas reduziert. Die Gewalt erreicht einen Gipfelpunkt im Mord, weil hier die Verletzung fremder Ansprüche bis zur versuchten Auslöschung getrieben wird. Von der *Gewalt*, die fremden Ansprüchen zuwiderläuft, ist eine *Gewaltsamkeit* zu unterscheiden, die darin besteht, daß keine Antwort den fremden Ansprüchen voll gerecht wird. Der letztgenannte Unterschied, aber auch weitere anfallende Unterscheidungen werden im Zusammenhang mit der Ordnungsproblematik ausführlicher zur Sprache kommen.

(1) Die fremde Gewalt kann sich zunächst gegen Dritte richten. Ich selbst bin in diese Gewaltausübung nicht erst dann verstrickt, wenn ich zur Gewalt gegen Andere aufgefordert werde, im äußersten Fall durch einen Tötungsbefehl, sondern wenn ich die Gewalt gegen Dritte zulasse, ohne in den Grenzen meiner Möglichkeiten gegen sie einzuschreiten. Ein uneingeschränktes »Widerstehe nicht dem Bösen!«, sprich »der Gewalt«, würde mich, ob ich es will oder nicht, zum Mittäter machen. Die radikale Annahme, die im folgenden zur Sprache kommt, nämlich die Annahme, daß ich verantwortlich bin für alles, was der Andere tut und leidet, kann nicht zur Folge haben, daß wir gegen die Gewalt an Dritten nicht einschreiten. Eine solche auch gemeinsam organisierte Intervention wäre als *Gegengewalt* zu bezeichnen; doch wir wissen, wie sehr diese zum Vorwand eigener Gewaltausübung dienen kann, zumal dann, wenn auch der Gegner sich auf sie beruft. Wird damit die Barriere des »ethischen Widerstandes« nicht am Ende doch durchlöchert durch ein strategisches Gegeneinander, das sich im Schatten eines dialogischen Miteinanders abspielt? Diese Debatte wäre nicht zu beenden, wohl aber zu kanalisieren, wenn man auch im Falle des Mordbefehls unterschiede zwischen dem Aufforderungsereignis, das sich an uns oder an Dritte richtet, und dem Aufforderungsgehalt, der etwas zu tun befiehlt. Was im Mordbefehl angeordnet wird, verstößt nicht nur gegen das Gesetz, es stößt auf den ethischen Widerstand, der uns im Mitanspruch Anderer und Dritter entgegentritt. Der unbedingte Anspruch des Anderen besagt lediglich, daß selbst der Mörder in der zu verurteilenden und zu bestrafenden Untat nicht aufgeht wie eine Figur, die man aus dem Spiel nimmt.

(2) Doch der eigentliche Testfall ist dann erreicht, wenn die fremde Gewalt sich gegen *mich selbst* richtet und ich selbst mit Einschluß

derer, die mir nahestehen, zum Leidtragenden werde. Dies ist deshalb der Testfall, weil der Mitanspruch Dritter nichtig wäre ohne den Anspruch, der an mich ergeht. An dieser Stelle nimmt Lévinas jeder Selbstverteidigung den Wind aus den Segeln. Er tut dies mit seiner radikalen Theorie der *Substitution*. Der Andere steht nicht vor mir, *face à face*, als jemand, auf den ich zugehe, zu dem ich Zugang finde, zu dem ich mich so oder so verhalte, stets mit dem Hintergedanken, ich könne dieses auch alles nicht tun – ich stehe vielmehr *an seiner Stelle*, ich existiere, indem ich subsistiere, für den Anderen einstehe. Für diese ungewohnte Verstrickung des »Anderen im Selben« (1974, S. 31, dt. 69) – oder des »Anderen im Selbst«, wie es weniger mißverständlich heißen sollte, sucht Lévinas eine Sprache, indem er auf klinische Ausdrücke wie Trauma, Besessenheit, Paranoia und speziell Verfolgungswahn, auf politische Gewaltmaßnahmen wie die Geiselnahme, auf gerichtliche Vorgänge wie Anklage und Vorladung zurückgreift und schließlich ein Dulden beschwört, das selbst das »Leiden *durch* die Schuld des Anderen« in ein »Leiden *für* die Schuld der Anderen« verwandelt (1974, S. 161, dt. 278). Die Geduld (*patience*) ist keine bloße Tugend, die wir üben und erwerben, sondern sie entspricht der durch die originäre Passion gezeichneten Existenz. Selbst aus den haßverzerrten Zügen des Verfolgers blickt mich der Andere an. Es ist völlig klar, was Lévinas mit dieser Berücksichtung des Gewaltexzesses ausschließen möchte. Er möchte verhindern, daß der fremde Anspruch am Ende doch wieder in den endlosen Tauschhandel von Recht und Gegenrecht, von Untat und Vergeltung hineingezogen und daß fremde gegen eigene Ansprüche abgewogen werden, so daß der fremde Anspruch verstummt und das Ethische durch Moralgesetze überwuchert wird.

Doch so machtvoll dieses Motiv auch sein mag, Lévinas treibt es in ein Extrem, das der Sache der Erfahrung nicht mehr gerecht wird. Er neigt dazu, den Unterschied zwischen Widerfahrnis und Anruf, zwischen Affektion und Appell, zwischen dem ›Patienten‹, dem Adressaten einer Aufforderung und dem Respondenten zu verwischen.[26] Selbst wenn Begriffe wie Obsession, Paranoia oder Trauma nicht im streng klinischen Sinne verwendet werden, wofür es bei Lévinas in der Tat kaum Anzeichen gibt, so benennen sie doch Erfahrungswei-

26 Diese unzulässige Engführung verschiedener Erfahrungsstränge ist nicht zu verwechseln mit einer mangelhaften Unterscheidung zwischen Meister und Henker, wie sie Ricœur Lévinas zum Vorwurf macht (*Das Selbst als ein Anderer*, frz. S. 391, dt. 407 f.)

sen, die wir als Widerfahrnisse bezeichnet haben.[27] Das, wovon jemand besessen ist, seien es Ideen, böse Geister oder verdrängte Triebe, hält ihn so gefangen, daß er nicht in der Lage ist, darauf so oder so zu antworten. Ähnliches gilt für den Verfolger, der stets in meinem Rücken auftaucht, ohne daß ich ihm ins Gesicht zu blicken oder ihn zu stellen vermag. Die Fluchtbewegung, die der Verfolgte vollführt und die den Fluchtbewegungen eines gejagten Wildes nahekommt, sind außengesteuerte Eigenbewegungen, so wie die Obsession aus Ideen besteht, die mich besitzen und besetzt halten. Selbst die Anklage, die mich zum Angeklagten macht, bevor ich etwas getan habe, gerät in die Nähe paranoider Selbstbezichtigungen. Damit ist nicht ausgeschlossen, daß diese Widerfahrnisse Aufforderungs- oder Antwortreste enthalten, vergleichbar den Tagesresten, die sich in den Traum einnisten. Nur handelt es sich um keine Aufforderungsereignisse, die uns etwas tun lassen. Erleidende sind ihren Widerfahrnissen ausgeliefert, sie sind getroffen von dem, was ihnen widerfährt. Dabei macht es keinen Unterschied, ob das Widerfahrnis als beginnende Aufforderung auftritt, die noch keine Antwort gefunden hat, oder als ein abgespaltener Bereich von Affektionen, die keine Antwort zulassen. Diese Unterscheidung ist wichtig, um pathische von pathologischen Phänomenen und darüber hinaus normale von außergewöhnlichen Widerfahrnissen zu unterscheiden.

Die mangelnde Differenzierung führt bei Lévinas dazu, daß wichtige Probleme nicht oder doch nicht deutlich genug zur Sprache kommen. Zum ersten wird der Übergang vom Wovon der Affektion zum Worauf des Antwortens, den wir in der Aufforderung gesucht haben, nirgends zum Problem, und nicht nur das, er wird geradezu blockiert, wenn dem Antworten jeder Spielraum abgesprochen wird (vgl. Waldenfels 1995, S. 339).

Zum anderen tritt die von mir selbst erlittene Gewalt völlig in den Hintergrund gegenüber der Gewalt gegen den Anderen, die mir verwehrt ist. Darin liegt der durchaus einleuchtende Versuch, nicht mit einer Gewaltabrechnung zu beginnen und nicht mit ihr zu enden. Eben deshalb betont Lévinas die Unvergleichbarkeit des fremden Anspruchs und die Asymmetrie, die mein Verhältnis zum Anderen

27 Zur Frage, wie die Rede von traumatischen und ähnlichen Extremerfahrungen bei Lévinas zu verstehen ist, vgl. den sorglich abwägenden Aufsatz »Trauma – über Emmanuel Lévinas« (in: Escoubas/Waldenfels 2000) von Hans-Dieter Gondek, in dem R. Bernet, F. Ciaramelli, S. Critchley, M. Haar und E. Weber mit zu Wort kommen. Zu der Sache selbst vgl. meine späteren Ausführungen in Kapitel VII, 6.

kennzeichnet. Ich kann nicht durch einen Standortwechsel auf die andere Seite überwechseln, da ich von Anfang an am »Nicht-Ort« des Anderen und außerhalb meiner selbst Fuß fasse. Doch wenn wir unterscheiden zwischen einem Widerfahrnis, das mich trifft, und einer fremden Aufforderung, auf die ich antworte, so rekurrieren wir auf ein Erleiden des Selbst, das ebenfalls unvergleichlich ist und seine eigene Form der Asymmetrie besitzt. Dem entspricht eine Form der Klage, die sich von der gegen jemand erhobenen Anklage sehr wohl unterscheidet. Ebenso gibt es eine freudige Erregung, die tiefer reicht als alles, was jeweils zu tun ist. Die mangelnde Differenzierung zwischen Widerfahrnis und Aufforderung, die der Substitutionstheorie des Lévinasschen Spätwerks eigentümlich ist, verführt zu einer Übersozialisierung der Affekte, von der die frühe Theorie des Geniessens frei war. Es sieht so aus, als habe Lévinas den Cartesianismus von *Totalität und Unendlichkeit* in seinem späteren Werk allzu gründlich hinter sich gelassen.

Weiterhin könnte man sich fragen, ob Gewaltausübung überhaupt etwas mit Aufforderung, Appell und Antworten zu schaffen hat. Hier mag ein zusätzlicher Grund liegen, warum Lévinas die Gewalt in den Bereich unwiderruflicher Widerfahrnisse abdrängt. Einen Aufforderungscharakter kann man der Gewalttat durchaus zubilligen. Die fremde Faust, das heransausende Geschoß, selbst die Beleidigung können mich dazu bringen, ihnen auszuweichen oder sie zu parieren. Nicht jeder Schlag ist ein Schicksalsschlag oder gar ein tödlicher. Doch tritt Gewalt auch als Appell auf, als ein Appell, der mich auffordert, etwas zu tun oder zu unterlassen? Dies gibt es offensichtlich nicht, da ein Gewaltakt dahin tendiert, jemanden in ein zu beschädigendes, zu nutzendes oder zu zerstörendes Etwas zu verwandeln. Daß ein Opfer *victima* heißt, deutet lediglich auf einen Sieg hin, der im Kampf gegen mögliche Gegenwehr errungen wurde. Und dennoch bedeutet die vom Anderen erlittene Gewalt kein bloßes Widerfahrnis, sondern eine Art von *adressiertem Widerfahrnis*. Gewalt wird dem, der sie erleidet, an-getan, der Todesstoß oder der Todestrank wird gegeben – und empfangen wie ein vergiftetes Geschenk.[28] Dem Angetanwerden entspricht eine *Auflehnung*; man lehnt sich gegen Gewalt auf, wie man sich gegen den Schmerz aufbäumt. Jenseits dieser Auflehnung beginnt ein Masochismus, dem

28 Daran ist festzuhalten, auch wenn man den Tod im Sichgeben und Sichhingeben für Andere in eine ethische Gabe verwandelt, wie Jacques Derrida es in seinem Essay *Donner la mort* tut.

zufolge das Gewaltopfer sich mit dem Gewalttäter identifiziert. Sokrates entgeht dieser Selbsterniedrigung, indem er den Gesetzen folgt, die im *Kriton* als ihre eigenen Fürsprecher auftreten, und sich nicht einfach den Richtern oder den Schergen unterwirft, die Recht sprechen und es exekutieren. Die Empörung gegen eine Erniedrigung, die in jeder Gewaltausübung liegt, hat etwas mit dem aufrechten Gang zu tun. Das Opfer kann sich der Gegengewalt enthalten, es kann selbst auf eine Wiedergutmachung verzichten, die ihm kraft Gesetz und in den Augen eines unparteiischen Dritten zusteht. Doch auf das Nein zur erlittenen Gewalt kann es nicht verzichten, ohne sich selbst und ebenso den Anderen als Anderen aufzugeben. Die Komplizenschaft des Opfers mit seinem Henker entwürdigt beide.

(3) Abschließend stellt sich das Problem, ob *Naturgewalt*, die uns widerfährt, und *soziale Gewalt*, die an jemanden adressiert ist, nicht in concreto miteinander verschmelzen können. Zum einen ist es dem Stoß, dem Stich oder dem Schlag nicht ohne weiteres anzumerken, ob er von jemandem kommt oder ob ich von etwas getroffen bin. Dies verleiht dem Schrecken in jedem Fall etwas Gesichts- und Namenloses. Außerdem gibt es nicht nur die direkte Gewalt von Angesicht zu Angesicht, sondern in viel größerem und immer noch zunehmendem Maße die *indirekte Gewalt*, die durch Dinge, Apparate, Medien und Institutionen hindurchgeht, die also an *irgendwen* adressiert ist oder zwar durch Andere verursacht wurde, aber nicht gezielt, sondern als in Kauf genommene Nebenwirkung wie etwa im Falle der Strahlenschädigungen bei einem Atomreaktordefekt. Die Neigung, alle Gewalt personalen oder gesellschaftlichen Instanzen zuzuschreiben, gehört – wie Odo Marquard in seinen Überlegungen zum *Abschied vom Prinzipiellen* (1981, S. 39 ff.) deutlich macht – in das Gebiet einer Anthropo- oder Soziodizee, die den seit Hiobs Zeiten schwelenden Gottesprozeß der Theodizee ablöst. Lévinas, der von solchen Rationalisierungen des Leidens weit entfernt ist, nähert sich unserem Problem dort, wo die Besessenheit und Verfolgung durch Andere den Schrecken eines Seins durchschimmern läßt: das »es gibt«, ohne daß es sich an uns wendet.[29]

Doch dieses Schillern kann den Unterschied zwischen dem, was

29 Das Schillern zwischen fremder Gewalt und dem gesichtslosen Schrecken des *il y a* wurde schon von einigen Interpreten bemerkt; vgl. Lannoy 1990, Critchley 1992 sowie Vanni in dem in Anm. 25 zitierten Text. Zu den diesbezüglichen Verwandtschaften zwischen Lévinas und Blanchot vgl. die in Kapitel I, Anm. 15 zitierte Arbeit von Andreas Gelhard.

uns einfachhin zustößt, und dem, was uns von Anderen angetan oder zumindest von ihnen bewirkt wird, nicht aufheben, selbst wenn es stimmt, daß die Trennungslinie – ähnlich wie im Falle von unadressierten und adressierten Aufforderungen – erst nachträglich und nie endgültig oder messerscharf gezogen werden kann. Wird dieser Unterschied verwischt, so hat dies eine zwiefach fragwürdige Konsequenz. Auf der einen Seite wird die soziale Gewalt Naturprozessen angeglichen, wie es etwa in einer vitalistisch aufgeheizten Kriegsbegeisterung geschieht. Die Gewalt braust über uns hinweg wie eine Lawine, wie ein Feuerbrand, wie ein Sturm – und wenn man sich hinterdrein die Augen reibt, will es keiner gewesen sein. Jedes Unrecht wird damit zu einem Unglück. Auf der anderen Seite neigt man zu einer Überpersonalisierung, getreu jener erwähnten Soziodizee, die überall nach Schuldigen sucht und in der Verschwörungstheorie paranoide Züge annimmt. Richtig ist wohl, *daß es Gewalt gibt,* eine Gewalt, die wie ein Irrwisch durch die Register von Widerfahrnis, Verletzung, Appell, Gewaltbefehl und Gewaltverbot fährt. Eine einseitige Anonymisierung greift ebenso zu kurz wie eine einseitige Personalisierung. Gewalt, die dem Zugriff immer wieder entgleitet und die in ihren Exzessen eine eigentümliche Faszination ausübt, hat spezifische Züge des Fremden, von denen später ausführlich die Rede sein wird.

8. Indifferenz durch Neutralisierung

Wir haben mit Lévinas von einer Nicht-Indifferenz gesprochen, die das Ethische auszeichnet. Diese Nicht-Indifferenz ist auszudehnen bis auf die Ebene der Widerfahrnisse, so daß sie nicht nur das umfaßt, was uns ausdrücklich angeht und auf was wir antwortend einzugehen haben, sondern auch das, was uns anrührt, zustößt und zufällt. Betroffen ist der gesamte Bereich dessen, was uns oder Lebewesen im allgemeinen unausweichlich trifft.[30] Daraus folgt, daß Nicht-Indifferenz als eine Empfindlichkeit, die der Unempfindlichkeit entgegensteht, nicht mit ethischem Anspruch und Verbindlichkeit gleichge-

30 Georges Canguilhem weist darauf hin, daß Leben keine Indifferenz gegenüber den ihm vorgegebenen Bedingungen kennt, sondern auf Polarität beruht und daß erst das Trägheitsprinzip mit der Einebnung des Unterschieds zwischen natürlichen und gewaltsamen Bewegungen eine solche Indifferenz gegenüber Richtungen und Schranken der Bewegung schuf. Vgl. *Das Normale und das Pathologische,* S. 84.

setzt werden kann. So macht es einen Unterschied, ob wir auf diese Weise getroffen und angesprochen werden oder ob wir uns beobachtend oder beurteilend auf solche unausweichlichen Ereignisse beziehen. Die Registrierung einer Katastrophe und einer Katastrophenreaktion ist nicht selbst katastrophal, dasselbe gilt für Gewalttaten. Eine Patho-logie fällt nicht mit dem Pathischen und der Pathetik des Ausdrucks zusammen. Man kann diese Differenz zwischen Pathos und Logos derart anwachsen lassen, daß menschliches Tun und Leiden beobachtet wird wie von einem anderen Stern, oder man kann die Differenz derart verwischen, daß Anteilnahme mit schwachen Nerven und eigenes Tun mit einem Wortheldentum verwechselt zu werden droht. Dieses Problem macht vor unseren eigenen Ausführungen nicht halt, und seine Erörterung wirft ein Licht auf alles, was wir in den ersten drei Teilen dieser Untersuchung unternommen haben. Ich selbst werde mich dem Problem stellen, indem ich zunächst die Möglichkeit einer Neutralisierung der Erfahrung erkunde.

Als Neutralisierung bezeichne ich ein spontan oder methodisch geübtes Verfahren, das dazu führt, daß das, was jemanden anrührt und angeht, *dahingestellt* bleibt, also einer Stellungnahme entrückt wird (vgl. Hua I, § 109). Dieses Verfahren ähnelt der Epoché als einer Urteilsenthaltung, aber nur in gewisser Hinsicht, da die Neutralisierung sich nicht auf Aussagen und Handlungsvorschläge beschränkt, sondern sich auf alles ausdehnt, was uns zustößt, und nichts unberührt läßt. Insofern steht es der »gleichschwebenden Aufmerksamkeit« nahe, die Psychoanalytiker zur Förderung freier Assoziation einsetzen. Die Neutralisierung kann sich in einem Wechsel von Einstellungen, Blick- oder Sprechweisen auswirken. Der Unterschied, auf den es bei diesem Verfahren ankommt, ist kein regionalontologischer, sondern ein funktionaler Unterschied. Er läßt sich verschieden bestimmen: als Gegensatz von fungierender und thematisierter Erfahrung, von performativer und konstativer Sprechweise, von Inanspruchnahme und Erwähnung einer Norm, von Teilnahme und teilnahmsloser Beobachtung oder schließlich – wie Husserl sich sehr einfach ausdrückt – als Mitmachen und Nichtmitmachen. Dies alles ist hinreichend bekannt, es fragt sich nur, wie der Zusammenhang zwischen diesen Gegensatzpaaren zu denken ist.

Zunächst bedeutet Neutralisierung einen *Übergang* von der natürlichen Einstellung, in der wir uns immer schon befinden, in eine künstliche Einstellung, die wir bewußt einnehmen. Husserls diesbezügliche Ausdrücke sind allerdings mißverständlich. Die sogenannte natürliche Einstellung liegt nicht nur jeder Stellungnahme voraus, in ihrer pathischen Form kann sie nicht einmal als ursprüngliche Position gefaßt werden, sondern nur als eine Exposition, ein Ausgesetztsein, dessen Schutzlosigkeit Abwehrmaßnahmen, Abschirmungen und Ausblendungen sowie die Ausbildung einer Grenzfläche und Schutzschicht erforderlich macht. Was wir *am eigenen Leibe* erfahren und was *unter die Haut* geht, ist weit entfernt von einem Etwas, zu dem jemand Stellung bezieht. Der Übergang in eine Einstellung, in der all dies expliziert und aufgehellt werden kann, darf nicht verwechselt werden mit einer Art Kameraschwenk oder mit der Vertauschung der Nah- gegen eine Fernperspektive. Es handelt sich nicht um zwei Einstellungen, die miteinander abwechseln und sich ergänzen, sondern um eine *Transformation*, die mit dem an optische Spiegelungen erinnernden Terminus ›Reflexion‹ wiederum recht mißverständlich benannt und bedacht wird.

Diese Transformation führt dazu, daß die verschiedenen *Diastasen*, das Auseinandertreten verschiedener Momente innerhalb der Erfahrung, sich in *Diskrimina* verwandeln. Oder anders gesagt: das Differieren als aktueller Scheidungsprozeß schlägt sich nieder in gegebenen Unterscheidungen. So entsteht aus dem Wovon des Widerfahrnisses, dem Wozu und An-Wen der Aufforderung und dem Worauf des Antwortens eine Serie von Was-Bestimmungen, auf die unsere Beschreibungssprache zwangsläufig zurückgreift. Da gibt es etwas, das uns zustößt, das uns auffordert, verführt, abschreckt, das sich an uns wendet, das in unserer Antwort gemeint ist und so fort. Die umständliche Sprache der Relativ- und Fragepronomen, deren wir uns immer wieder bedient haben, sucht dieser Substantivierung entgegenzuwirken und die scheinbare Autarkie der Beschreibungs- und Beobachtungssprache zu unterhöhlen. Die Verlegenheit, die sich hier zeigt, läßt sich nicht vermeiden. Sie taucht auch anderswo auf, etwa wenn es darum geht, über Vergangenes und Zukünftiges so zu sprechen, daß daraus keine bloßen Subprovinzen der Gegenwart werden, kein *praesens de praeteritis* und kein *praesens de futuris.*

Die Transformation betrifft auch das *Selbst* derer, die in die Erfahrung verwickelt sind und sich daran machen, ihre Fäden zu entwirren. Die Verwandlung führt zu einer Differenzierung in *Personalpronomina.* Von *mir*, der ich zu mir komme, indem ich von etwas affiziert werde, und von *dir*, der du mich zum Adressaten machst, dem ich mich meinerseits antwortend zuwende, unterscheiden sich *er* oder *sie*, deren Verhalten ich beobachten und über das ich berichten kann, die sich aber selbst in der Form des *ich* an mich wenden können; und davon unterscheiden sich nochmals *es-hafte*, unpersönliche Dinge und Vorgänge, denen nur die Möglichkeit einer stummen und ungezielten Aufforderung bleibt. Betrachten wir diese Differenzen nicht als fertiges System, sondern als Prozeß gleichzeitiger *Personalisierung* und *Versachlichung*, so wird die Annahme, es gebe Personen, die in verschiedenen Relationen zueinander stehen, und Sachen, die auf unpersönliche Weise aus diesem Rollenspiel herausfallen, hinfällig. Das Selbst konstituiert sich vielmehr als Selbst, indem es diesen Differenzierungsprozeß durchläuft, der seinerseits in verschiedenen kulturellen Varianten auftritt. Es gibt nicht drei Personen, sondern die Erfahrung, die sich zwischen mir und dir, zwischen uns und euch und im Umkreis von Dritten abspielt, strukturiert sich in der Ausbildung eines Personensystems; und mit der Typik von Ich, Es und Über-Ich wird das Selbst nochmals einer Regie unterworfen, die sich dem direkten Zugriff entzieht.

Bei der fraglichen Neutralisierung gewinnt das *Neutrum* eine besondere Bedeutung. Das Neutrum, wörtlich: ›weder das eine noch das andere‹, verweist auf die Geschlechterdifferenz, die in der Geschlechtslosigkeit von Dingen oder in der noch nicht ausgereiften Geschlechtlichkeit von Kindern zum Zuge kommt. Zu beachten ist, daß die dritte Person unserer Grammatik im *er* oder *sie* nahe an das unpersönliche *es* heranrückt, da die dritte Person einen Gegenstand der Beobachtung oder das Bezugsobjekt einer Rede bezeichnen kann. Darin liegt ein Sog zur *generellen Versachlichung*, der allerdings durch die Unterscheidung von personalistischer und naturalistischer Einstellung, von Gegenspieler und Gegenstand oder durch ähnliche Differenzen aufgefangen werden kann. Jedenfalls erscheint die Neutralisierung als ein Endpunkt, wenn die Belange derer, die in die Erfahrung verwickelt sind, nicht nur dahingestellt bleiben, sondern wenn systematisch von jeder Bedeutsamkeit für das Leben *abgesehen* wird. Erst diese Naturalisierung im Sinne Husserls führt zu ›bloßen Sachen‹, die jeden Personencharakter vermissen lassen, so wie innerhalb eines Rechtssystems zwischen Personen- und Sachenrecht unterschieden wird. Die Unterscheidung zwischen Person und Sache resultiert aus einer Selbstunterscheidung, an der das Selbst von Anfang an beteiligt ist.

Das Neutrum spielt ebenfalls eine Rolle bei der Unterscheidung von Sein und Sollen. Die Unterscheidung selbst entstammt, wie wir gezeigt haben, einer forensischen Perspektive, die sich bei der Beurteilung unseres Tuns nach gemeinsamen Gesetzen ergibt. Bei dieser Beurteilung kommt es zur Unterscheidung zwischen Tatsachen- und Rechtsfragen, zwischen der Beschreibung dessen, was der Fall ist, und dem Bezug auf Vorschriften, die bestimmte Handlungen gebieten oder verbieten. Die Neutralität fungiert in der *Unparteilichkeit geltender Gesetze*, deren Bestimmungen von Eigenarten der Person absehen und die in der Neutralität des Richters auf spezifische Weise verkörpert ist. Eine Neutralisierung in der von uns vorgeschlagenen Bedeutung tritt dann ein, wenn die Frage nach der internen Gültigkeit sozialer Normen eingeklammert und einzig die *faktische Geltung* bestehender Normen untersucht wird. Dieses Vorgehen hat eine durchaus heilsame, relativierende Wirkung, da auf faktische Lebensverhältnisse Bezug genommen und ihre Veränderlichkeit beachtet wird; mit Relativismus hat dies nichts zu tun, da die Geltung als solche dahingestellt bleibt. Die Tendenz zur allgemeinen Versachlichung kann allerdings weitergehen, so daß Normensysteme sich biologischen *Programmen* und kybernetisch festzulegenden *Sollzuständen* annähern. Doch ›bloße natürliche Regelungen‹ gleichen den ›bloßen Sachen‹ darin, daß sie durch methodische Abstraktion gewonnen werden. Im Falle von Lebewesen bedeutet dies, daß die gesamte pathische Dimension unter Einschluß von Lust und Schmerz ausgeblendet wird, so daß nur noch natürliche Maschinen zurückbleiben. Für die Reduktion der natürlichen Umwelt auf Realvorgänge gilt ähnliches. Ein Normativismus, der normativen Regelungen ein Übergewicht verleiht, produziert als Gegenabstraktion einen Funktionalismus, der mit geltungsneutralen Normen arbeitet. Er nähert sich damit einem Normalismus, dessen Grenzen ich an anderer Stelle ausführlich erörtert habe. Es kommt darauf an, in die Fragen der Neutralisierung nicht bloß die normative, sondern auch die appellative oder pathische Dimension einzubeziehen. Andernfalls würde die Beteiligungsperspektive, von der Sozialwissenschaftler und in besonderem Maße Ethnologen Gebrauch machen, nicht nur neutralisiert, sondern auf Partialprozesse reduziert.

9. Beobachtung, Begründung und indirekte Bezeugung

Die Indifferenz, die aus der Neutralisierung hervorgeht, ist kein bloßer Notbehelf, also etwas, was wir wohl oder übel in Kauf nehmen. Ohne Neutralisierung gäbe es keine Thematisierung, keine Erkundung der Erfahrung, die über eine Selbstspiegelung hinausgeht. Eine Pathetik, die sich unmittelbar an das Pathische anschlösse, ergäbe eine Mischung aus Pathos und Logos, die keiner der beiden Mächte gerecht würde. Spricht man über eigene Erfahrung, so kann man so tun, als spräche diese selbst unverstellt und unverfälscht. Das schlechte Gewissen derer, die dem Sprechen selbst mit Bedauern und Argwohn begegnen, liebäugelt mit einem reinen Wort, das ganz erfahrungsgesättigt, und einer reinen Erfahrung, die ganz wortgewandt wäre. Das Paradox des Ausdrucks, das aus der Differenz zwischen Auszudrückendem und Ausdruck erwächst, läßt sich nicht auflösen oder überspringen. Doch so unvermeidlich die Neutralisierung auch sein mag, sie öffnet verschiedene Wege, die der Erfahrung nur mehr oder weniger gerecht werden.

Beginnen wir mit der nüchternen Operation der systemischen Beobachtung, wie sie uns heute von der Systemtheorie angeboten wird. Die Beobachtung, die ihre Observatoren hat und die positioniert, aber nicht eigentlich situiert ist, vollzieht strenggenommen gar keine Neutralisierung, weil es nichts zu neutralisieren gibt, falls das, was wir Erfahrung nennen, aus lauter Operationen besteht. Im Anschluß an die Logik von G. Spencer Brown stützt Niklas Luhmann sich auf eine Beobachtung, die etwas bezeichnet und dieses dadurch von anderem unterscheidet. Das, wovon etwas sich abhebt, besteht weder im Wovon einer Affektion noch im Worauf einer Antwort; denn in einer Operation geht es um nichts anderes als um ein geordnetes Funktionieren. Da eine Operation kein Ziel verfolgt, kann man an ihr auch nicht teilnehmen. In einen Code teilt man sich nicht, man kann sich nur darin einschalten. Ein Code schafft keine Gemeinsamkeit, er ermöglicht lediglich äquivalente Operationen. Das Selbst, das als Selbstreferenz in der Unterscheidung auftaucht, ist weder mein eigenes noch ein fremdes. Fremdheit kommt nur vor als zeitlich verschobene Selbstreferenz, sofern nämlich die Beobachtung erster Ordnung einer Beobachtung zweiter Ordnung bedarf, um als solche bezeichnet zu werden. Daraus resultiert eine Operationenkette, die vielerlei Schaltungen, Anschlüsse, Einschübe und Schleifen zuläßt, doch alles verbleibt in einem Netz von Möglichkeiten, das keine Risse zeigt. Wenn etwas diese Operationen vor dem lähmenden Gleichmaß der Indifferenz bewahrt, so sind es dysfunktionale Störungen, die das Programm durchkreuzen, und wenn etwas das System offenhält, so ist es die Nachträglichkeit jeder Selbstbeobachtung, die eine *reditio completa ad se ipsum* verhindert. Das Dahingestelltseinlassen, das einen Abstand schafft, verwandelt sich in ein Auf-sich-selbst-beruhen von Prozessen, die sich durch ihren Erfolg selbst bestätigen. Wer einer Maschinerie ins Wort fallen wollte, würde sich schlicht lächerlich machen. Folgerichtig reduziert sich das Ethische auf die bloße Beobachtung moralischer Subsysteme. Natürlich kann auch eine Beobachtung von moralischen Codes und Verhaltensweisen moralische Wirkungen hervorbringen, doch sie selbst hat mit moralischen Ansprüchen und ethischen Verbindlichkeiten sowenig zu tun wie der Ethologe mit tierischen Verhaltensritualen. Nur wenn Systemtheoretiker ihre methodischen Grenzen einzugestehen bereit wären, würden sich Alternativen öffnen, die mehr bedeuten als der blinde Fleck einer Systemanalyse, die auf systeminterne Unmöglichkeiten stößt.

Während die systemische Beobachtung nichts zurückbehält, was sich neutralisieren ließe, drängen *Begründungsversuche* über jede Neutralisierung hinaus. Es lassen sich zwei maßgebende Typen von Begründung unterscheiden, die in unseren früheren Analysen wiederholt zur Sprache kamen. Eine *teleologische* Form der Begründung, die ihre Gründe *a fronte* zu finden sucht in einer Staffelung von Zielen, die in einem letzten Ziel kulminieren, geht aus von dem, was für mich oder für uns wahr und gut ist, und mißt dies an dem, was an sich oder schlechthin wahr und gut ist. Der alltägliche Komparativ, der besagt, etwas sei *besser* als das andere, verheißt den Superlativ des *Besten*, des höchsten Gutes, denn ohne ihn wäre etwas nur vergleichsweise besser, und ohne ihn würde das Streben sich in einer leeren Unendlichkeit verlieren. Das Streben, an dem das Handeln wie das Forschen teilhaben, erscheint als lebendiger Ausdruck einer Nicht-Indifferenz. Die indifferenten Dinge, jene ἀδιάφορα der Stoa, beschränken sich auf Glücksgüter, die für ein gutes Leben brauchbar sind, aber nicht selbst den Genuß des guten Lebens beinhalten. Sie gehören gleichsam zur Ausstattung des Chors, nicht zur Aufführung selbst (vgl. gr. χορηγία, *Nik. Eth.* X, 8, 1178 a 24). Diese sekundäre Neutralisierung ist dazu angetan, die Lebensdynamik nicht zu hemmen, sondern sie vielmehr freizusetzen. Dieses oder jenes muß uns gleich sein, weil es im Vergleich zu dem Guten, auf das es ankommt, nichts oder doch nur wenig zählt. Allerdings liegt darin die Tendenz, Widerfahrnisse zu verdrängen zugunsten eines Bedeutens und Begehrens, das sich innerhalb einer vorgegebenen Ordnung hält. Eine letzte Einheit hebt alle Differenzen in sich auf; sie steigert sich zu einer Art *Über-Differenz*.

Mit der modernen Infragestellung jeder umfassenden Ordnung, in die das Streben des Einzelnen eingebettet ist, reißt die ›große Kette‹, die alle Wesen aneinander bindet. Was mir als wahr oder gut erscheint, enthält nicht mehr ohne weiteres den ›Vorschein‹ eines schlechthin wahren Lebens. Es öffnet sich ein Spalt zwischen dem ›Lustprinzip‹, das auf das eigene Wohl und Wehe abzielt, und einem ›Realitätsprinzip‹, das die Bedingungen jener Außenwelt berücksichtigt, der unser Glück oder Unglück buchstäblich einerlei ist. Das Ansichsein entfaltet sich nicht länger zu einem Anundfürsichsein, in dem sich der Betrachter selbst noch wiederfindet. Erst jetzt stellen sich jene Fragen, die Kant auf so einprägsame Formeln gebracht hat: Was *kann* ich wissen? Was *soll* ich tun? Was *darf* ich hoffen? Erst jetzt klaffen Sein und Sollen, Erkenntnisprinzipien und Handlungsmaximen auseinander, so daß Antworten auf die erste Frage die zweite Frage nicht mehr beantworten können. Und was die dritte Frage angeht, so reduziert sie sich mehr und mehr auf einen quasi-eschatologischen Appendix. Das auf ein vollendetes Leben abzielende Streben zerstiebt in *Akte*, die jeder sich oder Anderen zuschreibt und deren *vis propria*, Freiheit genannt, durch keine *vis a fronte* mehr aufgefangen wird. Gegenüber den untauglichen Versuchen, alles, was wir tun sollen, aus dem herzuleiten, was ist, oder der Wirklichkeit selbst moralische Absichten zu unterschieben, empfiehlt sich das Programm einer *nomologischen* und speziell einer *transzendentalen* Begründung, das sich damit begnügt, notwendige Bedingungen aufzusuchen, denen unser Erkennen und Handeln unterliegt, sofern es nicht im Chaos versinken soll. Transzendentale Bedingungen sind Bedingungen der Chaosvermeidung, im kosmischen Reich der Natur ebenso wie im praktischen Reich der Freiheit. Sie erlauben eine kritische Überprüfung faktischer Gesetze und Maximen; diese bleiben dahingestellt, solange sie sich nicht vor dem Forum der Vernunft ausweisen können. Der Gerichtsprozeß, der Kritik heißt, führt zu einer Neutralisierung, die einen provisorischen Charakter hat, selbst wenn dieses Provisorium wie im Falle von Descartes' provisorischer Moral ein Leben lang anhält. Doch wie Kant im Gefolge Rousseaus zu zeigen versucht, beantwortet die Frage: »Was soll ich tun?« sich selbst. Wer so fragt, hat sich bereits einer Instanz unterworfen, die nicht im Belieben des Fragenden steht. »Welches ist der grosse Drache, den der Geist nicht mehr Herr und Gott heissen mag? ›Du-sollst‹ heißt der grosse Drache« (*Zarathustra*, KSA 4, 30). Das Immer-schon eines erstrebten Ziels, das einen umfassenden Horizont eröffnet, wird ersetzt durch das Immer-schon eines geltenden Gesetzes, das ein letztes Fundament legt.

Doch damit gelangen wir an einen Punkt, an dem wir uns schon öfters befanden. Das Gesetz selbst erweist sich als janusköpfig, schwankend zwischen allgemeiner Geltung und einer Stimme, auf die ein jeder hört. Die Geltung, so allgemein sie sein mag, kann die Frage »Warum soll ich dem Gesetz folgen?« nicht beantworten. Außerdem führt die Unterscheidung zwischen einer moralischen Handlung um des Gesetzes willen und einem bloß legalen Handeln gemäß dem Gesetz auf eine teleologische Bahn zurück, die in der Engführung von Lex und Telos eigene Probleme aufwirft. Doch wenn unsere bisherigen Überlegungen uns nicht täuschen, so liegt das eigentliche Problem in der Art der Fragestellung. Die Frage: »Was soll ich tun?«, die ja nicht pragmatisch verstanden wird als Suche nach einer situativen Lösung, sondern moralisch als Suche nach einer unverbrüchlichen Maxime, stützt sich auf das fragende Ich, das ›Subjekt‹, und sie erstreckt sich auf ein Gesetz, auf einen praktischen Logos, dem ich selbst so gut unterstehe wie jeder andere, der so fragt. Verdrängt wird auf diese Weise die Unausweichlichkeit eines fremden Appells, der ebensowenig auf seine Ermöglichung wartet wie das Pathos, aus dem der Appell erwächst. Kant streift diese Dimension, wenn er mit Rousseau von einem Ruf, einer Stimme des Gewissens ausgeht. Doch diese Dimension schließt sich wieder, wenn man den Ruf als bloßen Ausdruck einer Tradition oder als Interiorisierung eines Über-Ich begreift. Sie verunklart sich, wenn man mit Heidegger vom Gewissen als einem Selbstanruf des Daseins hinübergleitet zur Stimme, zum Anruf oder Zuspruch des Seins.[31]

Könnte es nicht sein, daß der fremde Anspruch mich in Frage stellt, bevor ich nur fragen kann, ob ich ihm folgen soll und bevor ich in Normalität und Normativität Fuß zu fassen suche? Fragen wie: »Warum ich soll ich der fremden Aufforderung (oder dem Gesetz) folgen?« kranken daran, daß jeder, der so fragt, teils zu wenige, teils zu viele Voraussetzungen zugesteht. Man macht zu viele Voraussetzungen

31 Vgl. hierzu die textnahen Erläuterungen von Jean-François Courtine: *Heidegger et la phénoménologie* (1990), S. 305-353.

zungen, wenn man *von innen* ausgeht und sich auf den Boden fraglos geltender Sitten oder moralischer Geltungsansprüche stellt. Damit wird die Genesis der Moral übersprungen, und man begründet nur, was man schon ›glaubt‹; das Motto *fides quaerens intellectum* würde sich in Form eines Moralglaubens fortsetzen, wie Nietzsche in seiner *Genealogie der Moral* (KSA 5, 106) mit aller Schärfe feststellt. Man macht umgekehrt zu wenige Voraussetzungen, wenn man *von außen* an die Sache herantritt und Einlaß zur Moral sowie Zugang zum fremden Anspruch sucht, als gälte es, einen anderen Raum zu betreten. Die Frage: »Warum soll ich ...?« ist in diesem Falle ebenso abwegig, wie wenn Cézanne sich gefragt hätte: »Warum soll ich malen?« Die besagte Frage beantwortet sich *in actu*, in einem ›Akt‹, der aus der Passion erwächst und auf eine ›moralische Urszene‹ zurückverweist. Dies gilt selbst dann, wenn man Descartes' ego-logisch angelegten Zweifelsversuch heranzieht. Es besteht nicht der geringste Grund, die Präsupposition des Selbst, die auch noch dem Zweifel innewohnt, dem fremden Selbst zu versagen. Ein Satz wie »*Ich* zweifle, daß es *dich* gibt« setzt nicht nur mich als Anredenden, sondern auch dich als Angeredeten voraus. Er setzt darüber hinaus mich als *von anderem* Angerührten und *von Anderen* Angesprochenen voraus, denn der Zweifelsakt ist keine Urzeugung, der seine pathische Vorgeschichte hinter sich läßt. Zweifel und Mißtrauen keimen auf, bevor wir bewußt nach ihnen greifen. Der oder die Andere ist genau so unzugänglich wie ich selbst, und ihre Existenz ist genau so unbegründbar wie meine eigene – es sei denn, ich verbarrikadiere mich in einem Monolog, einem Logos, der nur zu sich spricht, und in einem Monopathos, einem Pathos, das nur mich selbst angeht. Doch die Annahme eines exklusiven Selbstgesprächs und einer exklusiven Selbstaffektion desavouiert sich, sobald sie ausgesprochen wird. Die apathische Indifferenz, die vom fremden Anspruch unberührt bleibt, ist ein neutralisiertes Pathos, keine genuine Apathie, so wie die autistische Präferenz, die alles am Eigenen mißt, sich auf ein Auto-Pathos zurückzieht und nicht mit ihm beginnt. Sowenig Aphasische sprachlos sind, so wenig sind Apathische gefühllos. Ich kann nur dessen beraubt werden, was ich habe, sei es die Phasis oder das Pathos.

Wenn die Beobachtung in der Neutralität verharrt und andererseits Begründungen die Neutralität auf höchst zweifelhafte Weise überwinden, so fragt sich, welche Möglichkeit es sonst gibt, Widerfahrnisse und Appelle einschließlich fremder Ansprüche in ihrer Nicht-

Indifferenz zu erfassen. Zwischen dem, was mir und Anderen widerfährt, und dessen Thematisierung liegt eine Kluft. Überbrücken ließe sie sich nur, wenn die Thematisierung selbst ein Widerfahrnis wäre, womit sie sich jeder Rechenschaftsabgabe entzöge, oder wenn umgekehrt Widerfahrnisse, Aufforderungen und Appelle nichts weiter wären als latente Themen, als implizit Gesagtes, das lediglich zu explizieren wäre. Da nun beides nicht zutrifft, da ich selbst als Erleidender, als Adressat und als Antwortender eben nicht bloß etwas erfahre und erstrebe, das ich aussagen kann, versagen die üblichen Zugangsweisen. Weder die direkte Beschwörung von Widerfahrnissen noch die unmittelbare Berufung auf Appelle führt weiter, noch eine Begründung, die unsere Erfahrung einem Ganzen eingliedert oder es apriorischen Möglichkeitsbedingungen unterwirft. Eine Erfahrung, die nicht bei sich beginnt, verträgt sich mit keiner Spielart eines Ganzen, Ersten oder Letzten; wenn es hier ein Unbedingtes gibt, dann eben in jener Form der Unausweichlichkeit, von der schon die Rede war. Wenn etwas den Affektionen und Appellen unserer Erfahrung gerecht wird, dann nur ein *indirekter Aufweis*, der innerhalb dessen, was sich zeigt, was gesagt, erstrebt und getan wird, ein Mehr und Anderes ausmacht, das wir als Wovon der Widerfahrnisse, als Wozu der Aufforderung oder als Worauf des Antwortens zu fassen versuchten. Dieser Aufweis hat durchaus eine elenktische, also argumentative Seite, aber nur insofern, als er Rationalisierungen, die Kant ›Vernünfteln‹ nennt, abweist.

Dem indirekten Verfahren folgend, bezeichnen wir das, was uns angeht und worauf es ankommt, mit Lévinas als *Nicht-Indifferenz*.[32] Das doppelte Nicht ist nicht als Ausdruck einer doppelten Negation zu verstehen, die uns einfach zu einer anfänglichen Differenz zurückkehren ließe, sondern als Abweichung von einer Indifferenz, die in verschiedenen Tiefenlagen auftreten kann. Schon das deutsche Wort ›gleichgültig‹ hat eine eigentümliche Bedeutungsgeschichte durchlaufen. Es bedeutet zunächst, was als ›gleichbedeutend‹ angesehen wird (entsprechend den gr. und den lat. ἀδιάφορα und *indifferentia*), dann das, was ›bedeutungslos‹ ist, wo es also keinen Unterschied gibt, und schließlich kennzeichnet man eine moralische Haltung als ›gleichgültig‹, wobei im letzteren Falle eine Form der ›Gültigkeit‹ vorausgesetzt ist. Die Figur des *indifférent* kennen wir aus der Litera-

32 Vgl. *Jenseits des Seins*, frz. S. 105, dt. 187. Weitere Hinweise zu den Motiven der Differenz und Indifferenz finden sich in: *Deutsch-Französische Gedankengänge*, S. 356 (zu Lévinas), S. 402-408 (zu Proust und verwandten Autoren).

tur wie aus der Malerei, etwa jener von Watteau; ihre Züge schillern zwischen stoischer Zurückhaltung und Lebensüberdruß, zwischen mangelndem Interesse und Selbstschutz. In dem Lévinasschen Begriff sind Nicht-Ununterschiedenheit und Nicht-Gleichgültigkeit zusammenzudenken; darin findet der ethische Bruch mit der Ontologie seinen verdichteten Ausdruck. Ich selbst mache bei meinem Gebrauch noch einige feinere Unterschiede, vor allem jenen zwischen Widerfahrnis und Aufforderung.

Es gibt nun verschiedene Formen einer indirekten Teilnahme, die sich vom Tun und Leiden, von den Zielen und Normen eines gelebten Lebens weder völlig distanziert noch sich völlig damit identifiziert. Dazu gehören Übergangsformen wie die beteiligte Beobachtung, bei der ein Ethnologe mitspielend verstehen lernt, was ihm fremd ist, oder die Übertragung in der Psychoanalyse, die dem Analytiker eine stellvertretende Rolle zuweist. Dazu gehört ferner das Zitieren, das in der eigenen Rede fremde Reden mit anklingen läßt, im Sinne des von Bachtin konzipierten Polylogs. Ich beschränke mich hier auf die Möglichkeit der *Bezeugung*, die eine besondere Mittellage einnimmt. In der lateinischen Bezeichnung *testis*, die sich von *tri-stis* herleitet, erscheint der Zeuge als ein dabeistehender Dritter. Er benimmt sich weder wie ein Beobachter, der sich aus der Sache heraushält, noch wie ein Historiker, der die *res gestae* in bewußter Zurückhaltung *sine ira et studio* betrachtet, noch wie ein Ordnungshüter, der bei Bedarf einschreitet oder vermittelt. Es handelt sich um eine vorübergehende und begrenzte Form der Anteilnahme, die selbst pathischen Ursprungs ist. *Man wird zum Zeugen*, ob man es will oder nicht, wenn man bei einem überraschenden Ereignis, einem Glücksfall, einem Unglück oder einer Untat gegenwärtig ist. Dies unterscheidet den Zeugen von einem Reporter, der über ein Ereignis berichtet, auch wenn er selbst nicht dabei war, oder von einem Detektiv, der den Spuren eines Ereignisses nachgeht. Eine Zeugenaussage kann man verweigern, aber nicht die Zeugenschaft, in die man gerät. Reduziert man das, was jemand bezeugt, auf etwas, was er oder sie zufälligerweise gesehen oder gehört hat und andere nicht, so erscheint die Zeugenschaft als bloßer Ersatz für eine Autopsie, die faktisch nicht gegeben war. Man weiß durch Hörensagen (ἐξ ἀκοῆς), was man selbst nicht gesehen hat (vgl. *Theaitet* 201 b-c). Dies gilt für Zeugen vor Gericht, die ein Ereignis bezeugen, das nicht vor den Augen der Öffentlichkeit stattgefunden hat und als einmaliges Ereignis auch nicht experimentell getestet werden kann. Dies gilt ferner für Zeitzeugen einer älteren Generation oder einer fernen Epoche, die den Nachfahren überliefern, was sie erlebt haben.

Doch wäre dies alles, so wäre das Zeugnis nichts weiter als eine vermittelte Mitteilung, die in Form eines vermittelten Dialogs räumliche und zeitliche Fernen überbrückt und die heute mehr und mehr technischen Apparaten anvertraut wird, dem Monitor, der verdeckten Kamera oder einem Abhörgerät. Zieht man dagegen in Betracht, daß jemand zum Zeugen dessen wird, wovon er affiziert, wozu er aufgefordert wird und worauf er antwortet, so sieht man, daß der Zeuge durch das, wovon er zeugt, in *Mitleidenschaft* gezogen wird. Mitfreude und Mittrauer haben hier ebenso ihren Ort wie die moralische Entrüstung, und beides kann in der Einbildungskraft, zumal in der künstlerischen, erzeugt werden, so wie es die aristotelische Poetik vorsieht.[33] Die Zeugenschaft entspringt also einem genuinen Sym-pathos, einer *Ko-affektion*,[34] durch die ein Zeuge sich von einem Aufnahmegerät unterscheidet. Das *tua res agitur* beschränkt sich nicht auf das, was uns selbst direkt widerfährt.

Schließlich bleibt als entscheidendes Moment die Glaubwürdigkeit des Zeugen. Der Zeuge oder die Zeugin stellen nicht bloß fest und teilen etwas mit, sie *stehen für etwas ein* und sie fordern dazu auf, ihnen Glauben zu schenken. Hierbei ist die Beglaubigung durch den Zeugen nicht zu verwechseln mit einer allgemeinen Begründung, die keines Zeugen bedarf. Die religiöse Apologetik neigt dazu, diesen Unterschied zu verwischen, indem sie das, was sie bezeugt, der Bezeugung unmittelbar zugute kommen läßt in einer Verschmelzung von *vox propria* und *vox Dei*, von bezeugender und bezeugter Rede.[35] Mit der angeblichen *vox populi* steht es nicht besser. Wer sie bezweifeln wollte, würde lediglich bezeugen, daß er nicht dazu gehört, und dieses Zeugnis würde ihn selbst als volksfremdes Element disqualifizieren. Aber auch Moralapostel seien gewarnt. Die Glaubwürdigkeit

33 Vgl. hierzu die eindringliche Deutung von Goyas »Yo lo ví« aus den *Desastros de la guerra*, mit der Reinhold Gorling uns das Zeugnis eines Blickschocks vor Augen führt (Görling 2000).

34 Ich habe an früherer Stelle (*Das Zwischenreich des Dialogs*, 1971, S. 152-154) diesen Begriff benutzt, um generell jene Prozesse zu charakterisieren, die man in Abwandlung Husserlscher Termini als interpassive Synthesis bezeichnen könnte; doch heute würde ich sagen, daß das *Mit* der Ko-affektion von einer Uraffektion durch Anderes und Andere perforiert wird.

35 Platon nähert sich einem ähnlichen Kurzschluß, wenn er in Buch X der *Nomoi* (893 b) empfiehlt, die Götter »zur Beweisführung (ἀπόδειξιν) ihres eigenen Daseins aufzurufen«, was dazu führen würde, daß Sagen und Gesagtes in Form einer Selbstaussage kollabieren.

einer Überzeugung kann durch die Tat bezeugt werden, nicht aber deren allgemeine Gültigkeit. Schließlich hat noch jede Überzeugung ihre Blutzeugen gefunden, auch die eines Terroristen. Ein solches Zeugnis beweist lediglich, daß es jemandem mit seiner Sache ernst ist. Bezeugung als solche schafft keine Geltung; eben dies unterscheidet sie von der Begründung; sie öffnet keine doktrinale Hintertüre. Als Erfahrungsinstanz unterscheidet das Bezeugungs*geschehen* sich von Zeugen*aussagen*, die in der Tat wahr oder falsch sind. Die Unterscheidung von Sagen und Gesagtem trifft auch auf das Bezeugen zu.

Aber auch so ist die Bezeugung nichts bloß Beiläufiges. Bedenkt man, daß selbst unsere eigene Herkunft von Anderen bezeugt ist, so zeigt sich, daß die Zeugenschaft tief in unserem Mitsein verankert ist. Mit dem Zeugnis, das für den Anderen einsteht, nähern wir uns der Lévinasschen Stellvertretung, die von ihm selbst als gelebtes Zeugnis, als *témoignage* begriffen wird (vgl. Lévinas 1974, Kap V, 2).[36] Hierzu paßt die Gepflogenheit, bei wichtigen Ereignissen einen Zeugen hinzuzuziehen, etwa einen Trau- oder Taufzeugen, der das Ereignis bekräftigt, noch bevor es angezweifelt wird oder vergessen werden könnte. Im Testament wird ein letzter Wille bezeugt, auch dies antizipatorisch.

Die Bezeugung, die Ereignisse wachhält, ohne sie in beobachtbare oder begründete Tatsachen zu verwandeln, könnte die Möglichkeit eröffnen, sich indirekt auf etwas zu beziehen, was sich nicht direkt greifen läßt. Ein solches Vorgehen schließt alle Arten von Explikation, Analyse, Datierung, Bewertung und Einwirkung nicht aus, doch verhindert es, daß die Widerspenstigkeit und Abgründigkeit der Erfahrung mit allem, was sie uns antut, anbietet, aufbürdet und abverlangt, in einer Ordnung zum Stillstand kommt. Diese Bezeugung macht auch vor dem eigenen Selbst nicht halt. Ein Selbst, das als erleidendes und antwortendes nur über Spalten hinweg mit sich verkehrt, bedarf einer Selbstbezeugung, in der es auch sich selbst gegenüber ein ›Pathos der Distanz‹ wahrt. Der Dritte kommt nicht erst von draußen, er wohnt schon im eigenen Hause. Das Selbst verrät sich, bevor es gesteht. Als Zeuge übernimmt es eine besondere Rolle; es vermeidet eine unmittelbare Komplizenschaft, ohne sich deswegen aus dem Staube zu machen, als wäre es ein *ganz* anderes.

36 Vgl. die »Bezeugung« des Daseins im Gewissen in *Sein und Zeit*, S. 288. Heidegger gibt auch hier der Selbstbezeugung den Vorrang, wohingegen Ricœur mit seiner *attestation de soi* (1990, S. 33-35, dt. 32-34) auf nicht recht befriedigende Weise zwischen Selbst- und Fremdbezeugung vermittelt.

IV. Verschiebungen der Erfahrung

Das folgende Kapitel ist als methodisches Zwischenspiel gedacht. Der merkwürdige Titel verweist auf eine merkwürdige Sache. Es geht um das, was sich *zwischen zwei oder mehreren Instanzen* abspielt, von denen eine als Selbst bevorzugt und markiert ist, und dies in der Weise, daß nicht einfach zwei Instanzen voneinander unterschieden werden, sondern jeweils *eine sich gegen die andere verschiebt* und erst in dieser Absonderung vom jeweils Fremden ihre Eigenheit findet. Was man so leichthin Fremderfahrung nennt, stand bereits im Hintergrund unserer vorausgehenden Untersuchungen, doch aufgefächert auf verschiedene Erfahrungsmodi wie Widerfahrnis oder Affektion, Berührung, Aufforderung und Appell. Dem entspricht ein Selbst, das als ›Patient‹, Adressat und Respondent verschiedene Weisen des Selbstwerdens durchläuft. Termini wie ›Subjekt‹ und ›Intersubjektivität‹ wurden ausdrücklich vermieden, um diesem Geschehen keine Figuren zu unterschieben, die den Zugang zu dem gesuchten Zwischen verstellen. Unsere methodischen Zwischenüberlegungen verfolgen das Ziel, die in den ersten Kapiteln geübte Denkweise eigens zu durchleuchten und dem bereits Gedachten ein deutliches Relief zu geben. Was ich früher als Antwortlogik entfaltet habe, wird nun durch entsprechende patho-logische Betrachtungen unterfüttert. Diese differenziellen oder genauer gesagt: diese diastatischen Analysen kommen dem nahe, was als kategoriale oder existentiale Analyse bekannt ist, doch gehen sie weit darüber hinaus, indem sie nicht bei Aussagen und Existenzweisen stehenbleiben. Ihre Fruchtbarkeit wird sich nicht nur in der Vertiefung des bereits Behandelten zu erweisen haben, sondern auch in der Bloßlegung von Nahtstellen, an denen die darauffolgende Aufdeckung verschiedener Fremdheitszonen anzusetzen vermag. Einiges bleibt also skizzenhaft und auch thesenhaft, ganz im Sinne einer Heuristik, die sich im nachhinein zu bewähren hat.

1. Synthetische Ordnungsmuster

Ein Denken, das nicht von einem Zwischen ausgeht, sondern bei ihm beharrt, muß sich gegen klassische Ordnungsmuster behaupten, die auf verschiedene Weise dem Syn-thetischen und Sy-stematischen, also dem Zusammengesetzten und Zusammengestellten, den Vorzug geben. Die Rede von synthetischen Ordnungsmustern ist strenggenommen pleonastisch. Was wäre Ordnung, wenn nicht eine *syn-taxis* oder *com-positio*, die einen Zusammenhang schafft oder begründet?

Ich gehe aus von einem *onto-noologischen* Denken, das getreu dem parmenideischen Ansatz Sein und Denken zusammenspannt, weit entfernt von einer Spaltung zwischen Subjekt und Objekt. Dieses Denken beginnt erfahrungsnah mit einem sinnlich faßbaren *Etwas* (τι), einem Dies-da (τόδε τι), das im Hier und Jetzt sein *Daß-sein* (ὅτι) realisiert. Gäbe es nicht noch etwas, ein *anderes Etwas* beziehungsweise einen anderen Zustand des jeweiligen Etwas, so gäbe es auch kein *selbes Etwas*, da eine Selbigkeit ohne Andersheit gänzlich unbestimmt wäre. Wo alle Katzen grau sind, gibt es keine Katzen mehr. Das Unbestimmte oder Unbegrenzte (ἄπειρον) bleibt aber gegenwärtig als ein schwarzer Schatten, der entfernt an Hesiods Chaos, einen gähnenden oder klaffenden Abgrund erinnert. Daß nun dieses und jenes auftritt, wirft die Frage auf nach einem möglichen Zusammenhang, einem *syn-*, einem *cum-*, das in der Doppeldeutigkeit von ›zusammen mit‹ und ›vereint zu‹ einen Spalt offenläßt für Dissoziationen und Desintegrationen – es sei denn, das Mit ist in dem Zusammen fest verankert. Wäre dieser Zusammenhang so beschaffen, daß jede Komposition möglich wäre, so würde mit der Beliebigkeit das Chaos einbrechen. Wir müßten mit allem rechnen, könnten also auf nichts Bestimmtes bauen.

Die Suche nach einem *Medium*, einem *Dritten*, das dieses mit jenem verbindet, führt zur Frage nach einem Was-sein (τί) dessen, was uns hier und jetzt als Einzelnes (ἕκαστον) begegnet. Als nicht weiter zu teilende Einheit, deren weitere Teilung nur Teilstücke liefern würde, bildet das Individuum die Schnittfläche zwischen Daß und Was, denn als ἄτομον εἶδος beziehungsweise als δευτέρα οὐσία hat das Einzelne selbst teil an einer Wesensordnung, von der es seine Bestimmung empfängt. Das deutsche Wort ›Besonderheit‹ weist einen entsprechenden Doppelsinn auf; es weist hin sowohl auf die gesonderte Existenz wie auf die besondere Eigenart. Die Bestimmung des Einzelnen als ›Partikulares‹, das heißt wörtlich als Teilhaftes, liefert eine erste Antwort auf die Frage nach dem Band, das alles Einzelne umschlingt. Es besteht in einem *Ganzen*, einem »konkret Allgemeinen«, das ein Universum, eine Welt bedeutet, innerhalb deren alles Einzelne *als Teil* mit anderen Teilen zusammenstimmt. Die Synthesis vollbringt die *Integration* des Einzelnen in ein Ganzes, eine Integration, die beim Menschen, der kraft des Logos die Ordnung als solche zu enthüllen vermag, zur Selbstintegration anwächst. Das anfängliche Fürmich dessen, was uns in der Erfahrung begegnet, schließt ein Fürsich ein, ohne daß dieses sich als zentrales Subjekt aus der Gemeinschaft alles Seienden heraushebt.

Das einigende Band verengt sich, wenn Ordnung des Seins und des Sollens auseinandertreten und entsprechende *Gesetze*, theoretische Gesetze der Natur auf der einen Seite, praktische Gesetze der Freiheit auf der anderen Seite, die Einigungsfunktion übernehmen. Die Kausalität wird zum »Zement« der natürlichen Welt, während Moral und Recht zum Bindemittel der praktischen Welt werden. Was im einzelnen geschieht und getan wird, gewinnt seinen Zusammenhalt mit anderem, indem es *als Fall* eines Gesetzes betrachtet und behandelt wird. Dieser Zusammenhang entsteht aus einer *Subsumtion*, er impliziert das *Unterstellt-* oder *Unterworfensein* unter eine Regel. Das nomologisch hergestellte Band büßt gegenüber der onto-kosmologischen Gesamtordnung nicht an Verbindlichkeit ein, wohl aber an Wirkkraft, wie sich bei der Erörterung der transzendentalen Ordnungsmuster zeigen wird.

Schließlich bleibt noch die von Lebensprozessen sich herleitende Möglichkeit, das Band in die Dinge selbst zu verlegen als innere Form, als morphologischen *Bauplan*, der das Gesamtgeschehen auf *Einzelprozesse* verteilt und diese koordiniert. Die ordnende Kraft äußert sich als *In-formation* im buchstäblichen Sinne dieses Wortes.[1] In einem solchen Ordnungsmuster verbinden sich finale und mechanische Komponenten. Anfangs noch gelenkt durch einen göttlichen Weltarchitekten, verwandelt sich der Kosmos selbst mehr und mehr in eine Baustelle. Die Biotechnik spielt ihr technologisches Potential aus, indem sie den Prozessen der Selbstorganisation in Simulationen und Rekonstruktionen nacheifert. Das Wort ›synthetisch‹ bekommt

1 Merleau-Ponty spricht im vergleichbaren Sinne von einer kulturellen »Einformung« der polymorphen Wahrnehmungswelt und ihrer gezielten »Entformung« (*Das Sichtbare und das Unsichtbare*, frz. S. 265, dt. 270 f.). Zur ontologischen Vertiefung der Informationstheorie vgl. ausführlicher *Die Natur* (frz. S. 210 ff., dt. 221 ff.).

selbst einen technischen Anstrich, wenn es auf die künstliche Herstellung von Fasern oder Farben angewandt wird. Im Vergleich zu älteren Denkformen, die auf ein lückenloses Ganzes und ausnahmslos geltende Gesetze abzielen, öffnet die Selbstorganisation, bei der die eigene Organisation eines Systems sich im Austausch mit der Umwelt verändert, Raum für eine neue Denkweise, in der die Klammern, die einzelnes mit anderem zusammenheften, sich lockern und öffnen.

Betreten wir den Bereich des Werdens, der sich nicht auf das Wachsen und Vergehen von Lebewesen beschränkt, so bedarf es einer weiteren Ordnungsmacht, die frühere und spätere Stadien einer Entwicklung aufeinander abstimmt. Im klassischen teleologischen Denken, das jedes Werden als γένεσις εἰς οὐσίαν (*Philebos* 26 d) zu fassen sucht, stellt sich bei jedem Etwas die Frage nach dem *Worumwillen* (οὗ ἕνεκα) und seinem *Woher* (ὅθεν). Das Telos, worauf alles hinausläuft, erscheint der Zeit nach als Letztes, der Sache nach aber als *Erstes*, als *Arche*, als Anfang, der alle Phasen des Geschehens durchherrscht und die Entwicklung vereinheitlicht. Die In-formation wirkt als Prä-formation, wie noch die vordarwinistische Entwicklungslehre annimmt. Die Einheit des Geschehens hängt an einem Anfang, der am Ende in entfalteter Form wiederkehrt. Diesen Anfang bezeichnen wir als Ursprung; wenn die Natur keine Sprünge macht (*natura non facit saltus*), so scheint sie doch einen ersten Sprung zu machen. Neben dieser quasi-mythischen Redeweise, die einen erzählbaren Anfang suggeriert, sprechen wir von einer Ur-sache (*causa*), in der eine Art erstes und wegen seiner allbeherrschenden Lage auch höchstes Etwas anklingt, das bei den Griechen (θεῖον) genannt wird. Das Denken in Form eines gegebenen, begriffenen und werdenden Etwas nimmt damit eine »onto-theologische« Form an. In der neuplatonischen Spekulation kulminiert die Einheit der Welt in einem Einen (ἕν), das als Überseiendes über den Gegensatz von Einheit und Vielheit hinausgeht. Der Abgrund, aus dem alles auftaucht, schlägt um in einen Ungrund, in dem alles versinkt. Es wäre nicht unpassend, diese Einigung als Hyper-Synthesis zu bezeichnen, da sie die Mannigfaltigkeit nicht vor sich hat, sondern sie hinter sich läßt.

Dieser spekulative Überschwang, der darunter leidet, daß er die zu ordnende Mannigfaltigkeit weder voraussetzen darf, ohne sich eine spekulative Blöße zu geben, noch herleiten kann, ohne selbst mythologische Züge anzunehmen, wird gemäßigt durch das, was wir seit

Kant *transzendentales* Denken nennen; dieses steht mit dem schon erwähnten Gesetzesdenken im Bunde.[2] Alles, was die gegebene, für das Chaos anfällige Mannigfaltigkeit transzendiert, stellt eine bloß formale *Synthesis a priori* dar. In dieser Ordnungsfigur sind eine Reihe älterer Motive enthalten, aber in behutsam veränderter Form. Im Apriori haben wir ein Erstes, aber keine Ursache, kein erstes oder höchstes Seiendes, sondern bloße Möglichkeitsbedingungen. Dieses Apriori bildet ein Gefüge von Gesetzmäßigkeiten, die nur die notwendigen Grundlinien festlegen, ohne einzelnes zu erzwingen. Die Synthesis, die einen Zusammenhang setzt, genießt den Vorrang gegenüber einer Synopsis, die ihn erschaut und vorfindet. Die Thesis vollzieht sich mittels eines *actus* des Denkens, als Akt eines fungierenden Ich, das sich nur in seinen Leistungen zeigt, sich aber nicht mehr in einem ontologischen Ganzen wiederfindet. Theoretisch erfaßt es sich einzig und allein als Vollzugseinheit dessen, was als Etwas zur Erscheinung kommt. Die Thesis, die der Synthesis innewohnt, vollzieht sich andererseits als Leistung eines Ich, das sich ein Gesetz gibt, dem es zugleich untersteht. Wenn man speziell die Ordnungsleistung betrachtet, so kommt es nicht allein auf die Verankerung der Ordnung in einem Subjekt, einem denkenden Ich an, das auch »ein Er oder Es (das Ding), welches denkend« heißen könnte (KrV B 404), sondern auf die *Modalisierung* der Ordnung selbst. Der Akzent verlagert sich vom Was der Ordnung und dem Wer des Ordners auf das Wie des Ordnens selbst. Die Ordnungsleistung beschränkt sich auf notwendige Bedingungen, die etwas möglich, aber nicht wirklich machen; zureichende Gründe sind vor aller Erfahrung nicht gegeben. Die synthetische Leistung wird also dadurch garantiert, daß jegliches Seiende auf seine *Nicht-Unmöglichkeit* hin betrachtet und also einer Methode des *sine qua non* unterworfen wird.[3] Im Gegensatz zur teleologischen Weltauffassung besagt die Möglichkeit mehr als eine unentfaltete Wirklichkeit, die dem Wirklichen als Noch-nicht-Sein innewohnt. Es kommt zu einer Form der *Ermöglichung*, eines Möglichmachens, das allerdings als bloße Konstitution, als Entwurf eines Grundrisses hinter einer kreativen Hervorbringung zurückbleibt.

2 Das transzendentale Denken begegnet uns auch in anderen Varianten; so treffen die folgenden Einwände auf die transzendentale Phänomenologie nicht zu.

3 Vgl. Merleau-Ponty, *Phänomenologie der Wahrnehmung*, frz. S. 501, 506, dt. 498, 503. Nicht nur für Platon (s. *Phaidon* 99 b), auch für Aristoteles (s. *Met.* XII, 7 1072 b 13) stellt das *sine qua non* (ἄνευ οὗ οὐκ) nur ein untergeordnetes Erklärungsprinzip dar. Zur Reduktion des Möglichen auf seine Nicht-Unmöglichkeit vgl. Bergson, »Le possible et le réel«, in: *Œuvres*, S. 1341.

Diese vorsichtige Eingrenzung des Ordnungsspielraums reißt Klüfte auf wie die zwischen Sinnlichkeit und Verstand beziehungsweise zwischen sinnlichen Neigungen und Vernunftwille. Diese haben selbst etwas Zweideutiges. Betrachtet man sie als bloße Ordnungsdefizite, die sich aus den Grenzen der menschlichen Vernunft herleiten, so wird man versucht sein, die Kluft regulativ oder postulatorisch zu schließen und das Ganze, dessen der formale Grundriß ermangelt, auf solche Weise zurückzuholen. Ein gänzlich anderes Bild ergibt sich, wenn diese und weitere Klüfte zur Erfahrung selbst gehören, wenn sie auch das Subjekt prägen, das gerade bei sorgfältiger Grenzziehung als Gefüge erscheint, das – psychoanalytisch gesprochen – die Instanzen von Ich, Es und Über-Ich umfaßt und deshalb keineswegs eine fugenlose Einheit bildet. Es bedarf schon der Zauberkünste der Hegelschen Dialektik, um die Substanz als Subjekt zu erweisen und die transzendentale mit der metaphysischen Denkweise in der Rekategorisierung des Seins zu versöhnen.

2. Bodenlose Vielfalt

Innerhalb eines synthetisch angelegten Denkens bleibt die dispersive Kraft von Di-hairesis und Ana-lysis gezügelt; Zer-teilung eines Ganzen oder Zer-gliederung begrifflicher Formen setzen voraus, was sie zerteilen und zergliedern, und sie schieben dem Zer-fall in zusammenhanglose Einzelheiten einen Riegel vor. Zusammenführen und Auseinandernehmen, Synthesis und Dihairesis bilden eine Doppelbewegung, bei der Ganzheit und Einheit den Ton angeben. Was sich absondert und vereinzelt, entsteht aus der Besonderung eines vernünftigen Allgemeinen oder doch aus der Unterordnung unter eine allgemeine Rechtsprechung der Vernunft. Wir bewegen uns in einem Kreis von Kreisen, wenn die Einheit aus einem Ganzen erwächst, und wir bewegen uns auf einer vertikalen Achse, wenn das Einzelne allgemeinen Gesetzen unterworfen ist.

Probleme ergeben sich, wenn auf der einen Seite das Denken einer Gesamtordnung sich in paradoxe Selbstbezüglichkeiten verwickelt und auf der anderen Seite die Grundordnung an integrativer Kraft einbüßt. Das Ding an sich ist als Grenzbegriff gedacht, doch könnte es sich auch als Aderlaß erweisen. Es stellen sich eine Reihe von Fragen: Ist die Mannigfaltigkeit, die aus der Erfahrung stammt, schlicht gegeben? Gibt es nur eine einzige Form der Einheitsbildung und eine einzige Form des Apriori, die der Erfahrung vorausgeht? Es kommt zu einem Dilemma. Je formaler man die Bedingungen ansetzt, um so wirkungsloser sind sie; je mehr man sie materialisiert, um so mehr verwischt man die klare Trennungslinie zwischen Bedingendem und Bedingtem. Die Absonderung des »nur Empirischen« erweist sich mehr und mehr als bloße Abwehrgeste einer Theorie der Erfahrung, der die Erfahrung davonläuft.

Diese Problemlage bietet Anlaß, den Prozeß, den Kant dem sogenannten englischen Empirismus gemacht hat, wiederaufzurollen. In der Tat sind es Denker wie Henri Bergson, William James, Alfred North Whitehead, aber auch Edmund Husserl und schließlich Gilles Deleuze, die eine solche Nähe gesucht haben. Allerdings ist hierbei einige Vorsicht angebracht. Die Frage, wieweit der erst von Kant als solcher apostrophierte Empirismus mit dem bekannten empiristischen Grundlegungsanspruch steht und fällt, mag hier offenbleiben. Es wäre nicht das erste Mal, daß Kritiker eine Definitionsgewalt in Anspruch nehmen, die ihnen ihr Geschäft erleichtert. Dennoch kann es nicht darum gehen, ebendas, was Kant kritisiert, so zu verteidigen, wie er es kritisiert. Wird die ordnende Kraft der Synthesis bloßen assoziativen Mechanismen überlassen und werden die natürlichen und praktischen Regelungen aus der bloßen Gewöhnung hergeleitet, so behandelt man Ordnungen auf der gleichen Ebene wie das Geordnete. Man betrachtet das Dritte, das zwischen diesem und jenem einen Zusammenhang stiftet, selbst als etwas Gegebenes und löst damit einen unendlichen Vermittlungsprozess aus, der mit einem faktischen »es ist so« nur künstlich aufgehalten wird. Wenn ordnungsbewußtere Theorien Gefahr laufen, Einheiten und Ganzheiten zu erschleichen, so wird hier umgekehrt die Vielheit erschlichen. Man tut so, als gäbe es Einzelnes ohne Vereinzelung, als gäbe es disparate Elemente ohne einen Prozeß der Dissoziation. Auch hier wird die Mannigfaltigkeit einer Einheit unterstellt mit dem einzigen Unterschied, daß die Verknüpfung in der Assoziation nicht gesetzt, sondern lediglich als faktisches Geschehen registriert wird. Dagegen opponiert schon Bergson, indem er der Dissoziation den Vorrang gibt (*Œuvres*, S. 305), ähnlich Erwin Straus, der schlicht feststellt: »Die Zäsur ist das Problem« (1956, S. 21).

Man kann das empiristische Denken aber auch anders verstehen, nämlich als den Versuch, eine Ordnung in statu nascendi zu erfassen, wie Husserl es in seinen *Analysen zur passiven Synthesis* tut. Dies würde besagen, daß der Zusammenhang weder bloß aus Einzeldaten und

Einzelkräften noch aus einem allgemeinen Ganzen oder aus allgemeinen Gesetzen, noch aus einem Uranfang hergeleitet werden kann. Die Vielfalt weicht einem Prozeß der Vervielfältigung, der sich nicht auf dem festen Boden einer Ordnung bewegt. Hier deuten sich Möglichkeiten einer Diastase an, das heißt Möglichkeiten eines Zwischen, das nicht von etwas ausgeht, das sich mittels eines Dritten mit anderem zusammenfügt, sondern von einem Prozeß des Auseinandertretens und der Auseinandersetzung. Bei Autoren wie Laurence Sterne, einem intensiven Leser von John Locke, werden diese Ideen literarisch fruchtbar gemacht.[4] Auch der neurologische Konnektionismus, der sich von strengen Regelmodellen abwendet, greift auf Möglichkeiten einer offenen Anknüpfung zurück.

Wir können noch einen Schritt weitergehen und eine Radikalisierung des Empirismus ins Auge fassen, die selbst noch das Gefüge transzendentaler Bedingungen durchbricht. Es gibt seit langem Versuche, die in eine solche Richtung weisen. Schon William James geht in seinen *Studies in Radical Empiricism* (1912) über Hume hinaus, indem er die Basis isolierter Empfindungen aufgibt, der unmittelbaren Erfahrung selbst schon eine relationale Verfassung zuerkennt und das Universum in ein »Pluriversum« vervielfältigt. Das Denken von Henri Bergson geht in eine ähnliche Richtung. In seiner *Einführung in die Metaphysik* fordert er einen wahren Empirismus, der sich bei der Betrachtung und Aushorchung der Wirklichkeit an das lebendige Original hält und sich nicht mit Übersetzungselementen begnügt: »und dieser wahre Empirismus ist die wahre Metaphysik« (*Œuvres*, S. 1408, dt. 1964, S. 20). Bei Gilles Deleuze, der Motive von Hume, Kant, Bergson und Husserl zu einer originären Synthese vereint, wird der Empirismus entdogmatisiert und desgleichen der Transzendentalismus entapriorisiert durch den Aufweis, daß das Ereignis des Sinns in den Spalten und Differenzen der Erfahrung stattfindet.[5] In jüngerer Zeit ist es Lévinas, der einen radikalen Empirismus reklamiert, nämlich dort, wo er in seiner Ethik des Anderen die Idee der Unendlichkeit sowie eines metaphysischen Begehrens entwickelt und die Totalität des Seins durch eine Exterioriät aufsprengt, die unser Vermögen unendlich übersteigt. Der »radikale Empirismus«, so heißt es dort, vertraut auf die »Unterweisung durch die Exteriorität«.

4 Vgl. hierzu die zwischen Phänomenologie und Ästhetik vermittelnde Schrift *Kunst der Assoziation* (1999) von Eckhard Lobsien.

5 Vgl. die schon erwähnte Arbeit von Marc Rölli zu dem Thema *Transzendentaler Empirismus*.

Er entspringt der Unendlichkeit einer Idee, die nicht aus unserem apriorischen Grund stammt und deshalb die »Erfahrung par excellence« darstellt (*Totalität und Unendlichkeit*, frz. S. 170, dt. 280). In einem Aufsatz über Franz Rosenzweig spricht er sich ebenfalls für einen nicht-positivistischen Empirismus aus, der »zur Erfahrung [...], das heißt zum Irreduziblen« zurückkehrt (*Difficile liberté*, S. 262 f., dt. 137). Jacques Derrida geht in seinem Lévinas-Essay ausdrücklich auf die »Komplizenschaft zwischen Empirismus und Metaphysik« ein und zeigt, wie der Empirismus als Nicht-Philosophie umschlägt in eine Infragestellung des philosophischen Logos (*Die Schrift und die Differenz*, frz. S. 224 f., dt. 231 f.). Wir sind selbst auf dieses Problem gestoßen, als wir von einem Pathos ausgingen als einem un-möglichen Ereignis, das seiner Ermöglichung vorausgeht und sie übersteigt als eine Wirkung, die ihrer Ursache zuvorkommt. Das Pathos bedeutet nicht etwas, das *aus der Erfahrung* stammt oder unter bestimmten Bedingungen *in der Erfahrung* gegeben ist, es ist *die Erfahrung selbst, sofern sie sich selbst entgleitet.* Die bodenlose Vielfalt rührt her von einem bodenlosen Geschehen, dessen Abgründigkeit durch die erwähnten Ordnungsmuster lediglich überdeckt wird. Diese Abgründigkeit tritt deutlich zutage, wenn wir den diastatischen Charakter unserer Erfahrung näher in Augenschein nehmen.

3. Diastase und Differenz

Die Idee des Zwischen, die in der Dia-stase und der Dif-ferenz durchschimmert, ist nichts Neues. Begriffe wie Intersubjektivität, Interkulturalität, *intermonde* und *intercorporéité*, die wir Husserl und Merleau-Ponty verdanken, verweisen auf ein Zwischen, das bei Buber und Heidegger ausdrücklich so heißt und das von dem japanischen Psychiater Kimura dem fernöstlichen Ki angenähert wird (vgl. Yamaguchi 1997). Ich selbst habe ausgehend von einigen der genannten Autoren den Dialog als leiblich fundiertes Zwischenreich zu fassen versucht. Das Motiv des Zwischen taucht in verschiedenen Varianten auf, doch nicht alle haben ein hinreichendes Gewicht. Verbindet man die Intersubjektivität mit einer Interaktion, die sich an die vertraute Idee einer koordinierten Wechselwirkung anlehnt, so kommt man nicht sehr weit. Ähnliches gilt für das Internet, dessen Zwischencharakter sich auf Knotenpunkte und Anschlußstellen beschränkt und ein System bildet, in das man sich einschaltet.

Schließlich macht es einen Unterschied, ob man eine Einheitsinstanz ansetzt, die das Zwischen konstituiert wie im Falle des Husserlschen Ur-Ich (vgl. Hua VI, 188), ob man sich umstandslos in einer dialogischen Sphäre des Zwischen bewegt, oder ob man sich denkend auf das Zwischen einläßt. In diesem Sinne spreche ich in *Ordnung im Zwielicht* (S. 46-48) von *Zwischenereignissen*, das heißt von Ereignissen, in denen etwas auftritt, indem es an anderes anknüpft, ohne vorweg mit ihm verknüpft zu sein. Diesen Gedanken setze ich hier nun fort in Gestalt eines diastatischen Denkens.

Phänomenologen sind seit langem gewohnt, von einer spezifischen Fremderfahrung auszugehen. Doch dahinter verbirgt sich ein rätselhafter Vorgang, der sowohl epistemisch wie praktisch etwas Anstößiges hat. Zwischen mir und dem Anderen, zwischen uns und den Anderen, zwischen Eigenem und Fremdem geschieht etwas, was weder auf die Initiative und das Vermögen einzelner Individuen oder Gruppen noch auf eine vermittelnde Ordnungsinstanz, noch auf codierte Regelungen zurückgeführt werden kann. Es geschieht etwas zwischen uns, was uns aufschreckt, anrührt, angeht, anspricht, was trennend verbindet und verbindend trennt. Für dieses Zwischengeschehen wähle ich den Ausdruck *Diastase*. Das griechische Wort διάστασις ist ein Verbalsubstantiv; es bedeutet wörtlich ein *Auseinanderstehen* oder ein *Auseinandertreten* und ist sprachlich dem Aussichherausgehen der ἔκστασις verwandt. Die Diastase verfestigt sich zu einem bloßen Ab-stand, wenn die Bewegung in einen Zu-stand übergeht; stagniert das Zwischenereignis, so bleibt ein Zwischenraum zurück, der sich mit diesem und jenem ausfüllen läßt. Auf jeden Fall führen die genannten Bezeichnungen in die Irre, wenn man sie benutzt, um Vorfindliches zu benennen und zu beschreiben. Das Zwischen ist anders zu denken: als *Riß* ohne etwas, das zerreißt, als *Spalt* ohne etwas, das sich aufspaltet, als *Pause*, ohne etwas, das aufhört und wieder beginnt, als *Abweichung* ohne etwas, das abweicht – und so eben auch als Diastase ohne etwas, das auseinandertritt. »›Diastase‹ bezeichnet einen Differenzierungsprozeß, in dem das, was unterschieden wird, erst entsteht« (AR 335). Lévinas gebraucht dieses Wort selten, doch wenn, dann auf prononcierte Weise, um die Empfindung zu bezeichnen als »sich auseinanderschiebend (*se déphasant*)« (1974, S. 43, dt. 87) oder um das »sich« zu beschreiben, dessen »diastatische Identität« an sich selbst scheitert (ebd. S. 147, dt. 255).

Die Diastase nähert sich der *différence* oder *différance* im Sinne von Deleuze und Derrida. Es handelt sich nicht um einen bloßen Akt der

Unterscheidung, der eines vom anderen als verschieden absondert, sondern um einen Prozeß der Scheidung, der dem Abschied, der Abgeschiedenheit und dem Verscheiden verwandt ist. Bei Heidegger kehrt die διαφορά als *Austrag* wieder (*Identität und Differenz*). Der genuine Charakter des Differenzierungsvorgangs wird auch von Husserl betont, wenn er in den *Analysen zur passiven Synthesis* (Hua XI, 138) den *Kontrast* als Urphänomen bezeichnet und wenn Merleau-Ponty in *Das Sichtbare und das Unsichtbare* (frz. S. 270, dt. 276) die *Abweichung (écart)* auf eine Urstiftung zurückführt. Merleau-Ponty denkt hierbei nicht nur an die gestalttheoretische Differenzierung in Gestalt und Grund, sondern auch an den diakritischen Charakter der Zeichen bei Saussure.[6] Ein solch differenzielles Denken vermeidet es, mit Bausteinen zu operieren, die selbst schon etwas sind und sich zu komplexeren Gebilden zusammenfügen. Ich selbst habe immer wieder verschiedene Differenzen eingeführt, um die Bruchstellen zu bezeichnen, an denen das diastatische Geschehen auseinanderklafft und sich in verschiedene Dimensionen ausbreitet. So verweisen die signifikative, die repräsentative, die appetitive und die responsive Differenz auf den Ort, wo etwas *als* etwas auftritt, etwas *für* anderes steht, etwas *in* anderem erstrebt oder *auf* etwas geantwortet wird.

Die Erwähnung all dieser Denkmotive besagt nicht, daß das, was wir als Diastase bezeichnen, diese und ähnliche Denkversuche unterschiedslos abdeckt. Auch die Differenz hat ihre verschiedenen Sprachen. Gleichwohl besteht eine auffällige Verwandtschaft zwischen ihnen, da diese Arten von Diastatik sich nicht in traditionelle Formen der Dialektik oder Dialogik überführen lassen. Das Dia- zerteilt selbst den Logos, in dem es sich äußert; es läßt sich weder spekulativ aufheben noch hermeneutisch verflüssigen, noch in einen Code überführen.

6 László Tengelyi knüpft hier an bei der Bestimmung dessen, was er als diakritische Methode propagiert. Vgl. *Der Zwitterbegriff Lebensgeschichte* (1998), S. 37-39. Das διακρίνειν gehört bekanntlich zu den ältesten Bestimmungen sprachlicher Zeichen, vgl. *Kratylos* 388 b-c.

4. Zeiträumliche Verschiebung

Die verschiedenen Diastasen sind keine Einzelstücke, die von außen her zusammengefügt werden; denn dann wären sie selbst wiederum etwas, das seiner Genese vorausgeht. Sie lassen sich auch nicht aus einer Grunddifferenz herleiten; denn dann wären sie selbst wieder Momente eines systematischen Ganzen, das uns in die schon erwähnten Aporien verwickeln würde. Wenn gleichwohl von einer *Urdiastase* gesprochen werden kann (s. o., S. 60), so auf ganz andere Weise. Unter Urdiastase verstehe ich einen Grund-riß im wörtlichen Sinne, nämlich eine maximale Spanne, die unsere Erfahrung besonderen Zerreißproben aussetzt. Sie besteht aus einer gegenläufigen Doppelbewegung, die weder aus einer einheitlichen Quelle entspringt noch zu sich selbst zurückkehrt. Die beiden Pole dieser Urdiastase bilden das Wovon des Widerfahrnisses und das Worauf des Antwortens, also das, was uns angeht, und das, worauf wir eingehen. Statt von Polen sollten wir vielleicht angemessener von Orten der Entrückung sprechen. Wir sind nicht dort, von wo wir ausgehen und worauf wir zugehen.[7] Im Gegensatz zur globalen Ordnung, die in sich selbst kreist, und im Gegensatz zur pyramidalen Ordnung, die von oben nach unten verläuft, läßt sich diese Doppelbewegung wie in Schema 5 gezeigt darstellen.

Die gegenläufige Bewegung ist weder triadisch angelegt, bezogen auf ein vermittelndes Drittes, von dem sie herkommt und zu dem sie zurückkehrt, noch dyadisch, als würden zwei Billardkugeln aufeinanderprallen. Vielmehr berührt sich eines im anderen. Selbst- und Fremdaffektion gehen zusammen, so daß die Bewegung weder ipsozentrisch noch alterozentrisch verläuft, noch durch ein Drittes gesteuert wird. Statt dessen interferieren die Bewegungen, so etwa zwei Blicke, die sich kreuzen, so auch Reden und Hören, die einander verstärken. Mit Merleau-Ponty kann man von einem *Chiasmus* oder *Chiasma* sprechen, einem Überkeuz von Eigenbewegung und Fremdbewegung, von eigenem Erleiden und fremdem Tun, von fremdem Erleiden und fremdem Tun, einem Sichtreffen, das nur eine »Deckung in Differenz« erlaubt (vgl. Hua XV, 642), eine »partielle Koinzidenz«, eine »Koinzidenz von ferne« (Merleau-Ponty 1964, S. 163, 166, dt. 163, 165), die sich nicht in eine Einheit überfüh-

7 Der Hiatus zwischen Anspruch und Antwort, von dem ich im *Antwortregister* ausgegangen bin, wird durch den entschiedenen Rückgang auf ein vorgängiges Pathos verstärkt und gleichsam zerdehnt.

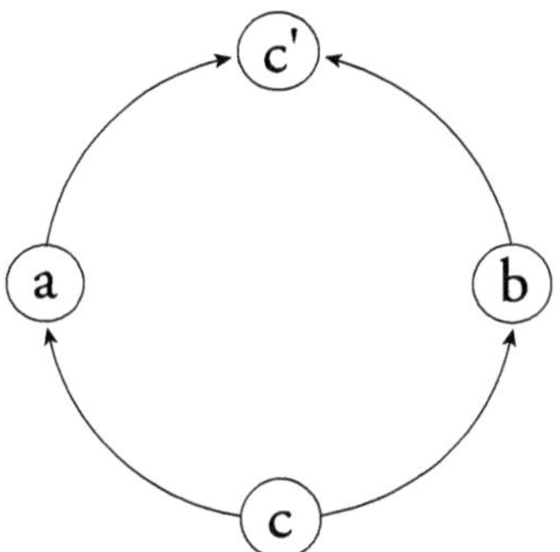

Globale Ordnung

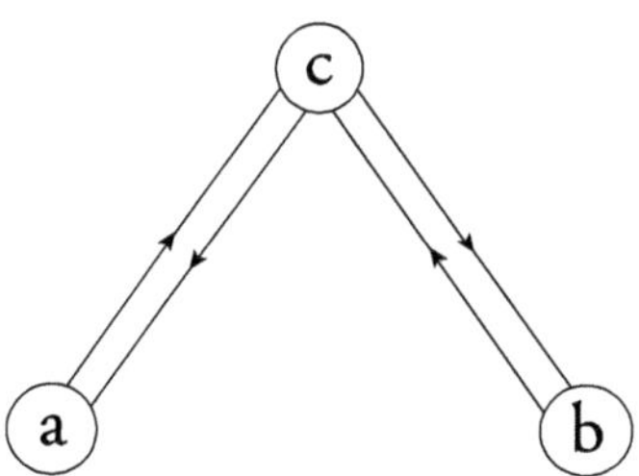

Pyramidale Ordnung

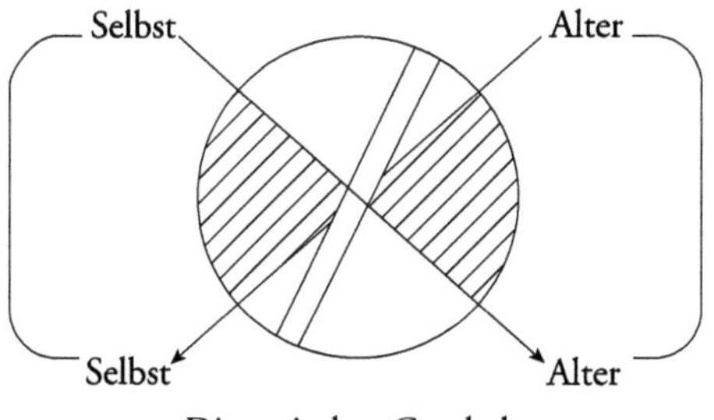

Diastatisches Geschehen

Schema 5: Ordnungsfiguren

ren läßt, ohne daß das Zwischengeschehen kurzschlußartig kollabiert.[8]

Verständlich wird dieser merkwürdige Vorgang, wenn man ihn als zeiträumliche Verschiebung faßt. Für Freud gehört die Verschiebung neben der Verdichtung zu den beiden »Werkmeistern«, von denen die Traumarbeit verrichtet wird. Der Traumgedanke versteckt sich gleichsam in einem Traum, der einen »›verschobenen‹ Eindruck« macht (*Die Traumdeutung*, GW II/III, 311). Der Vorgang der Verschiebung ist nicht binär oder digital zu verstehen, als würde lediglich eine Kontaktöffnung oder eine Codezahl gegen die andere ausgetauscht. Diskrete Elemente, die jeweils ihre eigene Bestimmtheit aufweisen, unterscheiden sich von dichten Gebilden, die überdeterminiert sind und einer mehrfachen und widerstreitenden Bestimmtheit unterliegen, so etwa die Infektion Irmas, in der medizinische und sexuelle Aspekte sich zu einem einzigen Phänomen verdichten. Verschiebung besagt, daß etwas zugleich anderes ist. Die Logik des Selben und des Anderen kommt ins Gleiten, wenn die Überdeckung von Erfahrungsinhalten konstitutiv ist und nicht nur beiläufig erfolgt, wie wenn ein Ding sich vor das andere schiebt und unseren Blick verstellt. Die Verschiebung gewinnt einen radikal zeitlichen Sinn, wenn wir die *Vorgängigkeit* eines Widerfahrnisses mit der *Nachträglichkeit* der eine Antwort produzierenden Wirkung zusammendenken (s. o., I, 10). Die Antwort, selbst die Antwortlosigkeit, die dann auftritt, wenn die Antwortwege infolge einer traumatischen Fixierung blockiert sind, bezieht sich auf das, was dem Antwortenden widerfahren ist. Sonst wäre es kein Antworten, sondern ein schlichter Neubeginn. Umgekehrt verweist das, was dem Erleidenden zustößt, auf eine mögliche Antwort, sonst wäre das Widerfahrnis eine bloße Kausalwirkung, die etwas in der Welt verändert gleich einer Lawine, die durch einen Stein ausgelöst wird. Doch der Zusammenhang, der hier auftritt, ist ein gebrochener Zusammenhang. Das Wovon des Getroffensein ist nicht etwas, das mit dem Worauf des Antwortens zu identifizieren wäre, so wie der Erleidende nicht schlicht der oder dieselbe ist wie der Antwortende. Zwischen den beiden Grenzpolen breitet sich ein Geflecht aus, das aus Aufforderungen und Appellen,

8 Bei der Rede von *Deckung* ist allerdings darauf zu achten, daß Husserl auch bei der intersubjektiven »Paarung« an ein »Sich-überdecken« von Sinn denkt, mit dem »Grenzfall der Gleichheit« (Hua I, 142). Merleau-Ponty kommt der Sache näher, indem er sich in seiner Debatte mit Bergson an einer etwaigen *Verschmelzung* von Erfahrung und Erfahrenem orientiert und deren Unmöglichkeit mit Begriffen wie Kluft, Höhlung, Falte, Relief und Ferne erläutert.

aus Intentionen und Bestrebungen besteht und in dem das Was und Wozu der Dinge, das eigene Selbst und die Andersheit des oder der Anderen sich herausbilden. Verschiebung besagt nicht, daß etwas oder jemand sich verändert, seinen Ort oder seine Rolle wechselt, sondern es besagt, daß etwas oder jemand sich in der Verschiebung herausbildet, so daß der »verschobene Eindruck« niemals durch eine eindeutige Identifizierung vereinheitlicht wird.

Die Verschiebung hat nicht nur einen zeitlichen Charakter, sie gibt der Zeit selbst ihr eigentümliches Gepräge. Vorgängigkeit impliziert eine *vergangene Zukunft*, Nachträglichkeit eine *zukünftige Vergangenheit*. Dabei handelt es sich nicht um eine bloß relative Vergangenheit, die nicht mehr gegenwärtig ist, und eine relative Zukunft, die noch nicht wirklich ist. Wir stoßen vielmehr auf eine absolute Vergangenheit und Zukunft, eine Vergangenheit, die nie Gegenwart war, und eine Zukunft, die nie Gegenwart sein wird. Vorgängig ist, was *kommend war*, nachträglich, was *gewesen sein wird*. Dem zweiten Futur, das von verschiedenen Seiten herangezogen wird, entspricht die erweiterte Vergangenheit eines Plus-quam-perfekts. Diese Verschiebung läßt sich nicht vereinbaren mit einer linearen Zeitauffassung, die von diskreten, einander äußerlichen Jetztpunkten ausgeht, die bei Descartes zur Annahme einer *creatio continua* oder bei Autoren wie Hobbes zur Derealisierung von Vergangenheit und Zukunft führt.[9] Wie Husserl gezeigt hat, ist der Jetztpunkt nichts weiter als ein idealer Grenzwert. Die Zeitverschiebung stimmt aber auch nicht zusammen mit dem kontinuierlichen Zeitfluß, in dem alles mit allem zusammenfließt und die Gegenwart ihre Vergangenheit und ihre Zukunft ›hat‹, als »Erbe und Auftrag«, wie ein allzu schöngeistiger Humanismus zu formulieren pflegte. Vorgängigkeit dessen, was unserem Tun vorausgeht, und Nachträglichkeit dessen, was zu tun bleibt, treffen sich, aber sie treffen sich nicht in einem *nunc stans*, das sich aus der zeitlichen Zerstreuung heraushebt, sondern in einem *nunc distans*, einer *Diachronie*, die jede einheitliche Zeitordnung sprengt und die sich mit einer *Diatopie* verbindet. Eine Ferne, die uns zeitlich entrückt ist als eine nicht zu erinnernde Vor-vergangenheit und eine nicht vorwegzunehmende Nach-zukunft, verweist auf

9 Vgl. *Leviathan*, 3. Kapitel: »Bloß das *Gegenwärtige* ist in der Welt vorhanden, so wie das *Vergangene* im Gedächtnis; das *Zukünftige* dagegen hat gar kein Dasein und ist nur ein Geschöpf des Geistes, welcher die Folgen einer vorangegangenen Handlung auf eine gegenwärtige anwendet« (Übersetzung J. P. Meyer, Reclam-Ausgabe 1980, S. 25).

ein Anderswo, einen Ort, an dem ich als Ich nie war und nie sein werde. Als ›Patient‹, der von Fremdem getroffen ist, als Adressat, der von Anderen angesprochen ist, und als Respondent, der auf fremde Appelle antwortet, beginne ich an einem »Nicht-Ort«, der sich in kein präsentisch verankertes Zeitfeld einzeichnen läßt, einem ἄτοπον besonderer Art, das selbst noch den Augenblick sprengt (vgl. *Parmenides* 156 d). Die Zeit selbst verkörpert sich; es gibt keine Erneuerung ohne ein Altern, das seine Spuren hinterläßt. Die Verkörperung schließt ein, daß sich Zonen der Dunkelheit herausbilden, die sich abkapseln und abspalten können. Was war, hat sich nicht nur zu anderer Zeit abgespielt, sondern auch auf einem »anderen Schauplatz«, zu dem wir nicht ohne weiteres Zutritt haben wie Museumsbesucher, die vergangene Schätze bestaunen. Im übrigen gehören auch Museen zu den *Orten* des Gedächtnisses, wo die Zeit sich in den Raum einschreibt.

Der Zeit-Raum, der sich in der Vereinigung von Diachronie und Diatopie andeutet, hat nichts zu tun mit jener Verräumlichung der Zeit, die Bergson zu Recht kritisiert. Zeiträumliche Verschiebung besagt nicht, daß Inneres nach Außen tritt, sondern daß das Innere und mithin die Zeit selbst ihr Außen haben, das sich in keinem Augenblick vorerinnern oder rückerinnern läßt. Kehren wir, solange wir leben, zurück, so kehren wir nie dorthin zurück, wo wir waren, und eben deshalb steht künftig immer etwas aus.

5. Diastatische Dimensionen und Instanzen

Die Diastase läßt nicht nur Steigerungsgrade zu bis hin zu einer Urdiastase, die im Hiatus von Widerfahrnis und Antwort ihr größtes Gefälle erreicht, die Scheidungslinien laufen außerdem in verschiedene Richtungen, so daß jedem Zwischenereignis verschiedene Dimensionen zuzuordnen sind. Diese Dimensionen entspringen einer Mehrbezüglichkeit des Ereignisses selbst. Als ein Prozeß des Auseinandertretens kann das Zwischenereignis, in dem diese Diastase auftritt, weder monistisch als reine Innerlichkeit gefaßt werden, die der Scheidung vorausginge, noch kann es dualistisch oder pluralistisch verstanden werden als ein Auseinander von Einzelstücken, die aus der Scheidung hervorgehen. Der Gegensatz zwischen Immanenz des Lebens und Ekstatik des reinen Bewußtseins, den Michel Henry seiner Lebensphänomenologie zugrunde legt, wird damit a limine unterlaufen. Das Auseinandertreten geschieht, ›es gibt‹ ein Auseinander; ohne dieses ›es gibt‹ wäre es unmöglich, von dieser Diastase zu reden. Doch wenn auszuschließen ist, daß dieses ›es gibt‹ sich in eine schlichte Tatsache verwandelt, die erneut die übliche Frage nach ihren Bedingungen und Voraussetzungen aufwerfen würde, so müssen die notwendigen Differenzen aus einem Prozeß der Selbstdifferenzierung hervorgehen. Eben damit eröffnen sich die angekündigten Dimensionen.

Der erste Zug, der das Zwischenereignis auszeichnet, ist der *Selbstbezug*. Die Diastase äußert sich in Form einer *Selbstabweichung*, einer *Selbstspaltung*. Eben darin hat der Selbstbezug seinen blinden Fleck, den keine Reflexion je ausleuchtet. Das »Unbewußte des Bewußtseins«, das Merleau-Ponty geltend macht (1964, S. 308, dt. 321), das Paradox eines Begehrens, Wahrnehmens, Denkens, Wissens, das sich nicht selbst weiß, wie es die Psychoanalyse für sich in Anspruch nimmt, weisen hin auf einen Selbstentzug, der mehr besagt als die unbeobachtete, aber jederzeit in weiteren Operationen beobachtbare Selbstreferenz eines Systems. Deshalb ist die Charakterisierung des Selbstbezugs als eines Nicht-Wissens nur eine vorläufige, die den auftretenden Entzug zwar benennt, doch keineswegs ergründet.

Hinzu kommt der *Fremdbezug*, der Bezug auf das, wovon das Selbst affiziert, von dem es zu etwas aufgefordert wird und auf das es antwortet. Dieser Fremdbezug ist nicht zu verwechseln mit der Annahme, jedes System grenze sich von einer Umwelt ab, vielmehr entspringt er einer Art von *Selbstverdoppelung* oder *Selbstvervielfältigung*. Jedes Selbst ist als Selbst mit seinesgleichen konfrontiert, ohne daß eine wechselseitig vermittelte Anerkennung diese Konfrontation zum Stillstand bringt. Die Frage, wie sachliche Anforderung und fremder Anspruch sich voneinander ablösen, haben wir im vorigen Kapitel ausführlich erörtert. Sie bleibt aber virulent. Eine genuine Selbstverdoppelung und Selbstvervielfältigung, die hinter bestehende Ordnungen zurückgeht, läßt wiederum mehrere Möglichkeiten offen. So steht dem Antwortmodell, das von fremden Ansprüchen ausgeht und mit einer beidseitigen Asymmetrie operiert, ein Kampfmodell gegenüber, das mit einer Vielzahl von Kraft- und Willenszentren rechnet.

Schließlich bleibt der *Bezug zum Dritten*, der eine Ordnung verkörpert oder vertritt. Auch und gerade wenn wir es vermeiden, das diastatische Geschehen auf eine synthetisierende Ordnung zu gründen, stellt sich die Frage nach der Herkunft der Ordnungen aus diesem

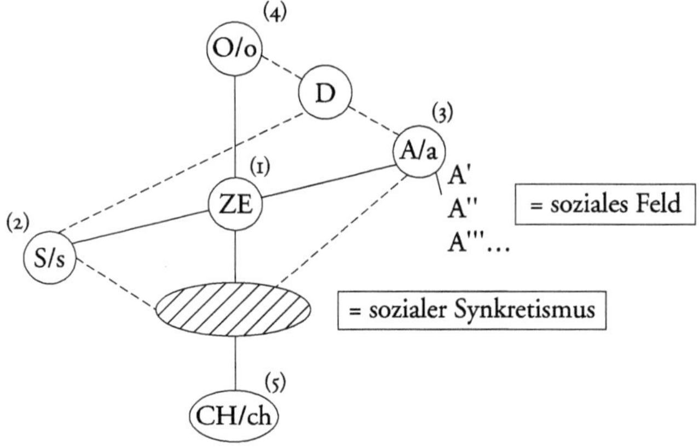

(1) invasiv-evasive Fremdheitszone; (2) ekstatische Fremdheitszone; (3) duplikative Fremdheitszone; (4) extraordinäre Fremdheitszone; (5) liminale Fremdheitszone

Schema 6: Fremdheitszonen

Geschehen. Ohne bedeutungs- und zielstiftende Ordnungen bliebe unser Verhalten chaotisch, und ohne grenzziehende Gesetzesansprüche wäre jeder der Willkür des Anderen ausgesetzt. Wenn aber Ordnungen entstehen, so öffnen sich Abgründe des Ungeordneten, die argumentativ oder spekulativ nicht zu schließen sind. Ebendeshalb spielen Zwischenereignisse sich nicht auf einem festen Boden ab.

Es kommt alles darauf an, die verschiedenen Bezüge und Dimensionen sowie die einzelnen Instanzen, in denen sie sich auskristallisieren, derart auseinanderzuhalten, daß die Spannung zwischen den einzelnen Instanzen gewahrt bleibt. Nur der Rückgang auf Zwischenereignisse, deren Vorgängigkeit nicht durch transzendentale Bedingungen der Möglichkeit und normative Regelungen eingeholt werden kann, bewahrt uns vor dem Reduktionismus eines Verfahrens, das kein Widerfahrnis und keinen fremden Anspruch gelten läßt, ohne beim eigenen Subjekt und bei intersubjektiven Regelungen Rückendeckung zu suchen.

Unsere methodischen Zwischenbetrachtungen schließen mit einem heuristischen Schema, in dem die Fremdheitszonen, von denen die folgenden Untersuchungen ausgehen, programmatisch verzeichnet sind.

- *Zwischenereignisse* (ZE): Zwischenereignisse oder Zwischenfälle, wie wir auch sagen könnten, sind der Horizontalen zugeordnet. Sie spielen sich ab zwischen Anderem (A) und Selbst (S), und zwar auf den verschiedenen Registern, die in den früheren Kapiteln zur Sprache kamen. Die Horizontale bildet die Achse, auf der Eigenes und Fremdes chiasmatisch ineinandergreifen und sich schismatisch voneinander absondern. Die Achse ist zum Selbst hin geneigt, um anzudeuten, daß das Selbst vom Anderen auf sich zurückkommt und nicht auf gleichem Fuße mit ihm verkehrt. Der Zwischencharakter dieser Ereignisse besteht darin, daß ein Zwischenereignis auf keine der übrigen Instanzen zurückgeführt werden kann und als Ereignis des ›es gibt‹ nirgends einen zureichenden Grund findet. Begründen läßt sich dieses und jenes, das dem Zwischengeschehen anhaftet und entstammt, nicht aber das Geschehen selbst. Zwischenereignisse differenzieren und artikulieren sich in der Ausbildung verschiedener Instanzen. Diese treten allesamt in doppelter Form auf, sofern sie einerseits an dem Ereignischarakter partizipieren, andererseits in die Ordnungen eingehen, die diesen Ereignissen entspringen.
- *Anderes* (A): Anderes ist das, wovon das Selbst getroffen wird, wodurch es zu eigenem Tun aufgefordert wird und worauf es antwortet. Wenn wir ›das Andere‹ sagen, so folgen wir dem Zwang der deutschen Sprache, die uns einen Artikel abnötigt, wo das Englische und Französische mit einem unbestimmten *the Other* oder *l'Autre* auskommen. ›Das Andere‹ sollte ohne Geschlechtswort gelesen werden, nicht als gäbe es ein neutrales und geschlechtloses X, das den entsprechenden Differenzen vorausginge, aber doch so, daß diese Differenzen in der *Sphäre der Andersheit* oder *der Anderheit*[10] auftreten und ihr nicht von außen aufgezwungen werden. Dies schließt keineswegs aus, das der/die Andere (*autrui*) eine emphatische Andersheit verkörpert, die aller Andersheit ihr Siegel aufdrückt. ›Das Andere‹ taucht nicht nur im Plural auf als A', A'', A''', so daß ein Feld der Andersheit entsteht, es spaltet sich auf in ein *anderes* (a), in dem das Selbst sich spiegelt und mit dem es sich in einer gemeinsamen Ordnung zusammenschließt, und in ein *Anderes* (A), das sich als Wovon und Worauf des Zwischenereignisses jeder Identifizierung und Sozialisierung entzieht.

10 Vgl. Hua XV, 450, wo Husserl die Deckung mit dem Anderen als »Deckung in der Anderheit« bezeichnet und Anderheit der Eigenheit entgegenstellt.

- *Selbst* (S): Das Selbst durchläuft nicht nur verschiedene Phasen der Selbstwerdung vom erleidenden über das provozierte und angesprochene Selbst bis zum antwortenden Sprecher und Täter, es spaltet sich auf in ein großes Selbst (S), das dem Ich (*je, I*) des Sagens entspricht, und in ein kleines Selbst (s), das dem Mich (*moi, me*) korrespondiert. Indem S sich als s darstellt, gewinnt es eine Identität, wird es zum Selben; der Rückbezug auf S setzt der Identifizierung Grenzen.
- *Ordnung* (O)/*Chaos* (CH): Ordnungen, die Verschiedenes auf nicht beliebige Weise verknüpfen, indem sie es allgemeinen Maßstäben unterwerfen, verzeichnen wir auf der Vertikalen, die sich nach Allgemeinheit und Besonderheit abstuft. Als »Gleichsetzen des Nichtgleichen« oder als »Vergleichen des Unvergleichlichen« üben sie ihre gestaltende Kraft auf alles aus, was in den Zwischenereignissen als bedeutsames Etwas, als erstrebbares Ziel, in der Rolle eines Jemand oder auf sonstige Weise zutage tritt. Ordnungen sind ein Bereich von Gründen, und dies im doppelten Sinne von Begründung (*ratio*) und Grundlegung (*fundamentum*). Den Ordnungen steht diametral das Chaos gegenüber als Abgrund des Ungeordneten und Zu-Ordnenden, aus dem die Ordnungsgestalten auftauchen. Auch Ordnung und Chaos verdoppeln sich und verweisen auf diese Weise aufeinander. Den bestehenden Ordnungen (o) treten entstehende Ordnungen, Ordnungsereignisse oder Ordnungsstiftungen (O) gegenüber, die selbst in den Ordnungen verzeichnet werden, aber nicht in ihnen enthalten sind. Aufgrund dieser Kontingenz taucht ein Moment des Chaos in jeder Ordnung auf. Es behauptet sich nicht als ein schlechthinniges Nichts an Ordnung, sondern in Reaktion zu bestimmten Ordnungsgestalten nimmt es selbst minimale, verschiedene Formen von Gestaltung (ch) an: im Verschwimmen von Umrissen, im Verschmelzen von Einzelheiten oder als Untergrund, Magma, Strom, gähnender Abgrund, auch als Überschwang des ›es lebt‹ oder als Horror eines puren ›es gibt‹. Reine Ordnung und reines Chaos, reine Autologie und reine Heterologie, Einheit ohne Vielheit und Vielheit ohne Einheit sind nur als Grenzwerte denkbar. Hypostasiert man diese Grenzwerte, so gelangt man einerseits zu einer apollinischen, andererseits zu einer dionysischen Form von Metaphysik, die ihre eigenen Grenzen überspielt. Im übrigen berühren sich auch hier die Extreme eines Superrationalismus und eines Irrationalismus. Ordnung ohne Differenz gliche in ihrer schon von

Aristoteles beklagten Monotonie der Indifferenz eines reinen Chaos, aus dem alle Spuren einer Einheitsbildung getilgt wären. Einfache Beispiele für eine Ordnung, die sich dem Chaos nähert, wären Zahlenreihen wie 7 7 7 ... oder Silbenreihen wie la la la ..., die bei endloser Wiederholung eine einschläfernde und zumindest beruhigende Wirkung ausüben. Als Grenzerfahrung betrachtet, nähern Wiegenlieder sich litaneiartigen Gebetsformeln. Unsere Überlegungen zur Indifferenz als einem Resultat der Neutralisierung schließen hier an. Die Nicht-Indifferenz, ohne die zwischen dem Selbst und dem Anderen nichts Nennenswertes geschähe, ist sowohl der einebnenden Wirkung einer differenzierten Ordnung wie der gleichmachenden Wirkung einer differenzlosen Chaotik abgerungen. Es gibt eine Indifferenz von oben und eine von unten.

- *Dritte* (D): Drittes, auch dieses ohne Geschlechtswort zu lesen wie das französische *tiers,* bedeutet eine Übergangsinstanz, die Momente des Anderen, der Ordnung und indirekt auch der Chaotik in sich vereint, so in der bereits erwähnten Funktion des Gesetzes, das gilt (O) und spricht (A), oder in der Gestalt eines Anderen (A), der im Namen einer Ordnung (O) spricht. Als Über-Ich wird es vom Selbst (S) verinnerlicht.

Letzteres bildet nicht die einzige Überinstanz, die sich denken läßt, doch fürs erste mag dies genügen. Entscheidend für die Ausgestaltung einer diastatischen Denkweise sind bestimmte Figuren des Zwischen, gleichsam *Interfigurationen,* wie man sie im Gegensatz zu Konfigurationen nennen könnte. Sie treten an den Scharnieren und Angelpunkten der skizzierten Zwischenereignisse auf, und in ihnen artikuliert sich das Zwischen. Die Bruchlinien und Leerstellen, die Über- und Unterschreitung von Grenzen, die hierbei un-vermittelt und un-vermittelnd zutage treten, lassen verschiedene Fremdheitsherde und Fremdheitszonen entstehen, die den Gegenstand unserer weiteren Untersuchungen bilden. Dabei stellt sich die Frage, wie es zu Brüchen kommt, unter denen das Geschehen nicht zerbricht, wie Leerstellen beschaffen sind, die sich nicht füllen, aber auch nicht nichts sind, wie Grenzen über- und unterschritten werden können, ohne daß sie sich aufheben, und wie eine Drittinstanz aussehen könnte, die einschreitet, inter-veniert, aber dennoch Eigenes niemals völlig mit Fremdem vermittelt.

V. Außer sich und zwischen uns

Der Versuch, verschiedene Zonen des Fremden zu erkunden und sie von bestimmten Figuren des Zwischen her zu erschließen, beginnt im Kern der Sache, bei den Ereignissen, die sich zwischen dem eigenen Selbst und dem Anderen abspielen. Dieser erste Durchgang berücksichtigt die Reibungsflächen, die zwischen Selbst und Anderem und gleichzeitig zwischen dem Selbst und sich selbst entstehen. Eine besondere Schwierigkeit liegt darin, dem Ineinander von Selbst- und Fremdbezug und dem Doppelakkord von Selbst- und Fremdaffektion gerecht zu werden. Es geht darum, die ekstatische Fremdheit, mit der das Selbst außer sich gerät, und die duplikative Fremdheit, in der das Selbst und Andere auseinandertreten, in ein rechtes Verhältnis zu setzen. Wie schon im dritten Kapitel spielt die Kristallisation der Andersheit im fremden Selbst, das mir mit eigenen Ansprüchen gegenübertritt, eine entscheidende Rolle. Die Leitfiguren des Zwischen, die hierbei zutage treten, lassen sich stichwortartig bezeichnen als Entzug, Selbstspaltung, Selbstverdoppelung, Unterbrechung und Asymmetrie. Sie bilden wichtige Teilstücke einer Phänomenologie des Zwischen. Die Fremdheit, mit der ich mich in früheren Studien beschäftigt habe, gewinnt hierbei weitere Nuancen und einen stärkeren Rückhalt im Zwischencharakter der Erfahrung.

1. Das Skandalon des Fremden

Wie sehr das Motiv des Fremden eine neue Denkweise erfordert, zeigt sich, wenn wir es an Grundpostulaten des modernen Denkens messen. Das moderne Denken, das in der Aufklärung seinen zwar nicht unstrittigen, aber doch deutlichen Ausdruck gefunden hat, beruht auf zwei Grundsäulen, auf dem *eigenen Selbst*, das Subjekt genannt wird, und einer *allgemeinsamen Vernunft*, zu der ich selbst Zugang habe, sofern ich einer Gemeinde von Vernunftwesen zugehöre. »Habe Mut, dich deines *eigenen* Verstandes zu bedienen!« Einfacher als in diesem Wahlspruch läßt sich kaum zum Ausdruck bringen, wie die Eigenheit des Subjekts in die Allgemeinheit der Vernunft übergeht. Ich darf mich ganz und gar auf meinen Verstand verlassen, weil dieser – fortentwickelt zur Vernunft – aufhört, bloß mein eigener Verstand zu sein. Dies klingt bis heute nach in der Annahme, der ›Eigensinn‹ des Subjekts werde sowohl gewahrt wie überwunden, sofern das Subjekt sich auf Sinn und Geltung der Sprache einlasse beziehungsweise sich immer schon darauf eingelassen habe. Darin klingt auch Hegels Versuch nach, das doppelte Vermächtnis des modernen und des klassischen Denkens zu wahren und die moderne Errungenschaft des denkenden Subjekts mit der alten Erbschaft einer Ordnung in den Dingen zu versöhnen. Die Ellipse, die im Einzelsubjekt und in der allgemeinen Vernunft ihren doppelten Brennpunkt hat, verwandelt sich in einen Kreis, wenn das »esoterische(s) Besitztum einiger Einzelner« sich in das »Eigentum aller« verwandelt, wie Hegel in seiner Vorrede zur *Phänomenologie des Geistes* feststellt (*Werke* 3, 20), und wenn es weiterhin darauf ankommt, »das Wahre nicht als *Substanz*, sondern ebensosehr als *Subjekt* aufzufassen und auszudrücken« (ebd., 23). Hegel entdeckt das Fremde, indem er, wie schon Fichte, Descartes' Ego beim Wort nimmt. Gehe ich von mir selbst aus, so stoße ich auf ein Nicht-Ich, das *mir fremd* ist. Diese Fremdheit besagt mehr als die Andersheit eines Nicht-Etwas, das sich *von etwas absetzt und unterscheidet*. Sie breitet sich allüberall aus, sofern alles, was ist, sich als etwas herausstellt, das sich von sich selbst unterscheidet, sich selbst fremd wird – und im Begreifen dieses Prozesses eben diese Fremdheit abstreift. Die Einbeziehung des Fremden hat nichts Umstürzlerisches an sich, solange diese Fremdheit nur eine relative Fremdheit darstellt, als notwendige Durchgangsphase eines Zusichkommens des Geistes, an dem alles, was ist, und alle, die sind, partizipieren. Fremd ist für mich und für uns das, worin wir uns *noch nicht* wiedererkennen. Aus der Perspektive einer solchen Ego-logik betrachtet, erscheint Fremdheit wie schon in Kants Wahlspruch als Defizit, so notwendig dieses, evolutionär betrachtet, auch sein mag. Sie erscheint als *Unmündigkeit* und *Abhängigkeit* des Ich von »fremder Vernunft« und zugleich als *Partikularisierung der Vernunft*, bei der es gleich ist, ob der eigene oder der fremde Standpunkt obsiegt. Wer Fremdheit radikaler faßt, eben nicht nur als Moment eines Ganzen oder als Phase einer Gesamtentwicklung, wird zwangsläufig einer anti-aufklärerischen *Kehre* bezichtigt nach dem Muster: nicht Ich oder das Subjekt, sondern ..., nicht Allgemeingeist oder universale Geltung, sondern ... Das ist eine Frontlinie, die seit der Fehde zwischen Aufklärern und Romantikern immer wieder durchbricht trotz vieler Friedensangebote von beiden Seiten. Fremdes, das weder auf Eige-

nes und Allgemeines zurückgeführt noch mit deren Gegenteil gleichgesetzt werden kann, bleibt jedoch ein Skandalon.
Radikal Fremdes, das sozusagen zur Sache selbst gehört, läßt sich nur denken als ein *Paradox*, das sich in Formeln kleidet wie »Zugänglichkeit des Unzugänglichen« und »Zugehörigkeit in der Nichtzugehörigkeit«. Solche Paradoxa werden ebenfalls entschärft, wenn man die Unmöglichkeit, die in der Unzugänglichkeit oder Nichtzugehörigkeit anklingt, auf bloße Grenzen des Wissens und Könnens zurückführt, auf Grenzen, die mit der Kontingenz unserer leiblichen Ausstattung und unseres sprachlichen Vermögens, mit der historischen Situiertheit, mit der Selektivität soziokultureller Ordnungen oder mit den Kapazitätsgrenzen eines geregelten oder sich selbst regelnden Systems zusammenhängen. Demgegenüber versuche ich, die Fremderfahrung als ein Antworten zu verstehen, das anderswo beginnt. Doch selbst das Antworten aufeinander oder das Hören voneinander bleibt eine allzu harmlose Angelegenheit, wenn Fremdheit auf besagte Weise herabgemindert wird. Antworten als Verhaltensreaktion, aber auch eine dialogische Äußerung setzen schon ein Selbst, ein Subjekt oder einen Organismus voraus, das oder der antwortfähig und antwortbereit ist. Fremdes, dem wir ausgeliefert sind, erscheint dann als katastrophaler Grenzfall oder als pathologisches Syndrom. Zum Stein des Anstoßes wird das Fremde erst dann, wenn Pathos, Brüche und Einbrüche einem Selbst zu sich selbst, aber nie völlig zu sich selbst verhelfen. Daß sie diese Kraft haben, soll im folgenden gezeigt werden. Das erwähnte Paradox wird darin seine Wirksamkeit erweisen, daß die Figuren des Zwischen, die das Verhältnis des Selbst zu Anderem und das Verhältnis des Selbst zu sich selbst prägen, von Ambivalenz und Polarisierung gezeichnet sind und daß jede Instanz, wie im Ausgangsschema angedeutet, sich in sich selbst aufspaltet. Mit Nietzsche zu reden, sind es keine Individuen, sondern ›Dividuen‹, die miteinander in Berührung kommen (vgl. KSA 2, 76).

2. Zugkräfte

Was uns widerfährt und wovon wir getroffen werden, liegt nicht einfach außerhalb unserer Reichweite und unseres Vermögens, sondern in ihm gerät das erleidende Selbst außer seiner selbst. Nicht etwas ist draußen, sondern ich selbst. Dieses Anderswo wird nicht durch einen bloßen Orts- oder Standortwechsel herbeigeführt. Dieser Außenbezug, der nicht auf Ent-äußerung oder auf Ent-fremdung beruht, läßt sich kennzeichnen als Entzug, den wir zusammen mit den geläufigen Bewegungen der Anziehung und der Abstoßung als eine erste Figur des Zwischen einführen.

Aus der alltäglichen Erfahrung kennen wir die Situation, daß sich etwas unserer Erfahrung, Kenntnis, Verfügung, Erinnerung oder Zuständigkeit entzieht, wobei stets bestimmte anonyme Erfahrungsweisen, Reglements oder Techniken ins Spiel kommen. Was auf solche Weise außer unserer Reichweite liegt, bezeichnen wir als unsichtbar, unberührbar, ungenießbar, unverständlich, unverfügbar; in diesen Suffixbildungen deutet sich eine Unmöglichkeit an. Was auf diese Weise unzugänglich oder unzugehörig bleibt, unterliegt nur einer relativen Fremdheit, die von den Grenzen unserer individuellen oder kollektiven Eigenheitssphäre und den Grenzen der jeweils bestehenden Ordnungen herrührt. Durch diese relative Fremdheit wird das Selbst und die gemeinsame Ordnung nicht nachhaltig beunruhigt und von Grund auf in Frage gestellt, wir werden lediglich an unsere Endlichkeit gemahnt. Die Endlichkeit erscheint auch hier vielfach als der modernen Weisheit letzter Schluß. Doch das, was wir als Widerfahrnis in Erwägung ziehen, lehrt uns etwas anderes. Die Urdiastase, die vorgängige Widerfahrnisse von nachträglichen Antworten trennt, begrenzt unsere Erfahrung nicht nur, sondern bewirkt, daß diese gegenüber sich selbst verschoben ist. Auf gewisse Weise sind das, was uns widerfährt, und das Widerfahrnis selbst eins, so wie für Aristoteles Wahrgenommenes und Wahrnehmung *in actu* eins sind (vgl. *De anima* III, 2), doch auf andere Weise sind sie nicht eins. Die Zwischenerfahrung, die sich hier ankündigt, versuchen wir als eine radikale Form von Entzug zu denken.

Eine sprachliche Vorbesinnung ist vonnöten, wenn wir nicht blindlings in ein »Heer von Metaphern« hineinstürzen wollen. Der Vorgang des Ziehens und Gezogenwerdens, der in ›Entzug‹ anklingt, führt in den Bereich einer Kinetik, wo es um Bewegung und entsprechende Bewegungskräfte geht, einschließlich der Ruhe als dem Grenzfall der Bewegungslosigkeit. Wenn spärliche Spuren des ›Ziehens‹ in Begriffen wie Be-zug, Vor-zug oder Voll-zug auftauchen, wird man geneigt sein, dies als bloße Metaphorik abzutun. Im Falle von ›Setzen‹, ›Stellen‹ oder ›Liegen‹ wäre dies nicht anders. Wer etwas ›vorzieht‹, braucht nicht an Flaschenzüge zu denken, wer eine These aufstellt, stellt keine Vase auf den Tisch, ein Ich, das ein Nicht-Ich und sich selbst ›setzt‹, wird nicht nach einer geeigneten Unter-lage suchen; diese hat wiederum unmittelbar nichts zu tun mit jenem Hypokeimenon, das allem, was ist, ›zugrunde liegt‹. Die Anführungszeichen weisen darauf hin, daß man die erwähnten Begriffsworte nicht wörtlich nehmen darf, ohne dem Non-Sense einer Sprechweise zu verfallen, die Eigenschaften der beschriebenen Dinge mit den Bedeutungen von Wörtern einer Beschreibungssprache vermengt.

Ich möchte hier nicht die Frage nach dem Ursprung der Metapher aufwerfen, aber dennoch fragen, woran es liegen mag, daß die Metaphorik des Setzens, Stellens und L(i)egens in der klassischen westlichen Philosophie einen so großen Raum einnimmt,[1] das erwähnte Ziehen dagegen einen so geringen. Eine einfache Antwort bietet sich an. Ziehen und Stoßen, auch das Mitsichziehen oder das Wegstoßen scheinen als mechanische Vorgänge im Denken nicht viel verloren zu haben. Doch wenn Platon den Ideen eine Zugkraft zubilligt, ein »zum Sein Hinziehendes«, ein ἑλκτικὸν πρὸς οὐσίαν (vgl. *Politeia* 523 a), oder wenn er empfiehlt, ein jeder möge, wie eine Drahtpuppe in der Götter Hand, einem einzigen »Zug« (ἕλξη) folgen, nämlich dem »goldenen und heiligen Leitzeug (ἀγωγή) der Vernunft« (*Nomoi* 644 e-645 a), so deutet sich mehr an, nämlich eine An-ziehung, eine Attraktion, die im Verein mit der Ab-stoßung, der Repulsion in der Geschichte der Naturphilosophie und in den sich von der Philosophie emanzipierenden Naturwissenschaften der Neuzeit durchaus ihren Platz behauptet. Dieser Platz ist allerdings zweideutig. Es besteht die Tendenz, Attraktion und Repulsion auf geheime Kräfte zurückzuführen, so etwa noch bei Paracelsus, bis dann physikalische und chemische Theorien, die mit Kraftfeldern und Verwandtschaften zwischen chemischen Elementen rechnen, diese Kräfte einbinden, bis hin zu ›Attraktoren‹ thermodynamischer Prozesse, die einen ›bevorzugten‹ Zustand herbeirufen (vgl. Prigogine/Stengers 1986, S. 129 f.). Doch diese Einbindung verhindert nicht, daß Attraktion und Repulsion im sozialen und speziell in Verwandtschafts- und Liebesverhältnissen eine metaphorische Kraft bewahrt haben, die viel weniger verblaßt ist als die um das ›Setzen‹ oder ›Stellen‹ gruppierten Wortfelder. Goethes *Wahlverwandtschaften*, in denen die *attractio electiva* der zeitgenössischen Chemie aufgegriffen wird, sind ein besonders eklatantes Beispiel. Daß im Französischen der Magnet bis

1 Vgl. hierzu Elmar Weinmayr, *Einstellung* (1991); ausgehend von Heidegger entfaltet der Autor das weitläufige Wortfeld des »Stellens«, unter Einbezug deutsch-japanischer Sprachkontraste.

heute *aimant* heißt, erinnert an eine Geschichte submechanischer Wirkkräfte, die dem Dualismus von Idee und Materie, von Geist oder Seele und Körper weniger eindeutig zugeordnet sind als Akte, die wir vollziehen, und Zustände, in denen wir uns befinden. Wenn das philosophische Denken auf weite Strecken hin für solche Kraftideen keine rechte Verwendung hat, so könnte dies damit zusammenhängen, daß das Fremde verdrängt oder verharmlost wird.

3. Entzug, Anziehung und Abstoßung

Damit komme ich auf das Phänomen des Entzugs zurück. Das ›Sichentziehen‹ taucht in den verschiedensten Texten und bei den verschiedensten Autoren auf, doch zumeist ohne weitergehende Explikation. Der Andere, das Sein, der Blick oder das Unbewußte ›entziehen sich‹, doch was ist darunter zu verstehen? Wie die kurze sprachliche Vorbetrachtung zeigt, handelt es sich um ein besonders sprechendes Wort, und dies gilt auch für andere Sprachen mit ihren wechselnden Konnotationen. Das französische Verb *se dérober*, das dem deutschen Wort ›rauben‹ verwandt ist, betont das Wegziehen und hat einen militärischen Nebensinn, während das Verb *s'echapper*, wie englisch *to escape*, wörtlich bedeutet, daß man aus seinem Cape schlüpft. Beim englischen *to withdraw* überwiegt die Bedeutung des (Sich-)Zurückziehens (vgl. engl. [*with-*]*drawing-room*), während *to evade* das Weggehen und Entweichen hervorhebt.

Das Phänomen, das darin besteht, daß *sich etwas* (*jemand*) *mir* entzieht, läßt sich unter verschiedenen Aspekten betrachten. Im Mittelpunkt steht das Ereignis des *Sichentziehens*, so etwa beim Abschiednehmen. Es erweist sich als ein Zwischenereignis, sofern es sich zwischen zwei Orten abspielt, einem Abzugsbereich, aus dem etwas verschwindet, und einem Entzugsbereich, in den es entschwindet. Doch gäbe es nichts weiter als dieses Woher und Wohin, so hätten wir es mit einer bloßen Ortsveränderung zu tun. Zu dem Zwischencharakter des Entzugs gehören jedoch zusätzlich zwei Instanzen, nämlich *was* sich entzieht und *wem* sich etwas entzieht. Beide Instanzen sind nicht gleichwertig. Dem ›weg von ...‹ entspricht kein ›hin zu ...‹, als wäre der Entzug eine zielgerichtete Bewegung. Vielmehr verwandelt sich Nähe in Ferne, Anwesenheit in Abwesenheit. Das Sichentfernen, das dem Sichentziehen innewohnt, hat einen asymmetrischen Charakter wie das erlittene Widerfahrnis, wie die vernommene Aufforderung. Dies unterscheidet das Sichentziehen von der wechselseitigen Abstandnahme, die sich vom Standpunkt eines Dritten beobachten läßt. Was sich entzieht, rückt in einen Fluchtpunkt, der sich nicht gegen den eigenen Standort eintauschen läßt. Die Verwandlung des Entzugs in einen Wechselbezug würde das Phänomen selbst aufheben.

Es fragt sich nun, was es mit den beiden Instanzen auf sich hat, die in diesem Zwischenereignis auseinandertreten. Wie steht es zunächst mit dem, *was* sich entzieht? Schon die Formulierung dieser Frage ist irreführend. Hätten wir es mit einem identifizierbaren Etwas oder Jemand zu tun, wo wäre der Entzug nur ein relativer, und ebenso relativ wäre die Fremdheit, die sich darin ankündigt. Die Abwesenheit wäre wie die eines Schranks, der im Zimmer nebenan steht, oder wie die eines sich entfernenden Fahrzeugs, das potentialiter immer schon eingeholt ist, mit dem Blick, mit einem Teleskop, mit einem Verfolgungsfahrzeug, mit Hilfe von Beobachtungs- und Funkstationen oder mit einer Abwehrrakete. Anders steht es mit dem, wovon wir affiziert werden und worauf wir auf irgendeine Weise antworten. Hier gibt es nichts, *das sich entzieht*, sondern es gibt Sichentziehendes nur, *indem es sich entzieht*. So etwas findet sich überall dort, wo wir von etwas getroffen sind, bevor wir es als etwas verstehen und zielgerecht behandeln, sei es der fremde Blick, ein Anruf, ein verletzender Schlag, ein überraschender Einfall, ein bohrender Schmerz oder die nagende Eifersucht. Auch das Sich des Sichentziehens nimmt keineswegs Bezug auf ein Sichbewegendes, das eine Eigenbewegung vollführt und sich selbst entfernt, so wie jemand, der Abschied nimmt, der weggeht. Auf diese Weise würden wir in traditioneller Manier das eigene Widerfahrnis als Passion deuten, die mit der fremden Aktion identisch ist; verschieden wäre nur der Blickwinkel, der es erlaubt, das, was geschieht, einmal einem *sujet auquel il arrive*, das andere Mal einem *sujet qui fait qu'il arrive* zuzuschreiben (Descartes, *Passions de l'âme* I, 1). Die kausale Zuordnung würde den Spalt zwischen Eigenem und Fremdem schließen, sobald er sich auftut. Alles würde sich in einem kausal zementierten Universum abspielen. Wie aber läßt sich das Sich sonst verstehen, wenn nicht als Anzeichen eines selbständigen Etwas? Es läßt sich auf das Ereignis selbst beziehen gleich dem Sichabheben, dem Sichzeigen oder allgemein dem Sichereignen. So ist es beim fremden Blick genau das Pathos, etwa das Sichertapptfühlen, das sich entzieht, und beim Stich, der uns zugefügt wird, ist es genau das schmerzhafte Gestochensein, das erst nachträglich zum Bewußtsein kommt. Die Spitze der Erfahrung, die wir Widerfahrnis nennen, ist in einem strengen Sinne unbewußt, dem Wissen entrückt.

Dem, ›was‹ sich entzieht, entspricht ein Selbst, *dem* sich ›etwas‹ entzieht. Auch hier müssen wir uns hüten, dem Entzug ein Subjekt zu unterschieben, dem etwas fehlt, das einen Verlust erleidet und diesen dann verarbeitet. Auch diese Feststellungen gehören zu den Nachträglichkeiten, mit denen wir auf unsere Erfahrungen zurückkommen. Das *Wem*, das wir mit Karl Bühler als »Adressendativ« bezeichnen können (1982, § 15), geht der Frage nach einem *Wer* des Erleidens und damit auch dem nominativischen Ich voraus. Derjenige, *dem* etwas zustößt, wird zu jemandem, der darauf antwortet oder der nicht zu antworten vermag, und wenn er antwortet, dann nur hinterdrein. Insofern geht der Fremdentzug dessen, wovon wir getroffen sind, Hand in Hand mit dem Selbstbezug dessen, der getroffen ist. Widerfahrnisse spielen sich nicht ab zwischen etwas und jemand (Objekt und Subjekt) oder zwischen jemand und jemand (Subjekt und Subjekt), sondern Anderer und eigenes Selbst gehen hervor aus einem ein-dringlichen Ereignis, das sich selbst entgleitet.[2] Dieses Eindringen, das sich nicht festsetzt und festhalten läßt, können wir als *invasiv-evasive Fremdheit* bezeichnen. Darin unterscheidet sich das Pathos von jedem persönlich zuschreibbaren Akt.

Schließlich läßt sich der Entzug spezifizieren und differenzieren je nachdem, in welcher Weise das Selbst betroffen ist, ob primär als fühlendes, wahrnehmendes, begehrendes, verstehendes, tätiges oder kontrollierendes Selbst. Sofern all diese Erfahrungsregister bestimmten Ordnungen unterliegen, taucht das Fremde immer auch auf in Form von Überschüssen und Abweichungen, worin Sinn und Regel bestehender Ordnungen überschritten oder unterwandert werden. Der Entzug spezifiziert sich je nach Bezugsfeld. Auf diese außer-ordentliche Form der Fremdheit werde ich im nächsten Kapitel zurückkommen.

Doch das eigentliche Rätsel liegt darin, daß der Entzug einen Bezug voraussetzt, der abbricht, eine Entfernung, die aus der Nähe erwächst, ein Band, das verbindet und entbindet (vgl. Heidegger, *Unterwegs zur Sprache*, S. 262). So wie es keinen Mangel gibt ohne ein Wesen, das des Mangelnden bedarf und Fehlendes vermißt, so gibt es

2 Vgl. dazu die eindrückliche Studie *Der Endringling* (dt. 2000), in der Jean-Luc Nancy das verstörend am ›eigenen Leib‹ erfahrene Leben mit einem ›fremden Herz‹ beschreibt.

keinen Entzug ohne eine gewisse Nähe dessen, was sich entfernt. Dem gebrochenen Bezug entspricht eine Ferne in der nächsten Nähe, wie sie in der Berührung auf paradigmatische Weise zum Vorschein kommt. Es sieht so aus, als habe hierbei das Begehren ein unersetzliches Gewicht, und zwar in all seinen Formen, einschließlich der Seh- und Wissensbegierde und des Bemächtigungsstrebens, als ein Begehren, das wie der platonische Eros darauf aus ist, »daß das Gute ihm immer sei« (*Symposion* 206 a). Der Eros als Personifikation des menschlichen Strebens tritt ebenfalls im Dativ auf: daß *ihm selbst* (αὑτῷ) das Erstrebte zuteil werde. Selbst wenn fremdes Pathos mehr besagt als ein Gut, das wir erstreben, und selbst wenn es sich der dauerhaften Besitznahme entzieht, so wäre diese Unmöglichkeit doch nichts ohne das Begehren, das zugleich vereitelt und angestachelt wird. Würde es nur vereitelt, so hätten wir es weiterhin mit einem unerreichbaren Ziel zu tun, also mit einem perennierenden Streben, das mein Können nur einschränkt und nicht über sich hinaushebt. Dem *Ent-zug* wohnt die Gegenbewegung einer *An-ziehung* inne. Das Präfix Ent-, das wir aus anderen Wortprägungen wie Entkommen, Entgleiten, Entschwinden kennen und das bei Heidegger (*Was heißt Denken*, S. 23) dem Seinsereignis den Stempel des ›Enteignisses‹ aufdrückt, steht dem Präfix An- gegenüber, das mit einer Wortreihe wie Anreiz, Anblick, Anrede, Anspruch oder Angehen einer eigenen Dimension angehört, die uns schon wiederholt beschäftigt hat.

Die vorausgehenden sprach- und begriffshistorischen Erläuterungen werden uns helfen, den Zusammenhang von Entzug und Anziehung genauer zu fassen. Die Attraktion bildet ein Motiv, das quer steht zu geläufigen Begriffskonstellationen. Sie verkörpert sich in keiner Gestalt, die wir erfassen, sie kann höchstens von einer schönen Gestalt ausgehen als ein leuchtender Glanz (λαμπρόν) (*Phaidros* 249 b), der als *splendor veri* das bloß Wahre überstrahlt. Die Attraktion fällt aber auch nicht zusammen mit dem Ziel, das wir verfolgen, mit dem Worumwillen, das unser Streben bewegt; denn Ziele können auch unattraktiv sein und um des puren Nutzens willen ergriffen werden wie etwa eine bittere Arznei, die wir schlucken, oder eine lästige Verrichtung, die wir auf uns nehmen. Die Attraktion ist keine Gestalt, die wir erfassen, kein Ziel, das wir verfolgen, sondern eine *Kraft*, aber keine Kraft, deren bloße Wirkung wir erleiden wie von einer Wirkursache, die *a tergo* auf uns einwirkt, sondern eine merkwürdige *vis a fronte*, die in uns eine Bewegung auslöst und verstärkt, indem sie uns anstachelt, verlockt, mitreißt, mitzieht. Wenn wir traditionelle Begriffe heranziehen wollen, so die Antriebskräfte von Lust und Unlust, die weder mit objektiven Ursachen wie den behavioristischen Stimuli noch mit berechenbaren Lustquanten, noch mit subjektiven Gefühlszuständen gleichzusetzen sind. Dem entsprechen Neigungen, Zu- und Abneigungen, *clinamina*, die sich gleichsam auf einer schiefen Ebene bewegen, angetrieben von einer Bewegungskraft, für die gilt: *inclinat, non necessitat*. Bei dieser affektiv wirksamen *actio in distans* haben wir es mit einer Ferne zu tun, die keine potentiell vorweggenommene und auch keine potentiell wiedergewonnene Nähe verkörpert, sondern eben eine Ferne in der Nähe. Dies setzt ein Selbst voraus, das sich weder völlig aus sich selbst bewegt, noch einfach von anderem bewegt wird, sondern das sich selbst voraus ist und zugleich hinter sich zurückbleibt, ausgesetzt einer Fernwirkung, die alle potentielle Eigenwirkung übersteigt. Eben darin liegt das Rätsel einer Zwischenbewegung, einer Polykinese, die sich den gängigen Bewegungsursachen entzieht. Diese Zwischenbewegung kann in den Sog einer reinen Fremdbewegtheit geraten und in der reinen Eigenbewegung ihren Halt suchen; doch dies sind Extreme, wo das Pathische und Reaktionen auf das Pathische sich dem Pathologischen annähern.

Es wurden verschiedene Versuche unternommen, den Zusammenhang von Attraktion und Affektion zu erklären. Man kann eine kosmisch fundierte Verwandtschaft ins Spiel bringen, die noch in den Wahlverwandtschaften chemischer Elemente durchschimmert. Man kann Entzug, Angehen und Anspruch einem großräumigen Seins- und Sprachgeschehen überlassen, wie es der späte Heidegger zu tun beliebt. Man kann aber die Zugkräfte auch in der Mikrosphäre elementarer Sinnbildung aufsuchen, so wie Husserl es in seiner Affektionstheorie tut, die er in den *Analysen zur passiven Synthesis* (Hua XI) entwickelt. Die Reizwirkung besteht dann in einem »eigentümlichen Zug«, den ein bewußter Gegenstand auf das Ich ausübt – »es ist ein Zug, der sich entspannt in der Zuwendung des Ich und von da aus sich fortsetzt im Streben nach selbstgebender […] Anschauung« (S. 148 f.). Was sich in der Erfahrung abhebt, genießt den »Vorzug der Affektion« (S. 150), und dies in ständiger Konkurrenz zu anderen Kraftwirkungen. Die Affektionssteigerung führt bis zu dem Punkt, wo die Affektion »das Ich trifft, excitiert, zur Aktion sozusagen aufruft, weckt und eventuell wirklich aufweckt«, so daß das Ich schließlich mit einem »Gegenzug« antwortet, eine »auf den gegenständlichen Reiz antwortende Tendenz« entwickelt (S. 166). Ich habe diese

Passagen, die durch ähnliche zu ergänzen wären,[3] ausführlich zitiert, um zu zeigen, wie Husserl zwar noch an den traditionellen Vokabeln seiner Bewußtseinsphänomenologie festhält, aber zugleich versucht, eine dynamische Sprache zu entwickeln, die den Rahmen des Bewußtseins sprengt. Er setzt schließlich diesseits aller intentionalen Akte eine Triebintentionalität an, indem er den Begriff der Intention bis hin zur Annahme einer »passiven Intentionalität« dehnt (S. 76) und ihn nahezu umstülpt. Denn was hat das Getriebensein von etwas, mit dem »Entspringen einer Richtungssynthese« (ebd.), mit einem Gerichtetsein auf etwas gemein? Ein einfacher, aber entscheidender Gesichtspunkt droht auf diese Weise doch wieder verlorenzugehen. Das Pathos ist nicht etwas, was uns angeht, es ist das Angehen beziehungsweise Angegangenwerden selbst; es verkörpert jene ›Nicht-Indifferenz‹, ohne die es schlechterdings nichts gäbe.

Die affektive Besetzung von etwas, die ein »affektives Relief« entstehen läßt (Hua XI, 168), schließt eine affektive Selbstbesetzung ein, die Freud als primären Narzißmus zu deuten versucht. Die Anziehung, die mit verschiedenen Stärkegraden auftritt, die im Gefühlsausbruch ein Maximum, in der Gleichgültigkeit oder Langeweile ein Minimum erreicht, könnte man als den dynamischen Aspekt des Pathos bezeichnen. In der Attraktion gewinnt die Affektion ihre Zugkraft. Eine Affektion, die jede Attraktion vermissen ließe, hätte eine lähmende Wirkung, wie wenn ein Starrkrampf ausgelöst wird. Situationen, in denen ich »nicht mehr ein und aus weiß«, sind Vorboten einer affektiven Erstarrung, die sich nicht mehr in Situationen umsetzen läßt.

Wie aber steht es mit der Polarität von Attraktion und Repulsion? Haben wir mit der Orientierung an einem Guten oder Wahren, das uns anzieht, den Gegenpol nicht übersehen? So berechtigt dieser Einwand klingt, so sehr führt er in die Irre. Ein Pathos, das jeder Wahl vorausgeht, kann nicht vorweg einer binären Wahl unterliegen, als handle es sich um eine künstlich angelegte elektrische Leitung mit einem positiven und einem negativen Pol. Dieser Vergleich hinkt übrigens schon deswegen, weil ein ›negativer Pol‹ nichts Widriges und nichts von einer negativen Größe im Sinne Kants an sich hat. Bei einer solchen Bipolarität handelt es sich um eine strukturale Differenz, wo keines der Oppositionsglieder eine Präferenz genießt. Selbst wenn wir Attraktion und Repulsion mit dem Lebensdien-

3 Vgl. die Kapitel I, Anm. 25 zitierte Untersuchung von Anne Montavont, in der Husserls Affektionslehre eine zentrale Rolle spielt.

lichen und dem Lebenswidrigen zusammenbringen und etwa mit Kant das Vergnügen als »Gefühl der Beförderung«, den Schmerz als das einer »Hindernis des Lebens« begreifen (*Anthropologie,* B 170), so dürfen wir diese Unterscheidung der Erfahrung nicht unterschieben wie ein fertiges Lebensprogramm. Was diesem Gegensatz vorausgeht, ist eine *Ambivalenz,* die darauf beruht, daß die anziehenden und abstoßenden Momente in ein und demselben pathischen Ereignis zusammenwirken. Diese Ambivalenz wurde schon früh bemerkt, etwa in der Liebeslyrik als ein Bittersüßes (γλυκυπικρόν) bei Sappho, als gleichzeitiges *odi et amo* bei Catull. Auch Platon nähert sich einer solchen Ambivalenz. Anläßlich der Beschreibung eines inneren Kampfes der Seele erwähnt er einen Fall von Nekrophilie. Jemand wird von dem Anblick der Leichen so angezogen, daß er »zugleich Lust bekommt (ἐπιθυμοῖ), sie zu sehen, zugleich aber auch Abscheu fühlt (δυσχεραίνοι) und sich abwendet (ἀποτρέποι ἑαυτόν)«. Der Seelenkampf endet mit einem Sieg der Sehbegierde, so daß der also Faszinierte »von der Begierde überwunden, mit weitgeöffneten Augen[4] zu den Leichnamen hinlief und sagte: da habt ihr es nun, ihr Unseligen, sättigt euch an dem schönen Anblick« (*Politeia* 439 e-440 a, Üb. Schleiermacher). Die Geschichte beginnt aber damit, daß der Schaulustige vor der Stadt spazierengeht und dabei Leichen bemerkt (gr. αἰσθάνεσθαι), bevor er hinsieht (gr. ὁρᾶν). Das erste Bemerken, bei dem etwas auffällt und sich dem Blick aufdrängt, ist noch kein Akt des Sehens, der aus dem Kampf hervorgeht, sondern eine Bi-affektion. Daß Platon das »Treibende und Ziehende« (gr. τὰ ἄγοντα καὶ ἕλκοντα) mit »leidenden und krankhaften Zuständen« (διὰ παθημάτων καὶ νοσημάτων) in Zusammenhang bringt, denen die vernünftige Überlegung in ihrer Eigenschaft als das »Verhindernde« Einhalt gebietet (ebd., 439 d), gehört bereits zur moralischen Verarbeitung der Erfahrung, der ein *amoralisches Pathos* vorausgeht.

Bemerkenswert ist, daß die Vernunft hier als Gegenkraft auftritt und nicht als bloße Einsicht oder gar als bloße Geltungsinstanz. Mit dieser dynamischen Auffassung nähert Platon sich der Dynamisierung des Seelenlebens, wie sie in Freuds Psychoanalyse zu finden ist. Darüber hinaus stellt sich die Frage, wieweit ein Gesetz, das Einhalt gebietet, selbst zur Attraktivität des Verbotenen beiträgt. Die Ambivalenz der Affektion wird durch die Polarisierung in Vernünftiges und Unvernünftiges oder Gutes und Böses nicht beseitigt, sondern sie schlägt auf der Ebene des Gesetzes durch, sofern auch ihm eine

4 Gr. διελκύσας τοὺς ὀφθαλμούς, also wörtlich: »die Augen auseinander*ziehend*«.

Gesetzes*kraft* innewohnt. Gleichwohl dürfen wir annehmen, daß diese Polarisierung bereits auf der Ebene der Affektion einsetzt. In diesem Sinne sieht Melanie Klein schon in der frühkindlichen Berührung mit der Mutterbrust eine imaginäre »Objektspaltung« am Werk, ausgehend von einer »guten Brust«, die gibt, und einer »bösen Brust«, die verweigert, so daß die mütterliche Geberin sich selbst in eine »gute« und »böse Mutter« aufspaltet.[5] Dies führt uns zur generellen Frage nach der Spaltung des Selbst und seiner Verdoppelung im Anderen.

4. Teilung, Spaltung und Zerstreuung

Was in den Zwischenereignissen zwischen dem Selbst und dem Anderen vor sich geht, haben wir als einen Komplex aus Entzug, Anziehung und Abstoßung beschrieben, der eine eigene Form von invasiv-evasiver Fremdheit entstehen läßt. Die Frage nach dem, was sich wem entzieht, läßt zwei Instanzen hervortreten. Die Genese, die diesen Instanzen einen Eigenstatus verleiht, bedarf weiterer Erörterungen. Unsere Überlegungen beginnen auf seiten des Selbst. Wie sich schon in den früheren Kapiteln gezeigt hat, verkörpert sich im Selbst keine schlichte Einheit und keine vollständige Ganzheit, sondern es kündigen sich weitere Figuren des Zwischen an, die das Selbst in sich spalten und aufteilen. Wie im Falle des Entzugs empfiehlt sich auch hier eine kategoriale Vorklärung, die den spezifischen Charakter der Selbstspaltung und Selbstteilung deutlicher hervortreten läßt.

Im Hinblick auf den Status des Selbst sind insbesondere die Prozesse der Spaltung, der Teilung und der Zerstreuung zu beachten. Platon hat auch hier vorgearbeitet. In Buch IV der *Politeia* gliedert sich sowohl die Seele des Einzelnen, der auch Einer (εἷς) genannt wird (vgl. 435 b 9), wie die Polis in verschiedene Teile (μέρη) oder in verschiedene Gestalten und Arten (εἴδη). Wie der schon erwähnte Seelenkampf zeigt, erweist sich die Einheit und Einfalt der Seele als eine vermittelte und errungene; sie wird von Zwistigkeit und Zerfall bedroht. Dieses polemologische Modell steht in auffälligem Kontrast

5 Vgl. Melanie Klein, *Die Psychoanalyse des Kindes* (1971), S. 163, 216 f. Art und Zeitpunkt dieser Spaltung sind nicht unumstritten; doch selbst wenn man mit Martin Dornes (1993, S. 97) annimmt, daß das Gefühl vom Selbst und die Wahrnehmung vom Objekt von Anfang an wesentlich einheitlicher und integrierter ist, als bisher angenommen, so bleibt doch offenbar etwas, das auf Vereinheitlichung und Integration wartet.

zu dem dialogischen Modell von Aristoteles, der sich auch im Verhältnis von herrschender Vernunft und untergebenen Sinnen mehr vom guten Zureden verspricht (vgl. *Nik. Eth.* I, 13). Im *Phaidon*, in dem nicht nur die Einheit des Seele, sondern auch ihre Unversehrtheit angesichts des Todes in Frage steht, kommt Platon in der Kritik an der Ursachenlehre seiner Vorgänger auch auf das Größer- und Kleinerwerden, das Mehr- oder Wenigerwerden zu sprechen. Dabei verwirft er die Möglichkeit, daß Eines durch Hinzufügung (πρόσθεσις) eines anderen oder durch Spaltung (σχίσις) des Einen zwei wird, weil dann zwei entgegengesetzte Vorgänge, nämlich einmal das Zusammenführen und Hinzufügen, das andere Mal das Wegführen oder Trennen, Ursache ein und desselben Zweiwerdens wären – eine Aporie, die Platon bekanntlich damit löst, daß er das Zweiwerden einer Teilnahme an der Zweiheit (δυάς) zuschreibt (*Phaidon* 96 e-97 b, 101 b-c).

Beide Texte, die leicht durch andere ergänzt werden könnten, sind lehrreich sowohl in dem, was sie sagen, wie in dem, was sie zwar nicht sagen, aber immerhin andeuten. Der Prozeß der *Teilung*, der in der ersten der beiden Textpassagen im Mittelpunkt steht, orientiert sich an einem *Ganzen*, das seine Teile nicht nur umfaßt wie eine Menge ihre Elemente, sondern sie koordiniert. Das Ganze genießt einen onto-logischen Vorzug, da es Teile gar nicht gäbe ohne ein Ganzes, das sich in ihnen artikuliert. Wir bewegen uns abermals auf den Bahnen einer Syn-opsis und einer Syn-thesis, die jeder Dihairesis ihren Weg vorschreiben. Die äußersten Grenzen der Teilung werden einerseits markiert durch ein Ganzes, das nicht wiederum Teil eines umfassenden Ganzen ist, so der Kosmos als All, andererseits durch ein Unteilbares (ἄτμητον, vgl. *Phaidros* 276 b), ein ›Atom‹ oder ›Individuum‹, das nicht noch einmal aufgeteilt oder zerschnitten werden kann. Der Zusammenhang des Ganzen ist keineswegs garantiert; es droht durchaus der »Aufstand eines Teils gegen das Ganze der Seele« (*Politeia* 444 b) wie auch gegen das Ganze des Gemeinwesens. Doch diese Zerstückelung des Ganzen hat nichts zu tun mit einer Zerteilung, es kommt damit vielmehr zum *Zerfall* des Ganzen.

Diese holistische Betrachtung wird im zweiten Text abgemildert, aber nicht aufgegeben. Platon wechselt auf eine quantitative Ebene über, wenn er von *Einheiten* ausgeht, die durch Addition vermehrt und durch Subtraktion verringert werden. Die obere Grenze bestünde in diesem Falle in einer Anzahl unendlich vieler Elemente, die untere Grenze in einer Anzahl, die nur ein einziges Element enthält oder eine völlig leere Menge bildet. Bei Platon wird die Quantifizierung dadurch abgemildert, daß er von Zahlen wie der Monade oder der Dyade ausgeht, die selbst strukturierend wirken. Aus dem Vorblick auf ein vorgegebenes Ganzes resultiert keine Quantifizierung, die bestimmte Rechnungsoperationen voraussetzt; aber die Abzählbarkeit ist gegeben, wenn die Erfahrung aus einem Aggregat unabhängiger individueller Daten besteht. Der Streit zwischen numerischem und strukturalem Ordnungsdenken, der hier aufflammt, hat sich bekanntlich zu einem Streit entwickelt, der bis heute andauert. Doch dies interessiert uns hier nur indirekt. Wichtiger ist das Motiv der Spaltung, das auch bei Platon nicht mit dem der Teilung zu verwechseln ist. Platon spricht in seinem Beispiel nicht davon, daß jemand ein Ganzes zerteilt, sondern daß »jemand eines zerspaltet«.[6] Mathematisch könnte man an eine Halbierung denken, aber Platon hat durchaus die Veränderung von Menschen und Dingen im Auge und nicht das bloße Operieren mit reinen Zahlen. Es stellt sich dann die Frage, wie ein einheitliches Etwas gespalten werden kann, ohne infolge dieser Art von Kernteilung seine Existenz einzubüßen.

In seiner *III. Logischen Untersuchung* hat Husserl die alte Frage von dem Ganzen und den Teilen aufgenommen und sie im Medium vorgestellter Gegenstände neu formuliert. Er unterscheidet dort hinsichtlich komplexer Ganzheiten zwischen unselbständigen *Teilen* wie etwa Farbe und Ausdehnung und unselbständigen *Stücken* wie Fenster oder Kopf. Doch bedeutet theoretische oder praktische *Zerstükkelung* dasselbe wie Zerspaltung? Was bedeutet überhaupt Zerstückelung? Wenn Husserl das Beispiel eines Pferdekopfes anführt, das früher die Hauswände von Pferdemetzgern zierte, so meint er nicht, daß solche Gegenstände ohne einen gegenständlichen Hintergrund, etwa den des gesamten Pferdeleibes, existieren. »Lostrennbarkeit«, die ebenfalls in Platons Erwähnung eines χωρίζειν anklingt (*Phaidon* 97 b 3) und die für Aristoteles selbständige Einzeldinge, die sogenannten χωριστά auszeichnet, bedeutet für Husserl, daß wir einen solchen »Inhalt in der Vorstellung identisch festhalten können bei schrankenloser (willkürlicher, durch kein im *Wesen* des Inhalts gründendes Gesetz verwehrter) Variation mitverbundener und überhaupt mitgegebener Inhalte« (*III. LU,* § 5). Spaltung scheint darüber hinaus zu besagen, daß etwas losgetrennt auftritt, obwohl es mit dem, wovon es losgetrennt ist, wesentlich verbunden ist. Husserl deutet

6 Ἐάν τις ἓν διασχίσῃ … (*Phaidon* 97 a).

eine solche Möglichkeit selbst an, indem er wiederholt auf die in der Reflexion vorausgesetzte Ichspaltung zu sprechen kommt.[7] In den Vorlesungen zur *Ersten Philosophie* (Hua VIII, 90) heißt es: »Wie kommt es, daß wir das *Bild von einer Spaltung* verwenden konnten, was auf Sonderung eines Einheitlichen – und ev. unter Erhaltung einer gewissen Einheitlichkeit – hinweist, wie ja das Gespaltensein eines Baumstammes nicht schon ein Zerspaltensein in völlig getrennt nebeneinander liegende Stücke besagen muß – ?« Doch bedeutet Spaltung nichts weiter als eine Zerstückelung, die auf halbem Wege stehenbleibt und die durch entsprechende Gegenmaßnahmen aufgefangen werden kann, so im Falle des Ich durch die Reflexion? Oder ist es gerade die ins Extrem getriebene Spaltung, die in jedem einzelnen Stück das Ganze wiederaufstehen läßt? Ist es das Durchleben und Durchdenken der Zerrissenheit, das den Riß heilt, ohne daß es eines äußeren Flickwerks bedarf?[8] Oder verbirgt sich hinter der Spaltung und der Zerrissenheit nichts weiter als eine Unterscheidung, die ihren Einheitsgrund bereits enthält, so daß sich etwa bei der berühmten Subjekt-Objekt-Spaltung jeder Gedanke an eine Geistesspaltung, eine Schizophrenie verbietet?

Schließlich noch eine Bemerkung zur *Zerstreuung*. Diese läuft auf eine Vervielfältigung hinaus, die sowohl auf seiten dessen, was sich zerstreut, wie auf seiten dessen, was die zerstreuten Partikel empfängt, einen einheitlichen Brennpunkt vermissen läßt. Die Zerstreuung, die der Sammlung, die Dis-traktion, die der Re-kollektion gegenübersteht, gefährdet nicht nur die Ganzheit und Einheit dessen, was auf dem Spiel steht, sondern sie erzeugt darüber hinaus eine *richtungslose Bewegung*, die von irgendwoher irgendwohin verläuft. Auch diese Gefahr deutet sich bei Platon an, wenn er dem unadressierten Geschreibe mit seinen schnell wachsenden und schnell verblühenden Adonisgärtchen die Kunst des Ackerbauers entgegenhält, der »in den geeigneten Boden aussät« (*Phaidros* 276 b). Die Spermen des Geistes verflüchtigen sich in einer Form der *Dia-spora*, der Dis-semination, wie Derrida übersetzt, in der das Zwischen auszuufern scheint. Verwandt mit der Zerstreuung sind andere Motive wie die *Ausstrahlung*, die sich ihrer Wirkung nicht sicher ist, oder eine *Zersplitterung*, die

7 Der klinische Gebrauch dieses Begriffs war Husserl sicherlich vertraut durch die Lektüre des 1910 erschienenen Buches von T. K. Oesterreich: *Die Phänomenologie des Ich in ihren Grundproblemen*.

8 Vgl. den bekannten Ausspruch von Hegel: »Ein geflickter Strumpf ist besser als ein zerrissener, nicht so das Selbstbewußtsein.«

eine unüberschaubare Fülle von Einzelheiten erzeugt. Auch die Zerstreuung beschwört eine Form der Unmöglichkeit herauf, nämlich eine Vielfalt, die nicht aus einer bloßen Vielzahl unverbundener Einzelelemente besteht und andererseits auch nicht einem einheitlichen, in sich eingefaltenen Ursprung entstammt, wie es die Rede von Implikation und Ex-plikation vermuten läßt.

5. Gespaltenes und geteiltes Selbst

Das Problem der Spaltung, der Teilung und der Zerstreuung verschärft sich, wenn wir nicht mehr von etwas ausgehen, das gespalten, geteilt oder zerstreut wird, sondern von einem Selbst, das diese Prozesse über sich ergehen läßt. Das Problem schwächt sich ab, wenn wir das Selbst wiederum als etwas denken, als eine *res cogitans*, als etwas, das denkt. Das Selbst, das sich durch ein Selbstbewußtsein auszeichnet, wäre nichts weiter als ein Dingbewußtsein, das sich über sich selbst aufklärt. Während im *Bewusstsein von etwas* Denkendes und Gedachtes, Subjekt und Objekt auseinanderklaffen, sind Subjekt und Objekt im *Selbstbewußtsein* ein und dasselbe, so daß der Spalt zwischen denkendem Subjekt und gedachtem Objekt sich schließt. Diese Schließung des Spalts läßt verschiedene Wege zu. Der Dialektiker erhebt den Anspruch, zu zeigen, daß ich im Grunde schon bin, was ich denke, so daß Spaltung nichts weiter bedeutet als eine vorübergehende Entäußerung und Entfremdung des Selbst.

Reflexionsphilosophen begnügen sich mit dem Aufweis, daß das Bewußtsein von etwas von einem fungierenden Selbstbewußtsein begleitet wird, das in der reflexiven Thematisierung als solches hervortritt. Die stets mögliche Reflexion ermöglicht es, die »Vervielfältigung der Vollzugsiche« durch eine »synthetische Identifizierung« aufzufangen, so daß ich mich – ungeachtet der zeitlichen Verschiebung, die jede Reflexion mit sich bringt – immerfort als dasselbe Ich erweise: »Ich sehe, daß *Ichleben in Aktivität* durchaus nichts anderes ist als ein *Sich-immerfort-in-tätigem-Verhalten-spalten* und daß immer wieder ein allüberschauendes Ich sich etablieren kann, das <ein> alle <jene Akte und Aktsubjekte> identifizierendes ist [...]« (Hua VIII, 91). Die Ichspaltung erscheint hier nicht als vorübergehende, sondern als immer wieder auftretende und immer wieder aufs neue zu behebende Spaltung – ein Penelope-Werk der Reflexion, das der Zeitlichkeit des Erlebens seinen Tribut zollt, aber im Festhalten an dem Ziel einer Selbsteinigung die Selbstspaltung als eine Art Selbstmangel oder als Seinsmangel erscheinen läßt (vgl. Sartre 1943, S. 129, dt. 183). Das Selbst wünscht zu sein, was es nicht sein kann. Wenn der Dialektiker dem in der Reflexion Befangenen sein Unglück vorhält, so dieser jenem sein bloß erschlichenes Glück. Das alles gehört zum philosophischen Roman der Moderne.

Der Ausgang von vorgängigen Widerfahrnissen, auf die wir immer nur nachträglich antworten, lehrt uns etwas anderes, nämlich eine Selbstbildung durch Selbstverschiebung. *Wem* etwas widerfährt, *wen* eine Aufforderung erreicht und *an wen* sich diese wendet und *wer* antwortet, also das erleidende, aufgeforderte und antwortende Selbst, all diese Instanzen sind weder miteinander identisch noch nicht-identisch. Die Außensicht des Beobachters erweckt den Eindruck, es gäbe mehrere Selbste oder ein zentrales Selbst, das verschiedene Rollen spielt, etwa die des ›Patienten‹, des Adressaten oder des Respondenten. Die bloße Pluralisierung verpaßt das Selbst, das sich nur durch Selbstpluralisierung als solches erweisen könnte. Die Annahme eines zentralen Selbst setzt hinwiederum eine reflexive Innen- und Überschau voraus, sie setzt also voraus, was es gerade aufzuklären gilt. Die Frage, wer ich bin, wird in der Außenbetrachtung nicht einmal gestellt, in der Innenbetrachtung ist sie immer schon beantwortet. Den Partialsubjekten steht ein Gesamtsubjekt gegenüber; von einem Selbst, das erst zu einem solchen wird, kann in beiden Fällen nicht die Rede sein.

Daß jeder, der von Widerfahrnissen spricht, sich an ihnen reibt, sie beklagt oder begrüßt, den Status eines bloß Erleidenden schon verlassen hat, steht außer Frage, doch daß er das, was ihm widerfahren ist, völlig hinter sich gebracht oder ›verarbeitet‹ hat, folgt daraus keineswegs. Wenn wir auf unser eigenes Selbst und seine vergangenen Affektionen zurückgehen, so unterstellen wir einen *Selbstbezug*, der einen *Selbstvorzug* einschließt und der auf einer affektiven Selbstanhänglichkeit, einem »primären Narzißmus« beruht. Diese Präferenz ist der Differenz zu Anderen eingeschrieben als eine genuine Markierung, die das Sichunterscheiden von einer bloßen Unterscheidung abhebt. Während rein strukturelle Differenzen wie ›a ¬ b‹ sich umkehren läßt in ein ›b ¬ a‹, läßt sich die präferentielle Differenz ›$\bar{a}$ ¬ b‹ nicht ohne weiteres umkehren. Die Differenz ›S (= Selbst) ¬ A (= Anderes)‹ läßt sich nur umkehren, wenn jemand sich selbst umkehrt, sich beispielsweise mit fremden Augen betrachtet. Die Markierung des Selbst ist eine Markierung *in actu*, keine sekundäre Etikettierung, wie wenn jemand zum Präsidenten ernannt wird. Der Vorzug, der ein Selbst ausmacht, geht gleichfalls jeder Würdigung und Wertschätzung voraus. Er läßt sich nicht mit anderem vermitteln, geschweige denn gegen anderes aufrechnen. Das Selbst ist weder ein identifizierbares einheitliches Etwas oder Jemand, noch ist es Glied eines sich in sich selbst und Andere zerteilenden Ganzen. Es ist immer nur etwas an ihm identifizierbar und etwas von ihm integrierbar. Das Selbst bewirkt, daß jedes Ganze ein Teilganzes ist. Das Selbst, das sich durch Selbstbezug und Selbstentzug konstituiert, läßt sich auch nicht als Individuum fassen, das lediglich die Grenze der Teilbarkeit bezeichnet, oder als ein Diesda, das als Kristallisationskern allgemeiner Bestimmungen dient.

Zu einem bestimmten Selbst wird das Selbst durch jene *Selbstspaltung* und *Selbstteilung*, um die es uns hier geht und durch die das Selbst im Gegensatz zum bloßen Etwas Distanz zu sich selbst gewinnt, sich artikuliert, ausgehend von einer Urspaltung, die einen Kometenschweif weiterer Spaltungen nach sich zieht. Das *Wem* des Widerfahrnisses verwandelt sich in das *Wem* einer Aufforderung und das *An-Wen* eines Anrufes und schließlich in das *Wer* des Antwortens, ohne daß die Vorgängigkeit dessen, was das Selbst erleidet, in der Nachträglichkeit dessen, was es tut, aufgehoben wäre. In der Erfahrung selbst öffnen sich Spalten und Klüfte, in denen das Selbst sich von sich selbst entfernt. Der Selbstverschiebung entspricht die Selbstverdichtung in einem Partialselbst, das auf der affektiven Bevorzugung bestimmter ›Partialobjekte‹, Körperzonen, Gesten, Ziele oder Ideen beruht. So kann der libidinöse Leib in seinen spezifischen Ausformungen zum »Emblem des Lebens« werden (vgl. Merleau-Ponty 1988, S. 349, dt. 361). Wenn wir also von einer Selbstspaltung und Selbstteilung sprechen, so besagt dies, daß im Prozeß des Sichspaltens und Sichzeigens das Sich nicht vorausgesetzt ist, als läge alldem ein identisches Selbst zugrunde, sondern es besagt, daß das Selbst entsteht, *indem* es sich spaltet und teilt. Die Fortsetzung dieser Selbstspaltung, die daraus resultiert, daß das Selbst in allem, was es intendiert und begehrt, dem Gesichtspunkt eines Dritten unterliegt, werden wir behandeln, wenn wir auf die Zugehörigkeit und Unzugehörigkeit zu bestimmten Ordnungen zu sprechen kommen.

Fragen wir uns nun, wodurch die Selbstspaltung und Selbstteilung vor einer völligen Zerstückelung und einem völligen Zerfall bewahrt wird, so stoßen wir abermals auf die *Selbstaffektion*, auf ein Sich-Sein (*s'être*), wie Sartre in einem seltenen Augenblick formuliert (vgl. 1973,

S. 45). Es bedarf keiner reflexiven Anstrengungen, um einen Konnex mit mir herzustellen, und es bedarf keiner Evaluationen, um ein neutrales Sein mit Werten auszustatten. Die Frage, ob ich mich selbst etwas angehe oder ob ich mich um mich kümmern soll, beantwortet sich selbst gleich dem Cartesianischen Zweifel, der bekanntlich selbst bei Descartes ein *sentio* und *desidero* einschließt. Dabei kann einmal der Selbstkontakt, das andere Mal die Selbstdistanz überwiegen, bis zu den das Selbst gefährdenden Extremen, in denen die Selbstaffektion der totalen Verschmelzung oder umgekehrt der totalen Zerstückelung nahekommt. Die entscheidende Frage kann sich folglich einzig darauf beziehen, *wie* ich mich um mich kümmern soll und *wie* ein unterbrochener Selbstkontakt wiederhergestellt oder eine Selbstfixierung durchbrochen werden kann. Ein Selbst ist niemals ein Wesen, dem nur etwas oder jemand fehlt, sondern ein Wesen, das sich selbst fehlt und sich im vormoralischen Sinne des Wortes verfehlt.

Doch die Selbstaffektion ist nicht zu trennen von der *Fremdaffektion.* Was das Selbst erleidet, wozu es aufgefordert wird und worauf es antwortet, ist ganz und gar mit Fremdem durchsetzt. Denn der Sprung zwischen dem Wovon der Affektion, dem Wozu der Aufforderung und des adressierten Appells wiederholt sich in der Spaltung zwischen erleidendem, aufgefordertem, adressiertem und antwortendem Selbst. Weder das Fremde noch die Erfahrung des Fremden bildet einen monolithischen Block; die Ritzen im Gestein machen das Fremde aus. Wie jede Fremdheit, so ist auch die Fremdheit des Selbst durch einen Entzug, nämlich durch einen Selbstentzug charakterisiert. Doch dieser Entzug meiner selbst verquickt sich mit dem Entzug des Anderen. Wenn ich nur bin, wer ich bin, indem ich vom Anderen affiziert und in Anspruch genommen bin, so bin ich außer meiner selbst, mir selbst fremd. Diese Fremdheit, die im Herzen des Selbst aufbricht, nenne ich *ekstatische Fremdheit.* Auch dieser Ausdruck gibt zu Mißverständnissen Anlaß. Gemeint ist nicht ein Selbst, das nach außen tritt, wie wenn es sein Haus verläßt, um Andere zu besuchen, und gemeint ist auch nicht das Dasein im Woraufhin seines Entwurfs.[9] Als Selbst, das aus Widerfahrnissen hervorgeht, das

9 Heideggers zeitliche Ekstase wird von Lévinas als »Ekstatismus« gekennzeichnet, weil hier die In-sistenz und Sub-sistenz des Subjekts einer sich aus dem Sein verstehenden Ex-istenz geopfert werde (*Vom Sein zum Seienden*, frz. S 138., dt. 100 f.). Doch in unserem Falle geht es um ein Außersichsein, das dem Bewußtsein *a limine* innewohnt. Es besteht kein Grund, umgekehrt dem Ausdruck »Außer-Sich« ein Substanzdenken

sich in der Fremdaffektion selbst affiziert und nicht etwa ihr zuvor, bin ich mir anfänglich selbst entzogen. Die Arche, der Anfang und Ursprung dessen, was ich an mir selbst, am eigenen Leibe erfahre, liegt weder in mir noch außer mir,[10] sondern als Ur-sprung ist sie in sich selbst gespalten, gebunden an ein Selbst, das sich selbst vorausgeht, weil es aus und in Anderem lebt.

Dieser Spalt, der das Unvermittelbare schlechthin darstellt, setzt jedem Ganzseinwollen ein Nicht-Ganzseinkönnen entgegen. Dieses Heraus-aus-sich-selbst besagt, daß es Anteile des Anderen im Selbst gibt, im »eigenen Haus«, ohne daß es bereits den Anderen als Anderen gibt. Lévinas geht zu weit, er geht zu schnell zum Anderen, wenn er das Selbst zur Geisel erklärt, von einer Besessenheit durch den Anderen und von einer an das Selbst gerichteten Anklage ausgeht und das akkusativische Wen des Anklagefalls aufzucken läßt wie einen Blitz aus heiterem Himmel, so daß ich sowohl mit dem Anderen geschlagen wie durch ihn auserwählt bin. In dieser kurzschlüssigen Vereinigung von Pathos und Angesicht, von Affektion und Appell werden die Spalte, die das erleidende vom aufgeforderten und antwortenden Selbst, also von sich selbst trennt, zusammengezogen zu einem großen Spalt zwischen dem Selbst und dem Anderen, und die Fremdheit schmilzt zusammen zu einer großen Fremdheit. Doch Kontrastformeln wie »Nicht ich lebe, *sondern* ein Anderer lebt in mir« oder »Ich lebe nicht in mir, *sondern* im Anderen«, die vielfach als religiöse Bekehrungsformeln verwendet werden, werden dem, was ich als ekstatische Fremdheit bezeichne, nicht gerecht. Diese besagt, daß das Selbst sich als anderes erlebt, indem es von Anderem affiziert wird. Doch selbst diese Scheidung ist ebenso wie die in Innen und Außen eine nachträgliche Scheidung, in der das Diesseits und Jenseits des Spaltes, der das Selbst von sich selbst trennt, gesondert auftreten. Soweit das Selbst nicht bei sich selbst ist, ist es auch nicht beim Anderen als einem Anderen. Freuds Gedanken, die bei der Analyse traumatischer Erfahrungen um die Frage einer realen oder nur phantasierten Verführung kreisen, berühren das Problem einer Verführung ohne Verführer. Widerfahrnisse haben als solche keine Urheber, ebendeshalb üben sie eine singularisierende Wirkung

zu unterschieben, wie es Günter Figal in seiner Auslegung von *Sein und Zeit*, S. 328 f. tut (vgl. Figal 1988, S. 290); das Sich impliziert ein Selbst, nicht aber ein selbständiges Etwas.

10 Vgl. die entsprechende aristotelische Unterscheidung zwischen wissentlich-willentlichen und unwissentlich-unwillentlichen Handlungen (*Nik.Eth.* III, 1).

aus, die geradezu nach einer anfänglichen Namenlosigkeit verlangt. Die von Goethe einer göttlichen Eingebung zugeschriebene Gabe, »zu sagen, was ich leide«, setzt Erfahrungen voraus, für die es noch keine Namen gibt. Ebendeshalb sind Erleidende dem, wovon sie getroffen sind, auf eine Weise ausgeliefert, wie es bei einem mir oder anderen zugeschriebenen Akt nicht der Fall ist. Daß diese pathischen Erfahrungen all unsere Intentionen und Bestrebungen, all unser Reden und Tun grundieren, besagt, daß sie keiner bloßen Frühzeit angehören. So wie es für Husserl eine Passivität vor und in der Aktivität gibt, so können wir von einem Pathos vor und in unserer Aktivitäten sprechen, was besagt, daß Vergangenes nicht nur nachwirkt, sondern auch vorauswirkt.

6. Selbstverdoppelung im Anderen

Es stellt sich nun die Frage, wie das Selbst, das in dem, was an Wirkungen ihm widerfährt, außerhalb seiner selbst ist, sich als Selbst vom Anderen absetzt, so daß ihm Fremdes nicht nur an sich selbst, sondern auch von anderswoher begegnet. Die Beantwortung der Frage, *wer* jener ist, *dem* etwas widerfährt und *an den* Aufforderungen ergehen, läuft über die Frage nach dem Wer des Anderen. Die Figur des Zwischen, in der Selbst und Anderer auseinandertreten, so daß ich beim Anderen bin und seinen Wirkungen immer schon unterliege, läßt sich bestimmen als eine eigentümliche Form von Verdoppelung.

Schon die *Verdoppelung von etwas* hat etwas Rätselhaftes und geht über bloße Rechenkunststücke hinaus. Zunächst wird man die Verdoppelung mit der Multiplikation in Zusammenhang bringen. Bei der Verdoppelung wird nicht bloß etwas hinzugefügt oder weggenommen, sondern etwas tritt in vervielfältigter Form auf, so daß doppelt soviel da ist als vorher. Betrachten wir die Vervielfältigung als Rechenoperation, so kann als Ausgangsgröße eine beliebige Zahl eingesetzt werden: $1 \cdot 2 = 2$, $2 \cdot 2 = 4$ usf. Die Verdoppelung als Spezialfall der Vervielfältigung wäre die Kontroverse der Halbierung, die als Spezialfall der Teilung betrachtet werden kann: $4 : 2 = 2$, $2 : 2 = 1$. Unterhalb der Schwelle ganzer Zahlen beginnen die gebrochenen Zahlen: $1 : 2 = 1/2$, die an den Prozeß der Spaltung erinnern. Betrachten wir mit Platon die Änderung, die das Berechnen an den berechneten Dingen bewirkt, so zeigt sich eine merkwürdige Symmetrie zwischen Verdoppelung und Halbierung; erstere ergibt zwei Einheiten, letztere zwei Hälften.

Doch die rein arithmetische Auffassung von Verdoppelung und Halbierung verhindert das Staunen darüber, daß etwas *noch einmal* vorkommt. Das Noch-einmal verschwindet im Immer-wieder einer regelgerecht erzeugten Zahlenreihe. Halten wir uns an die Gestalten der Erfahrung, deren Abzählbarkeit nicht ohne weiteres gegeben ist, so ergibt sich ein anderes Bild.[11]

(1) Die Spaltung oder Zweiteilung macht eins zu zwei, sie geht also von einer Einheit aus, während die Verdoppelung eine Einheit zu einer anderen hinzufügt. Der Vorgang der Spaltung erscheint deshalb als system- und strukturgerechter, da er einen einheitlichen Ursprung und in der möglichen Rückkehr zur Einheit ein einheitliches Ziel hat, während die Verdoppelung als »zufällige Hinzusetzung« in eine prinzipiell unabschließbare Empirie zu führen scheint.[12] Von einer schlichten Symmetrie zwischen Spaltung und Doppelung kann also nicht die Rede sein. Es fragt sich nur, ob das Noch-einmal der Verdoppelung als rein empirisch zu betrachten ist.

(2) Die Verdoppelung tritt aus der Multiplikationstabelle heraus, wenn man sie als *Paarbildung* betrachtet. Das Paar ist ein »Numeralgebilde«, das Zusammengehöriges umfaßt und nicht beliebige Dinge summiert wie die Zahl 2 (vgl. Koffka 1966, S. 252). Man denke an paarweise auftretende Körperorgane wie Auge und Hand, an symmetrisch angeordnete Artefakte wie Doppeldecker und Doppelflinte, an Doppelzeichen wie den Doppelpunkt oder an Zwillinge, deren auffällige Gleichheit genetischen Ursprungs ist.

(3) Schließlich unterliegen die Glieder eines Paares einer ungleichen Gewichtung, wenn eine der beiden Gestalten als *Urgestalt*, die andere als *Nachgestalt* fungiert. Den paradigmatischen Fall bildet das Verhältnis von Ding und Schattenbild, von Original und Kopie (auch Doppel genannt), von Schauspieler und Double, das

11 Dieses wird durch sprachliche Unterscheidungen verstärkt. Im Französischen beziehungsweise in den entsprechenden Fremdwörtern erfährt die Verdoppelung eine deutliche Nuancierung; vgl. *Doublé:* im Billardspiel der Ball, der nach Berührung der Bande, also indirekt gemacht wird; *Doublure:* Unterfutter oder Aufschlag an Uniformen; *Dublone:* spanisches Goldstück oder Doppelpistole; *Dublette:* zweimal Vorhandenes, Doppelstück. Nur im letzten Fall haben wir es mit einer rein additiven Vervielfältigung zu tun.

12 Vgl. den Abschnitt »Architektonik der reinen Vernunft« in der KrV, speziell B 860 f.

durch eine konstitutive *Asymmetrie* gekennzeichnet ist. Diese kommt allerdings ins Schwanken, wenn die Produktion in Simulation übergeht und Modelle am Ende nur sich selbst bezeichnen (vgl. Baudrillard 1982, Kapitel II). Husserl macht sich das Motiv der Paarung zunutze, um den Aufbau der Fremderfahrung zu beschreiben (Hua I, § 51). Die Paarung betrachtet er als das »konfigurierte Auftreten als Paar«, das heißt als eine anfängliche Form von Mehrheit, die zu den assoziativen Komponenten der Erfahrung gehört. Allgemein betrachtet, erscheint sie als »Urform« der passiven Synthesis, die im Gegensatz zur passiven Synthesis der Identifikation auf Ähnlichkeit beruht. Eine »Paarung« besonderer Art sieht Husserl in der Fremderfahrung am Werk, wo der eigene Leibkörper immerfort als »urstiftendes Original« fungiert, das aufgrund der Ähnlichkeit des fremden Körpers zu einer »Sinnesübetragung« oder »Sinnesüberschiebung« führt. Fremdes erscheint am Ende als »Analogon von Eigenheitlichem«, das andere Ich entpuppt sich als »mein Modifikat« und »doch nicht einfach als Duplikat meiner selbst« (ebd., S. 144-146). Diese Reminiszenz aus Husserls Theorie der Fremderfahrung bringt uns der Frage nach einer möglichen Selbstverdoppelung näher.

Doch was kann *Selbstverdoppelung* überhaupt besagen? Wenn Aristoteles im Freundschaftstraktat der *Nikomachischen Ethik* von einem »anderen Selbst« spricht, jenem ἕτερος αὐτός, das im Lateinischen als *alter ego* wiederkehrt, so deutet er ein Problem an, das für ihn selbst im Grunde keines ist. Wörtlich bezeichnet ἕτερος oder *alter* den anderen von zweien. Doch der eine oder auch die eine, die bei dem geläufigen Maskulinum immer nur mitgedacht wird, das bin ich selbst im Gegensatz zu einer Verdoppelung von etwas, bei der die Bezugsglieder vertauscht werden können. Das besagt aber, daß zunächst ich mich im Anderen verdoppele, bevor das Spiel wechselseitiger Spiegelungen einsetzt. Daß dieser Auftritt als »anderes Selbst« weniger denn je mit einer bloßen zahlenmäßigen Vervielfältigung gleichgesetzt werden kann, deutet sich schon in den Eigenarten verschiedener Sprachen an. Abgesehen davon, daß es Sprachen wie das Griechische gibt, die über einen Dual verfügen, der mehr bedeutet als einen bloßen Spezialfall des Plural, weist die Bildung von Zahlwörtern besondere Züge auf. Anders als im Deutschen werden im Griechischen und Lateinischen die beiden ersten Ordnungszahlen πρῶτος, δεύτερος beziehungsweise *primus, secundus* nicht vom selben Stamm gebildet wie die Kardinalzahlen εἷς, δύο beziehungsweise *unus, duo.* Die Konnotationen, die den Rang des ›Zweiten‹ betonen, deuten an, wie sehr die sogenannten Ordinalzahlen über eine bloße Summierung hinausgehen. Während das lateinische *secundus* den Zweiten als ›folgend‹ bestimmt, geht δεύτερος aller Wahrscheinlichkeit nach zurück auf δεύομαι (später: δέομαι), was ›ermangeln‹ oder ›hinter etwas zurückbleiben‹ bedeutet, so daß bei Homer der Superlativ δεύτατος ›der letzte‹ besagt. Die Asymmetrie zwischen dem einen und dem anderen, dem Ersten und dem Zweiten tritt hier deutlich hervor.

Wenn nun also Aristoteles vom »anderen Selbst« spricht, so nimmt er der Konfrontation mit einem fremden Selbst den Stachel, indem er in eine bloße *Selbsterweiterung* überlenkt. Freunde, die auf prototypische Weise die höchste Möglichkeit des Mitseins verwirklichen, »haben alles gemeinsam«, wie das Sprichwort sagt. Sie finden einander wieder im gemeinsam geübten Streben nach dem Guten. Die Doppelheit oder Vielzahl der Selbste ist darin im besten Sinne aufgehoben, allen partiellen Verschiedenheiten zum Trotz.

Der Individualisierungsschub der Moderne hat diesen Weg versperrt oder doch wenigstens erschwert. Der Ausgang vom Ich mit seinen individuellen Ansichten und Interessen macht den Anderen ausweispflichtig. So entstehen Probleme, die man unter Titeln wie *Intersubjektivität* oder *Other Minds* behandelt. Die raffiniertere Lösung besteht darin, daß man die Selbstverdoppelung auf eine *Verdoppelung des Selbst durch sich selbst* zurückführt. Das Fremdbewußtsein erscheint als bloße Kompilation aus Objektbewußtsein und Selbstbewußtsein. Während ich im normalen Bewußtsein etwas zum Objekt habe (S – O) und während ich im Selbstbewußtsein mich selbst zum Objekt habe (S – S), habe ich im Fremdbewußtsein ein anderes Selbst zum Objekt, das also seinerseits mit Bewußtsein und Selbstbewußtsein ausgestattet und mithin in der Lage ist, all das zum Objekt zu machen, was ich selbst zum Objekt habe, einschließlich meiner selbst (S – S^f). Das fremde Selbst hat für ein selbstbewußtes Denken nichts Anstößiges, da der Abstand zwischen eigenem und fremdem Selbst sich überbrücken läßt. Die Brückenbauten werden zunehmend ambitiöser. Man kann das Selbst unter ein Vernunftgesetz stellen, das jeder sich selbst gibt. Das eigene Selbst verdoppelt sich gar nicht; es stellt lediglich seine Eigenheit zurück zugunsten eines allgemeinen Gesetzes und zugunsten eines allgemeinen Selbstzwecks, der in der eigenen wie in der fremden Person gleichermaßen auftritt. Das fremde Selbst kommt nur vor, *sofern* es eben nicht fremd ist. Sofern es fremd ist, fällt es unter die faktischen Bedingungen von Empirie und Recht. Daran ändert sich im wesentlichen nichts, wenn das moralische Gesetz durch Sprach- oder Gesellschaftsregelungen ersetzt oder durch sie untermauert wird. Man kann einen Schritt weitergehen und zu zeigen versuchen, daß das eigene Selbst als Ich sowohl auf ein Nicht-Ich wie auf andere Iche angewiesen ist, um als bestimmtes Ich aufzutreten. Doch eine Fremdheit im radikalen Sinne gibt es auch hier nicht, da das Fremde nur vorkommt, *sofern* es zu den Bedingungen des eigenen Ichwerdens gehört. Schließlich rundet sich der Kreis, wenn ich mich im Anderen als mich selbst wiedererkenne aufgrund einer Gemeinsamkeit, die jeder sowohl vorfindet wie in dem Anderen entfaltet. Die Selbsterweiterung, mit der Aristoteles vorliebnahm, steigert sich zur Selbstverallgemeinerung, die nicht mehr Philia oder Polis heißt, sondern Geist. Die Fremdheit kommt hier durchaus vor, aber nur, *sofern der Geist sich selbst entfremdet ist.* Angesichts dieser Versuchung, die Fremdheit des Anderen in eine Ellipse aus Eigenheit und Allgemeinheit einzubauen, behält der Empirismus etwas Wahres, wenn er darauf besteht, daß es andere Geister oder andere Leibkörper gibt, ohne daß wir ihre Andersheit durch apriorische Regelungen, durch die Deduktion von Freiheitsbedingungen oder durch eine dialektisch erzeugte Allgemeinheit bewältigen können. Doch wenn es dabei bliebe, würde die Fremdheit der Anderen auf eine bloße *matter of fact* reduziert. Die gesuchte Selbstverdoppelung würde sich der *Verdoppelung von etwas* beziehungsweise der bloßen *Vervielfältigung von etwas* annähern, indem sie sich darauf stützt, daß ein Etwas oder Jemand von bestimmtem Typ mehrfach vorkommt.

Wenn wir dagegen von einem Ineinander aus Fremd- und Selbstentzug, aus Fremd- und Selbstaffektion ausgehen, stoßen wir auf eine Selbstverdoppelung transitiver Art, die wir als *Selbstverdopplung im Anderen* bezeichnen. Die staunenswerte Tatsache, daß ich als Selbst *meinesgleichen* und daß jeder von uns *seinesgleichen* hat, beruht nicht auf einem Vergleich, sondern sie entspringt der Entdeckung dessen, was Husserl Fremderfahrung nannte, aber nur auf zweideutige Weise zu fassen vermochte. Das Fremde ist weder von innen her zu gewinnen als Implikation einer vernunftgeleiteten und vernunftdurchtränkten Selbsterfahrung noch von außen als eine mehr oder weniger zufällige Tatsache unter anderen. Unser Selbstbewußtsein würde so oder so nicht erschüttert und in seiner Selbstheit betroffen. Es handelt sich also weder um eine generative, selbstbezügliche Einheit, die sich aus sich selbst verdoppelt, noch um gegebene Einheiten, die sich nach Belieben ergänzen lassen. Vielmehr stoßen wir auf eine genuine Verdoppelung, die ähnlich wie im Falle der Selbstspaltung nicht ein Etwas voraussetzt, das sich verdoppelt, die aber auch kein Drittes voraussetzt, in dem die versprengten Einzelheiten sich zusammenfinden.

Angesichts eines solchen Zwischenphänomens versagen geläufige Ordnungsmuster wie transzendentale Synthesis, assoziative Verknüpfung oder dialektische Vermittlung. Selbst der Versuch, aus dem Scheitern der Selbstbegründung Fremdheitskapital zu schlagen, indem man sich auf einen unverfügbaren Grund bezieht, führt nicht weiter, da das bloße Unvermögen mein Vermögen nicht in Frage stellt und da die bloße Ohnmacht das Spiel der Macht mit den Mitteln der Schwachheit fortsetzt. Spätidealistische Rettungsanstrengungen gleichen nicht selten dem Versuch, ins Wasser zu springen, ohne naß zu werden. Wie aber, wenn sich zeigen ließe, daß wir schon immer im Wasser schwimmen?

Die Frage, wie ich selbst zum Anderen komme, ist *ab ovo* falsch gestellt. Wenn es Widerfahrnisse gibt, so als erlittene Wirkungen, die nicht von mir selbst ausgehen. Dies führt zu einer Selbstspaltung,[13] die Fremdes in mir selbst freisetzt, sofern ich mir als ein vom Anderen getroffenes Selbst selbst fremd bin. Die Selbstverdoppelung, die wir als weitere Figur des Zwischen einführen, steht für die Art und Weise, wie ich mich selbst vom Anderen absetze. Dies geschieht in einem Prozeß der Veranderung oder des *Othering*, der nicht zu einem Anderen hinführt, sondern ihn sozusagen hervorbringt, so daß ich selbst *beim* Anderen bin, *durch* den ich mich zuvor schon affiziert fühle.[14] Diese Verdoppelung macht aus dem Anderen in der Tat kein bloßes Duplikat, auch keinen bloßen Schutzschirm gegen den drohenden Untergang des Ich, wie Freud annimmt (GW XII, 247), sondern einen leibhaften *Doppelgänger*. Paul Valéry hebt den sowohl abgründigen wie faszinierenden Charakter dieser intimen Fremderfahrung hervor, wenn er schreibt: »Der Andere, einer meinesgleichen, oder vielleicht mein Doppelgänger, das ist der magnetischste Abgrund – die am häufigsten wiederkehrende Frage, das tückischste

13 Diese habe ich in früheren Texten geradewegs als leiblich fundierte Selbstverdoppelung behandelt; ich halte nun eine weitere Differenzierung für erforderlich, die sich auch in der Wortwahl bemerkbar macht.

14 ›Veranderung‹ ist in diesem Fall ohne transzendentales *solus ipse* zu denken, und *Othering* bedeutet eine Erfahrung des Anderen, keine bloße Herstellung von Alteritätskonstrukten.

Hindernis – das einzige, das alles übrige daran hindert, durcheinander zu geraten, sich einem zu entziehen. Eher Nachäffer als Nachahmer – ein Reflex, der dir antwortet, zuvorkommt, dich verblüfft« (*Cahiers*, Bd. I, 499, dt. Bd.2, 38). Gleich meinem Schattenbild ist der oder die Andere nicht jemand, der oder die ich sein kann, aber doch jemand, ohne den oder die ich nicht bin, wer ich bin. Fremderfahrung besagt deshalb nicht bloß, daß ich Fremde erfahre, sondern daß ich mir selbst fremd werde. Zwischen Eigenheit und Fremdheit läßt sich kein reiner Tisch machen. *Ich bin der Andere* und *bin es nicht*. Goethes Ginkgoblatt, das mich lehrt, daß ich »eins und doppelt« bin, oder Zarathustras Mittagsstunde: »Da plötzlich, Freundin! wurde Eins zu Zwei«, weisen hin auf eine Erfahrung des Übergangs, wie wir sie aus der Zeiterfahrung kennen, wo Vergangenheit, Gegenwart und Zukunft sich ineinanderschieben, einander überdecken und überlagern. Gleich wie die Zeit befindet sich die Fremdheit im Übergang. Im Auseinandertreten von Selbst und Anderem bekundet sich eine besondere Form der Fremdheit, die wir *duplikative Fremdheit* nennen wollen.[15]

In dieser *duplikativen* Form der Fremdheit berühren sich eigenes und fremdes Selbst, aber aus der Ferne. Selbsterfahrung und Fremderfahrung greifen nach Art eines *Chiasmus* oder eines *Chiasma* ineinander. Die von der Psychoanalyse untersuchten Prozesse der Intro- und Projektion, der Bindung und Ablösung und der Übertragung spielen sich in diesem Zwischenfeld ab, desgleichen die Sonderung des »Objektbezugs« in etwas, das mich herausfordert und verlockt, und jemanden, der sich an mich wendet, mich anspricht. Wenn Lévinas in *Totalität und Unendlichkeit* so einseitig die Trennung vom Anderen und die Beziehungslosigkeit der Beziehung hervorkehrt, so orientiert er sich allzusehr an einer sozialen und weltlichen Totalität und verkennt die Fäden, die zwischen mir und dem Anderen hin- und herlaufen. Doch ähnlich wie die Selbstspaltung sich in extreme Richtungen entwickeln kann bis hin zur Distanzlosigkeit oder zur Überdistanz, ähnlich ist auch die Selbstverdoppelung durch Extrembildungen bedroht, die mit denen der Selbstspaltung korrespondieren. Bekommt die Eins in der Zwei ein Übergewicht, so nähern wir uns der *Verschmelzung*, die mit dem Selbst auch den Anderen ver-

15 Ich weiche damit von dem Sprachgebrauch ab, den ich in *Verfremdung der Moderne* (Kapitel II) gewählt habe. Dort spreche ich im gleichen Zusammenhang von »diastatischer Fremdheit«; diese Bezeichnung erscheint, gemessen an der Spannweite der Diastase, als zu unspezifisch.

liert; überwiegt die Zwei in der Eins, so schlägt die Selbstverdoppelung im Anderen um in eine *Selbstverdoppelung durch den Anderen*, die im Verfolgungswahn ihren pathologischen Ausdruck findet. Wie alle anderen Figuren des Zwischen vollführt auch die Selbstverdoppelung einen Balanceakt, der durch keine Idealbildung zu stabilisieren ist. Hier finden die Entdeckungen der Psychoanalyse, darunter die Schattenkräfte des Unheimlichen ihren Platz.

Schließlich stellt sich die Frage, wie diese diastatische Figur mit der *Fremdheit des anderen Geschlechts* zusammenzudenken ist. Diese Frage ist zu komplex, als daß sie sich hier en passant abhandeln ließe. Ich begnüge mich also damit, mögliche Anknüpfungsstellen zu markieren.[16] Die Geschlechterdifferenz ist in Goethes Gedicht auf das Ginkgoblatt und in Zarathustras mittäglicher Begegnung schon angeklungen, und auch in den früheren Überlegungen zur Nähe und Ferne leiblicher Berührung sowie zur Verwandlung von Affektion in Appell treten jeweils geschlechtsspezifische Aspekte hervor. Man kann die geschlechtsspezifische Fremdheit auf ebenso vielfältige Weise verfehlen wie die Fremdheit, von der schon die Rede war. Die Frage bleibt, in welchem Verhältnis das, was wir duplikative Fremdheit genannt haben, zur Geschlechterfremdheit steht. Betrachtet man diese als bloße Spezifikation einer generellen Fremdheit, so nähert sie sich einer empirischen Variante. Setzt man sie mit der duplikativen Fremdheit gleich, so schränkt man diese über Gebühr ein und gerät in eine Art Genderismus, der den allgemeinen Unterton der Geschlechtlichkeit zum Leitton erhebt. Wie inadäquat dies wäre, zeigt sich zum Beispiel dann, wenn wir es mit Kriegsopfern zu tun haben. Die Zivilbevölkerung, die sich auch kriegsrechtlich eines besonderen und – wie wir wissen – wenig wirksamen Schutzes erfreut, rekrutiert sich nicht nur aus Menschen weiblichen Geschlechts, sondern generell aus Nicht-Kombattanten.

Einen Weg aus dem Dilemma einer Bagatellisierung des Geschlechtes auf der einen Seite, einer Totalisierung auf der anderen Seite sehe ich darin, die Geschlechterdifferenz als eine *emblematische Form der Fremdheit* zu fassen, in der diese sich auf konkrete Weise verkörpert. Die jeweilige Bevorzugung der geschlechtlichen Fremdheit drängt andere Aspekte wie die der Sprache, der Zugehörigkeit zu einer anderen Generation, einer gesellschaftlichen Gruppe oder einer

16 Mehr dazu in *Grenzen der Normalisierung*, Kapitel 8 und in *Das leibliche Selbst*, Kapitel VII, beziehungsweise in dem von Silvia Stoller und Helmut Vetter herausgegebenen Band *Phänomenologie und Geschlechterdifferenz* (1997).

religiösen Gemeinschaft in den Hintergrund, ohne sie zu eliminieren. In diesem Sinne kann man sagen, daß männliche Wesen sich in weiblichen Wesen und sich diese in jenen auf eigene Weise verdoppeln, so daß der eine seine Doppelgängerin, die andere ihren Doppelgänger findet. Diese Sichtweise setzt allerdings eine leibhaftige und chiasmatisch ineinander verflochtene Form der Fremdheit voraus, die sich nicht in Konstrukten erschöpft. Man kann Geschlechtsorgane wie Maschinenteile montieren, Geschlechtseigenschaften wie Attribute verteilen, doch mit Geschlechtserfahrung hat dies wenig zu tun.

7. Pausen und Zäsuren

Wir haben gezeigt, wie das Selbst außer sich beim Anderen und eben darin bei sich selbst ist, und dies ausgehend von einem Zwischenereignis, das sich selbst entzieht und damit Raum schafft für ein Ineinander von Selbstbezug und Fremdbezug. Zwischen uns spielt sich etwas ab, was keiner für sich in Anspruch nehmen kann. Doch dieser Ausdruck ›zwischen uns‹, dieses *entre nous*, das Lévinas als Buchtitel gewählt hat, ist mit größter Vorsicht zu verwenden. Denken wir dabei an die Möglichkeit, daß wir ›unter uns‹ bleiben oder daß etwas ›unter uns‹ bleibt, so unterschieben wir eine Wir-Sphäre, und dies bedeutet erst recht eine Unterschiebung, wenn wir das Wir als rein inklusives Wir fassen, von dem niemand ausgeschlossen wäre. Wir betreten damit den Boden des großen Dialogs, und strukturell betrachtet ändert sich nicht viel, wenn wir diesen lediglich durch eine Vielzahl begrenzter Diskurse ersetzen. Die entscheidende Frage lautet nämlich: Wird das Dia- des Dia-logs oder des Dis-kurses von einem Logos her gedacht, also als Sphäre eines gemeinsamen Sinnes, gemeinsamer Zwecke, gemeinsamer Regeln, gemeinsamer Praktiken oder Techniken – oder werden umgekehrt die jeweiligen Logoi vom Dia- her verstanden, rückgebunden an Diastasen und Dihairesen, die alle synthetischen Ordnungsmuster unterlaufen? Diese Frage stellt sich mit aller Deutlichkeit, wenn wir verschiedene Formen der *Unterbrechung* in Betracht ziehen. Diese erneute Figur des Zwischen ist dazu angetan, den globalen Dialog von innen her aufzubrechen, so daß der globale Dialog sich in einen *entretien infini* im Sinne von Maurice Blanchot verwandelt.[17]

17 Vgl. *L'entretien infini* (1969), besonders den Abschnitt »L'interruption«, S. 106 ff.

Beginnen wir mit der *Pause*. Dieses Wort, das sich von dem griechischen Wort παῦσις herleitet, bedeutet wörtlich ›Aufhören‹,[18] allerdings ein Aufhören besonderer Art, in dem etwas zur Ruhe kommt, aber nicht ans Ende oder ans Ziel. Eine fortgesetzte Tätigkeit wird durch Pausen unterbrochen, aber nicht abgebrochen oder beendet. In Arbeitspausen oder Schulpausen wird dieses Aussetzen einer Tätigkeit reguliert und institutionalisiert. Dauert die Pause länger an, so sprechen wir, den römischen Sprachgebrauch fortsetzend, von Ferien, die im englischen Wort *holidays* noch den sakralen Feiercharakter erkennen lassen, der hinter den Leerräumen der *vacances* nur zu erahnen ist. Der *Ruhepause*, die eine Tätigkeit unterbricht, steht andererseits die *Kunstpause* gegenüber, ein Innehalten in der Bewegung des Sprechens, Lesens oder Musizierens, das den Bewegungsablauf nicht unterbricht, sondern artikuliert, skandiert, rhythmisiert. Das Pausenzeichen im Rundfunk markiert den Übergang von einer Sendung zur anderen, den in heutigen Fernsehsendungen, einem *horror vacui* folgend, vielfach Werbespots ausfüllen. Die Kunstpause, die bestimmte Syntagmen schafft, das heißt wörtlich Zusammenstellungen, die sich voneinander abheben, dient der Form- und Sinnbildung. Sie findet ihre natürliche Vorzeichnung in der *Atempause*, wo Ein- und Ausatmen einander ablösen. Die Unterbrechung nimmt die Form einer störenden Einmischung an, wenn der Fortgang von außen her unterbunden wird, etwa in der Form, daß einer den anderen nicht ausreden läßt. Während die Pause eher an eine Hohlform erinnert, die sich als Lücke, Loch, Leere oder Intervall darstellt, wird in der *Zäsur* der künstliche und auch mit Gewalt verbundene Vorgang des Einschneidens betont. Einschnitte lassen Ausschnitte oder Abschnitte entstehen. Muster verwandeln sich in Schnittmuster, Zäsuren in Zensuren. Der fremde Eingriff kann so weit gehen, daß dem Anderen das Wort abgeschnitten wird. Platons Versuch, die Einschnitte »gliedermäßig« vorzuzeichnen, so »wie jedes gewachsen ist«, und es nicht einem schlechten Koch gleichzutun, der zerbricht, was seine Geflügelschere gehörig tranchieren sollte (*Phaidros* 265 e), hat selbst etwas von einem Kraftakt, der sich hinter der Antikünstlichkeit einer unverbrüchlichen Natürlichkeit verbirgt.

Mehr dazu findet sich in der in Kapitel I, Anm. 15 erwähnten Arbeit von Andreas Gelhard.

18 Vgl. etwa *Phaidros* 245 c, wo dem Immer-Bewegten der Seele ein »Aufhören« von Bewegung und Leben entgegengesetzt wird.

Pausen und Zäsuren, so wie wir sie zunächst betrachtet haben, gehören zur Stilistik des Redens und Tuns, zur Rhythmik und Modulation der Bewegung, die der Semantik von Sinn und Ziel zugeordnet, ihr aber keineswegs schlicht untergeordnet sind. Linguistisch gesehen, fallen sie in den Bereich einer »Vorsprache«, die unsere sinnorientierte und regelgeleitete Sprache unterfüttert und unterhöhlt. Sie verhindert von Anfang an, daß das Sagen im Ausgesagten, das Tun in der Tat, das Hervorbringen im Werk zur Ruhe kommt (vgl. AR, Kapitel II, 12). Dabei zeichnen sich bestimmte Motive ab, in denen sich die Fremdheit zwischen mir und mir und jene zwischen uns bereits ankündigt. Die Alternative von *Leere* und *Fülle*, von Schweigen und Reden, von Innehalten und Fortschreiten folgt nicht dem binären Schema von Sein und Nichts, von Ja und Nein, sondern dem differentiellen Abhebungsmuster von Figur und Grund. Was auftritt, taucht auf aus dem Hintergrund oder Untergrund, aus einer Abwesenheit, die ans Begehren rührt und nicht an das bloße Bedeuten oder Gelten. Zum anderen unterbrechen Pause und Zäsur das Sinnkontinuum, in dem der Sinn sich sozusagen fortpflanzt und fortzeugt. Die Pause schillert zwischen *Übergang* ins Erwartete und *Umschlag* ins Unerwartete, gleich einem Pendel, das von der Oszillation zur Rotation überwechseln kann. Die Pause bedeutet nicht nur eine Phase im rhythmischen Wechsel, sondern zugleich auch eine unterschwellige Inkubationszeit. Demgemäß äußert sich Paul Valéry in seinen *Cahiers* (Bd. I, S. 1009, dt. Bd. 3, S. 180): »*Sich unterbrechen* (*s'interrompre*) – wesentlich menschliche Eigenschaft – aufschließend, Beweis dafür, daß es viele Wege gibt.« Schließlich stellt sich die Frage nach der verbindenden Kraft von Pause und Zäsur. Schließt die Pause eine Phase ab, oder eröffnet sie eine neue? Ist sie Teil der einen oder der anderen? Die Frage erscheint als abwegig; Pause und Zäsur konstituieren einen *gebrochenen Zusammenhang*.

Diese Gebrochenheit vertieft sich zu einer Kluft, wenn wir zur Urdiastase zwischen Affektion und Antwort vorstoßen, wenn wir die Fremdheitszonen in Betracht ziehen, die daraus entstehen, und von daher in die Untergründe des Dialogs hineinleuchten. Der dialogischen oder diskursiven Vermittlung stehen Figuren der Un-vermittlung entgegen, eines Bezugs zwischen Selbst und Anderem, der nicht um eine Mitte kreist. Nicht etwas hört auf und anderes beginnt, nicht einer redet und die andere schweigt, sondern der Herzschlag setzt aus in den *intermittences du cœur*, mit den Worten von Paul Celan: »Aber: mein Herz/ging durch die Pause ...« Das »Aber«, das dem

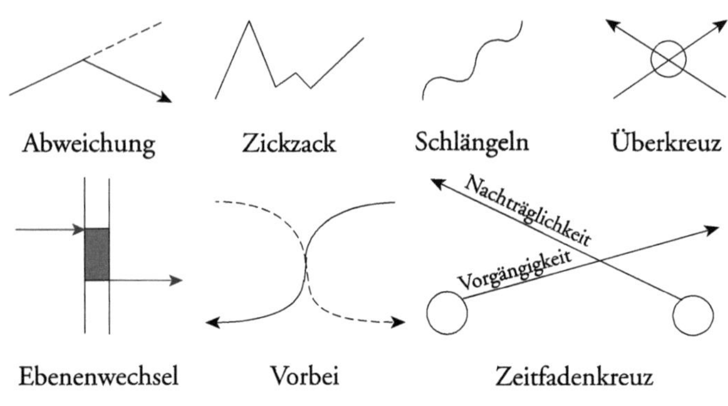

Schema 7: Bewegungsmuster

Gedicht als Titel voransteht, setzt eine Zäsur, gefolgt von einem verheißungsvollen Doppelpunkt: »es wünscht dir ...«

Um dem Rätsel der Unterbrechung nahezukommen, bedarf es anderer Bewegungsmuster als jener der graden Linie, die pfeilartig vorschnellt, die aufsteigt oder absteigt, die sich zum Kreis rundet, in den Windungen der Spirale Fortgang und Aufstieg vereint oder im Feedback zu sich selbst zurückkehrt. »Krumme Linie – Sieg der freyen Natur über die Regel«, heißt es bei Novalis (Ausg. Kluckhuhn/Samuel, Bd. 2, S. 257). Doch mit der Krümmung allein ist es nicht getan. Einiges mehr bietet sich an (vgl. Schema 7).

Beginnen wir mit dem *Zur-Sprache-kommen* oder dem *In-den-Blick-* und *Zu-Ohren-kommen*, dem *An-rühren*. »Es kommt ...«, *ça arrive* heißt es bei Jean-François Lyotard – ein Ereignis, das als solches weder Sinn hat noch einer Regel folgt, noch Geltungsansprüche erhebt und das eben deshalb nicht konsensfähig ist. Wir kennen das klassische Lob der Methode. Wer etwas kunstmäßig behandelt, darf sich nicht wie ein Blinder oder Tauber benehmen; »eines Blinden Wanderung« (*Phaidros* 270 d) wäre nichts weiter als ein »Herumtappen unter bloßen Begriffen«, gleich wie mit dem Stock eines Blinden, so Kant in der Vorrede zur *Kritik der reinen Vernunft*. Doch wie wäre es, wenn jedes Wort, das sich nicht bloß wiederholt, aus dem Schweigen, jede neue Farb- oder Klanggestalt aus der Dunkelheit, aus der Stille zu uns käme? Jedes Wort, das nicht nur nachgesprochen, sondern als sprechendes Wort laut wird, bricht das Schweigen, wie wir zu sagen pflegen. Dieser Einbruch der Rede wiederholt sich immer wieder auf latente Weise als eigentümliches Pathos des Logos, das durch keine dialogische Gemeinsamkeit und keine Diskursregel zu neutralisieren ist. Ebendeshalb, weil das Wort aus dem Schweigen kommt, weil es das Schweigen bricht und es nicht bloß auf beredte Weise fortsetzt, als sei alles im Grunde schon gesagt, ebendeshalb ist jedes Gespräch ein unterbrochenes Gespräch, das mit einer Pause beginnt und das auch mit ihr endet, da kein Gespräch seiner Anfänge völlig Herr ist. Voraus-setzungen sind potentiell bereits aufgehoben, nicht so ein Widerfahrnis, das als eine Art Vorerfahrung mit seinem Voraus verschmilzt.

Die Ankunft des Wortes, des Blicks, des Klangs hat wie der gedankliche Einfall etwas Anonymes. Ich bin gewissermaßen abgeschnitten von dem Ereignis, das mich als Pathos trifft, das auf mich zukommt. Der Schnitt oder der Spalt, von dem schon früher die Rede war, trennt mich von mir selbst. Wir nannten dieses Außersichsein ekstatische Fremdheit. Der Bruch tritt als solcher zutage, wenn ich antwortend auf das Pathos zurückkomme, die Affektion sich in einen Appell verwandelt, das Selbst sich im Anderen, die eigene Rede sich in der fremden Rede verdoppelt. In der Zwie-sprache zwischen *fremdem Anspruch* und *eigener Antwort*, ja schon zwischen Ein-druck und Aus-druck, klafft ein Hiatus eigener Art, den wir als duplikative Fremdheit zu fassen versuchten. Anspruch und Antwort interferieren in einer zeitlich verschobenen Doppelbewegung, doch sie konvergieren nicht in einem Sinn, den wir gemeinsam intendieren. Was zwischen uns geschieht, läßt sich erst nachträglich einem Wir zuschreiben. Als Pathos kommt der fremde Anspruch der eigenen Antwort zuvor, als Antwort kommt das eigene Wort hinterdrein. In dieser Dia-chronie zerdehnt sich das Dia- des Dialogs bis hin zu einer erinnerungslosen Vergangenheit und einer erwartungslosen Zukunft. Diese Vorvergangenheit weckt Erinnerungen, läßt sich jedoch nicht selbst erinnernd zurückholen und in der Erinnerung verarbeiten. Die Zukunft, die in dieser Vorvergangenheit anhebt, weckt Erwartungen, sie läßt sich aber nicht selbst in der Erwartung vorwegnehmen als etwas, das zu befürchten und zu erhoffen ist. Die Gegenwart, die mich mit »Ichfremdem« konfrontiert, bildet keinen Ort der Sammlung, von dem aus das Ich retentional und protentional seine Fühler nach rückwärts und vorwärts ausstreckt wie ein Insekt, das sich einspinnt; die Gegenwart ist selbst gekerbt, segmentiert, ein Kreuzungspunkt divergierender Bewegungen und kein

Sammelbecken. Die Unteredung läuft nicht dahin als einheitlicher Redefluß, den wir nach Belieben vorwärts und rückwärts »durchschwimmen« (*Phaidros* 264 a). Die Wellen des sprichwörtlichen Redestroms strömen nicht dahin zwischen Quelle und Mündung, sondern sie brechen sich gleichsam an den Klippen, die den Strom anhalten, die Wirbel erzeugen, darunter auch Wirbel der Zeit, in denen die Zeitlinie sich krümmt und zusammenzieht.

Wendepunkte und Wendekreise, wo eines ins andere überspringt, verschwinden vielfach in den Resultaten des Redens und Tuns; die genuine Zeit der Rede und der Unterredung sinkt damit herab auf die Ebene von Zeitfaktoren und Zeittabellen. Wenn jene kritischen Stellen, an denen die Sinnproduktion und Sinnrezeption stockt, eigens hervortreten, so in der Form eines *Wartens*, das nicht etwas erwartet, das nicht erwartend nach etwas Ausschau hält (vgl. lat. *expectatio*), sondern wartet, daß etwas geschieht. Verwandt mit dem Warten ist das *Zögern*, das nicht mit Entscheidungsschwäche gleichzusetzen ist, oder auch das verlangsamende *Innehalten* der Bewegung, eine Epoché elementarer Art, die neue Impulse freisetzt. Die vielfach in ein fahles Dämmerlicht gehüllte Zwischenzeit, dieser Limbus zwischen Vergangenheit und Zukunft, hat gerade in der neueren Literatur, die der Euphorik des Voranschreitens ebenso wie der Nostalgie des Zurückgehens gründlich mißtraut, besondere Aufmerksamkeit gefunden, und dies in durchaus verschiedener Stimmlage, die mitunter auch adventliche Töne anschlägt. Erinnert sei an Zarathustras Mittagsrede: »Hier saß ich, wartend, wartend, – doch auf nichts ...«, an Virginia Woolfs *Zwischen den Akten*, an Kafkas *Vor dem Gesetz*, an Becketts *Warten auf Godot* oder auch an Nabokovs *Einladung zur Enthauptung* (1999, S. 58): Es ist keine komfortable Situation, in der sich der Verurteilte befindet, und dennoch meldet sich, angesichts eines Schattens, der unerwartet verharrt, »die Pause, der Hiatus, wenn das Herz wie eine Feder ist«. Auch erzwungene Unterbrechungen können den Sinn für Unerwartetes schärfen.

Unterbrechungen, die sich als Pausen oder Zäsuren in das gemeinschaftsstiftende Medium einschreiben, wirken schließlich mit an jener *Verbindung in der Trennung*, die wir als Berührung aus der Ferne beschrieben haben. Unterbrechungen eines Sinnzusammenhangs setzen einen solchen voraus, so wie Unterbrechungen eines Kontaktes eben diesen voraussetzen. Doch wenn es sich wie im Falle von Widerfahrnis und Antwort um einen genuinen Hiatus handelt, der das eine wie das andere entstehen läßt, dann besagt Unterbrechung, daß der Zusammenhang und der Kontakt nicht als gegeben vorausgesetzt wird, sondern als einer, der in der Unterbrechung selbst *als gebrochener* existiert. Gleichwohl bedeutet Unterbrechung etwas anderes als Zerstückelung oder gar Zerstörung. Diese subkutanen Brüche, die den Dia-log durchziehen und aus einer eigentümlichen Diachronie hervorgehen, unterscheiden sich von dem großen Bruch mit einer ontologisch verfaßten Totalität, die Lévinas anfangs in den Mittelpunkt rückt und – in auffälliger Nähe zu Sartre – mit Trennung und Loslösung gleichsetzt.[19] Unterbrechungen erscheinen demgegenüber in einer Vielfalt von Bruchstellen, die geringfügig und doch wirksam sein können wie Gedankenstriche, für die Nietzsche eine besondere Vorliebe hat.[20]

Ähnlich wie bei den anderen Figuren des Zwischen zeigt sich auch hier eine mögliche Polarisierung, die durch künstlerische Experimente ins Extrem getrieben werden, aber auch pathologische Formen annehmen kann. Wie im Schlußkapitel des *Ulysses*, dessen innerer Monolog sich pausen- und absatzlos dahinergießt, können die Zäsuren gleitenden Übergängen weichen. Doch lückenlos ist dieser Redezusammenhang sowenig wie die Sprache des Traumes. In Anlehnung an Husserls Sprachgebrauch könnte man von passiven Unterbrechungen sprechen, die mehr dem Licht- und Schattenspiel von Sonne und Mond als einer künstlichen Beleuchtung gleichen. Dem stehen auf der anderen Seite erratische Sprachblöcke oder vereinzelte Sprachinseln gegenüber wie in der Lyrik des späten Hölderlin, die mit dem Verzicht auf jede deiktische Sprechweise das Gedicht dem Gespräch entrückt und eine erhöhte Spannung erzeugt wie bei einer überstark gespannten Saite (vgl. Jakobson 1976). Die Nähe von poetologischem Experiment und pathologischem Entgleisen betont Roman Jakobson in der schon erwähnten Studie über die zwei Seiten der Sprache (1974), in der er von einer Polarität von Kombination und Kontextbildung einerseits, von Selektion und Substitution andererseits ausgeht und dies mit polaren Sprech- und Kombinations-

19 Es wäre überhaupt zu fragen, ob Lévinas mit der spektakulären Anfangsunterscheidung zwischen Ontologie und Ethik nicht allzusehr in den Fußstapfen einer phänomenologischen Ontologie verbleibt, wie Sartre sie in *Das Sein und das Nichts* entwickelt unter Hintanstellung weiterer moralischer Reflexionen. Levinas befleißigt sich, auch was Sartre angeht, einer *lecture sauvage*, die wichtige Zusammenhänge im dunkeln läßt.

20 Vgl. zum Beispiel eine Briefstelle: »für mich selber geht es erst mit den Gedankenstrichen los« (KGB III, 3, S. 53). Tobias Klass spricht geradezu von einer »Politik des Gedankenstrichs« bei Nietzsche. Vgl. die in Anm. 22 zitierte Arbeit.

störungen verbindet. Kombination ohne Selektion tendiert hin zu zwanghaften Äußerungen in einem geschlossenen Kontext, während Selektion ohne Kombination zu einem beliebigen Verhalten in einem völlig offenen Kontext hinführt. In unserer Sprechweise würde dies bedeuten, daß der Patient sich dem Extrem einer verbindungslosen Trennung beziehungsweise einer trennungslosen Verbindung annähert, so daß er im einen Falle zum abrupten Stakkato neigt, während er sich im anderen Falle im Gewebe des schon Gesagten verfängt. Jeder Kontakt ist mit Risiken belastet, die im pausenlosen Gerede und im einsamen Schweigen karikaturhafte Züge annehmen können. Die Ambivalenz erstreckt sich bis auf die Schweigepausen, in denen Gespräche ihre Ruhepunkte, aber auch einen »toten Punkt« erreichen, wo das Schweigen das letzte Wort behält.

> »Niemals ziehst du das Wasser aus der Tiefe dieses Brunnens.«
> »Was für Wasser? Was für Brunnen?«
> »Wer fragt denn?«
> Stille.
> *»Was für eine Stille?«*[21]

8. Das gestörte Gleichmaß

Was zwischen uns geschieht, zeugt von einer Interferenz zwischen dem, was vom Anderen ausgeht und mich trifft, und dem, was von mir selbst erwidert wird, ohne daß eine vermittelnde Instanz dieses Zusammenspiel kontrolliert oder legitimiert. Erst auf der Ebene des Gesagten und Getanen und nicht auf der Ebene des Sagens und Tuns gerinnt das, was zwischen uns geschieht, zu einer gemeinsamen Welt, die wir miteinander teilen und einander streitig machen. Die Frage, wie diese Sozialisierung vor sich geht und wo ihre Grenzen liegen, führt uns nochmals auf die Ausgangsfrage zurück, auf die Frage nämlich nach dem skandalösen Charakter des Fremden. Lévinas führt an entscheidender Stelle eine Asymmetrie ein im Verhältnis zwischen mir und dem Anderen, und er setzt sie den Symmetrieforderungen des klassischen Dialogs entgegen. Dieses Motiv soll die folgenden Überlegungen leiten, aber dabei ist einige Vorsicht geboten. Das Wort ›Asymmetrie‹ wird mitunter allzu leichtfertig gebraucht. Das nötige Licht empfängt die Asymmetrie allein aus dem Kontrast zur

21 Kafka, *Hochzeitsvorbereitungen auf dem Lande und andere Prosa aus dem Nachlaß* (1983), S. 244 f.

Symmetrie. Doch wie sieht dieser Kontrast aus? Auf den ersten Blick könnte man meinen, prinzipiell asymmetrisch sei das Verhältnis zwischen Ich und Nicht-Ich oder zwischen Subjekt und Objekt, während das Verhältnis zwischen Subjekt und Subjekt einer prinzipiellen Symmetrie unterläge. Der Andere gilt als meines*gleichen*, allen partiellen und bejahenswerten Ungleichheiten zum Trotz. Es fragt sich nur, ob dieses »meinesgleichen« einer Gleichsetzung entspringt oder eben jener merkwürdigen Verdoppelung des Selbst, die wir Fremderfahrung nennen und die jedem Vergleich vorausliegt. Gleichwohl kann es nicht darum gehen, der Gleichheit aller Menschen eine Ungleichheit entgegenzusetzen, die nur deren Privation zum Ausdruck brächte. Asymmetrie, die nicht hinter Symmetrieerwartungen zurückfällt, läßt sich nur denken als Sprengung und Störung des Gleichmaßes, als ein Mehr, das im Verhältnis zum Anderen auftaucht, aller Vergleichbarkeit und Gleichstellung zum Trotz. Es geht also um eine Spannung zwischen Symmetrie und Asymmetrie, die uns an die Schwelle jener Ordnungen führt, die im nachfolgenden Kapitel eigens erörtert werden.

Das Prestige des Dialogs beruht zunächst darauf, daß er Widriges zu beseitigen verspricht. Er verheißt das Ende einer Eristik, in der der Streit herrscht und Stärkere sich gegen Schwächere durchsetzen, und er erschüttert ebenso jede autoritative Usurpation des Logos, die im Dienste der Machterhaltung steht. Damit verbindet sich eine eigentümliche Stärke, die von seiner inneren Unantastbarkeit herrührt. Jeder, der die Richtmaße des Dialogs bestreitet und seine Rechte beschneidet, nimmt ihn in Anspruch, sobald er Gründe dafür anführt. Führt er keine Gründe an, so scheidet er aus dem Dialog aus. Er kann dann noch das faktische Zustandekommen oder Fortbestehen eines Dialogs gefährden, doch dessen inneren Wahrheitsansprüchen kann er nichts anhaben. Darin gleichen Feinde des Dialogs den Feinden der Demokratie. Ein Philosoph würde sich ohnehin auf einen einsamen Prophetenberg verbannen, wollte er auf den Dialog verzichten. Und selbst der Prophet braucht Hörer, die ihn verstehen. Dies alles klingt nach einem alten Singsang der Philosophie, was nicht heißt, das es falsch oder obsolet sein muß, aber es könnte doch sein, daß diese Selbstverteidigung des Dialogs an entscheidender Stelle ins Leere läuft.

Bleiben wir zunächst bei dem Symmetrieanspruch des Dialogs. *Symmetrie* besagt nicht nur, daß nach einem gemeinsamen Maß gemessen wird, sondern daß etwas gleichmäßig verteilt ist, etwa im Sin-

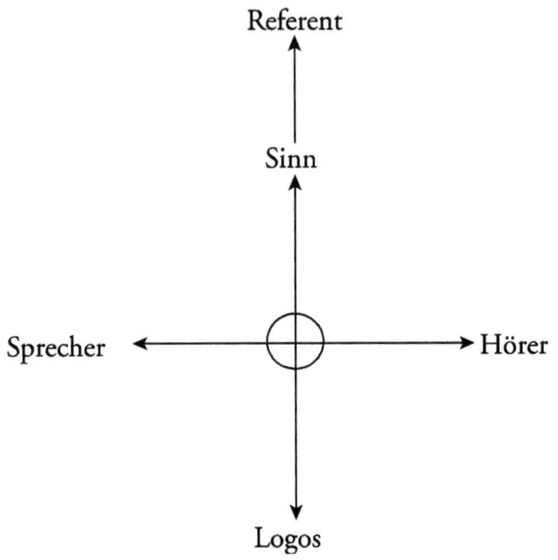

Schema 8: Kommunikationsschema

ne einer gleichmäßigen Körpertemperatur oder einer Anordnung von Höhen und Tiefen in der Musik (vgl. *Philebos* 25 e-26 b), oder daß sich alles um eine mathematische Symmetrieachse gruppiert. Die Sym-metrie gehört zu jenen synthetischen Mustern, die gemeinhin als Urmuster der Ordnung gelten. Der Dialog findet seine Symmetrieachse, um die sich alles dreht, in einem gemeinsamen Logos, einem Gemeinsinn, einem Gemeingeist, der – so weit er regiert – eine Gemeinwelt garantiert. Das dreistrahlige Zeichen- oder Kommunikationsschema läßt sich dann wie in Schema 8 ergänzen.

Noch Lyotard knüpft im *Widerstreit* an dieses Schema an, nur daß er die Homologie des Dialogs durch eine Heterologie von Diskursordnungen ersetzt und den klassischen Dialog als einen Diskurs unter anderen Diskursen begreift. Doch unsere Überlegungen zielen in eine andere Richtung. Bleiben wir zunächst bei der Symmetrie. Die Partner eines Dialogs sind Partner, sofern sie das gleiche Ziel verfolgen, die Sache selbst in verständlichen und wahrheitsgemäßen Sätzen herausstellen. Sie sind einander gleichgestellt, sofern ein und derselbe Logos (dasselbe Regelsystem, derselbe Code) für die Äußerungen eines jeden maßgebend ist. Vor dem Logos sind alle gleich wie vor dem Gesetz. Die dialogischen Sequenzen können in beide

Richtungen laufen; die Standpunkte sind reversibel, die Perspektiven reziprok, die Äußerungen rekursiv. Gemessen an der Sache und ihrer Wahrheit ist es gleich-gültig, wer spricht, so daß der Sprecher zugleich die Rolle eines potentiellen Hörers, der Hörer die Rolle eines potentiellen Sprechers innehat. Zum philosophischen Dialog nach platonischem Muster gehört schließlich, daß jeder Richter und Redner zugleich ist (*Politeia* I, 348 b), da das Gesetz dem Dialog nicht kraft Autorität auferlegt ist, sondern aus der Sache selbst beziehungsweise aus den Geltungsansprüchen der Äußerungen über die Sache erwächst. Insofern zielt der Dialog nicht nur auf Wahrheit ab, er urteilt selbst über sein eigenes Gelingen.

Die symmetrische Verteilung der Befugnisse gehört zum Grundriß des Dialogs. Ausgeschlossen ist jede asymmetrische Beziehung, die dieses Gleichmaß unterbricht, so vor allem eine Hierarchisierung der Rollen etwa im Sinne einer stabilen Relation: Herrscher/Untertan. Nicht ausgeschlossen sind Ungleichheiten, die sich auf die *besondere Zugangsweise* beziehen, die je nach Situation, Kontext, Vorgeschichte und entsprechenden Hintergrundsüberzeugungen und Motivationen variiert. Um ein zeitgenössisches Beispiel anzuführen, die Achtung der Menschenrechte kann sich aus aufklärerischen, biblischen oder konfuzianischen Quellen speisen, wenn nur die Geltung dieser Rechte gewahrt ist, so wie in der Mathematik verschiedene Beweisverfahren zu demselben Resultat führen können. Zugelassen sind schließlich *bedingte Asymmetrien* episodischer oder strukturell-habitueller Art. Ein *Fremder* wird sich auf die Auskünfte eines *Einheimischen* eher verlassen als auf seine eigenen Mutmaßungen. Ähnliches gilt für Notlagen, für entwicklungsbedingte Ungleichheiten, für die einseitige Wissensverteilung zwischen *Experte* und *Laie* und auch für die Delegation von Befugnissen an *Amtsinhaber*, wie sie zu jeder Institution gehört, die über eine direkte Partizipation hinausgeht. Der Rahmen des Dialogs bleibt gewahrt, solange es Prüfungs- und Kontrollinstanzen gibt, die eine Brücke schlagen zwischen dialogisch beziehungsweise demokratisch verfaßten Gremien oder Lebensformen und einseitig verteilten oder systemisch ausgelagerten Wissensbeständen und Entscheidungsprozessen. Der Rahmen des Dialogs wird definitiv überschritten, wenn esoterisches Wissen und unkontrollierte Macht den Ausschlag geben. Je dünner die Fäden, mit denen anonyme Prozesse und sich selbst organisierende Systeme an dialogförmige Lebensbereiche und Institutionen geknüpft sind, um so mehr nähert sich der Dialog einer regulativen Idee, auch dies das

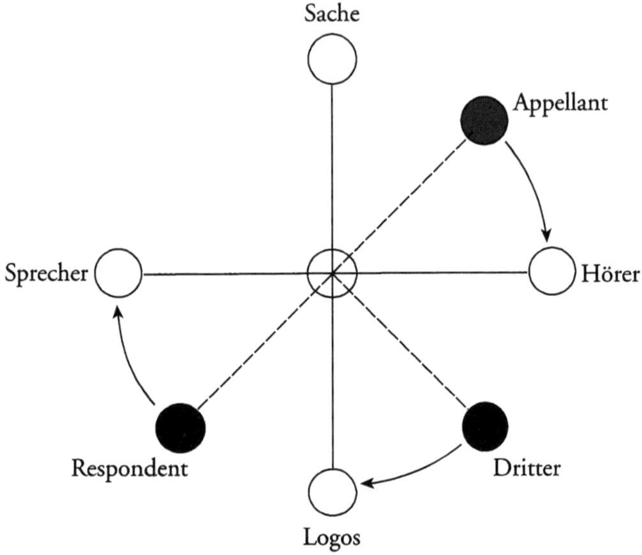

Schema 9: Dialogverschiebung

Beispiel für eine Idee, die »sublim geworden, bleich, nordisch, königsbergerisch« fortlebt. Als eine Art dialogisch-kategorischer Imperativ bleibt einerseits die Forderung nach *Konsistenz*: Widersprich dir nicht!, und die Forderung nach einem *Konsens*: Suche nach Übereinstimmung, auch wenn du dem Anderen widersprichst! Daß Widerspruchsfreiheit auch mit Freiheit etwas zu tun hat, droht ins Vergessen zu geraten, wenn man sich allein auf die Folgerichtigkeit verläßt. Doch dies sind Fragen, auf die es uns hier nicht in erster Linie ankommt. Es geht um die Frage, ob die Symmetrie, wie weitmaschig, umwegig, dünnfädig auch immer, das letzte Wort behält.

Das Achsenkreuz, das dem Dialog seine Symmetrie garantiert, beginnt zu rotieren, und der Dialog gerät aus dem Lot, wenn wir den Hiatus zwischen Appell und Antwort in Betracht ziehen, desgleichen das Ereignis des Sagens, das sich nicht im Gesagten erschöpft. Dabei geht es nicht um eine Einschränkung der Sym-metrie, um eine Verteidigung von Ungleichheiten oder Differenzen, sondern es geht vielmehr um eine Infragestellung des Metrums selbst. Auf dem Spiel steht das Maß, das dem Gleichmaß innewohnt, und das Fremde, das sich jedem Maß entzieht. Die Flächigkeit eines Dialogs, in dem eigene und fremde Äußerungen im Hinblick auf gemeinsame Ziele und Regeln koordiniert sind, erhält eine *pathisch-responsive Tiefendimension* in Gestalt eines Sagens, das sich zwischen Appellant und Respondent abspielt und sich dem Gesagten und seinen Regelungen entzieht. Diese Asymmetrie liegt also nicht auf einer Ebene mit den Gesetzen und Forderungen der Symmetrie, und sie kann deshalb auch nicht gegen sie ausgespielt oder mit ihnen verrechnet werden. Diese Vertiefung des Dialogs läßt sich anhand von Schema 9 verdeutlichen.

Das neue Schema ist wie folgt zu entziffern. Das zweidimensionale Dialogschema, von dem wir ausgingen, wird ergänzt durch eine dritte Dimension der Tiefe, deren Eigencharakter wir durch Strichelung andeuten. Die Achse des Sagens, die den Appellanten mit dem Respondenten verbindet, steigt einseitig ab beziehungsweise steigt einseitig an; dies weist darauf hin, daß Appellant und Respondent nicht auf gleichem Fuße miteinander verkehren, daß vielmehr die Stimme des Anderen aus einer gewissen Höhe kommt, einer *hauteur*, wie es bei Lévinas heißt. Doch diese ›Erhabenheit‹ resultiert keineswegs aus einer Divinisierung des Anderen, wie man vorschnell schließen könnte, sondern aus der Urtatsache, daß das, was uns widerfährt, uns buchstäblich überkommt. Dies bedeutet nicht, daß der oder die Andere mir übergeordnet wäre, was schon einen Vergleich und einen Vergleichsmaßstab voraussetzen würde. Der fremde Anspruch ist als solcher vielmehr ein Anspruch *hors de série*, allem Vergleich entrückt. Wer spricht so? Ich. Dies schließt keineswegs aus, daß du genauso sprichst, daß ich also dir gegenüber als Appellant auftrete. Doch dies zeigt sich nicht im Widerfahrnis selbst, sondern nur sofern ich das, was zwischen uns geschieht, mit den Augen und Erwartungen eines Dritten betrachte und sofern du dies *auch tust*. Daraus folgt nicht, daß die anfängliche Asymmetrie sich in Symmetrie verwandelt, sondern daraus folgt lediglich, daß sich die Asymmetrie verdoppelt und vervielfältigt. Der »Jemeinigkeit« entspricht eine »Jedeinigkeit«, die nicht zu meinen Möglichkeiten zählt. Daraus läßt sich kein soziales Kapital schlagen, als hätte das ›zwischen uns‹ ein Wir zum Träger, so daß jeder im Namen aller ›wir‹ sagen könnte. Jeder sagt es auf seine Weise. Was im fremden Anspruch und der eigenen Antwort geschieht, läßt sich ebensowenig synthetisieren wie Leben und Tod, als stände jemand zu deren Häupten.

Die Achse, die das fremde Selbst als Appellanten mit dem eigenen Selbst als einem Respondenten verbindet, ist als Fluchtlinie zu lesen, nicht als schlichte Verbindungslinie; denn Pathos beziehungsweise Appell und Antwort sind, wie wir wiederholt gezeigt haben, zeitlich gegeneinander verschoben in Form jener Vorgängigkeit und Nachträglichkeit, die wir mit Lévinas als *Diachronie* bezeichnen. Diese Diachronie besagt, daß ich *zugleich* woanders bin, wo ich nicht sein kann, nämlich dort, woher der Appell kommt und von wo er mich trifft. Dies impliziert ferner, daß ich diese Position gleichzeitiger Ungleichzeitigkeit und Woandersheit nie verlasse. Von der Position des Dritten her zeigt sich, daß es dir ebenso geht, was eben nicht heißt, daß ich deinen Platz einnehmen kann. Wir leben sozusagen gleichzeitig in verschiedenen Zeiten, an verschiedenen Orten. Die Synchronisation, die der Standort des Dritten ermöglicht, hebt lediglich die Gleichzeitigkeit des Ungleichzeitigen hervor, ohne diese in Gleichzeitigkeit verwandeln zu können. Es gibt Fremdorte und Fremdzeiten, wie es Fremdsprachen gibt. Die Tatsache, daß Sprachen als Fremd*sprachen* auftreten, besagt lediglich, daß sie nicht etwa ganz anders sind als die eigene Sprache; sie hören aber damit nicht auf, *Fremd*sprachen zu sein.

Der Dialog, der in dem anfänglichen Schema in traditioneller Manier skizziert wurde, erscheint in dem neuen Schema als Produkt einer Genese, nicht als unumstößliche Voraussetzung. Die rotierenden Pfeile sollen andeuten, daß Appellant und Respondent in Sprecher- und Hörerrollen, der Dritte als Gesichtspunkt in die Instanz eines vermittelnden Logos *transformiert* werden. Nur auf diese Weise wird, wer zu mir spricht und wem ich zuhöre, identisch mit dem, zu dem ich spreche, und nur auf diese Weise werde ich, der ich spreche, identisch mit dem, der auf den Anderen hört. Die »Synthesis der Identifikation« vollzieht sich unter der Bedingung, daß das Sagen, das sich zwischen uns abspielt, *vom Gesagten her* und *auf das Gesagte hin* betrachtet wird, einem Gesagten, das wir gemeinsam zustande bringen. Analoges gilt für den sinnlichen Unterbau des Dialogs, für das Verhältnis von Sehen und Gesehenem, Hören und Gehörtem, sowie für die praktische Realisierung des Dialogs in Taten und Werken. Damit gewinnt die *Synchronie* die Oberhand. Das gleichzeitige Hier- und Dortsein verwandelt sich in eine Alternation von Sprechen und Hören. Jede Einseitigkeit kann dann prinzipiell rückgängig gemacht werden durch eine Vertauschung der Rollen, jedes Ungleichgewicht kann prinzipiell in ein konsensuelles Gleichgewicht gebracht werden. Jede gemeinsame Gedankenbewegung tendiert zu einem Gedankenaustausch, da der gemeinsame Logos eine Konvertierbarkeit der Ideen garantiert. Der alte Vergleich von Wörtern mit Münzen bringt mehr als eine ferne Analogie zum Ausdruck. Der Dialog leistet auf seine Weise, was jede Ordnung vollbringt. Er bewirkt ein »Gleichsetzen des Nichtgleichen« oder ein »Gleichsetzen des Ungleichartigen«. Dies Gleichsetzen beruht auf einer *dialogischen* oder *kommunikativen Einstellung*, die ihr Recht hat, solange es bei einer bloßen Ausblendung der genealogischen Voraussetzungen bleibt. Diese Einstellung schlägt um in einen verblendeten *Dialogozentrismus*, wenn die pathischen Herkünfte und Hintergründe des Dialogs vergessen werden und die Nahferne von Fremdheit und Eigenheit dem Zusammenspiel von Besonderheit und Allgemeinheit geopfert wird. Daran ändert sich nichts, wenn man glaubt, durch die bloße Vervielfältigung der Personalpronomina oder der entsprechenden Sprecherfunktionen dem Zwang des Logos entkommen zu können. Eine solch weiche Form des Dialogismus erbringt nicht viel, solange das Du als bloße Komplementärfigur dem Ich gegenübergestellt wird und solange die verschiedenen Sprachfunktionen, einschließlich des Appells, auf die Sprecherrolle zentriert bleiben. Ein Du, dessen Platz ich einnehmen kann, ist letzten Ende nichts weiter als ein *alter ego*, in dem ich mich spiegle, nicht aber verdopple. Der Dialogozentrismus wird nur durchbrochen durch eine radikale Wendung, die der kommunikativen Einstellung auf ähnliche Weise zuwiderläuft wie Husserls phänomenologische Reduktion der natürlichen Einstellung. So »widernatürlich« diese ist (Hua XIX/1, 14), so »widerkommunikativ« wäre eine Reduktion, die man im Anschluß an Lévinas als Reduktion des Gesagten auf das Sagen und mit Maurice Blanchot als *désœuvrement* begreifen kann.

9. Bedingte Asymmetrie, Symmetrie und Hypermetrie

Nach diesem Durchgang durch das Feld des Dialogs und der Diskurse könnten wir uns fragen, ob wir nicht von vornherein den Dialogisten zu viele Zugeständnisse gemacht haben. Wir haben das dialogische oder kommunikative Grundschema als Ausgangspunkt akzeptiert mit der Konsequenz, daß jeder, der asymmetrische Verhältnisse propagiert, sich zu rechtfertigen hat. So wie für Kant auf der Ebene der Vernunftkritik Wahrnehmungsurteile gemessen an Erfahrungsurteilen als *nur subjektiv* erscheinen, erscheinen die meisten alltäglichen Kommunikationen in den Augen eines Kritikers der kommunikativen Vernunft als *nur asymmetrisch*. Gegen diese gezielte Abwertung haben wir die Genealogie des Dialogs ins Feld geführt. Sie besagt, daß Symmetrie stets einem Prozeß der *Symmetrisierung* entstammt, den man als dialogische Form der Normalisierung bezeichnen kann. Mit Husserl zu sprechen gibt es nicht nur eine Orthologie, sondern auch eine Ortho-Dialogik oder, unschöner formuliert, eine Ortho-Kommunikation. Die generelle Symmetrieforderung setzt allerdings voraus, daß alle Arten von Sprechakten und kommunikativen Handlungen unter das gleiche Gesetz fallen. Diese schlichte Form der Verallgemeinerung wird von kaum jemandem im Ernst vertreten. Bekanntlich räumt schon Aristoteles, der für die Differenzierung verschiedener Erkenntnis- und Redeweisen entscheidende Weichen gestellt hat, zwar der apophantischen Rede einen Vorzug ein im Hinblick auf die Ziele der Erkenntnis, doch im übrigen läßt er in Rhetorik, Poetik und Alltag der Rede in all ihren Formen freien Lauf. Und Platon, der den philosophischen Dialog auf gewisse Weise erfunden hat, benutzt diesen als Bühne für mannigfache Gesprächsformen, obwohl auch er der Wahrheitssuche das entscheidende Gewicht einräumt. Die moderne Sprechakttheorie hat mit der Prädominanz der theoretischen Sprechweise resolut gebrochen. Vieles davon findet sich schon bei dem Karl Bühler der zwanziger Jahre, der zwischen Kundgabe-, Auslösungs- und Darstellungssätzen unterscheidet und sein Zeichenmodell darauf abstellt.

Man könnte nun darauf beharren, daß der Gesichtspunkt der Regelhaftigkeit, der Konventionalität beziehungsweise des Geltungsanspruchs sich allen Differenzen zum Trotz durchhält. Doch tatsächlich versteht sich die Symmetrieannahme von Anfang an nicht von selbst, im Gegenteil, sie scheint höchst abwegig, wenn man die Fülle sprachlicher Handlungen in Betracht zieht. Grob gesprochen, lassen sich zwei Sprechaktreihen aufstellen, deren Glieder im entscheidenden Punkt gründlich voneinander abweichen. Auf der einen Seite stehen Sprechhandlungen wie Behaupten, Beweisen, Befürworten, Bewerten, Datieren, denen man theoretische Sätze zuordnen kann. In diesen Fällen hat der Einzelne keine Schwierigkeiten, jederzeit von der Ich- in die Wir-Rede überzuwechseln, indem er sich fremden Annahmen und Überzeugungen anschließt: »Wir sind überzeugt, daß ...« Der oder die Andere kann dasselbe sagen, ohne daß dadurch der Wahrheitsgehalt vervielfältigt würde. Natürlich könnte man kritisch zu bedenken geben, ob diese theoretischen Sätze nicht selbst schon Abstraktionsprodukte darstellen, die von ihren praktischen Voraussetzungen abgeschnitten sind. Doch darauf kommt es uns hier nicht an, eine typisierende Unterscheidung genügt, um uns an das Problem heranzuführen. Wechseln wir auf die andere Seite über, so finden wir dort ein Kunterbunt von Sprechakten, die mit praktischen Sätzen, nämlich mit Wunschsätzen, Absichtssätzen und Aufforderungssätzen operieren. Der Versuch, diese Äußerungen unmittelbar zu symmetrisieren, scheitert. Sätze wie: »Ich beglückwünsche, verfluche, begrüße dich, ich rate dir, ich verspreche dir, ich bitte dich ...« lassen sich nicht in eine Wir-Rede verwandeln, ohne ihren Sinn und ihre Kraft einzubüßen; denn in diesen Fällen gehört die Adressierung, die einseitig von mir oder von dir ausgeht, zum Aussagegehalt. Für einen Lehrsatz kann von der Frage, wer ihn aufgestellt hat, ohne Geltungsverlust abgesehen werden, während ein Wunsch, eine Beleidigung, eine Liebes- oder Kriegserklärung oder ein Versprechen ohne Adressaten und Adressanten leere Worte blieben. Aus einem Rat, den ich dir gebe, und einem, den du mir gibst, resultiert keine gemeinsame Beratung, die auf ein einheitliches Ziel ausgerichtet wäre, und wenn meinem Versprechen deines entgegenkommt, so führt dies nicht zu einem gemeinsamen Versprechen, sondern höchstens zu einem wechselseitigen Vertrag, dessen Achillesferse seit den Zeiten von Hobbes bekannt genug ist. Das Versprechen erfordert eine zeitliche Antizipation und einen Vertrauensvorschuß, der von beiden Seiten separat zu erbringen ist. Ein Vertrag schafft Symmetrie, aber er beruht nicht auf Symmetrie.[22] Das eigentümliche Dilemma, das jedem Vertrag zugrunde liegt, läßt sich wie folgt formulieren. Wären wir uns schon einig, so müßten wir uns nichts versprechen, das Versprechen wäre nichts weiter als die Ausformulierung eines bestehenden Einverständnisses. Wären wir uns nicht schon einig, wie könnten wir dann mit unserem Versprechen Glauben finden? Wer im einseitigen Verstehen eine wechselseitige Verbindlichkeit und Sicherheit sucht, dreht sich im Kreise.

Wir stoßen hier erneut auf die doppelte Asymmetrie, von der schon die Rede war. Obwohl durchaus etwas zwischen uns geschieht, sperrt sich das Geschehen gegen eine performative Wir-Bildung. Einem Glückwunsch kann ich mich anschließen, aber nicht jenem, der

22 Vgl. hierzu Tobias Klass, *Das Versprechen* (Diss. Bochum 1999); diese Arbeit behandelt den Status des Versprechens bei Searle, Hume und Nietzsche, unter Zuspitzung auf das genannte Problem.

mir selbst gilt, und einem Zeugnis kann ich Glauben schenken, aber dies macht mich nicht zum Mitzeugen. Man könnte Kriterien entwickeln, die dieser unaufhebbaren Asymmetrie zugrunde liegen: die affektive und effektive Gebundenheit von Äußerungen, die der Dekontextualisierung Grenzen setzt, die »Vernehmungsbedürftigkeit« sozialer Akte, die von Adolf Reinach hervorgehoben wird, und darüber hinaus die Einbettung dieses sprachlichen Geschehens in ein Geben und Nehmen, das auch im Tauschgeschäft nicht völlig symmetrisch abläuft. Die Äquivalenz zwischen Tauschobjekten zieht nicht automatisch eine Äquivalenz der Tauschsubjekte nach sich, außer im Sinne einer »Realabstraktion«, die den Tauschenden zum »Zubehör« des Marktes oder der Börse macht.

Wenn dies stimmt, dann entpuppt sich die symmetrische Rollenverteilung zwischen Sprecher und Hörer als eine prekäre Ausnahme. Die Verteidiger der Symmetrieforderung retten sich aus dieser Verlegenheit, indem sie die Symmetrie auf eine *Metainstanz* verlagern, auf einen Dialog, in dem nicht individuelle Meinungen gebildet und Entscheidungen getroffen, sondern diese auf ihre allgemeinen Ziele, Voraussetzungen hin befragt werden, oder karger noch: Man rettet sich, indem man die Symmetrie in einen Diskurs verlagert, der im Konfliktfall allgemeine Geltungskriterien anlegt. Auf dieser Metaebene wird nicht geradewegs über etwas disputiert, sondern über Meinungen, Bewertungen und Entscheidungen, die sich auf etwas beziehen, und dies nach allgemeinen Gesichtspunkten, die jedermann zugemutet oder abverlangt werden können. Wer auf dieser Metaebene sich auf seinen eigenen Standpunkt versteifen würde, würde sich selbst ins Unrecht setzen, indem er zulässige Vorlieben in unzulässige, argumentativ nicht einzulösende Vorrechte ummünzt.

Dem sei nicht widersprochen. Das Problem liegt nicht darin, daß Dialogiker und Diskurstheoretiker, die so argumentieren, *nicht recht* haben, sondern daß sie *nur recht* haben. Das Mißliche liegt darin, daß sie bedingte Asymmetrien, die sie in Grenzen durchaus zulassen, mit der unbedingten Asymmetrie verwechseln, mit einer Hypermetrie, wie man auch sagen könnte, die jedem Anspruch, auch dem Rechts- und Moralanspruch vorausgeht. Wir haben in früherem Zusammenhang zu zeigen versucht, daß schlicht aussehenden und schlicht klingenden Aufforderungen und Bitten eine Unausweichlichkeit innewohnt, die nicht auf deren Verallgemeinerbarkeit beruht, sondern auf einem fremden Voranspruch, der weder auf eigene Vorlieben und Vorrechte noch auf allgemeine Ziele und Normen zurückgeführt werden kann. Gemessen daran ist die Symmetrie, die gleichsetzt, was nicht gleich ist und niemals gleich sein wird, ihrerseits bedingt, während die Hypermetrie eben dieses Bedingungsgefüge mit einem Fragezeichen versieht. Damit nähern wir uns der Frage nach den Grenzen jedweder Ordnung.

VI. Innerhalb und außerhalb der Ordnung

Bei dem Versuch, all das zu artikulieren, was sich zwischen Pathos und Response, zwischen Affektion und Appell ereignet, haben wir verschiedene diastatische Dimensionen und Instanzen unterschieden. Den Ausgangspunkt bildeten Zwischenereignisse, die sich zwischen Subjekt und Anderem abspielen und die in Form eines Selbstentzugs des Ereignisses, einer Selbstspaltung und einer Verdoppelung des Selbst im Anderen verschiedene Weisen des Fremdwerdens hervortreten lassen; wir haben sie als invasiv-evasive, als ekstatische und duplikative Fremdheit charakterisiert. Im folgenden geht es um eine weitere Fremdheitszone, die an der Schnittfläche zwischen dem Ereignis und seiner jeweiligen Ordnung auftritt. Dabei stoßen wir auf eine neue Figur des Zwischen, die allgemein als Bewegung des Überschreitens bestimmt werden kann, eine Bewegung, die über die Grenzen der jeweiligen Ordnung hinausführt. Gleichzeitig treten Übergangsfiguren auf wie der Dritte und das Über-Ich, mit denen das allgemeine Gesetz sich im eigenen und fremden Selbst inkorporiert. Die Frage nach dem zweideutigen Status von Gesetz und Aufforderung, die uns schon im dritten Kapitel beschäftigt hat, taucht hier noch einmal in einem neuen Zusammenhang auf. Schließlich führt die paradoxe Selbstunterscheidung der Ordnung zur Abgrenzung von Ordnung und Chaos, bei der die Möglichkeit einer Unterschreitung und eine zusätzliche Form der Fremdheit zum Vorschein kommt. Die Problematik der Ordnung, die wir in *Ordnung im Zwielicht* ausführlich entfaltet haben, wird in diesem Kapitel auf das Problem der Fremdheit zugespitzt, und auch hierbei werden neue Akzente gesetzt.

1. Fungierende Ordnung

Wenn Zwischenereignisse sich nicht einfachhin in eine Gesamtordnung einfügen oder einer Grundordnung unterstehen, wenn es lediglich Ordnungen gibt, so stellt sich die Frage nach den Nahtstellen zwischen den Ereignissen als dem Zu-Ordnenden (*ordinandum*), dem (Sich-)Ordnen als dem Prozeß der Stiftung, Wandlung, und Aufrechterhaltung der Ordnung (*ordinatio* beziehungsweise *ordo or-*

dinans) und dem daraus resultierenden Bestand an Ordnung (*ordo ordinatus*). Diese Ordnung, die ständig im Werden ist, selbst wenn sie sich nur wiederholt, bezeichnen wir als *fungierende Ordnung*. Sie gilt es *in flagranti* zu erfassen in Ausübung einer genetischen Phänomenologie, die über die bloß statische Betrachtung von Strukturen hinausgeht. Einige entscheidende Schnittstellen haben wir schon früher markiert, nämlich in Gestalt jener Differenzen, die anzeigen, daß etwas *als etwas* intendiert und verstanden, *in etwas* erstrebt oder *gemäß einer Regel* erfaßt wird. Die Urdiastase, die das Wovon der Affektion vom Worauf des Antwortens trennt, durchkreuzt jene Sinn-, Ziel- und Regelordnungen und übersteigt sie. Pathos und Response sind diesen Ordnungen nicht fremd, als wohnten sie in einem anderen Land, wohl aber taucht an den Grenzen der Ordnungen eine eigentümliche Weise der Fremdheit auf, der nun unser Augenmerk gilt. Einen methodischen Leitfaden liefert uns das schon in anderen Zusammenhängen herbeigezogene Widerspiel von Sagen und Gesagtem, das allerdings über den Bereich der bloßen Sprache weit hinausreicht. Husserls Unterscheidung von Noesis und Noema und die sprechakttheoretische Unterscheidung von Sprechakt und propositionalem Gehalt weisen in dieselbe Richtung, allerdings nur dann, wenn man intentionale Akte und Sprechakte als Ereignisse nimmt und ihnen nicht vorweg eine Zielrichtung oder eine Regelstruktur unterlegt. Dies hat zur Folge, daß die Differenz von Sagen und Gesagtem und alle analogen Differenzen ebenfalls diastatisch als ein Prozeß der Selbstdifferenzierung zu begreifen sind. Daß Rede und Erfahrung nicht aufgehen in dem, was jeweils sinnhaft und regelgerecht gesagt oder erfahren wird, besagt, daß das Ereignis des Zur-Sprache-kommens und des In-Erscheinung-tretens sich selbst entgleitet in Form jener invasiv-evasiven Fremdheit, die im Herzen der Erfahrung aufbricht.

2. Offene Anknüpfung

Es kommt nicht bloß darauf an, daß Sagen und Gesagtes, Ansprechen und Anspruch, Antwortereignis und Antwortgehalt zusammenhängen, es fragt sich, wie dieser Zusammenhang beschaffen ist. Zur Klärung dieses Zusammenhangs greife ich auf die Unterscheidung von Verknüpfung und Anknüpfung zurück, die mich einst auf den Weg einer »responsiven Rationalität« und entsprechender Ordnungsgrenzen gebracht hat (s. *Ordnung im Zwielicht,* Kapitel A, 8-10). Die Verknüpfung, lateinisch *conjunctio*, gehört zu den synthetischen Ordnungsmustern, mögen diese nun global oder pyramidal angelegt sein. Die Anknüpfung verweist dagegen auf jene Dimension des An-, die ein Zwischengeschehen eröffnet (s. o., III, 2). Die offene Anknüpfung, sprachlich zu explizieren in einer offenen Frage, läßt zu, daß etwas auftritt, was nicht erwartet, vorgesehen, vorgeplant oder im voraus geregelt war.

Dieser Offenheit haftet etwas zutiefst Zweideutiges an. Sie kann sich auf bloße *Möglichkeiten des Gesagten* beziehen, auf etwas, was noch nicht gesagt wurde oder ins Schweigen und Vergessen zurückgesunken ist. Schöpfung und Wiederholung, Konstitution und Restitution wohnen eng beieinander. Doch man verbleibt im Bereich offener Sinnhorizonte und offener Regelungen, deren Spielraum mit Hilfe von Einbildungskraft und Urteilskraft genutzt, erweitert und verändert werden kann. Kant, Husserl oder Wittgenstein sind die Kronzeugen einer solchen Theorie offener Sinnbildung, deren Liberalität in keiner Weise zu verachten ist. Dennoch, das Zwischenereignis eines Sagens, das als Affektion diesseits von Sinn und Regel anhebt und das als Response über das solcherart Vertraute hinausgeht, wird auf diese Weise verdrängt. Es bleibt bei einem relativ Fremden, das in der vorausgesetzten Mitteilungs- und Verständigungsgemeinschaft Platz findet, auch wenn der rechte Platz noch zu suchen ist. Man gerät indes ins andere Extrem, wenn man dem zumindest implizit schon Gesagten ein *Ereignis reinen Sagens* entgegensetzt, das von reinen Ansprüchen lebt. Sofern diese Ansprüche ethisch konnotiert sind, zeichnet sich eine Art negativer Ethik ab, die mit der negativen Theologie gewisse Züge gemein hat, selbst wenn sie sich davor hütet, den Anspruch des Anderen schlichtweg mit einem göttlichen Geheiß gleichzusetzen. Auch der Moralglaube hat seine Fideisten, die in der Umkehrung des Verhältnisses von Wissen und Glauben jener Vernunft verhaftet bleiben, die sie in Frage stellen.

Was aber kann offene Anknüpfung anderes besagen als Nutzung des eigenen oder eines gemeinsamen Möglichkeitsspielraums? Offene Anknüpfung, die sich nicht in den Sinngeweben des Dialogs verfängt, besagt, daß man *nicht nur* an Gesagtes anknüpft, es besagt aber nicht, daß man *nicht* daran anknüpft, sondern vielmehr, daß man auf Anforderungen und Ansprüchen antwortet, *indem* man an das Gesagte anknüpft.

Offene Anknüpfungen können dadurch zustande kommen, daß

die jeweilige Rede oder Handlung Schon-Gesagtes und Schon-Getanes fortsetzt. In expliziter Form geschieht dies in der Beantwortung einer Frage oder der Ausführung einer geforderten Handlung, wobei Frage und Antwort, erbetene und ausgeführte Handlung denselben *noematischen* oder *propositionalen Gehalt* aufweisen. Ich antworte auf das, wonach ich gefragt werde; ich tue, wozu ich aufgefordert werde; ich errate, was du wünschst; ich gebe dir, was dir gut- oder wenigstens nicht schlecht tut. Selbst wenn die fremden Erwartungen nicht erfüllt, sondern enttäuscht werden, besteht ein solcher synthetischer Zusammenhang; denn auch die Ausrede, das Aneinandervorbeireden oder die Verweigerung einer Bitte setzen die Erwartung eines entsprechenden Zusammenhangs voraus, andernfalls könnte der Gedanken- oder Handlungsaustausch nicht scheitern und somit auch nicht gelingen. Nun müssen wir allerdings einige Einschränkungen machen, wenn wir die konkrete Kommunikation vor Augen haben. Eine schlichte Deckung zwischen Fragegehalt und Antwortgehalt, zwischen Aufforderungsgehalt und Handlungsgehalt beschränkt sich auf stark *normalisierte* und *standardisierte Gesprächsfolgen*, so etwa der bloße Informationsaustausch: »Wieviel Uhr ist es?« – »Es ist sieben Uhr«, oder die bloße Handlungssteuerung: »Gib mir einen Löffel!« – »Hier!« Solche Folgen können aufgrund ihrer starken Vorregelung Fragebögen anvertraut und auch automatisiert werden, allerdings nie ohne Kontaktverluste. Auf der anderen Seite haben wir relativ *offene Sequenzen*, etwa offene Fragen wie: »Wie geht es dir?«, »Denkst du noch an mich?« oder relativ unbestimmte Aufforderungen: »Paß auf!« oder »Beeil dich!«. Hier ist eine Vielzahl von Fortsetzungen und Ausführungen möglich, weit entfernt von jenen schlichten Ja/Nein-Stellungnahmen, von denen Geltungsanalysen ausgehen. Schließlich gehen in schlichte Gespräche und Interaktionen eine Fülle impliziter, unausgesprochener, teils auch widersprüchlicher Voraussetzungen ein, die sich spätestens dann bemerkbar machen, wenn das bisweilen recht dünne Gesprächseis einbricht, mit überraschenden, willkommenen oder auch nicht willkommenen Folgen. Schließlich sind Gespräche ihrerseits in vielfältige Lebenszusammenhänge und Lebensgeschichten eingebettet, die man nicht *in toto* fortsetzt, sondern innerhalb deren man auf selektive Weise gemeinsame Perspektiven oder kontroverse Strategien entwickelt.

Aufs Ganze gesehen, kommt der Offenheit eine Mittellage zu. Der Übergang von dem, was zu sagen oder zu tun ist, zu dem, was tatsächlich gesagt oder getan wird, stellt weder eine bloße *Folge* dar, innerhalb deren eines nach dem anderen kommt, noch eine strikte *Folgerung*, innerhalb deren eines sich aus dem anderen herleitet. Zwischen Beliebigkeit, die alles mögliche zuläßt, und Notwendigkeit, die etwas Bestimmtes erzwingt, zwischen Aleatorik und Algorithmus breitet sich ein Spielraum aus, der nicht nur Erfindungen zuläßt, sondern sie erfordert. Der Spielraum kann zusammenschrumpfen bis zu einem Engpaß oder ins Unermeßliche anwachsen. Die gleiche Polarität mitsamt ihren pathologischen Begleiterscheinungen wird uns bei der Erörterung der Ordnungsgrenzen noch beschäftigen. Fragen wir nach den Kriterien, mit Hilfe derer wir das Gelingen oder Mißlingen von Anknüpfungen beurteilen, so bieten sich Kategorien an wie *passend/unpassend,* die im Gegensatz zu wahr/falsch oder richtig/unrichtig nicht digital, sondern analogisch verfaßt sind und also eine Steigerung und Verminderung zulassen. Aus dem Bereich des Passenden läßt sich wiederum dieses oder jenes als besonders *einfallsreich* oder *erfinderisch* herausheben und auszeichnen. Hierbei kommt es nicht bloß darauf an, was gesagt oder getan wird, sondern ob dies am rechten Ort oder zur rechten Zeit geschieht. Was nicht vorweg geregelt ist, wartet auf seinen Kairos.

Bis hierher bewegen wir uns auf den üblichen Bahnen des Dialogs. Bleibt es dabei, so kommt über die Hintertür der Kohärenzforderungen doch wieder ein Ganzes hinein, das als allgemeine Stimmigkeit seine ordnende Kraft ausspielt und alles mit allem verknüpft. Doch die Unterbrechungen des Dia-logs und seine asymmetrisch angelegte Tiefendimension, die im vorigen Kapitel ausführlich zur Sprache kam, widersprechen einem solchen Vorgriff auf das Ganze. So wie, in der Diktion Heideggers, Übersetzung mehr bedeutet als eine sinngemäße Wiedergabe im Medium des Eigenen oder eine Aufhebung im Allgemeinen, nämlich ein Über-setzen ans fremde Ufer, so wie jede Über-gabe eines Geschenks mehr besagt als eine Weitergabe von etwas oder eine gemeinsame Vermögensbildung, nämlich eine Art Selbstpreisgabe, so wie jedes Ver-sprechen mehr besagt als die Zusicherung einer künftigen Leistung, nämlich ein Sichbinden, ebenso besagt jedes Antworten mehr als die Fortführung einer Sinnbildung durch Wort und Tat, ganz zu schweigen von der bloßen Normerfüllung. Dieses Mehr kann nicht wieder positiv gefaßt werden, als gäbe es ›noch etwas‹. Die eigene Rede ist zwar nicht richtungslos wie ein Gesang oder ein Schrei, sie setzt fort, aber nicht das andere Sagen, sondern das Gesagte. Der Kontakt bleibt ein indirekter. Nur wenn das Sagen völlig in das Gesagte einginge, könnte es zu einer Synthese zwischen Sagen und Sagen kommen. So aber klafft ein Hiatus. Hinter Aufforderungsereignissen und Antwortereignissen steht keine generelle Korrespondenzregel, auch keine spontane, geheime Ent-sprechung. Deshalb gibt es eine passende und eine unpassende Antwort, aber kein passendes und unpassendes Antworten. Denn Zwischenereignisse sind der Ort, wo das Geben und Nehmen als solches auf dem Spiel steht. Daß etwas zur Sprache kommt, folgt nicht den Regeln der Sprache, so wie die Tatsache, daß etwas ins Werk gesetzt und in die Tat umgesetzt wird, über die Regeln von Werk und Tat hinausgeht. Von einem *schöpferischen* Antworten können wir sprechen, sofern wir Antworten in der offenen Form der Anknüpfung erfinden; Antworten liegen nicht parat, sie haben etwas Unentscheidbares, wie Derrida dies nennt. Es gibt Gründe, warum so angeknüpft wird und nicht anders, aber es gibt keine zureichenden Gründe. Umgekehrt müssen wir von einem *antwortenden* Schöpfen ausgehen, sofern diese Schöpfungen und Erfindungen woanders beginnen, im Bereich des Pathischen, das in Aufforderungen übergeht und einen eigenen Zwang ausübt, den wir als Unausweichlichkeit bezeichnet haben. Es gibt nicht nur Heideggers »Schuldigsein« als Zurückbleiben hinter den eigenen Möglichkeiten, und es gibt nicht nur Nietzsches »Gedächtnis des Willens«, sondern es gibt auch ein Gedächtnis des Antwortens, das gleichsam an seine Zukunft gefesselt ist, eine Fesselung, die zugleich Kräfte entfesselt. Der Gedanke vom »freien Spiel« der Erkenntnis- oder Gemütskräfte gehört eher in die Ästhetik als in das Kunstwerk, von dem Proust schreibt, daß wir ihm gegenüber »keineswegs frei sind« (*Recherche*, III, S. 881, dt. VII, S. 305). Das freie Spiel mag einen Sinn haben als Freisetzung von den Sachzwängen vorgegebener Ordnungen, doch die Überschreitung von Ordnungen bedeutet mehr als das, nämlich eine Er-findung, eine In-vention, die dort ankommt, von wo sie ausgeht. Es gibt buchstäblich ein Pathos der Freiheit, das tiefer reicht als der Gegensatz von Willkür und Gesetz, von Beliebigkeit und Hörigkeit.[1]

1 Von daher wären die alten Worte ›Schicksal‹ oder ›Geschick‹ neu zu durchdenken, ohne daß man einem mythologisierenden Fatalismus verfällt. Dies ist eines der Leitmotive von László Tengelyis Werk: *Der Zwitterbegriff der Lebensgeschichte* (1998).

3. Überschreitung von Ordnungsgrenzen

Die Überschreitung kann man betrachten als eine besondere Spielart der Bewegung, und wir werden dies auch tun. Dennoch handelt es sich um mehr als dies; denn in der Überschreitung werden nicht nur Ordnungsgrenzen überquert, vielmehr treten diese erst in der Überschreitung als solche auf. Dies ist ein alter Topos, der in seinem Kern keineswegs unumstritten ist. Dies zeigt sich, wenn wir die Überschreitung als eine weitere Figur des Zwischen und der Fremdheit in unseren diastatischen Denkversuch einbeziehen.

Zunächst gilt es die Bewegung Über-hinaus von anderen Interfigurationen zu unterscheiden. Die Überschreitung führt über eine Grenze. Sie durchmißt nicht nur einen Raum, indem sie von hier nach dort führt und sich einem Fernliegenden annähert. Vielmehr überquert sie eine Grenze, die ein *Diesseits* vom *Jenseits* scheidet, und sofern Diesseits und Jenseits bestimmte Bereiche bezeichnen, an denen man sich aufhält, verläuft die Grenze zwischen einem *Drinnen* und einem *Draußen*. Wie im Falle von Hier und Dort haben wir es auch beim Draußen und Drinnen mit einer asymmetrischen Relation zu tun, innerhalb deren das eine Glied markiert ist, das andere nicht. Die Überschreitung läuft von einem Ausgangsbereich zu einem Zielbereich, so wie die Übersetzung von einer Ausgangs- zu einer Zielsprache hinführt. Von der Bewegung des Auf- und Abstiegs, der Aszendenz und Deszendenz, die in der platonisch-augustinischen Tradition eine solch entscheidende Rolle spielt, unterscheidet sich die Überschreitung dadurch, daß sie nicht in die Vertikale ansteigt, um ihren Blick und ihre Reichweite kontinuierlich zu vergrößern bis hin zu dem Idealzustand eines Panoramas, daß sie vielmehr immer wieder neu ansetzt, nicht als »Rückstieg zu den ›Möglichkeitsbedingungen‹«, sondern als »Aufstieg auf der Stelle« (Merleau-Ponty 1964, S. 231, dt. 229). Die Steigerung der Bewegung ist nicht zu verwechseln mit einem kontinuierlichen Aufstieg, der zu einem einzigen Gipfel führt. *Einschluß* und *Ausschluß* verhalten sich zueinander komplementär wie Vorder- und Rückseite und nicht wie zwei Aspekte derselben Sache. Während die Überschreitung an Bereichsgrenzen orientiert ist, bezieht sich die *Abweichung* auf Unterschiede der Richtung oder der Ebene. In Richtschnur oder Grundebene verkörpern sich bestimmte Richtmaße, die eingehalten oder übertreten werden. Während die Figur der Überschreitung vor allem mit partizipatorischen Ordnungsformen verbunden ist, finden Abweichung und

Übertretung ihren bevorzugten Platz in normativen Ordnungsformen.

Hier zeichnet sich eine neue Fremdheitsfigur ab. Den Kern der bislang betrachteten Fremdheitsweisen bildet das Ereignis des Sichentziehens,[2] das im Außersichsein des Selbst beziehungsweise im Auseinandertreten von Selbst und Anderem eine ekstatische und eine duplikative Form der Fremdheit hervortreten läßt. Diese Fremdheiten heften sich an das, was traditionell ›Subjektivität‹ und ›Intersubjektivität‹ heißt. Die Ausrichtung auf ein vollständiges und maßgebendes Beisichsein wird durch die Fremdheit unterbrochen. Die Fremdheit, die mit dem Jenseits von Ordnungsgrenzen verbunden ist, entspricht traditionell gesprochen den Grenzen der Vernunft. Wir bezeichnen sie als *extraordinäre Fremdheit.* Während wir es in der Diastase von Selbst und Anderem mit Unterbrechungen zu tun haben, die das Sinnkontinuum zerschneiden, haben wir es nun mit drohenden *Ein- und Ausbrüchen* zu tun. Man kann nicht genug betonen, daß die verschiedenen Fremdheitsweisen einander stützen und verstärken. Nur weil das, was zwischen uns geschieht, sich selbst entgleitet, widersetzt es sich einer umfassenden und grundlegenden Ordnung, die kein Außen kennt, und nur weil das, was zwischen uns geschieht, durch Pausen und Zäsuren skandiert wird und nicht ungehindert dahinläuft, entstehen Bruchstellen, an denen Neues einsickern kann, das den bestehenden Ordnungsrastern entkommt.

Es stellt sich nun die Frage, wie die Grenzen des Drinnen und Draußen sich konstituieren. Sie konstituieren sich in eins mit jeder Einführung einer Ordnung, die ein Außen mit entstehen läßt. Denn wenn jedes Ordnen ein »Gleichsetzen des Nichtgleichen« besagt, werden mit jeder Verwirklichung bestimmte Möglichkeiten ausgeschlossen, so wie das Erlernen der Muttersprache *eo ipso* Fremdsprachen entstehen läßt, die dem eigenen Verstehen mehr oder weniger verschlossen bleiben. Das Überschreiten der Ordnungsgrenzen ist bereits geschehen, wenn wir uns fragen, wie es möglich sei. Überschritten werden die Grenzen in eben jener Erfahrung, die wir Fremderfahrung nennen. Diese kann sich in einem unbestimmten Gefühl der Unheimlichkeit, des Schreckens oder Erstaunens äußern oder sich in Worten und Taten manifestieren als neugierige Annähe-

2 Man sagt zwar auch, daß etwas sich den Regelungen einer Ordnung entzieht, doch ich halte den engeren Sprachgebrauch bei, der besagt, daß etwas sich jemandem entzieht. Dies schließt nicht aus, daß Entzug und Überschreitung auf mannigfaltige Weise ineinandergreifen.

rung oder vorsichtige Abwehr. Die Grenzen werden überschritten, sofern jemand in der Art und Weise, wie er sich verhält, *sich nach außen abgrenzt*, sich also nicht nur zu dem verhält, was ihm innerhalb seiner Ordnung zugänglich ist, sondern zugleich zu dem, was ihm innerhalb seiner Ordnung entgeht. Überschreiten einer Grenze bedeutet *nicht*, sie aufzuheben; denn Aufhebung würde besagen, daß die Innen/Außengrenze sich in eine Binnengrenze verwandelt, mit deren Hilfe ein großes Selbst sich von sich selbst unterscheidet. Natürlich gibt es solche Binnengrenzen, die innerhalb einer jeden Ordnung eine *normale Form der Fremdheit* entstehen lassen, eine ›ordinäre‹ Form des Fremden, wie wir in Anlehnung an englische Formulierungen wie *Ordinary Language* oder in Anspielung auf französische Wendungen wie *vin ordinaire* auch sagen können.[3] Dazu gehören Passanten, die ich nicht kenne, Handgriffe, die ich nicht beherrsche, Wörter, die mir nicht geläufig sind, und all die vielen weißen Flecke auf der Landkarte, die sich jederzeit ausfüllen lassen, ohne daß irgendwelche Ordnungsmaßstäbe verrückt werden. Es handelt sich um »Leerhorizonte«, die zum Gefüge jeder endlichen Erfahrung gehörten und dazu führen, daß Bekanntes mit Unbekanntem durchsetzt ist. Ich kann die Passantin auf der Straße ansprechen, keine Barriere trennt mich von ihr – oder doch? Denken wir an die *fugitive beauté* von Baudelaires Passantin oder an die Unsicherheit, die ein Farbiger in den nächtlichen Straßen unserer Städte zu spüren bekommt. Die Normalität kann jederzeit zusammenbrechen, es können sich Schleusen des Unheimlichen öffnen; doch dies besagt nicht, daß es die Normalität nicht gibt. So weit sie reicht, beschränkt die Fremdheit sich auf eine relative Fremdheit dessen, was zum Binnenbereich einer alltäglichen oder institutionellen Ordnung gehört. Fraglich ist indes, ob es einen Gesamtbereich oder ein Grundgesetz gibt, die bewirken, daß letzten Endes jede Grenze sich nach innen verlagert.

3 Zum älteren Sprachgebrauch vgl. etwa Pascal, *Pensées*, ed. Brunschvieg No. 352: »Ce que peut la vertu d'un homme ne se doit pas mesurer par ses efforts, mais par son ordinaire.« – Der *normalen* oder *alltäglichen* Form der Fremdheit, die sich im Rahmen des Gewohnten hält, habe ich früher eine *strukturale* und eine *radikale* Form der Fremdheit gegenübergestellt (vgl. *Topographie des Fremden*, S. 35-37). Die Unterscheidung zwischen normaler und strukturaler Fremdheit entspricht dem, was ich in diesem Kapitel als Innen und Außen der Ordnung thematisiere, während die radikale Fremdheit sich durch alle Dimensionen des Fremden hindurchzieht. ›Radikalität‹ bedeutet demnach keine Spielart des Fremden, sondern seine Irreduzibität, seine unauslotbare Tiefe.

Man könnte einwenden, mit der Unterscheidung von Drinnen und Draußen hätten wir eine Raumgrenze eingeführt, die sich nur metaphorisch auf Ordnungen insgesamt ausdehnen läßt. Diesen Einwand werde ich nicht noch einmal im Detail erörtern. Das Kapitel über die Berührung sollte uns gelehrt haben, daß ein leibliches Selbst, das sich mit Haut und Haaren abgrenzt und in der Scheidung von Innen- und Außenraum überhaupt erst ein Selbst entwikkelt, die Scheidung in eine eigentliche, körperlich-sinnliche Räumlichkeit und in einen übertragenen, begrifflich oder normativ erzeugten Ordnungsraum als ein nachträgliches Konstrukt entlarvt. Hinzu kommt, daß diese traditionelle Unterscheidung wesentlich zur Verkennung jener radikalen Fremdheit beiträgt, die mit der zeitlich-räumlichen Verwirklichung der Erfahrung sowohl eine genuine Diachronie wie eine ebensolche Diatopie erzeugt. Das Anderswo der Fremdheit stellt so wenig eine Metapher dar wie deren Anderswann. Nur wenn diese fundamentalen Einsichten zum Zuge kommen, zeigt sich das Paradox der Fremdheit in aller Schärfe. So wie Bezug und Entzug, Verbindung und Trennung in der Fremderfahrung ineinandergreifen, so auch Zugänglichkeit und Unzugänglichkeit, Zugehörigkeit und Nichtzugehörigkeit. Fremd ist genau jene Ordnung, die wir *als unzugänglich* und gegenüber der wir uns *als nicht ihr zugehörig* erfahren. In dieser Erfahrung überschreiten wir die Grenzen des Eigenen, ohne anderswo anzukommen. Wie das, was auf radikale Weise abweicht, nirgends anders zu finden ist als in der Abweichung selbst, so ist das, wohin die Überschreitung führt, nur zu finden in der Überschreitung selbst. Gleich dem demokritschen *clinamen* ist es *nicht etwas* und doch *nicht nichts* (vgl. Lacan, *Sem. XI*, frz. S. 61 f., dt. 70). Die Überschreitung vollzieht sich zunächst als ›passives‹ Überschreiten, als Ex-zeß, als über das gewohnte Maß Hinausschießen, bevor daraus spektakuläre Akte, wenn nicht gar verwertbare Überschüsse werden. Da wir dem Geschehen des Überschreitens ausgeliefert sind über jede Steuerung hinaus, bedeutet jeder Ausschluß zugleich einen Selbstausschluß. Wer Mauern errichtet, errichtet sie nicht nur gegen Andere, sondern auch gegen sich selbst. Man könnte dies als List der Fremdheit bezeichnen, die eben darin besteht, daß jedes Fremde im Eigenen Spuren hinterläßt. Der Unterschied von Einsamkeit und Alleinsein, mit dem Goethe in seinen Mignon-Liedern spielt, offenbart ebenfalls ein schillerndes Verhältnis von Innen und Außen, das einer gelebten und praktizierten Räumlichkeit entspringt und alle dualen Raummuster hinter sich läßt. Fremdheit besagt, man *ist* dort, wovon man ausgeschlossen ist oder sich ausschließt; sie besagt, daß man hier *und* dort ist in Form eines Spagats, der sich nie völlig in einen Gleichschritt verwandeln läßt.

4. Varianten der Überschreitung

Man könnte sich fragen, ob der Gedanke einer Überschreitung von Ordnungsgrenzen sich nicht auf eine spezielle Ordnungsform beschränkt, nämlich auf solche Ordnungen, die fixe oder strikte Grenzen aufweisen. So wie die Öffnung von Handelsgrenzen den Schmuggel zum Verschwinden bringt, würde ein Freihandel mit Ideen und Werten Sinn- und Regelgrenzen derart öffnen, daß Ein- und Ausbrüche des Fremden am Ende obsolet erscheinen. Modern gesprochen hätten wir es nur noch mit kulturellen und funktionalen Binnengrenzen zu tun, die dem Fremden seinen Stachel nehmen. Dieses Zugleich von Innerhalb und Außerhalb einer Ordnung würde seinen dramatischen oder gar tragischen Charakter verlieren, wenn jeder von uns ständig von einer Subordnung zur anderen überwechselt, jeder in dieser wie in jener Ordnung, hier so gut wie dort verkehrt. Im Grenzfall eines permeablen Supersystems oder universal gültiger Regelungen hätte jeder seinen Ort überall und nirgends. Waren wären frei wie Gedanken, Gedanken wie Waren.

Diese Überlegungen, aus denen man Einwände gegen unsere Ordnungskonzeption schöpfen kann, sind nicht einfach von der Hand zu weisen. Sie nötigen uns zu einer differenzierten Betrachtung dessen, was Ziehung von Grenzen und Umgang mit ihnen besagt. Hierbei kommen offenkundig eine Fülle kultur- und individualgeschichtlicher Varianten ins Spiel, deren Feingliederung den Rahmen unserer Untersuchungen sprengen würde. Ich begnüge mich damit, einige wichtige Gesichtspunkte zu skizzieren, und konzentriere mich dabei vor allem auf drei Aspekte, auf die wechselnde Durchlässigkeit und auf die Dauerhaftigkeit von Grenzen sowie auf deren Schärfegrad. Der Begriff der Offenheit, der schon bei der Beschreibung offener Anknüpfungen eine zentrale Rolle spielte, hat etwas Zweideutiges. Er bezeichnet einerseits eine mehr oder weniger große Durchlässigkeit, andererseits eine mehr oder weniger große Unbestimmtheit. Eine Tür ist auf andere Weise offen als das Schema oder der Begriff einer Tür, im ersten Fall steht der Offenheit die Schließung, im zweiten Fall die völlige oder eindeutige Bestimmtheit gegenüber. Doch daß beide Formen der Offenheit zu unterscheiden sind, muß nicht besagen, daß sie durch Gräben bloßer Äquivokation voneinander geschieden sind. Auch hier werden wir uns hüten, auf die klassische Unterscheidung von Räumlichkeit und Unräumlichkeit einzuschwenken und die Geschlossenheit räumlichen Verhältnissen, die Bestimmtheit begrifflichen Schematismen vorzubehalten.[4]

Beginnen wir mit der *Durchlässigkeit* von Grenzen. Es entspricht den Ein- und Ausschlußprozessen von Ordnungen, wenn wir von offenen und geschlossenen Gesellschaften, von offener und geschlossener Moral oder von offenherzigen und verschlossenen Menschen sprechen. Dies betrifft zunächst die Art des Grenzverkehrs über Grenzen hinweg, ein Verkehr, der geduldet, gefördert oder behindert werden kann. So zirkulieren Ideen, Werte oder Affekte auf verschiedene Weise, und zwar nicht nur zwischen Personen und Gesellschaften, sondern auch innerhalb der eigenen Person und der eigenen Gesellschaft. Die extraordinäre Fremdheit berührt sich an dieser Stelle mit der ekstatischen und der duplikativen Fremdheit. Was die Ordnungen überschreitet, verbindet sich mit einem Selbst- und Fremdentzug, sonst würde es sich um bloße Möglichkeiten einer anderen Ordnung handeln, die uns als solche nicht stärker beunruhigen würden wie der Flug eines Vogels oder das Tauchen eines Fisches. Selbst technische Erfindungen werden getragen von einem untergründigen Begehren, einem Seinwollen wie ... Ebendeshalb hat die Technik ihre Mythen, über jedes *Know-how* hinaus. Ikarus bedeutet mehr als einen bloßen Bruchpiloten. Der Grenzverkehr nimmt verschiedene Formen an je nachdem, wieweit man Fremdes an sich herankommen läßt oder es fernhält, wieweit man es in den Blick nimmt oder es unter einer Hülle beläßt wie das Bildnis von Sais, wieweit man mit Möglichkeiten der Verfremdung spielt oder sich vor ihnen hütet, wieweit Übertritte in eine andere Lebensform geduldet oder geahndet werden. Dabei haben Abschirmung oder Verschleierung selbst etwas Zweideutiges. In der Verhüllung zeigt sich, was sich verhüllt und dem Blick entzieht. Blickführung und Blickverführung

4 Die folgende Skizze beruht auf einer Reihe ausführlicher Detailstudien; ich verweise vor allem auf: *Der Spielraum des Verhaltens*, Kapitel 6 und 12; *In den Netzen der Lebenswelt*, Kapitel 4; *Der Stachel des Fremden*, Kapitel 2 sowie *Vielstimmigkeit der Rede*, Kapitel 9. Dort finden sich auch wiederholte Hinweise auf Autoren wie E. Straus, H. Plessner, M. Merleau-Ponty, L. Wittgenstein, J. Habermas und N. Luhmann.

schieben sich ineinander, ähnliches geschieht in der Verbotsrede und beim Spielen mit dem Feuer eines Gedankens. Der Grenzverkehr, der Schranken und Hindernisse voraussetzt, nimmt Züge eines *Widerstreits* an, wenn es an einer Gesamtordnung oder an einer letzten Schlichtungsinstanz mangelt, so daß keine Homologie garantiert ist. Unentscheidbarkeiten rufen Konflikte hervor. Diese lassen sich wiederum auf verschiedene Weise austragen, nämlich so, daß man Fremdartiges bekämpft und hiermit die Differenz zwischen Eigenem und Fremdem bis zur Feindschaft steigert, oder indem man sie toleriert – solange nicht der Ernstfall eintritt, in dem die eigene Ordnung oder die eigene Existenz bedroht ist. Die Offenheit oder Geschlossenheit der Grenzen hängt auch davon ab, was als Gefährdung auftritt oder als solche empfunden wird. Gefahren sind mehr als bloße Geräusche, bei denen der Code versagt. Der Ernstfall einer Gewalt, die sich nicht völlig steuern läßt und die allen Gegenmaßnahmen den Stempel einer Gegengewalt aufprägt, zeigt, wie wenig eine Ordnung in und auf sich selbst beruht.

Die Stabilisierung von Grenzen verleiht diesen eine bestimmte *Dauerhaftigkeit*, die der Habitualisierung von Ordnungsschemata und Ordnungsregeln entspricht. Es gibt ein episodisches Durchbrechen der Ordnungsschranken, etwa in der zeitweiligen Vertraulichkeit einer Reisebekanntschaft, einer Intimität unter dem Schutzmantel der Anonymität oder einfach unter dem Schutzmantel der Dunkelheit. In Fontanes *Stechlin* erinnert sich Gräfin Melusine mit Schaudern an den großen Apennintunnel, den sie auf ihrer Hochzeitsreise zu passieren hatte. »Und als ich aus dem Tunnel heraus war, wußte ich, welchem Elend ich entgegenlebte.« Wer weiß, was aus dem Blick der schon erwähnten schönen Passantin herausblitzt, vielleicht die Möglichkeit eines Andersseinkönnens oder gar Andersseinsollens, die sich unausgesprochen kundtut. Das Episodische erscheint als ebenso zweideutig wie die Ordnung, an deren Rändern es auftritt. Es kann bei der bloßen Abwechslung bleiben, einem vorübergehenden *relief*, oder es kann sich ein neues *Relief* herausbilden infolge eines Wechsels, der Neues hervortreten läßt. Jede Ordnung hat ihre Seitensprünge, die dort enden, wo man war, und jede Ordnung läßt Sprünge zu, die anderswo enden. Episodische Einzelereignisse, die für sich genommen vereinzelt bleiben, können bei entsprechender Häufung und Dichte systemverändernd wirken, wie wir wissen. Auch Ordnungsüberschreitungen im Großen treten keineswegs immer im großen Stil auf, sondern kommen oftmals unauffällig daher. Sie können auf eruptive, aber ebensogut auf erosive Weise ihre Wirkung entfalten, als schlagartige Durchbrüche oder als allmähliche Verschiebungen im Lebensmuster eines Einzelnen oder im Gefüge einer Gesellschaft. Auch im gesellschaftlich-geschichtlichen Bereich gibt es Vorgänge, die eher den Vulkanisten, den Dramatikern spektakulärer Ereignisse, und solche, die eher den Neptunisten, den Betrachtern einer *longue durée* recht geben. Die großen Ein- und Ausbrüche haben seit eh und je mehr Aufmerksamkeit gefunden, da hier das Ungewohnte und Neuartige förmlich ins Auge springt. Dies schließt nicht aus, daß Ordnungen vielfach zerbröckeln, daß Bruchstücke einer alten Ordnung zur Errichtung neuer Gebäude benutzt werden oder daß einfach umgebaut wird. Die Verbindung von Konstruktion und von De(kon)struktion ist nichts Neues, sie stellt eher die Regel dar, so daß Altes in Neuem überdauert, über seine eigene Lebensdauer hinaus. Auch dieses Überdauern stellt eine Form von Überschreitung dar.

Neben der mehr oder weniger großen Öffnung und Schließung der Ordnungsgrenzen und ihrer wechselnden Dauerhaftigkeit ist der *Schärfegrad* zu beachten, mit dem Grenzen gezogen werden, die Überschreitung der Ordnungsgrenzen bleibt davon nicht unberührt. Die Grenzziehung kann das Gesetz des *Entweder-Oder* bevorzugen oder die gleitende Skala eines *Mehr-oder-weniger*; sie kann digital funktionieren unter Zuhilfenahme numerischer Codes oder analogisch wie bei der Registrierung von Farbnuancen oder der Wiedererkennung von Gesichtszügen. Auf der einen Seite finden wir haarscharfe Umrisse, Schwarzweißkontraste und Ja/Nein-Alternativen, auf der anderen Seite allmähliche Übergänge, verwischte Umrisse und Grauzonen. Die Kunst fördert diesen Kontrast, indem sie zwischen Holzschnitten oder Gravuren einerseits, Koloristik und Sfumato andererseits ein nuanciertes Linien- und Farbspiel betreibt. Sofern Schemata und Regeln Verwendung finden, treten sie teils in expliziter oder gar formelhafter Gestalt auf, teils aber nur in impliziter Form, so daß die Regelhaftigkeit mehr gespürt als durchschaut wird. Dies führt zu einer verschiedenen Ausspartechnik. Die scharfe Grenzziehung läßt Leerstellen entstehen, die man frei läßt wie bei dem Druck auf eine Leertaste, während bei einem gleitenden Verfahren Unbestimmtheitszonen entstehen, die einiges im Zwielicht der Unentscheidbarkeit belassen. Für die Grenzüberschreitung besagt dies, daß man nicht sicher ist, ob man sich *noch diesseits* oder *schon jenseits* der Grenze befindet. Dies trifft zu auf alle Ordnungsregionen, den räumlichen Übergang von einem Ort oder einem Land zum anderen, den zeitlichen Wechsel von einem Gegenwartsfeld zum anderen, den historischen Übergang von einer Epoche zur nderen; es betrifft den Gestaltwechsel, etwa die Verwandlung einer ellipsenförmigen in eine kreisförmige Gestalt, es betrifft soziale Grenzen wie die zwischen Rassen und Geschlechtern, soziale Statusunterschiede wie die zwischen Gast und Freund, Freund und Feind, Asylant und Immigrant, kausale Zurechnungen bei der Bestimmung von Täter, Mittäter, Opfer und Zeuge, sprachliche Verwandtschaften und ähnliches mehr. Es bilden sich Mischformen heraus wie Zwitter und Mischlinge, die eine eigene Form multipler Identität aufweisen. Zu wieviel Prozent ist Bosnien-Herzegowina serbisch, kroatisch oder muslimisch? Zu wieviel Prozent ist ein Autor wie Nabokov russisch oder amerikanisch? Schon die Formulierung solcher Fragen zeigt, wie unsinnig sie sind. Sie setzen nämlich voraus, daß das Bild, das wir uns von Personen oder Völkern machen, sich aus diskreten, abzählbaren Merkmalen zusammensetzt. Die Verschiedenheit der beiden gegensätzlichen Ordnungstendenzen springt ins Auge, wenn wir die Eindeutigkeit einer Telefonnummer mit den Schattierungen eines fremden Gesichts vergleichen. Gesichtszüge lassen erraten, was wir nicht wissen, während Telefonnummern uns mit einem Alles oder Nichts konfrontieren. Es gibt Bildskizzen, die andeuten, doch gibt es keine Zahlenskizzen, es gibt höchstens offene Zahlenreihen und Wahrscheinlichkeitsziffern. Grenzziehungen beschränken sich schließlich nicht auf die Abgrenzung kognitiver und praktischer Schemata, in denen Bedeutungen und Ziele ihren Ausdruck finden, sie gehen zurück auf den Bereich der Affekte, die einer indirekten Steuerung und Regelung unterliegen. Es gibt kein gezieltes oder regelgerechtes Pathos, sei es Zorn, Liebe oder Haß, es gibt aber eine Ordnung des Verhaltens im Zorn, in der Liebe, im Haß. Auf diese indirekte Weise hat der Ausbruch eines Gefühls an Gefühlsregelungen teil, so daß auch hier Grenzen überschritten und nicht einfach überflogen werden. Was die Bevorzugung scharfer oder vager Grenzen angeht, so verteilen diese beiden Tendenzen sich nicht beliebig auf alle Verhaltenssektoren, als könnte man Gefühle ebensosehr mathematisieren wie Raumgestalten und Zeitrhythmen. Je stärker wir dem Geschehen des affektiven Getroffenseins verhaftet bleiben, um so schwieriger wird es, Innen- und Außenbereich gegeneinander abzudichten. Nicht umsonst verhängen geschlossene Gesellschaften wie etwa das japanische Kaiserreich vor der Meji-Zeit rigorose Kontaktsperren. Kontakte lassen sich schwieriger drosseln und filtern als Ideen und Projekte, aller versuchten Gefühlswäsche zum Trotz.

Anders als anfangs vermutet, läuft die Variabilität der Ordnungsgrenzen nicht auf deren Aufhebung und auf eine Entschärfung ihrer Fremdheitseffekte hinaus. Allerdings ändert sich der Umgang mit den Grenzen, sobald die jeweils fungierende Ordnung sich nicht mehr zu einer Gesamtordnung rundet und auch nicht mehr von einer Grundordnung in Schach gehalten wird. Die entscheidende Leitdifferenz lautet dann nicht mehr gut/schlecht im Hinblick auf ein vollkommenes Ganzes, noch lautet sie richtig/unrichtig im Hinblick auf ein einheitliches Richtmaß. Sie lautet vielmehr *ordentlich/außer-ordentlich* beziehungsweise in allgemeinerer Formulierung *normal/anomal*. Die Grenze, die durch diese Differenz markiert wird, durchzieht auf latente Weise jedes Sprechereignis, da dieses nie völlig in dem Sinn und den Regelungen des Gesagten einzufangen ist. Selbst gewöhnliche Auskünfte oder alltägliche Verabredungen sind nicht gänzlich gewöhnlich und alltäglich, auch wenn sie lediglich die bestehende Ordnung aufrechterhalten, ohne sie in Frage zu stellen. Die Aufrechterhaltung der Ordnung wird niemals völlig durch diese garantiert. Selbst wer, wie wir zu sagen pflegen, seine Pflicht tut, tut mehr als seine Pflicht. Eben darin unterscheidet sich der Postbote von einem Förderband, der Wächter von einem Monitor oder der Henker von einer Guillotine. Die Normalität kann beglückend erlebt werden, in einem »behaglichen Abwickeln des Alltäglichen«, wie es in *Effi Briest* heißt; jeder Kriegsteilnehmer, jeder Schwerkranke, jeder, der unter einer gesellschaftlichen Mafia zu leiden hat, wird eine solche Normalität herbeisehnen. Die Normalität kann aber ebensogut schreckliche Formen annehmen wie im Falle des pflichtpervertierten Eichmann, den Hannah Arendt in ihrem Prozeßbericht als »erschreckend normal« bezeichnet.

Die erwähnte Leitdifferenz hat wie jede solche Differenz eine polarisierende Wirkung, da einmal die eine, einmal die andere Seite dominiert. Wenn wir uns den Extremen zubewegen, so finden wir einerseits einen *Normalismus*, der innerhalb der bestehenden Ordnung Fuß zu fassen sucht, andererseits einen *Anomalismus*, der in der Extravaganz außerhalb der Ordnung sein Heil sucht. Der Verzicht auf das, was die Ordnung überschreitet, kontrastiert mit dem Verzicht auf das, was es zu überschreiten gilt. Der Gegensatz von Ordentlichem ohne Außer-ordentliches und Außer-ordentlichem ohne Ordentliches mündet ein in eine ›schlechte Dialektik‹, da das Woher und das Wohin der Überschreitung sich nicht in einer Einheit aufheben lassen. Die Polarisierung kann sich bis ins Pathologische steigern. Während die *Agoraphobie* in ihrer Öffentlichkeitsscheu den Patienten auf ein Innen ohne Außen zurückwirft, droht in der *Klaustrophobie* mit der Angst vor dem Eingeschlossensein der Stand- und Lebensort des Patienten sich in einem Außen ohne Innen zu verflüchtigen. In einem ähnlichen Sinne berichtet Eugène Minkowski von dem gestörten Raumerleben zweier Patienten, einem Paralytiker und einem Schizophrenen, von denen der erste auf das momentane Hier fixiert bleibt, während bei dem anderen durch die Nivellierung des Hier die Verankerung im Raum auf extreme Weise gelockert wird.[5] Von der heiklen Funktion der Hautgrenze war schon früher die Rede. Der osmotische Charakter der Haut wird beeinträchtigt, wenn die Haut sich zu einem Schutzpanzer verhärtet oder sich umgekehrt so weit öffnet, daß alle Grenzen verschwimmen.

Werfen wir abschließend einen Blick auf die Behandlung und Einschätzung von Ordnungsgrenzen in der Gegenwart, so ergibt sich vielfach ein zwiespältiges Bild. Lange Zeit galt es als eindeutiger Gewinn, wenn Grenzen geöffnet oder gar aufgehoben und härtere durch weichere Abgrenzungsmaßnahmen ersetzt wurden. Doch Grenzen bleiben Grenzen, selbst wenn ihre Funktion sich verändert. Gewinn und Verlust lassen sich nicht einseitig verbuchen. Während man sich an harten Mauern den Kopf einrennt, kann man sich im weichen Garn der Netze sehr wohl verheddern. Was die Öffnung der Grenzen angeht, so führt die einseitige Bevorzugung des Möglichkeitssinns zu einer Indifferenz, die ebenso pathogen wirkt wie ein massiver Wirklichkeitssinn, der sich an das Bestehende anklammert. Zwiespältig erscheint das Bild der Gegenwart aber auch deswegen, weil unter dem kategorischen Druck technologischer Imperative die Erweiterung praktischer Möglichkeiten mit einer rigorosen Formatierung und Programmierung des Verhaltens einhergeht. Vom Buch des Lebens zur Buchung des Lebens, von der gegebenen zur abgeschlossenen Versicherung ist es nur ein kleiner Schritt, wenn das funktionale Wie die Oberhand gewinnt über das, was uns widerfährt und anspricht.

Die Analyse der verschiedenen Formen der Grenzüberschreitung läßt zwei Fragen offen, die uns in den weiteren Kapiteln beschäftigen

5 Ich habe diesen Befund wiederholt herangezogen, um den polaren Charakter unseres Raumerlebens und entsprechender Verhaltensstörungen zu charakterisieren. Vgl. insbesondere *In den Netzen der Lebenswelt*, S. 188 f., 204.

werden, nämlich die Schärfung der Ordnungsproblematik unter dem Geheiß eines Dritten und die Suche nach Einsprengseln des Chaotischen in der Ordnung selbst, die mitverantwortlich sind für die Ausbildung verschiedener Ordnungsformen.

5. Die Drittinstanz des Gesetzes

Es ist keineswegs selbstverständlich, daß man versucht, die Instanz des Gesetzes mit der Figur des Dritten zu verknüpfen, und zwar dauerhaft und nicht nur anfänglich. Die Überlegungen, die sich daran anschließen, geben der Ordnungsproblematik eine neue Wende. Wir haben das Ordnungsgeschehen von einer Grenzziehung her gedacht, die in gleichzeitigen Ein- und Ausgrenzungen ein Drinnen und Draußen entstehen läßt. Daraus erwächst eine extraordinäre Form der Fremdheit, die in der Überschreitung von Grenzen ihren maßgeblichen Ausdruck findet. Diese Ordnung übt ihre gleichmachende Wirkung auf alles aus, was sich zwischen uns und mit den Dingen ereignet. Sie prägt alles, was *als etwas* erscheint und *auf etwas hin* erstrebt wird, und diese schematisierende und kategorisierende Wirkung äußert sich in Qualifizierungen und Quantifizierungen, in Datierungen und Lokalisierungen wie auch in kausalen Zuschreibungen. Man könnte nun fortfahren und diese ordnende Macht auch auf uns selbst und die Anderen ausdehnen, sofern jeder in einer bestimmten Rolle *als jemand* betrachtet und behandelt wird bis hin zu der alle bestimmten Rollen übersteigenden Übergestalt eines *Jedermann*, der als vernunftgeleitetes Selbst nicht nur eine universale Rolle spielt, sondern in seiner Selbsttätigkeit eine eigentümliche Würde beansprucht. Selbst wenn man zwischen den Gesetzen des Seins und des Sollens strikt unterscheidet, laufen doch beide Gesetzmäßigkeiten zusammen in einer allgemeinen Vernunft, unabhängig davon, wie formal oder wie konkret man diese ansetzt. Nicht bloß eine zielgesättigte Gesamtordnung, auch eine normativ zugespitzte Grundordnung lädt zur Überschreitung ein. Zwar sprechen wir im Falle normativer Richtlinien, wie schon angedeutet, von Abweichungen, doch sofern auch normative Regelungen bestimmten Anwendungsbereichen und Hoheitsgebieten zugeordnet sind, pflegen wir auch im Falle praktischer Gesetze von Überschreitung oder, wie es häufiger geschieht, von Übertretung zu sprechen. Die unterstellte Allgemeingültigkeit des Vernunftgesetzes würde die Differenz von

Drinnen und Draußen, von Eigenem und Fremdem hinfällig machen. Das Vernunftgesetz kennt weder Ausnahmen noch Außenseiter; es kennt nur die Vernunftlosigkeit eines *outlaw,* der sich selber ausschließt. Darin gleicht die normativ verankerte Ordnung dem zielbestimmten Kosmos, der ebenfalls – wie Aristoteles ausdrücklich versichert – kein Außen hat (vgl. *Physik* III, 6, 207 a 8), außer in Form einer ordnungswidrigen Bewegung oder eines Ordnungslosen, eines ἄτακτον. Mit der extraordinären Form wäre auch die ekstatische und diastatische Form der Fremdheit relativiert, nämlich in Hinsicht auf ein Allgemeines, das beide Formen umfaßt und übergreift.

Daß es so nicht geht, daß all das, was uns widerfährt, bis hin zu dem, was uns im Anderen anspricht, sich weder einem allgemeinen Nomos einfügen noch einer allgemeinen Lex unterstellen läßt, haben wir wiederholt zu zeigen versucht. Schon der Doppelsinn von (An)ordnung als Disposition und als Order weist darauf hin, daß das Gesetz einen Bezug zum Anderen und somit auch zu mir selbst unterhält, der weder in einer allgemeinen Ordnung der Dinge noch in einem allgemeinen Reich der Zwecke seinen festen Ort findet. Gesetze, die sich an fremde Anforderungen anlehnen, zeigen ein janusförmiges Doppelgesicht; die anordnende Kraft, die aus der Stimme des Gesetzes spricht, fällt nicht zusammen mit den Satzungen, die sie verordnet. Den Weg vom fremden Appell zum Mitanspruch des Gesetzes, den wir im dritten Kapitel unserer Untersuchungen gegangen sind, werden wir nun umkehren, indem wir von den geltenden Ordnungen aus zurückfragen nach den Instanzen, in denen sie sich verkörpern.

Die Figur des Dritten, die bei Simmel, Sartre und Lévinas auftaucht, in jeweils verschiedenem Gewand, doch ausgestattet auch mit je besonderem Gewicht, stellt eine merkwürdige Übergangsfigur dar. Sie spielt verschiedene Rollen, von der dritten Person, in der Andere zum Thema des Dialogs werden, über die beteiligte oder unbeteiligte Zeugenschaft bis hin zur Ordnungsinstanz, die selbst wiederum steuernd, verteilend oder schlichtend eingreifen kann.[6] Uns interessiert hier in erster Linie die Ordnungsinstanz, und speziell die des praktischen Gesetzes. Letzteres artikuliert sich in Gebo-

6 Vgl. ausführlich dazu: AR, Kapitel II, 13-14; *Topographie des Fremden,* Kapitel 5 sowie speziell in bezug auf Lévinas: Pascal Delhom, *Der Dritte* (2000) und in Ausweitung auf Simmel, Freud, Lacan und Sartre: Thomas Bedorf, *Dimensionen des Dritten* (Diss. Bochum 2002).

ten und Verboten, die ein bestimmtes Handeln oder ein bestimmtes Unterlassen von Handlungen vorschreiben. Wer ein Gebot oder Verbot ausspricht, tut dies stets *im Namen von* ..., unter Berufung auf eine Instanz, die *für etwas* zuständig und *zu etwas* bevollmächtigt ist. Beruft der Befehlende sich auf nichts als auf seinen eigenen Willen, so wird eben dieser zum Gesetz. Das Gesetz gehört zur Grammatik des Befehls auf ähnliche Weise, wie der behauptete Sachverhalt zur Grammatik der Aussage gehört. Ein Gebot, dessen Berechtigung nicht anfechtbar wäre, gliche einem Sachverhalt, der nicht bezweifelt werden kann; eine solche Unanfechtbarkeit ist nur durch Unterdrückung, also durch ein indirektes Eingeständnis der Fraglichkeit zu erreichen. Dem performativen Kraftakt eines Unfehlbarkeitsdogmas als eines Aussagens, das sich selbst zum Inhalt hat, entspräche der eines Unanfechtbarkeitspragmas. Aber eine letzte Instanz bleibt eine Instanz, die ein Verfahren beenden, aber nicht das Fragen abstellen kann. Zwischen die reine Idealität sprachloser Geltungen und die faktische Realität eines geltungslosen Sprechens schiebt sich die Instanz des Dritten, die weder auf jenen reduziert werden kann, der das Gesetz vertritt, noch auf das, was gesetzlich vorgeschrieben ist. Selbst Freud, der die Instanz des Über-Ichs aus der ödipalen Familienkonstellation herleitet und in Kants kategorischem Imperativ das »direkte Erbe des Ödipuskomplexes« erblickt (GW XII, 380), reduziert die Bildung des Über-Ichs nicht auf eine bloße Identifizierung mit den elterlichen Personen. Er stellt fest: »So wird das Über-Ich des Kindes eigentlich nicht nach dem Vorbild der Eltern, sondern des elterlichen Über-Ichs aufgebaut, es erfüllt sich mit dem gleichen Inhalt, es wird zum Träger der Tradition, all der zeitbeständigen Wertungen, die sich auf diesem Wege über Generationen fortgepflanzt haben« (GW XV, 73). Natürlich kann auch die Identifizierung mit einer langfristigen und kollektiven Tradition die repräsentative Differenz zwischen denen, die für etwas stehen, und dem, wofür sie stehen, nicht aus der Welt schaffen. Die unumgängliche Grundtatsache, daß es ›Ordnung gibt‹, schließt ein, daß es ›Gesetze gibt‹, die weder rein idealiter noch rein realiter bestehen. Dem Dritten wird gewöhnlich eine *positive Neutralität* zugesprochen in dem Sinne, daß die Instanz des Dritten sich nicht schlicht aus dem Streit zwischen mir selbst und den Anderen heraushält, sondern ausgleichend wirkt. Die Gleichheit gilt nicht umsonst als Wesensmerkmal von Recht und Gerechtigkeit unabhängig davon, nach welchem Maßstab diese sich bemessen. Die Rolle des

Dritten ist uns wohlvertraut aus den traditionellen Rollen des Gesetzgebers, der Recht schafft, des Richters, der Recht spricht, des Zensors (so vor allem bei Freud), der die Befolgung des Rechts überwacht, und die Instanz, in deren Namen der Dritte spricht, nennen wir Logos, Vernunft, Gewissen, Sitte oder eben Gesetz. Der Übergangscharakter, der die Instanz des Dritten auszeichnet, verschwindet jedoch, wenn man die Person des Dritten als bloße Vorform behandelt, die in der reinen Funktion oder der reinen Geltung eines anonymen Gesetzes ihren Reifezustand erreicht.

Es versteht sich keineswegs von selbst, daß man dem Gesetz des Dritten eine solche Macht einräumt. Mit Nietzsches Zarathustra (KSA 4, 30) könnte man dem »großen Drachen«, der »Du sollst!« sagt, ein »Ich will« entgegensetzen. Entschließt sich jeder dazu, so entsteht daraus ein Kräftefeld, innerhalb dessen verschiedene Willenszentren gegeneinander auftreten. Das allgemeine Gesetz wäre das eines Agon, bei dem jeder nicht nur sich will, sondern ebenso einen starken Gegner, an dessen Gegenkräften die eigenen Kräfte wachsen. Das Antworten gliche dann dem Parieren eines Stoßes, das in seiner höchsten Vollendung, wie etwa im Falle von Kleists fechtendem Bären, nicht einmal auf Finten eingeht, weil es schon dort ist, wo der fremde Stoß herkommt. Die Frage wäre dann, ob ein solches Überantworten noch einem Willen zugerechnet werden kann, ob eine kraftvolle Äußerung sich in der Kraft der Äußerung erschöpft, und wenn nicht, wie Anspruch, Sinn und Kraft miteinander zu vereinbaren wären. Doch berechtigt bleibt Nietzsches Abkehr von einer Gesetzesmoral, die sich an die jeweils »herrschende Moral« hält, ohne die Moral »als Problem« zu fassen, als stünde nicht hinter jedem Anspruch auch ein Herrschaftsanspruch (vgl. KSA 5, 106).

Wie aber könnte ein Gesetz des Dritten aussehen, das seine Herrschaft nicht hinterrücks ausübt? Die Figur des Dritten ist ebenso problematisch wie die des Doppel, von der im Zusammenhang mit der Selbstspaltung und der Selbstverdoppelung ausführlich die Rede war. Dort galt es die Auffassung abzuwehren, als bestünde die Spaltung in der bloßen Zerstückelung von etwas und als bestünde die Verdoppelung lediglich darin, daß etwas noch einmal vorkommt. Es galt, die Fixierung auf vorgegebene Einheiten zu durchbrechen, um dem Selbst und seinem Verhältnis zum Anderen gerecht zu werden. Beim Dritten droht eine andere Gefahr. Das Dritte, das zumeist im Neutrum auftritt, dient als Heilmittel gegen die Entzweiung; es wirkt als höhere oder als in der Tiefe wiedergefundene Einheit, als Instanz der

Vereinigung, der Versöhnung[7] oder – weniger anspruchsvoll – als Instanz, die gegensätzliche Kräfte miteinander vereinbar macht. Im Dritten begegnet uns die Synthese in Reinkultur als verborgene Mitte, die alles zusammenhält. Von dieser Mitte aus betrachtet, erscheint das eigene so gut wie das fremde Selbst als eines unter und mit anderen. Der Agonismus der Einzelwillen schlägt um in einen Dialogismus des Gemeingeistes und des Gemeinwillens, der in der Gerechtigkeit auf ein Mittleres (μέσον) abzielt (vgl. *Nik. Eth.* V, 9) und sich in spekulativer Überhöhung der aristotelischen Schlußlehre als ein um einen Mittelterm (μέσος ὅρος) kreisender *Syllogismus* darstellen läßt. Wenn etwas dieser Vereinheitlichung durch ein Drittes entgegensteht, so ist es jene Urdiastase zwischen dem Wovon der Affektion und dem Worauf des Antwortens, die sich in allem wiederholt, was sich zwischen uns abspielt. Der Andere tritt *als Dritter* auf, der im Namen von ... spricht, im Namen einer Ordnung, die wie jede Ordnung gleich*setzt*, was nicht gleich *ist*, und damit jeder Gleichheitsforderung und Gleichheitserwartung ein Moment der Ungerechtigkeit, der ἀδικία, aufprägt. Das Alpha privativum beziehungsweise Präfixe wie In- oder Un- sind auch hier nicht zu verstehen als Ausdruck einer Privation, als ein Mangel, der zu beheben ist, als etwas, das nicht sein soll, sondern als Hinweis auf eine Überschreitung der Ordnungsgrenzen, die mit deren Entstehung zusammenfällt, als Ausdruck also jener extraordinären Fremdheit, um die es uns hier geht. Der bekannte Spruch *summum ius summa iniuria* wäre dann zu verstehen als gezielter Einspruch gegen jeden Versuch, die Ordnung auf die Spitze zu treiben, das Außer-ordentliche der Ordnung einzuverleiben. Eine jegliche Ordnung ist nicht weniger, aber auch nicht mehr als die Verkörperung eines bestimmten Gesichtspunktes, als ein Gesichtsfeld, das seine spezifische Optik, seine eigene Perspektive hat: ein so und nicht anders. Ordnungen, die eine universale Reichweite beanspruchen, sind von diesen Beschränkungen keineswegs ausgenommen; auch die Moral beschränkt sich auf einen *moral point of view*; sie unterliegt Antriebskräften, die sich einer moralischen Rechtfertigung entziehen. Ein ›Reich der Geister‹, das die Ordnung, *nach der* wir leben, in eine Ordnung verwandeln würde, *in der* wir leben, läßt sich so nicht gewinnen. Eine moralische Gemeinschaft wäre eine Gemeinschaft von Moralrichtern, die der systemtheoretischen Gemeinschaft von Beobachtern auf fatale Weise nahekäme.

Halten wir uns von der Versuchung fern, allem, was zwischen uns

7 Vgl. engl. *at-one-ment.*

geschieht, eine Ordnung überzustülpen, so bedeutet dies, daß die Einführung von Drittinstanzen ebenso diastatisch zu denken ist wie jene Prozesse der Selbstspaltung und Selbstverdoppelung, die eben jenes Selbst aus der Spaltung und Verdoppelung hervorgehen lassen. Die Duplizierung würde sich verschränken mit einem Prozeß der Triplizierung, einer gleichsam strukturalen ›Verdrittfältigung‹, die von der numerischen Verdreifachung von etwas wohl zu unterscheiden ist. Diese Drittinstanz tritt nicht äußerlich hinzu, als gäbe es eine intakte Dyade von Selbst und Anderem, die durch einen ordnungsstiftenden Sündenfall ihrer Einzigartigkeit beraubt würde. Aufforderungen und Ansprüche, die vom Anderen ausgehen, nötigen den Respondenten nicht nur zu antworten, sondern sie zwingen ihn, dies *so und nicht anders* zu tun, wie sich bei der Erörterung offener Anknüpfungen gezeigt hat. In Bedeutungsstrukturen und Zielrichtungen, ohne die es kein Was, kein Wozu und keinen Wer gäbe, schlagen sich bestimmte ›Antwortschicksale‹ nieder. Dazu gehört die Verwandlung des Anderen in *diese(n) Andere(n)* unter Auswahl bestimmter und Ausschluß anderer Antwortmöglichkeiten. Auf den ersten Blick ergibt sich, daß der/die Dritte (*autrui* in seiner geschlechtsneutralen Form) im Plural auftritt, und dies nicht nur, weil es noch weitere Andere gibt, sondern weil das Fremde selbst, auf dessen Ansprüche wir antworten, wiederum ein bestimmtes Selbst unter anderen Selbsten darstellt. Doch bei dieser pluralisierenden Beschreibung ist größte Vorsicht geboten.

Betrachten wir uns selbst und die Anderen als Mitglieder einer Gruppe, so bewegen wir uns bereits auf dem Boden einer sozialen Ordnung, obwohl doch deren Genesis gerade in Frage steht. Die Pluralität ist also nicht als Plural vorhandener Personen zu verstehen, sondern als genuine Pluralisierung auf der Ebene der Affektion und des Anspruchs. Die Selektion zeigt die Form eines »affektiven Reliefs«, wie Husserl sich ausdrückt, oder – wie wir auch sagen können – der Anspruch tritt hervor aus einem *Anspruchsfeld*, indem er ebendieses Feld mit entstehen läßt. Die Singularität des fremden Anspruchs, die jede Ordnung sprengt, wird dadurch nicht relativiert im Sinne einer kontextuellen oder normativen Einordnung, sondern sie tritt als Singularität in den Plural.

Diese Situation eines sozial »nicht festgestellten Tieres« zwingt gleichsam zur Feststellung, zur Einführung von Präferenzen und Perspektiven, zum »Gleichsetzen des Nichtgleichen«, zum »Vergleichen des Unvergleichlichen«, zu eben dem, was eine Ordnung zur Ordnung macht. Die extraordinäre Fremdheit verschwindet in der sozialen Ordnung einer ›Herde‹, wenn diese Genesis vergessen wird und der Gesichtspunkt des Dritten überhandnimmt. Dabei ist es relativ gleichgültig, ob die Leitung durch den Hirten als Innen- oder als Außensteuerung auftritt, ob die Ordnung sich als denkbar beste oder als bloß funktionierende Ordnung ausgibt. Wer nach all diesen Überlegungen die Frage stellen würde, wie einer in die Ordnung hineinkommt oder wie er aus ihr herauskommt, würde eine abwegige Frage stellen. Gäbe es nicht den Gesichtspunkt des Dritten, so wäre die genannte Frage ebenso hinfällig, wie wenn es nur diesen Gesichtspunkt gäbe. Das ›Wunder‹ des Übergangs von dir als Anderem zu dir und mir als einem unter anderen, der Übergang vom fremden Anspruch zur Instanz des Dritten vollzieht sich auf unmerkliche Weise, wenn ich mit dir über uns spreche, wenn ich dich mit fremden Augen sehe, wenn ich dich bei einem Namen nenne, den nicht ich dir gegeben habe, und er vollzieht sich auch dann, wenn wir gemeinsam über das nachdenken, was jedem auf seine Weise zustößt. Der Dritte ist immer im Spiel, nur eben oft als geheimer Souffleur, der mit dem Akteur nahezu verschmilzt.

Dieses Nahezu bleibt ein Nahezu, auch wenn das Ich die fordernde, verbietende und strafende Instanz des elterlichen Dritten in Form eines Über-Ich verinnerlicht. Die Instanz, die als »Repräsentanz unserer Elternbeziehung«, als »Anwalt der Innenwelt, des Es« (GW XIII, 264) jene stellvertretende Funktion ausübt, die wir dem Dritten zugeschrieben haben, resultiert bei Freud aus einer Selbstteilung des Ich, in deren Verlauf »sich ein Teil des Ichs dem anderen gegenüberstellt, es kritisch wertet, es gleichsam zum Objekt nimmt« (GW X, 433). Wichtig ist die Tatsache, daß die Ordnung des Dritten sich im Selbst verkörpert und dennoch etwas von einem Fremdkörper behält. Die Bruchstellen, vor allem die zwischen Es und Über-Ich, verschwinden nicht. Das pathische Geschehen, von dem unsere Untersuchungen ausgehen, wird durch die Instanz des Über-Ich nicht einseitig gelenkt und kontrolliert, sondern es rächt sich gewissermaßen an seinem Regenten in Form eines eigentümlichen Pathos, einem *Leiden unter dem Gesetz*, auch gerade unter dem selbstübernommenen Gesetz. Wenn wir Fremdheit, wie sie uns im Wirkungskreis von Vernunft, Ordnung und Moral begegnet, als extraordinäre Fremdheit bestimmen, also als das, was über die jeweilige Ordnung hinausgeht, so stoßen wir auf das merkwürdige Phänomen, daß eben jene Instanz, die bestimmte Triebwünsche verdrängt und ausgrenzt, selbst teilweise außerhalb unserer Reichweite und außerhalb des kontrollierenden Bewußtseins liegt. Diese Selbstverdeckung der Ordnung, die bewirkt, daß die Ordnung nicht nur ein Außen erzeugt, sondern selbst eine Außeninstanz bildet, wird uns noch beschäftigen.

Eine weitere Frage betrifft Freuds Kennzeichnung der Gesetzesinstanz als Über-Ich. Warum gerade Über-*Ich*? Da das sogenannte Über-Ich, wie schon erwähnt, keineswegs mit der Persönlichkeit der Eltern zusammenfällt, da diese vielmehr selbst der Kontrolle eines Über-Ichs ausgesetzt sind, könnte man auch von einem Über-Du ausgehen oder von einem Über-Wir, ohne daß damit einer Kollektivierung des Unbewußten Vorschub geleistet würde. Wenn, wie Freud selbst annimmt, »Anteile« fremder Ich-Ideale in mir selbst anzutreffen sind und wenn umgekehrt ähnliches gilt, so wäre das sogenannte Über-Ich nicht der einzige, aber doch ein wichtiger Bestandteil jenes Ineinander aus Eigenem und Fremdem, das Merleau-Ponty als Chiasmus oder als synkretistische Sozialität bezeichnet. Natürlich schließt dies die Möglichkeit ein, daß wir – eine Familie, eine Gruppe, ein Volk – insgesamt unter demselben Gesetz leiden.

Was schließlich das Verhältnis des Einzelnen oder auch einer Gruppe zur Gesetzesinstanz angeht, so zeichnet sich hier wie in allen Fällen, wo die Zentrierung durch eine Exzentrizität aus dem Gleichgewicht gebracht wird, eine Polarisierung und Extrembildung ab, die in keinem Mittelmaß zur Ruhe kommt. Was die Wirkung des Gesetzes angeht, so bedeutet dies, daß der konformistischen Unterwerfung *unter das Gesetz* des Dritten eine anarchistische Rebellion *gegen das Gesetz* gegenübersteht. Daß die unvermittelte, jeden Umweg durch eine Drittinstanz scheuende Konfrontation mit den Anderen leicht in Terror ausschlägt, daß es zu explosiven Mischungen kommt, wenn der Andere mit dem Gesetz, das Gesetz mit dem Anderen gleichgesetzt wird, dies und manches andere gehört zu den verschlungenen Wirkungen einer Gesetzeskraft und Gesetzesgewalt, die im Untergrund jeder Gesetzesgeltung ihre Wirksamkeit entfaltet.

6. Zweideutigkeit der Übertretung

Jede Ordnung, die in das Zwischengeschehen der Erfahrung eingreift, tut dies, indem sie ein- und ausgrenzt. Sofern niemand und nichts völlig in dem aufgeht, was die Ordnung aus ihm macht, indem sie Nichtgleiches gleichsetzt, es als Teil eines Ganzen oder als Fall eines Gesetzes behandelt, lädt die Ordnung nicht nur zur Überschreitung ein, vielmehr sind ihre Grenzen immer schon überschritten. Der Überschritt geschieht mit der Stiftung, aber auch mit der Aufrechterhaltung einer Ordnung.[8] Diese elementare Form der Überschreitung steht deshalb nicht zur Wahl, sie läßt sich weder gebieten noch verbieten. Dies gilt auch für die Verordnungen eines Gesetzes. Das Hören auf die Stimme des Gesetzes gehört nicht zu dessen Satzungen, so wie die Regelbefolgung nicht selbst ein regelgeleitetes Verhalten darstellt und die Intentionalität nicht selbst einem zielgerichteten Verhalten entspringt. Ausgeschlossen wird damit eine Gesamtordnung, die alle und alles in einem umfassenden Ziel vereint, und ebenso ausgeschlossen wird eine Grundordnung, die jedermanns Handlung ausnahmslos einer Grundordnung unterwirft. Ausgeschlossen ist schließlich, daß wir uns alle zu einem rein inklusiven Wir vereinen. Sofern Gerechtigkeit der traditionellen Definition gemäß besagt, daß Gleiches gleich und Ungleiches ungleich zu behandeln ist, wohnt dem Gleichmachen des Nichtgleichen ein Moment der *Ungerechtigkeit* inne, und soweit jede Ordnung aufgrund ihres selektiven Charakters bestimmte Ansprüche verletzt, enthält sie ein Moment der *Gewaltsamkeit.* Man könnte mir vorwerfen, daß damit alle Ordnungen über einen Kamm geschoren werden. Diesen Vorwurf nehme ich auf mich, denn in der Tat gibt es grundlegende Aspekte, die dem ›es gibt‹ der Ordnung als solcher zugehören, darunter jenes Außerhalb der Ordnung, jene außer-ordentliche Fremdheit, die durch keine Erweiterung oder Verbesserung der jeweiligen Ordnung aufzuheben ist. Wer an dieser entscheidenden Stelle nachgibt, trägt dazu bei, daß Ordnungen als Ordnungen exzessiv werden.

Dennoch stellt sich die Frage, ob der Überschreitung von Ordnungsgrenzen und der maßlosen Ausschreitung, ob der Transgression und dem Exzeß nicht eine Zweideutigkeit anhaftet, und dies im besonderen Maße, wenn wir an die spezifische Übertretung von Gesetzesvorschriften denken. Ist Übertretung gleich Übertretung? Läßt

8 Derrida weist in seiner Schrift *Gesetzeskraft* (S. 47) darauf hin, daß auch das geltende Recht nicht einfach angewandt wird, sondern vom Richter je neu zu erfinden ist.

sich das Verbrechen so ohne weiteres in die Sprache der Unterbrechungen, der Ein- und Ausbrüche und der Gebrochenheit von Beziehungen übersetzen? Wir näherten uns dieser Frage bereits früher, als wir beim Übergang von der Affektion zum Appell den Extremfall des Mordes als einen Einbruch von Gewalt ins Auge faßten. Offensichtlich bedeutet ein Gewaltakt mehr als eine Gewaltsamkeit, die wir jedem ordnungsgemäßen Akt zuschreiben. Es muß also unterschieden werden, doch wie?

Zunächst bietet sich eine alte Unterscheidung an, die seit den Zeiten von Aristoteles nicht nur das ethische und praktische Handeln bestimmt, sondern sich auch institutionell niedergeschlagen hat, etwa in der Unterscheidung von Zivilrecht und Strafrecht. Ich meine die Unterscheidung von *distributiver* und *korrektiver Gerechtigkeit*, wie sie uns aus Buch V der *Nikomachischen Ethik* vertraut ist. Im ersten Falle geht es um die Verteilung oder Umverteilung von Pflichten und Rechten, von Chancen, Positionen, Lasten, die dazu führt, daß wir Bestimmtes *tun*, *sagen* oder *genießen* müssen, dürfen und können. Kurz gesagt, es geht um Anteile am sozialen Leben. Werden die Grenzen der Verteilungsordnung verletzt, so kommt es zur Benachteiligung oder Übervorteilung bestimmter Individuen oder Gruppen, die auf diese Weise ungerecht behandelt werden. Diese Ungerechtigkeit ist eine Ungerechtigkeit, sofern Gleiche ungleich behandelt werden. Die Ungerechtigkeit bleibt eine *relative*, bezogen auf eine Ordnung unter Gleichen, die es ermöglicht, daß jeder, auch der Geschädigte, sein Recht wahrnimmt. Eine solche Verteilungsordnung läßt zu, daß man sie verbessert; Verbesserungen unterliegen dem schon erwähnten Gesetz des *Mehr oder weniger*. Lassen wir die Frage nach dem Optimum und die weitere Frage nach der Bestimmung dieses Optimums noch einen Augenblick beiseite, so läßt sich schon jetzt soviel feststellen, daß es Grenzlagen und Grenzfälle gibt, nämlich Not und Elend, wo die Lebensmöglichkeiten nicht nur beschnitten sind, sondern sich der Lebensunmöglichkeit annähern. Die erste Form der Ungerechtigkeit geht hier in die zweite über.

Die korrektive Gerechtigkeit tritt dann in Kraft, wenn es nicht nur um die Verteilung von Lebenschancen geht, sondern wenn Leib und Leben, Ruf und Würde, also das, was jeder von uns aus und für sich selbst ist, auf dem Spiel steht. Die Ungerechtigkeit, die es mit Lebensanteilen und Anrechten zu tun hat, steigert sich zu einem *absoluten* Unrecht, absolut insofern, als dieses nicht gegen anderes aufgerechnet werden kann. Dazu gehört schon bei Aristoteles nicht nur die offene und brutale Gewalt, sondern auch die Hinterlist des Betrugs, die beide, über das individuelle Verhalten hinaus, ihre tiefen Spuren in der Geschichte der Politik hinterlassen haben. In solchen Fällen werden nicht Gleiche ungleich behandelt, sondern der Straftäter oder Verbrecher behandelt *den Anderen als Nichtseinesgleichen*. Er behandelt ihn als Mittel, als Etwas, das zu etwas dient, das im Wege steht, benutzt oder beseitigt wird. Hinzu kommen öffentlich geübte ideologische Winkelzüge, die das Unrecht eskamotieren, indem sie dem Anderen den Gleichheitsstatus absprechen, ihn auf den Stand eines Sklaven (eines »beseelten Werkzeugs«), eines Untermenschen herabsetzen oder auf den Status eines zwischen Fremdheit und Feindschaft schillernden Gegenmenschen. Dazu gehört auch die Verwandlung des Opfers in eine Rolle, so daß es danach aussieht, als würde ein Farbiger als Farbiger ermordet, obwohl es doch so ist, daß ein Mensch umgebracht wird, weil er ein Farbiger ist. Fälle eines solchen Unrechts, das sich nicht zwischen Bevorteilten und Benachteiligten abspielt, sondern zwischen Tätern und Opfern, unterliegen nicht mehr einer Ordnung, die sich verbessern läßt, sondern solches Unrecht läßt sich – und auch dies nur in Grenzen – einzig wiedergutmachen in der Weise, daß mit der Bestrafung des Täters die verletzte Ordnung wiederhergestellt wird. Die Verurteilung einer Unrechtstat orientiert sich nicht an einer Skala besser/schlechter, die ein Mehr oder Weniger zuläßt, sondern an dem Maßstab eines *Entweder-Oder*. Ein Totschlag ist nicht besser als ein Meuchelmord, er wiegt lediglich weniger schwer im Hinblick auf die Voraussetzungen und Umstände der Handlung. Abgewogen wird dabei nicht, wieweit die Handlung vertretbar ist, sondern ob und wieweit die Tat jemandem als Handlung zugerechnet werden kann. Mildernde Umstände machen das Opfer nicht lebendig, sie machen die Tat auch nicht besser, sondern nur weniger verwerflich. Aristoteles unterscheidet dementsprechend zwischen einer geometrischen Gerechtigkeit, die bei der Verteilung die Proportionen wahrt, und einer arithmetischen Gerechtigkeit, die den Schaden – soweit es geht – wiedergutmacht.

Wir nähern uns damit der Unterscheidung zwischen analogisch und digital funktionierenden Codes, die den verschiedenen Schärfegraden der Grenzziehung entspricht. Je mehr die kosmisch-soziale Gesamtordnung sich auf eine normative Grundordnung zurückzieht, um so mehr verlagert sich das Gewicht auf Ja/Nein-Stellungnahmen. Doch bis es dazu kommt, wird ein weiter Weg zurückgelegt. Die Griechen zur Zeit von Platon und Aristoteles werden schon durch ihre Sprache, die einheitlich von δίκη, δίκαιον und δικαιοσύνη spricht, dazu angehalten, zwischen Gerechtigkeit und Recht ein Kontinuum anzusetzen und nicht strikt zwischen materialer Gerechtigkeit und formalem Recht zu unterscheiden. Rechtschaffenheit und Rechtlichkeit gehen dann im Leben des Einzelnen ineinander über, und als gerecht gilt ein Gemeinwesen, dessen Regierung sich am Gemeinwohl ausrichtet. Die neuzeitliche Relativierung der Sphäre eines guten und glücklichen Lebens, die bei Kant ihren deutlichen Ausdruck gefunden hat, und die gleichzeitige Pluralisierung dieser Sphäre, die jede schlechthinnige Optimierung ausschließt, nötigen dazu, Wertedebatten dem freien Spiel der Meinungen, Präferenzen und Traditionen zu überlassen. Damit wird eine Rechtssphäre freigesetzt, die in der formalen Korrektheit von Verfahren ihren Maßstab findet und darüber hinaus an *Grundrechte* gebunden bleibt, die per definitionem nicht zur Disposition stehen, es sei denn, es geht um ihre Formulierung und Konkretisierung. Insofern ist der Rechtsstaat kein gerechter Staat im Sinne klassischer Gerechtigkeitsvorstellungen, aber er ist ein Staat, der in Orientierung an Menschenrechten und Völkerrecht sich selbst bestimmte Grenzen auferlegt. Natürlich gibt es Fragen über Fragen sowohl historischer wie sachlicher Art, sobald wir ins Detail gehen. Doch diese grobe Skizze mag genügen, um die Überschreitung und Übertretung von Gesetzesgrenzen in ein neues Licht zu rücken.

Das Bedenken, von dem wir ausgingen, läßt sich wie folgt präzisieren. Für Ordnungen, die sich auf materiale Lebensziele ausrichten, mag zutreffen, daß wir sie immer schon überschreiten, daß es stets einen Überschuß an Sinn gibt, der in den jeweiligen Zielvorgaben und Regelungen keinen hinreichenden Platz findet. Das Ganze einer Lebenswelt oder Lebensform bildet stets nur ein selektives Ganzes, dessen Grenzen nur gewaltsam abgeriegelt werden können. Mit Neuerungen ist jederzeit zu rechnen. Anders scheint es mit der Grundordnung zu stehen. Mit ihr sind die notwendigen Bedingungen gebündelt, ohne die es keine Ordnung gäbe und ohne die keiner von uns als er oder sie selbst anerkannt wäre. Wer die Grundnormen übertritt, scheint sich nicht mehr im Außer-ordentlichen zu bewegen, er begibt sich schlicht in einen ungeordneten, rechtlosen, unmoralischen, friedlosen Zustand des selbsterzeugten Chaos. Die Grundnormen, die ohne Ausnahme für jeden gelten, der sich sprachlich äußert, und dies auch dann noch, wenn er sie bestreitet, bilden eine Ordnung ohne Außen. Sie konstituieren einen Grundkonsens, der uns alle umschließt. Wer die Grenzen dieser Grundnormen überschreitet, verurteilt sich selbst. Da schließlich faktische Normen bei aller Kontingenz zu den Realisierungsbedingungen der Grundnormen gehören, unterliegt deren Überschreitung denselben Grundnormen. Überschreitungen von Ordnungsgrenzen sind nur gerechtfertigt als *Überschreitung innerhalb der Grenzen unüberschreitbarer Normen.* Eine ungerechtfertige Überschreitung mag man dann als Übertretung bezeichnen. Der Nimbus einer produktiven Ordnungsstörung und Ordnungserschütterung wäre ihr genommen. Auch ein »Verbrecher aus verlorener Ehre« oder ein »Verbrecher aus verlorenem Glück« bliebe ein Verbrecher. Der Romantisierung des genialen Verbrechers ist damit ein Riegel vorgeschoben.

Eine Romantisierung des Verbrechens hat das Mißliche, daß sie durchweg vom Schicksal des Täters ausgeht. Um eine solche Romantisierung kann es in der Tat nicht gehen. Auch Raskolnikows »Blutvergießen vor dem Gewissen« taugt nicht dazu. Daß selbst in einem Verbrechen mehr vor sich geht als die schlichte Verübung einer Untat, ist damit nicht ausgeschlossen, und ebensowenig ist damit ausgeschlossen, daß eine Gesellschaft bis zu einem gewissen Grad ihre Kriminellen mit erzeugt. Doch der entscheidende Punkt liegt woanders, nämlich in der Zweideutigkeit dessen, was wir als Außen, als Überschuß, als Mehr bezeichnen. Das Außer-ordentliche, das wir als eine Dimension der Fremdheit eingeführt haben, rührt nicht daher, daß es immerzu ein *Mehr an Sinn* gibt, das uns als Sinn nur relativ fremd wäre. Außer-ordentliches rührt auch nicht daher, daß es einen *Widersinn* gibt, der dazu führt, daß eine Ordnung sich in ihr Gegenteil verkehrt. Der Fremde ist kein Bewohner einer ›verkehrten Welt‹, eines *monde renversé*, wo alles auf dem Kopf steht, um anschließend wieder auf die Füße gestellt zu werden. Solche Umkehrungen können bestenfalls von der Fixierung auf einen bestimmten Standort befreien. Das außer-ordentliche Fremde resultiert schon gar nicht aus der *Leugnung von Geltungsansprüchen* bezüglich dessen, was jemand sagt oder tut. Die Außer-ordentlichkeit des Fremden manifestiert sich vielmehr in der *Überschreitung des Gesagten* (inklusive Sinn, Regeln, Geltungsansprüche) *durch das Sagen*, durch ein Sagen, das in der Diastase von Widerfahrnis und Response sich selbst gegenüber verschoben und auf diese Weise mit fremden Ansprüchen durchsetzt ist. Die Infragestellung sowohl des Eigenen wie des Gemeinsamen durch das Fremde verhindert, daß eine Ordnung ihre Herkunft verleugnet.

Diese Infragestellung wandelt sich mit den Ordnungen, die durch das Fremde in Frage gestellt werden. Es wäre in der Tat wenig gewonnen, würde man die Geschichte der Seinsvergessenheit in eine Geschichte der Fremdheitsvergessenheit übersetzen, würde man Demokratie und Diktatur, wie einst Amerikanismus und Bolschewismus, in ein epochales Grau in Grau versinken lassen. Es ist zu unterscheiden, und das gilt auch für das Moment der Gewalt. Es gibt eine *legitime Gewalt* (1), die innerhalb und gemäß der Ordnung auftritt. Sie wird konterkariert durch eine *illegitime Gewalt* (2), die sich gegen erstere richtet. Davon ist zu unterscheiden eine *ordinale Gewalt* (3), die der Ordnungsmacht als solcher anhaftet aufgrund ihrer einschneidenden Wirkung. Diese Gewalt habe ich wiederholt als Gewaltsamkeit bezeichnet, um anzudeuten, daß sie dem Reden und Tun anhängt, ohne dieses in pure Gewalt zu verwandeln. Schließlich gibt es jene Gewalt, die aus der *Hypostasierung einer Ordnung* entsteht (4). Die Hypostasierung kommt dadurch zustande, daß der Unterschied zwischen illegitimer Gewalt und ordinaler Gewalt verwischt wird, so daß *eine* bestimmte, kontingente Ordnung als *die* Ordnung auftritt. Handelt es sich dabei um eine Gesamtordnung, so nimmt die Hypostasierung die Form einer totalitären Gewalt an. Diese hat Lévinas vor allem im Auge, wenn er Unendlichkeit und Totalität einander entgegenstellt und Ontologie mit Polemologie gleichsetzt. Da er nicht hinreichend zwischen verschiedenen politischen und gesellschaftlichen Ordnungen unterscheidet, verschmilzt beispielsweise die administrative Gewalt, die den Anderen auf Rollen und Funktionen reduziert, oder die ökonomische Gewalt, die ihn als Humankapital einsetzt, mit der mörderischen Gewalt, die ihn als ein auszumerzendes Etwas behandelt. Daß es in jener Zeit, deren Greuel Lévinas vor Augen hatte und in nächster Nähe zu spüren bekam, an Schreibtischmördern und minutiöser Mordverwaltung nicht fehlte, rechtfertigt nicht, daß man Gewalt schlichtweg Gewalt sein läßt. Erst wenn Gewalt nicht mit totalitärer Gewalt gleichgesetzt wird, erwacht eine Sensibilität für die Vielfalt von Gewaltphänomenen, mit denen wir es in der Geschichte wie auch in der Gegenwart zu tun haben. Ich habe mehrfach darauf hingewiesen, daß die Übertönung der Gesetzesstimme durch Gesetzesvorschriften zu einem universalisierten Legalismus führt und daß die Reduktion des Sollens auf codierte Sollzustände einen multiplen Funktionalismus erzeugt. Der normalistischen und funktionalistischen Kanalisierung des Sagens und Tuns und der Verdrängung unserer pathischen Vorgeschichte ihre Gewalteffekte vorzuhalten heißt nicht, daß wir Normen und Codes in das apokalyptische Dämmerlicht einer total verwalteten oder vernetzten Welt tauchen. Wohl aber bedeutet es, daß wir einem Normalismus widerstehen, der alles, so auch den Anspruch des Anderen, in die Grenzen einer geltungsorientierten Kommunikation oder in die Grenzen funktionierender Systeme einschließt.

7. Wiedereintritt in die Ordnung

Eine Ordnung, die gleichsetzt, was nicht gleich ist, schließt Gleiches ein, indem sie Ungleiches ausschließt. Sie schafft einen Innen- und einen Außenbereich. Doch mit der bloßen Ein- und Ausgrenzung ist es nicht getan. Die Grenzen wären lediglich von außen auferlegt, würden sie nicht dem Ordnen selbst entstammen. Sie hätten lediglich einen vorläufigen Charakter, wenn die Grenzziehung sich selbst als solche durchschauen und steuern würde. Das *Paradox der Selbstbegrenzung* besteht hingegen darin, daß die Grenzen der Ordnung und das, was diese überschreitet, innerhalb der Ordnung vorkommen. Das Ganze ist nicht einfach das Ganze, weil es *als Ganzes* auftritt, und ein Erstes ist nicht einfach das Erste, weil es *als Erstes* auftritt. Die Ordnung enthält nicht nur auf gewisse Weise alles wie die Seele bei Aristoteles, die alle Formen in sich abbildet, sie enthält sich auf gewisse Weise selbst, und das Ereignis der Ordnung mit allem, was ihm anhängt, ist auf gewisse Weise im Bestand der Ordnung und in seinen Regelungen vertreten. Man darf annehmen, daß Repräsentation im Sinne einer genuinen Vertretung hier ihren Ursprung hat; denn was einfach gegeben oder in Geltung wäre, müßte nicht eigens vertreten werden.[9] Es fragt sich nun, welcher Art dieser Selbsteinschluß ist und was ein solcher Selbsteinschluß im einzelnen besagt.

Die Figur des Wiedereintritts, die dem Selbsteinschluß den Charakter eines Ereignisses verleiht, begegnet uns immer wieder, auch an prominenter Stelle, wo wir es nicht sogleich vermuten. Platons Höhlengleichnis im Buch VII der *Politeia* operiert mit einem doppelten Raumschema. Dem Philosophen wird zugemutet, nach gewonnener Einsicht in die Höhle zurückzukehren, die er unter Mühe verlassen hat, um innerhalb des Gemeinwesens, das ihm durch geeignete Er-

9 Vgl. oben I, 6 und zur Paradoxie der Selbstbegrenzung: *Vielstimmigkeit der Rede*, Kapitel 8 und 9.

ziehung und Bildung den Aufstieg ermöglicht hat, Regierungsämter zu übernehmen. Dieses Hin und Her beschreibt Platon als *Auf-* und *Abstieg*. Doch die Metapher einer höhlenartigen Behausung legt gleichzeitig die Unterscheidung von *Aus-* und *Einstieg* nahe. Daß die Unterscheidung von Oben und Unten jene von Innen und Außen zurückdrängt, hängt damit zusammen, daß die synoptische Zusammenschau auf eine panoramaartige Überschau hindrängt. Der Anblick des Ganzen saugt den Blick des Betrachters gleichsam auf in einem Meer von Licht, so daß das Paradox eines Selbsteinschlusses des Betrachters zum Verschwinden kommt. Ähnlich wird der Betrachter eines barocken Deckengemäldes sich nicht beunruhigt fühlen, wenn die Kirche, in der er sich befindet, dort zu seinen Häupten wiederkehrt, obwohl ihm damit – recht besehen – optisch der Boden unter den Füßen weggezogen wird. Durch die Tatsache, daß der Abstieg sich als *Wiederabstieg* darstellt, wird der räumliche durch einen zeitlichen Aspekt ergänzt. Der Philosoph kehrt zurück in die gemeinsame Behausung (συνοίκησις, vgl. *Politeia* 520 c), von der er aufbrach. Doch schließlich wird auch diese Aufbruchsrichtung umgekehrt durch die Annahme einer anamnetischen Rückkehr der Seele an den überirdischen Ort der Schau. Der Aufstieg des Philosophen stellt sich selbst schon als *Wiederaufstieg* dar, der den Absturz in den Zustand leiblicher Fesselung rückgängig macht. So erscheint in der großen Eros-Rede des *Phaidros* die Überschau zugleich als ursprüngliche Schau. Der Eintritt in die irdische Ordnung nimmt folglich Züge eines Abfalls an; das Diesseits ist bestenfalls ein Abglanz, schlimmstenfalls ein Zerrbild des Jenseits, jenes »Dorthin«, wohin es zu fliehen gilt (vgl. *Theaitet* 176 b). Platons Wandern zwischen zwei Welten nimmt sich raffinierter aus als so mancher Dualismus, der sich auf ihn beruft, doch auch so bleibt der Kreislauf aus Ursprung und Ziel, der die Wegmarken vorgibt, fragwürdig.

In Husserls *Krisis*, die trotz allen Widerstands gegen eine Mathematisierung der Lebenswelt platonischen Geist atmet, nimmt sich die Sache anders aus. Das Paradox eines transzendentalen Subjekts, das sich zugleich als Objekt in der Welt und als Mitglied einer Sozietät vorfindet (vgl. §§ 53 ff.), führt dazu, daß das durch Reduktion der weltlich-sozialen Welt gewonnene transzendentale Wissen in den zeitlichen Strom der weltlichen Existenz einströmt (§ 59). Die transzendentale Leistung schlägt sich nieder in einem weltlich und sozial realisierten Sinnbestand. Die Quelle dieses *Einströmens* wird zwar in einer reinen Selbstgegenwart gesucht, doch das Paradox der Selbstbezüglichkeit holt jeden Versuch einer Selbstaufhellung und Selbstthematisierung der lebendigen Gegenwart unweigerlich ein. Was sich als das Selbst konstituiert, ist auf gewisse Weise schon, als was es sich erweist. Es findet sich in seine eigene Erfahrung verstrickt. Im übrigen macht das Paradox einer transzendentalen Selbstbegründung auch vor normativ-praktischen Grundlegungsversuchen nicht halt, so wenn Kant in der Einleitung zur *Metaphysik der Sitten* (A 10-11), die uns mit Prinzipien a priori ausstattet, in bezug auf eben diese Metaphysik erklärt: »eine solche zu haben ist selbst Pflicht«, und wenn er dann fortfährt: »und jeder Mensch hat sie auch, obzwar gemeiniglich nur auf dunkle Art in sich«. Nicht nur die dunkle Art, sondern auch das Haben selbst erinnert an das platonische Vergessen des Ursprungs. Beides verweist auf eine Grundpflicht, die sich in den Pflichten gewissermaßen selbst gebietet und damit in den Pflichtenkanon eingeht, den sie festlegt.

Bei Niklas Luhmann schließlich, dessen Systemtheorie selbstreferentiell angelegt ist und die sämtliche Operationen des Beobachtens in das aus Beobachtungen entstandene System einbezieht, kommt es zu einem ausdrücklichen *Re-entry*, wenn Ordnungsleistungen selbst wiederum beobachtet und auf diese Weise in das bestehende System eingefügt werden. Mit dem Verzicht auf eine Grundlegung werden unvermeidliche Paradoxien nicht nur in Kauf genommen, sondern als solche bejaht und geradezu verschärft, denn in ihnen zeigt sich, was sich nicht widerspruchsfrei sagen läßt. Was sich in diesem Falle zeigt, sind allerdings nur Grenzen funktionaler Ordnungen.

Diese dreifache Skizze, die sich ohne Mühe erweitern ließe, zeigt an, was es zu suchen, vor allem aber auch, was es zu vermeiden gilt. Wir können von daher eine Reihe von Fragen formulieren. Wie könnte ein Wiedereintritt aussehen, der nicht den Charakter eines Abfalls von einer eigentlichen, wahren Ordnung hat? Wie ist ein Wiedereintritt zu denken, der nicht vorweg transzendental ermöglicht und geregelt ist, etwa im Sinne einer sekundären Verweltlichung und Vergemeinschaftung des transzendentalen Ur-Ichs oder in der Unterwerfung unter ein selbstgegebenes Gesetz? Wie können wir einem Wiedereintritt auf die Spur kommen, der sich nicht auf formale Operationen beschränkt, die von einer Ebene auf die andere überwechseln, sondern jenen diastatischen Charakter aufweist, der zugleich trennt und verbindet und der unsere Erfahrungen aus sich selbst heraus artikuliert?

Wir treten der Sache näher, wenn wir auch hier von der Spaltung des Sagens in Aussagen und Aussage ausgehen. Das Sagen taucht im Gesagten auf mitsamt dem Spalt zwischen Sagen und Gesagtem, der durch Konjunktionen wie ›hiermit‹ und ›indem‹ überbrückt, jedoch nicht geschlossen wird. »Hiermit verspreche ich dir, daß …«, dies bedeutet, daß das Sprechen sich selbst mit ausspricht, ohne über sich selbst zu sprechen.[10] Diese Verdoppelung der Rede betrifft alle Redeinstanzen, und sie wirft ihren Schatten auf alles, was an den zwischen mir selbst und Anderem verlaufenden Zwischenereignissen beteiligt ist (s. o., IV, 5).

Beginnen wir mit dem Anderen, wovon das eigene Selbst getroffen, wodurch es aufgefordert ist und worauf es antwortet. Der Wiedereintritt kann nicht darin bestehen, daß etwas oder jemand von draußen nach drinnen gelangt; denn außerhalb der Ordnung ist buchstäblich nichts und niemand, das heißt nicht etwas und nicht jemand. Wir haben bereits deutlich darauf hingewiesen, daß das, was die Grenzen der Ordnung überschreitet oder von deren Maßstäben abweicht, nirgends zu finden ist als in der Überschreitung und in der Abweichung selbst. Kontrastphänomene oder Kontrastierungsvorgänge verlieren ihren Kontrastcharakter, wenn sie in zwei Entitäten zerfallen, als stünde eines diesseits und ein anderes jenseits einer Demarkationslinie. Was nach innen tritt und innerhalb einer Ordnung auftaucht, ist nichts weiter als die Differenz selbst. So spreche ich unter Zuhilfenahme der Groß- und Kleinschreibung im Hinblick auf Anderes vom Anderen (A) und vom anderen (a). Ich folge darin Lacan, ohne einfach in seine psychoanalytisch bestimmte Sichtweise überzuwechseln und Anregungen in Anleihen zu verwandeln. Die Wahl desselben Anfangsbuchstabens soll darauf hinweisen, daß es zwischen dem intra- und dem extraordinären Anderen einen Zusammenhang gibt; die Markierung der Differenz durch Groß- und Kleinbuchstaben deutet an, daß die Differenz nicht als Negation oder relative Andersheit zu begreifen ist, so daß eine Dialektik im einen das andere, im Satz seinen Gegensatz entdecken könnte.[11] Die Ordnung greift in die Fremderfahrung ein, indem sie dazu führt, daß etwas als etwas gemeint und nach einer Regel behandelt, daß es auf etwas hin erstrebt und in etwas dargestellt wird. Im ersten Kapitel

10 Zur Selbstbezüglichkeit und Selbstverdopplung der Rede und ihrer linguistischen Fassung vgl. AR, Kapitel I, 3.

11 Die Groß- und Kleinschreibung ist allerdings nicht unverfänglich; sie kann auch konzentrisch verstanden werden im Sinne von Mikro- und Makrokosmos. Vgl. schon *Politeia* 368 d.

haben wir diese Differenzen als signifikative, als appetitive und als repräsentative Differenz charakterisiert. Mit jenem ›etwas‹, das in Intentionen, Appetitionen und Repräsentationen vorkommt, tritt eben das, was Ordnungen überschreitet und von ihnen abweicht, in die Ordnungen ein. Wir versetzen in Schemata, Formeln, Rollen und Aussagen, was es als solches gar nicht gibt.

Für Anderes besagt dies, daß der/die Andere und das Andere sich voneinander absondern, daß der/die Andere uns *als jemand* begegnet, der oder die einen bestimmten Bereich bewohnt, einer bestimmten Gruppe zugehört, einen sozialen Status einnimmt, eine bestimmte Rolle übernimmt. Die Andersheit dieses anderen (a) ist eine relative. Sie baut sich auf aus unseren eigenen Wünschen, Vorstellungen, Erwartungen und Deutungen. In diesem Sinne gehören Freunde seit alters her zu den Gütern, die wir erstreben, während wir Feinde zu den Übeln rechnen, die wir vermeiden. Der kategorische Imperativ gebietet, den Anderen »*nicht bloß* als Mittel« zu behandeln, was die Nutzung einschließt. Und schließlich gibt es eine spezifische Fremdwahrnehmung, die niemals frei ist von Projektionen, in denen wir uns selbst spiegeln, und von Introjektionen, mit denen wir uns Fremdes einverleiben. Dieses Geflecht von Eigenem und Fremdem wird entflochten durch Verteilungs- und Gebotsregeln, die Bedingungen dafür schaffen, daß Fremdes sowohl von Eigenem unterschieden als auch einem Gemeinsamen ein- oder untergeordnet wird. Wir stoßen hier auf die gleichmachende und ausgleichende Instanz des Dritten. Selbst ein Allgemeinsames, das den Radius der Zugehörigkeit bis hin zu einem Universum erweitert, verhindert nicht, daß jedermann als jemand, etwa als Mensch, als Vernunftwesen oder als Kreatur behandelt wird. Die Andersheit eines radikal Anderen (A) tritt erst dann auf, wenn der oder die Andere sich selbst dem Status des Jemand entzieht und auch nicht in ein ›wir alle‹ einzubeziehen ist, wenn ich also *dir selbst* begegne in Form einer Singularität, die über jedes denkbare Als hinausgeht.

Fragen wir uns, wie dieses Außerhalb der Ordnung innerhalb der Ordnung zum Vorschein und zur Sprache kommt, ohne als Teil eines umfassenden Ganzen oder als Fall eines allgemeinen Gesetzes zu gelten, so sehen wir uns verwiesen auf etwas Anwesendes, das für Abwesendes, etwas Erscheinendes, das für Nichterscheinendes, auf Zugängliches, das für Unzugängliches, auf Zugehöriges, das für Nichtzugehöriges steht. An dieser Stelle treten jene *Repräsentamina* und *Substitute* in Kraft, in denen sich etwas oder jemand in indirekter und vermittelter Weise darstellt. Als solche Darstellungsinstanzen lassen sich Name, Bild, Zeichen, Spur, Symbol oder Ritus anführen. Es scheint mir nicht sinnvoll, von vornherein eine Instanz gegen die andere, etwa Name und Symbol gegen das Bild oder die Spur gegen das Zeichen auszuspielen. Es handelt sich generell um *Grenzfiguren*, die wie alles, was sich in Grenzbereichen aufhält, einen Balanceakt vollführen. Ebendeshalb gibt es einen Streit um Namen, Bilder und Symbole, der sich nicht bloß darum dreht, welche Repräsentamina eingesetzt werden, ob etwa christliche, islamische oder republikanische Symbolfiguren die Öffentlichkeit bestimmen sollen. Umstritten ist schon der Status dieser Instanzen, die allesamt einen ambivalenten Charakter aufweisen. Bilder- oder Namensverbote setzen voraus, daß Bilder und Namen eine Rolle spielen, und zwar eine wichtige; wie jedes Verbot speisen sie sich aus der Verführungskraft und dem Prestige dessen, was sie verbieten.

Die Grenzen zwischen Innen und Außen einer Ordnung können auf verschiedene Weise überspielt werden, und dabei zeichnen sich drei extreme Möglichkeiten ab. Die Grenzfigur kann selbst die Form eines Dritten, eines *vermittelnden Mediums*, eines Sym-bolon, annehmen, so daß die Fremdheit des Anderen zu einem Moment herabgesetzt wird und die Grenze zwischen Eigenem und Fremdem nach innen wandert. Die Grenzfigur kann *innerhalb der jeweiligen Ordnung* Halt suchen und das Repräsentamen dem Repräsentierten annähern, und sie kann schließlich *außerhalb jeder Ordnung* umherirren und auf jeden Rückhalt in der Ordnung zu verzichten suchen. Die Ambivalenz, die hier zutage tritt, liegt in der Sache. So oszilliert der Name zwischen Rufname und konventioneller Bezeichnung; so kann sich das Bild dem Farb- und Gestaltlosen oder umgekehrt dem bloßen Klischee nähern; so können Insignien zu Kultgegenständen aufsteigen oder sich umgekehrt bloßen Gebrauchsgegenständen angleichen; so können Körperembleme einen Fetischcharakter annehmen oder als bloße Körperteile und Körperorgane behandelt werden. Im sozialen Umgang führt dies dazu, daß jemand mit seiner Rolle identifiziert oder umgekehrt zum Berufsabweichler oder zum Berufsrevolutionär stilisiert wird. Zwischen den Extremen finden sich eine Menge von Varianten, die von Kultur zu Kultur, von Epoche zu Epoche divergieren. Auch hier gilt, daß der Radikalismus in sektiererischen Konformismus umschlägt. Wird das Außer-ordentliche vom Ordentlichen abgelöst, so entwickelt es eine eigene Ordnung, und sei diese noch so verstiegen und lebensfern. Grenzfiguren sind dagegen januskopfig; sie blicken in zwei Richtungen. Wenn Lévinas in bezug auf den Anderen vom menschlichen Angesicht spricht, so wäre auch dieses als Zwischenfigur zu betrachten. Der Andere, der uns von Angesicht zu Angesicht gegenübertritt, ist mehr als ein bloßer Maskenträger, aber auch mehr als eine von einer Aureole umgebene Gestalt aus einer anderen Welt. Singuläre Andere (A) bedeutet *mehr* als andere (a) unter und mit anderen, aber sie sind nichts ohne die Rollen, in denen sie sich verkörpern. Die Fremdheit des Anderen nimmt doketistische Züge an, wenn sie sich in reine Unzugänglichkeit und Unzugehörigkeit, in reine Abwesenheit verflüchtigt. Die Einzigartigkeit des Anderen, die seine Andersheit auszeichnet, ist genau jenes Unvergleichliche, das im Vergleichen als einem Gleichsetzen zutage tritt. Der Wiedereintritt in eine mundane und soziale Ordnung hebt die Grenze zwischen Drinnen und Draußen nicht auf, sondern macht sie als solche sichtbar, hörbar, sagbar. Das Paradox der Selbstabgrenzung verliert sich nicht, im Gegenteil, der Wiedereintritt bedeutet den Eintritt in eine Ordnung, in der der oder die Andere als Andere(r) niemals war und niemals sein wird, der wir alle aber von Anfang an als abwesend Anwesende oder anwesend Abwesende zugehören. Wie weit und in welcher Form das Moment der Anwesenheit und das der Abwesenheit betont wird, dies gehört zu den Varianten der Ordnung, bei deren Behandlung man sich vor jedem einseitigen, auch einem säkularen Konfessionalismus hüten sollte.

Der Wiedereintritt in die Ordnung betrifft nicht nur den Anderen oder die Andere in ihrer duplikativen Fremdheit, er betrifft auch mich selbst in meiner ekstatischen Fremdheit. Dem großen Selbst (S), das von Widerfahrnissen heimgesucht wird und auf sie antwortet, steht ein kleines Selbst (s) gegenüber, das gleich dem Anderen einen bestimmten Status und Habitus annimmt und wechselnde Rollen übernimmt. Die bereits erwähnte Differenz von *Ich* (*je*, *I*) und *Mich* (*moi*, *me*), die schon bei Lichtenberg und Nietzsche auftaucht, die von G. H. Mead terminologisch eingesetzt wird, auf die auch Husserl zurückgreift (vgl. Hua IV, 253) und die in der Doppelheit von »Ich des Aussagens« und »Ich der Aussage« ihren linguistischen Ausdruck gefunden hat, bedeutet mehr als eine Spaltung des Selbst. Sie bedeutet, daß ich selbst *als Selbes* in der Ordnung wiederkehre, an deren Entstehung und Fortbestand ich beteiligt bin. Dieser Wiedereintritt wiederholt sich in jedem Sprechakt, in dem ich *zu dir* und zugleich auch *über mich* und *über dich* spreche. So wie du niemand bist ohne die Rollen, in denen du mir begegnest, so bin ich nicht ich selbst, ohne bestimmte Identitäten, so flüssig und flüchtig sie auch sein mögen. Die Selbstheit ist von der Selbigkeit, die Ipseität von der Identität zu unterscheiden, wie schon Heidegger uns einschärft (*Sein und Zeit*, S. 114), doch gleichzeitig ist eines nichts ohne das andere. Der vielzitierte Satz von Rimbaud »JE est un autre« verweist darauf, daß ich selbst eine Grenzfigur bin, die sich selbst aus der Ferne berührt.

Unsere Grenzbetrachtung ließe sich fortsetzen. Nicht nur der eigene Leib und die Dinge partizipieren an der radikalen Form der Fremdheit, sondern auch Raum und Zeit. Das *Hier* als der augenblickliche Ort der Erfahrung oder der Rede, der in der Rede implizit oder explizit angezeigt wird, läßt sich zugleich *lokalisieren* und in ein Kartennetz eintragen, so wie das *Jetzt* als Augenblick der Erfahrung oder der Rede sich datieren und kalendarisch *registrieren* läßt. Es besteht kein Grund, die homogene Raum- und Zeitordnung als uneigentlich oder vulgär abzutun; vulgär wäre allenfalls die Fixierung auf eine solche Ordnung. Das Hier und Jetzt tritt in das Raumzeit-Feld ein, das es eröffnet. Von bestehenden Raumzeit-Feldern und ihren Topologien und Chronologien aus betrachtet, erscheint das Hier und Jetzt als ein *Anderswo* und *Anderswann*. Ich bin nie völlig dort, wo ich mich weiß, und eben diese Dislokation setzt eine Diachronie voraus. Wird dieser Balanceakt zwischen gelebter Zeit und Innerzeitlichkeit, zwischen gelebtem Raum und Innerräumlichkeit gestört, so festigt sich der zeit-räumliche Hiatus zu einem Schisma. Zeit und Raum zerfallen dann einerseits in ein extramundanes Nirgendwo und Nirgendwann, andererseits in ein intramundanes Irgendwo und Irgendwann.

Schließlich und endlich ist von dieser Problematik die Ordnung selbst betroffen. Wir haben zu Beginn dieses Kapitels zwischen Ordnungsprozeß und Ordnungsbestand unterschieden. Die Paradoxie der Selbstabgrenzung der Ordnung schlägt auf diese zurück. Der Rückschlag äußert sich darin, daß die Ordnungsstiftung (O) selbst in der Ordnung (o) verzeichnet ist, die sie stiftet. Ohne diesen Wiedereintritt gäbe es keine Geschichte der Ordnung, in der diese auf ihren Ursprung zurückbezogen und immer nur rückbezogen ist. Gemeinschaftsbildende Fest- und Gedenktage tragen in ihrer Wiederholung eines stets nur zu wiederholenden Anfangs zur Bildung eines kollektiven Gedächtnisses bei, und doch unterliegt diese Gedächtnisbildung bereits der Wirkung dessen, was sie als solche wiederholt. Symbole und Riten, die sowohl das öffentliche wie das private Leben gestalten, stehen für Ereignisse, die bei aller Wiederholung und Erinnerung abwesend bleiben, weil sie als Widerfahrnisse jedem Aneignungsversuch vorausgehen. Nur unter dieser Bedingung haben sie auch eine Zukunft.

Der Wiedereintritt der Differenz von Drinnen und Draußen in jene Ordnung, die auf dieser Differenz beruht, schafft einen Unruheherd, weil das, was von Anfang an nie völlig ›in Ordnung‹ war, sich auch niemals völlig in ihr konsolidieren wird. Der Logos hat Züge einer Heterologie, nicht eines anderen Logos, sondern einer Andersheit des Logos selbst. Dies führt zu Fragen nach den Schranken und Barrieren, die den Zugang zum Fremden zugleich verwehren und aufrechterhalten, und es führt weiterhin zur Frage nach den individual- und sozialpathologischen Abweichungen, die das labile Gleichgewicht zwischen Ordentlichem und Außerordentlichem immer wieder stören, sei es durch einen radikalen Auszug aus jeder Ordnung, sei es durch die gänzliche Fixierung auf eine bestimmte Ordnung. Bezüglich dieser Fragen, zu denen Psychopathologie, Sozialpathologie und speziell die Psychoanalyse Wesentliches beizusteuern haben, begnüge ich mich mit den gegebenen Andeutungen.

8. Unterschreitung der Ordnungsschwelle

Ordnungen, die unter kontingenten Umständen entstehen und fortbestehen, weisen nicht nur über sich hinaus auf das, was die Grenzen der Ordnung überschreitet, sie weisen auch hinter sich zurück auf einen Zustand der Unordnung, der im Prozeß der Ordnung vorausgesetzt, aber nie aufgehoben wird. Das Zu-Ordnende geht in Ordnung über, es geht aber nie völlig in die Ordnung ein, da jede Ordnung dem Gesetz des So-und-nicht-anders unterliegt. Nur eine Gesamtordnung, die das Ereignis der Ordnungsstiftung mit umfassen, und eine Grundordnung, die das Ereignis der Gesetzgebung mit regeln würde, wäre dieser Kontingenz enthoben. Demgemäß ist zu unterscheiden zwischen einem transordinalen *Außerordentlichen*, das die Grenzen der jeweiligen Ordnung überschreitet, einem intraordinalen *Unordentlichen*, das auf dem Boden der jeweiligen Ordnung den Maßstäben eben dieser Ordnung widerspricht, und einem infraordinalen *Ungeordneten*, aus dem die Ordnung hervorgeht. Diesem Ungeordneten, für das sich das alte Wort ›Chaos‹ anbietet, gilt unser abschließendes Interesse.

Ich nähere mich dem Bereich der Hypophänomene, indem ich von Schwellenphänomenen und Schwellenerfahrungen ausgehe.[12] Schwellen werden nicht überquert wie Grenzen, die zu anderen Ordnungen überleiten, sie bilden vielmehr Untergrenzen, die ein *Oberhalb* vom *Unterhalb* trennen. Unterhalb einer Schwelle liegt ein Bereich, aus dem etwas auftaucht und in den etwas versinkt. Die Zwischenfiguren von Anziehung und Entzug, von Selbstteilung und Selbstverdoppelung, von Anknüpfung, Überschreitung und Abweichung finden also ihre Fortsetzung in der polaren Bewegung von *Auftauchen* und *Versinken*. Gleich dem Außerhalb der Ordnung tastet auch das Unterhalb der Ordnung alle Instanzen des Zwischengeschehens an, einschließlich der Erfahrung selbst. Der Terminus Schwellenerfahrung hat eine doppelte Bedeutung; er meint Erfahrungen über eine Schwelle hinweg und Erfahrungen der Schwelle, die überquert wird. Die Fremdheit, die unterhalb einer Ordnungsschwelle auftritt, bezeichnen wir als *liminale Fremdheit*.

Die *Schwelle* ist ein Übergangsphänomen par excellence. Wer auf der Schwelle verweilt, befindet sich weder diesseits noch jenseits. Auf gewisse Weise verweilen wir immer, wenn wir eine Schwelle überqueren; denn eine Schwelle bedeutet mehr als das Zwischenstück einer Wegstrecke. Sie hält die Bewegung auf; diese setzt sich nicht kontinuierlich über die Schwelle hinweg fort, weil diesseits und jenseits nicht dieselben Gesetze gelten. Der Zustand, den wir erreichen, wenn wir die Schwelle überqueren, ist weder ein Ziel, das wir vorwegnehmen können, noch eine Kausalwirkung, die sich vorausberechnen läßt. Die Schwelle unterscheidet sich auch von einem Hindernis, das unser Können herausfordert. Eine Hemmschwelle, wie wir zu sagen pflegen, bedeutet mehr; sie läßt unseren Schritt zögern, läßt uns stolpern wie über einen Stein, der im Weg liegt. Das Phänomen der Schwelle konkretisiert sich, wenn wir diese beim Wort nehmen. Die Tür- oder Torschwelle, die in symbolbewußten Zeiten durch eine Erhöhung gekennzeichnet war, trennt von alters her einen profanen von einem sakralen Bereich wie im Falle einer Tempelschwelle, sie trennt noch heute einen öffentlichen von einem privaten oder intimen Bereich. Gäbe es diese Schwelle gar nicht mehr, so wäre die ganze Aufregung um *Big Brother* sinnlos.

12 Zu diesem Motiv vgl.meine ausführlicheren Darlegungen in *Ordnung im Zwielicht*, Kapitel A, 6; *Sinnesschwellen*, Vorwort; *Vielstimmigkeit der Rede*, S. 200 ff.

Eine Schwelle überqueren wir alltäglich und allnächtlich im Einschlafen und Erwachen, aber auch wenn wir in Gedanken oder in Schweigen versinken, von Gefühlen überwältigt werden. Am Horizont stehen Grenzphänomene wie die Geburt als Eintritt in das Leben und der Tod als Austritt aus dem Leben und aus der Welt. Hinzu kommt der Übertritt in ein neues Lebensalter, in einen neuen Lebensstand oder Beruf, auch das Abschiednehmen, das im Altern, im Rücktritt, in der französischen *retraite* besonders hervortritt. Schwellen werden ebenfalls überquert, wenn wir schlagartig oder allmählich von einem Normalzustand zu einem Parazustand überwechseln oder umgekehrt von diesem in jenen, so etwa im Erkranken und Genesen, beim Wechsel in den Rausch und zurück in die Ernüchterung sowie in der sinnlichen und orgiastischen Ekstase oder bei Paroxysmen der Gewalt. Auch in der gewöhnlichen Erfahrung stoßen wir immer wieder auf Sinnes- und Hemmschwellen, die den Zustrom der Reize und Affekte sowie unsere Reaktionen regulieren; daß diese Schwellen sich in Form von Schwellenwerten berechnen lassen, besagt nicht, daß die Sinne als bloße Sinnesapparaturen funktionieren. Das Öffnung und Schließen der Augen, wenn etwas unseren Blick trifft, ist nicht gleichzusetzen mit dem An- und Ausknipsen einer Lampe, denn was unseren Blick trifft, ›nimmt uns mit‹. Schon die gewöhnliche Abhebung einer Figur von einem Grund zieht uns in ein liminales Geschehen hinein. Etwas taucht aus einem Hintergrund auf und verschwindet in ihm; dies besagt, daß etwas in der Erfahrung Gestalt gewinnt oder sie verliert und sie nicht hat wie ein Ding seine Eigenschaften. Der Prozeß der Formung, Verformung und Entformung, in dem Erfahrenes Umrisse annimmt, überquert stets eine Schwelle. So ist es nicht übertrieben, wenn Merleau-Ponty (1945, S. 245, 250, dt. 249, 253) das Empfinden mit dem Erwachen und Einschlafen, ja selbst mit Geburt und Tod assoziiert. Emphatische Schwellenerfahrungen, deren Aura das alltägliche Leben durchdringt, werden von alters her von *Übergangsriten* begleitet, die nicht mit Transformationsregeln zu verwechseln sind. Wie Paul Valéry feststellt (*Cahiers*, Bd. I, S. 937, dt. Bd. 3, 96), ist jede Schwelle durch »Kontrollverlust« gekennzeichnet: »Freude, Verzweiflung, Niedergeschlagenheit, Bestürzung – und ihre harmloseren Formen – alles intrinsische, intensive Phänomene, ohne andere als energetische Bedeutung« – ohne andere als pathische Bedeutung, wie ich sagen würde. In der liminalen Fremdheit tritt der pathische Hintergrund unserer Intentionen und Bestrebungen, unseres Bedeutens und Begehrens als solcher hervor in Form einer Grenzerfahrung, die im Auftauchen und Versinken einen durch und durch pathischen Charakter und nicht nur einen pathischen Überschuß aufweist.

9. Ordnung und Chaos

Wenn wir das, was unterhalb der Schwelle liegt, als *Chaos* bezeichnen, so bedeutet dies kein schlichtes Grau in Grau, keine bloße Ordnungslosigkeit und schon gar keine Ordnungswidrigkeit, sondern das *Woraus* der Ordnung, das in den Schwellenerfahrungen hervortritt und in der Erfahrung *der Schwelle* bestimmte Gestalten annimmt. Diese Gestalten gehören nicht einer anderen Ordnung an, wie wenn wir in eine andere Sprache überwechseln; das Fremde unterhalb der Ordnungsschwelle bildet vielmehr eine Art Schattenreich, vergleichbar den Verschiebungen und Verdichtungen der Traumsprache, die der Träumende niemals lernen wird, die er höchstens mit direkter oder indirekter Hilfe eines Dritten entziffert. Das Chaos läßt sich auf verschiedene Weise charakterisieren, in Anlehnung an bestimmte Ordnungsaspekte.

Werfen wir zunächst einen Seitenblick auf die Geschichte des Chaos-Begriffs, der zwischen Kosmogonie und Kosmologie angesiedelt ist, so schälen sich eine Reihe von Motiven heraus. Chaos bezeichnet zunächst einen gähnenden, klaffenden *Abgrund* (1) (vgl. gr. χαίνειν = gähnen), der bei Hesiod mit der Unterwelt des Tartarus in Verbindung gebracht wird[13] und später die Vorstellung des Höllenschlunds begleitet. Chaos bedeutet ferner ein *Durcheinander* (2), ein Gewühl, wie es noch bei Kant heißt, etwas, was blindlings und richtungslos hingegossen oder hingeschüttet ist. Schon in der Stoa wird diese Bedeutung pseudoetymologisch von dem griechischen Verb χέεσθαι (= Hingeschüttetwerden, Sichergießen) hergeleitet, und sie verschmilzt später mit dem hebräisch-biblischen ›Tohuwabohu‹. Die Vorstellung des Chaotischen verbindet sich schließlich mit dem *Rohen, Unförmigen* (3), so etwa bei Ovid, der zu Beginn seiner *Metamorphosen* die Welt hervorgehen läßt aus dem Chaos einer *rudis indigestaque moles*, einer rohen ungeordneten oder unzerteilten Masse. Während die erste Bedeutung einem Vorstellungsbereich zugehört,

13 Vgl. *Theogonie*, 116, 700, 814.

in dem die Ordnung der Welt aus einem Abgrund auftaucht, hervorgeht, entsteht – ähnlich der Geburt aus dem Mutterschoß, erinnert die dritte Bedeutung an die Herstellung oder Erzeugung einer Ordnung aus rohem, formlosem Material – verwandt dem väterlichen Zeugungsakt, während die zweite Bedeutung des Wirrwarrs sich sowohl mit Emergenz- wie mit Fabrikationsmodellen vereinbaren läßt. Im Wechsel vom Goldenen zum Ehernen Zeitalter weicht die üppig spendende Natur einer mühsamen Bearbeitung, und die Bändigung des Chaos nimmt die Form einer Stufenfolge an. Die kosmogonisch-kosmologische Vorstellungswelt wird durch theogonisch-theologische Vorstellungen untermalt. Das Hervortreten aus einem Abgrund nähert sich pantheistischen Deutungen, denen zufolge Gott alles in allem ist, während das Formen eines Rohmaterials theistischen und deistischen Vorstellungen nahekommt, die von einem göttlichen Demiurgen oder von einer ordnenden Vernunft ausgehen. Beim Übergang von kosmogonischen Erzählungen zu kosmologischen Erklärungen verwandelt sich der Abgrund in einen *leeren Raum*, während das Durcheinander im Zustand der *Konfusion* oder *Verworrenheit* sowie in den rohen Anfängen einer *materia prima* fortlebt. Im platonischen *Timaios*, in dem die Weltentstehung als Übergang von der Unordnung (ἀταξία) zur Ordnung (τάξις) beschrieben wird (30 a), finden wir sowohl emergente wie demiurgische Ordnungsmomente. So tritt zwischen Nus und Ananke als dritte Gattung die Chora, die gleich einer Amme alles Werden aufnimmt (49 a) und eben dazu imstande ist, weil sie, gestalt- und formlos (ἄμορφον) wie sie ist, für alle Formen und Gestalten empfänglich bleibt (50 d), während im Bildungsprogramm der *Politeia* (519 a) gefordert wird, daß die Seelen von Kindheit an gehörig behauen und beschnitten werden wie roher Stein oder wild wuchernde Pflanzen.

Der Exkurs in die Geschichte der Kosmogonien und Kosmologien macht die Frage, auf welche Weise wir das Chaos an den Rändern und in den Bruchstellen der Erfahrung verorten können, um so dringlicher. Mythen versetzen uns mit dem Nacheinander der Erzählung in eine graue Vorzeit, in der noch das Chaos herrschte, bevor die Ordnung sich durchsetzte. Wird die Zeitachse in den Raum verschoben, so entsteht daraus das *Über-* und *Untereinander* von Lebenswelt und Todeswelt, von Tageslicht und nächtlichem Dunkel. Die Metaphorik von Licht und Finsternis durchzieht beide Vorstellungswelten. Die kosmologische Aufklärung führt demgegenüber zu einer Bändigung des Chaos. Dabei verwandelt sich der Abgrund, der alles, was er aus sich entläßt, wieder zu verschlingen droht, in einen Empfangsort, einen Aufenthaltsort oder einen leeren Behälter, und die formlose *mater formarum* wird als Materialursache in die geformte Welt des Kosmos eingebunden. Was in mythischer Darstellung als Chaos dahindämmert, findet nun Verwendung als Baustein des Kosmos, als Worin des Bestehens oder als Woraus der Herstellung, oder es wird als drohende Vision eines Antikosmos in ein absolutes Außen verbannt. Ungeordnetes wird somit dem Weltall eingeordnet und seinen Gesetzen untergeordnet; soweit diese Ein- und Unterordnung scheitert, nimmt Ungeordnetes die Form des Unordentlichen an. Allerdings gibt es beunruhigende Übergangsgestalten wie das Apeiron, das in seiner Grenzenlosigkeit Züge des Abgründigen bewahrt. Eine Phänomenologie der Erfahrung, die sich immer schon innerhalb einer Ordnung bewegt, doch es vermeidet, in einer fertigen Ordnung Fuß zu fassen, muß einen Mittelweg finden zwischen einem Mythos, der so tut, als gäbe es noch keine Ordnung, und einem Ortho-Logos, der in dem Glauben lebt, es gäbe eine Ordnung schlechthin,[14] beziehungsweise einem Mytho-Logos, der das mythische Als-ob logifiziert. Die liminale Fremdheit, in der wir die Ordnungsschwellen unterschreiten, entspringt wie jede Fremdheit einer Differenzerfahrung, die sich dem Gesetz des Alles oder Nichts widersetzt. Die mythischen Motive, die eine eigene Sprache sprechen, verschwinden damit nicht, doch sie bedürfen einer Übersetzung in die Sprache der Erfahrung.

Beginnen wir mit dem Motiv des Abgrunds, das am engsten mit der Zwischenfigur des Auftauchens und Versinkens im Bunde steht. In ihrer stärksten Form betrifft die Abgründigkeit die menschliche Existenz im ganzen; sie erschüttert das Selbstsein, die Verankerung in der Welt und die Zugehörigkeit zu einer Mitwelt. Sie kündigt sich an in Gefühlen des Schauderns, der Angst, des Schwindels, die bei Autoren wie Pascal oder Baudelaire sowie im Denken von Schelling, Kierkegaard oder Heidegger besondere Beachtung gefunden haben, die aber auch bei Kant und natürlich bei Freud nicht fehlen. Stellvertretend sei ein Autor zitiert, dessen alltagsverfremdende Visionen sich aus der Erfahrung selbst entfalten wie seltene Blüten. In seiner Erzählung *Der Doppelgänger* beschreibt Dostojewski die erste Begeg-

14 In diesem Sinne ist für Husserl auch die Unordnung ein Urphänomen, sinnlich faßbar etwa in einem »Haufen von Flecken«, die sich von einem sonst einförmigen visuellen Feld abheben (Hua XI, 134). Bloß eine Form wäre keine Form, so könnte man diesen elementaren Vorgang kommentieren.

nung des Helden mit seinem Ebenbild als drohenden Absturz ins Bodenlose:

»Er glich in diesem Augenblick einem Menschen, der am Rande eines Abgrundes steht, unmittelbar vor einem Absturz, der den Boden schon unter sich wanken fühlt und im nächsten Augenblick in die Tiefe stürzen wird: einem, der all dies weiß und selbst sieht, und der doch nicht die Kraft hat und auch nicht die Geistesgegenwart, auf den noch feststehenden Boden zurückzuspringen, und nicht die Willensstärke, den Blick von der gähnenden Tiefe abzuwenden: die Tiefe zieht ihn vielmehr an, zieht und läßt ihn nicht los, und so springt er dann schließlich beinahe selbst hinab, nur um den unvermeidlichen Untergang zu beschleunigen« (1975, S. 72).

In diesem Text finden wir viele Fremdheitsmotive wieder, die uns schon in anderen Zusammenhängen begegnet sind: den Sog und die Anziehungskraft des Abgründigen, den Verlust des Gleichgewichts, die Fesselung an das »Verhängnisvolle«, das dem Helden zustößt, die Beschränkung des eigenen Tuns auf ein Beinahe – und dies alles ausgelöst durch einen Unbekannten, der ihn verfolgt, seinen nächtlichen Weg kreuzt, in dem er sich selbst wiedererkennt und doch nicht wiedererkennt:

»Sein nächtlicher Freund war niemand anders als er selbst – ja: Herr Goljädkin selbst, ein anderer Herr Goljädkin und doch Herr Goljädkin selbst – mit einem Wort und in jeder Beziehung war er das, was man einen Doppelgänger nennt« (S. 76).

Die Abgründigkeit hat viele Facetten. Sie hat nicht nur einen pathetischen Aspekt, so wenn der Abgrund lockt, Angst einjagt, sich vor uns auftut. Auch unser praktisches Tun wird in Mitleidenschaft gezogen, wenn der Boden unter unseren Füßen schwankt, wenn wir ins Bodenlose geraten und keinen festen Stand finden, um von da aus die Welt zu bewegen. Epistemische Probleme klingen an, wenn die Gründe für unsere Stellungnahmen nicht ausreichen und das Prinzip vom zureichenden Grund sich als fiktiv erweist. Schließlich nähern wir uns dem Abgründigen immer dann, wenn etwas als etwas aus dem Hintergrund auftaucht und in den Vordergrund rückt. Der Hintergrund bleibt gegenwärtig als Grund, von dem Wahrnehmungs- und Handlungsfiguren sich abheben, und das Wissen selbst ist getragen von einem Hintergrundswissen, einem Wissen, das sich unter geeigneten Umständen einstellt – oder auch nicht, das jedenfalls nicht einschaltbar ist wie ein Zusatzprogramm. Es spannt sich eine Wortkette zwischen *abyssus*, *fundus*, *fundamentum* und *ratio*;

dies sind Gründe und Abgründigkeiten verschiedener Art, die aber darin übereinkommen, daß alles, was entsteht, besteht, in sich steht und uns entgegensteht, einer Fallbewegung ausgesetzt ist, daß all dies einer Labilität und einer Ambivalenz unterliegt, die in Ausdrücken wie ›der Sache auf den Grund gehen‹ und ›zugrunde gehen‹ ihren beredten Ausdruck findet. Eine Ordnung, die es gibt, ruht nicht auf einem unerschütterlichen Fundament.

Das Ungeordnete bildet aber nicht nur den Untergrund und Hintergrund jeder Ordnung, es taucht auch in der Ordnung selber auf, in ihren Ritzen, Spalten und Lücken; es dringt über die Ordnungsschwelle hinaus. In der jeweiligen Ordnung breiten sich ›Chaoszonen‹ aus. Das Motiv des Durcheinanders tritt hier auf, nicht als absolutes Wirrwarr, sondern in schwachen Formen der Abgrenzung, als wechselseitige *Durchdringung* und *Verschmelzung*, in Verschiebungen, Verdichtungen, Überschiebungen und Überlagerungen, die dazu führen, daß niemand völlig er oder sie selbst und nichts völlig es selbst ist, daß nichts völlig an seinem Ort ist und zu seiner Zeit kommt. Die alte Definition der Ordnung als eine *compositio rerum aptis et accomodatis locis* (Cicero, *De officiis* I, 40) stößt damit auf deutliche Grenzen. Hierher gehören auch soziale Formen des Synkretismus, der chiasmatischen Verflechtung, des Ineinander, so daß das eigene und das fremde Selbst chaotische Anteile enthalten.

Ähnliches gilt für die Umgrenzung der Einzelwesen, ihre Konturierung, ihre Strukturierung, ihre Regelbestimmtheit. Was als Selbes in den Horizonten der Erfahrung auftritt, ist nicht nur verflochten mit anderem, es ist niemals völlig und eindeutig, was es ist, es unterliegt vielmehr einer *positiven Unbestimmtheit.* Eben weil nichts ganz und gar durch die Ordnung bestimmt ist, der es angehört oder der es untersteht, bleibt in gewisser Hinsicht offen, ob etwas ein solches ist oder ein solches, was es ist und wann es so ist, wie es ist. Diese Unbestimmtheit findet in den verschiedensten Theoremen ihren Ausdruck, in einem Polymorphismus, der sich sowohl durch Über- wie Unterbestimmungen auszeichnet, in Formen offener Sinn- und Regelbildung, in Unschärfegraden und ausfransenden Erfahrungsrändern.[15]

Zu erwähnen ist schließlich die Lockerung des Zusammenhangs,

15 Zur vielfältigen »Positivierung des Unbestimmten« in der Gegenwartsphilosophie vgl. Gerhard Gamm, *Flucht aus der Kategorie* (1994). Die Skala der Denkstilvarianten reicht von Husserl, Merleau-Ponty, Castoriadis und H. Schmitz über Wittgenstein und Quine bis zu Derrida und Luhmann.

eine *Diskonnektion*, die nicht mit einer puren, jede Komposition unterbindenden Zusammenhangslosigkeit zu verwechseln ist, die aber in Form von Unterbrechungen und Pausen Raum läßt für offene Anknüpfungen, Abweichungen und Verzweigungen.

Es gibt also zahlreiche Formen, in denen das Chaotische die Ordnungen durchdringt, als nicht aufgehender Rest, als ungenutztes Potential oder als Störung. Nicht selten sind es Mischformen, in denen diese Vielfalt zum Ausdruck kommt. Ich beschränke mich hier auf einige Exempel, die im Bereich der neueren Phänomenologie zu finden sind.

Husserl nähert sich den besagten *Hypophänomenen* auf dem Weg von Grenzerfahrungen wie Unbewußtes, Schlaf, Tod, Schicksal, die er einer »zufälligen Faktizität« zurechnet (Hua I, 182). Er nähert sich ihnen ferner in Form passiver Sinnbildungen und einer Archäologie des Sinnes, die der Teleologie der Vernunft keinen Abbruch tut.

In Heideggers Besinnung auf das *Nichts*, das sich in der Stimmung der Angst kundtut, spiegelt sich sein Denkweg mitsamt seiner Kehre. In seiner Vorlesung *Was ist Metaphysik?* (1929) erscheint das Nichts zunächst als Folie, von dem sich Seiendes als »nicht vielmehr Nichts« abhebt. Doch in dem späteren Nachwort zu dieser Vorlesung klingt es etwas anders: »Das Nichts als das Andere zum Seienden ist der Schleier des Seins« (1955, S. 51). Die Freiheit als »Ab-grund des Daseins« begleitet das Motiv des Nichts; die »Abgründigkeit des Daseins«, das »Aufbrechen des Abgrundes« kennzeichnet die Geworfenheit des Daseins, die »Ohnmacht« des Freiheitsgeschehens sich selbst gegenüber, eines Geschehens, das im »Hörenkönnen in die Ferne« zur Antwort erwacht (*Vom Wesen des Grundes*, 1955, S. 53 f.). Wird damit die Ordnungsschwelle über- oder unterschritten, und in welchem Sinne kann überhaupt von einer solchen gesprochen werden? Um dieses Seinsdenken mit unserem eigenen Versuch in Verbindung zu bringen, bedürfte es vieler klärender Zwischenschritte.

Das *es gibt* (*il y a*), das uns erstmals in Lévinas' Frühschrift *Vom Sein zum Seienden* begegnet, ist von entsetzlicher Gesichtslosigkeit, ein *Sein ohne Seiendes*. »Das Sein ist wesentlich fremd und schockiert uns. Wir erleiden eine Umarmung, die uns erstickt wie die Nacht, aber das Sein antwortet nicht« (frz. S. 28, dt. 24). Es ist ein anonymer Strom, eine monotone Gegenwart; »die Dinge und die Seienden, im Chaos ihres Seins schwimmend, berühren uns, als ob sie keine Welt mehr wären« (ebd., frz. S. 97, dt. 72). In *Totalität und Unendlichkeit* sind es die Elemente, die vor der Unterscheidung in Etwas und Jemand ihre geheime Macht ausüben, als das »Unpersönliche schlechthin«, mythisch gedeutet als »Götter ohne Antlitz, unpersönliche Götter, mit denen man nicht spricht«, so daß sich ein »Abgrund der Ungewißheit«, ein »Abgrund im Genuß« auftut (frz. S. 115 f., dt. 202 f.). Der Einzelne wird zum Subjekt, indem er sich von dieser fesselnden Nacht losreißt, in einem *arrachement*, das schon bei Sartre als ständig zu wiederholender Akt der Freiheit auftaucht. In *Jenseits des Seins* wird das anonyme Rauschen des »es gibt« zur Vorbedingung unseres Seins-für-den-Anderen. In der »Überlagerung des Sinnes durch die Sinnlosigkeit tritt die Sensibilität – das Sich – allererst in ihrer bodenlosen Passivität hervor« (frz. S. 209, dt. 357). Das anonyme Sein ist derart überbestimmt, daß es Pascals Schweigen der unendlichen Räume ebenso umfaßt wie die mythische Partizipation der sogenannten Primitiven im Sinne von Lévy-Bruhl, die nackte Materialität der Dinge bei Zola und daß es schließlich, wie schon erwähnt, durch die gewaltverzerrten Züge des Anderen hindurchscheint. Es sieht so aus, als ließe sich die Beschwörung des Chaos durch eben dieses anstecken. Außerdem läßt sich kaum bestreiten, daß hiermit eine ganz bestimmte Erfahrung der Abgründigkeit beschrieben und gedeutet wird. Nimmt man die Deutung für die Sache selbst, so gerät man auf die schiefe Ebene einer Negontologisierung jenes Bereichs, aus dem Seiendes auftaucht und in den es zurücksinkt.

Auch bei Merleau-Ponty schillert die Abgründigkeit in verschiedenen Richtungen. Während der Autor in der *Phänomenologie der Wahrnehmung* von einem *fond de nature inhumain* ausgeht (frz. u. dt. S. 347), einer Materialität der Dinge jenseits aller auf uns einwirkenden Attraktion und Repulsion, spricht er später in deutlicher Annäherung an Schelling[16] von einem *être brut* oder einem *être sauvage*. Auch dieses läßt sich vielfältig verstehen, als »wilder Sinn«, also als Sinn in statu nascendi (1964, frz. u. dt. S. 203), als Sein, das »keine der ›Vorstellungen‹ ausschöpft und das alle ›erreichen‹« und das eine »wilde Bedeutung« entfacht, einen »Polymorphismus« in sich birgt (S. 306 f., dt. S. 319), das als Horizont fungiert, aus dem Gegenstände und Bedeutungen auftauchen (frz. u. dt. S. 133), und dies »hinter

16 Vgl. hierzu die Naturvorlesung von 1956-1957, in der Schellings Naturauffassung ausführlich zu Wort kommt, gefolgt von entsprechenden Ausführungen zu Bergson und Husserl (*Die Natur*, frz. S. 59 ff., dt. S. 60 ff.), dazu den Kommentar von Antje Kapust in: Regula Giuliani (Hg.), *Merleau-Ponty und die Kulturwissenschaften* (2000).

und unterhalb der Spaltungen unserer erworbenen Kultur« (frz. u. dt. S. 162), und es fehlt schließlich auch nicht das Sein als »Abgrund« (frz. S. 108, dt. 107), als »Abgrund des Schweigens« (frz. S. 233, dt. 232) und immer wieder als Abwesenheit, als Aufklaffen, Einrollung und so fort. Ein solches Denken, das sich derart den gewohnten Ordnungsmustern verweigert, bedarf der Differenzierung; die Unterscheidung verschiedener Fremdheitsdimensionen wäre ein Weg dorthin.

Für eine Phänomenologie, die über Sinn und Regel, Intention und Habitus hinausgeht, ohne diese zu überspringen, kann das Chaos immer nur auftauchen als Rückseite und Unterseite der Ordnung, als Untergründigkeit, als Abgründigkeit innerhalb von Begründungsversuchen. So wie es Ordnung gibt, gibt es Chaos, kein reines Chaos, so wie es keine reine Ordnung gibt. Nicht nur die Ordnung verdoppelt sich in Ordnungsgeschehen und Ordnungsbestand, auch das Chaos taucht zweifach auf, als Prozeß (CH) und als benennbare Instanz (ch), nämlich einerseits als Aufklaffen, Grenzüberschneidung oder Grenzverwischung und andererseits als Worauf und Worin des Auftauchens und Versinkens, als Wovon des Sichabhebens und Sichüberschneidens, als Leere, als Nicht-Etwas, als Zu-nichts-gut, als Nichts, als Ordnung in der Schwundstufe. Ohne eine minimale Differenz des Chaos bezüglich seiner selbst würden wir die apollinische Metaphysik reiner Ideen vertauschen gegen eine dionysische Metaphysik des reinen Pathos: gegen ein ›es lebt‹ oder ›es geschieht‹, das von niemandem gelebt wird und niemandem geschieht, so daß es selbst zu einem namenlosen Etwas aufsteigt, das sein Prestige einer kompensatorischen Irrationalität verdankt. Wir kennen dies aus bestimmten Formen der Lebensphilosophie. Die erwähnte Differenz schließt ähnlich wie in früheren Ordnungszusammenhängen eine Polarität nicht aus. So wie es Normalzustände gibt, in denen das Chaotische nahezu unsichtbar bleibt, so gibt es Umbrüche, Katastrophen und Wendepunkte, wo es in aller Deutlichkeit und unübersehbar zutage tritt. Begreift man das Bedeutungsgeflecht kultureller und gesellschaftlicher Ordnung als *Magma*, so entzieht sich dieses der Alternative eines *völlig unorganisierten Chaos* ebenso wie der einer *vollkommen organisierten Welt*. Es genügt, daß das Chaos organisierbar ist, um eine totale Unbestimmtheit auszuschließen. Umgekehrt widersetzt sich das, was nicht selbst schon geordnet, sondern stets neu zu ordnen ist, einer Hierarchie von Mengen, die ihrerseits aus diskreten Elementen bestehen.[17] Das Chaotische meldet sich in jenen Phasen, wo eine Ordnung in die andere übergeht oder eine in die andere umschlägt. Der Widerstand, den Hobbes und Kant gewaltsamen Änderungen entgegensetzen, ein Widerstand, der sich gegen jede Anarchie als Quelle regressiver Gewalt richtet, sollte uns nicht vergessen lassen, daß Ordnungen immer neu auf dem Spiel stehen und daß jede Archie Momente der Anarchie in sich schließt. Die neuere Chaos-Theorie, die chaotische Zustände dynamischer Systeme mit ihren Berechnungen einkreist, sie aber nicht zum Verschwinden bringt, läßt sich gewiß nicht unmittelbar in eine Phänomenologie der Erfahrung umsetzen. Doch das Ordnungsdenken, das eine solche Theorie hervorbringt, ist lehrreich über den Bereich der mathematischen Physik hinaus. Die Annahme von Chaoszonen, die sich an kritischen Übergangsstellen und Verzweigungspunkten bilden, weist darauf hin, daß Ordnung und Chaos sich nicht ausschließen und widersprechen und daß selbst im Berechenbaren Unberechenbares zu gewärtigen ist.[18] Die bereits erwähnten Grenzerfahrungen weisen auf gegensätzliche Möglichkeiten hin. Wir können uns nicht nur reinen Ideen und Gestalten annähern, die in der Verwirklichung einer *grundlosen Figuration* alle Schlacken und Dunkelheiten hinter sich lassen, sondern wir können uns umgekehrt auch dem Grenzfall eines *gestaltlosen Grundes* annähern, dem farb- und formlosen »Ungrund«, der in der von Jakob Böhme ausgehenden Mystik ebenfalls mit dem Chaos zusammengedacht wird: »Das Auge des Ungrundes, das ewige Chaos«.[19]

Auch die Malerei kann sich auf eine reine ›Grundmalerei‹ hinbewegen, indem sie nicht nur auf Gegenstände verzichtet, sondern auch auf umrißhafte Figuren, bis hin zu dem Punkt, wo der Hintergrund sich in ein schwarzes Loch verwandelt, in ein Leuchtfeuer oder in eine Art Erdkruste, wo Formen nur noch als Spalten und Risse auftreten, als Überdeckungen oder als eine Art Kraterrand, als Lichthof, als Aureole. Es ist wenig gesagt, wenn man die schwarzen Quadrate von Malewitsch, die Farbsäulen von Rothko oder die Lichtscheiben

17 Vgl. Cornelius Castoriadis, *Gesellschaft als imaginäre Institution*, Kapitel VII. Die vulkanische Metapher des ›Magmas‹, die einen Wechsel zwischen Verflüssigung und Versteinerung suggeriert, ist allerdings mit Vorsicht zu verwenden. Andernfalls wird eine Metaphysik des Seins lediglich durch eine Metaphysik des Werdens ersetzt.

18 Vgl. Ilya Prigogine und Isabelle Stengers, *Dialog mit der Natur* (1986), Kapitel V und VI.

19 Vgl. die Texthinweise in dem Artikel »Chaos« des *Historischen Wörterbuchs der Philosophie.*

von Delauney als nicht-figural bezeichnet, handelt es sich doch um eine Malerei, die dem Grund selbst quasi-figurale Züge verleiht und sich dem Paradox eines Sehens ohne Gesehenes annähert mit der Folge, daß das Sichtbarwerden selbst Züge des Gesehenen annimmt. Eine Malerei am Rande des Darstellbaren läuft allerdings Gefahr, im Formelhaften zu erstarren oder ins Dekorative abzusinken, sobald die Spannung zwischen dem Nichtdarstellbaren und seiner Darstellung nachläßt oder erlischt.[20] Auch die liminale Fremdheit lebt von einem Kontrast. Wäre das ganze Leben ein Traum, so wäre dieser nur ein anderes Leben.

Unser Kapitel hat mit der Überschreitung der Ordnungsgrenzen begonnen. Die Unterschreitung der Ordnungsschwellen, die uns mit den diversen Spielarten des Chaos konfrontiert, führt uns zurück an den Anfang. Was nie völlig ›in Ordnung‹ ist, läßt Raum für Abweichungen und Überschreitungen. Die extraordinäre Fremdheit steht in osmotischer Verbindung mit der liminalen Fremdheit. Außerordentliches speist sich aus Ungeordnetem; doch dieses ist – außer in phantasmatischen Wunsch- und Angstvorstellungen – niemals direkt zu fassen, sondern nur als ein Überschuß, in dem Nicht-mehr und Noch-nicht sich berühren, ohne sich zu decken.

20 Dies läßt sich an den Abnutzungserscheinungen der westlichen abstrakten Kunst oder des osteuropäischen Konstruktivismus beobachten. Dabei kommt eine Malerei im Stile von Malewitsch, die sich von der ›großen Transzendenz‹ der Ikonenmalerei inspirieren läßt, der erwähnten Problematik auf andere Weise nahe als eine Malerei, wie die von Braque und Picasso, in der die ›kleinen Transzendenzen‹ einer verformenden Sichtweise überwiegen. Dazu gibt es politische Parallelen. Der Alltag droht in eine, sei es pathetische, sei es konstruktive Apokalyptik umzuschlagen, wenn die Mittelinstanzen schwach ausgebildet sind; er droht sich in seinen eigenen Ordnungen zu verfangen, wenn die Mitte schlechterdings regiert.

VII. Psychoanalytische Aufsprengung der Erfahrung

Die Psychoanalyse tauchte in unseren bisherigen Erörterungen immer wieder auf, aber nur als anonymer oder sporadischer Gast. Die Tür zur Psychoanalyse blieb angelehnt. Sie weit öffnen hieße, eine Flut von Fragen auszulösen, die sich nicht beiläufig behandeln lassen. Das Vorhaben, das diesem Kapitel zugrunde liegt, ist bescheidener und gezielter. Es beschränkt sich darauf, jene psychoanalytischen Spurenelemente, die sich in unsere phänomenologischen Analysen eingeschlichen haben, explizit aufzugreifen. Ich werde also meine eigenen Texte noch einmal mit psychoanalytischen Augen lesen, um manches zu vertiefen, anderes neu zu befragen. Die responsive Lektüre, die ich im *Antwortregister* unter dem Titel »Der libidinöse Leib« versucht habe, soll hier nicht wiederholt werden. Dafür lege ich den Akzent auf die pathischen Hintergründe und Untergründe der Erfahrung und deren diastatische Zerklüftung. Dementsprechend werden Motive wie Sinn und Sinnentstellung, Drang und Verdrängung, Trieb und Triebschicksal, traumatische Verletzung und Narzißmus, Erotik und Über-Ich in den Vordergrund treten. Den Ausgangspunkt für eine Psychoanalyse vom Anderen her bildet jenes Unbewußte, das für Freud die Eingangspforte zur Psychoanalyse darstellt. Es fragt sich, ob sich von da aus Brücken schlagen lassen zu dem, was wir mit Husserl als Fremderfahrung bezeichnen. Wäre es so, dann könnte man die Freudsche Psychoanalyse neben der Ethnologie als eine besondere Form der Xenologie begreifen. Doch das hieße, weiteren Möglichkeiten der Psychoanalyse gegenüber ihren kanonischen Formen ein hinreichendes Gewicht einzuräumen. Es ist mir wohl bewusst, wie sehr ich mich mit diesen Fragen in ein Feld der Auseinandersetzung hineingerate, das nicht von gestern stammt und zu dem Philosophen wie Analytiker verschiedenster Couleur ihren Beitrag geliefert haben. Ich werde dieses Diskussionsfeld nur insoweit berücksichtigen, als die Sachfragen, um die es mir geht, dies ratsam erscheinen lassen. Vor allem eine ausführliche Auseinandersetzung mit Jacques Lacan würde den Rahmen dieses Kapitels sprengen; deshalb begnüge ich mich auch hier mit wenigen Hinweisen.[1]

1 Ergänzend verweise ich auf einige Schriften, die eine grundlegende Orientierung bieten. In meiner *Phänomenologie in Frankreich* (1983, ²1998) findet sich eine ausführli-

1. Die philosophische Anstößigkeit der Psychoanalyse

Wer fürchtet sich vor der Psychoanalyse, und warum sollte ein Philosoph sich vor ihr fürchten? Sind nicht die Zeiten, da Freud eine Schrift über »Die Widerstände gegen die Psychoanalyse« für nötig hielt, endgültig vorbei? Die Antwort kann nur lauten: Wie man es nimmt. Deutlicher als seine Zeitgenossen haben wir inzwischen den Weg vor Augen, den Freud mit vielem Zögern und nicht ohne Ausweichmanöver zwischen Klinik, Wissenschaft und allgemeiner kultureller Orientierung gesucht hat. Die Philosophie fehlt nicht unter den Wegmarken, aber das Verhältnis zu ihr ließ Freud weitgehend im dunkeln, wohl wissend oder zumindest ahnend, daß die Psychoanalyse die Philosophie erschüttern aber nicht ersetzen, sie bestenfalls aufschieben oder lassen kann.[2]

Entscheidend ist, wo und wie Freud beginnt. Wie er wiederholt und ausdrücklich versichert, beginnt er mit Phänomenen, die den normalen Gang der Erfahrung unterbrechen, zunächst mit künstlich erzeugten hypnotischen Zuständen, dann mit alltäglichen Fehlleistungen, allnächtlichen Traumerlebnissen, schließlich mit neurotischen Symptomen. Das sieht aus nach einem normalwissenschaftlichen Verfahren: »Der richtige Anfang der wissenschaftlichen Tätigkeit besteht [...] in der Beschreibung von Erscheinungen, die dann weiterhin gruppiert, angeordnet und in Zusammenhänge eingetra-

che Darstellung der älteren französischsprachigen Versuche, die sich als besonders wirkungsfähig erwiesen und durch Lacan eine besondere Prägung erhalten haben. Ein präzises Resümee des in den sechziger und siebziger Jahren erreichten Problemstandes, zu dem neben der Phänomenologie, der Hermeneutik und der Kritischen Theorie auch die analytische Philosophie ihr – man muß sagen – Schärflein beigetragen hat, enthält die Einführungsschrift *Sigmund Freud* (1982) von Alfred Schöpf. Neuere, zumeist von Lacan angeregte Annäherungsbemühungen, bei denen Husserl, Heidegger, Merleau-Ponty, Lévinas und Derrida, aber auch Descartes, Kant, Hegel und Schelling eine wichtige Rolle spielen, finden sich in den zahlreichen Studien von Autoren wie Bernard Baas, Rudolf Bernet, Fabio Ciaramelli, Hans-Dieter Gondek, Peter Widmer und Slavoj Žižek. Ich selbst werde eine intensive Konfrontation mit Lacan und seinen Interpreten vermeiden und mich mit Seitenbemerkungen begnügen, und dies nicht allein deshalb, weil eine ausführlichere Berücksichtigung den Rahmen dieses Kapitels gesprengt hätte, sondern auch deshalb, weil der direkte Anschluß an Freud einen weniger theoriegeladenen Zugang zur Sache gestattet.

2 Zu den philosophiegeschichtlichen Voraussetzungen der Freudschen Psychoanalyse vgl. die quellenkundliche Zusammenstellung von Wilhelm W. Hemecker: *Vor Freud* (1991). Bekanntlich hat die Herbartsche Psychologie, die Freud bereits in seiner Gymnasialzeit durch ein von G. A. Lindner stammendes *Lehrbuch der empiristischen Psychologie* kennenlernte, eine Reihe von Stichwörtern geliefert.

gen werden« (GW X, 210). Doch die Normalität stößt in den Störungen, Anomalien und Pathologien gerade auf ihre Grenzen. So gilt für das Schlüsselphänomen des Unbewußten, daß die »Bewußtseinspsychologie«, desgleichen natürlich die Bewußtseinsphilosophie, unfähig ist, die anfallenden Probleme zu lösen (GW XIII, 293). Freud bewegt sich also nicht innerhalb eines disziplinären Problembereichs, sondern auf einer Problematisierungsschwelle, die eine neue (Inter-) Disziplin entstehen läßt.

Doch Anomalien heben sich stets von einer bestimmten Normalität ab. Diese Normalität übernimmt mehrere Funktionen. Sie bildet nicht nur den Hintergrund für die neuen und neu zu beschreibenden Erfahrungen, sondern sie liefert auch bestimmte Beschreibungsbegriffe und eine Beschreibungssprache, die zwar nicht ausreicht, aber ohne deren Stütze jede Neuentdeckung in ein schwarzes Loch fallen würde. Woher die unentbehrlichen Begriffe nehmen? Die Antwort, die Freud sich selbst gibt, lautet: »Irgendwoher, gewiß nicht aus der neuen Erfahrung allein«; solche Begriffe haben daher den »Charakter von Konventionen«, und alle Grundbegriffe machen einen »stetigen Inhaltswandel« durch (GW X, 210 f.). An anderen Stellen spricht Freud von Hilfskonstruktionen, Fiktionen, Spekulationen, die sich in ihrer Erschließungskraft zu bewähren haben. So wie Descartes sich auf eine provisorische Moral verläßt, stützt sich der Forscher dort, wo er an den Rand bewährter Forschungsmethoden stößt, auf eine provisorische Begrifflichkeit. Man kann auch sagen: Freud bastelt, und das Material für diese *bricolage* stammt aus den verschiedensten Bereichen, aus der Psychologie und Physiologie seiner Zeit, aus Alltagsvorstellungen, kulturellen Praktiken und eben auch aus einer mehr oder weniger anonymen philosophischen Mentalität. Entscheidend ist und bleibt die Phänomennähe, die ihn durchaus mit dem Begründer der Phänomenologie verbindet. Dies zu betonen scheint nicht müßig; denn es droht auch hier eine überzogene Begriffssublimierung, die sich in eine Entsinnlichung flüchtet.

Wir müssen noch einen Schritt weiter gehen. Freud richtet nicht nur, wie jeder innovative Forscher, den Blick auf Anomalien, sondern er nimmt die unter dem Deckmantel des Unbewußten auftretenden Anomalien zum Anlaß, um das Verhältnis von Normalem und Pathologischem neu zu bestimmen. So betont er in seiner Studie *Zur Einführung des Narzißmus* die Notwendigkeit, auf dem Umweg über klinische Phänomene wie Dementia praecox und Paranoia Einsichten in die Ichpsychologie zu gewinnen. Dazu bemerkt er: »Wiederum werden wir das scheinbar Einfache des Normalen aus den Verzerrungen und Vergröberungen des Pathologischen erraten müssen«; damit sind Annäherungswege außerhalb der Klinik, nämlich die entsprechende Betrachtung der organischen Krankheit, der Hypochondrie und des Liebeslebens der Geschlechter nicht ausgeschlossen« (GW X, 148). Dies bedeutet jedoch nicht nur, daß normale Phänomene auf dem Wege der Anomalisierung auffällig und erkenntlich werden, es bedeutet ebensosehr, daß das Normale Keime des Anomalen und Pathologischen in sich trägt und daß die Grenzen zwischen Normalem und Pathologischem niemals messerscharf zu ziehen sind.[3]

Die Frage nach den Grenzen der Normalität führt mitten hinein in die Auseinandersetzung zwischen Psychoanalyse und Philosophie. Daß eine solche überhaupt stattfindet, versteht sich nicht von selbst. Dem Zögern auf seiten Freuds entspricht eine Zurückhaltung auf seiten der Philosophie, die sich aus verschiedenen Motiven speist.[4] Ich beschränke meinen Nachweis auf einige markante Beispiele und beginne mit methodischen Gesichtspunkten. Der gängigste Weg, sich die Psychoanalyse vom Leibe zu halten, besteht in einer Arbeitsteilung. Man überläßt dem Analytiker die Rolle eines *Spezialisten für Anomalien, speziell für Pathologien*, in die er sich mit anderen Formen der Psychopathologie, der Psychiatrie und der Neuropsychiatrie teilt.

Ein transzendentaler Bewußtseinsphilosoph wie Klaus Düsing erwehrt sich psychoanalytischer Zudringlichkeiten, indem er (auf ganzen drei Seiten) alle diese Entdeckungen einer empirischen Psycholo-

3 Daß diese Sichtweise zu Zeiten Freuds nicht gar so neu war, zeigt eine Passage aus dem in Anm. 2 zitierten Lehrbuch: »Die Seelenkrankheiten haben nur solange etwas Wunderbares und Unerklärliches, so lange sie mit den Erscheinungen des normalen Seelenlebens außer aller Analogie stehen. Bei genauerer Untersuchung überzeugt man sich jedoch, daß die Anfänge der Seelengestörtheit schon vielfach innerhalb des für gesund gehaltenen Seelenlebens zu suchen sind, und daß die eigentlichen Seelenkrankheiten uns nur im großen, auffallenden Maßstabe dasjenige zeigen, was wir im täglichen Leben an uns selbst und an anderen zu beobachten Anlaß haben.« Zitiert nach Hemecker 1995, S. 118. Brentano spricht sich dagegen für einen eindeutigen methodischen Primat der Normalität aus; vgl. seine *Psychologie vom empirischen Standpunkt*, Bd. I, S. 58. Zu der weit über die Geschichte der Psychoanalyse hinausgreifenden Problematik der Normalität vgl. die einschlägige Monographie von Thomas Rolf (1999), in der Freud in einer Linie mit James, Husserl, Sartre und Foucault abgehandelt wird. Ich selbst erörtere diese Fragen ausführlich in Band 2 meiner Fremdheitsstudien: *Grenzen der Normalisierung* (1998).

4 Die folgenden Beispiele stammen zumeist aus dem deutschsprachigen Raum. Für den französischsprachigen Bereich und sein Einflußgebiet ließe sich eine Gegenrichtung aufmachen, die ganz anders aussähe.

gie zurechnet und die Verallgemeinerung psychoanalytisch-klinischer Erfahrungen moniert. Die Psychoanalyse stellt deshalb keinerlei Bedrohung dar, weil sie das Niveau der »hochkomplexen klassischen Subjektivitätstheorien« erst gar nicht erreicht (vgl. *Selbstbewußtseinsmodelle*, 1997, S. 36-39).

Ernst Tugendhat bemüht sich immerhin, Freud in seine analytisch geschulte Sprache zu übersetzen. Unbewußt sind dann solche psychischen Vorgänge oder Zustände, von denen wir nicht etwa »kein Wissen« haben, sondern »kein direktes, unmittelbares Wissen« (*Selbstbewußtsein und Selbstbestimmung*, 1997, S. 13). Freud und Husserl geraten dabei in die gleiche Schußlinie einer sprachanalytischen Selbstbewußtseinskritik, die vor allem das reflexiv gewendete Subjekt-Objekt-Schema aufs Korn nimmt. Schließlich wird die Einreihung des Ichs unter die Instanzen als ein Prozeß der Verdinglichung gedeutet, der ein »Sichzusichverhalten« einfachhin ausschließt (ebd., S. 148 f.). Für das Leitthema »Selbstbestimmung« ist in der Psychoanalyse folglich nichts mehr zu holen, so daß man getrost für eine Nichtbefassung plädieren kann.

Ein hartgesottener Wissenschaftstheoretiker wie Adolph Grünbaum nimmt Freuds Versuch weitaus ernster, aber dies nur als »*klinisch* begründete Theorie der Persönlichkeit, der Psychopathologie und der Therapie«. Sie unterliegt den üblichen Standards der (natur)wissenschaftlichen Theoriebildung (und scheitert daran), so daß von dem ›spekulativen‹ Plunder der Metapsychologie nicht viel übrig bleibt (vgl. *Psychoanalyse in wissenschaftstheoretischer Absicht*, 1987, S. 15). Daß Freud selbst bereit ist, den »spekulativen Überbau der Psychoanalyse« zu opfern zugunsten dessen, »was der Beobachtung näher steht« (GW XIV, 58), wird als Handhabe benutzt, um Körpersymptome wie Fußabdrücke zu behandeln und in die Ätiologie einer allgemeinen Kausaltheorie zu integrieren. Daß das Urteil über hermeneutische Annäherungsversuche wie die von Habermas und Ricœur vernichtend ausfällt, versteht sich.

Ganz so schnell wird die Hermeneutik mit der Psychoanalyse nicht fertig. Wer die Umwege und Irrwege der Wahrheit ernst nimmt als Wege des Lernens, wird auch Fehlleistungen und pathologischen Fehlformen eine mehr als empirische Bedeutung zuerkennen. Dennoch hält sich die Beunruhigung auch hier in Grenzen. Dort, wo Hans-Georg Gadamer, und dies selten genug, die Psychoanalyse streift, marginalisiert er ihre Befunde zu »Prätexten«, zu Vorwänden, hinter denen sich der »wahre Sinn« verbirgt; es sind »Fälle verzerrter

Verständlichkeit«, die dem »Normalfall des Textverstehens« nichts anhaben können (Gadamer in Forget 1984, S. 43-45).[5] Für Jürgen Habermas, der als Vertreter einer Kritischen Theorie individuellen und gesellschaftlichen Entfremdungserscheinungen größeres Gewicht beimißt, bildet der Raum öffentlicher Kommunikation das A und O. »Unbewußtes hingegen ist der öffentlichen Kommunikation entzogen« (*Erkenntnis und Interesse*, 1973, S. 291), und es kommt alles darauf an, durch Interpretation die »Kommunikationsstörung« zu beheben und das, was sich als »der privatisierte Anteil der exkommunizierten Sprache« dem Subjekt entzieht, durch Selbstreflexion zugänglich zu machen (ebd., S. 279 f.). Daß in Freuds Metapsychologie eine solche »Versöhnung mit der exkommunizierten Sprache« nicht vorgesehen ist (ebd., S. 300), wird als entscheidender Mangel verbucht. Selbst bei Paul Ricœur, der von allen Hermeneutikern Freud als einem der »Meister des Verdachts« den größten Kredit einräumt, behält die reflexive Wiederaneignung des Sinns, also das Bewußtmachen das letzte Wort. Das »Loslassen des Bewußtseins« erscheint dann als »erste Gebärde der Wiederaneignung« (*De l'interprétation*, 1965, S. 62, dt. 69), und Freuds »Anti-Phänomenologie« bildet eine bloße Etappe auf dem Weg zu einer über allen psychoanalytischen Verdacht sich erhebenden hermeneutischen Phänomenologie.[6]

Diese Ansätze, die sich immerhin dadurch auszeichnen, daß sie sich überhaupt auf die Psychoanalyse beziehen, kommen bei aller Verschiedenheit darin überein, daß sie eine Normalität ansetzen, die gegen Anomalien und Pathologien gefeit ist, sei es, daß diese Normalität in einem ungebrochenen Selbstbewußtsein, im Gebrauch wissenschaftlicher Erklärungsmodelle, in einer von Traditionen getragenen Verständigungsgemeinschaft, in einer kritisch gebrochenen Kommunikation oder in einer reflexiven Sinnaneignung verankert ist. Ankerplätze unterliegen keinem Schauplatzwechsel, dieser spielt sich allenfalls auf einer Hinterbühne ab. Wenn die Psychoanalyse etwas Anstößiges hat, dann nicht für eine Philosophie solcher Art.

Das philosophisch Anstößige verliert sich aber auch dann, wenn Philosophen auf die andere Seite überwechseln, als Bauchredner der

5 Hermann Lang hat in seinem sicherlich verdienstvollen Lacan-Buch von 1973 für eine entsprechende Öffnung gesorgt, doch mit dem Ergebnis, daß die Grenzen zwischen Gadamers dialogisch vermittelndem Sprachgeschehen und Lacans strikt alterierter Sprache des Unbewußten verschwimmen.

6 Natürlich ist Ricœur, der diese kritische Serie abschließt und zugleich abklingen läßt, hier nicht stehengeblieben, doch von einer ausdrücklichen Revision seiner hermeneutischen Freud-Auslegung findet sich, soweit ich sehe, keine Spur.

Psychoanalyse auftreten und so tun, als könnten Modelle mehr liefern als eine heuristische Matrix für jene Grundbegriffe, die Freud keineswegs verwirft. Die Sache wird auch nicht besser, wenn Psychoanalytiker sich selbst hinter einer unbefragten Wissenschaftlichkeit verschanzen, wenn sie philosophische Aussagen wissenschaftlich verbrämen oder eine panpsychoanalytische Kryptophilosophie ausbilden, die sich in Form einer Autoanalysis ihren eigenen Boden zu schaffen hofft. Eine Psychoanalyse der Psychoanalyse wäre im übrigen nicht besser dran als die von Husserl und Eugen Fink ins Auge gefaßte Phänomenologie der Phänomenologie.[7] Die Psychoanalyse stellt nur dann eine Herausforderung für die Philosophie dar, wenn sie deren Grundmotive, nämlich Leben, Bewußtsein, Selbst, Ich, Leib, Anderer, Zeit, Raum, Sinn, Regel, Gesetz, Eros, Tod und anderes mehr nicht auf anderes reduziert oder gar eliminiert, sondern sie *auf ihre Weise* neu beleuchtet und bedenkt, wenn also die Sonde der Psychoanalyse im Kern der Philosophie ansetzt und nicht an irgendwelchen Außenposten, die der Philosoph ohne Schaden aufgeben mag. Auf ihre Weise, das hieße, daß die Psychoanalyse sich nicht in letzter Instanz auf irgendeine alltägliche, kulturelle oder wissenschaftliche Normalität als ihren »Gott« zurückzieht, sondern sich an der Grenze zwischen Normalität und Anormalität aufhält, dort, wo Ordnungen entstehen und nicht schon feste Programme ablaufen.

Wie könnte umgekehrt eine Philosophie aussehen, die sich von der Psychoanalyse herausfordern läßt und in der Lage ist, von ihr Anstöße zu empfangen? Auch diese Frage ist einseitig gestellt. Nur eine solche Philosophie wird sich durch die Psychoanalyse herausgefordert fühlen, die sich ähnlichen Herausforderungen in ihrem eigenen Denken ausgesetzt sieht. Wer bloß auf jene Philosophie starrt, von der Freud sich diskret distanziert, übersieht, daß die Philosophie sich in weiten Stücken selbst von diesen Voraussetzungen entfernt hat, und dies in einem Maße, daß Freud sich seinerseits dem Vorwurf einer traditionellen Vernunftgläubigkeit ausgesetzt sieht. Den Anstoß, den Castoriadis, Deleuze, Derrida, Foucault, Henry oder Lyotard und letzten Endes auch Lacan an Freuds Denken nehmen, nimmt sich bei ihnen anders aus als bei jenen Autoren, die wir zuvor Revue passieren ließen. Generell kann man behaupten, daß es nicht erst der Psychoanalyse bedurfte, um die Reinheit des Bewußtseins, die Auto-

7 Zur Selbstbezüglichkeit der Phänomenologie vgl. Kapitel 4 in den *Deutsch-Französischen Gedankengängen.*

nomie des Ich, das lückenlose Sinngewebe, die kulturelle Domestikation des Lebens und die Geltungsansprüche der Moral mit Fragezeichen zu versehen. Es gibt viele Stellen, an denen eine gewisse Philosophie sich mit einer gewissen Psychoanalyse überschneidet. Dies schließt Divergenzen ebensowenig aus wie blinde Flecken, ohne daß diese immer nur der jeweiligen Gegenseite zuzurechnen wären. Läßt man sich von philosophischer Seite auf eine ausdrückliche Konfrontation mit der Psychoanalyse ein, so tut man gut daran, auch hier dem Ratschlag Husserls zu folgen und sich an die »wirkliche Methode und Arbeit selbst zu halten« (Hua VI, 228), bevor man sich an Theorieanweisungen orientiert, denen Freud selbst in vielen Fällen eine bloß vorläufige Bedeutung beimißt. Das entscheidende Gewicht haben jene alltäglichen-unalltäglichen Phänomene, von denen Freud ausgeht, und die sich nicht selten als phänomenologische Deckadressen anbieten.

2. Selbstverabschiedung des Bewußtseins

Beginnen wir mit dem Unbewußten als dem »ersten Schibboleth der Psychoanalyse« (GW XIII, 239). Freud zweifelte von Anfang an nicht daran, daß er mit der Aufhebung des Junktims von Psychischem und Bewußtem, daß er mit der Annahme unbewußter Vorgänge und unbewußter Vorstellungen, ja mit der Behauptung, daß es unbewußtes Denken und ungewußtes Wollen gibt, nicht nur den Philosophen, sondern auch sich selbst einiges zumutete. Schon das Ende von Kapitel VII der *Traumdeutung* schlägt deutlich dieses Thema an, das ein Dauerthema bleibt. Es erübrigt sich, die Theorie des Unbewußten in ihrer allmählichen Verfertigung noch einmal vorzuführen. Es kommt uns auf jene Verquickung von Selbstbezug und Selbstentzug an, die sich in der paradoxen Rede von einer Selbstverabschiedung des Bewußtseins andeutet und die uns schon früher an zentraler Stelle begegnet ist (s. o., Kapitel V, 2-3).

Die unterminierende Wirkung des Unbewußten setzt voraus, daß dieses sich den Fängen des Bewußtseins entwindet. Die nicht sonderlich glücklich klingende Bezeichnung ›Unbewußtes‹ hat den Vorteil, das erwähnte Paradox wachzuhalten und es nicht hinter einer neutralen Formulierung zu verstecken. Richten wir zunächst unser Augenmerk auf die Vorsilbe des *Un*-bewußten. Wird dieses als schlichte Negation des Bewußten verstanden, so bleibt der Primat des Bewußtseins ungebrochen. Als kontradiktorischer Gegensatz wäre das Unbewußte der schiere Ausfall des Bewußtseins, als konträrer Gegensatz wäre es eine abgeschwächte Form des Bewußten, die sich einem Grenzwert annähert. So besehen haben Bewußtseinsphilosophen keine Schwierigkeit zu behaupten, das Unbewußte setze eine Konzeption des Bewußtseins voraus, so etwa Eugen Fink in der Beilage XXI zu Husserls *Krisis*. Sucht man die Schwierigkeit dieser negativen Definition zu vermeiden, so bleibt nur die Möglichkeit, das Unbewußte als eine Abart des Bewußtseins zu verstehen, etwa als Zwitterding eines »unbewußten Bewußtseins«, das schon von Brentano[8] und vollends dann von Husserl zurückgewiesen wird. Der Annahme, es gebe einen »›unbewußten‹ Inhalt«, der erst nachträglich bewußt werde, begegnet er mit der Feststellung: »Bewußtsein ist notwendig Bewußtsein in jeder seiner Phasen« (Hua X, 119). Dagegen konzediert er ein »Urbewußtsein«, eine »Urauffassung«, die nicht mit einem Auffassungsakt gleichzusetzen ist (ebd.), und wenn man dieses »letzte Bewußtsein« ein »›unbewußtes‹ Bewußtsein« nennen mag, dann eben nur in Anführungszeichen (ebd., 382). Auch Freud hat für ein solches Zwitterding wenig übrig. Er schießt sogar über Husserl hinaus, indem er selbst das »Unmerkliche« vom Bewußtsein ausschließt, weil man sich damit »die einzige unmittelbare Sicherheit verdirbt, die es im Psychischen überhaupt gibt. Ein Bewußtsein, von dem man nichts weiß, scheint mir doch um vieles absurder als ein unbewußtes Seelisches« (GW XIII, S. 243). Ein Seelisches, das unbewußt ist, scheint aber ebenfalls auf ein fragwürdiges Zwitterwesen hinauszulaufen, nämlich auf eine Mischung aus subjektiven Erlebnissen und objektiven Vorgängen. In seiner *Kritik der Grundlagen der Psychologie* (frz. 1928, dt. 1978) äußert Georges Politzer ebendiese Kritik, indem er einwendet, mit dieser Hypothese würden persönliche Erlebnisse zu unpersönlichen Prozessen verdinglicht. Er zieht daraus die Folgerung: »Das Unbewußte ist nur Schein, und der Versuch Freuds, aus dem Unbewußten einen *positiven* Begriff zu machen, der sich nicht auf *Abwesenheit* und Latenzen bezieht, sondern auf effektive *Präsenzen*, ist gescheitert« (1978, S. 174). Eine Alternative erblickt der Autor in der Dramatik des Lebens, in Handlungen, deren Subjekt nicht Akteur und Zuschauer zugleich sein kann. Der Inhalt der Träume ist dem Träumenden weder bewußt noch unbewußt, denn er

8 Vgl. *Psychologie vom empirischen Standpunkt*, 1. Buch, 2. Kapitel. Die Frage eines unbewußten Bewußtseins oder unbewußter Vorstellungen wird mit aller wünschenswerten Ausführlichkeit erörtert unter dem Titel: »Vom inneren Bewußtsein«.

träumt und stellt sich seine Träume nicht vor.[9] Gewiß wendet Freud sich selbst gegen die Annahme, die Übersetzung des Unbewußten ins Vorbewußte und das Vordringen ins Bewußtsein bestünde in einer »Umschrift gleichsam, neben welcher das Original fortbesteht«, so als würde eine Idee von einem Ort zum anderen wandern (GW II/III, 617). Doch damit sind die Schwierigkeiten noch nicht ausgeräumt.

Wie der Einwand von Politzer zu erkennen gibt, steht das Un*bewußte* mit dem Wissen im Bund, das auf Vorstellungen beruht. Könnten wir nicht geradesogut und vielleicht mit größerem Recht von einem Un-willentlichen oder einem un-willkürlichen Erleben und Verhalten ausgehen? Schon das ἀκούσιον, das Aristoteles in seiner Handlungslehre dem ἑκούσιον entgegensetzt (*Nik. Eth.* III,1), vereint in sich Momente des äußeren Zwangs und der situativen Unwissenheit; es wäre also zutreffend mit ›unwissentlich-unwillentlich‹ wiederzugeben. Freud selbst spricht immer wieder sowohl von unbewußten wie von ungewollten Vorstellungen und Gedanken, so schon an prominenter Stelle in der Traumdeutung (GW II/III, 106 f.). Doch selbst wenn wir vom Wissen ausgehen, gibt es da nicht verschiedene Wissensformen derart, daß das Unbewußte nicht ohne weiteres mit dem Unverständlichen zusammenfällt?

Bekanntlich ist ›das Bewußtsein‹ ›das Bewußt-sein‹ oder ›bewußt sein‹, das in seiner getrennten Schreibweise noch den adjektivischen Gebrauch durchscheinen läßt, eine sprachliche Erfindung des 18. Jahrhunderts. Für die Griechen war es selbstverständlich, von einem Streben oder einem Sichbewegen auszugehen, das von einem Mitgewahren (συναίσθησις) oder einem Mitwissen (συνείδησις, σύνεσις) *begleitet* war, aber nicht in einem Wissen bestand. Das gilt lange Zeit auch für das lateinische Wort *conscientia*, das die spezielle Bedeutung des Gewissens in sich aufnahm. Freuds Psychoanalyse beerbt also eine von Hypotheken belastete neuzeitliche Tradition, die von Autoren wie Marx, Schopenhauer und Nietzsche längst in Frage gestellt

9 Zur großen Wirkung dieser frühen Freud-Kritik vgl. *Phänomenologie in Frankreich*, S. 417 f. – Auch Lacan äußert in einem Text von 1946 die Hoffnung, daß man in Zukunft auf das Unbewußte, diese »notion inerte et impensable«, zugunsten des »imaginären Modus« verzichten werde (*Écrits*, S. 182 f., dt. *Schriften II*, S.159, 161). In weiterer Folge wird das Unbewußte umdefiniert: als Signifikantenkette, als Diskurs des Anderen, als »Begriff eines Fehlens« (*Sem. XI*, frz. S. 28, dt. 32), als »Nicht-Realisiertes« (frz. S. 32, dt. 36), als »Ausweichendes« (*évasif*)« (frz. S. 33, dt. 38), als Tyche, das heißt als »verfehlte Begegnung«, als Trauma (frz. S. 54, dt. 61), als Unbewußtheit Gottes (frz. S. 58, dt. 65) …, in jedem Fall als Positivität, nicht als Privation.

war. Zu erwähnen wäre auch William James, der in seinen *Principles of Psychology* (I, 304) den Ausdruck »stream of *Sciousness*« vorschlägt, um zu verhindern, daß dem Gedankenstrom einfach ein Denker unterschoben wird. Innerhalb der Phänomenologie hat Max Scheler diese Gegenmotive zeitig aufgegriffen und zugleich, bei aller Kritik, Verbindungslinien zu Freud hergestellt, so vor allem in seiner Schrift über *Wesen und Formen der Sympathie*. Die Bewußtseinsphilosophie, einschließlich der Annahme eines konstituierenden Bewußtseins, das Merleau-Ponty später als »Berufsbetrug« des Philosophen bezeichnen wird (*Signes*, S. 227), war also schon zu Freuds Zeiten recht umstritten.

Schließlich ist das Unbewußte nicht zu denken ohne die Reflexivität des Selbstbewußtseins. Wäre das Unbewußte nichts weiter als das »eigentlich reale Psychische« und wäre es damit ebenso unbekannt wie das »Reale der Außenwelt« (GW II/III, 617), so wäre keine »Übersetzung« ins Vorbewußte möglich, die zu einer Selbstaufklärung führen würde. Wenn kein Bewußtsein denkbar ist, von dem sein Besitzer nichts weiß (GW VIII, 434), so liegt es nahe, statt dessen das Unbewußte als ein Vorstellen, Wissen oder Denken zu definieren, von dem sein Besitzer nichts weiß; denn nur im Bezug auf jemanden, der sich seiner bewußt ist oder zumindest bewußt sein kann, erscheint das Unbewußte als »bewußtseinsunfähig« (GW II/III, 619). Wir haben es gleichsam mit einem Selbst-Unbewußten zu tun, das ähnliche Probleme aufwirft wie das Verhältnis des Unbewußten zum schlichten Bewußtsein.

Freud entzieht sich den Schlingen einer Bewußtseins- und Selbstbewußtseinstheorie, die bis heute ihre rätselhaften Blüten treibt, indem er mit der Entdeckung des ›Unbewußten‹ wuchert, ohne sich um so manchen sophistisch anmutenden Einwand sonderlich zu scheren. Das ›Unbewußte‹ vervielfältigt sich. Es beginnt mit dem *deskriptiven* Unbewußten, einer zweifelhaften Kategorie, die dazu dient, psychische Vorkommnisse als patent oder latent, bemerkt oder unbemerkt zu sortieren. Das Unbewußte, so etwa das Vergessene, existiert im Verborgenen; es ist auch in der Zwischenzeit »im Seelenleben gegenwärtig«, wenngleich nicht im Bewußtsein (GW VIII, 430). Wäre dies alles, so würde sich das Unbewußte in der Tat einem Kryptobewußtsein annähern. Anders nun die *dynamische* Form des Unbewußten. Ausgehend von hypnotischen oder neurotischen Phänomenen und den Widerständen bei der Analyse, gelangt Freud zu der Annahme, daß unbewußte Gedanken nicht nur ins Verborgene absinken, um bei Bedarf wieder aufzutauchen, daß sie vielmehr »durch lebendige Kräfte« vom Bewußtsein ausgeschlossen werden (GW VIII, 436). Unter dem Andrang unbewußt wirkender Seelenkräfte verwandelt sich das bewußte Erleben in einen Bewußtseinseffekt (GW II/III, 617). Die Art der Wirksamkeit führt zur Scheidung in ein Vorbewußtes, das bewußtseinsfähig bleibt, und ein Unbewußtes, das sich als bewußtseinsunfähig erweist. Diese Unterscheidung ist nicht mehr als Klassifikation zu verstehen, als trügen zwei Parteien einen Konflikt aus; vielmehr ist es so, daß die Instanzen – ähnlich wie die Seelenteile bei Platon – aus dem Konflikt hervorgehen (vgl. GW VIII, 435). Das Unbewußte im eigentlichen Sinne ist dann nicht mehr das bloß Latente, sondern das Verdrängte. Da schließlich auch das Ich und das Über-Ich teilweise dem Bewußtsein entzogen sind, erscheint das Unbewußte zugleich als Verdrängendes, und in dieser vielfältigen Funktion wird es als *systemisches* Unbewußtes bezeichnet, das als das Es der zweiten Topik jeden ausdrücklichen Bezug zum Bewußtsein verliert. Vom einem substantivisch auftretenden Unbewußten bleibt nicht mehr viel übrig; der Charakter des Unbewußtseins wird zu einer vieldeutigen Qualität (GW XIII, 245); gleich dem Bewußtsein gewinnt das Unbewußte seine adjektivische Form zurück, die jede Ontologisierung ausschließt. Die Bewußtheit wird selbst zum Symptom (GW X, 291). Gleichwohl warnt Freud davor, die Unbewußtheit zu vernachlässigen, »denn schließlich ist die Eigenschaft bewußt oder nicht die einzige Leuchte im Dunkel der Tiefenpsychologie« (GW XIII, 245). Auch so wird das Unbewußte als Differenz eingeführt, die durch keine analytische Arbeit aufzuheben ist: »Das Bewußtsein verbleibt also an seiner Stelle, aber auch das *Ubw* ist nicht etwa zu *Bw* aufgestiegen« (ebd., 249). Doch kann einem Ich, das vor allem als »Grenzwesen« zwischen Welt und Es zu vermitteln hat, noch länger die »fortschreitende Eroberung des Es« angetragen werden (vgl. ebd., 286)?

Freud mutet sich eine Gratwanderung zu. Würde das Bewußtsein durch unbewußte Mechanismen und das »ich denke« durch ein »es denkt« *ersetzt*, so würde die paradoxe Selbstverabschiedung des Bewußtseins sich in eine schlichte Verabschiedung verwandeln. Die Psychoanalyse würde ihre Anstößigkeit einbüßen in einem Maße, wie Freud es nicht voraussehen konnte. Wenn Merleau-Ponty[10] zu

10 So im Vorwort zu dem Freud-Buch von A. Hesnard (1960); eine deutsche Übersetzung findet sich in dem von Regula Giuliani herausgegebenen Band: *Merleau-Ponty und die Kulturwissenschaften* (2001).

Recht vor einer »idealistischen Abweichung« warnt, so bildet die »objektivistische Abweichung« heute eine erneute und nicht minder große Gefahr. Die behavioristische Variante, die der Verhaltenstherapie einiges an Munition geliefert hat, nimmt sich einigermaßen harmlos aus, seitdem die Black Box geöffnet wurde und seitdem nicht bloß ein äußeres Verhalten adaptiv manipuliert, sondern das Denken selbst simuliert wird. Dies führt zu gravierenden Konsequenzen. Das »es denkt« verliert seine subversive Kraft, wenn das Es mit Regelkreisen, intentionalen Systemen oder Speicherkapazitäten besetzt wird oder wenn das Selbst nur noch als systemische Selbstreferenz fortdauert. Die Idee »unbewußter Gedanken« sinkt zur Trivialität herab, wenn jeder Computer oder jedes computerförmig gedachte Gehirn denkt und wenn Freuds technologisch inspirierte Modelle einfachhin für die Erfordernisse der Technik nutzbar gemacht werden.

Von Jacques Lacan ist zu lernen, daß man Freuds Verortung des Ich in einem Kräftefeld, das seine eigenen Kräfte übersteigt, und in einem Herrschaftsgefüge, das dessen eigene Bedürfnisse überbietet, nicht gerecht wird, indem man das Cogito, dieses »Schibboleth« der modernen Philosophie, ausstreicht oder umgeht, sondern daß man ihr nur gerecht wird, indem man das Cogito auf die Spitze treibt bis hin zu dem Punkt, wo es seiner eigenen Andersheit und seiner vom Anderen her zu buchstabierenden Selbstheit inne wird, in der Heteronomie die Unterwerfung unter das Gesetz des Anderen wiedererkennt, die von der schlichten Unterwerfung unter den Anderen zu unterscheiden ist.[11] Mein eigener Versuch zielt in die gleiche Richtung, doch ausgehend von phänomenologischen Befunden, die nicht allein den Windungen der Signifikantenkette zu entnehmen sind und die dem leiblichen Selbst, seiner Sinnlichkeit und seiner imaginativen Kraft größeres Gewicht einräumen. Die entscheidenden Fragen lauten weiterhin: Wie ist ein Unbewußtes zu denken, das nicht negativ an das Bewußtsein gekettet ist? Wie ist ein Selbst zu

11 Vgl. dazu: auf breitester Front, aber auch mit dem spekulativen Überschwang eines allumfassenden philosophischen Diskurses: Alain Juranville, *Lacan und die Philosophie* (1990, frz. 1984); unter besonderer Bezugnahme auf Kant und Heidegger: Hans-Dieter Gondek, *Angst, Einbildungskraft und Sprache* (1990); Lacan in Überkreuzung mit Kant, Heidegger und Merleau-Ponty: Bernard Baas, *De la chose à l'objet* (1998); Lacan auf der Folie der Sartreschen Philosophie: Andreas Cremonini: *Durchquerung des Cogito* (Diss. Basel 2001). Baas entwirft im Vorwort zu seinem Buch ausdrücklich das Programm einer Kreuzung von Philosophie und Psychoanalyse. Tonangebend ist bei allen Autoren Lacan, vor allem der spätere Lacan.

denken, das sich reflexiv auf sich selbst zurückbeugt, ohne in der Reflexion zu sich selbst zurückzukehren? Wie ist schließlich die Allmacht eines Wissens zu brechen, das glaubt, bei sich selbst beginnen zu können? Im übrigen wird die Sache nicht wesentlich besser, wenn man die Magna Charta des Bewußtseins durch die der Sprache, der Kommunikation oder der Medien ersetzt und an der Omnipotenz eines »alles ist ...« festhält.

Beginnen wir mit dem delphischen Motto »Erkenne dich selbst!«, das zu der sokratischen Form der *docta ignorantia* führt. »Daß ich, was ich nicht weiß, auch nicht zu wissen glaube«, das macht Sokrates nach eigenem Geständnis »ein klein bißchen« weiser als jene, bei denen sich in der Befragung herausstellt, daß sie zu glauben wissen, was sie nicht wissen (*Apologie* 21 d). Sokrates wurde nicht selten dafür getadelt, daß er genau jene alles überdeckende Wissenslawine ausgelöst habe, die im Be-wußtsein den Wissenden selbst einholt. Alles Nichtwissen wäre dann Ausdruck eines *Noch-nicht-Wissens* oder *Nicht-mehr-Wissens*, eines Defizits also, selbst wenn es sich in dem berühmten »Ignoramus et ignorabimus« zu einem Dauerzustand erklärt. Das Nichtwissen kann aber auch begriffen werden als ein *Grenzwissen*, also als Erfahrung eines Entzugs, einer Abwesenheit in der Anwesenheit, einer Ferne in der Nähe. Man mag einwenden, daß sich mit dem Ausweichen auf ein Nicht-zu-wissen-*glauben* die Doxa in das Nichtwissen einschleicht, was bedeuten würde, daß mit der Verwandlung in ein Nicht-zu-wissen-*wissen* doch der Umschlag in ein vollendetes Wissen des Wissens, in das »bewußte Denken« einer νόησις νοήσεως in Aussicht steht. Die Formel von einem nichtwissenden Nichtwissen verstärkt zwar das Paradox, aber um den Preis seiner möglichen Auflösung. Das Glauben oder Meinen (οἴεσθαι), das dem sokratischen Nichtwissen zugesprochen wird, läßt sich aber auch anders verstehen, nicht als propositional verfaßtes Wissen, das sich selbst zum Gegenstand nimmt und sich hierbei seiner Sache nicht völlig sicher ist,[12] sondern als Ausdruck eines Wissensaktes, der sich selbst unaufhörlich entgleitet. Dieses Glauben würde sich der von Husserl in Anspruch genommenen Doxa annähern, die nicht die Vorstufe eines nach Ja und Nein geschiedenen Wissens ist, sondern ein immer nur nachträglich faßbares ›Urwissen‹. Man könnte einen Schritt weitergehen und das Zu-wissen-glauben einem (Aus-)Sagen

12 Vgl. Die Kritik an dieser engen Wissensauffassung bei Wolfgang Wieland: *Platon und die Formen des Wissens* (1982).

zurechnen, das in der Aussage, also im Gesagten vorkommt und sich ihm zugleich entzieht (s. o., S. 263). Hinzu kommt, daß das Nichtwissen für Platon kein Zustand ist, der einem leeren Gefäß gleicht, das erst noch zu füllen ist (*Symposion* 175 d), sondern daß dieses Nichtwissen sich im Wissensbegehren bemerkbar macht, also in einem als solchen erlebten Mangel (vgl. *Menon* 84 c). Das Nicht-zu-wissen-glauben würde auf diese Weise jene »hochkomplexen« Selbstbewußtseinsmodelle unterlaufen, die sich in der Selbstobjektivierung eines in sich homogenen Wissens verhaken.[13]

Das Unbewußte würde sich erst gar nicht den Ungereimtheiten eines anderswo abgelagerten Wissens aussetzen, wenn es als Erfahrungsentzug gedacht wird. Diesen Schritt, den Lacan mit und über Freud hinaus getan hat, indem er das Un- des Unbewußten als »Unbegriff«, als »Begriff eines Fehlens« behandelt (*Sem. XI*, frz. S. 28, dt. 32), resümiert Hans-Dieter Gondek (1990, S. 12) folgendermaßen: »[...] es gibt etwas, das sich dem Bewußtsein entzieht und das doch gewußt wird – in einem paradoxen unbewußten Wissen, das so wenig Instinkt und so sehr intellektuelle Prozedur ist, daß man genötigt ist, von einem ›unbewußten Denken‹ zu sprechen.« Der Autor fährt fort: »Die Psychoanalyse – in der Reformulierung durch Lacan – unterbricht *und* überschreitet in einem die Figur der Selbstreflexion als der Konstellation neuzeitlichen Selbstbewußtseins«; die Unterbrechung führt zu einem »unaufhebbaren (Selbst-)Entzug« im Subjekt, die Überschreitung geschieht darin, daß dieses Subjekt »unter der Bedingung dieses Entzugs und seiner Effekte agiert«. Freud legt eine solche Deutung in der Tat nahe, wenn er darauf hinweist, daß bei der Psychoneurose die Triebrepräsentanz »durch die Verdrängung dem bewußten Einfluß entzogen ist« (GW X, 251) oder daß das vordem Unbewußte, wenn das Bewußtsein mit ihm konfrontiert wird, ihm »völlig fremd, gegensätzlich erscheint« und von ihm abgelehnt wird (GW XIII, 243). Wenn Freud den Bereich des Unbewußten als »inneres Ausland« bezeichnet (GW XV, 62), so deutet er damit eine Fremderfahrung an, die durchaus mit der von Husserl behaupteten »Zugänglichkeit des original Unzugänglichen« in Bezug gesetzt werden kann. Und wenn Merleau-Ponty das Bei-sich-sein des Bewußt-

13 Ein Resümee dieser vielstimmigen Debatte findet sich in der erwähnten Schrift von Klaus Düsing (1997), S. 97 ff. Der Autor geht zwar seinerseits auf eine einfache und unmittelbare Selbstbeziehung zurück, indem er Husserls Horizontlehre aufnimmt und Schritt für Schritt erweitert, doch die Unterscheidung zwischen Vor- und Unbewußtem kommt so erst gar nicht in den Blick.

seins untergraben sieht in einer »Anwesenheit für sich, die *Abwesenheit von sich* ist, Kontakt mit dem Selbst durch den Abstand zum Selbst« (1964, S. 246, dt. 248), so kann er sich das Recht nehmen, zwar nicht ein unbewußtes Bewußtsein, aber doch ein »Unbewußtes des Bewußtseins« anzusetzen als »sein zentrales *punctum caecum*, diese Blindheit, die es zum Bewußtsein macht« (ebd., S. 308 f., dt. 321). Eine schlichte Abdankung, die alles in ein unvordenkliches Dunkel tauchen würde, ist dann ebensowenig zu befürchten wie die technologisch-physiologische Vorstellung, »wir besäßen nur das Resultat dieser komplizierten Operationen und befänden uns in einer Flut von Prozessen, von denen wir nichts wissen« (ebd., S. 285, dt. 294) – beziehungsweise von denen nur die Operateure etwas wissen.

Bei dieser Deutung des Unbewußten als eines Entzugs ist allerdings ebensosehr Freuds Unterscheidung von Vor- und Unbewußtem zu beachten. Was sich als »bewußtseinsunfähig« darstellt, bedeutet mehr als eine Grenzerfahrung, die einer »Deutlichkeitsskala« unterliegt und damit letzten Endes zur Leugnung der Dunkelheit führt (GW XIII, 242). Das gleiche gilt für Prozesse, die wir als »entscheidungsunfähig« bezeichnen können. Auch Unfähigkeit ist nicht als reines Defizit zu verstehen, sondern nur als das Durchbrechen eigener Fähigkeiten und Möglichkeiten, als ein Widerstand, der nicht nur meine eigene Ohnmacht bekundet. Eine Dunkelheit oder eine Notwendigkeit an sich, die nur von außen zu konstatieren wäre, würde den Träumer oder den Neurotiker buchstäblich nichts angehen. Hier meldet sich eine Andersheit zu Wort, die in einer puren Triebdynamik und Triebökonomie keinen Platz findet. Die strikte Unterscheidung von Bedürfnis und Begehren, die wir bei Lacan ebenso finden wie bei Lévinas, erweist sich als unentbehrlich. Ein Begehren, das sich selbst dem Wissen als Wissensbegehren einschreibt, unterminiert schließlich auch das Wissen, so daß sich dieses weder in einer Wissenschaftslehre verdoppelt noch in einem absoluten Wissen vollendet. Die Tatsache, daß Entzug und Selbstentzug immer wieder von bestimmten Widerständen ausgehen und nicht von einem Widerstand schlechthin, stimmt zusammen mit einer Fremdheit, die sich in verschiedenen Dimensionen bewegt und ihren okkasionellen Charakter niemals völlig abstreifen wird.[14]

14 Vgl. dazu Fabio Ciaramelli: *La distruzione del desiderio* (2000). Der Autor schlägt eine Brücke zwischen Begehren und Fremdheit, indem er diese zum Angelpunkt einer Genealogie des Begehrens macht, gemäß einem Motto, das den *Cahiers* (Bd. II, 1361, dt. Bd. 6, 554) von Paul Valéry entstammt: »L'étrangeté est le vrai com-

3. Entstellung, Verdrängung und Versagung

Rechnen wir, wie Freud es tut, mit einem unbewußten Denken und Wollen, also mit Vorstellungen, die sich dem Verständnis, und Bestrebungen, die sich der freien Verfügung entziehen, so läßt sich von daher eine Brücke schlagen zu der Problematik, die unseren Untersuchungsgang in Kapitel I bestimmt hat. Wir sind ausgegangen von einem Zweiklang aus Bedeuten und Begehren und haben zu zeigen versucht, daß diese Vorgänge oder Akte sich auf dem Hintergrund eines Pathos abspielen, dessen Wirkungen sinn-los und ziel-los, wie sie sind, jeden intentionalen, hermeneutischen und appetitiven Zirkel sprengen. Was uns trifft, ist weder intendiert noch erstrebt, noch gesetzlich geregelt. Daß Freud zu denen gehört, die den Mächten des Pathos und des Affekts ein neues Gewicht verschafft haben, läßt sich kaum bezweifeln; bezweifeln läßt sich aber ebensowenig, daß seine Art der Umgewichtung eine Menge Fragen hinterläßt. Wie schon angekündigt, begnüge ich mich damit, Überschneidungsbereiche zwischen Phänomenologie und Psychoanalyse auszukundschaften. Was sich an dieser Stelle von Freud her anbietet, das wäre der Zusammenhang von Sinnbildung und Triebkräften, und dies in Abstimmung auf bestimmte Weisen des Entzugs.

Vorab eine kritische Bemerkung. Freuds metapsychologischer Rahmen ist mit starken Hypotheken belastet. Dies betrifft von vornherein den Parallelismus von realer Außenwelt und psychischer Innenwelt, die entsprechende Antithese von Realitäts- und Lustprinzip, von Außenreizen und Triebreizen, von kausalen Reizen und deutbarem Sinn sowie die daraus entspringende Aufgabe, chaotische Triebregungen durch Vernunft und Besonnenheit zu bändigen. Dies sind tradierte Vorannahmen, die aus der Tradition des englischen Empirismus und der Psychophysik des 19. Jahrhunderts stammen und die einer phänomenologischen Analyse nicht standhalten. Daß Freud sich mit seiner Trieblehre auf der Grenze zwischen Somatischem und Seelischem bewegt und also an dieser Stelle den Dualismus unterläuft, steht außer Zweifel; Zweifel weckt aber die Art und Weise, wie diese Grenze gedacht wird. Es kann sich nicht darum handeln, biologisch-organische Prozesse auszuklammern, es geht nur darum, ob diese »neben« einer psychologisch genannten Erfahrung ihren Platz

mencement. Au commencement était l'étrange.« In Klammern fügt Valéry hinzu: »Et il y a bien des gens en qui il ne revient pas.« Fremdheit, die wiederkehrt, wäre somit eine zweite Fremdheit, vergleichbar einer zweiten Naivität.

finden (vgl. GW XI, 435), oder unterhalb ihrer als ihr »organisches Fundament« (ebd., 403), oder ob sie nicht vielmehr einem Leibkörper zugehören, der erst durch methodisch gezieltes Absehen und technisch gelenktes Ablösen einen bloßen Körper von sich absondert. Castoriadis bedient sich wiederholt des Freudschen Begriffs der »Anlehnung«, um das Verhältnis der psychischen wie der gesellschaftlichen Schöpfung zur biologischen Organisation zu kennzeichnen (1975, S. 392, dt. 481). Die Anlehnung wäre das Gegenstück zum »somatischen Entgegenkommen«, das Freud der Bildung hysterischer Symptome zugrunde legt (GW V, 200). Man kann diese Doppelbewegung verstehen als eine Verschiebung innerhalb eines Gefüges, die weder aus eins zwei noch aus zwei eins macht. Das derart gegen sich selbst Verschobene ist, wie wir zu sagen pflegen, nicht aus einem Guß. Nimmt man dagegen das methodische Körperkonstrukt für die Sache selbst und substituiert man dieses dem Leib, so ist kein Halten mehr; es gibt dann keinen Grund mehr, auf der Ebene der Psychologie stehenzubleiben und nicht bis zu physiko-chemischen Prozessen und entsprechenden Behandlungen fortzuschreiten. Darin ist der ›szientistische‹ Freud konsequenter als viele seiner lebensphilosophischen Zeitgenossen, die sich halbherzig der Biologie verschreiben. Die Bevorzugung des Lebendigen läßt sich nur anthropo-biologisch begründen, nicht aber rein biologisch, was notwendigerweise heißt: biologistisch, denn dem biologischen Lebensbegriff fehlt die Kraft zur Selbstrelativierung. Hält man dagegen an dem Dogma zweier Welten, einer Außen- und einer Innenwelt fest, so wird das Psychische sich nur als Produkt einer »ergänzenden Abstraktion« behaupten, wie Husserl in der *Krisis* (§ 66) deutlich gezeigt hat. Es führt auch nicht weit genug, wenn man Paul Ricœur folgt und diese kompromißhafte Psycho-Physik durch einen »gemischten Diskurs« ersetzt, der hermeneutische und energetische Bestandteile zu verschmelzen beansprucht. Formulierungen wie »Kräfte auf der Suche nach einem Sinn« oder »Energie, die sich in Bedeutung verwandelt«, wie Ricœur sie in seinem Freud-Buch verwendet (1965, 153, 384, dt. 161, 404), klingen nach einer hermeneutischen Alchimie; sie erinnern von fern an Descartes' Zirbeldrüse, der physiologische Verwandlungskünste zugetraut werden.[15] Auch Freuds Gedanke einer »Trieb-

15 Birgit Frostholm versucht einen Zusammenhang zwischen Kraft und Sinn, zwischen Quantität und Qualität von Merleau-Pontys integrativem Strukturbegriff aus herzustellen. Vgl. *Leib und Unbewußtes* (1978), S. 152-165. Diese verdienstvolle Studie krankt allerdings daran, daß sie in der Entgegensetzung von Freud als einem

repräsentanz«, auf die Ricœur solches Gewicht legt, ist mit empfindlichen Zweideutigkeiten behaftet. Nur wenn der biologische Trieb ein Etwas wäre, eine Realität sui generis, würde sich die Frage stellen, wie es im Bewußtsein repräsentiert ist. Doch was wäre ein Hunger, der nicht von sich aus auf etwas aus ist und der nicht von jemandem als Mangel erlebt wird? Für den sogenannten Sexualtrieb gilt ähnliches. Dabei können wir mit Max Scheler (1966, S. 53-55) zwischen einem ziellosen Aufstreben, einem entsprechenden Fortstreben und einem zielgerichteten Streben unterscheiden, bevor wir zu einem bild- oder bedeutungsgeleiteten Streben vordringen und schließlich zu einem zweckgemäßen Wollen gelangen. In dieser Hinsicht hat Schelers ansonsten völlig überzogene Freud-Kritik das Recht auf ihrer Seite (vgl. 1973, S. 198-200), und auf andere Weise gilt dies auch für Michel Henrys lebensphänomenologische Revision der Psychoanalyse.[16] Solche Ungereimtheiten lassen sich vermeiden, wenn wir näher bei den Phänomenen ansetzen.

Freud tut dies selbst, indem er sich von Störphänomenen leiten läßt, von dem also, was aus dem Bereich des Erwarteten, des Gewohnten oder des Erträglichen herausfällt. Was so an den Anfang tritt, können wir durchaus als eine Phänomenologie der Störungen, der Anomalien und Pathologien bezeichnen. Es sind Auffälligkeiten, die den diagnostischen Blick und die therapeutische Rede hervorrufen. Der Zusammenhang mit einer Phänomenologie der Intentionen und Appetitionen wird deutlich, wenn wir Freud beim Wort nehmen. Seine Bemühungen zielen bewußt darauf ab, den Sinn von Fehlleistungen, Träumen und Krankheitssymptomen zu eruieren, einen Sinn, der sich hinter den manifesten Äußerungen verbirgt. Konkret bedeutet dies, in dem, was zunächst als »sinnlose Idee« und

»Denker der Entfremdung« und Merleau-Ponty als einem »Denker der ›Integration‹« (S. 135, 138) dem Moment des leiblichen Selbstentzugs und dem der Selbstspaltung auf beiden Seiten zu wenig Rechnung trägt.

16 Für Michel Henry bedeutet der Trieb als reine Selbstaffektion und Kraft des Lebens das Unvorstellbare schlechthin, so daß jede Theorie des Unbewußten, die Triebrepräsentanten zugrunde legt, ihre Sache verfehlt. Der Autor überzieht jedoch seine Kritik, indem er das Pathos des Lebens *in flagranti* zu erfassen glaubt, fern aller Umwegigkeit und Nachträglichkeit, durch die die Psychoanalyse sich von einer Introspektion unterscheidet. Vgl. die auf einen »verlorenen Anfang« (so der Untertitel) zurückgehende *Généalogie da la psychanalyse* (1985) und dazu meine kritischen Bemerkungen in der *Philosophischen Rundschau* 34 (1987), S. 156-158. Rudolf Kühn macht sich auch hier wie auch anderswo zum Anwalt von Michel Henry; vgl. speziell zur Revision der Psychoanalyse: »Cogitatio als Affekt. Zur phänomenologischen Meta-Genealogie Descartes–Freud« (in Trinks 2000).

»zwecklose Handlung« erscheint (GW XI, 278), ein unbewußtes Denken und Wollen auszumachen, das die Spuren eines Wunschdenkens und Wunschhandelns an sich trägt. Der Zusammenhang zwischen dem, was wir phänomenologisch als Bedeuten und Begehren herausgestellt haben, wird damit zum zentralen Thema. Die dynamische Psychologie, die Freud ins Spiel bringt, erinnert nicht nur an Herbart, sie erinnert von fern an Husserls genetische Phänomenologie, und die Entfernung ist nicht so groß, daß nicht Problemfäden hin- und herlaufen.[17]

Zu den *Fehlleistungen* gehören Versprechen, Verschreiben, Verhören, Verlesen, Vergessen, Verlieren, Verlegen oder Vergreifen, also all jene alltäglichen Sinnentgleisungen, deren verbale Formen mit der Vorsilbe ›ver‹- eine innere Verwandtschaft erkennen lassen (GW XI, 19, dazu Weber 1978, S. 5, 125). Freud empfiehlt, diese Äußerungen und Handlungen nicht als Zufallserscheinungen, etwa als Zerstreutheit oder Ermüdung abzutun, sondern ihnen einen Sinn zuzubilligen. Der Anlaß mag oft zufällig sein, nicht so die Nutzung dieses Anlasses. Ähnlich wie im Traum kann ein Wort das andere ersetzen, so in der von Lichtenberg notierten Vertauschung von »angenommen« mit »Agamemnon«, oder es wird das erwartete Wort entstellt, so daß Mißbildungen entstehen wie »Vorschwein«, »begleitdigen« oder das Bastardwort »Selbstübereinschätzung«, das mir selbst einmal bei der Charakterisierung eines nicht ganz so geschätzten Berufskollegen unter die Feder gekommen ist (vergebens, der Korrektor hat aufgepaßt). Der abwegige oder schwer zu erratende Sinn entsteht aus einem Kräftespiel, aus der Interferenz von störender und gestörter Tendenz, als Kompromiß aus Absicht und Gegenabsicht, aus Wollen und Nichtwollen. Bedeuten und Begehren beziehungsweise Sinn und Trieb werden von Freud enger aufeinander bezogen als in den üblichen Bedeutungstheorien, da er für die meisten der hier anstehenden Untersuchungen ›Sinn‹ mit ›Absicht‹ oder ›Tendenz‹ gleichsetzt. Doch auch unabhängig davon gibt es eine Nahtstelle, wo jede Bedeutungstheorie über die rein kognitive Sphäre hinausweist; sie findet sich dort, wo Bedeutung von *etwas als etwas* in Bedeutsamkeit *für jemanden* übergeht.[18] Hier mischt sich im übrigen ein ökonomi-

17 Nicht umsonst läßt Elmar Holenstein seine *Phänomenologie der Assoziation* (1972), die dem wissenschaftstheoretischen Hintergrund der Husserlschen Sinn- und Bewußtseinsanalyse einen weiten Raum läßt, mit Freuds Theorie des Unbewußten und Unwillentlichen enden.

18 Relevanzstrukturen sind allerdings komplexer als die bloße Bedeutung für jemanden. Vgl. Dazu *Ordnung im Zwielicht*, S. 53-60.

scher Gesichtspunkt ein, der qualitativ verschiedene Sinnbereiche ungeachtet ihrer Heterogenität konvertibel und eben damit konfliktfähig macht. Nur so ist denkbar, daß Flötentöne uns vom Denken abhalten oder daß ein unangenehmer Geruch jeden Anblick verblassen läßt. Ein Eindruck ist stärker als der andere, ohne wahrer oder besser zu sein.

Der konfliktträchtige Doppelsinn, der allen Fehlbildungen anhaftet, unterscheidet diese von bloßen Wahrnehmungstäuschungen und irrigen Annahmen, die im Laufe der Erfahrung zurechtgerückt werden, von Mißgriffen und Fehlversuchen, die durch ein späteres Gelingen rückgängig zu machen sind, von Lügen, deren Doppelbödigkeit vom Lügner durchschaut wird, von sozialen Verstößen, für die wir uns entschuldigen, oder auch von schlichten Äquivokationen wie dem doppelten Sinn von ›Versprechen‹ oder ›Verhören‹; diesen Doppelsinn läßt Freud ganz außer acht, da der Kontext deutlich zeigt, welcher Sinn gemeint ist. Wer diesen Kontext öffnet und der normalen Vereindeutigung entgegenarbeitet, verwandelt Wortäußerungen in Wortspiele, die einen interessanten Grenzfall darstellen. Es gibt Zweideutigkeiten, denen man verfällt, und solche, die man sucht. Zweideutigkeiten sind auch im potenzierten Sinne zweideutig. Bei alldem stellt sich die Frage, ob Zweideutigkeiten nicht auf all jene Erlebnis- und Äußerungsweisen übergreifen, die wir von den ausdrücklichen Fehlhandlungen unterschieden haben. Daß eine Fehlleistung mehr bedeutet als eine Wahrnehmungstäuschung, eine irrige Annahme, ein praktisches Scheitern, eine sprachliche Unachtsamkeit oder eine lügenhafte Aussage, besagt nicht, daß all diese Erlebnis- und Äußerungsweisen nichts mit symptomatischen Fehlleistungen zu tun haben und daß sie je im Reinzustand normaler Leistungen auftreten. Gehört aber nicht die Störung, die unsere Abschirmungen durchbricht, unsere Absichten durchkreuzt und den Sinn unserer Äußerungen verschiebt und entstellt, zum Normalfall, so daß der ungestörte Ablauf einen Glücksfall darstellt? Ähnliche Fragen werden uns im folgenden begleiten.

Bei den Fehlhandlungen spielen Augenblicklichkeit und Zeitweiligkeit eine besondere Rolle. Der Lapsus tritt plötzlich auf; der Name, der uns entfallen ist, fällt uns unter Umständen wieder ein. Die Fehlleistung kann aber auch eine gewisse Dauerhaftigkeit annehmen, so etwa der verlorene oder verlegte Brief, der trotz aller Bemühungen nicht mehr aufzufinden ist, oder der fehlgeleitete Brief, der nicht ankommt. Solche Fehlleistungen haben einen durchweg pathischen Charakter. Sie ›unterlaufen‹ uns, wie wir zu sagen pflegen, als würde untergründig ein anderer in uns sprechen und handeln, und doch pflegen wir uns auch für das zu entschuldigen, für das wir angeblich nichts können. In Alltagsritualen, wie Goffman sie untersucht hat, steckt mehr Weisheit als in lautstarken moralischen Beteuerungen oder gerichtlichen Geständnissen, so sollte man meinen, wenn Freud recht hat. Doch wechseln wir nun über zu den *Träumen*, die sich nicht darauf beschränken, unser Äußerungsverhalten zu unterlaufen, die uns vielmehr in eine andere nächtliche Welt und auf die Schattenseiten des Lebens versetzen. Es erübrigt sich, das Werk der Traumarbeit und das gegenläufige Werk der Traumdeutung zum wiederholten Male nachzuzeichnen. Beschränken wir uns also auf den für uns relevanten Zusammenhang von Sinnentstellung und Wunscherfüllung. Freud geht auch hier davon aus, daß Träume dem Uneingeweihten zwar als unverständlich, absurd, bizarr erscheinen, daß sie aber deswegen nicht sinnlos oder bloß somatischer Art sind, sondern einen verborgenen Sinn enthalten. Die Verschlüsselung des manifesten Trauminhalts hat den Charakter einer *Entstellung*, die eine Vorstellung durch die andere ersetzt und sie damit unkenntlich macht. Also erscheint etwas, aber nicht als es selbst, sondern in einer verhüllenden Form, wie wenn es sich einer Kontrollmacht durch *Verstellung* oder *Verkleidung* entzieht. Dabei werden raffinierte Darstellungstechniken verwandt, von denen weiter unten die Rede sein wird. Die Entstellung greift nur dann in das Traumerleben ein, wenn es etwas zu verbergen gibt, wenn dieses etwas sagen will, was es nicht sagen darf. Der Anstoß geht also wiederum von einer Konfliktsituation aus, nämlich von dem Konflikt zwischen hemmungslosem Wunsch und hemmender Abwehr, von einem Konflikt mit jener Zensur, deren Eingriffe Lücken und weiße Stellen im Trauminhalt hinterlassen (GW XI, 139) und die sich während der Analyse im Widerstand des Analysanden bemerkbar machen. Den Sinn des Traumes bildet die Wunscherfüllung, während die Wunschversagung zur Sinnentstellung führt. Der nächtliche Traum zeigt also immer gewisse Züge eines Tagtraums, und dies nicht nur, weil Tagesreste verarbeitet werden, sondern weil die Zensur auch nachts nicht ruht. Unentstellte oder annähernd unentstellte Träume finden sich dann nur im frischen Kindesalter und bei Erwachsenen, die auf diese infantile Frühstufe regredieren. Die Traumentstellung wird also an einer Möglichkeit der Nichtentstellung gemessen, selbst wenn diese sich in eine archaische Ferne zurückzieht und erst nach der Analyse entstellter

Träume am Horizont auftaucht. Gleichwohl wird man dieses Hinterdrein, das in der Analyse des Wolfsmannes so deutlich hervortritt, kaum als einen zufälligen Umweg betrachten können.

Mit dem Traum, den Freud selbst wie ein Symptom behandelt, das gleich den Fehlleistungen bei allen Gesunden vorkommt, stehen wir schon mit einem Bein im Bereich jener »Leidenssymptome«, mit denen sich das Pathische ins Pathologische steigert. *Symptome* wie etwa das pathologische Schlafzeremoniell, das sich mit der Ausschaltung aller nur erdenklichen Geräuschquellen oder der genauen Anordnung von Kissen und Decken von der normalen Einstellung auf den Schlaf durch ein Übermaß rationell nicht mehr zu begründender Maßnahmen unterscheidet, der neurotische Waschzwang, der über jede hygienisch zu rechtfertigende Reinlichkeitsvorsorge hinausgeht, die Phobie vor Katzen oder Mäusen, die mit keiner realen Gefahr in Verbindung zu bringen ist, werden nur verständlich als ein verschobenes Szenarium, in dem die Symptome eine Ersatzbefriedigung verschaffen für Befriedigungen, die das Leben versagt. Symptome zeigen eine Wiederkehr des Verdrängten an, eine Wiederkehr von Vorstellungen und Affekten, die bei der Zunahme des Unlustmotivs abgewehrt und vom Bewußtsein ferngehalten wurden. Symptome, die sich oftmals mit bizarren Vorstellungen und Impulsen verbinden, tauchen auf wie »übergewaltige Gäste aus einer fremden Welt«, denen der Kranke hilflos ausgeliefert ist (GW XI, 287). Ähnlich den Fehlleistungen sind Symptome Kompromißbildungen, die sowohl das Verdrängte wie das Verdrängende vertreten (ebd., 311). Freud bezieht sich mit diesen Feststellungen auf Übertragungsneurosen, bei denen die Objektbildung gegenüber der narzißtischen Ichverhaftetheit überwiegt. Phänomenologisch gesprochen lehnen neurotische Symptome sich in ihrer übergenauen Sachbezogenheit an intentionale Sinnbildungen an, während narzißtische Neurosen oder Psychosen den Prozessen der Selbstbildung nahestehen und den gemeinsamen Weltboden verlassen.[19] Stellen wir uns am Ende die Frage, wovon die Verdrängungen und Ersatzbefriedigungen hervorbringende Versagung ausgeht, so werden wir bei Freud auf die Realität verwiesen mitsamt all jenen Instanzen, die deren Ansprüche vertreten, einschließlich also des eigenen Ich und der Anderen in

19 Angelo Hesnard charakterisiert dementsprechend Neurosen als parasitäre Verhaltensweisen innerhalb der gemeinsamen Welt, Psychosen dagegen als Versuche zur Neubildung einer privaten Welt (vgl. Hesnard 1960, S. 319 f., dazu *Phänomenologie in Frankreich*, S. 424).

Gestalten des Über-Ich. Da die Realität genau das ist, was sich einer endgültigen Bemächtigung entzieht, bedeutet ein Leben ohne Versagung nichts weiter als einen schönen Traum, als ein Wunschbild, das selbst der Verdrängung entspringt. Der Weg der Heilung führt also dahin, daß »die Ersetzung des Unbewußten durch Bewußtes, die Übersetzung des Unbewußten ins Bewußte« Verdrängungen aufhebt und die Bedingungen für eine Symptombildung beseitigt; was die Heilung trotzdem nicht aufhebt, ist eben jener Konflikt aus Wunsch und Wunschversagung, der all die vielen Störphänomene und Kompromißbildungen hervorruft; sie verwandelt lediglich den »pathogenen Konflikt in einen normalen« (ebd., 451). Abnormitäten erhalten ihren Platz innerhalb der Normalität und bleiben nicht auf deren mehr oder weniger zufällige Ränder beschränkt. Da die Quellen für pathogene Konflikte und entsprechende Symptombildungen sich nicht ein für allemal verstopfen lassen, neigt Freud dazu, die erzielte Heilung zu relativieren als eine Praxis, die mit einer praktischen Bedeutung von »Kranksein« operiert; von einem theoretischen Standpunkt aus betrachtet, im Hinblick also darauf, was der Mensch allen Anstrengungen zum Trotz *ist*, können wir sagen, »daß wir *alle* krank, d. i. neurotisch sind, denn die Bedingungen für Symptombildung sind auch bei Normalen nachzuweisen« (ebd., 373). Die Heilung von dieser »Lebenskrankheit« liegt nicht in der Schaffung eines neuen Menschen und in der Stiftung einer neuen Welt, sondern in der Bewußtmachung der alten, eine Bewußtmachung, die – ähnlich wie Husserls transzendentale Reflexion – selbst eine verändernde Wirkung ausübt. Die Einsicht in die unbezwingbare Versagung hat eine *Entsagung* zur Folge, ein Sichabfinden mit dem unvermeidlichen Geschick, das in der »Erziehung zur Wahrheit gegen sich selbst« (ebd., 451) den Vernunftstolz eines *roseau pensant* wahrt, ohne auf eine erlösende Macht zu setzen.

4. Jenseits von Sinnbildung und Wunscherfüllung

Wir haben nun einen Punkt erreicht, wo diese dynamische Psychologie über alle speziellen wissenschaftlichen Anforderungen hinaus eine Stoßkraft entfaltet, die es mit den großen Traditionen einer Vernunftteleologie durchaus aufnehmen kann, ungeachtet der Tatsache, daß eine vernünftig gedrosselte Wunscherfüllung den Visionen eines Hobbes oder Hume nähersteht als denen eines Platon, Aristoteles oder Hegel. Gleichzeitig ist nicht zu übersehen, daß jeder der Freudschen Grundbegriffe einen Kometenschweif von Distinktionen, Nuancen und auch Fragezeichen nach sich zieht, und auch darin liegt eine Verwandtschaft mit Husserls unermüdlichen Analysen, die sich einer scholastischen Einfriedung widersetzen. Doch eine Engführung von Psychoanalyse und phänomenologischer Analyse, wie sie hier versucht wird, läßt sich ohne eine gewisse Überprägnanz nicht erreichen.

Zu Beginn dieser Untersuchungen wurde ein Weg beschritten, der bei einem Ineinander von Bedeuten und Begehren, von Intention und Appetition begann und der sich schrittweise einem anderen Anfang zubewegte, den man in einem gleichzeitigen Diesseits und Jenseits von Sinn und Ziel zu lokalisieren hat. In der Entwicklung der Psychoanalyse zeichnet sich ein ähnlicher Umschwung ab, doch sind die Voraussetzungen derart verschieden, daß uns eine erhebliche Übersetzungsanstrengung abverlangt wird. Die erforderliche Revision hinterläßt wie im Falle der Husserlschen Phänomenologie ein zwiespältiges Bild.

Fassen wir die vielfältigen Fehlleistungen, Traumgedanken und Symptome zusammen unter dem Begriff von Störeffekten, so müssen wir hinzufügen, daß sie alle ein Amalgam aus Sinn und Kraft darstellen. Der Sinn ist nicht etwas, was wir bloß meinen, wenn wir etwas sagen oder tun, wobei sich durchaus mehr oder weniger verborgene Motive einschleichen mögen; Sinngehalt und Geltungsansprüche würden dadurch innerlich nicht angetastet. Der psychoanalytisch zu eruierende Sinn tritt vielmehr auf als Effekt eines Kräftespiels und gleichzeitig als Kompromiß, da keine Synthese das Zusammenspiel der heterogenen Kräfte regelt. Die Frage: »Warum sagst du gerade dies hier und jetzt?« erscheint als Kernfrage, die den Wahrheitsgehalt nicht tilgt, aber ihn in ein Geschehen einbindet, das nur in besonderen Fällen eigens auf Wahrheit abzielt. In der von uns gewählten Sprache besagt dies: Etwas erscheint *als etwas*, in einem bestimmten Sinn, doch dieses *Als* ist *a limine* Ausdruck von Etwas, das *in etwas*, nämlich in einem bestimmten Triebobjekt gesucht wird. Sprachlich betrachtet, hieße dies, daß Bedeutungs- und Ausdrucksfunktion miteinander verschmelzen, bevor eine Sonderung einsetzt, ohne die es in der Tat keine Wissensdisziplin gäbe. Diese psychodynamische Weichenstellung ist allerdings erkauft mit einer Verkürzung des Sinnbegriffs, die von gutwilligen Phänomenologen und Hermeneutikern allzu leicht überspielt wird. In der *Traumdeutung* wird der Sinnbegriff zunächst negativ eingeführt, um psychische von bloßen somatischen Vorgängen zu unterscheiden und ihre Deutbarkeit zu sichern. Positiv läuft dies darauf hinaus, daß alle Träume ihren Sinn in der Wunscherfüllung finden.[20] Die Traumdeutung steht dann vor der Aufgabe zu zeigen, auf welche Weise dies jeweils geschieht; daß es geschieht, gehört zu den Präsuppositionen der Analyse. In den späteren *Einführungsvorlesungen* geht Freud – wie schon erwähnt – davon aus, daß ›Sinn‹ zumeist durch ›Absicht‹ oder ›Tendenz‹ ersetzt werden kann (GW XI, 33). Diese Auffassung wird weiter spezifiziert, wenn der Sinn eines Symptoms, etwa eine neurotische Zwangshandlung, mit seinem »Woher« und »Wohin« oder »Wozu« gleichgesetzt wird (ebd., 286, 294). Die Zielangabe reicht nicht aus, sie wird durch eine Herkunftsangabe ergänzt, weil Symptome ihre Dynamik Lebenssituationen verdanken, die ins Unbewußte abgesunken sind. Diese Sichtweise hat zur Folge, daß der Anspruch der Dinge (und auch jener der Anderen) im Schatten narzißtischer Triebansprüche steht, aber nicht nur das: Die mediale Rolle, die der Sinnbegriff beziehungsweise das Noema bei Frege und Husserl spielt und die den Gegensatz von innerer und äußerer Realität, von Subjekt und Objekt hinter sich läßt, kommt so nicht zum Zuge; sie wird ganz und gar auf die Darstellungsproblematik abgedrängt. Doch die Streitfrage, ob und wieweit das Unbewußte affektiv, bildförmig oder sprachförmig verfaßt ist, geht an dem erwähnten Manko vorbei.

Nun ist zuzugeben, daß die Verkürzung des Sinnbegriffs die Kehrseite vieler Entdeckungen bildet. Man kann und sollte Freuds Trak-

20 Dieser gänzlich säkularisierte und am Ende ins Tödliche abgleitende *finis ultimus* behält gewisse theologische Züge, die bei Lacan in negativer, definalisierter Gestalt wiederkehren, verlagert auf *das* Signifikat aller Signifikanten, auf *das* Subjekt als begehrendes und durch den Phallus in seinem Mangel symbolisiertes Subjekt, auf das Begehren *des* großen Anderen, auf *das* Ding. »Das Ding« ist nicht mehr das in allen Liebesobjekten Gesuchte, aber doch das in ihnen allen Vermißte, Verlorene und als solches Gefundene und Genossene (vgl. das augustinische *frui Deo*). »Jedes Ding ist jedesmal die Gelegenheit für eine Begegnung mit ›dem Ding‹«, so resümiert Juranville diesen Gedanken (1990, S. 280). Wo verläuft die Grenze zwischen dem *ursprünglichen Verlust* und dem *verlorenen Ursprung*? Wodurch wird *der* Verlust zu einem *bestimmten* Verlust, der den Ursprung *zerspringen* läßt? Genügt das Spiel der Spaltungen und Brüche, der Groß- und Kleinschreibung, um Singuläres zu pluralisieren? Bei Autoren wie Juranville findet ich darauf keine Antwort; seine in höchstem Maße systematisierende Interpretation endet mit der Versicherung: »Es gibt Reales, was seine partiale Wahrheit betrifft, nur, weil die totale Wahrheit möglich ist, und das Reale ereignet sich allein, weil eine *vollständig daseiende* Wahrheit zerbricht« (1990, S. 613, Hervorhebung B. W.).

tat über die Verneinung mit dem Fregeschen zugleich lesen und wird in beiden Richtungen davon profitieren. Problematischer ist etwas anderes, das in das Herz der Psychoanalyse zielt und sie mit einer fundamentalen Zweideutigkeit belastet; diese hat uns schon bei der Erörterung des Unbewußten zu schaffen gemacht. Es geht dabei um jenes *etwas*, das *als* etwas gemeint, *in* etwas gesucht und gemieden und eben darin *verfehlt* wird. Das *Ver-*, das in den Verben des Verfehlens auftaucht, schillert ebenso wie das *Un-*, das alles Bewußtsein unterhöhlt und in der *Un*-heimlichkeit als »Marke der Verdrängung« fungiert (GW XII, 259). Wie gesagt, bezieht Freud sich bei der Deutung der diversen Störeffekte auf die Möglichkeit einer unverhohlenen Wunscherfüllung, die der Verdrängung von triebgeladenen Vorstellungen und Affekten sowie der Entstellung des Sinnes keine Nahrung mehr liefern würde. »Die Traumentstellung gehört also nicht zum Wesen des Traumes«, heißt es lapidar an der Stelle, wo Kinderträume als Beleg herangezogen werden, allerdings wie gewöhnlich nicht als uneingeschränkter Beleg (GW XI, 126). Ähnlich müßten wir bei Fehlleistungen und Symptomen annehmen, daß diese nicht zum Wesen der Äußerungen und psychischen Vorgänge gehören, in denen sie auftreten. Daß eine Situation totaler Wunscherfüllung, in der wir in den ungehemmten Genuß ebendessen kämen, was unsere Phantasien uns vorgaukeln, auf faktische Grenzen stößt, wußte Freud so gut wie Platon, darüber wären nicht viel Worte zu verlieren. Mit der Erkenntnis des Unbewußten steht es ähnlich wie mit dessen Bearbeitung. Daß innere Objekte der psychischen Innenwelt ebenso wie äußere Objekte der physischen Außenwelt in Wirklichkeit nicht so sind, wie sie erscheinen, veranlaßt Freud zu einem Seitenblick auf Kant (GW X, 270). Dies sind Bedingtheiten, die wir hinzunehmen haben. Eine Erschütterung des Bedingungsgefüges geht davon ebensowenig aus wie von einem bloßen Ding an sich.

Eine Alternative böte die Annahme, daß nicht etwas verfehlt wird, was an sich und unter optimalen Bedingungen, etwa für ›Unsterbliche‹ erreichbar wäre, sondern daß etwas verfehlt wird, indem es sich uns in Form einer gelebten oder besser leibhaftig erfahrenen Unmöglichkeit entzieht. Dieses Etwas wäre ein Nicht-Etwas, das genau die Leerstelle des Verfehlens ausmacht. Fehlendes bliebe ausgespart, es käme nicht anderswo vor, sondern genau dort, wo es nicht ist, und dies im Sinne jener Zeit- und Ortsverschiebung, von der wiederholt die Rede war. Damit erhalten alle Fehlleistungen, Traumgebilde und

Symptome eine Doppelbödigkeit, die nicht die eines Doppelsinns ist, sondern die einer Sinn-losigkeit in der Sinnhaftigkeit, einer Ziellosigkeit in der Zielstrebigkeit. All jene symptomatischen Störeffekte, die Freud so eindringlich analysiert, nehmen einen abgründigen und zwielichtigen Charakter an, der keineswegs auf mangelnder Bewußtmachung beruht. So etwa: Caesars verpaßter Abschied von Kleopatra, Zelinas Verlust ihrer Nadel, der verräterische Versprecher, das allabendliche Schlafzeremoniell beim Übertritt in einen »vorweltlichen Zustand«, die fliehende Holzspule des Kindes, die verwischte Spur auf dem Wunderblock, das ängstliche Sichanklammern an Hauswände und die Angst vor der Weite des öffentlichen Platzes, die Ichverarmung des Melancholikers, der paranoide Verfolgungsblick und vieles andere mehr. Nehmen wir schließlich den markanten Fall der sogenannten Trauerarbeit. In *Trauer und Melancholie* heißt es: »Die Realitätsprüfung hat gezeigt, daß das geliebte Objekt nicht mehr besteht, und erläßt nun die Aufforderung, alle Libido aus ihren Verknüpfungen mit dem Objekt abzuziehen.« Gegen ein »begreifliches Sträuben«, die einmal eingenommene »Libidoposition« zu verlassen, erhebt sich die Normalität: »Das Normale ist, daß der Respekt vor der Realität den Sieg behält« (GW X, 430). Es geht hier in erster Linie nicht um den Umgang mit Toten, um Trauerzeremonien und Grabriten, um Gedächtniskult, Erinnerungspolitik und vieles andere, was sich um den Einbruch des fremden Todes rankt, es geht um die Fragwürdigkeit einer schieren Gleichsetzung von Abwesenheit und Nichtexistenz, von Verlust und »Realverlust« (ebd., 444), die nur im Rückgriff auf eine nackte Realität durchzuhalten ist. Ich lasse offen, inwieweit Freuds Texte selbst eine andere Lesart zulassen und beschränke mich darauf, eine sachliche Alternative zu skizzieren.[21]

21 Was Lacan vollführt hat, kann man als einen Geniestreich bezeichnen. Er veränderte das Koordinatensystem der Psychoanalyse, indem er das »Reale« nicht diesseits, sondern jenseits des Imaginären und Symbolischen ansetzte. Die nackte Realität als ein Rest an Unbestimmtheit und Unbezwingbarkeit verwandelt sich so in eine allen Bestimmungen und Vorstellungen entzogene Ur-sache des Begehrens. Allerdings bedarf es eines hohen Maßes an Begriffsalchimie, um von Freuds Ding als einem unassimilierbaren Teil des Wahrnehmungskomplexes (*Entwurf einer Psychologie* von 1895, GW, Nachlaßband, S. 457) und vom Kantschen Ding an sich über Heideggers Ontologie des zweckentbundenen und weltstiftenden Dinges, das ›dingt‹, bis zum Unbedingten, kurz: vom Freudschen zum Lacanschen Ding zu gelangen und so auch zu seinem Ableger, dem Objekt a. Vgl. dazu die systematische Ausdeutung des Zusammenhangs von Begehren, Objekt und Ding bei Juranville (1990, Kapitel IV) sowie die virtuosen Rekonstruktionen von Bernard Baas: *De la chose à l'objet* (1998),

Der entscheidende Punkt läßt sich wie folgt formulieren. Etwas, das als etwas gemeint, und etwas, das in etwas erstrebt wird, wird nicht selbst gemeint und erstrebt, und noch weniger ist es gegeben als eine respektheischende Realität – außer wir bewegen uns in einer vorgegebenen Ordnung dergestalt, daß *sub specie veri* und *sub specie boni* betrachtet und erstrebt wird, was selbst schon in einem *summum verum* und *summum bonum* kulminiert. In diesem Falle käme das, was als solches gemeint und in bestimmten Zielobjekten gesucht wird, einem Keim der Vernunft gleich, der sich lediglich zur Fülle entfaltet. Es genügt, an unsere früheren Ausführungen zu erinnern, die eine solche Ordnung als eine erschlichene Ordnung dartun. Demgegenüber wirken das *Als* der Sinnintention und das *In* des Zielstrebens als Transformatoren, die dafür sorgen, daß etwas Sinn annimmt, was nicht schon Sinn hat, und daß etwas zum Ziel wird, was nicht schon ein Ziel ist. Das gilt für die alltägliche Haustreppe ebenso wie für die Traumstiege, für die alltägliche Katze ebenso wie für das Angsttier des Phobikers, für das alltägliche Husten ebenso wir für das nervöse Hüsteln der Hysterikerin, das als oral bestimmtes Körpersymptom fungiert. Das Als der Bedeutung und das In der Bestrebung markieren Angelpunkte, um die sich das Erscheinen dreht. Sie treten nicht selbst in Erscheinung; sie bezeichnen den blinden Fleck und den toten Punkt eines Sinn- und Zielgeschehens, das sich selbst entzogen ist, weil es diesseits von Sinn und Ziel beginnt und immer schon begonnen hat und weil es ebendeshalb über beides hinaus ist. Darin deuten sich Differenzen an, die jeder Synthese vorausgehen; denn ohne das, was ich signifikative und appetitive Differenz genannt habe, gäbe es nichts, was sinn- und zielgerecht zu vereinheitlichen wäre. Die Störeffekte, die Freud beschreibt, sind Störereignisse, durch die der normale Gang der Erfahrung aufgesprengt und Abgründe des Anormalen aufgerissen werden. Solche Ereignisse widerfahren uns wider besseres Wissen und wider besseres Wollen.

Wie Freud es uns immer wieder nahelegt, wohnen Normales und Pathologisches eng beieinander. Es ist also zwischen *pathogenen* Störungen zu unterscheiden und solchen, die – aus bereits erwähnten Gründen – nicht als normal, sondern eher als *produktiv* zu bezeichnen sind; Produktivität besagt, daß hier der Übergang vom Patienten zum Respondenten gelingt und Neues hervortritt. Die pathogenen

wo die Freudsche Vorgeschichte allerdings in einer kantianisierenden »Kritik des reinen Begehrens« aufgeht (vgl. *Das reine Begehren*, 1995, frz. 1992).

Urquellen wären dann nicht darin zu suchen, daß die Realität uns eine Befriedigung unserer Wünsche versagt, sondern darin, daß sich uns etwas versagt, entzieht, vorenthält und wir diese Versagung nicht aushalten, indem wir sie abwehren oder vor ihr fliehen. Die Urverdrängung hätte die Grenzen einer Wunscherfüllung immer schon überschritten, und dies im Sinne jener Af-fekte und An-sprüche, von denen in Kapitel III ausführlich die Rede war. Fluchtpunkte und Abwehrmanöver bieten sich in mancherlei Form an. Bleiben wir im Bereich der Sinn- und Zielbildung, die uns hier beschäftigt, so zeichnet sich eine Polarisierung ab. Auf der einen Seite finden wir die Möglichkeit, daß jemand sich auf bestehende Sinn- und Zielstrukturen beziehungsweise auf entsprechende Regelungen fixiert, so daß alles, was uns diesseits von Sinn und Ziel widerfährt, selbst in die Sinn- und Zielstrukturen integriert wird. Daraus entstehen Formen einer *zwanghaften Übernormalisierung*. Andererseits bietet sich eine Flucht an ins Sinn- und Ziellose, wobei Widerfahrnisse direkt gesucht und herbeigeführt werden; in Umkehrung der platonischen »Flucht in die Logoi« könnte man von einer »Flucht aus den Symbolen« sprechen. Daraus resultieren bestimmte Formen einer *wahnhaften Anomalisierung*. Es kann nicht darum gehen, eine philosophische Nosographie zu entwerfen, die uns den Weg durch die Klinik erspart, doch es lassen sich durchaus Gesichtspunkte angeben, die in die klinischen Krankheitsbilder eingehen können und immer schon eingegangen sind. Sowenig die Kausalität mit bestimmten Kausalgesetzen zusammenfällt, sowenig deckt Krankheit sich mit bestimmten Krankheitsbildern und Krankheitsursachen. Wie wenig eindeutig und definitiv Freuds eigene Auskünfte sind, bezeugt die Geschichte der psychoanalytischen Bewegung, wo die Fragen nach dem Realitätsbezug analytischer Deutungen und Behandlungen bis heute nicht verstummt ist. Die Alternative von Anpassung oder Emanzipation hat sich schon längst als unzulänglich erwiesen.

5. Symptome als unmöglicher Ersatz

Die Frage nach dem Woher der Störeffekte stellt sich noch einmal anders von seiten der Darstellung, der Repräsentation und der Vertretung (s. o., I, 6), wenn wir nun ausführlicher auf die Symptombildung eingehen. Das Symptom verstehe ich, wie Freud selbst es vorschlägt, in einem weiteren Sinne, der auch Fehlhandlungen und

Trauminhalte einschließt. In der klassischen Medizin steht das Symptom für auffällige Erscheinungen am Organismus, die bestimmte Erkrankungen anzeigen. Freud gibt diesem Motiv eine spezifische Bedeutung, indem er es in die Dynamik des somatisch fundierten Seelenlebens einbezieht. Das Besondere eines solchen Symptoms liegt darin, daß es nicht nur anzeigend an die Stelle des Angezeigten tritt, sondern dieses funktional ersetzt, wie wenn der Rauch des Feuers dessen Wärmestrahlung und Lichtwirkung übernehmen würde, obwohl doch jeder wissen sollte, daß der Rauch nicht selbst brennt.[22] Die Ersatzfunktion gilt selbst für Körpersymptome, so wenn etwa die Gesichtsrötung auf einen fiebrigen Zustand hindeutet oder wenn wir mit Husserl annehmen, daß physische Vorgänge als »Anzeige« dienen für »einzulegende« psychische Wirkungen (Hua IV, 276). Freud unterscheidet jedoch zwischen Mechanismen der *Ersatzbildung* und der Funktion der *Ersatzbefriedigung*. Wiederum hängen Sinn- und Wunscherfüllung eng zusammen. Die Ersatzbefriedigung rückt an die Stelle jener wirklichen Triebbefriedigung und Wunscherfüllung, die den Fehlhandlungen, Träumen und Symptomen ihren Sinn verleiht. Dieser Sinn wird durch Ersatzbildungen entstellt, um die Abwehrkräfte, die sich der Befriedigung entgegenstellen, zu überlisten und die Barrieren der Zensur zu passieren. Das Symptom entgeht auf diese Weise der Husserlschen Zweiteilung in bedeutungslose Anzeichen, die auf etwas hinweisen, und bedeutsamen Zeichen, die etwas meinen. Es handelt sich, wenn man so will, um bedeutsame Anzeichen, hinter denen keine bewußte Intention steht. Was sich in den Symptomen darstellt, sind eben unbewußte Gedanken und ungewollte Absichten.

Fragen wir genauer, was nun ersetzt wird, so kann dies zunächst weder die äußere Realität sein, vor der wir höchstens, noch die innere somatische Realität, vor der wir nicht einmal fliehen können. Ersetzt

22 Hier ist der Ort für »Partialobjekte« im Sinne von Melanie Klein, die keine realen Teile eines Totalobjektes sind, aber auch keine Signifikanten, selbst wenn sie ›metonymisch‹ vertreten, was es realiter nicht gibt (vgl. Castoriadis 1975, S. 393, dt. 482). Dem entspricht Merleau-Pontys Annahme eines fleischlich-körperlichen »Emblems«, das heißt eines Seienden, durch das hindurch die Öffnung auf das Sein hin geschieht (*Le visible et l'invisible*, S. 323, dt. 338), und ähnliches gilt für Lacans Einführung eines »Objekts a«, das als Brust, Kot, Stimme und Blick ebenfalls »mit der Funktion der reinen Eröffnung betraut ist«; so Bernard Baas (1989, S. 73), der an dieser Stelle zwischen Merleau-Ponty, Heidegger und Lacan eine Verbindung herstellt. Zur ontologischen Transformation der Psychoanalyse beim späten Merleau-Ponty vgl. ferner Hans von Fabecks umfassende Untersuchung von Eros und Sexualität bei Merleau-Ponty (1994).

werden »Triebrepräsentanten«, also Vorstellungen und Affekte, in denen die Triebe ihre psychische Seite offenbaren. Die Symptombildung ist ein psychischer und sinnhafter, kein realer, kausalgesteuerter Vorgang, wie wenn eine Billardkugel den Platz einer anderen einnähme. Einige Beispiel mögen die Spannweite dieser Ersatzbildung illustrieren.

In der Traumdeutung treten Verschiebungen auf als »Ersetzungen einer bestimmten Vorstellung durch eine andere ihr in der Assoziation irgendwie nahestehende« (GW II/III, 344). Eine Fehlhandlung setzt sich »an die Stelle der anderen, erwarteten oder beabsichtigten Handlung« (GW XI, 28). In der Neurose dienen Symptome der Sexualbefriedigung der Kranken, »sie sind ein Ersatz für solche Befriedigung, die sie im Leben entbehren« (ebd., 309). Die hysterische Angst ersetzt den normalen Affekt, sie ist die »allgemein gangbare Münze, gegen welche alle Affektregungen eingetauscht werden oder werden können« (ebd., 419). Der Wolfsmann schließlich findet im Wolf seinen ersten »Vaterersatz« (GW XII, 58).

Wäre dies alles, so würde die Ersatzbildung sich innerhalb einer Vorstellungskette oder eines Affekthaushaltes abspielen; es bliebe bei der Signifikantenkette oder einer Wortmünzerei. Doch so ist es nicht, die Realität kommt indirekt durchaus ins Spiel, nämlich in der Auszeichnung *realitätsbewirkter* Vorgänge, die über die Brücke äußerer und innerer Reize laufen und als somatische Traum- und Triebquellen auch am Rande der Symptombildung auftauchen. Die Realität kommt weiterhin ins Spiel in einem *realitätsgerechten* Verhalten, das auf eben die Realität Rücksicht nimmt. Die Reizabhängigkeit entspricht dem semiotischen Begriff des Index, der einen realen Bezug zu seinem Gegenstand aufweist, und sie entspricht ferner der Materialität der Zeichen, während die Beachtung der Realität in der Zeichendeutung ihr Pendant fände. Die kriteriologische Bezugnahme auf die Realität veranlaßt Freud, der neurotischen Angst eine »Realangst« gegenüberzustellen und den Angstaffekt bis auf eine »erste Angst« zurückzuverfolgen, die mit dem Geburtsakt und der realen Trennung von der Mutter zusammenhängt (GW XI, 408-412; XV, 94). Zeitweilig wird unterschieden zwischen einem »Real-Ich« und einem »Lust-Ich« (GW X, 228),[23] und der »Realitätsverlust« bei Neurose und Psychose wird bis in eine »reale Vorzeit« zurückverfolgt

23 Zu dieser heiklen Untersuchung vgl. den Artikel »Lust-Ich – Real-Ich« im *Vokabular der Psychoanalyse* (Laplanche/Pontalis 1973) sowie S. Freud, Studienausgabe Bd. III, S. 97, Anm.

(GW XIII, 367). Ich zitiere ausführlich eine Stelle aus der kleinen Schrift *Der Realitätsverlust bei Neurose und Psychose* von 1924, in der pathologischer und normaler Realitätsbezug folgendermaßen gekennzeichnet werden: »Die Neurose verleugnet die Realität nicht, sie will nur nichts von ihr wissen; die Psychose verleugnet sie und sucht sie zu ersetzen. Normal oder ›gesund‹ heißen wir ein Verhalten, welches bestimmte Züge beider Reaktionen vereinigt, die Realität sowenig verleugnet wie die Neurose, sich aber dann wie die Psychose um ihre Abänderung bemüht. Dies zweckmäßige, normale Verhalten führt natürlich zu einer äußeren Arbeitsleistung an der Außenwelt und begnügt sich nicht wie bei der Psychose mit der Herstellung innerer Veränderungen; es ist nicht mehr nur *autoplastisch*, sondern *alloplastisch*« (GW XIII, 365 f.). Die Realitätsferne der Neurose und die Realitätsverleugnung der Psychose gehören in eine Realitätsgeschichte, innerhalb deren der Realitätsverlust durch Schaffung eines »Realitätsersatzes« beantwortet wird (ebd., 368). In die gleiche Geschichte gehört die dem normalen Verhalten zugeschriebene Arbeit an der Wirklichkeit.

Fragen wir also nochmals, was in der Symptombildung ersetzt wird, so scheidet die Realität als solche nach wie vor aus. Diese besteht, darin nicht unähnlich den Symptomen, in einem *Kompromiß zwischen fremder Einwirkung und eigenem Werk.* Sie ist per definitionem nicht durch anderes zu ersetzen. Ersetzt wird nur ein Realitätsbezug durch den anderen, und wenn wir die Rede von einem Realitätsverlust ernst nehmen, so bedeutet dies, daß ein Verlust wettgemacht, daß ein bloßer Ersatz durch einen wirklichen Ersatz ersetzt wird: »Wo Es war, soll Ich werden.« Dieser Ersatz eines Ersatzes macht die Rede von Ersatz mehrdeutig. Was an die Stelle des anderen tritt, kann mehr sein als dieses, ähnlich wie wir es von der Negation der Negation kennen. Der erwähnte Satz kann, wie wir wissen, in verschiedenen Richtungen gelesen werden, sicherlich besagt er jedoch nicht, daß die Es-Instanz in die Ich-Instanz verwandelt oder gegen sie eingetauscht wird. Gefordert ist keine »ein für allemal vollzogene ›Bewußtwerdung‹, sondern ein *anderes Verhältnis* zwischen Bewußtem und Unbewußtem« (Castoriadis 1975, S. 143, dt. 177) Das Bewußtmachen des Verdrängten betrifft die vorbewußten Mittelglieder. Die schon zitierte Konsequenz lautet: »Das Bewußtsein verbleibt also an seiner Stelle, aber auch das *Ubw* ist nicht zum *Bw* aufgestiegen« (GW XIII, 249). Wird nun also durch die analytische Arbeit ein Realitätsverlust rückgängig gemacht, so setzt dies einen *Urbezug* zur

Realität voraus, der nicht durch Entstellung, Versagung und Verdrängung geprägt ist. Symptome sind Ersatzformen, *die etwas ersetzen, das es auf irgendeine Weise schon gab.* Dies ist ein winziger Punkt, an dem der pathologische Realitätsverlust der Selbst- oder Seinsvergessenheit phänomenologischer Autoren gleicht. Doch andererseits wäre eine pure Realität, die nicht bereits den Triebwünschen abgerungen und durch sie verunstaltet wäre, nichts weiter als ein pures X: bedeutungslos, belanglos, indifferent. Anders als das Kantische Ding an sich könnte es nicht einmal gedacht werden, da alles Denken seinen Antrieb bestimmten Triebenergien verdankt. Würde man den Realitätsverlust durch naturwissenschaftliches Wissen zu kompensieren versuchen, so träte hier erst recht jener Hiatus zutage, den Freud zwischen dem Unbewußten des Patienten und dem Bewußtsein des Analytikers aufklaffen sieht: »Unser Wissen um das Unbewußte ist nicht gleichwertig mit seinem [des Patienten] Wissen; wenn wir ihm unser Wissen mitteilen, so hat er es nicht *an Stelle* seines Unbewußten, sondern *neben* demselben, und es ist sehr wenig geändert« (GW XI, 453). Es gibt keinen Weg zurück zum verlorenen Anfang, es bleibt uns nur das, was Husserl eine »Rückfrage« nennt. Heißt dies nun, daß Symptome Ersatzformen sind, *die nichts ersetzen oder die ersetzen, was es niemals gab?* Hat die Analyse es mit freischwebenden Deutungen zu tun, mit Deutungen ohne Bedeutetes, mit Kopien ohne Original, mit selbstreferentiellen Konstruktionen, mit einer Realität, die uns nichts versagt und die keinerlei Widerstände hervorruft? Vielleicht hätte Freud diesen Common-sense-Nihilismus selbst als Symptom behandelt; vielleicht hätte er eingewandt, daß damit die Differenz zwischen geordnetem Verhalten und Fehlverhalten, zwischen Traum und Wachen, zwischen Normalem und Pathologischem in sich zusammenfiele, so daß jeder Heilungs- und Wahrheitsanspruch hinfällig würde.

Doch es fragt sich und es wurde schon verschiedentlich gefragt, ob eine solche Alternative zwischen einer harten Realität und einer die Irrealität streifenden weichen Realität die Sache überhaupt trifft und ob in der Symptombildung tatsächlich etwas durch ein anderes Etwas ersetzt oder vertauscht wird. Ich weise nochmals auf die Verkürzung des Sinnbegriffs hin, durch die der Sinn auf triebgebundene Vorstellungsinhalte und Affektbeträge reduziert wird. Fassen wir den Sinn in der Weise, daß *etwas als etwas* auftritt, gemeint oder geregelt ist, so impliziert dies, daß etwas *so statt so*, *als solches statt als solches* auftritt und daß etwas *in diesem statt in jenem* erstrebt wird oder gar *in jedem oder jeder:* »... sucht Helena in jedem Weibe.« Die Labilität dieses Als und In, dieser beweglichen Scharniere, die nur in pathologischen Extremfällen völlig festgestellt sind oder umgekehrt völlig aus den Fugen geraten, bringt es mit sich, daß die zu erfassende und zu erstrebende Wirklichkeit nur in diesem oder jenem Sinne, in diesem oder in jenem Zielobjekt wirksam ist. Es ist durchaus möglich, von einer *Urversagung* zu sprechen, sofern wir annehmen, daß keine Intention oder Bestrebung sich geradezu und restlos erfüllt. Weiterhin können wir dem Erfahrungsgeschehen eine *Urverschiebung* zuschreiben, sofern etwas immer auch etwas anderes ist, als was es ist, und sofern es also niemals völlig an seinem Ort ist. Desgleichen stoßen wir auf eine *Urverdichtung*, sofern etwas immer schon mehr ist, als was es ist, ohne daß alles, was es ist, vor uns ausgebreitet wäre wie eine ausgeschüttete Spielzeugkiste.[24] Leerstellen, Verweisungen und Überdeckungen gehören zur offenen Struktur und zur Wirklichkeit der Erfahrung, die Freud mühsam mit der Kombinatorik von Vorstellungselementen zurückzufinden sucht. Nur wenn man von einer normalen, unverstellten, eigentlichen Wirklichkeit ausgeht, ist ein Ast ein Ast, eine Leiter eine Leiter, ein Zimmer ein Zimmer, so daß dann in der Tat die jeweilige Darstellung ins sexuelle Original rückübersetzt werden muß wie im Falle zweier Sprachen (GW II/III, 283). Wäre es nicht angemessener, die ungeheure Lesephantasie und Lesekunst, die Freud in seinen Symptomanalysen an den Tag legt, einer genuinen Vielsprachigkeit zugute kommen zu lassen, die sich zwischen vielfältigen Wirklichkeiten bewegt und dabei auf empfindliche Übersetzungsbarrieren stößt?

Damit betreten wir das Feld der Darstellung beziehungsweise der Repräsentation und ihrer verschiedenen Modi. Freud selbst bedient sich der verschiedensten Metaphoriken, um die symptomatischen Ersatzbildungen zu charakterisieren. Dazu gehören politisch-juridische Vertretungsformen, ökonomisch-energetische Tauschformen, schließlich Schreibsysteme, Bild- und Wortmedien, letztere dann auch im wörtlichen Sinne. Begreift man Bild, Wort und Schriftzei-

24 Merleau-Ponty spricht wiederholt im Hinblick auf Erfahrung und Sprache von einer dickichtartigen Verdichtung (*épaisseur*), und bei Castoriadis wird daraus ein Bedeutungsmagma (1975, S. 457-463, dt. 559-566). Castoriadis wehrt sich dementsprechend gegen eine einseitig linguistische oder linguale Deutung des Unbewußten (ebd., S. 373 ff., dt. 457 ff.). Dabei geht es nicht um die Frage, ob etwas den Signifikanten vorausgeht, sondern es geht um die Diskretheit der Kettenglieder, die nicht ohne weiteres vorausgesetzt werden kann.

chen als Medien, in denen etwas auf zugleich imaginäre und symbolische Weise für jemanden zur Darstellung kommt, so ergibt sich auch hier die Möglichkeit von Überlagerungen und Dominanzen, ohne daß ein Medium durch das andere ersetzt und Seh-, Bild- und Wortvorstellungen hin- und hergeschoben werden wie Dominosteine. Der berühmte Slogan: »L'inconscient est structuré comme un langange« erweist sich dann als Aperçu, nicht aber als Besiegelung des *linguistic turn*, der neuen Boden zu finden hofft, wo neue Abgründe sich auftun. Soviel sollte Freud uns lehren, daß Sprache auch umgekehrt von dem Unbewußten her zu denken ist, oder in unseren Worten gesprochen: als etwas, das sich entzieht. Daß dieser Entzug auf sprachförmige Medien beschränkt bleibt, steht nirgends geschrieben.

In unserem Zusammenhang empfiehlt es sich, solche Aspekte sprachlicher Vermittlungen anzuführen, die in engem Bezug zur Symptombildung stehen. Beginnen wir mit der wechselseitigen Absonderung von Sach- oder Ding- und Wortvorstellungen, die schon in den frühesten Schriften und in der *Traumdeutung* angelegt ist und in den späteren Schriften *Über das Unbewußte* (GW X, 294-303) und *Das Ich und das Es* (GW XIII, 246-250) ausdrücklich in die Topik einbezogen wird. Die fragwürdige Umsetzung von Dingen und Worten in Vorstellungen mag ebenso außer acht bleiben wie die genetische Stufenordnung, die von den Wahrnehmungen und Affekten über die Erinnerung zum Sprechen und Denken führt. Wichtiger und überzeugender ist etwas anderes. Freud schreibt bewußten und vorbewußten Vorstellungen eine Verbindung von Sach- und Wortvorstellungen zu, während er unbewußte Vorstellungen auf Sachvorstellungen beschränkt sieht. Die Überverbalisierung der Schizophrenen erscheint als Bemühung, die verlorene Objekt-Beziehung mittels entsprechender Wortvorstellungen festzuhalten, Bemühungen, die sich »mit den Worten an Stelle der Dinge begnügen müssen«; Freud sieht darin übrigens auch eine Gefahr des abstrakten Denkens, so daß »unser Philosophieren dann eine unerwünschte Ähnlichkeit in Ausdruck und Inhalt mit der Arbeitsweise der Schizophrenen gewinnt« (GW X, 303). Dazu zwei Beispiele, die in ihrer Eindringlichkeit an analoge Bildproduktionen aus der Prinzhorn-Sammlung erinnern. »Die Augen sind nicht richtig, sie sind verdreht [...] er ist ein Heuchler, ein *Augenverdreher*, er hat ihr die Augen verdreht, jetzt hat sie verdrehte Augen, es sind nicht mehr ihre Augen, sie sieht die Welt jetzt mit anderen Augen.« Oder diese Stellungsvariationen: »Sie steht in der Kirche, plötzlich gibt es ihr einen Ruck, sie *muß sich anders stellen, als stellte sie jemand, als würde sie gestellt*« (ebd., 296 f.). Die schizophrene Realitätsverleugnung macht in verzerrter Form sichtbar, daß etwas *zur Sprache kommt* und nicht schon in ihr wohnt, daß also auch etwas *aus der Sprache* verdrängt werden kann, so wie umgekehrt die Sache durch Worte »überbesetzt« ist. »Die nicht in Worte gefaßte Vorstellung oder der nicht überbesetzte psychische Akt bleibt dann [in der Schizophrenie] im *Ubw* als verdrängt zurück« (ebd., 300). Hinzu kommt, daß Worte und Schrift nicht nur Wahrnehmungen und Bewegungen vermitteln, sondern daß sie selbst in akustischen, visuellen und motorischen Bildern auftauchen. Sprachbilder können jederzeit in Bildersprache und ebenso kann der Sprachkörper jederzeit in Körpersprache umschlagen, ohne daß der eine Aspekt mit dem anderen zur Deckung kommt. Ebendeshalb kommt es dazu, daß Traumgedanken sich verbildlichen, Wörter und Namen sich verdinglichen und hysterische Ängste sich verkörpern, ohne daß im strengen Sinne von Ersatz gesprochen werden kann; denn eines steht schon mit einem Bein an der Stelle des anderen, so daß das Wort als »Knotenpunkt mehrfacher Vorstellungen« (GW II/III, 346) prädestiniert ist für die Abenteuer der Symptombildung. Freud spielt diese Entdeckungen herunter, wenn er etwa bei der Beschreibung der sogenannten Aktualneurose auf eine cartesianische Zweiweltensprache zurückfällt. Symptome wie Kopfdruck, Schmerzempfindung oder Organreizung haben, so heißt es, »keinen ›Sinn‹, keine psychische Bedeutung«, es sind rein somatische Vorgänge wie Intoxikationen und Abstinenzzustände (GW XI, 402). Eine Leibauffassung, die dem Leib selbst Aspekte der Körperlichkeit zuerkennt, wird darin Spuren einer Körpersprache entdecken, die sich nicht in einem äußeren Körper abspielt, sondern in einem leiblichen Selbst, das aufgrund seines Selbstentzugs Abspaltungen und Abdrängungen bestimmter Partien zuläßt.

Am Ende bleibt die gezielte Vermutung, daß Symptome nicht bloß etwas durch etwas anderes ersetzen wie beim Bäumchen-wechsel-dich-Spiel, sondern daß sie etwas durch sich selbst ersetzen, und dies auf den verschiedensten Stufen der Repräsentation. Das Symptom kann als unmöglicher Ersatz bezeichnet werden, weil es das, was es meint und erstrebt, nur gibt, indem es sich der Sinngebung und Zielsetzung entzieht. Es ist ein originärer Ersatz, ein Supplement im Sinne von Derrida, sofern dieses von vornherein an der Sinnbildung und Zielfindung beteiligt ist.[25] Hauptquelle für pathologische Symptombildungen wäre dann nicht der Konflikt zwischen der Realität, die Versagungen produziert, und dem Wunsch, der Ersatzbefriedigungen sucht, sondern vielmehr das Nichtaushalten der Urversagung, die dem Bedeuten und Begehren innewohnt.

6. Traumatische Nachwirkungen

Die Urversagung öffnet gleichsam einen Hohlraum, aus dem hervortritt, was uns zustößt und anspricht, was uns trifft in Gestalt jenes Pathischen, das den Hintergrund des Bedeutens und Begehrens bildet, das älter ist als Sinn und Ziel und über diese hinausschießt. Unsere phänomenologisch-psychoanalytische Doppellektüre führt uns an dieser Stelle zu Freuds Theorie der Affekte und der Traumatisierung, die am Ende von Kapitel I bereits angeklungen ist. Die Verdunkelung des Bewußtseins und die Entmachtung des Ich erreichen hier ihren Höhe- und Wendepunkt. Auch hier stehen wir »gleichsam am Rande eines Abgrunds«, aber nicht bloß am Rande eines Abgrunds unendlicher Möglichkeiten wie in Kants Reise an den Anfang der Menschengeschichte, sondern eines Abgrunds unfaßlicher Wirklichkeit.

Ähnlich wie Melancholie oder Narzißmus ist auch die Traumatisierung ein Motiv, das durch inflationären Gebrauch verwässert zu werden droht. Bei Freud selbst stellt die Traumatisierung zunächst eine pathologische *Sonderform* des Erlebens dar. Maßgebend sind zeitbedingte Kriegsneurosen oder Unfallneurosen, wie sie bei Eisenbahnzusammenstößen, bei Erdbeben oder Verschüttungen auftreten, und auf der anderen Seite sind es infantile Neurosen, wie Freud sie in Fallstudien wie der des Wolfsmannes oder der Patientin Dora aufgezeichnet hat. Doch als *Steigerungsform* normaler Erlebnisse färbt die Traumatisierung auf diese ab, indem sie die Normalität in ihrer eigenen Gefährdung und auch in ihrer Künstlichkeit aufscheinen läßt. Das »Lernen aus dem Leiden« gewinnt hiermit einen eigentümlichen Sinn, der die Grenzen der Klinik überschreitet. Den Rahmen, inner-

25 Vgl. hierzu und auch zu dem nachfolgenden Unterkapitel Derridas Freud-Aufsatz in *Die Schrift und die Differenz*, mit dem der Autor auf seine eigentümliche Weise den ›Raum‹ der Erfahrung als Schrift-Raum zurückgewinnt, nicht ohne das Motiv einer »ursprünglichen Verspätung« bis auf seinen frühen Husserl-Versuch zurückzuführen (1967, S. 302, dt. 312).

halb dessen Freud das Phänomen des Traumas erörtert, liefert zunächst die *Neurosenlehre*, die uns mit der Verdrängung »traumatischer Ereignisse«, »traumatischer Erlebnisse« und »traumatischer Situationen« konfrontiert (vgl. GW XI, 283-285). Hierbei spielen Schreck- oder Angstneurosen und das Geburtstrauma eine besondere Rolle. Hinzu kommen *metapsychologische* Spekulationen, die den »traumatischen Erregungen« ihren Platz innerhalb des psychosomatischen Systems anweisen (vgl. GW XIII, 29).[26] Würden wir das psychophysische beziehungsweise das psychosomatische Modell, das diesen Spekulationen zugrunde liegt, beim Wort nehmen, so würden wir abermals auf die Bahnen der schon zurückgewiesenen Zweiwelten-Vorstellung geraten. Dies würde besagen, daß Affekte oder Gefühle von innen her direkt zu unserem Bewußtsein vordringen oder nicht vordringen, daß ein realer Erregungsvorgang, ein »quantitativqualitativ Anderes«, sich »als Lust und Unlust« bemerkbar macht (GW XIII, 249). Dieser Vorgang wäre behaftet mit der Unbestimmtheit eines »großen X«, das eine Art inneres Ding an sich bezeichnet, von dem wir nichts wissen, das aber auch in dieser negativen Form auf Vorstellungen bezogen bliebe (vgl. ebd., 31). Eine rein ökonomische Auffassung von traumatischer Erregung hätte es nur noch mit der »Frage der relativen Quantitäten« zu tun: »Nur die Größe der Erregungssumme macht einen Eindruck zum traumatischen Moment, lähmt die Leistung des Lustprinzips, gibt der Gefahrensituation ihre Bedeutung« (GW XV, 100). Das Trauma würde sich damit einem elektrischen Kurzschluß oder einem hydraulischen Überdruck angleichen. Wir werden dem hydraulischen Modell daher nur Hinweise entnehmen, die in die Sprache von uns widerfahrenden traumatischen Ereignissen zurückzubuchstabieren sind. Das gilt auch für jenes »Andere«, das den Bedeutungsrahmens unseres Erlebens und Verhaltens sprengt und unsere Wünsche vereitelt.

Die Traumatisierung, mit der uns Freuds Psychoanalyse konfrontiert, bildet ein komplexes Geschehen, aus dem wir einige phänomenologisch besonders relevante Züge herausgreifen.[27] Entscheidend ist

26 Ich beziehe mich im folgenden insbesondere auf folgende Passagen: Zur Theorie traumatischer Neurosen: *Vorlesungen zur Einführung in die Psychoanalyse* (1916/17), GW XI, 282-285, 375-381, 409-412; *Neue Folge* (1933), GW XV, 99-101; als Fallstudie: *Aus der Geschichte einer infantilen Neurose* (1918), GW XII; zum metapsychologischen Rahmen: *Jenseits des Lustprinzips* (1920), GW XIII, 9-11, 23-34.

27 Zu dem keineswegs eindeutigen Status von Trauma und traumatischer Neurose bei Freud vgl. den Artikel »Trauma« im *Vokabular der Psychoanalyse* (Laplanche/Pontalis 1973).

dabei, wie die verschiedenen Faktoren zusammenwirken, um eine traumatische Neurose hervorzurufen. Obwohl Freud bei der Verwendung des Traumabegriffs auf selbstverständliche Art und Weise von dem klinischen Phänomen der organischen Verletzung oder Verwundung ausgeht, legt er den Akzent auf das psychische Erlebnis des *Schreckens* sowie auf die *Fixierung* an das schreckauslösende Ereignis. Nicht als ob die »gleichzeitig erlittene Verletzung oder Wunde« vernachlässigt würde, vielmehr rechnet Freud mit der Möglichkeit, daß die »grobe Verletzung *durch das Trauma*« (Hervorhebung B.W.) dieses abschwächt und durch narzißtische Überbesetzung des leidenden Organs den Überschuß an Erregung bindet und daß sie damit der Entstehung der Neurose entgegenwirkt (GW XIII, 10 beziehungsweise 33). Eine Verletzung kann sich nicht nur als relativ harmlos und erträglich herausstellen, man kann aus ihr auch einen Lustgewinn ziehen.

Dies gilt jedoch nicht für den Schrecken. Schon in der *Traumdeutung* stellt Freud dem primären Befriedigungserlebnis das äußere Schreckerlebnis gegenüber als eine Wahrnehmungserregung, die zur Quelle einer Schmerzerregung wird (GW II/III, 605 f.). Wenn man den traumatisierenden Schrecken ökonomisch definieren will, so müßte man von einem zunächst unkalkulierbaren Überschuß ausgehen. Der Schrecken wird als eine Steigerungsform von Angst und Flucht gefaßt, also jenen Affekten zugeordnet, die sich auf eine drohende Gefahr beziehen. »Angst bezieht sich auf den Zustand und sieht vom Objekt ab, während die Furcht die Aufmerksamkeit gerade auf das Objekt richtet. Schreck scheint hingegen einen besonderen Sinn zu haben, nämlich die Wirkung einer Gefahr hervorzuheben, welche nicht von einer Angstbereitschaft empfangen wird. So daß man sagen könnte, der Mensch schütze sich durch die Angst vor dem Schreck.« So heißt es in den *Vorlesungen zur Einführung in die Psychoanalyse* (GW XI, 410), und ähnliches findet sich in *Jenseits des Lustprinzips*: »Schreck [...] benennt den Zustand, in den man gerät, wenn man in Gefahr kommt, ohne auf sie vorbereitet zu sein, betont das Moment der Überraschung« (GW XIII, 10).[28] Sehen wir von der traditionellen Aufteilung in subjektive Zustände und objektive Gegenstände ab, so können wir sagen, die Angst heftet sich an

28 Juranville definiert das Unbewußte dementsprechend mittels eines Sinnes, der sich nicht antizipieren läßt, also auch keine Erwartung erfüllen oder enttäuschen kann (1990, S. 43, 52). Doch dann stellt sich die Frage, in welchem Sinn man in Fällen des nicht bloß Unerwarteten, sondern Unerwartbaren noch von Sinn sprechen kann.

das eigene Befinden, während die Furcht sich auf Fremdes richtet. Diese Doppelorientierung in Form von Selbst- und Fremdbezug macht recht eigentlich die Seinsweise des Leibes aus. Die entscheidende Gefährdung geht nun aber nicht von etwas (oder jemandem) aus, das ich erwarte, das ich mehr oder weniger *als solches* in der Vorstellung vorwegnehmen und *gegen das* ich mich vorsehen, schützen und verteidigen oder *vor dem* ich fliehen kann; die entscheidende Gefährdung geht von dem aus, was mich überrascht und in diesem Sinne meinen Erwartungen und Vorkehrungen zuvorkommt. Es ist das, was uns förmlich aus der Fassung bringt. Ordnet man dieses Ereignis einem bestimmten Energie- und Erregungshaushalt zu und begreift man Lust als Verringerung, Unlust als Steigerung der Erregungsquanten (GW XIII, 4), so schrumpft der Schrekken zusammen zur bloßen Bestandsgefährdung eines Systems, dessen Sicherungsvorrichtungen versagen. Sich bedroht fühlen kann aber nur ein Wesen, dem es um etwas und gleichzeitig auch um sich selbst geht. Andernfalls hätte es gar keinen Sinn von Verletzung zu sprechen, wie Freud es tut, indem er zwar nicht jede Verletzung als Trauma, aber doch jedes Trauma als Form der Verletzung begreift.[29]

Das zweite Moment der Fixierung, das die traumatische Neurose kennzeichnet, hängt unmittelbar zusammen mit dem fassungslosen Schrecken, mit der Vor- und Frühzeitigkeit, in der die Überraschung unsere Erwartungen durchkreuzt und unseren Vorkehrungen zuvorkommt. Hier liegen die Anhaltspunkte für eine Traumageschichte, deren Phasen sich überlagern und ineinanderschieben. Entscheidend ist dabei, daß das traumatische Geschehen von Anfang an gespalten ist in das traumatische *Ereignis*, an das der oder die Traumatisierte fixiert ist, und in das traumatische *Erlebnis*, das an jenes vorzeitige Ereignis fixiert ist.[30] Das traumatische Erlebnis, in dem das traumatische Ereignis nachwirkt, gleicht der Erinnerung, in der das früher Erlebte aufwacht. Schon normalerweise gilt, daß gegenwärtige Gegenwart und vergegenwärtigte Gegenwart sich decken, aber nur »in

29 Vgl. zu dem Problemkomplex von Angst, Furcht und Schrecken Hans-Dieter Gondek, *Angst, Einbildungskraft und Sprache* (1990). Der Autor kontrastiert Freuds Angstauffassung mit der von Kierkegaard und Heidegger. Zur Kritik an Freuds Herleitung der Angst aus realen Gefahrensituationen und seiner Unterscheidung von zweckmäßiger und unzweckmäßiger Angst, die laut dieser Kritik dem welterschließenden und existenzerschütternden Aspekt der Angst nicht gerecht wird, vgl. S. 197-222.

30 ›Ereignis‹ und ›Erlebnis‹ werden von Freud terminologisch nicht unterschieden.

Differenz«, und daß zwischen Gegenwarts- und Vergangenheitsfeld ein »Verhältnis des sich wechselseitig Verdrängens und abwechselnd Verdeckens« besteht (Hua XV, 641). In der Fixierung wird dieses freie Kräftespiel zwischen weckender Gegenwart und wiedererwachender Vergangenheit stillgestellt; das Gewicht verlagert sich einseitig auf die Vergangenheit. Da finden wir die Frau, die sich an den Partner der aufgegebenen Ehe klammert und diese Beziehung in Form von Symptomen fortsetzt, bis hin zu dem Punkt, wo sie Unterschrift und Geschenke verweigert mit der Begründung, »es dürfe niemand etwas von ihr haben«. Da finden wir das junge Mädchen, das die erotische Fixierung an den Vater beibehält, indem sie sich jeder Heirat verschließt. Es ist, »als wären sie an ein bestimmtes Stück ihrer Vergangenheit *fixiert*, verständen nicht davon freizukommen und seien deshalb der Gegenwart und der Zukunft entfremdet. Sie stecken nun in ihrer Krankheit, wie man sich in früheren Zeiten in ein Kloster zurückzuziehen pflegte, um dort ein schweres Lebensschicksal auszutragen« (GW XI, 282). Auf diesem Wege verwandelt sich ein zufälliges Ereignis in ein notwendiges Verhängnis; die offenen Horizonte der Erfahrung verfestigen sich zu Kloster- oder Kerkermauern. Das »nicht festgestellte Tier« findet sich wieder als »pathologisch festgestelltes Tier«.

Beziehen wir diese Traumageschichten zurück auf ihren erschreckenden Anfang, so folgt daraus, daß die Traumageschichte keine Sinngeschichte ist, der wir mit einer intentionalen Analyse oder einem hermeneutischen Verstehen beikommen können. Wenn man Husserls Maxime gelten läßt, daß am Anfang eine »reine und sozusagen noch stumme Erfahrung« steht, die »zur Aussprache ihres eigenen Sinnes zu bringen ist« (Hua I, 77), so muß man das »Paradox des Ausdrucks« mit in Betracht ziehen, das darin besteht, daß die Erfahrung nachträglich einen Sinn bekommt, den sie nicht vorweg schon hat. Freud betont wiederholt, so etwa in seiner Analyse der infantilen Neurose des Wolfsmannes, daß das traumatische Ereignis seine Bedeutung einem *nachträglichen Verständnis* verdankt und daß dieses sich seinerseits auf *nachträgliche Wirkungen* stützt, die das Urereignis in Träumen und Symptomen hinterläßt. Die Bedeutung ist selbst ein Effekt, sofern das nachträgliche Verstehen den traumatischen Schock voraussetzt; sie ist mehr als ein bloßer Effekt, sofern das traumatische Ereignis sich in ein traumatisches Erlebnis umsetzt, das bei aller Unverständlichkeit nach einem Verständnis verlangt. Freud sucht einen Mittelweg zwischen der Annahme, die neurotische Situation habe schon ihre Bedeutung, und der gegenteiligen Annahme, sie habe gar keine Bedeutung und verdanke diese erst dem regressiven »Rückphantasieren«, der Rückdeutung und der Rekonstruktion. Statt dessen beharrt er darauf, daß beispielsweise die kindliche Frühgeschichte einen »infantilen Kern« und ein eigentümliches »Beiwerk« aufweist (vgl. GW XI, 330 f., 354), daß dem »nachhaltige(n) Wirklichkeitsgefühl«, in das der Traum des Traumatisierten ausläuft, eine Bedeutung zukommt und daß es den »Anspruch auf Wirklichkeit in der Erinnerung erhebt« (GW XII, 59). Wir haben es also weder mit einem reinen Sinn noch mit einer reinen Wirkung, noch mit einem reinen Konstrukt zu tun.[31]

Die Fixierung auf ein traumatisches Ereignis, das als solches verdrängt wurde und nur in symptomatischen Nachwirkungen fortlebt, hat zur Folge, daß die »Urszene« eine Reihe von Reprisen nach sich zieht, in denen dasselbe Ereignis auf veränderte Weise wiederkehrt. Besonders eindrucksvoll hat Freud dies in seiner Analyse der infantilen Neurose des Wolfsmannes vorgeführt, wo sich Szene an Szene reiht: Urszene (1½ J.), Gruschaszene (2½ J.), Verführungsszene (3½ J.), in dem Wolfstraum auftretende Tierphobie (4 J.), Auftreten von Zwangssymptomen religiösen Inhalts (ab 4 J.) – dann die neurotischen Erkrankungen im Erwachsenenalter, die Freud ausspart. Hinzu kommt die analytische Szene als der Ort, an dem diese Geschichte als solche hervortritt und in der Reaktivierung ihr Ende findet, allerdings ein Ende bis auf weiteres; denn die Zufälligkeit am Anfang bildet den Nährboden für spätere Rückfälle. Schon die ge-

31 In Anlehnung an Merleau-Pontys Paradox des Ausdrucks könnte man von einem Paradox des Begehrens sprechen, wie Fabio Ciaramelli es unter Bezugnahme auf Lévinas und Baas tut (2000, S. 74). Der ursprüngliche Verlust bildet den Kristallisationskern für Ursprungsphantasmen und Ursprungsmythen (vgl. Laplanche/Pontalis 1964, dt. 1992), er ist aber nicht selbst ein Phantasma. Zieht man in Betracht, daß auch das Reale im Sinne von Lacan nicht jenseits, sondern innerhalb der Phantasmen und Symbole entspringt, so läßt sich seine Bemerkung zur Geschichte des Wolfsmannes im Sinne des besagten Paradoxes verstehen: »Das Reale stützt das Phantasma, das Phantasma beschützt das Reale« (*Sem. XI*, frz. S. 41, dt. 47). Castoriadis geht einen Schritt weiter, indem er den »Urzustand« einer vorweltlichen und vorichlichen Welt der »radikalen Imagination« selbst zur »psychischen Realität« erklärt. Das Paradoxale des Mangels liegt in der Unvorstellbarkeit jener ursprünglichen Wunsch-Vorstellung-Welt (1975, S. 401, dt. 491). Der Bruch mit dieser Einheit kann dann, in Ermangelung einer gleichursprünglichen Andersheit, nur als autopoietischer Ausbruch gedacht werden. Die kreationistischen Züge dieser Theorie des radikalen Imaginären, auf die ich an anderer Stelle hingewiesen habe (1995, Kapitel 11), haben hier, so scheint mir, ihre psychogenetische Quelle.

lebte und erlittene Geschichte zeigt eine eigentümliche Dramatik, da die intellektuelle Entwicklung des Kindes auch die Koordinaten des Traumas verändert, so daß sich nicht nur ein und dasselbe Trauma wiederholt und die Wirkung sich verstärkt, sondern dieses als »frisches Ereignis« und »neues Trauma« auftritt, so etwa die Koitusbeobachtung im späteren Wolfstraum (GW XII, 144).[32] Schon deshalb handelt es sich nicht nur um eine Geschichte des Traumas, sondern gleichzeitig um eine traumatische Geschichte, in der die Urszene ihren Widerhall findet.

Eine weitere Frage betrifft die qualitative Ausprägung des Traumas. Die Herkunft des Traumabegriffs aus dem medizinischen Bereich organischer Schädigungen legt es nahe, Traumatisierung primär als *exogene Einwirkung* zu begreifen, als etwas also, was uns von außen zustößt, und zwar mit der Geschwindigkeit und Plötzlichkeit der Über-raschung, der *sur-prise*, die nicht nur unsere Vorstellungs- und Abwehrkräfte übersteigt wie im Falle eines Kräftemessens, sondern uns lähmt, uns schutzlos fremden Einwirkungen ausliefert. Dieser Zeitfaktor, der besagt, daß das traumatische Erlebnis *außerhalb seiner selbst* beginnt, kommt zu kurz in Freuds psychosomatischem Modell. Hier erscheint der lebendige Organismus als lebendes Bläschen mit einem Reizschutz, das durch »Erregungen, die stark genug sind, den Reizschutz zu durchbrechen« traumatisiert wird (GW III, 28 f.). Die Metaphorik des ›Durchbrechens‹ einer Schutzschicht an bestimmten ›Einbruchstellen‹, des ›Hereinbrechens‹ von Reizmengen oder der ›Überschwemmung mit Reizmengen‹, die den Ton auf das ›zu stark‹ oder ›zu groß‹ legt, entspricht dem ökonomischen Operieren mit Erregungsquanten. Sie paßt zu dem Modell einer Selbsterhaltung, die ihre Kräfte an der Realität erprobt und nicht durch fremde Ansprüche beunruhigt wird. Gleichzeitig bedient Freud sich aber einer diachronen Sichtweise, indem er von der *Vorzeitigkeit*, die jeder Überraschung eignet, zur *Frühzeitigkeit* von Einwirkungen übergeht, die in kindliche »Zeiten der unvollendeten Entwicklung« fallen und dem Nadelstich gleichen, der einer in Zellteilung begriffenen Keimanlage zugefügt wird (GW XI, 376). Die Verletzung erfolgt in einem

32 Vgl. hierzu schon entsprechende Überlegungen in der Beilage zu einem Brief Freuds an Wilhelm Fließ vom 1. 1. 1896. In bezug auf traumatische vorzeitige Sexualerlebnisse spricht er von der singulären Möglichkeit, »daß eine Erinnerung nachträglich stärker entbindend wirkt, als das ihr entsprechende Erlebnis gewirkt hatte« (Freud 1986, S. 170). Vgl. auch den Brief vom 14. 11. 1897, wo Freud ausdrücklich eine normalerweise auftretende »nicht-neurotische Nachträglichkeit« gelten läßt (ebd., S. 303).

Stadium *erhöhter Verletzlichkeit*, die eine gesteigerte Empfindlichkeit einschließt.[33]

Von kindlichen Früherfahrungen her schlägt Freud einen Bogen zum Angstaffekt, der beim Geburtsakt auftritt und die *Trennung von der Mutter* begleitet. Diese Angst, die physiologisch mit der Unterbrechung der Bluterneuerung (der inneren Atmung) und also mit dem Gefühl der Beengung einhergeht, bezeichnet Freud als erste Angst, die ähnlich der Gefahrensituation ein traumatisches Moment einschließt. Diese Angst erneuert sich nach dem »Geburtsvorbild« in traumatischen Situationen. Sie tritt frisch wieder auf als neue Angst im Gegensatz zu Verdrängungen, bei denen die Angst lediglich als Signal einer früheren Gefahrensituation fungiert. Die Wiederholung des traumatischen oder traumaförmigen Ereignisses ist also zu unterscheiden von der Wiederholung in Form eines neurotischen Symptoms (GW XI, 411 f.; XV, 100 f.). Die von der Geburt ausgehende Urangst setzt sich dann um in kindliche Phobien, zunächst in die Angst vor der Dunkelheit und der Einsamkeit, wo das »vermißte Liebesobjekt« durch äußere Gegenstände und Situationen ersetzt wird. In diesem Zusammenhang zitiert Freud den schönen Wortwechsel zwischen Kind und Pflegeperson. Das Kind: »Tante, sprich doch zu mir, ich fürchte mich.« – Darauf die Tante: »Aber was hast Du davon? Du siehst mich ja nicht?« – Schließlich wieder das Kind: »Wenn jemand spricht, wird es heller.« Dazu der Kommentar Freuds: »Die Sehnsucht in der Dunkelheit wird also zur Angst vor der Dunkelheit umgebildet« (GW XI, 422, dazu S. Weber 1978, Kapitel VIII). Erwähnt wird auch das »traumatisch wirkende Erlebnis der Abgewöhnung«, das der Säugling durchmacht (ebd., 380); und auch die teils realen, teils phantasierten Verführungsszenen gehören in diese traumatische oder zumindest traumatisch gefärbte Geschichte der Ablösung von den Eltern. Schließlich reihen Abschiede und Trauerarbeiten sich ein in die Geschichte traumatischer Ablösungen, ohne daß sie sich zu traumatischen Neurosen ausweiten müssen (vgl. ebd., 285). Die traumatischen Züge, die der Trennung von geliebten Per-

33 Es ist schwer, Jean Laplanche zu widersprechen, wenn er das Fehlen einer fremden »Botschaft« (in unserer Diktion: eines fremden Anspruchs) dafür verantwortlich macht, daß die geniale Erfindung der Nachträglichkeit letzten Endes in die unzureichenden und widersprüchlichen Kategorien einer aufgeschobenen Wirkung und einer rückwirkenden Deutung zerfällt (1996, S. 27, 42: Anm. 47, 88: Anm. 31). Zur Möglichkeit eines pathisch-responsiven Verständnisses dieser Zeitverschiebung s. o. Kapitel IV, 4. Laplanche nimmt statt dessen einen eigentümlichen, von Walter Benjamin her entwickelten Begriff der Übersetzung in Anspruch.

sonen anhaften, angefangen bei der Ablösung von der Vater- und Mutterbindung, unterscheiden sich beträchtlich von der äußeren Einwirkung, da es dabei zuallererst um die Sonderung von Eigen- und Fremdsphäre geht, nicht also um gewaltsame Einbrüche, sondern um das Zerreißen eines Bandes, das sowohl den Selbstbezug wie den Fremdbezug möglich macht. Der oben erwähnte Selbstschutz setzt einen solchen Doppelbezug bereits voraus; dieser findet mangels eines gemeinsamen Vielfachen in einer durchgehenden Ökonomie der Lüste keinen Platz. Sofern Fremdes eine konstitutive und nicht bloß eine relative Rolle spielt, läßt es sich nicht gegen Eigenes aufrechnen. Ein Satz wie jener, daß der Traum nur den »*Versuch* einer Wunscherfüllung« darstellt (ebd., 30), kann auch im Hinblick auf Ansprüche des Anderen verstanden werden. Desgleichen läßt sich eine Annahme wie die, daß der Schmerz ein »Mittelding zwischen innerer und äußerer Wahrnehmung« (GW XIII, 250) und der eigene Körper der Ort sei, von dem zugleich äußere und innere Wahrnehmungen ausgehen (ebd., 253), in eine andere Richtung lenken, nämlich in die eines leiblichen Empfindens, bei dem Innen- und Außenbezug ineinanderspielen.[34] Die Trennung selbst, das Auseinandertreten von Selbsteigenem und Fremdem, bedeutet dann keinen Zerfall einer ursprünglich bestehenden nahtlosen Einheit. Die Nachträglichkeit, mit der wir uns immer nur rückphantasierend und rückdeutend auf eine traumatische Urszene beziehen, schließt die Annahme einer fugenlosen Ureinheit, einer heilen Vorwelt aus. Wie Freud selbst betont, sind es Geburts- und Wiedergeburtsphantasien, mit denen wir uns unter eine »Glückshaube« zurücksehnen (GW XII, 133).[35]

34 Dies gilt auch schon für die frühen Reflexionen aus dem *Entwurf* von 1895. Dort beginnt die Wahrnehmung mit »Objekten, die einen schreien machen, weil sie Schmerz erregen«, und die »eigene Schreinachricht« dient umgekehrt zur Charakteristik des Objekts, dessen als feindlich erlebte Eindrücke sich der Erinnerung einprägen. Diese Beschreibung läßt sich nur zirkulär lesen; denn auch der Schrei ist ein »Mittelding« zwischen äußerer Einwirkung und innerem Ausdruck, und auch die Sprache heftet sich an »Objekte, die konstant gewisse Laute von sich geben« (GW, Nachtragsband, S. 457). Diese Verflechtung von Wirkung, Sinnlichkeit und Sinn läßt sich durchaus von der psychophysischen Modellvorstellung eines psychischen Apparats ablösen. Zur Möglichkeit, Freuds zweite Topik im Anschluß an Merleau-Ponty als eine doppelseitige »Leibpsychologie« zu interpretieren, vgl. Birgit Frostholm, *Leib und Unbewußtes* (1978), S. 94-119.

35 Vgl dazu insgesamt Fabio Ciaramelli (2000, S. 128 f.): In der »Verflechtung von Innerlichkeit und Transzendenz erlebt das *infans* die Entfernung von der Mutter nicht als Trennung vom Anderen, sondern als ein Zerreißen des Eigenen, das der Konsti-

Ich gehe abschließend nochmals auf die mögliche Verallgemeinerung der Freudschen Traumatisierungskonzeption ein, da sie für unsere phänomenologisch-psychoanalytische Doppellektüre von entscheidender Bedeutung ist. Zunächst ist zu beachten, daß Freud traumatische Erlebnisse, getreu seinem klinisch-therapeutischen Ausgangsinteresse, in erster Linie in Form verdrängter Triebansprüche berücksichtigt, die zu traumatischen Neurosen führen. Hierbei handelt es sich um *akzidentelle Erlebnisse* (GW XI, 375 f.), bei denen die normale Bewältigung »mißglückt«. Würde man jede erotische Fixierung, etwa eine gewöhnliche »Kleinmädchenverliebtheit in den Vater«, als traumatisch bezeichnen, so würde diese Bezeichnung allen Gehalt verlieren (ebd., 284 f.). Deshalb hütet Freud sich davor, jede Verletzung als traumatisch, jede Fixierung auf die Vergangenheit und jeden realitätsfernen Angstzustand als neurotisch zu bezeichnen. – Der Radius der Verallgemeinerung erweitert sich mit dem Rückgriff auf die »kindliche Urzeit« (GW XII, 41) und mit der Berücksichtigung infantiler Neurosen. Abgesehen von der Annahme, daß jede Erwachsenenneurose auf einer Kinderneurose aufbaut (ebd., 133), zeichnet sich das frühe Kindesalter durch eine besondere *Anfälligkeit* für traumatische Ereignisse aus. Angesichts der besonderen Rolle, die der Vorzeitigkeit traumatischer Ereignisse zufällt, genügt es nicht, bestimmte Urszenen in die kindliche Vorzeit zu verlegen; vielmehr ist zu beachten, daß diese Vor-zeit durch traumatische beziehungsweise pathische Ereignisse geprägt wird. Ein Ding, das nur beschädigt, aber nicht verletzt werden kann, hat keine eigene Vorgeschichte. Freud weist darauf hin, daß selbst die topische Zergliederung des psychischen Geschehens in Bewußtes, Unbewußtes und Vorbewußtes auf das Kind nur begrenzt zutrifft (ebd., 139). Dies würde bedeuten, daß nicht nur das Bewußtsein seine Genese hat, sondern auch das Unbewußte und Vorbewußte. Das Bewußte schließt somit ein Unbewußtwerden ein, so daß jedes Bewußtmachen auf innere Grenzen stößt. –

tution der Identität eines separaten Subjekts noch vorausgeht [...] In dieser anfänglichen Zusammengehörigkeit von Eigenem und Fremdem entsteht das Begehren als bloß psychische Wurzel des sozialen Bandes, das sich einbildet, es könne das Stadium des Gleichgewichts und der Harmonie, das der Katastrophe [sc. der Trennung] vorausging, wiederherstellen.« Der Autor stützt sich in diesem Zusammenhang sowohl auf die gesellschaftlich-geschichtliche Institution des Individuums bei Castoriadis wie auf Merleau-Pontys Idee der Verflechtung, die ich selbst immer wieder herangezogen habe. Ciaramelli bekräftigt auf diese Weise meine eigene Annahme, daß eine Verflechtung von Eigenem und Fremdem einer radikalen Fremdheit ganz und gar nicht widerspricht.

Schließlich öffnet sich der Verallgemeinerungsradius vollends ins Allgemeine, wenn Freud der Geburt sowie den Trennungsängsten und Ablösungsprozessen, in denen sich diese Urtrennung fortsetzt, ein traumatisches Moment zuerkennt und wenn er in ähnlichem Zusammenhang die Lösung von der Mutter und die Versöhnung mit dem Vater als Aufgaben bezeichnet, die sich für jedermann ergeben, die aber selten »in idealer Weise, das heißt psychologisch wie sozial korrekt« erledigt werden (GW XI, 349).

Die Frage, ob eine solch ideale und korrekte Lösung überhaupt möglich ist und die weitere Frage, ob es hier überhaupt um eine bloße Erledigung von Aufgaben geht, führt uns zum Kern der Sache. Wenn jede Verletzung, auch die im klinischen Sinne traumatische Verletzung, von einem Widerfahrnis ausgeht, *von dem* wir betroffen sind, so stoßen wir auf ein Ereignis jenseits von Lust- und Realitätsprinzip, auf etwas, das mehr ist als alles, was wir *als etwas* vorstellen und *in etwas* erstreben, und das in diesem Sinne kein Etwas ist. Selbst Eindrücke sind mehr als harmlose Daten oder Materialien, desgleichen Ein-fälle[36] und Gedanken, die man nicht einfach hat, sondern die sich auf-drängen und die wir in heiklen Fällen zu unter-drücken neigen, wie Freud uns in seinen methodischen Überlegungen zur Traumanalyse einschärft (vgl. GW XI, 6. Vorl.). Dieser pathische Überschuß entschlüpft dem Ausgleich von Lustgewinn und Lustverzicht, von Ichtrieben und Objekttrieben. Es liegt nicht an unserer mangelnden Stärke, wenn wir traumatischen oder traumaförmigen Ereignissen nicht gewachsen sind. Was jedoch das Verhältnis des Pathos zu unseren Vorstellungen und Bestrebungen, zum Bedeuten und Begehren angeht, so läßt sich trotz gewisser Divergenzen eine Brücke schlagen zu Freuds Affektenlehre, die zwischen psychisch gebundenen und freibeweglichen Affektbeträgen unterscheidet und eine mögliche Trennung von vorstellungslosen Affekten und affektlosen Vorstellungen vorsieht. Im normalen Erleben und Verhalten haben wir es gleichsam mit einem *gebundenen Pathos* zu tun; das, wovon wir affiziert werden, geht in bestimmte Bedeutungszusammenhänge und Zielprojekte ein. Etwas wird *als etwas* verstanden und *in etwas* erstrebt. Von einem *freigesetzten Pathos* sprechen wir dann, wenn dieses ›Etwas‹ sich aus solchen Zusammenhängen löst. Eine Lockerung dieses Beziehungsgefüges geschieht in sogenannten Af-

36 Vgl. auch die französische Wiedergabe durch *incidence* bei Lacan, dazu Weber 1978, S. 57 f.

fektäußerungen und Affekthandlungen, in denen jemand die Kontrolle verliert. Im Extremfall nähern wir uns einem ›blinden‹ Begehren ohne Bedeuten. Umgekehrt haben wir es mit einem *eingefrorenen Pathos* zu tun, wenn das Bedeuten sich vom Begehren ablöst und dieses sich auf eine Art Betriebsstrom reduziert. Im Bedeuten ohne Begehren erreicht die Abspaltung ihr Gegenextrem. Pathologische Phänomene lassen sich derart als Ausuferungen oder Fixierungen des pathischen Geschehens begreifen, und ähnliches gilt für Traumatisierungen.

Man könnte geneigt sein, der allgemeinen Bedeutung der Traumatisierungsphänomene Rechnung zu tragen, indem man zwischen einer allgemeinen *Traumatisierbarkeit* des Subjekts und dem individuellen und spezifischen Geschick eines akzidentellen *Traumatisiertwerdens* unterscheidet.[37] Man würde auf diese Weise einer schlichten Verallgemeinerung und möglichen Verwässerung des klinischen Traumaphänomens vorbeugen; doch der Rekurs auf eine allgemeine Traumatisierbarkeit oder Verwundbarkeit, die nicht mit empirisch festzustellenden Dispositionen zu verwechseln ist, würde uns auf transzendentale oder doch quasi-transzendentale Bahnen der Ermöglichung zurückführen und dem pathischen Charakter des Ereignisses die Spitze abbrechen. Deshalb ziehe ich es vor, statt von individuellen oder akzidentellen Traumatisierungen von singulären Widerfahrnissen zu sprechen; sie schließen Verletzungen und Gewaltsamkeiten ein und weisen darüber hinaus einen variablen *traumatischen Anteil* auf, der sich an entsprechenden Symptomen ablesen läßt. Verletzungen, die jedem ›frischen‹ Widerfahrnis inhärieren, würden eine Grenzzone bilden, wo Verletzung und Traumatisierung ineinander übergehen, ohne sich zu decken.[38]

37 Vgl. in diesem Sinne Hans-Dieter Gondek, »Trauma« (in. Escoubas/Waldenfels 2000) unter Bezugnahme auf das »traumatisierte Subjekt« bei Rudolf Bernet.

38 In vergleichbaren Zusammenhängen, bei der Spaltung des Subjekts oder bei der Konstitution eines das Begehren verursachenden »Objekts a«, bei Prozessen also, die durchaus ihre pathologischen Schlagseite haben, rekurriert auch Bernard Baas auf ein »prä-empirisches Ereignis« und eine »prä-empirische Erfahrung«, die sich dem Gegensatz transzendental – empirisch entzieht, und er nähert auf dieser Ebene Lacans *Ding* und Merleau-Pontys *chair* einander an. Vgl. Baas 1998, speziell S. 38, 84 f.

7. Narziß auf der Suche nach sich selbst im Anderen

Nachdem das vorzeitige Ereignis des Traumas uns an die Abgründe der Erfahrung geführt hat, werfen wir nun einen Blick auf die verschiedenen Instanzen der Erfahrung und auf die entsprechenden Facetten der Fremdheit. Ich knüpfe an bei dem Ineinander von Selbst- und Fremdbezug, das in Kapitel V ausführlich behandelt wurde. Traditionell gesprochen, handelt es sich um das Verhältnis von Ich und Anderem, von Subjektivität und Intersubjektivität oder, wie ich lieber sage, von eigenem und fremdem Selbst. Nun sind dies keineswegs Kategorien, mit denen Freud an die Sache heranzugehen pflegt. Schon das Motiv der Fremdheit tritt bei ihm nur auf indirekte oder eher beiläufige Weise auf. Dazu einige Beispiele. Im Zuge der Ichentwicklung sondert sich die Außenwelt in einen »Lustanteil« und einen »Rest, der ihm fremd ist« (GW X, 228). Der Mutter tritt im Kind ein Teil des eigenen Körpers »wie ein fremdes Objekt« gegenüber (ebd., 156). Wer im Beobachtungswahn befangen ist, irrt darin, daß er die »unbequeme Macht« des Beobachters »als etwas ihm Fremdes nach außen verlegt« (GW XI, 444). Dem Neurotiker kommen seine wild wuchernden Ausdrucksformen als fremd vor (GW X, 251). Im Gegensatz zum Unbemerkten erscheint das Unbewußte dem Bewußtsein generell als »völlig fremd, gegensätzlich«, so daß es von ihm schroff abgelehnt wird (GW XIII, 243), und schließlich wird das Es generell durch seine »Ichfremdheit« charakterisiert (GW XV, 79), so daß sich von Freud her durchaus eine Psycho-Topographie des Fremden entwickeln läßt. Dies schließt die Möglichkeit ein, daß die Differenz Außen/Innen nach innen wandert. Dem entspricht die Vorstellung eines »inneren Auslandes« (GW XV, 62), desgleichen die eines »Unheimlichen«, das »heimlich« im »Heimischen« auftaucht und von daher eine besondere Ambivalenz offenbart. Doch andererseits ist das Heimliche, das sich im Unheimlichen verdunkelt, »nichts Neues oder Fremdes«, sondern Verdrängtes, das durch Verdrängung »entfremdet« wurde (GW XII, 254). Dieses kehrt auf zwiefache Weise wieder, als Wiederkehr des Glaubens an die Realität im Falle der materiellen Realität, als Wiederkehr der Realität im Falle der psychischen Realität (ebd., 263). Der Psychoanalyse bleibt es vorbehalten, diese Entfremdung rückgängig zu machen: »Es ist nichts Fremdes in dich gefahren; ein Teil von deinem eigenen Seelenleben hat sich deiner Kenntnis und der Herrschaft deines Willens entzogen« (ebd., 10). Betrachtet man dagegen den Einbruch des Unheimlichen als das

Geschehen, in dem das Fremde unser eigenes Begehren förmlich heimsucht, so wird man sagen müssen, daß die Radikalität der Fremdheit sich abschwächt. Das Fremde tendiert dahin, sich – wie Jean Laplanche (1996, S. 19) bemerkt – »zu akklimatisieren und zu reintegrieren«, sobald man es, wie Freud es tut, einer bloßen Wiederkehr des Verdrängten, also einer Form der faktischen Entfremdung zuschreibt.[39] Trotz allem wird das Fremde primär topisch gedeutet als das Äußere (vgl. *extraneus,* davon*: strange(r), étrange(r)*), das eine »Topographie des Fremden« erfordert. Was die Frage nach dem Anderen angeht, so verbirgt sich diese in ökonomischen und topischen Modellen, und dies ist nun keineswegs bloß eine Frage des andersartigen Vokabulars. Es wäre ein leichtes, mit dem familienstiftenden Ödipuskomplex oder der therapeutischen Übertragungssituation zu beginnen und damit auf einem intersubjektiven oder sozialen Boden Fuß zu fassen, doch ziehe ich es vor, den steinigeren, aber trotz aller Bedenken ergiebigeren Weg des Narzißmus zu wählen. Dieser stimmt mit Husserls transzendentalem Solipsismus darin überein, daß er nicht in einer bereits etablierten sozialen Ordnung beginnt.

Den Narzißmus könnte man als eine Theorie des Ich am Leitfaden der Lust bezeichnen. Von einem schlichten Hedonismus ist diese Theorie weit entfernt; denn selbst im günstigsten Falle wird dem Ich »auf dem langen Umwege zur Lust« mancherlei Aufschub, Verzicht und Duldung der Unlust abverlangt (GW XIII, 6). Der theoretische Entwurf eines Narzißmus wird von Freud in Schüben entwickelt, und er gibt zu vielen Einzelfragen Anlaß, die wir hier ausklammern können. Für unsere Zwecke genügt es, die leitenden Gesichtspunkte herauszustellen.[40]

Am Anfang steht für Freud eine »psychische Ursituation«, die sich dadurch auszeichnet, daß zwei grundlegende Polaritäten zusammen-

39 Zu dem nämlichen Resultat gelangt Fabio Ciaramelli, der den Zusammenhang von Unheimlichem und Fremdem wiederholt erörtert hat. Vgl. seine Aufsätze von 1994 und 1998 und neuerdings: *La destruzione del desiderio* (2000), Kap 4. Dieses Werk behandelt den »Einbruch des Unheimlichen« und berücksichtigt dabei neben Freud auch verwandte Motive bei Schelling, Rudolf Otto und Heidegger. Zur entscheidenden Kritik an Freud vgl. S. 124, 140. Vgl. auch Antje Kapust: *Berührung ohne Berühren* (1999, S. 205-214), wo »Umbrüche des Unheimlichen« und das daraus resultierende »Oszillieren des Mehrsinnigen« zum Anlaß genommen werden, Bezüge zwischen Freud und Merleau-Ponty herzustellen.

40 Ich stütze mich dabei vor allem auf folgende Texte: *Zur Einführung des Narzißmus* (1914), *Triebe und Triebschicksale* (1915); die 26. der *Vorlesungen zur Einführung in die Psychoanalyse* (1919) und ergänze sie durch Revisionen, wie Freud sie in *Jenseits des Lustprinzips* (1920) vornimmt.

treffen, nämlich die von Ich (Subjekt) – Objekt (Nicht-Ich, Außenwelt) und Lust – Unlust (GW X, 226 f.). Dies besagt, daß das Ich als lustvoll, die Außenwelt als gleichgültig erlebt wird, und ebendies bezeichnet Freud als *Narzißmus*. Das Ich (= Ich 1), von dem hier die Rede ist, entspricht nicht der spezifischen Ich-Instanz (= Ich 2), sondern dem, was an manchen Stellen (zum Beispiel GW XIV, 423) unser Selbst genannt wird. Entscheidend ist, daß das Ich vom Trieb her gedacht wird und nicht dieser von jenem her. Das Ich tritt selbst auf als Triebobjekt, das affektiv und libidinös besetzt ist, und nicht als Triebsubjekt, das den Trieb beherrscht. Das Ich erscheint als »Lust-Ich«; die gleichzeitige Abhebung von einem »Real-Ich« können wir vorerst außer acht lassen. Auch die dritte Polarität Aktiv – Passiv, die Freud später mit der Geschlechterdifferenz verknüpft, verwandelt das Ich nicht in ein autonomes Aktionszentrum. Vielmehr könnte man sagen, »das Ich-Subjekt sei passiv gegen die äußeren Reize, aktiv durch seine eigenen Triebe«, und auch diese Eigenheit muß aus dem Getriebensein verstanden werden, nämlich aus der Wehrlosigkeit gegenüber den Triebreizen (GW X, 226 f.), aus der »Unbezwingbarkeit« durch Fluchtreaktionen, die den Trieb auszeichnet (ebd., 213).[41] Die Relativierung der Ichfunktion durch das Es bereitet sich hier bereits vor. Grammatisch gesehen, eignet sich das Ich nicht als mögliches Subjekt für Sätze, in denen Hunger, Durst oder sexuelles Verlangen zum Ausdruck kommen. Andererseits ruht das narzißtisch geprägte Triebgeschehen nicht in sich selbst. Die Realität, um die sich das Ich zunächst nicht kümmert, ist zugleich jene Instanz, die uns ein Versagen auferlegt. So stellt sich die »psychische Ursituation« zugleich als ein *Urkonflikt zwischen Ichtrieb und Sexualtrieben* dar (GW XI, 363), das heißt als ein Konflikt zwischen asozialen Trieben, die auf Selbsterhaltung, und soziablen Sexualtrieben, die auf Lebensfortsetzung abzielen. Später tritt an ihre Stelle der Gegensatz von Todes- und Lebenstrieb. Pathogen ist dieser Konflikt, weil der ihm zugrunde liegende Dualismus, zu dem Freud sich mit zunehmender Entschiedenheit bekennt, durch kein einheitsstiftendes oder versöhnendes Drittes aufzuheben ist. Damit entpuppt sich das Ich, nun als Ich im engeren Sinne der Ich-Instanz verstanden, als die »alleinige Angststätte« (GW XV, 91), da das Ich nicht nur der Gefahr der Außenwelt und den Vorwürfen des Über-Ich ausgeliefert ist, sondern auch der

41 Ein Nachhall von Goethe? »So mußt du sein, dir kannst du nicht entfliehen …«, doch sind es nun keine Sibyllen und Propheten mehr, die so sprechen.

eigenen Libido. Diese stellt eine innere Gefahr da, aus der es kein Entrinnen gibt. Zwar schöpfen Ichlibido und Objektlibido aus dem gleichen »großen Reservoir der Libido« (X, 258), das es erlaubt, eine Befriedigung in die andere umzusetzen und eine durch die andere zu ersetzen,[42] doch die Spannung zwischen den verschiedenen Bestrebungsarten wird dadurch nicht verringert.

Indem Freud einen Konflikt zwischen verschiedenen Triebkräften zugrunde legt, geht er von vornherein über ein bloßes Klassifikationsschema hinaus. Der Konflikt, der sich synchron betrachtet in einem Kräftefeld abspielt, führt diachron gesehen zu einer Phasenverschiebung, in der verschiedene Szenerien sich überlagern. Daraus ergibt sich die Unterscheidung zwischen *primärem* und *sekundärem Narzißmus.* Der sekundäre Narzißmus setzt die Scheidung in Ich- und Objektlibido voraus, indem er sie partiell rückgängig macht, während der primäre Narzißmus dieser Scheidung vorausgeht. Der sekundäre Narzißmus zielt ab auf Wiederherstellung eines Urzustandes, der allerdings als Teil einer Triebbewältigungsgeschichte auf immer von dem wiederherzustellendenden Zustand geschieden bleibt.[43]

Der Wiederherstellungsversuch kann verschiedene Formen annehmen. Diese fallen zunächst in den Bereich des normalen Lebens. Im *Schlaf,* in dem wir uns allnächtlich von der Welt auf das eigene Ich zurückziehen, befriedigt sich ein Wunsch, der das »Bild der seligen Isolierung im intrauterinen Leben« heraufbeschwört (GW XI, 432). Die *Organerkrankung* führt dazu, daß die Libido eingezogen wird und dem erkrankten Körperteil zugute kommt. Die Grenzen der Normalität werden berührt in den Kränkeleien der Hypochondrie. Schließlich spielt der Narzißmus seine besondere Kraft aus in der *Verliebtheit,* wobei zwischen einem männlichen und einem weiblichen Typus der Objektwahl unterschieden wird. Laut Freud folgt die

42 Vgl. den Anhang II zu *Das Ich und das Es* in der Studienausgabe, Bd. III, S. 327 ff.

43 Castoriadis schlägt vor, diesen Urzustand, in dem das Selbst als Ganzes und das Ganze als Selbst einen »totalitären Einschluß« bewirkt vor aller Trennung in Subjekt und Objekt, in Ich und Andere, als primären *Autismus* zu bezeichnen, weil der primäre Narzißmus immer noch ein Moment der Reflexivität und des Ausschlusses impliziere. Das kosmische Ein und Alles steht also wieder auf als psychisches Phantasma, das selbst zur Bühne wird. Der Versuch, das »Unvorstellbare« zu realisieren, muß in einem monströsen »Vereinigungswahn« enden (1975, S. 394-405, dt. 484-497). Dies mag durchaus so sein, doch stellt sich auch hier die schon in Kapitel V erörterte Frage: Kann ohne originäre Selbstspaltung überhaupt von einem Selbst und einem entsprechenden Autismus gesprochen werden?

männliche Wahl dem Anlehnungstypus; hierbei tritt die Ichlibido hinter der Objektlibido zurück aufgrund einer unvermeidlichen »Sexualüberschätzung«. Die weibliche Wahl wird demgegenüber einem narzißtischen Typus zugeordnet, der die eigene Person zum Vorbild nimmt. »Solche Frauen lieben, streng genommen, nur sich selbst mit ähnlicher Intensität, wie der Mann sie liebt. Ihr Bedürfnis geht auch nicht dahin zu lieben, sondern geliebt zu werden [...]« (GW X, 155). Mich interessiert hier nicht so sehr die traditionellen Mustern folgende Sicht auf die Geschlechter als vielmehr die Art der Alternative, bei der die dritte der erwähnten Polaritäten, nämlich die von Aktiv und Passiv, durchschlägt und einen gewissen, noch zu erörternden Zugzwang ausübt. Das Geschick der Liebe bleibt schließlich eng mit dem Narzißmus verbunden. Die »reale glückliche Liebe«, in der die Liebesbesetzungen »ichgerecht« erfolgen und keine Verdrängung erfahren, bietet die Möglichkeit, daß alles ins Lot kommt; die Objektlibido kehrt zum Objekt zurück, und da die Objektlibido sich der Ichlibido nicht widersetzt, entspricht dies dem »Urzustand«, in dem beide voneinander nicht zu unterscheiden waren (ebd., 167). Der Narzißmus kann sich aber auch gemeinsam befriedigen in der Weise, daß der Narzißmus der Eltern in der kindlichen Elternliebe wiedergeboren wird. Dabei kommen auch die Mütter voll auf ihre Kosten. »In dem Kinde, das sie gebären, tritt ihnen ein Teil des eigenen Körpers als ein fremdes Objekt gegenüber, dem sie nun vom Narzißmus aus volle Objektliebe schenken können« (ebd., 156). Zu guter Letzt findet der Narziß seine Zuflucht in der Sublimierung, in der die Selbstliebe sich an ein desexualisiertes Idealich heftet (ebd., 161).

Doch den harten Kern der Narzißmustheorie bilden pathologische Phänomene. So versichert Freud ausdrücklich: »Die Ichpsychologie, die wir anstreben, soll nicht auf die Daten der Selbstwahrnehmungen, sondern wie bei der Libido auf die Analyse der Störungen und Zerstörungen des Ichs begründet sein« (GW XI, 438). Von entscheidender Bedeutung ist hierbei die grundlegende Unterscheidung zwischen *Übertragungsneurosen*, bei denen die Libido immer auf reale oder imaginäre Objekte verschoben ist, und *narzißtischen Neurosen* (oder einfach Psychosen), wo die Libido sich von den Objekten zurückgezogen hat und die Behandlung mangels eines affektiven Anknüpfungspunktes wie vor einer Mauer steht (ebd.). Als Beispiele werden verschiedene Formen der Paranoia angeführt: Größenwahn, Verfolgungswahn oder Liebeswahn, bei denen der Andere nur noch im Spiegel der Ichbesessenheit auftaucht, oder die Melancholie, die durch »narzißtische Identifizierung« mit dem verlorenen Liebesobjekt alle ambivalenten Gefühle auf das Ich zurückwendet. Der Konflikt zwischen Ich- und Objektlibido löst sich zugunsten der ersteren mit all den pathologischen Konsequenzen, die dieser Regreß nach sich zieht.

Narziß, der im flüchtigen Medium des Wassers sein eigenes Spiegelbild wiedererkennt und verkennt, der ein Bild von sich empfängt, sich darin verfängt und schließlich in seine eigenen Abgründe stürzt, steht für jemanden, der sich selbst sucht. Er ist weit entfernt von einem Subjekt, das im Zentrum der Welt steht. Was wir ›Subjekt‹ nennen und was sich selbst ›ich‹ nennt, hat nicht nur seine eigene Genese, es resultiert auch aus einer Normalisierung, die sich von Anomalien abgrenzt, und dies niemals definitiv. Bei dieser Selbstfindung und Selbstverfehlung spielen die Anderen eine konstitutive Rolle, und dies nicht bloß als Vervielfältigung des Ich, sondern als jene, die begehrt werden, die verbieten, rivalisieren, konfligieren und auf diese Weise von vornherein affektiv aufgeladen sind. Infolgedessen ist jegliches Pathos von Zügen der Autopathie, der Sym- und der Antipathie durchfurcht, und dies weit unterhalb der Schwelle epistemischer Vergewisserungen und moralischer Rechtfertigungen. Das enorme Gewicht, das diese klinisch verankerte Sichtweise für eine philosophische Erforschung der Selbst- und Fremderfahrung besitzt, liegt auf der Hand, desgleichen die produktive Verunsicherung, die von ihr ausgeht. Dies schließt jedoch nicht aus, daß eine ganze Reihe von Fragen bleiben, die sich in den wiederholten Anläufen und Klärungsversuchen der Freudschen Metapsychologie selbst andeuten. Es ist nicht zu leugnen: die philosophischen Krücken, deren der Begründer der Psychoanalyse sich eher widerwillig bedient, sind recht zerbrechlich und reichlich abgenützt.

Dies gilt nicht nur für die anfängliche Dualität von subjektiver Innen- und objektiver Außenwelt, die sich in dem empiristischen Fahrwasser zweier Erfahrungsquellen bewegt, es trifft auch zu auf den *Uregoismus*, der geradezu plakativ verkündet wird. Einige Beispiele mögen dies belegen. Träume, die den »Egoismus der Kinderseele« wieder aufleben lassen, sind »absolut egoistisch«, so heißt es bereits in der *Traumdeutung* (GW II/III, 274), und dies folgt daraus, daß sie einzig unseren Wünschen gehorchen. Wenn fremde Menschen in ihnen auftauchen, so verbirgt sich dahinter der Träumende selbst, der sich mit ihnen identifiziert, und selbst altruistische Regungen, die sich im Traum regen, ändern nichts an den egoistischen Grundtendenzen (ebd., 277 f.). Was sich gegen die Zensur richtet, kann nur als Äußerung eines »schranken- und rücksichtslosen Egoismus« verstanden werden, so daß das eigene Ich im Traum die Hauptrolle spielt (GW XI, 143); das Kind, das in diesem Ich steckt, »liebt eben sich selbst zuerst und lernt erst später andere lieben, von seinem Ich etwas an andere opfern« (ebd., 208). Dies spiegelt sich wider in der Ausrichtung der Sexualität; »die Sexualbefriedigung ist zunächst die Privatsache des Individuums«, so heißt es in *Totem und Tabu* (GW IX, 91). Selbst wenn wir in Betracht ziehen, daß das Ich der mittleren Schriften noch die Anteile des Es in sich einschließt, bleibt der strikte, neuzeitliche Gegensatz zwischen *Egoismus und Altruismus*. Dieser Gegensatz zeichnet sich dadurch aus, daß eigene und fremde Interessen oder Wünsche gegeneinander aufgerechnet werden, so daß der Altruismus als pure Umkehrung des Egoismus erscheint und eben diesen voraussetzt – *quod erat demonstrandum*.

Wie aber steht es mit dem Verhältnis von *Egoismus und Narzißmus?* Dazu eine klärende Passage aus den Vorlesungen (GW XI, 430-433). Freud macht zunächst einen Unterschied zwischen dem *Interesse*, das mit den Selbsterhaltungs- oder Ichtrieben zusammenhängt, und der *Libido*, die das Ich den Objekten der Sexualtriebe zuwendet. »[...] Narzißmus ist die libidinöse Ergänzung zum Egoismus. Wenn man von Egoismus spricht, hat man nur den Nutzen für das Individuum ins Auge gefaßt; sagt man Narzißmus, so zieht man auch seine libidinöse Befriedigung in Betracht.« Beide Bezugsweisen werden unterschieden, doch gehen Egoismus und Objektlibido durchaus zusammen, »insofern die libidinöse Befriedigung am Objekt zu den Bedürfnissen des Ichs gehört«. Die Liebe, so können wir sagen, befriedigt ein egoistisches Liebesbedürfnis; das Ich vergibt sich nichts, wenn es seine Libido anderen zuwendet. »Der Egoismus ist in all diesen Beziehung das Selbstverständliche, Konstante, der Narzißmus das variable Element.« An anderer Stelle wird ein »anfängliches Real-Ich« angesetzt, das auf dem selbsterfahrenen Unterschied zwischen einem beeinflußbaren Außen und einem unbezwinglichen Innen aufbaut und sich in ein »purifiziertes Lust-Ich« wandelt, das die Lust über alles stellt (GW X, 228). In der Zweiteilung von Egoismus und Narzißmus stoßen wir auf das alte Begriffspaar von Lust und Nutzen. Doch beide sind nicht mehr integriert in eine allgemeine Zielstrebigkeit, die in einem Guten kulminiert und das Selbst über sich hinausführt. Den Angelpunkt bildet vielmehr die Selbsterhaltung, die mit der lustvollen Selbsterfüllung im Konflikt steht. Freud äußert die

Vermutung, daß eben dieser Zwist zwischen Erhaltungsstreben und Sexualtrieb zu einer Entzweiung in der Neurose führt; diese Neurose verleiht den Menschen ein Vorrecht vor den Tieren, »so daß seine Fähigkeit zur Neurose nur die Kehrseite seiner sonstigen Begabung wäre« (GW XI, 429). Der egoistisch gedämpfte Narzißmus besagt also, daß das Ich nicht durch die Selbstliebe erzeugt wird, es genießt nur die Prärogative des Erstgeliebten, und insofern bildet der Autoerotismus den Kern jeder Erotik (vgl. ebd., 431). Doch was wäre das für ein Ich, das in allem seine Selbsterhaltung und Selbstbefriedigung sucht, ohne dieses Triebgeschehen kontrollieren und beeinflussen zu können? Wäre dies nicht am Ende ein Egoismus ohne Ego? In der Schrift *Das Ich und das Es*, in der dem Ich seine mannigfaltigen Abhängigkeiten vorgerechnet werden und ihm ein bescheidener Platz zwischen den Fronten zugewiesen wird, kommt es auch zu einem Revision des Narzißmus. »Zu Anfang ist alle Libido im Es angehäuft, während das Ich noch in der Bildung begriffen oder schwächlich ist. Das Es sendet einen Teil dieser Libido auf erotische Objektbesetzungen aus, worauf das erstarkte Ich sich dieser Objektlibido zu bemächtigen und sich dem Es als Liebesobjekt aufzudrängen sucht. Der Narzißmus des Ichs ist so ein sekundärer, den Objekten entzogener« (GW XIII, 275).

Die verschlungenen Pfade, auf denen das Ich sich selbst im Anderen sucht, wecken Zweifel daran, ob die Lust den geeigneten Leitfaden abgibt für eine Theorie des Ich oder des Selbst. Narziß leidet unter einer doppelten Verflüchtigung, einer Verflüchtigung seiner selbst und einer Verflüchtigung des Anderen.

Im ersten Falle geht es um die interne Selbstabgrenzung. Die anfängliche Komplementarität von Egoismus und Narzißmus, von utilitären und hedonischen Aspekten, leuchtet aus verschiedenen Gründen nicht ein. Das »Real-Ich«, das unter dem Andrang der Ichtriebe seine Selbsterhaltung betreibt, ist ein merkwürdiges Konstrukt, das seinen konstruktiven Charakter verleugnet. Das Ich oder Selbst ist bereits vorausgesetzt als eine primäre Realität, die als Realität aber niemals einen Ichcharakter annehmen kann, als würde ein Schilfrohr zu sprechen beginnen. Die pure Ergänzung durch ein »Lust-Ich«, das im Autoerotismus oder in der Selbstliebe seine Wünsche an und durch sich selbst befriedigt, führt in ähnliche Verlegenheiten, da die pure »Libidoverteilung« das Selbst berücksichtigen, es aber nicht konstituieren kann. Abgesehen davon entfällt hier die Möglichkeit, die Zweiheit von Realität und Lust aus einem Konflikt herzuleiten;

denn das Ich, das seinen eigenen Trieben nicht entfliehen kann wie einer äußeren Realität, findet keinen Spalt, in dem Realitätsauffassung und Lustverlangen sich voneinander absondern können. Das narzißtische Triebziel steht nicht zur Wahl, diese bezieht sich lediglich auf mögliche Triebobjekte, unter denen das eigene Ich dann auch vorkommt. Der Begriff des Ichtriebs hat an sich etwas Doppeldeutiges. Geht dieser Trieb vom Ich aus oder auf das Ich zu? In jedem Falle wäre das Ich schon vorausgesetzt. Oder trifft beides zugleich zu? Dann wäre das Ich in sich selbst gespalten, mehr noch: es wäre ein Effekt eben jener Spaltung.

Tatsächlich werden der anfängliche Egoismus und das Ich-Interesse später durch einen weiter gespannten Narzißmus aufgesogen. Das merkwürdige Ich, dessen Initiative darin bestehen soll, »aktiv durch seine eigenen Triebe« zu sein und das uns mit der Eigenheit des Triebs ähnliche Probleme aufgibt wie der eigenen Körper im Falle des Cogito, wird herabgesetzt zu einem »Grenzwesen«, das zwischen Welt und Es vermittelt (GW XIII, 286) und das seine Triebkraft einem Es verdankt und nicht jenen zwitterhaftem Ichtrieben. Doch ein »Narzißmus des Ich«, der selbst als sekundär eingestuft wird (ebd., 275), weist notgedrungen zurück auf einen primären, vor-ichlichen Narzißmus, bei dem von der Selbstliebe und Selbstspiegelung der mythischen Figur nichts mehr übrigbleibt, es sei denn, die Objektbeziehung sei selbst schon eine indirekte Selbstbeziehung. Tatsächlich ist es so, daß das »große Reservoir der Libido« umherirrt; es findet seinen Ort einmal im Ich (ebd., 55 f.), das andere Mal im Es (ebd., 258) oder schließlich in »einem noch indifferenten Ich-Es« (GW XVII, 72).[44] Doch eine Indifferenz, die Freud nicht nur bis in das pränatale Leben zurückverfolgt, sondern auch mit dem Todestrieb verbindet, läßt nichts zurück, was affektiv zu besetzen wäre, es sei denn das Nichts selbst, mit dem das Pathos in Apathie versänke. Selbst die Todeslust setzt Sterbliche und Sterbende voraus, nicht Tote. Die Selbstabgrenzung des Selbst, ohne die der Narzißmus buchstäblich gesichtslos wäre, kann nicht in einem Ersten und nicht in einem Zustand der Indifferenz gesucht werden, sondern nur im Selbst, das sich selbst affiziert und in dieser Selbstaffektion sich selbst spaltet und teilt. Dies hieße, daß das Ich nicht als bloßer Anteil des Es angesehen werden kann, sondern daß die Instanzen von Ich und Es vielmehr als Produkte einer Selbstdifferenzierung, als Resultat ei-

44 Vgl. dazu den in Anm. 42 erwähnten Anhang.

ner Selbstspaltung und Selbstteilung zu verstehen sind. Dieser Prozeß setzt nichts voraus als eben dieses aus und in der Spaltung hervortretende Selbst. Dies stünde im Einklang mit dem schon erwähnten Selbst-Unbewußten, in dem das Selbst sich entgleitet. Es entspräche der Leiblichkeit eines Selbst, bei dem Selbstbezug und Selbstentzug nicht zu trennen sind.

Es bleibt die Frage nach der externen Selbstabgrenzung und dem Fremdbezug. Die Feststellung, daß das Es seine libidinösen Sendboten aussendet, grenzt ans Mythische. Freud ist sich wohl bewußt, daß Triebe, die auf Regression, auf Wiederherstellung des Früheren ausgerichtet sind, sich nicht aus sich selbst weiterentwickeln; dazu bedarf es »äußerer, störender und ablenkender Einflüsse« (GW XIII, 39), von denen schon wiederholt die Rede war. Abänderungen der ursprünglichen Lebensrichtung sind aufgezwungen – »der Not gehorchend, nicht dem eigenen Triebe«. Doch eine solche Außenstörung tut dem libidinösen Primat des Ich keinen Abbruch, ganz im Gegenteil, sie setzt diesen voraus. Die in den *Vorlesungen* zu findende Behauptung, daß der Narzißmus der »allgemeine und ursprüngliche Zustand ist, aus welchem sich erst später die Objektliebe herausbildete [...]« (GW XI, 431),wird auch später in ihrem Kern beibehalten; wenn das Ich selbst unter die Sexualobjekte tritt, so als das »vornehmste« der Objekte (GW XIII, 56). In der Terminologie von Rousseau können wir dies so ausdrücken: Die egoistische Eigenliebe (*amour propre*) kann gegen eine altruistische Fremdliebe eingetauscht werden, nicht so die uregoistische Selbstliebe (*amour de soi*). In diesem Sinne suche ich auch im Anderen letzten Endes mich selbst. Ebendeshalb ist der Autoerotismus der Kern jeder Erotik.

Doch damit verflüchtigen sich auch die Anderen als Andere. Abgesehen von der noch zu erörternden Rolle des Über-Ich ist der oder die Andere allgegenwärtig als vielfältig variiertes Sexualobjekt, besetzt durch eine Objektlibido, aber der oder die Andere tauchen nicht auf *als Andere* im Zuge einer Diastase, die eigenes und fremdes Selbst voneinander scheidet und gleichzeitig aufeinander bezieht. In dem frühen *Entwurf* von 1895, in dem der Andere als Nebenmensch auftaucht, stellt sich die Sache wie folgt dar: Der »Komplex des Nebenmenschen« sondert sich »in zwei Bestandteile, von denen der eine durch konstantes Gefüge imponiert, als *Ding* beisammenbleibt, während der andere durch Erinnerungsarbeit *verstanden*, das heißt auf eine Nachricht vom eigenen Körper zurückgeführt werden kann« (GW, Nachtragsband, 426 f.). Auch ein wohlmeinender Kommentar wie Juranville (1990, S. 277) bezweifelt, daß die Trennung zwischen Objekt und Ding der entsprechenden Lacanschen Teilung gleichkommt. Der elementare Status des Anderen ist und bleibt der eines Nicht-Ich; die Sexualtriebe, die sich auf dieses Nicht-Ich richten, könnte man auch als Nicht-Ich-Triebe bezeichnen. Der narzißtisch fundierte Andere hat einerseits Anteil am Status *weltlicher Objekte*, zugehörig der Außenwelt, andererseits genießt er den Status eines *von mir entlehnten Ich*, den er meiner »Objektbesetzung« beziehungsweise der noch älteren Identifizierung mit dem »Objekt« verdankt. Die Objektwahl kann zwiefältig ausfallen; denn der Mensch hat »zwei ursprüngliche Sexualobjekte: sich selbst und das pflegende Weib« (GW X, 154). Auch im zweiten Falle geht es um mich, um meine Ernährung, meine Pflege und um meinen Schutz. Auf diese Weise wird selbst die Andersheit des anderen Geschlechts aus der dualen Triebstruktur gewonnen. Manches erinnert an Husserls Konstitution des Anderen in der *V. Cartesianischen Meditation*, so daß man fast geneigt sein könnte, von einem transzendentalen Narzißmus zu sprechen[45] – nur daß bei Husserl die Fremdheit aufbricht als eine Unzugänglichkeit, die sich, ungeachtet aller Konstitutionsversuche, der doppelten Herleitung aus weltlichen Objekten und eigenem Ich entzieht. Hält man sich an den Leitfaden der Lust, also an das Wünschbare, das seinem Wesen nach nur das für mich Wünschbare sein kann, so entfällt die Möglichkeit, daß Narziß die Anderen in sich selbst vorfindet, bevor er sie zu suchen begonnen hat, daß sie also in Form einer »Implantation« und einer »Intromission« leibhaftig in ihm gegenwärtig sind (vgl. Laplanche 1996, S. 109-113). Läßt man dagegen diese Möglichkeit zu, so gewinnt der Andere den Status eines Doppelgängers oder einer Doppelgängerin, deren Stimme und Blick – anders als der Beobachtungswahn des Paranoikers – nicht auf der Selbstbeobachtung aufbauen; die Unheimlichkeit dieses Doppelgängertums beschränkt sich dann nicht mehr darauf, daß ein fremdes Ich in freundlicher Gestalt oder als »Schreckbild« an die Stelle des eigenen Ich tritt (vgl. GW XII, 246-248). Auch pathogene

45 Dies ist mehr als ein äußerer Vergleich. In beiden Fällen wird nicht nach der Realität des Anderen gefragt, sondern nach seiner transzendentalen beziehungsweise narzißtischen ›Konstitution‹, einer Konstitution als bedeutsam im ersten Falle, als lusterregend oder lusthemmend im zweiten Falle. Natürlich ist der primäre Narzißmus ebensowenig mit den Reaktionsformen eines individuellen oder kollektiv geübten sekundären Narzißmus zu verwechseln, wie Husserls Egologie nicht mit einem praktisch interessierten Egoismus gleichzusetzen ist; doch Rückprojektionen sind damit nicht ausgeschlossen.

Spaltungs-, Zersplitterungs- und Verdoppelungsprozesse sowie das Doppelspiel von Projektion und Introjektion rücken in ein anderes Licht, wenn Fremderfahrung mehr bedeutet als den Umweg des Narziß zu sich selbst.

8. Fremde Stimmen des Über-Ich

Neben der Außenwelt und dem Es betrachtet Freud das Über-Ich als die dritte Herrschaftsinstanz, die das Ich in Dienst nimmt und seinen heiklen Status gefährdet. Hier begegnen uns die Anderen nicht mehr als Liebesobjekte, in denen Narziß die Befriedigung seiner Wünsche sucht, sondern in der Eigenschaft von fremden Wächteraugen und fremden Verbotsstimmen, die eine ererbte soziale Ordnung repräsentieren. Von daher ergeben sich Bezüge zu Appell, Gesetzesstimme und zur Instanz des Dritten, deren Zusammenspiel wir in Kapitel III, 5-7 und in Kapitel VI, 5 untersucht haben. Dies betrifft auch die extraordinäre Form der Fremdheit, die in der Überschreitung von Ordnungsgrenzen virulent wird. Daß die psychoanalytische Optik zu dieser Problematik Wesentliches zu sagen hat, liegt auf der Hand. Der Vorzug der Freudschen Moralkritik, die in vielen Stücken an Nietzsches Genealogie der Moral erinnert, liegt darin, daß die Frage nach der Geltung moralischer, religiöser und sozialer Ordnungen durch und durch mit der Frage nach ihrer Herkunft, ihrer Wirkungs-, auch ihrer Zerstörungskraft verknüpft wird. Die Frage, warum wir moralisch sind und sein sollen, wird nicht selbst moralisch beantwortet, sondern dem verfremdenden Blick der Klinik ausgesetzt.[46] Gleichzeitig spielt die Verkörperung moralischer Ordnungen eine entscheidende Rolle. Bei alldem hält Freud an der primären Wunschorientierung fest. Doch die Wünsche scheitern nun nicht mehr nur an der harten Realität der Außenwelt; mit dem Über-Ich erweitert die »andere Außenwelt« des Es ihr Hoheitsgebiet (GW XIII, 285). Die Fremdheit im eigenen Hause nimmt zu, und damit erreicht die Versagung eine neue, soziale Qualität. Der primäre Narzißmus wird weder revoziert noch restituiert, er schwelt fort wie

46 Sowohl bei Nietzsche wie bei Freud läuft die Genealogie der Moral über einen schmalen Grat, der die Stiftung der Moral von deren bloßer Herleitung aus moralfremden Ursprüngen trennt. Daß es für beide Moralkritiker eine spezifisch moralische Grausamkeit gibt, entbindet uns nicht von der Beantwortung der Frage, was an der Grausamkeit spezifisch moralisch, also auch menschlich ist.

ein nicht zu löschendes Feuer. Mit dem Festhalten am Leitfaden der Lust rückt die Moralordnung in ein neues Licht, doch wie nicht anders zu erwarten, bleibt auch hier Wichtiges im dunklen.

Das Über-Ich bezeichnet eine komplexe Instanz, in der eine Reihe bekannter Motivstränge zusammenlaufen. Das beginnt mit der *Traumzensur*, die an der Schwelle des Unbewußten wacht, anstößige Wünsche abwehrt und sie nur in verstellter oder verkleideter Form passieren läßt. Diese dynamische Funktion setzt sich fort im *Tabu*. Die »heilige Scheu« kommt zum Ausdruck in Tabuverboten wie dem Berührungsverbot, dem Namenverbot, dem Speiseverbot, dem Inzestverbot, und sie nötigt zu fest umrissenen Ritualen und Symbolen, deren Nichtbefolgung sich selbst rächt. Dies führt uns zurück auf archaische Stufen der Menschheitsgeschichte, wo Herrscher, Feinde und Tote als scheugebietende Figuren herausragen. Entscheidend ist für Freud, daß diese Tabus jeder Begründung entbehren. Sie sind für die Beteiligten ebenso selbstverständlich, wie sie den äußeren Betrachtern unverständlich sind. Freud sieht darin eine Vorform des *Gewissens* und des *Schuldbewußtseins*. Gewissen, so heißt es, ist die »innere Wahrnehmung von der Verwerfung bestimmter in uns bestehender Wunschregungen« und Schuldbewußtsein die »Wahrnehmung der inneren Verwerfung solcher Akte«, und beides setzt sich ohne Berechtigungsnachweis durch im Medium eines unmittelbaren Gespürs (GW IX, 85). Nun geht Freud von der Annahme aus, daß hinter jenem Verbot, hinter dem Tabuverbot sowohl wie hinter dem Moralverbot, ein entsprechendes Begehren lauert, denn »was niemand zu tun begehrt, das braucht man doch nicht zu verbieten« (ebd., 86). Ohne Mordgelüste wäre das Mordverbot schlicht überflüssig. Da normalerweise niemand solche Mordimpulse in sich entdeckt, liegt hier eine Verdrängung vor. Die gleichzeitig auftretende Gewissensangst weist in die gleiche Richtung und verleiht den Tabus einen pathogenen Charakter.

Der nächste Schritt, den Freud in seiner Schrift *Das Ich und das Es* ausdrücklich vollzieht, führt ihn zur Annahme eines Über-Ich. Diese terminologische Neuprägung erklärt sich aus dem Bemühen, vertraute Termini wie Gewissen, Autorität oder Tradition im Rahmen der zweiten Topik neu zu bestimmen. Die Entstehung des Über-Ich versetzt uns in eine zugleich persönliche und kollektive Vorzeit. Sie führt zurück auf die Familienstruktur, die sich dem Einzelnen aufprägt, und darüber hinaus weist sie zurück auf die phylogenetische Vorgeschichte, die sich in dieser Struktur niedergeschlagen hat. Aus dieser »Bildungsgeschichte« des Ich sollen im folgenden einige relevante Aspekte ausgesondert werden. Abgesehen von der kindlichen Hilflosigkeit, die das Selbsterhaltungsstreben berührt, hebt Freud die Grundtatsache des Ödipuskomplexes hervor.[47]

Mit der »dreieckigen Anlage« des Ödipusverhältnisses (GW XIII, 259 f.) taucht die Position eines Dritten auf, die sich in das duale Verhältnis von Wunsch und Wunschobjekt einschaltet. Das Wünschen, das der Beziehung des Kindes zur Mutter als seinem »ersten Liebesobjekt« innewohnt, stößt auf ein Hindernis. Dabei handelt es sich um kein äußeres Hindernis, das sich in Veränderung der Realität, notfalls durch Anpassung bewältigen ließe, sondern um das innere Hindernis des väterlichen Verbots, zunächst eines Inzestverbots, das mit einer Kastrationsdrohung einhergeht. Das Über-Ich, das aus diesem Konflikt hervorgeht, tritt dem Ich als »Anwalt der Innenwelt, des Es« gegenüber (ebd., 264). Es geht dabei um den Status der Wünsche, um ein Nichtdürfen, nicht um ein Nichtkönnen. Überwunden wird der Ödipuskomplex durch eine von feindseligen Gefühlen begleitete Identifizierung mit dem Vater und durch eine zärtliche, auf sexuelle Annäherung verzichtende Liebe zur Mutter. Die Konstellation kompliziert sich, indem der positive Ödipuskomplex durch einen negativen ergänzt wird, bei dem die zärtliche Einstellung dem Vater, die feindselige der Mutter gilt. Daraus resultiert eine grundlegende Ambivalenz dieser protosozialen Gefühle und eine Bisexualität, die unter bestimmten Bedingungen homosexuelle Züge annimmt. Die Sache wird zusätzlich dadurch kompliziert, daß dem Kind in der Ödipus- oder Elektrasituation zugemutet wird, die anfängliche Mutterbindung gegen eine Vaterbindung zu vertauschen.[48] Uns kommt es in erster Linie auf die Identifizierung mit der Verbotsinstanz an. In der Schrift *Das Ich und das Es* heißt es dazu: »Die Verdrängung des Ödipuskomplexes ist offenbar keine leichte Aufgabe gewesen. Da die Eltern, besonders der Vater, als das Hindernis gegen

47 Daß hier wie so oft geradewegs auf »biologische Faktoren« Bezug genommen wird (vgl. GW XIII, 263), lasse ich außer acht; die Integration »biologischer Faktoren« in eine anthropologische Verfassung und die dadurch ermöglichte Desintegration ist bei Autoren wie Plessner, Merleau-Ponty oder Castoriadis gründlicher durchdacht. Vgl. hierzu insgesamt Schöpf 1982, Kap, III, 5.

48 Vgl. GW XI, 126 f. Derartige Äußerungen über die »Weiblichkeit« (so der Titel der 33. Vorlesung) werden heute zu Recht mit vielen Fragezeichen versehen; doch darüber ist nicht zu vergessen, daß Freud einer der ersten war, bei dem Rolle und Genese der Geschlechter über das Allgemeinmenschliche oder Allgemeintierische hinausgingen und die Problematisierungsschwelle überschritten.

die Verwirklichung der Ödipuswünsche erkannt werden, stärkte sich das infantile Ich für diese Verdrängungsleistung, indem es dies selbe Hindernis in sich aufrichtete. Es lieh sich gewissermaßen die Kraft vom Vater aus, und diese Anleihe ist ein außerordentlich folgenschwerer Akt« (ebd., 263). Die Charakterisierung dieses Verinnerlichungsprozesses als Verdrängung erfordert die Sprache negativ hindernder und produktiv fördernder Kräfte; daß es sich um eine bloße »Anleihe« handelt, besagt, daß hierbei *fremde Kräfte* im Spiel sind und bleiben.[49] Das Über-Ich, das aus der Identifizierung hervorgeht, etabliert sich als übergeordnete Instanz. Dieses Über, das dem Über-Ich zugeschrieben wird, gewinnt eine zweite Nuance mit der Ausbildung eines *Ideal-Ich* oder *Ichideals* – beide werden von Freud nicht deutlich unterschieden, anders als später bei Lacan.[50] Im Ideal, das im 18. Jahrhundert zum Vehikel der menschlichen Vervollkommnung wird, das alte platonische Reminiszenzen weckt und das Freud auch noch im Übermenschen angelegt findet (vgl. ebd., 44), wächst das Ich über sich hinaus. Doch diese Idealbildung bleibt an die Triebverdrängung gebunden und erhält damit einen wunschfeindlichen Charakter. Dies gilt nicht nur für die Idealisierung, die ihr Objekt vergrößert und erhöht, sondern auch für die Sublimierung, die ein anderes, sexualitätsfernes Ziel sucht. Die Identifizierung ist alles in allem die Art und Weise, wie vom Es aufgegebene Objekte fortleben, so »daß der Charakter des Ichs ein Niederschlag der aufgegebenen Objektbesetzungen ist, die Geschichte dieser Objektwahl enthält« (ebd., 257). So erklärt es sich, daß das Über-Ich sich von den Eltern über Erzieher, Lehrer und Vorbilder in immer unpersönlicheren Traditionen und Schicksalen niederschlägt, vergleichbar jenen Sedimentierungen, mit denen Husserl die Ablagerungen der Sinngeschichte charakterisiert. So entsteht als moralische Zensur das *Gewissen*, das durch die Identifizierungen mit dem gleichen Ichideal einen sozialen

49 Fabio Ciaramelli kritisiert zu Recht die Einseitigkeit einer Urverdrängung, die mit einem »Solipsismus des Begehrens« im Bunde steht und deshalb von außen her in die Psyche einbricht, noch bevor sich für diese eine äußere Realität hat herausbilden können. »Die Urverdrängung markiert den Zugang der Einzelpsyche zum öffentlichen Raum einer Gemeinwelt und eben dadurch zur Unterbrechung des ungestörten Reiches des Lustprinzips« (2000, S. 133, vgl. auch S. 140 f.). Dies entspricht der schon erwähnten Gleichursprünglichkeit und Verschränkung von Eigenem und Fremdem. Was die Stiftung einer sozialen Ordnung und ihre Einpflanzung in die Einzelseele angeht, so stützt sich der Autor auf die Verflechtung von Psychoanalyse und Gesellschaftstheorie bei Cornelius Castoriadis, die allerdings, wie wir gesehen haben, auch nicht frei von Problemen ist.

50 Vgl. die Bemerkung zu Lagache in den *Écrits*.

Charakter annimmt (ebd., 265). Dennoch, der Faden, der diese Idealbildungen und Verbotsordnungen mit den narzißtischen Anfängen verbindet, reißt nicht ab. Was das Ich in ein Ichideal projiziert, das ist »der Ersatz für den verlorenen Narzißmus seiner Kindheit, in der es sein eigenes Ideal war« (GW X, 161). Das Ich*ideal* geht letzten Endes auf die Wünsche eines Ideal-*Ichs* zurück.

Die harte Probe aufs Exempel liefern auch hier psychopathologische Phänomene, die wie Zerrbilder der Normalität erscheinen. Es ist vor allem ein Phänomen, das den pathogenen Charakter der Moral ins helle Licht rückt, nämlich das *krankhafte Schuldgefühl*. Als normal gilt ein moralisches Schuldgefühl, das auf der Spannung zwischen Ich und Über-Ich beziehungsweise Ichideal beruht und in einer entsprechenden Verurteilung des Ich durch die kritische Instanz zum Ausdruck kommt. Sofern die kritische Instanz auf dem Wege der Identifizierung verinnerlicht wird, kommt die Verurteilung einer Selbstverurteilung gleich. Das Ich *ist* aber nicht, womit es sich identifiziert. Es bleibt dem amoralischen Es verhaftet. Anders gesagt: der Mensch ist ein mehr oder weniger moralisiertes, kein moralisches Wesen (wie es für Kant nur der Heilige wäre). Hier klafft ein Spalt, der sich nur künstlich schließen läßt, nämlich durch die Übersteigerung der Moral zu einer Hypermoral, die in der Erzeugung eines krankhaften Strafbedürfnisses selbst pathogene Züge an sich trägt. »Das Es ist ganz amoralisch, das Ich ist bemüht, moralisch zu sein. Das Über-Ich kann hypermoralisch und dann so grausam werden wie nur das Es« (GW XIII, 284). Damit steigert sich das Leiden an der Moral zu einer Erkrankung durch die Moral. Freud zeichnet die Härte, Strenge und Grausamkeit des Über-Ich mit den schwärzesten Farben. Beim Melancholiker steigern sich die Selbstvorwürfe bis zur Selbstzerstörung und Selbstauslöschung, weil hier das verlorene Objekt, dem der Zorn gilt, durch Identifizierung ins Ich aufgenommen ist; in seiner destruktiven Kraft wird das Über-Ich zur »Reinkultur des Todestriebes« (ebd., 283). Der Hysteriker entzieht sich den peinlichen Vorwürfen des Über-Ich durch Verdrängung, während der Zwangsneurotiker sich selbst rettet, indem er seine Aggression an einem Ersatzobjekt ausläßt. In allen Fällen lockert sich die Spannung zwischen Ich und Über-Ich, indem verdrängte Konflikte unverarbeitet wiederaufleben.

Bedeutsam ist aber noch ein weiteres Phänomen, das weniger die Wirkungskraft als die Wirkungsweise des Über-Ich betrifft. Es handelt sich um den *Beobachtungswahn*, der vor allem in der Paranoia auftritt und den Freud mit Zügen eines krankhaften Gewissens ausgestattet sieht, so in seiner *Einführung des Narzißmus* (GW X, 162 f., ferner XI, 444, XV, 7). Die Kranken fühlen sich auf Schritt und Tritt beobachtet, überwacht, kritisiert, sie hören Stimmen, die in der dritten Person zu ihnen sprechen (»Jetzt denkt sie wieder daran«, »jetzt geht er fort«). Freud sieht darin eine Regression auf jene Situation, in der Eltern durch die Stimme Einfluß nehmen, so daß die Selbstbeobachtung und Selbstüberwachung als Fremdes nach Außen projiziert wird. Was die ursprüngliche Stimme der Eltern und die möglichen stimmlichen Anteile des Über-Ich angeht, so weist Freud selbst auf die Herkunft des Über-Ich »aus dem Gehörten«, hin, doch führt dies zu keinen weitreichenden Konsequenzen. Der Inhalt des Über-Ich zerfällt in das, was er der im Vorbewußten aufbewahrten Hörwahrnehmung verdankt, und in die Besetzungsenergie, die dem Unbewußten angehört (GW XIII, 282). Müßte nicht gerade gezeigt werden, auf welche Weise die gehörte Rede den Hörer affiziert und berührt, so daß seine Wünsche auf ein »Hindernis« stoßen? Diese Wirkung rührt gewiß nicht von bloßen »Inhalten« her.

Unsere Engführung von Phänomenologie und Psychoanalyse erreicht hier abermals einen bedeutsamen Kreuzungspunkt. Ich knüpfe an bei der Stimme, die zunächst als väterliche Stimme laut wird und in der Stimme des Gewissens und selbst noch in den Halluzinationen des Paranoiden nachklingt. Das Vernehmen einer fremden Stimme erschöpft sich nicht in einer bloßen Hörwahrnehmung und auch nicht im Verstehen des Gehörten. Im Hören liegt ein *Hören auf* ..., das Hören auf einen Anspruch, der auch in dem strengsten und unverständlichsten Verbot noch auftritt. Dem Neinsagen entspricht ein *Neinhören* auf seiten dessen, dem das Verbot gilt; andernfalls wäre das Verbot von einem bloßen Schreck- oder Schockerlebnis nicht zu unterscheiden. In diesem Sinne habe ich in meiner eigenen Analyse zwischen Aufforderungsereignis und Aufforderungsgehalt unterschieden und dem Gesetz ein janusartiges Doppelgesicht zugesprochen; die Stimme des Gesetzes fällt nicht zusammen mit den verordneten Satzungen.[51] Freud betont gewiß zu Recht die Unerbittlich-

51 Der späte Lacan unterscheidet dementsprechend zwischen einem »kleinen Gesetz« (*loi*), das aus den Vorschriften des Über-Ich besteht, das also wie das Inzest-Verbot primär einen verbietenden und schuldeinflößenden Charakter hat, und einem »großen Gesetz« (*Loi*), das das Begehren des Anderen gebietet. Verbote im Sinne sozialer Setzungen beschränken meine Möglichkeiten, während das »große Gebot« mich mit Unmöglichem konfrontiert. Vgl. vor allem: *Kant avec Sade* und *Seminar VII: Ethik der Psychoanalyse*, dazu Juranville 1990, S. 254-274 sowie den von Hans-Dieter

keit und Unbegründetheit von Verboten, die sich mit der Aura eines Tabus umgeben und in weithin anonyme Zonen von Ritualen, Zeremonien und Sitten hinunterreichen. Gleichwohl handelt es sich bereits hier um symbolische Stiftungen und Einrichtungen, die ein Prestige entfalten und sich nicht durch pure Gewalt durchsetzen. Die Entrückung von Herrschern und Toten hinter Tabuschranken konstituiert eine Ferne und schafft Berührungsschwellen, die mit der Erzeugung von Unlust und der Androhung von Strafe allein nicht zu erklären sind. Selbst in archaischen Verboten stecken Voransprüche, die Vorantworten provozieren, vergleichbar jener libidinösen Vorwahl, die Freud selbst in Anspruch nimmt, und zugehörig jener kindlichen und menschheitlichen Vorzeit, in die er sie verlegt. Dieses *Vor* besagt nicht, daß etwas noch nicht da ist, es besagt lediglich, daß es *als solches* noch nicht ist, was es ist. Andernfalls würde die Nachträglichkeit durch eine lineare Zeitauffassung eingeebnet. Das Verbot hat innere Voraussetzungen, auf die Freud mit guten Gründen hinweist. Das Verbot selbst setzt in der Tat ein entsprechendes Begehren voraus; doch ebenso setzt die Aufforderung, die sich im Verbot ausdrückt, ein Antworten voraus, das mit einer kausal herbeizuführenden Reaktion nicht zu verwechseln ist. Wenn Freud den Einfluß der Eltern auf das Kind in den Satz faßt: »Diese Realangst ist der Vorläufer der späteren Gewissensangst« (GW XV, 68), so macht er sich eines naturalistischen Fehlschlusses schuldig; denn eine reale Einschüchterung mag verhindern, daß etwas geschieht, sie mag einem Verbot Nachdruck verleihen, aber sie kann kein Verbot erlassen; sie kann nie und nimmer bewirken, daß etwas getan werden soll oder nicht getan werden darf. Dieses Sollen und Dürfen klingt an in der Mahnung: »So (wie der Vater) *sollst* du sein« und in dem gleichzeiti-

Gondek und Peter Widmer herausgegebenen Band *Ethik und Psychoanalyse. Vom kategorischen Imperativ zum Gesetz des Begehrens* (1994), bes. S. 118, 153-158, 224 f. Es stellt sich allerdings die Frage, ob der Bereich sozialer Ordnungen nicht zu sehr ins Konventionelle abgedrängt wird, unter Vernachlässigung des gesellschaftlichen Imaginären und der instituierenden Gesellschaft im Sinne von Castoriadis. Autoren wie Juranville sind allzu leicht bei der Hand, entsprechende Analysen als Empirismus abzutun. So hat dann »Freud, als guter Empirist, einen äußeren Ursprung des Gesetzes ausgewiesen«, wo eine »nicht-empiristische Konzeption der Sprache« erforderlich wäre (Juranville 1990, S. 259). Die Freud-Kritik von Castoriadis ist entschieden nuancierter; er wehrt sich gegen den Versuch, Institutionen aus dem Funktionieren der Psyche herzuleiten, betont aber ebensosehr, daß die Sozialisation eine psychogenetische Dimension hat (1975, S. 417, dt. 511 f). Ob der Andere allerdings in einer »Schnittmenge zwischen privater und öffentlicher Welt« unterzubringen ist (vgl. ebd., S. 421, dt. 517), läßt sich bezweifeln.

gen Verbot »So (wie der Vater) *darfst* du nicht sein«, worin Freud das »Doppelangesicht des Ichideals« erblickt (GW XIII, 262 f.). Auch der ethische Impuls, der dem Motto »Wo Es war, *soll* Ich werden« verpflichtet ist, würde so verpuffen.[52]

Ferner wäre zu fragen, ob nicht die Gabelung in Wunschobjekt und Verbotsinstanz und ihre Aufteilung auf den mütterlichen und den väterlichen Elternteil von Anfang an fragwürdig ist, und dies nicht etwa nur, weil diese Rollenaufteilung eine bestimmte bürgerliche Familienstruktur widerspiegelt, sondern weil sie in sich selbst fragwürdig ist. Unsere früheren Überlegungen sprechen dafür, daß der oder die begehrte Andere einen Anspruch erhebt, der dem narzißtischen Wünschen und seinen phantasmatischen Vorstellungen einen Widerstand entgegensetzt, einen Anspruch, der sich zwar in den Verboten und Geboten eines Dritten artikuliert, aber nicht durch sie geschaffen wird. Der Ort des Begehrens wäre nicht auszufüllen durch ein reales Liebesobjekt, das man besitzen oder auf das man verzichten kann, und ebensowenig wäre der Ort des Gesetzes zu besetzen durch einen realen Gebieter, den man stürzen, töten oder mit dem man sich versöhnen kann. In dem Anspruch des Anderen würde der Mitanspruch des Dritten lautwerden, und dies in Form einer Überlagerung, die durchaus konfliktträchtig ist und extreme Fehlformen zuläßt, etwa in der Steigerung des Anderen zum ganz Anderen oder in seiner Einreihung unter ganz beliebige andere. Die Frage nach der Ausgestaltung der Geschlechterdifferenz bliebe eine Frage. Der fragwürdige Rekurs auf eine biosoziologisch vorgezeichnete Rollenverteilung würde kontingenten Geschlechterordnungen weichen, in denen es verschiedene Dominanzen gibt, aber keine eindeutige Hierarchie. Die Bisexualität, die Freud dem Kind zuspricht, weist in die Richtung variabler Ordnungen, die sich teilweise überlagern, teilweise verdrängen.

Hinter alldem steht die Frage, die uns zuvor schon beschäftigt hat. Reicht der Leitfaden der Lust aus, um den fremden Ansprüchen gerecht zu werden, die auch in der Stimme des Über-Ich laut werden? Der Weg des asozialen Lust-Ich zur Sozialität läuft über die anfängliche *Anlehnung* an die Pflege- und Liebesperson, die sich aus der

52 Vgl. dazu Lacans Umakzentuierung des bekannten Satzes, bei der das ›Sollen‹ ein starkes Gewicht erhält: »Là où c'était […], c'est *mon devoir* que je vienne à être« (*Écrits*, S. 417 f.) oder »[…] là comme sujet *dois*-je advenir« [ebd., S. 864, dt. *Schriften II*, S. 242), im Gegensatz zum vieldeutigen ›Müssen‹: »Là où fut ça, il me *faut* advenir« (ebd., S. 524, dt. 50).

Hilfsbedürftigkeit speist, sodann läuft sie über die *Identifizierung* mit der väterlichen Autorität, die sich ausweitet und bis ins Unpersönliche hinein fortsetzt. Auf diese Weise wird das von seinen eigenen Wünschen besessene Wesen auf die Bahnen der Sozialität gelenkt. Doch diese Identifizierung bleibt eine *Selbstidentifizierung*. Der oder die Andere spielt eine Rolle, sofern er oder sie geliebt und gehaßt wird, sofern sie sich als hilfreich erweist, sofern er den inzestuösen, den rivalisierenden und letztlich allen Wünschen ein Hindernis in den Weg legt. Das Über-Ich tritt als »Anwalt des Es« auf, indem es dem Ich moralische Schranken auferlegt und zur Idealbildung des Ich beiträgt. So wie Narziß im Anderen letzten Endes sein eigenes Antlitz sieht, so hört er als Echo in der Stimme des Dritten letzten Endes seine eigene Stimme. »Was im einzelnen Seelenleben dem Tiefsten angehört hat, wird durch die Idealbildung zum Höchsten der Menschenseele [...]« (GW XIII, 265). Diese Verbindung aus Tiefstem und Höchstem, aus Grausamkeit und Idealität, die so viele Abgründe aufreißt, bleibt letzten Endes in einem Wunschkreis befangen, der Fremdes nur als unvermeidliche Selbstentfremdung zuläßt. Durch das Festhalten an der Unvermeidlichkeit einer Entfremdung, die mit einer Urverdrängung einsetzt, unterscheidet sich Freud von den Kampfeszielen seines revolutionären Gegenspielers. Doch Fremdes als Fremdes zeigt sich nur, wenn das, was in der Psychoanalyse hervortritt, einer anderen Lesart unterworfen wird, die dem Fremden ein genuines Anderswo zugesteht.[53]

53 Eine solche Lesart, die der unsrigen von psychoanalytischer Seite aus besonders nahekommt, findet sich – wie mehrfach angedeutet – bei Jean Laplanche. Angesichts der immer wieder drohenden »narzißtischen Rezentrierung« und »narzißtischen Wiederverschließung« beharrt er auf einer »kopernikanischen Stufe«, »in der der kleine Säugling um den Anderen kreist und in bezug auf dessen Botschaft passiv ist« (*Die unvollendete kopernikanische Revolution*, 1996, S. 35). Die Andersheit, die den Anderen auszeichnet, korrespondiert mit der Andersheit des Unbewußten, die »innere Fremdheit« mit der »äußeren Fremdheit« (ebd., S. XXXI, dt. 32), so daß eine ptolemäische Rezentrierung immer schon zu spät kommt: »*Das Andere*, das das Unbewußte ist, hat in seiner radikalen Alterität nur durch *den Anderen* Bestand« (ebd., S. 25), und dies aufgrund einer »Urverführung«, deren Asymmetrie jeder Eigeninitiative zuvorkommt (ebd., S. 83). Die Verführung, die ihre eigene Form des Unbewußten aufweist, läßt sich zusammendenken mit der Anziehung des Sichentziehenden, die wir in Kapitel V erörtert haben, während die »Botschaft« oder der »Anrede-Aspekt« des Signifikanten (ebd., S. 164) ein Motiv aufgreift, das bei uns in Kapitel III ausführlich zur Sprache kam. Den nachträglichen Hinweis auf Laplanches Bemühungen um eine Psychoanalyse vom konkret-leibhaftigen (weder großen noch kleinen) Anderen her verdanke ich Iris Därmann.

9. Leben im Widerstreit mit sich selbst

Die Schlußüberlegungen dieses Kapitels befassen sich mit der Gesamtdynamik der Erfahrung. Die treibenden Kräfte, die aus dem Untergrund wirken und sich auf umwundene Weise äußern, Kräfte, die dem Ich immer wieder das Wort aus dem Mund und die Zügel aus der Hand nehmen, bilden den Generaltenor der psychoanalytischen Anstrengungen. Doch in den zwanziger Jahren kommt es zu einer eigentümlichen Zuspitzung dieser Fragen. Die programmatische Schrift *Jenseits des Lustprinzips* schlägt ein neues Thema an. In das narzißtisch besetzte Arkadien bricht der Tod ein: *et ego in arcadia.* Die sado-masochistische Komponente der Lust bekommt ein stärkeres Gewicht. All dies verbindet sich mit einer anthropogenetischen Perspektive, die sich einer eigenen Bildersprache bedient, solange die länger vertraute Bildersprache der Physiologie und Chemie noch nicht ausreicht (GW XIII, 65). Freud macht es uns leicht, diese späte Trieblehre als halbmythische Spekulation abzutun, so vorsichtig stellt er sie vor, und die biologischen Analogien, deren er sich bedient, verraten deutliche Züge einer szientistischen Utopie. Und dennoch macht Freud es uns auch schwer, zur philosophischen Tagesordnung überzugehen; denn die Phänomene, die ihn zu diesen Spekulationen antreiben, sind nicht ausgedacht, wenngleich sich auch hier eine vereinfachte und verzerrte Sichtweise einschleicht. Diese abschließende Konfrontation von Phänomenologie und Psychoanalyse führt uns in die Nähe jener Fragen, die wir am Ende von Kapitel V aufgeworfen haben, Fragen also, die um die chaotischen Hinter- und Untergründe jeglicher Ordnung kreisen und unterschwellige Formen der Fremdheit hervortreten lassen.

Das Chaos fehlt auch bei Freud nicht. Das Es, jene Seelenprovinz, die durch eine besondere »Ichfremdheit« ausgezeichnet ist, wird verglichen mit einem »Kessel voll brodelnder Erregungen«;[54] es ist der »dunkle, unzugängliche Teil unserer Persönlichkeit«, mit dem wir es hier zu tun haben (GW XV, 79 f.). Der vielzitierte Satz »Wo Es war, soll Ich werden«, liest sich, ohne die Lacansche Ver-tonung, als Auf-

54 Fabio Ciaramelli charakterisiert die »tumultöse magmatische und asoziale Struktur des Begehrens« treffend als »Ungastlichkeit« eines Chaos (2000, S. 89, 141). Der Mensch ist nicht nur nicht Herr, sondern Gast im eigenen Hause, dazu noch ein unerbetener; eben daraus entspringt das Begehren, es entspringt nicht im Eigenen und Häuslichen eines οἰκεῖον.

forderung zur Ichstärke und Landnahme. Aber diese Trockenlegungsarbeit hat etwas vom Kampf gegen die Lemuren.

Der Kampf gewinnt eine neue Dimension durch die Umdeutung von Ich- und Sexualtrieben in *Todes-* und *Lebenstriebe.* Triebe gelten Freud seit eh und je als konservativ; sie zielen ab auf die Wiederherstellung eines früheren Zustandes. Sie gelten als zeitlos, weil die Triebbefriedigung als solche keinen Aufschub duldet und das Triebleben insofern niemals über sich hinausgeht oder hinter sich zurückbleibt. Der Trieb kommt sozusagen ständig auf sich selbst zurück, und selbst dies ist noch zu viel gesagt, da er sich selbst im Grunde nie verlassen hat. Das gilt in eminenter Weise für den Todestrieb. »*Das Ziel allen Lebens ist der Tod*«, und zurückgreifend: »*Das Leblose war früher als das Leben*« (GW XIII, 40). Die Erklärung für diese These liefert die energetisch-hedonische Lebensauffassung, die Freud vertritt. Während Platon und Aristoteles Lebendigkeit einem Wesen zuschrieben, das sich selbst auf sein Ziel hin bewegt, betrachtet Freud als lebendig ein Wesen, das auf Lustbefriedigung aus ist und diese an und in sich selbst sucht. Die Spannung der Erregungsdifferenz wird in der Selbstbefriedigung abgebaut, so daß das Lebewesen zu einem todähnlichen Ruhezustand zurückkehrt. Der Lebenstrieb, der nun auch Eros genannt wird, wirkt dem entgegen, indem er darauf abzielt, durch Verschmelzung mit einem Liebesobjekt Leben hervorzubringen und weiterzugeben, doch dies geht auf Kosten des eigenen Erlebens; das Individuum fällt mit der sexuellen Befriedigung ebenfalls auf den spannungslosen und todähnlichen Ruhezustand zurück, so daß auch hier der Todestrieb die Oberhand gewinnt. Platon wird zum Zeugen angerufen, um das Bedürfnis nach Wiederherstellung eines früheren Zustandes zu bezeugen; doch dies bedeutet, daß lediglich der Aristophanes-Mythos aus dem *Symposion* zitiert wird, der ein verlorenes, androgynes Ganzes beschwört, während die Rede der Diotima, in der der Eros über sich selbst hinausstrebt und nicht bloß Nachkommen und Werke hinterläßt, beiseite gelassen wird.

Aufs Ganze gesehen, ergibt sich das merkwürdige Bild, daß das, worauf die Triebe ausgehen, in der »Wiederherstellung eines durch die Entstehung des Lebens gestörten Zustandes« besteht (GW XIII, 269). Die Entstehung und Erneuerung des Lebens erscheint selbst als Störung, die Lebenstriebe werden als »Störenfriede« eingeführt (ebd., 69), und auch der Eros gebärdet sich als »Störenfried« (ebd., 289). Ohne äußere, störende und ablenkende Einflüsse würde es keine Fortentwicklung des Lebens geben; sie nötigen das Leben zu

Umwegen, doch diese sind und bleiben »Umwege zum Tode« (ebd., 41). Die Frage, warum lieber Leben als Tod, beantwortet sich faktisch, und diese Lösung läßt sich nicht einmal als glücklich bezeichnen; denn Glück ist, wo das Leben zur Ruhe kommt.

Wer dieses Requiem auf das Leben einer schwarzen Phantasie oder einer pessimistischen Lebenseinstellung zuschreiben wollte, wird von Freud eines Besseren belehrt. Freud versucht zu zeigen, daß und wie die Polarität von Lebens- und Todestrieben, in der sich der Gegensatz von Objektlibido und Ichlibido reproduziert, sich mit der Polarität *Liebe* (Zärtlichkeit) – *Haß* (Aggression) verbindet (ebd., 57). Dieses zweite Gegensatzpaar bietet nichts Neues. Schon in der Studie *Triebe und Triebschicksale* wird der Gegensatz von Ich – Außenwelt, der eine Polarität von Liebe und Indifferenz ermöglicht, ergänzt durch den Gegensatz Liebe – Haß, der in der wechselnden Anziehung und Abstoßung des Liebesobjekts zum Ausdruck kommt. Das Objekt, das der Lustbefriedigung im Wege steht, ist von vornherein das Fremde und Gehaßte, das in der Indifferenz nur seinen Vorläufer hat. Der Haß richtet sich gegen alles fremde und störende Äußere, von dem eine Versagung narzißtischer Lustbefriedigung ausgeht, also auch gegen Liebesobjekte, die einen Triebverzicht fordern. In diesem Sinne ist der *Haß älter als die Liebe*, ein Haß, der teils als Begleiter der Liebe, teils als Vorläufer in wechselseitiger Verwandlung von Liebe in Haß, von Haß in Liebe auftritt, und auch der *Sadismus* gehört als Vorläufer und als Komponente erotischer Beziehungen in diesen Zusammenhang (vgl. GW X, 229-232, ferner XIII, 271). Neu ist einzig, daß der Sadismus und der Masochismus als sein Gegenstück nun vom Todestrieb her verstanden werden, der im Gegensatz zum lebenserhaltenden Eros auf Schädigung des Triebobjektes abzielt und deshalb auch als *Destruktionstrieb* bestimmt wird.

Diese Neuinterpretation stützt sich schließlich auf die Beobachtung eines *Wiederholungszwangs*, der auch solche Erlebnisse zurückbringt, die keine Lustbefriedigung enthalten und je enthalten haben. Das Lustprinzip würde also nicht nur von außen her durch das Realitätsprinzip, sondern zugleich von innen her durch ein »Unlustprinzip« in Frage gestellt. Dieser pejorativ klingende Terminus, der in der *Traumdeutung* benutzt wird, verschwindet später. Der Tod ist eine Macht, der Todestrieb eine negative Größe, er bedeutet keine pure Privation des Lebens. Den Wiederholungszwang entdeckt Freud wiederum in der klinischen Beobachtung und Behandlung: so beim Neurotiker, der zwanghaft zu den Enttäuschungserlebnissen der

Kindheit zurückkehrt und diese in der Übertragung, mit allen Zeichen des Widerstandes, neu belebt. Dieser Wiederholungszwang kann sich in der Wiederholung enttäuschender Lebensstationen zu einem Schicksalszwang verstärken: so beim Unfallneurotiker, der an das traumatische Ereignis gefesselt bleibt. Solche Traumen, auch frühe Traumen der Kindheit, die im Traum wiederkehren, durchbrechen ebenfalls das Wunscherfüllungsprinzip des Traumes. Schließlich verweist Freud auf die Wiederholungszwänge im Kinderspiel, und er illustriert dies durch die Betrachtung des Fort/Da-Spiels, mit dem ein einundeinhalbjähriges Kind das Fortgehen und Wiederkehren der Mutter nachspielt. Das »Jenseits des Lustprinzips« wird in der diesem Thema gewidmeten Studie also auf die üblichen Erfahrungsfelder bezogen, und eben daraus bezieht die Annahme des Todestriebs ihre entscheidende Motivationskraft.

Es wäre vermessen, diesen sorglich erschlossenen Funden ihre Bedeutung abzusprechen, doch die kühnen Extrapolationen theoretischer Art, die daraus gewonnen werden, sind auf ihre Stichhaltigkeit zu überprüfen. Beginnen wir nochmals bei der neuen grundlegenden Polarität von Lebens- und Todestrieb. Freud bezeichnet seinen Ansatz selbst als dualistisch. Doch das kann nur bedingt zutreffen. Der Kampf zwischen Trieben bedarf eines Kampfplatzes, und dieser ist »das Leben selbst« (GW XIII, 269). Was durch die dem Leben zugewandten erotischen »Störenfriede« gestört wird, wäre dann ebenfalls »das Leben selbst«. Die Störung enthüllt sich als Selbststörung, die dazu führt, daß das Leben mit sich selbst in einen Widerstreit tritt, daß es nicht einfach seine Lust sucht, was aber sonst – etwa seine Unlust? Was kann es bedeuten, daß das Leben sich selbst stört, sich selbst einen Widerstand entgegensetzt? Es kann nur bedeuten, daß das Lebens selbst nicht eins ist mit sich, daß es *von einem Fremden* heimgesucht wird, einem Fremden, das *in der Störung* zutage tritt, bevor es als *etwas Störendes*, als Fremdes, Feindliches, Verhaßtes und zu Zerstörendes auftritt. Das Ziel eines Lebens, das in einen solchen Widerstreit mit sich selbst gerät, kann nicht der Tod selbst sein, weil ein Leben, das sich selbst stört, kein Ziel hat. Von dem Es heißt es: »Es kann nicht sagen, was es will« (ebd., 289), und dies ebendeshalb, weil ich *passiv* erlebe, war mir widerfährt, bevor ich *aktiv* dazu Stellung nehme (vgl. ebd., 21). *Wiederholung* bedeutet dann eine Wiederholung des Unwiederholbaren, weil immer nur nachträglich Wirksamen, eines Unwiederholbaren, das *als Gleiches*, also auch *als Ungleiches* wiederkehrt. Der *Wiederholungszwang* entstünde dann, wenn das

Unwiederholbare sich für jemanden in *etwas Wiederholbares* verwandelt, an das er sich klammert wie der Phobiker an sein Angstobjekt, der Fetischist an seinen Fetisch. Der »Zauderrhythmus« des Lebens (ebd., 43) wäre dann der Gang des Lebens selbst, das sich verspätet. Jede Selbsterhaltung, die Halt an sich selbst sucht, wäre bereits als Reaktion zu verstehen, als Reaktion, die einen Urverlust wettzumachen versucht. Anziehung und Abstoßung, Liebe und Haß, Zärtlichkeit und Aggression rücken ebenfalls in ein anderes Licht, wenn sie in der Tat als ein schwer zu entwirrender Komplex aus Pathos und Response begriffen werden, bei dem die Abwehr des Fremden und Bedrohlichen eine entscheidende Rolle spielt. Schon die Selbsterhaltung wäre Produkt einer »Entmischung«, ebenso die als lustvoll erlebte Selbstaffektion.

Schließlich wäre auch der Tod auf einen weiteren Hintergrund zu beziehen. Der Tod hat wie auch der Schlaf gewiß etwas zu tun mit dem Nachlassen der Kräfte, mit dem Schwinden der Differenzen, aber er wäre mehr als das, nämlich die Erfahrung einer Abwesenheit, eines Fortgehens und Wiederkommens oder eines Fortbleibens, die uns in dem kindlichen Fort/Da-Spiel so eindringlich vor Augen tritt und die in allen Trennungs- und Abschiedserfahrungen, also auch in der Trauer, ihr Gewicht ausspielt.[55] Was den »realen Tod« betrifft, das datierbare Nichtmehrvorhandensein in der Welt, so gehört diese Bestimmung bereits zum Wiedereintritt in jene Ordnung, die der Tod auf radikale Weise durchbricht.

55 Dieses Spiel mit dem »fort-da«, das Freud in die Todesspekulationen seiner späteren Schrift *Jenseits des Lustprinzips* einbezieht, hat spätere Leser nicht ruhen lassen, die Kette der Kommentare reicht von Lacan über Barthes bis zu Derrida. Die Einübung in die Abwesenheit des begehrten Anderen spielt bei allen genannten Autoren eine besondere Rolle, so schon in Lacans Rom-Vortrag (*Écrits*, S. 319, dt. *Schriften I*, S. 165 f.). Zur Wirkungskraft dieses Motivs vgl. das Schlußkapitel der Bild-Analysen von Iris Därmann: *Tod und Bild* (1995).

VIII. Technische Eingriffe in die Erfahrung

Indem die Psychoanalyse Abgründe der Erfahrung aufreißt, verschiedene Instanzen der Erfahrung voneinander absondert und auf diese Weise das erfahrende und erfahrene Selbst von sich selbst abspaltet sowie Spuren des Anderen im eigenen Selbst entdeckt, bleibt sie einer Phänomenologie der Erfahrung nahe, auch dort, wo sie ihre Funde und Befunde der schlichten Anschauung, dem üblichen Verstehen und der autonomen Verfügung entrückt. Fehlhandlung, Körpersymptom oder Verfolgungswahn wären nicht einmal unverständlich, wenn das Band zum alltäglichen und normalen Verhalten völlig zerschnitten würde; sie hätten mit Verständlichkeit nichts zu tun und würden eben damit ihre beunruhigende Wirkung einbüßen. Da die Psychoanalyse des Unbewußten keineswegs diesen Schnitt vollführt, kann sie als Spielart einer Xenologie behandelt werden, die mit einer Phänomenologie des Fremden konkurriert, auch konfligiert, ihr aber nicht geradewegs zuwiderläuft. Ebendeshalb ergibt sich die Möglichkeit, die Sachanalysen der früheren Kapitel in eine phänomenologisch-psychoanalytische Engführung einmünden zu lassen, die auf beiden Seiten verstärkende Wirkungen hervorruft.

Es ist fraglich, ob Phänomenologie und Technologie sich in ähnlicher Weise aufeinander beziehen lassen. Weist die Technik ein »Schibboleth« auf, das dem »inneren Ausland« des Unbewussten vergleichbar wäre? Dies hängt davon ab, was man unter Technik versteht. Nimmt man die alltägliche Redewendung ›Erfahrungen machen‹ wörtlicher, als es üblicherweise geschieht, so treten den Erfahrungen, die wir *durchmachen*, Erfahrungen gegenüber, die *wir herstellen* oder die *sich herstellen*. Hier deutet sich von vornherein die Möglichkeit an, daß die Technik unseren alltäglichen Erfahrungen, einschließlich der emphatischen Form von Widerfahrnissen, den Rang abläuft. Die vollendete Technisierung der Erfahrung brächte diese zum Verschwinden, es bliebe nur der Anschein von leibhaftiger Erfahrung zurück. Das Leiden unter der Technik wäre dann ein letztes Aufbäumen der Erfahrung und zugleich ein Aufruf zur technischen Selbstüberwindung. Der entfesselte Prometheus als letzter Gott, das ist so neu nicht, nur daß die Realisierung bestimmter Mythen näherrückt. Damit stehen wir mitten in den Debatten der Gegenwart. Diese führen immer dann an einen toten Punkt, wenn

Technisierung und Moralisierung beziehungsweise Juridisierung der Erfahrung unvermittelt aufeinanderstoßen. Kompromisse bieten sich an, so etwa in Form einer voranschreitenden Biotechnik, die in der Bioethik ihr Kompensat und in der Biopolitik ihre Vollstreckungsorgane findet. Eine rein kompensatorische Ethik, die menschliche Werte und Rechte verteidigt, ohne sich auf eine gründliche Prüfung der Phänomene einzulassen, wäre jedoch außerstande, die Übermacht der Technik von sich selbst her in Frage zu stellen.

Die Alternative, die wir im Auge haben und die bisher nur gelegentlich gestreift wurde, läuft auf den Bahnen einer *Phänomenotechnik*,[1] deren Spuren überall dort zu erwarten sind, wo Technik in die Erfahrung eingreift. Dieses Eingreifen soll weder besagen, daß Technik der Erfahrung dient noch daß sie diese überholt und Handlungen durch Expertensysteme steuert. Das Ein-greifen, so wie es im folgenden verstanden wird und das ähnlich wie das Ein-schreiten einen leiblichen, somatotechnisch gestalteten Urbezug aufrechterhält, konstituiert ein Zwischenfeld, ein Feld intervenierender Ereignisse, mögen diese episodisch oder langfristig auftreten. Dabei stellt sich die Frage nach dem Verhältnis zwischen dem, *was* eingreift, und dem, *worin* eingegriffen wird. Verschwindet diese Differenz, so verwandelt sich der Eingriff in einen Übergriff, mit dem die Technik überhandnimmt. Was sich zeigt und was sich so oder so erfährt, fiele dann zusammen mit dem, was sich herstellt. Tritt diese Nivellierung nicht ein, so ist zu erwarten, daß inmitten der Technisierung Bruch- und Leerstellen eines *Atechnischen* aufklaffen, das nicht mit Antitechnik zu verwechseln ist. Ansatzpunkte für entsprechende phänomenotechnische Doppelanalysen sind in jenen diastatischen Erfahrungssprüngen zu suchen, die wechselweise als signifikative, appetitive, regulative, repräsentative und responsive Differenz bezeichnet wurden und die in der Urdiastase von Affekt und Response ihr äußerste Spannkraft erreichen. Es ist zu vermuten, daß an diesen Stellen nicht nur die Technisierung der Erfahrung ansetzt, sondern daß auch mögliche Widerstände gegen eine pantechnologische Überwältigung der Erfahrung von dort ausgehen. Die Frage nach den Angriffsstellen der Technik führt uns abermals in das Herz einer von Fremdheit durchdrungenen Erfahrung, die wir von den zentralen Motiven des Pathos und der Diastase her zu erschließen suchen. Gäbe es nicht etwas, das sich von Anfang an dem technischen Zugriff

1 Ich übernehme diesen Ausdruck der Epistemologie von Gaston Bachelard, ohne mich auf deren Zielsetzungen festzulegen und zu beschränken.

entzieht, so wäre solches auch auf die Dauer nicht zu erwarten, allem pragmatischen Feilschen und allen moralisch-rechtlichen Einsprüchen zum Trotz.

Es versteht sich, daß die immensen Fragen, die hier auf uns warten und die durch die enorme Beschleunigung des Forschungs- und Erfindungstempos noch verstärkt werden, nur bei gezielter und rigoroser Auswahl traktabel sind. Wie im Falle der Psychoanalyse halten wir uns an die leitenden Gesichtspunkte, die wir in den vorausgehenden Analysen der Erfahrung gewonnen haben. Es geht uns in erster Linie darum, wichtige Nahtstellen zwischen Phänomenologie und Technologie zu markieren.[2] Wenn wir dabei über eine allgemeine technologische Orientierung hinaus der Biotechnik ein besonderes Gewicht einräumen, so geschieht dies nicht einfach aus Gründen der Aktualität, sondern im Hinblick darauf, daß jene an die Grundfesten der Erfahrung rührt. Hat das, was wir Pathos nennen, unter poietischen oder auch autopoietischen Gesichtspunkten betrachtet, überhaupt noch eine *raison d'être*? Hat es Sinn, von einer Pathotechnik zu sprechen? Und was wird aus den Sprüngen der Diastase, aus dem Chiasmus von Vorgängigkeit und Nachträglichkeit, wenn der technologische Utopismus eines enttäuschungsresistenten Noch-nicht das letzte Wort behält? Daß wir nicht alles tun sollen, was wir tun können, nimmt sich wie ein frommer Wunsch aus, solange sich nicht zeigen läßt, daß die Technologie selbst nicht alles kann.

1. Technologische Paradigmen: integrierte, beherrschte und entfesselte Technik

Wenn wir die pathologischen, responsiven und diastatischen Aspekte der Erfahrung mit der Technik in Beziehung bringen wollen, müssen wir uns darüber klarwerden, welche Kategorien hier am Platz sind. Die drei Grundkategorien der Entstehung, Herstellung und Selbstorganisation stellen keine strikten Alternativen dar, im Gegenteil, sie ergänzen, überlagern und vermischen sich; manches tritt vorzeitig, anderes verspätet auf, so daß Älteres verändert wiederkehrt oder in neuen Kontexten fortlebt. Es stimmt zwar, daß Leibeigenschaft, He-

2 Den allgemeinen Hintergrund dieser Problematik habe ich an andere Stelle entfaltet. Ich verweise auf: *Der Stachel des Fremden* (1990), Kapitel 9, *Grenzen der Normalisierung* (1998), Kapitel 2, 9 und 10, *Sinnesschwellen* (1999), Kapitel 4.

xenglaube oder Ämtervererbung unserer Vergangenheit angehören, doch ebenso stimmt es, daß wir immer noch mit Messer und Gabel essen, elektrische Sägen, Fahrräder oder Bleistifte benutzen, obwohl raffiniertere technische Möglichkeiten bereitstehen. Die Nutzung der Technik ist nicht selbst technisch, solange wir uns nicht in Roboter oder Bioniks verwandeln. Doch auch so ergeben sich verschiedene Konstellationen, die sich in die Geschichte der Technik einzeichnen und eine Pluralisierung nicht nur der Technikkonzeptionen, sondern auch der Technikformen zur Folge haben. Schließlich ist nicht zu leugnen, daß die Philosophie (auch die Theologie) der Technik trotz gewisser Zukunftsvisionen, die sie hervorbrachte, durchweg der Technikentwicklung hinterherhinkte. Bedrohlich wird die Situation für die Philosophie, seitdem die Technik als Techno-logie ihren eigenen Logos hervorkehrt und, vielfach nicht ohne technizistische Gelüste, die Initiative ergreift.

Im folgenden werde ich von drei technologischen Makroparadigmen ausgehen, die sich durch ein je verschiedenes Verhältnis zur Lebenspraxis auszeichnen und sich an wechselnde Naturauffassungen anlehnen. Wie in den früheren Kapiteln begnüge ich mich mit idealtypischen Orientierungsskizzen, um die sachlichen Erörterungen nicht durch historische Details überwuchern zu lassen (vgl. Schema 10, S. 364).

An erster Stelle wäre das *klassische* Paradigma zu nennen, das bei Aristoteles seine prägnante, wirkungsmächtige Ausprägung gefunden hat. Die Technik wird hier von der *Poiesis* her verstanden als Kunstfertigkeit in der *Herstellung* von etwas, das sein Ziel darin hat, zur Erreichung anderer Ziele zu dienen. Die prototypische technische Vorrichtung ist das *Werkzeug*, das *Organon*, das ein durch und durch funktionales Gebilde darstellt. Dem Bereich der *Techne* gehört alles an, was seine Wirk- und Zweckursache außer sich hat, was also bewegt wird, ohne sich selbst zu bewegen. Die Techne hat es mit Wegen und Mitteln zu tun, die zum Ziel führen, nicht mit der Zielbestimmung oder Zielsetzung selbst. Sofern solche Vermittlungsprozesse überall auftreten, wo etwas angestrebt und verwirklicht wird, also im Bauen, im Sprechen, in der Kommunikation, im Zählen und Messen, in der Bildverfertigung oder der Tonerzeugung, greift der Bereich der Techne über den engen Bereich von Werkzeugen hinaus, so daß unsere Rede von Meß- oder Musik*instrumenten* sich nahezu von selbst versteht. Entscheidend ist dabei die Unterordnung der Poiesis unter die *Praxis*, die als *Eupraxie* ihr Ziel in sich selbst trägt

	Ordnungsform	Grundoperation	Prototyp
Klassisches Paradigma	Einbindung der Technik in die Natur	Herstellung zum eigenen Gebrauch	Werkzeug – direkte / indirekte Motorik
Modernes Paradigma	Beherrschung der Natur durch Technik	Nutzung fremder Kräfte	automotorische Maschine
Hyper-modernes Paradigma	Entfesselung der Technik als Quasi-Natur	Selbstregelung	automatische Maschine
		Selbst-organisation	System / Umwelt

Schema 10: Technologische Paradigmen

und sich bei der Erreichung oder Bewerkstelligung geeigneter Mittel und geeigneter Verfahren bedient. Die Handlung trägt zwar aufgrund ihrer symbolischen und institutionellen Ausgestaltung durchaus Momente der Künstlichkeit an sich, doch durch ihre Einbettung in ein Lebensganzes und durch ihre Grundausrichtung auf vorgegebene Ziele hat sie teil an der allgemeinen Zielstrebigkeit der *Physis*, die alles umfaßt, was sich aus sich selbst bewegt, was sich auf seine eigenen Ziele hin entfaltet und ohne unser Zutun entsteht und vergeht. Die Physis bildet das *nicht herstellbare Woraufhin und Woher aller Herstellung*.

Der Gleichklang von Techne und Physis wird gewahrt durch eine Verkettung oder Verschachtelung der Ziele: die Qualität des Fabrikats zeigt sich im Gebrauch des Utensils, der Gebrauch des Fabrikats vollzieht sich in der Handlung, fügt sich ein in ein Lebensganzes, und dieses partizipiert wiederum an der globalen Zielordnung der φύσις, der *natura*, die ihrem Wortsinn nach auf Wachstum und Geborenwerden hindeutet. Alle *künstliche Herstellung* ist eingebunden in einen Prozeß *natürlicher Entstehung*; alle künstlichen Eingriffe sind umgriffen von einem natürlichen Ganzen; was von fremder Hand hergestellt wird, ist angewiesen auf das, was – mit Heidegger zu reden – von sich her aufgeht. Das geglückte Leben ist kein Besitz, sondern ἐνέργεια, eine sich entfaltende Tätigkeit (vgl. *Nik. Ethik* IX, 9, 1169 b 29 f.), und das Lebewesen, das dieses Leben lebt, ist erst recht kein künstliches Produkt, sondern ein natürliches Erzeugnis. Der Techne bleibt die nicht geringe Aufgabe, die Natur zu *vollenden*, indem sie diese nachahmt, sie ergänzt und ihr nachhilft, wo sie hinter ihren Zielen zurückbleibt (vgl. *Physik* II, 8, 199 a 15-17, *Politik* VII, 17, 1337 a 1-3). Das Wetteifern der Kunst, auch der schönen Künste, mit der kosmischen Natur bezieht hieraus seine Nahrung, doch hält es sich in Grenzen. Die Grenzen werden überschritten in der Pervertierung der Zielordnung, die bloße ›Lebensmittel‹ mit dem Lebensziel vertauscht, und in der Hybris, mit der Menschen ihre naturgegebenen Grenzen überschreiten. Wie der Sturz des Ikarus zeigt, rächt sich die Natur in solchen Fällen selbst; unser Sprichwort »Hochmut kommt vor dem Fall« hält etwas von dieser Lebensweisheit fest.

Dieser wohlgeordnete, teleologisch bestimmte Kosmos stößt allerdings an gewisse Grenzen, und die Grenzen selbst verwischen sich an manchen Stellen. Daß die Natur selbst nicht frei ist von Zufällen und Monstren, wird in Kauf genommen; dies gehört sozusagen zu den Schatten, ohne die es kein Licht gäbe. Dazu gehört auf der lebenspraktischen Seite, daß Aristoteles keine Bedenken dagegen hat, lebensuntüchtige Wesen preiszugeben und etwa ›mißgebildete‹ Kinder auszusetzen.[3] Der Natur, die noch keinem Uhrwerk gleicht, sondern einem Kunstwerk, sind Fehlversuche und mißlungene Skizzen so wenig anzurechnen wie einem Künstler, der sich nicht ständig auf der Höhe seines Schaffens hält. Der Schauder vor Miß- und Mischgebilden setzt sich allerdings fort in fabulösen Monstern und Chimären, von denen nicht nur die antiken Mythen Zeugnis ablegen, sondern auch die fratzenhaften Dämonen, die an den Friesen und Kapitellen mittelalterlicher Kirchen ihr Unwesen treiben. Während man diese halb phantastischen, halb realen Ungebilde an den Rändern der Ordnung ansiedeln mag, dort also, wo diese gleichsam ausfranst, gibt es Bruchstellen, die eine vollständige Einordnung der Techniken in Frage stellen.

3 Vgl. hierzu *Politik* VII, 16, 1135 b 19-26. Dort heißt es kurz und bündig: »Es sei Gesetz, nichts *Mißgebildetes* (πεπληρωμένον, wörtlich: Verstümmeltes, Gelähmtes) aufzuziehen.« Mit dem beschönigenden Neutrum deutet Aristoteles an, daß es sich um etwas handelt, das nicht zur vollendeten Entfaltung und Bewegung seiner selbst fähig und somit unnatürlich ist. Die negative Eugenik liegt auf der Linie des εὖ πράττειν und εὖ ζῆν. Der Kommentator E. Bekker (Oxford 1961, S. 327) weist darauf hin, daß die übliche Aussetzungspraxis, die Aristoteles eingeschränkt sehen will, vor allem Kinder weiblichen Geschlechts betraf.

Zum einen sind Naturkräfte von vornherein am Gebrauch der Werkzeuge beteiligt, und dieser Anteil wächst. Von der *direkten Motorik* der Hand, die einen Faustkeil oder einen Hammer führt und dessen Schwungkraft nutzt, ist die *indirekte Motorik* zu unterscheiden, die sich auf die Flugkraft und Flugbahn des Wurfgeschosses oder auf Zugkraft und Ausdauer des Zugtieres verläßt.[4] Der Gegensatz zwischen künstlichen Dingen, die von außen bewegt werden, und natürlichen Wesen, die sich von selbst bewegen, verringert sich, wenn wir diese ganz und gar normale *Mitwirkung* der Natur in Betracht ziehen, eine Mitwirkung, die jederzeit in *Gegenwirkung* umschlagen kann, zum Beispiel wenn wir uns an dem Werkzeug verletzen oder wenn dieses den Produktionsgang stört. Was mitwirkt, hat stets eine wenn auch minimale Eigenwirkung und Eigengewichtigkeit. Was betätigt und manipuliert wird und *als Werkzeug* fungiert, ohne schlichtweg ein Werkzeug zu sein, ist ein von außen Bewegtes, das sich bis zu einem gewissen Grad selbst bewegt. Eine Bewegung, die wir auslösen, haben wir niemals völlig ›in der Hand‹. Diese Mischform einer herbeigeführten Selbstbewegung deutet sich bei Aristoteles an, wenn er die auf ihre Arbeitskraft reduzierten Sklaven als »beseelte Werkzeuge« definiert und wenn er die Möglichkeit sich von selbst bewegender Automaten ins Auge faßt (*Politik* I, 4). Die Kunstfertigkeit eines Hephaistos oder eines Dädalus wetteifert mit dem Leben, gleich dem Maler, dem ζώγραφος, der in der Darstellung des Lebendigen seine höchsten Möglichkeiten erreicht und im Pygmalion sein Urbild findet. Eine solche Kunstfertigkeit ist nicht nur interessant als Beispiel vorzeitiger Technikvisionen, sie dokumentiert auch eine Grenzüberschreitung von Techne und Physis, wie sie für den Menschen von Anfang an gang und gäbe war. Zu dieser frühen Synergie künstlicher Betätigung und natürlicher Vorgänge paßt die Tatsache, daß nicht nur die Technik bis zu einem gewissen Grade *naturalisiert*, sondern auch umgekehrt die Natur bis zu einem gewissen Grade *technisiert* wird. Dies zeigt sich etwa bei Platon in der Betrachtung bestimmter Körperteile als funktionaler Organe, die als eine Art natürlicher Werkzeuge ihren Dienst zielgerecht verrichten (vgl. *Politeia* I, 342 a). Dies entspricht auch einer Techno-Theologie, die das Weltganze als Werk eines göttlichen Demiurgen, eines *Deus faber* deutet. Doch nicht nur Techne und Physis verschränken sich zu

4 Zu dem hier und im folgenden zugrunde gelegten Entwicklungsschema und zur prototypischen Kennzeichnung der einzelnen Technikphasen vgl. die paläontologisch fundierten Ausführungen von André Leroi-Gourhan: *Hand und Wort*, Kapitel VIII.

einer Techno-Physis, auch die Abgrenzung von Poiesis und Praxis verliert ihre klaren Konturen, wenn Platon das Herrschaftsgefüge der Polis, das auf der praktischen Mitwirkung des Einzelnen aufbaut, als ein gigantisches Kunstwerk entwirft. Hannah Arendt (1981, § 31) moniert zu Recht, daß damit das Handeln dem Herstellen untergeordnet wird. Doch bis heute stellt sich die Frage, ob Herrschaftspraktik und Herrschaftstechnik nicht stärker ineinander verzahnt sind, als es die kategoriale Scheidung von Praxis und Poiesis vorsieht.

Schließlich öffnet sich in der auf Selbstbewegung aufbauenden Ordnung der Physis eine Flanke, wenn die Natur durch Techne ergänzt wird. Ergänzt werden kann nur, was nicht schlechthin das Ganze ist, dem etwas fehlt, so daß es auf Ergänzungen angewiesen ist. Hier meldet sich das Motiv eines Supplements im Sinne von Derrida, das zwar nur supplementiert, aber in dieser Supplementierungsleistung unersetzlich, also originär ist. Die daraus erwachsende Frage nach der Ergänzungs- und Ersetzungsbedürftigkeit der natürlichen Ordnung stellt sich mit neuer Dringlichkeit, wenn wir zu dem zweiten Paradigma überwechseln.

Das *moderne* Paradigma, das sich in der frühen Neuzeit durchzusetzen beginnt, ist aufgrund seines dynamischen Charakters treffender als Paradigma der Modernisierung zu bezeichnen. Der technische Aspekt der Modernisierung, auf den es uns ankommt, ist eng mit den übrigen Aspekten der Modernisierung verbunden. Zunächst einmal ändert sich der Ordnungsrahmen. Das Subjekt, das sich von der vorgegebenen Ordnung einer zugleich physischen und sozialen Natur zu befreien sucht, reißt einen Spalt auf zwischen einem Reich des Geistes, der Freiheit, der Kultur, in dem es als Subjekt waltet, und einem Reich der Natur, der natürlichen Körper und der Naturnotwendigkeit, in das es vermittels der Eigennutzung fremder Kräfte eingreift. Die Herstellung ist nicht länger in ein vorgegebenes Zielgefüge und Zielgeschehen eingeordnet, sie geht nicht mehr kontinuierlich in Praxis über. Die Einordnung weicht der Unterordnung unter die Verfügungsgewalt eines Vernunftsubjekts, das als zielsetzend und gesetzgebend auftritt. Die Natur sinkt gleichsam herab auf den Status von Werkzeugen, die ihr Ziel außer sich haben. Dieses Ziel kann nur ein menschliches sein. Auf diese Weise treten bei Kant Vernunfthandlung und »Naturhandlung« (KrV B 575), Kausalität aus Freiheit und Naturkausalität einander antithetisch gegenüber. Die Teleologie rückt in den Schatten einer Deontologie; denn wie gut etwas ist, mißt sich an Gesetzen, die bestimmen, wie etwas sein soll. Sofern die

Natur als materielle selbst von der Herstellung her gedacht wird, reduziert sie sich zunächst einmal auf einen *(noch) nicht herstellbaren Rest aller Herstellung.*

Der Spalt zwischen beiden Sphären wird *de facto* überbrückt, wann immer eine Handlung beziehungsweise eine Herstellung aktiv auf die Natur einwirkt oder passiv eine natürliche Einwirkung erleidet. Technische Einwirkungen auf die Natur geschehen durch den gezielten und berechneten *Einsatz fremder Kräfte.* Wissenschaft und Technik arbeiten dabei Hand in Hand, Finden und Erfinden gehen ständig ineinander über, was nicht besagt, daß epistemische und technologische Zielsetzungen sich schlichtweg decken. Die Berechnung findet darin ihre Grenze, daß Neues als Neues entsteht und nicht nur hergestellt wird, daß es auftaucht, daß es emergiert und nicht resultiert. Dies bedeutet nicht, daß Neues grundlos entsteht, wohl aber, daß es keine zureichenden Gründe vorfindet. Innovationen können wir somit als *nicht herstellbaren Überschuß in der Herstellung* bezeichnen. Dies ist ein wichtiges Moment, das uns bei der Autopoiesis nochmals begegnen wird. Hinzu kommt eine Verschiebung in der Sphäre der technischen Verrichtungen. Das Gewicht verschiebt sich von der direkten und indirekten Motorik des Werkzeugs auf die *automatische Maschine*, die Naturkräfte wie Wasser und Wind nutzt. Solche Maschinen werden nicht gehandhabt, sondern bedient. Sie werden an- und abgeschaltet, und sie setzen ein bestimmtes Regelwerk voraus. Die Mechanisierung der Natur führt zu einer Devitalisierung, sofern Lebensprozesse mechanischen Bewegungen angeglichen werden. Es beginnt allerdings auch der Gegenprozeß einer Vitalisierung von Automaten, die das Leben auf beunruhigende Weise nachäffen (vgl. Meyer-Drawe 1996).

Die faktische Überbrückung des Spaltes, der die beiden Sphären voneinander trennt, hebt den *Dualismus* nicht auf, der sich aus dem Fehlen einer vermittelnden Instanz ergibt. Daraus erwächst eine Beunruhigung, die alle epistemischen, praktisch-moralischen und praktisch-technischen Bemühungen erfaßt und die bis heute andauert. Die Bearbeitung der Natur stößt auf den bekannten Leib-Seele-Dualismus, der besagt, daß ein und dieselbe Einwirkung sowohl als phänomenales Erlebnis in der ersten Person wie auch als realer, energetischer Vorgang zu betrachten ist, wobei der Energieerhaltungssatz jede reale Einmischung seitens des Geistes oder der Seele ausschließt. Für die Beherrschung der Natur als praktisches Unternehmen gilt, daß jede Handlung sowohl praktisch-moralischen Imperativen gehorcht wie auch technisch-natürlichen Regelungen unterliegt. Da die Zielsetzung ganz auf die Seite der Praxis fällt, sind alle technischen Imperative, die sich auf naturgesetzliche Abläufe beziehen, hypothetische Wenn-dann-Sätze. Dies impliziert, daß die Berechnung der Natur mit Naturgesetzen operiert, die von Freiheitsgesetzen durch einen Graben getrennt sind. Während der epistemische Dualismus bei Descartes seinen prägnanten Ausdruck gefunden hat, ist für den praktischen Dualismus bis heute die Kantische Sichtweise maßgebend.[5] Die doppelte Buchführung, der das »denkende Schilfrohr« sich selbst unterwirft, läßt offen, welcher Art denn dieses X ist, das teils aus sich selbst entsteht nach Gesetzen, die es sich selbst gibt, und teils hergestellt wird nach Regelungen, deren Geltung sich einem »glücklichen Zufall« verdankt (vgl. Kant, KU B XXXIV). Die Beunruhigung, die von dieser Spaltung ausgeht, dauert nicht zuletzt deshalb fort, weil das Leben selbst durch dieses Raster hindurchfällt; die teleologische Aufwertung durch eine Als-ob-Betrachtung ändert daran nichts, denn Fiktionen bleiben letzten Endes der Subjektivität verhaftet. So ist es nicht zu verwundern, daß es Mischkonzeptionen gibt wie jene von Leibniz, der eine monadologische Gesamtrechnung aufmacht, oder jene von Spinoza, die das X in dem Sowohl-als-auch von Geist und Natur aufgehen läßt, in einer Identität ohne etwas, das zu identifizieren wäre. Ebensowenig ist es zu verwundern, daß man sein Heil in einer einseitigen Idealisierung oder umgekehrt in einer einseitigen Materialisierung sucht, wobei beide Extreme daran kranken, daß eine Seite niemals restlos in der anderen aufgeht. Das beste Exempel dafür liefert die sogenannte Entfremdung des Menschen (oder des Geistes) von seinen Werken. Diese erscheint als ein letzter Versuch, die Herrschaft über die erste wie über die zweite Natur aufrechtzuerhalten. Entfremdung besagt, daß die Zwischenglieder und Mittelinstanzen sich vervielfältigen, so daß der Mensch sich in seinen Produkten nicht mehr wiedererkennt, und dies führt schließlich dazu, daß Macht in Ohnmacht, Herrschaft in Beherrschtwerden umschlägt. Doch diese apokalyptischen Töne ändern wenig an der Grundmelodie, die auf Beherrschung gestimmt ist. Solange Entfremdung im Rahmen einer Beherrschung der Natur gedacht wird, beschränkt sie sich auf eine Fremdheit aus eigener Hand.

Was sich heute im Bereich der Technologie abzeichnet, könnte

5 Zur Perspektive eines praktischen Dualismus vgl. Carrier/Mittelstraß 1989, Kapitel IX.

man als *hypermodernes* Paradigma titulieren, um anzudeuten, daß die Moderne sich selbst aufheizt und über ihre eigenen Voraussetzungen hinausstrebt. Wohin dieses Streben geht, das ist die Frage. Zögernd spreche ich von einem neuen Paradigma, besser wäre es von einer Paradigmenskizze zu sprechen, die sich mit bloßen Erklärungsskizzen vergleichen ließe. Abgesehen davon, daß die beschleunigte Selbstüberholung des einen Paradigmas durch das andere mitunter einem bloßen Reifenwechsel gleicht, erweist sich dieses hypermoderne Paradigma als ein changierendes Gebilde, bei dem alte und neue Fäden sich verschlingen. Unsere Orientierungsskizze beschränkt sich denn auch auf mutmaßliche Tendenzen. Was zunächst den Rahmen angeht, den die neuen Technologien sich verschaffen, so drängt sich der Eindruck auf, daß der neuzeitliche Dualismus nicht überwunden, sondern neutralisiert wird. Dies geschieht in Form einer *ars sive natura*, einer Kunst-Natur oder einer Natur-Kunst, in der natürliche und künstliche Momente ineinanderspielen. Die Einbindung der Technik in eine Naturordnung und die neuzeitliche Beherrschung der Natur durch die Technik weicht mehr und mehr einer Entfesselung der Technik. Diese Entfesselung ist teils wörtlich zu nehmen als Befreiung aus vorhandenen Bindungen, teils ist sie emphatisch zu verstehen als Auslösung einer hemmungslosen Entwicklung. Sie wird teils begrüßt als Freisetzung neuer Möglichkeiten, teils wird sie gefürchtet als Verselbständigung des Machbaren, oder sie wird schicksalhaft konstatiert. Zweideutig bleibt diese neuere Entwicklung so oder so. Eine Entfesselung der Technik ergibt sich dann, wenn diese generalisierte Technik keinen Gegenspieler mehr findet. *Nihil contra artem nisi ars ipsa*, so könnte man diese neue Lage in eine alte Formel kleiden, deren theologische Untertöne durchaus nicht unpassend sind, selbst wenn sie einen parodistischen Beiklang annehmen. Eine sich selbst überlassene und verallgemeinerte Technik dringt durch alle Poren des privaten und öffentlichen Lebens.

Fragen wir nach einer Grundoperation, die einer solchen, von äußerlichen Fesseln befreiten Technik am ehesten entspricht, so stoßen wir auf die *Selbstorganisation*, die schon Kant als Ordnungsform des Lebens anführt (vgl. KU B 292). Selbstorganisation bedeutet Selbstherstellung der Ordnung im Prozeß des Ordnens. Was zunächst als biotechnisch spezialisierte Autonomie auftritt, hält als *Autopoiesis*, das heißt als Selbstherstellung Bezüge aufrecht zur klassischen Form der Herstellung. Den neuen technischen Prototyp bildet zunächst die *automatische Maschine*, die über die energiegespeiste Selbstbewegung hinaus der Selbststeuerung und Selbstregulierung fähig ist. Abgesehen von bloßen Körperkräften werden cerebrale Funktionen an die Maschine delegiert. Das Werkzeug als Verlängerung des Leibes wird ersetzt durch die Auslagerung von Befehls- und Steuerfunktionen; die Auslagerung orientiert sich nicht mehr an den spezifischen Körper*organen*, sondern am zentralen Nerven*system* – ein Terminus, der die neue technologische Ausrichtung treffend widerspiegelt. Die Verlagerung des Gewichts von Kraft verbrauchenden auf Informationen verarbeitende Maschinen hat eine Dematerialisierung und Entkörperung zur Folge, durch die die Kluft zwischen körperlicher Betätigung und maschineller Ausführung sich vertieft; dies gilt selbst dann, wenn man beachtet, daß auch Informationsverarbeitung Energie verbraucht. Der Abstand zwischen Körpertechnik und Maschinentechnik vergrößert sich weiterhin dadurch, daß die Ausführung eines maschinell realisierten Programms nicht nur Regeln enthält wie im Falle körperlicher Betätigung, sondern strikt nach Regeln abläuft. Doch bekanntlich hat sich das Pendel, das von der Mechanisierung weit bis zur Formalisierung und Mathematisierung ausschlug, gedreht in Richtung auf *Systeme*, deren Prozesse nicht mehr fremde Energie und Informationen verarbeiten wie die »trivialen Maschinen«, sondern sich selbst in Austausch mit einer *Umwelt* organisieren, und dies nicht nur synchron im Dienste einer Systemerhaltung, sondern auch diachron im Zuge einer Systementwicklung. Der Gegensatz zwischen natürlicher Entstehung und künstlicher Herstellung scheint aufgehoben in einer Selbstorganisation, innerhalb deren Herrschendes und Beherrschtes oder Steuerndes und Gesteuertes demselben System angehören. Diese Revision hierarchischer Herrschaftsmodelle führt zu einer Rückannäherung an klassische Ordnungsvorstellungen, doch hat diese ihre deutlichen Grenzen. Die schon erwähnte Neutralisierung erlaubt es, den Bios technologisch und gleichzeitig die Techne biologisch zu interpretieren, so daß die Technisierung des Lebens mit einer Biologisierung der Technik zusammentrifft. Der Begriff der Biotechnik schillert zwischen einer Technik, die in Lebensprozesse eingreift, und Lebensprozessen, die selbst technikförmig ablaufen, sie schillert zwischen Bio-Technik und Techno-Bios. Das Modell der Selbstorganisation oder der Autopoiesis scheint die *disjecta membra* wieder zusammenzufügen, die in dem Paradigma der Moderne getrennt waren: die *Physis* in Form lebendiger Selbstbewegung, den *Logos* als Regelung, die nicht nur Ist-, sondern auch Soll-Zustände berücksichtigt, das Subjekt als *Auto*-, als

Selbstbezüglichkeit dieses Ordnungsgeschehens, schließlich die *Kontingenz* einer Ordnung, die nicht vorgegeben ist, sondern sich unter bestimmten Bedingungen einstellt.

Diese Rückkehr des Lebens in das Reich der Technik, aus dem es mehr und mehr durch physiko-technische Modelle verdrängt schien, diese Revitalisierung der Technik, die sich der früheren Devitalisierung und Dematerialisierung entgegenstellt, hat etwas durch und durch Zweideutiges. Was wir als hypermodernes Paradigma tituliert haben, unterliegt nicht nur der Versuchung einer pantechnischen Hybris, es könnte sich selbst als ein hybrides Mischgebilde erweisen und eben daraus seine Kräfte beziehen. Doch bei einer solchen Einschätzung der Dinge ist einiges zu beachten.

Es wäre unsinnig anzunehmen, die Biotechnik könne das Gesamtfeld der Technologie besetzen. Es gibt weiterhin die Physiotechnik, die in der Nanotechnik neue Forschungsfronten eröffnet, es gibt ferner eine Kommunkationstechnik, eine Rechtstechnik, eine Bildtechnik und so fort. Die generalisierte Technik realisiert sich als zerstreute Technik. Selbst wenn es stimmt, daß die Lebenswissenschaften zu neuen Leitdisziplinen aufgerückt sind, so bedeutet dies nicht, daß sie andere Disziplinen verdrängen oder auch nur dominieren können. Gleichwohl bleibt es bemerkenswert, daß die Biowissenschaften einen Rahmen liefern nicht nur für die Betrachtung und Behandlung des Lebendigen, sondern auch eine andersartige, umwelthafte Auffassung von Natur befördern, so daß sich Lebensvorgänge nicht einfachhin einer höheren Schicht der Erfahrung zuordnen, die auf einer physiko-chemisch zu bestimmenden Grundschicht aufruht. Natur als Umwelt ist nicht ohne physikalische Mikroprozesse zu denken, aber sie hat eine spezifische, nicht nur eine komplexere Struktur. Für unsere Problematik ist die Biotechnik von besonderem Interesse, weil sie der gelebten Erfahrung förmlich auf den Leib rückt.

Weiterhin sollten wir uns vor einer Technikkritik hüten, die Methoden, Modelle, Praktiken und Theorien mit welt- und lebensanschaulichen Extrapolationen gleichsetzt. Mechanismen, Finalitäten und Systeme sind von mechanizistischen, finalistischen und systemistischen Weltbildern zu unterscheiden, und dies schon deshalb, weil Weltbilder nicht experimentell zu erproben oder zu falsifizieren sind. Einerseits bilden die erwähnten Großparadigmen Konglomerate aus wissenschaftlichen Annahmen, aus philosophischen und theologischen Deutungen, aus politischen und ökonomischen Regelungen und aus Alltagsvorstellungen; es sind Konglomerate, die man mit

Foucault als Diskurse und Dispositive bestimmen kann. Zum anderen versagen die alten Mittel der Ideologiekritik, die der Wissenschaftspraxis ein falsches Bewußtsein und eine mangelnde, von Interessen gesteuerte Selbstdeutung nachweist, wenn sich zeigt, daß ein praktizierter Technizismus sich durch seine Erfolge rechtfertigt und jede darüber hinausgehende Besinnung und Bewertung und jede daraus hervorgehende Bestimmung des Lebens als Überbau oder als Beiwerk abtut.

Die Reaktionen auf eine entfesselte Technik, die nur noch ihrem eigenen Schrittmaß folgt, sind vielfältig. Man kann versuchen, zur klassischen Naturauffassung zurückzukehren, und das heißt zu einer Physis, die der Technik ihre Maßstäbe vorgibt und zugleich eine erneute Symbiose mit der einseitig unterjochten Natur zuläßt. Diese Möglichkeit scheitert an der Kontingenz jeglicher Ordnung, deren technogene Spielräume sich nicht in der Rückkehr zu einer Naturordnung schließen lassen. Man kann weiterhin versuchen, an bestimmten praktischen Errungenschaften der Moderne festzuhalten, indem man von Wünschen und Interessen des Individuums ausgeht, die nicht selbst technisch produziert sind, oder indem man die instrumentelle Vernunft, wie es früher hieß, Systemprozesse, wie es neuerdings heißt, an eine kommunikative Vernunft ankettet, deren praktische Geltungsansprüche in jedem technischen Diskurs vorausgesetzt sind. Während in der neoaristotelischen Variante der neuzeitliche Dualismus in eine Lebensganzheit zurückgenommen wird, halten die Vertreter einer neokantischen Variante an dem praktischen Dualismus fest, und vielfach haben sie auch einen Burgfrieden mit dem epistemischen Dualismus von Descartes geschlossen. Die beiden Ordnungsformen treten natürlich selten rein auf, sondern zumeist in bestimmten Mischungen, die in der Rehabilitierung der praktischen Philosophie ihre gemeinsames Vielfaches haben. Zu erwähnen wäre schließlich Heideggers Denken der Technik, das nicht ohne Zweideutigkeit ist. Der Gleichklang von vorstellendem und herstellendem Denken bleibt noch allzusehr dem Herstellungs-Paradigma verhaftet. Andererseits wehrt Heidegger sich mit seiner Deutung der Technik als Ge-stell gegen eine instrumentelle und anthropologische Bestimmung der Technik, indem er sie in ein Seinsgeschick einfügt. Mir scheint, daß eine Kehre, die von der onto-technologischen zu einer seinsgeschichtlichen Deutung führt und persönliche Akte gegen ein anonymes Geschehen eintauscht, jene Spielräume außer acht läßt, die sich in der Technik selbst auftun. Wer die Bögen der Kehre zu weit schlägt und die Rettung von einem Jenseits der Technik erwartet, leistet einer pantechnischen Eschatologie Vorschub, indem er die Technik dämonisiert. Einleuchtender ist der Gedanke, mit dem Heideggers Frage nach der Technik einsetzt, daß nämlich das »Wesen der Technik« oder – wie es zutreffender heißen müßte – die historischen Formationen der Technik selbst nicht technisch verfaßt sind.

Soll die Technologie nicht auf den Stand einer allumfassenden, sich selbst begründenden Onto-theologie zurückfallen, so muß sie selbst einen Ort aussparen, von dem aus sie sich als Technik zeigt. Einen solchen Ort und solche Stellen in der Erfahrung ausfindig zu machen wird die Aufgabe der folgenden Ausführungen sein. Die zentralen Fragen lauten: Ist das, wovon wir affiziert werden und worauf wir antworten, etwas, das sich herstellen läßt? Und weiter: Ist das Selbst bloßes Produkt einer Selbstorganisation, einer Selbstherstellung, oder konstituiert es sich als Selbst im Hinblick auf Fremdes, das sich jedem, auch dem technischen Zugriff entzieht? Wenn eine Xenotechnologie, die sich des Fremden bemächtigt, diesem strikt zuwiderläuft, so stellt sich gleichwohl die Frage, ob und wie die Technologie am Einbruch des Fremden beteiligt ist. Eine Ohnmacht, die das Herrschaftsstreben und Herrschaftswissen unterbricht, könnte eine ähnlich Rolle spielen wie das Unbewußte, in dem unser Denken und Wollen sich selbst entgleitet.

2. Technologische Reduktion und Herausforderungen einer Phänomenotechnik

Die Suche nach den Schnittpunkten einer Phänomenotechnik wird, im Rückgriff auf die Ausführungen in Kapitel I, bei den Grundstrukturen der Erfahrung ansetzen, die sich in die zwei Stränge des Bedeutens und Begehrens oder – allgemeiner gesprochen – in die der Kognition und der Appetition zerteilen. Um einen Zugang zu diesem Grenzbereich zu eröffnen, bedarf es einer technologischen Reduktion, die es einerseits vermeidet, erlebte Phänomene in einer funktionierenden Technik aufgehen zu lassen, die sich andererseits nicht damit begnügt, technische Prozesse und Gegenstände als Phänomene zu betrachten. Letzteres würde eine Distanz zur Technik voraussetzen, die gerade durch die Annahme einer genuinen Phänomenotechnik in Frage gestellt wird. Phänomenotechnik besagt nämlich, daß technische Momente im Bereich der Phänomene eine Rolle spielen, so daß diese gleichsam technisch eingefärbt sind. Die technologische Reduktion wäre somit ein Bestandteil der phänomenologischen Reduktion, vergleichbar der eidetischen beziehungsweise der strukturalen Reduktion, die allgemeine Erfahrungsstrukturen ans Licht hebt.

Dieser phänomenotechnische Ansatz, der somatotechnische Aspekte einschließt, zieht eine Reihe von Konsequenzen nach sich. Anstatt geradezu von psychischen Mechanismen, Apparaten und Funktionen oder von einem psychischen System zu sprechen, wie wir es nicht nur in der Fachsprache, sondern auch in der Alltagspsychologie zu tun pflegen, ergibt sich die Möglichkeit, die künstlichen Ingredienzien der Erfahrung als solche zu thematisieren. Die Anlehnung an das Verfahren der phänomenologischen Reduktion hält uns davon ab, technische Modelle einseitig als reduktionistisch zu betrachten. Natürlich gibt es solche reduktionistischen Tendenzen zu Genüge; doch verbindet man technische Modelle und Apparate mit einem bloß »verarmten Bild« unserer Erfahrung, so verkennt man die Erfindungen, die darin stecken, und man übersieht, daß es eine in der Erfahrung fungierende Technik gibt, vergleichbar der Natur, die innerhalb der Kultur fungiert. Soweit von einer technisch verursachten Verarmung der Erfahrung gesprochen werden kann, ist die Erfahrung selbst verarmt und nicht nur das Bild, das wir uns von ihr machen. Die Technik gehört zur Infrastruktur der Erfahrung, bevor sie eine explizite techno-logische Form annimmt. Sie greift in die Erfahrung ein, bevor sie als solche begriffen wird.

Wenn wir Phänomenologie und Technologie im Zeichen einer Phänomenotechnik vereinen, so könnte dies nach einer schiedlich-friedlichen Komplementarität aussehen, doch dies wäre hier ebenso wenig zulässig wie im Falle der Psychoanalyse. Schon das Durchlaufen verschiedener metatechnischer Paradigmen hat gezeigt, daß von der Technik besondere Herausforderungen ausgehen, die sich bis in die Gegenwart hinein unaufhörlich steigern. Dieser Steigerungsprozeß, der das technologische Koordinationsfeld ständig verändert, macht es uns nicht leicht zu sagen, worin die Herausforderung letzten Endes besteht. Goethes Zauberlehrling, der noch in die dämonologische Vorstellungswelt gehört, weckt eine Ahnung von dem Wendepunkt, an dem das klassische Paradigma einer zu integrierenden Technik auseinanderbricht. Es geht nicht mehr nur darum, daß das erzeugte Gerät seinem Erzeuger Widerstand leistet oder daß dieser selbst Mittel und Ziel verwechselt, sondern es geht darum, daß das

Erzeugnis ein Eigenleben entfaltet. Dämonologisch ist eine Deutung, die das Erzeugnis als ein Quasi-Subjekt begreift, als einen Homunculus, einen Miniaturmenschen. Doch das »Unheimliche« der Technik reicht tiefer, sofern diese *subjektlose* Leistungen vollbringt, die bisher dem Subjekt vorbehalten schienen. Damit tut sich im Eigenen und Vertrauten, im Reich der Vernunft und der Freiheit abermals ein »inneres Ausland« auf.

Anders als in der Psychoanalyse spielt zunächst nicht das Pathos die entscheidende Rolle, also all das, was uns affiziert und inzitiert, sondern der *Logos*, der – nach der alten Definition – als das entscheidende Attribut des menschlichen Lebewesens galt. Als Techno-Logos reduziert sich dieser auf einen *funktionalen Logos*, einen Logos, der Elemente miteinander verknüpft, ohne daß diese Verknüpfungssysteme oder Verknüpfungsnetze an ersten Einsichten und letzten Zielen festgemacht sind. In der Sprache der klassischen Vernunft gesprochen, reduziert sich der Logos, die διάνοια, die diskursive *ratio*, also auf den zergliedernden *Verstand*, während der vernehmende νοῦς oder *intellectus* beziehungsweise die gesetzgebende, von universalen Interessen geleitete *Vernunft* technologisch gesehen ortlos bleiben. Dementsprechend arbeitet die hypermoderne Technologie mit operativen Konzepten wie Intelligenz, Rechner, Steuerung, Information oder Kognition. Eine strikt funktionale Rationalität hat es nicht mehr mit *etwas* zu tun, das *jemandem zu etwas* dient, vielmehr werden Haltemarken wie ›Was?‹, ›Wer?‹ oder ›Wozu?‹ selbst funktionalisiert, indem alles, was ist, in bezug auf anderes bestimmt wird. Die Funktionsgleichung ›x (f) y‹ stellt eine Formel dar, deren Leerstellen sich zwar verschieden füllen und deren individuelle Füllsel wieder verschiedenen Realisierungsbedingungen unterliegen, doch der Homologie des funktionalen Logos tut dies keinen Abbruch. Diese Reduktion zahlt sich förmlich aus in einer allgemeinen Berechenbarkeit.

Doch die Herausforderung für das moderne Subjekt liegt woanders, nämlich darin, daß all dies *ohne unser Wissen und Wollen funktioniert und sich zugleich materialisiert*, daß es *Denkmaschinen* gibt, für deren Funktionieren es relativ gleichgültig ist, ob sie künstlich hergestellt sind wie der Computer oder natürlich entstanden sind wie das Gehirn. Solange deren Leistungen sich vergleichen und wechselseitig steigern lassen, verliert dieser Unterschied an Gewicht. Wie schon das Descartessche Cogito mehr umfaßt als das kalkulierende Denken, indem es alle Akte einschließt, die mit Bewußtsein vollzogen werden, so macht auch die Denkmaschine bei der Rechenmaschine nicht halt; sie öffnet ihr mechanistisches Programm allen Erlebnis- und Verhaltensweisen, sofern sie funktional berechenbare Leistungen erbringen. Dies gilt selbstverständlich für Arbeitsmaschinen oder Orientierungssysteme; ob für Gefühlsmaschinen dasselbe gilt, bleibt zu fragen. Gleichzeitig deutet sich eine Technologie an, die sich nicht auf die Rationalität des *animal rationale* beschränkt, sondern die *Animalität* selbst, das heißt das Leben als Selbstbewegung und Selbstorganisation einplant. Die technische Herausforderung verschärft sich, wenn Denkmaschinen sich in *Lebensmaschinen* beziehungsweise in *Biosysteme* verwandeln, so daß unser Leben und die Welt im ganzen technomorphe Züge annehmen.

Dieser Problematik, deren Auswirkungen noch kaum zu ermessen sind, nähern wir uns, indem wir uns auf den Logos der Erfahrung konzentrieren. Dabei gehen wir zweistufig vor, indem wir zunächst das repräsentationistische, regelorientierte Paradigma heranziehen, dann dessen konnektionistische Revision in Betracht ziehen. Diese Revision hat zur Folge, daß sich das Gewicht vom Logos der noologischen Welt verschiebt in Richtung auf den von Husserl reklamierten »Logos der ästhetischen Welt« (Hua XVII, 297), also auch in Richtung auf eine Techne der ästhetischen Welt. Wir geraten damit auf die Bahnen der von Varela geforderten Neurophänomenologie. Dabei geht es weniger um die Beantwortung der Standardfrage, was ein Computer (noch) nicht kann, sondern um die Prüfung der Schnittstellen, wo eine Technisierung ansetzt und möglicherweise auch ins Leere greift. Das schrittweise Vorgehen erleichtert es uns, zwischen einer methodisch gezielten Funktionalisierung der Erfahrung und einem schrankenlosen Funktionalismus zu unterscheiden.

3. Intentionalität, symbolische Repräsentation und Regelkreis

Es fragt sich zunächst, wie und wie weit Bedeuten und Begehren sich auf reine Funktionen reduzieren und entsprechend materialisieren lassen. Erste Anhaltspunkte liefert bereits die Phänomenologie der Erfahrung. Sie zerstört den Anschein, die Erfahrung habe es mit einer Welt fertig vorgegebener Dinge zu tun, mit Dingen, die nur zu rezipieren, und fertig vorgegebenen Gütern, die nur zu nutzen oder zu genießen wären – als sei sie selbst nichts weiter als die Relaisstation zwischen sensorischen Eingangsdaten und motorischen Außenwirkungen. Phänomenologisch betrachtet, besteht Erfahrung darin, daß *etwas als etwas* auftritt und somit bedeutsam wird und daß *etwas in etwas* erstrebt und somit begehrenswert wird. Gemeinhin wird die Erfahrung dadurch in Gang gehalten, daß sie jeweils *auf etwas aus* ist und daß es *jemandem an etwas* mangelt. Dies gehört zu einem der Urphänomene, das als Intentionalität bekannt ist. Urphänomene sind solche, die sich in allen Phänomenen mit zeigen und die Phänomenalität der Phänomene ausmachen. Jedes Zum-Ausdruck-bringen der Erfahrung setzt sie voraus; denn ohne sie gäbe es buchstäblich nichts, was zu erfahren wäre, und also auch niemanden, der Erfahrungen machen könnte. Die regelorientierte Funktionalisierung, mit der wir uns zunächst befassen werden, reicht so weit, wie es *etwas gibt, das regelgemäß als etwas Bestimmtes wiederkehrt*, sei es ein Sprachlaut, ein Spielzug, eine Farbdifferenz, eine Mangelsituation, ein Orientierungsproblem, eine Auskunft oder eine individuelle Person. Doch sobald wir die entscheidenden Charakteristika der Erfahrung in Betracht ziehen, stoßen wir auf deutliche Grenzen.

Beginnen wir auf der Seite des Bedeutens. Das »etwas als etwas«, das wir als signifikative Differenz bezeichnen, besteht nicht in einer Relation zwischen zwei diskreten, kovariablen Daten x und y, sondern in dem, was wir Diastase nennen, einem genuinen und spezifischen Auseinandertreten, in dem eben das entsteht, was unterschieden wird. Das signifikative Als fungiert als Fuge oder Scharnier der Erfahrung, innerhalb deren es Sinn oder Bedeutung und Wahrheit gibt. Das ›es gibt‹ der Bedeutung läßt sich nicht ausschließlich auf einen subjektiven, bedeutungsgebenden Akt zurückführen, doch ebensowenig ist es mit dem Vorhandensein objektiver Daten gleichzusetzen. Die ›Tatsache‹, daß etwas als etwas erscheint, vermehrt nicht die Menge faktischer Daten, so wie die ›Tatsache‹, daß etwas als Ursache wirkt, die Kausalkette nicht um ein weiteres Glied verlängert. Das Als ist nicht *nichts*, denn ohne es gäbe es nichts, aber es ist auch nicht *etwas*, es sei denn auf der sekundären Ebene der Erfahrungsbeschreibung, auf der sich auch Kategorien, Normen und Werte als Tatsachen behandeln lassen. Die gesuchte Funktionalisierung des Bedeutungsereignisses besteht nun darin, daß die signifikative Differenz funktionsgerecht transformiert wird. Dies geschieht folgendermaßen: Etwas, das im Laufe der Erfahrung zu dem wird, was es ist, indem es wiederholt als etwas erscheint, wird in ein *vorhandenes Datum* verwandelt. Aufgrund eines teils vorgegebenen, teils zu erlernenden *Repertoires*, das elementare Wahrnehmungsmuster, raum-zeitliche Orientierungsschemata, sprachliche Symbole, Verknüpfungsregeln sowie höherstufige Modelle enthält, wird das vorhandene Etwas als ein *bestimmtes Etwas* identifiziert, spezifiziert, lokalisiert, temporalisiert und mit anderen Daten koordiniert. Auf diese Weise wird eine Tanne als Tanne wiedererkannt; sie wird als abzuholzender Baum markiert; mit Hilfe einer ›Baumuhr‹ läßt sich ihr Alter bestimmen, durch Prüfung der Rinde ihr Gesundheitszustand feststellen; sie wird einem Waldstück zugeordnet, das unter Sturmschäden gelitten hat, und diese Forstperspektive läßt sich durch weitere Gesichtspunkte und Klassifikationssysteme ergänzen. Was erscheint, erscheint nicht selbst, ›in eigener Person‹, sondern vertreten durch *Repräsentanten*, die ihrerseits bestimmten *Adäquationsregeln* unterliegen. Elementare, neuronal vorprogrammierte Repräsentationen mag man als »Real-Modelle« bezeichnen im Gegensatz zu komplexeren Modellen, die auf ein aktives Verhalten und auf höhere Stufen der Abstraktion zurückgehen. Die Intentionalität nähme dann eine Mittellage ein zwischen rein neuronal ablaufenden und sprachsymbolisch vermittelten Kognitionsleistungen. So heißt es in einer grundlegenden Darstellung zum Thema *Gehirn, Bewußtsein und Erkenntnis* (Oeser/Seitelberger 1988, S. 96): Die Wahrnehmung ist ein »auf die Umwelt gerichteter *intentionaler Akt*, der abstrakte Wirklichkeitsäquivalente eigenständig hervor- und in das Verhalten einbringt. Eigenständig meint, daß die Gestaltungsregeln der Abstraktionsprozesse im genetisch bedingten Gehirnbau und in seiner Betriebsweise vorgegeben sind, aber durch individuelle Erfahrung und Lernen laufend angepaßt und modifiziert werden.«[6] Wie immer man die kognitiven Leistungen im einzelnen beurteilen mag, soviel ist klar, daß gemäß dieser funktionalistischen Sichtweise etwas mit etwas anderem nach bestimmten Funktionsre-

6 Vgl. hierzu auch Gerhard Roth, *Das Gehirn und seine Wirklichkeit* (1999), S. 31 f. Der Autor unterscheidet im Hinblick auf die Kognition zwischen (1) rein physiologischen Ereignissen, zum Beispiel Prozessen an Zellmembranen und Synapsen, (2) neuronalen Prozessen auf der Ebene einzelner Zellen, die zum Beispiel auf spezifische Wellenlängen antworten, (3) präkognitiven, vorbewußt ablaufenden Prozessen wie Konstanzbildung und Figur-Hintergrund-Unterscheidung, (4) kognitiven, bedeutungshaften Prozessen verschiedener Stufenhöhe. Gibt man mit Husserl und Merleau-Ponty der Intentionalität eine weite, über die bloße Aktintentionalität hinausreichende Fassung, so wären die präkognitiv genannten Prozesse mit in sie eingeschlossen. Dies hätte den Vorteil, daß die Bedeutungsverleihung stärker in die Bedeutungssuche eingebunden und damit auch auf pathische Wirkungen zurückbezogen wäre.

geln verknüpft wird. Kognition besteht darin, daß physische Realitäten in korrespondierende mentale Repräsentationen umgesetzt werden mittels bestimmter Transformations- und Korrespondenzregeln, die weder der physischen noch der psychischen Realität, sondern einer dritten Welt im Sinne von Karl Popper angehören. In der von uns gewählten Sprache würde dies besagen, daß das Wonach unserer Intentionen als ein sublimes, ideales oder regulierendes Was aufgefaßt wird. Dies ist nur konsequent, und es führt erst dann zu einer platonischen Verdoppelung der realen Welt, wenn Funktionen ontologisiert werden.

Die Richtung der physiko-psychischen Transformation kehrt sich um, wenn wir das Appetenzverhalten in Betracht ziehen, doch ist es mit der bloßen Umkehrung nicht getan, da das Streben und Begehren, wie in Kapitel I gezeigt wurde, der Bedeutungsintention innewohnt und sie nicht nur ergänzt. Betrachten wir zunächst die appetitive Differenz, die darin besteht, daß etwas, das fehlt oder abwesend ist, »in etwas« erstrebt wird. Dieses appetitive In gehört ebenso wie das signifikative Als zu den Angelpunkten, um die sich die Erfahrung dreht. Das Woraufhin des Strebens oder, um es in einer traditionellen Sprache zu sagen, die *species boni*, das heißt die Rücksicht, unter der etwas als gut erstrebt wird, ist kein zweites oder höheres Gut, das zusätzlich erstrebt würde, sondern es markiert genau das, was in dem jeweils Erstrebten erstrebt wird und was dieses zu einem Gut macht. Dies gilt für das elementare Selbsterhaltungsstreben genau so wie für das Glücksstreben. Die Umwandlung des Strebens und Begehrens in ein funktionales Appetenzverhalten, das der Umsetzung des Erkennens in eine funktionale Kognition entspricht, besteht nun darin, daß das Woraufhin, also das, was in diesem oder jenem erstrebt wird, in ein *vorhandenes Wunschziel* verwandelt wird, das heißt in einen zu erwartenden beziehungsweise herbeizuführenden Zustand, der ein gegenwärtig bestehendes Bedürfnis befriedigt. Das, worin dieses Ziel gesucht wird, löst sich von dem erstrebten Ziel ab in Form *vorhandener Mittel und Wege*, die zweckmäßig eingesetzt und beschritten werden. Zur Bestimmung eines künftigen Zustandes als eines bestimmten Wunschziels und zur Bestimmung gegebener Dinge, Prozesse und Handlungsweisen als geeigneter Mittel bedarf es wiederum eines *Repertoires*, das evaluative, normative, instrumentelle, exekutive und kognitive Elemente enthält, nämlich: Bewertungsskalen, die nicht nur bestimmen, was gut, sondern auch was besser ist; normative Richtlinien, die eine Handlung auf fremde Erwartungen und Ansprüche abstimmen; dazu zweckrationale Kalküle, die es gestatten, Ziele und Mittel gegeneinander aufzurechnen, den Kräfteaufwand zu berücksichtigen, die Erfolgsschancen und Risiken abzuschätzen; schließlich Betätigungs- und Handlungsschemata, durch die die Ausführung der Zielhandlungen beziehungsweise der Einsatz der Mittel gelenkt wird. Auf diese Weise lassen sich Handlungsschritte planen und durchführen; das betrifft die Partner- oder Berufswahl ebenso wie alltägliche Arbeitsvorgänge und Freizeitbeschäftigungen. Die spektakuläre Unterscheidung zwischen Wert-, Norm- und Zweckrationalität ist in dieser Zielorganisation angelegt, die zwischen Primär-, Sekundär- oder Tertiärzielen zu unterscheiden gestattet. Da das Repertoire, das dem appetitiven Verhalten zugrunde liegt, ein handlungssteuerndes Repertoire ist, tritt das implizite *Know-how* hinter dem expliziten *Know-that* zurück. Diese Ausbildung eines genuin praktischen Wissens ist in der aristotelischen Tradition eine Selbstverständlichkeit, und sie findet auch in einer flexibel angelegten Emotionspsychologie ihren Platz.[7] Sie gerät allerdings mit den Anforderungen einer Funktionalisierung und Technisierung von Handlungsabläufen und mit deren Bedarf an expliziten Regelungen in Konflikt. Das Modell der Rechenmaschine zwingt dazu, das *Know-how* systematisch in ein *Know-that* umzuwandeln, ein Umstand, auf den Hubert Dreyfus in seinen bekannten Computer-Studien immer wieder hinweist.

Die Funktionalisierung des praktischen Verhaltens würde auf halbem Wege stecken bleiben, wenn der Zusammenhang zwischen Kognition und Appetenz nicht selbst funktional geregelt würde. Dieser Zusammenschluß stößt aber auf eine Barriere, die den appetitiven Strang der Erfahrung in stärkerem Maße berührt als den kognitiven. Man kann Bedeutungsstrukturen und Bedeutungsfunktionen bis zu einem gewissen Grad ablösen von den intentionalen Akten, die jemandem zuzuschreiben sind. Eine Erfindung bleibt eine Erfindung, auch wenn wir den Erfinder außer acht lassen. Eine ebensolche Anonymisierung ist im appetitiven Bereich ausgeschlossen. Was wäre Hunger ohne jemanden, dem es an Speise mangelt? Was

7 Vgl. dazu den schon erwähnten Forschungsbericht von Klaus Scherer (1990). Der Autor unterscheidet zwischen verschiedenen Emotionskomponenten, die sich auf entsprechende Funktionen beziehen, nämlich auf Reizbewertung, Systemregulation, Handlungsvorbereitung, Kommunikation von Reaktion und Intention sowie Reflexion und Kontrolle. Eine methodisch reflektierte Modellbildung, wie sie hier vorgeführt wird, würde verhindern, daß eine Phänomenotechnik des Erlebens und Verhaltens sich auf bloße Verhaltenstechnik reduziert.

wäre Zorn ohne jemanden, der sich über ein Unrecht empört? Was wäre Sehnsucht ohne jemanden, der anderswo zu sein wünscht? Selbst für Utilitaristen, die eine allgemeine Glücksrechnung aufmachen, stößt die Funktionalisierung auf Grenzen, wenn es um Wünsche und Lebensinteressen des Einzelnen geht; sie lassen sich einschränken, aber nicht einordnen. Die praktische Barriere, die sich der Funktionalisierung subjektiver Bedürfnisse entgegenstellt, läßt sich nur überwinden, wenn man das von jemandem erlebte Bedürfnis in einen *bestehenden Bedarf* umformt, wie es Dieter Dörner beim Bau seiner Maschine EMO tut (s. o., S. 55). Wir sind davon ausgegangen, daß es jemandem *an etwas* mangelt und daß er ebendieses *in etwas* erstrebt. Dieses Urphänomen weicht nun dem Tatbestand, daß etwas nicht vorhanden ist oder nicht geschieht, was – gemessen an einem programmatischen Soll-Zustand – erforderlich ist. Es bedarf keiner subjektiv bewegenden Triebkraft, wenn das Verspüren eines Mangels umdefiniert wird in einen Zustand des Ungleichgewichts, der sich aus der Differenz zwischen Ist- und Soll-Zustand errechnet. Ein solches funktional konstruiertes System wird nur durch auftretende Dysfunktionalitäten an seine Grenzen geführt, und selbst Systemstörungen oder Systemgefährdungen werden auf diese Weise funktional definiert; denn ein System besteht oder besteht nicht, es ist weder »wert, daß es zugrunde geht«, noch ist es wert, daß es fortdauert. Vom Telos des Strebens bleibt nur das programmgemäße Resultat zurück. Der Zusammenschluß von Kognition und Appetenz ist dadurch gewährleistet, daß kognitive Leistungen wie Mustererkennung, Namenssuche, Symptomanalyse oder statistische Berechnung selbst als praktische Aufgaben behandelt oder bei Bedarf mit solchen gekoppelt werden, so etwa bei der Beachtung von Warnschildern im Verkehr oder beim Ablesen von Skalen. Formal und funktional betrachtet handelt es sich um Regelkreise, innerhalb deren Daten nach regelgerechter Registrierung und Verarbeitung ein regelrecht gesteuertes, adäquates Verhalten auslösen, dessen Effekte die Datenbasis des Verhaltens verändern. Ein Theorie-Praxis-Problem entsteht auf diese Weise nicht. Wissen wird in Tun und Tun in Wissen umgesetzt, ohne daß kognitive oder affektive Überschüsse entstehen. Verwunderung wäre ebenso dysfunktional wie ein Zornesausbruch. Auch der Spalt zwischen Sein und Sollen schließt sich, da die Regeln dem, was faktisch geschieht, eingeschrieben sind in Form eines Pro*gramms*, das jede Prä*skription* ins Leere laufen läßt. Der alte Satz *ens, verum et bonum convertuntur* findet sein technologisches Echo in der Konvertierbarkeit von Input und Output.

Es bleibt nun die Frage nach der materialen Realisierung funktionaler Modelle, sei es in natürlich entstandenen maschinenartigen Vorrichtungen wie dem Gehirn, sei es in künstlich hergestellten Maschinen wie dem Computer. Wir können uns kurz fassen. Der Weg, der quer durch verschiedene Disziplinen wie Kybernetik, Informationstheorie, Systemtheorie, Computertheorie, Neurologie und Linguistik zu dem klassischen kognitivistischen Paradigma geführt hat, ist hinreichend bekannt, und das gleiche gilt für die Grundzüge dieses Paradigmas, das trotz seiner innertechnologischen Raffinessen und trotz seiner Vielfalt an Einzelmodellen ein gemeinsames Alphabet verwendet.[8] Das *physical-symbol system* wie es bei Newell und Simon heißt, verfügt über eine *Basis physikalischer Symbole*, die einen physischen Charakter haben, sofern sie wie jedes Zeichen auf verschiedene Weise materialisiert werden, die einen symbolischen Charakter aufweisen, sofern sie etwas anderes repräsentieren, nämlich die realitätsbezogenen Ein- und Ausgaben und inneren Zustände des Systems selbst. Die Kollektion von Symbolen umfaßt elementare Muster und komplexe Strukturen. Das Operieren mit Symbolen vollzieht sich nach algorithmischen oder prozeduralen *Operationsregeln*, denen gemäß symbolische Ausdrücke erzeugt, umgeformt, verkettet, verglichen, kopiert oder gelöscht werden. *Kontrollmechanismen* sorgen dafür, daß die Einzelprozesse aufeinander abgestimmt und bei Bedarf bedingte Aktionen ausgelöst werden. Wie bei jedem Kalkül handelt es sich um rein syntaktische Regeln, die den Zeichengebrauch festlegen und die erst durch Interpretation einen semantischen Charakter erhalten. Schließlich bedarf es eines *Programms*, das eine spezielle Aufgabe stellt, eine kalkulatorische Form für die Lösung der Aufgabe vorsieht und eine entsprechende Maschine technisch konstruiert (Gold 1998, S. 67). Die symbolischen Operationen werden auf ein Sachgebiet angesetzt, innerhalb dessen es eine Lösung zu finden gilt, und Intelligenz besteht in eben dieser Suchfähigkeit. Bei einer künstlichen Maschine bedarf es einer *Zielvorgabe*. »Zielsetzungen sind einem intelligenten System in Gestalt von Problemkonstellationen *vorzugeben*, für die es, in einem ebenfalls vorgegebenen Rahmen, eine adäquate Lösung finden soll« (ebd., S. 79).

Betrachtet man das Gehirn als natürliche Maschine, so heißt dies,

8 Zum folgenden vgl. Peter Golds Beitrag zu den philosophischen Aspekten der KI-Forschung in: Gold/Engel 1998.

daß das Programm von Natur aus vorgegeben ist. Davon abgesehen, lassen sich neurophysiologische Prozesse wie maschinell geregelte Prozesse behandeln, etwa als Informationsverarbeitung durch das Gehirn. Es kommt zu einem Austausch zwischen dem Zentralnervensystem und seiner Umwelt, »wobei zwischen den ausgetauschten Merkmalen das Verhältnis der Repräsentanz besteht und sozusagen die harte Materialwährung der Umwelt in die bildliche Neuralwährung umgewandelt wird« (Oeser/Seitelberger 1988, S. 72). Demgemäß werden physikalisch-chemische Reize zu Nachrichten, die in nervösen Signalen codiert und in wiederkehrenden nervösen Erregungsmustern programmiert sind. Es bleibt dann die Frage, nicht ob, sondern wie weit das Gehirn als Schaltzentrale mechanisch geregelter nervöser Prozesse und Zustände betrachtet werden kann. Diese Frage stellt sich erst recht, wenn das informationstheoretische Modell oder ähnliche Modelle auf der Ebene des menschlichen Verhaltens eingesetzt werden. Für die Psychologie stellt Theo Herrmann fest: »Eine *ontologische Reduktion* psychischer Sachverhalte auf anschaulich-technische oder anschaulich-somatische Sachverhalte wäre eine schlechte Metaphysik, die in den empirischen Wissenschaften keinen Platz haben sollte« (1964, S. 658).

Wird ein solch ontologischer Reduktionismus vermieden zugunsten einer spezifisch technologischen Reduktion, so fragt sich, worauf sich die Erfahrung reduziert, wenn das repräsentationistische und regelorientierte Paradigma des Kognitivismus tonangebend ist. Einer Antwort auf diese Frage nähern wir uns, wenn wir die entsprechende Technisierung der Erfahrung als eine technische Spielart der Normalisierung begreifen, als eine Spielart also, die mit der praktischen und gesellschaftlichen Normalisierung nicht nur formal, sondern auch material korrespondiert.[9] Die Auswahl der Sachfelder, auf die sich die klassische KI-Forschung verlegt, spricht für sich. Es geht um Wiedererkennung bereits bekannter Muster, um die Durchführung von Regelspielen wie dem Schach, um elementare Übersetzungsleistungen, die sich regelförmigen Transformationen annähern, und es geht schließlich um Problemlösungen im engeren und weiteren Sinne, bei denen die Problemstellung und weitgehend auch die Problemformulierung vorgegeben ist. In allen Fällen stützt sich die Programmierung auf bestehende Regeln und beschränkt sich auf die Reproduktion vorgegebener Ordnungen. Während die technisch er-

9 Vgl. hierzu Olaf Kaltenborn: *Das künstliche Leben* (2001); in dieser Untersuchung steht der Zusammenhang von KI-Forschung und Körperpolitik im Vordergrund.

zeugte Mechanisierung ihrerseits auf technischer Einfallskraft beruht, nähert sie selbst sich einem nicht umsonst mechanisch genannten Verhalten, bei dem die Erfindungskraft minimalisiert ist, so etwa im Falle eines klischeeförmigen Sprachgebrauchs oder eines stereotypen Lächelns. Natürlich ist der Bau einer sogenannten trivialen Maschine alles andere als trivial, so wie eine Grammatik der Alltagssprache alles andere als alltäglich ist. Im Zuge einer Funktionalisierung, bei der die Entstehung von Ordnungen hinter deren Bestehen zurücktritt, wandelt sich die »Wiederkehr des Ungleichen als eines Gleichen« (vgl. *Ordnung im Zwielicht*, S. 64) in eine schlichte Wiederkehr des Gleichen, des Regelkonformen. Die Überschüsse des Ungleichen werden technisch bei der Herstellung von Maschinen und auch praktisch beim Umgang mit ihnen ausgeschieden. Von einem Briefmarkenautomaten oder von einem Computer erwarten wir keine originelle, sondern eine berechnete Antwort, selbst wenn uns das Resultat der Berechnung überraschen mag. Problematisch wird die Funktionalisierung und Normalisierung, wenn der Überschuß des Ungleichen vergessen oder verdrängt wird. Das Nicht-Festgestelltsein des menschlichen Tieres würde auf diese Weise durch künstliche Feststellungen kompensiert.

4. Sinnhorizonte, Assoziationsmuster und neuronale Netzwerke

Bekanntlich sind die Kognitionswissenschaften und Kognitionstechnologien bei dem repräsentationistischen und regelorientierten Paradigma nicht stehengeblieben. Aus der Kritik an den begrenzten Möglichkeiten der Regelmodelle hat sich ein konnektionistisches Paradigma herausgebildet, das von neuronalen Netzwerken ausgeht. Auch dieses setzt bei Ordnungsfunktionen an, doch dabei ergeben sich im Vergleich zu dem älteren Paradigma eine Reihe von Kontrasten. Der *seriellen* Verarbeitung des Informationsflusses und der *hierarchischen* Stufung tritt eine *parallele* Verarbeitungsweise und eine *distributive* Streuung der Verarbeitungszentren gegenüber. Die *lokale* Verarbeitungsweise etwa durch wenige spezialisierte Neuronen tritt zurück hinter *globalen* Strukturen, bei denen größere Areale und Nachbarschaftszusammenhänge zwischen den Neuronen eine entscheidende Rolle spielen. Die *atomistische* Verarbeitungsweise, bei der einzelne Neurone relativ unabhängig voneinander reagieren, weicht einer *Kontextabhängigkeit* neuronaler Antworten, die nicht nur durch das Mitwirken benachbarter Hirnregionen, sondern auch durch den Verhaltenskontext, etwa durch den kausal relevanten Aufmerksamkeitsgrad, geprägt wird. Der Wechsel vom Modell des klassischen Rechners zum neuronalen Netz zeigt eine deutliche Umgewichtung; während zuvor das Gehirn als Rechenmaschine behandelt und entsprechend simuliert wurde, orientieren sich nun umgekehrt künstliche Computermodelle in verstärktem Maße am Gehirn als einem natürlichen Netzwerk. Daraus folgt eine größere Flexibilität, Offenheit und raum-zeitliche Dynamik der technischen und technologisch modellierten Leistungen. Nun ist der Übergang von dem keineswegs überholten Modell der Denkmaschine zu dem des *Denknetzes* nicht weniger herausfordernd für eine Phänomenologie der Erfahrung, obwohl oder gerade weil die zunehmende neuro-*biologische* Orientierung der gelebten Erfahrung näherkommt als die vorwiegend neuro-*noologische* Orientierung. Doch bevor wir auf diese Fragen eingehen, lohnt es sich, auch im Falle des konnektionistischen Paradigmas nach Anschlußstellen in der Erfahrung zu suchen.

Zuvor ist eine Warnung am Platz. Die Annahme von Neuronen, die als Knoten im neuronalen Netz auftauchen, die feuern oder nicht feuern, antworten oder nicht antworten, die über Synapsen miteinander verkoppelt sind, hat einen eben solchen Modellcharakter wie die Annahme physikalisch realisierter Rechenvorgänge. Auch hier sind keine gleitenden Übergänge von neuronalen Prozessen zu beschreibbaren Erfahrungserlebnissen und Erfahrungsstrukturen zu erwarten. Wenn es eine größere Nähe zur Phänomenologie der Erfahrung gibt, so ist diese in der Art der Modellierung zu suchen. Einen Anknüpfungspunkt liefert das verschiedenartige Lernprogramm. Das ältere symbolistische Paradigma stützt sich auf ein Repertoire *expliziter Regeln*; denn ohne solche Regeln wären die physischen Symbole keine Symbole, die etwas repräsentieren, sondern gewöhnliche physische Vorgänge, und ohne Regeln ließe sich kein Programm formulieren. Auf dieser Ebene gilt in der Tat der Satz: »Nachbauen kann man alles, was hinlänglich klar definiert ist – nur verschwommene Gedankengänge lassen sich nicht modellmäßig nachahmen« (I. Kohler, zit. nach Herrmann 1964, S. 657). Natürlich zählen auch stochastische Prozesse, die mit Wahrscheinlichkeitsgraden arbeiten, nicht zu den verschwommenen Gedankengängen. Ein normaler Rechner muß einfach ›wissen, was er zu tun hat‹. Im Gegensatz dazu operiert das konnektionistische Paradigma auf einer subsymbolischen Ebene, indem es von *exemplarischen Fällen* ausgeht. »Dem neuronalen Netz wird ein bestimmtes Muster (*pattern*) präsentiert, und es reagiert darauf, indem es ein bestimmtes Muster damit assoziiert. Das Netz ›beantwortet‹ sozusagen jedes gezeigte Muster seinerseits mit einem Muster« (Gold 1998, S. 82). Es ist die *Assoziation von Mustern*, die eine bestimmte Ordnung entstehen läßt, ohne daß die Mustererkennung ihrerseits durch vorgängige Klassifikationskriterien ermöglicht wird. Dies führt uns zu den alten Problemen des Assoziationismus zurück. Assoziation setzt irgendwelche Verknüpfungsmechanismen voraus, an erster Stelle die Ähnlichkeit oder den Kontrast, und Ähnlichkeit bedarf wiederum eines Gesichtspunktes der Ähnlichkeit, weil sonst jedes mit jedem ähnlich wäre und die Assoziation keine erlernbaren Ordnungszusammenhänge stiften würde. Das Problem löst sich auf folgende Weise: »Es ist, als ob das Netz diejenigen eingegebenen Muster als untereinander *ähnlich* einstuft, welche es mit demselben Antwortmuster beantwortet« (ebd., S. 83). Damit verschiebt sich die Frage auf die Antwortleistung selbst,[10] die als Ähnlichkeitsstiftung nicht ihrerseits auf eine Ähnlichkeit zwischen beantwortetem Muster und Antwortmuster zurückgeführt werden kann. Versteht man diesen Zusammenhang gleichsam neurobehavoristisch, so müßte man auf Kausalregeln zurückgreifen; dies widerspräche außerdem der entscheidenden Ausgangshypothese, daß das Netz am Ende »das gewünschte Verhalten *von selbst gelernt* hat« (ebd., S. 81). Oder wir würden uns auch hier auf Kants »glücklichen Zufall« verlassen; dann müßte immerhin klar sein, worin dieser besteht, bloße musterbildende physikalische Strukturen können sicherlich nicht gemeint sein. Die betreffende Frage bleibt auch dann offen, wenn dem »lernenden Netz« ein externer Supervisor zugeordnet wird, der ihm ein *Lernziel* setzt, indem er eine »Auswahl von geeigneten, exemplarisch herausgegriffenen Mustern« vorgibt (ebd., S. 85). Die Frage bleibt offen, es sei denn, man bemißt die Eignung am schlichten Erfolg. Doch eine solche Beschränkung ontologischer und epistemischer Ansprüche auf die technischen Aspekte des faktisch Machbaren hat der zitierte Autor keineswegs im Sinn (vgl. ebd., S. 50-56), und wir werden uns ebenfalls nicht damit begnügen.

Wechseln wir also zur Phänomenologie der Erfahrung über, in der

10 Ich sage Antwort*leistung*, um die verführerische Nähe zur Responsivität nicht über Gebühr in Anspruch zu nehmen, obwohl auch sie phänomenotechnische Fragen aufrührt.

nicht nur Assoziationen ihr Heimatrecht haben, sondern auch die übrigen konnektionistischen Aspekte eine eigene Rolle spielen. Zur grundlegenden Artikulation der Erfahrung gehört nicht nur, daß *etwas als etwas* in bestimmter Bedeutung auftritt und daß jede Intention, die etwas als etwas erfaßt, *auf etwas aus* ist, welches es *in etwas anderem* sucht. Vielmehr erscheint etwas *als dieses und solches*, indem es *mit anderem* auftritt. Als etwas Bestimmtes, das seine Bestimmung, seine Klassifikation oder Bewertung nicht von außen empfängt, tritt etwas nur auf, indem es aus einem Hintergrund potentieller Sinngestalten *heraustritt*, indem es sich dissoziativ von anderem *abhebt* und assoziativ mit anderem *verbindet* und indem es sich in Raum- und Zeitfeldern *ausbreitet*. Die globalen, über das lokale Hier und Jetzt hinausweisenden Aspekte, desgleichen die Kontextualität, die jede atomistische Betrachtung als ein *prius posterius* entlarvt, sind in der Phänomenologie und Hermeneutik als Sinnhorizonte, Bedeutungsstrukturen, Verweisungszusammenhänge, als Wahrnehmungs- oder Handlungsfelder weidlich bekannt.[11] Die Fixierung auf serielle, hierarchisch angeordnete Vorgänge widerspricht einer nicht-linearen Zeitauffassung, die ein schlichtes Nacheinander ausschließt.[12] Sie widerspricht auch den synästhetischen und motorischen Koordinationen, der Zweigliedrigkeit des binokularen Sehens oder der Vieldeutigkeit einer leiblichen Kommunikation, die sich auf verschiedenen Ebenen gleichzeitig abspielt. Der springende Punkt liegt in dem *Mit*, dem *syn* oder *cum*, ohne welches es keine Ordnungszusammenhänge gäbe (s. o., Kapitel IV, 1). Ein Zusammenhang, der nicht vorweg schon Koordinations- und Korrelationsregeln unterworfen ist, sondern solche Regeln im Gang der Erfahrung mit entstehen läßt, besteht schließlich in einem offenen Zusammenhang mit vielfältigen Anschlüssen und in einem Prozeß der Anknüpfung, der stets mehr Möglichkeiten enthält, als eine geregelte Verknüpfung es vorsieht (s. o., Kapitel VI, 2). In diesem Sinne wäre es nicht unpassend, von

11 Es scheint mir reichlich abwegig, wenn Dreyfus immer wieder den Versuch macht, innerhalb der Phänomenologie repräsentationistische Spreu (Husserl, Fodor) von dem Weizen einer praktischen Wissensverkörperung (Heidegger, Merleau-Ponty) abzusondern und wenn Varela und Thompson (1992, S. 37 ff.) ihm darin folgen. Man vergleiche etwa Husserls *Analysen zur passiven Synthesis*, die wir wiederholt herangezogen haben.

12 Dies gilt schon für die schlichte Verarbeitung und Erwiderung akustischer oder optischer Reize. Die hierbei auftretende Verzögerung des Bewußtwerdens bedeutet ein genuines *Zu-spät*, das sich nicht auf ein beobachtbares Später reduzieren läßt, ohne daß man bereits eine fertige Welt voraussetzt. Vgl. hierzu Ernst Florey, »Gehirn und Zeit« (1991).

einem An-nektionismus zu sprechen. Schließlich gibt es einen engen Zusammenhang zwischen assoziativer Sinnbildung und Affekten, der auch in der Psychoanalyse eine zentrale Rolle spielt. Dieser Zusammenhang beruht auf dem Geschehenscharakter einer Erfahrung, die in ihrem Es-Charakter jeder aktiven Stellungnahme und jeder Kontrolle durch das Ich vorausgeht. Der elementare Vorgang, der darin besteht, daß *etwas an etwas erinnert* oder *auf anderes verweist*, unterscheidet sich strikt von Akten, die jemandem zuzurechnen sind.[13] Der »Logos der ästhetischen Welt« ist nicht ablösbar von einem unter- und hintergründigen Pathos.

Die technologische Transformation der Sinnhorizonte und Verweisungszusammenhänge wird durch eine erneute Funktionalisierung der Erfahrung ermöglicht. Etwas, das hervortritt, *indem* es *von anderem* ›geweckt‹ wird, und das seinerseits *an anderes* ›erinnert‹ und das auch dann aus einer Ferne kommt, wenn es in der Erfahrung gegenwärtig ist – solch etwas gliedert sich erst dann in einen technisch simulierbaren Vorgang, wenn es *als etwas Vorhandenes* genommen und ihm *noch etwas Vorhandenes* hinzugefügt wird. Die empiristische Fassung der Assoziation als Kombination mehrerer Daten, die zusammen *vorkommen*, ohne daß sie auf irgendeine Weise zusammen*gehören*, verlangt nach einer Klammer, die Nichtzusammengehöriges zusammenheftet, oder nach einem Zement, der es zusammenkittet. Ebendeshalb läßt auch das Modell des neuronalen Netzwerkes die Frage nach einem Verknüpfungsmechanismus aufkommen, und die neurologische Forschung läßt es als fraglich erscheinen, ob das hier auftretende »Bindungsproblem« durch eine »Explosion von Bindungsneuronen« zu lösen ist (vgl. W. Singer 2001). Es mag verführerisch sein, nicht nur die klassische Synthese, sondern auch die Synopse durch *Synapsen* zu ersetzen, wörtlich: durch Berührungsstellen, die Nervenendigungen einer Zelle mit dem kontaktierten Bereich einer anderen Zelle über einen synaptischen Spalt hinweg verbinden. Charles Sherrington ging bei der Einführung dieses Terminus von einer natürlichen Entwicklung des Lebens und speziell des Nervensystems aus (vgl. Oeser/Seitelberger 1988, S. 5). Es ist aber die Frage, ob das Modell eines neuronalen Netzwerkes für sich genommen ausreicht, um Lebensvorgänge und entsprechende Lebenszusammenhänge zu simulieren, die nicht auf Grund einer Zielvorgabe erlernt,

13 Die klassische *imputatio* (= Anrechnen) gehört nicht in die Rechenkunst, doch ein Zusammenhang mit dem (Zusammen-)Rechnen, der *computatio*, ist nicht gänzlich von der Hand zu weisen.

sondern allererst gestiftet werden. Die Ablösung der Assoziationen von Affekten und Antrieben trägt ebenfalls dazu bei, die »Musterantworten« kognitiv auszutrocknen. Hierin gleicht das neue Paradigma dem älteren.

Es verwundert uns deshalb nicht, wenn Autoren wie T. Winograd, F. Flores, H. L. Dreyfus und F. J. Varela kritische Vorbehalte äußern, indem sie phänomenologische und hermeneutische Alternativen ins Feld führen, wie sie vor allem von dem frühen Heidegger und dem frühen Merleau-Ponty entwickelt wurden.[14] Dem konnektionistischen Paradigma wird vorgeworfen, durch das Festhalten an der repräsentationistischen Hypothese innerer Modelle werde das Subjekt zum distanzierten, passiven Beobachter einer vorgegebenen Welt degradiert. Ferner wird darauf hingewiesen, daß der atomistische Ansatz auf modularer Ebene beibehalten wird[15] und daß Kontexte bloße Korrelationseinheiten, keine Bedeutungseinheiten bilden. Dies entspricht der erwähnten Reduktion des Zusammengehörens auf ein bloßes Zusammenvorkommen. Schließlich wird dem neurobiologischen Ansatz insgesamt ein gewisser Neuro-Chauvinismus vorgeworfen, der daher rührt, daß Hirnzustände abgelöst werden von der Person, die sie hat. Eine Alternative sehen die erwähnten Autoren in einem verkörperten, handlungsbezogenen Erkennen. Das führt uns zurück zu jener Phänomenologie der Erfahrung, mit der wir begonnen haben, der wir allerdings eine andere Stoßrichtung gegeben haben, die für uns auch weiterhin maßgebend sein wird. Der soeben erwähnten Alternative soll ihre Berechtigung nicht abgesprochen werden; auf einer gewissen Stufe ist eine solch praktische Technik-Orientierung unentbehrlich. Doch es fragt sich, ob der nochmalige Versuch einer praktischen Einbettung neuartiger Technologien deren Möglichkeiten nicht unterschätzt und ob er umgekehrt die pathischen Hintergründe der Erfahrung, denen unser zentrales Interesse gilt, hinreichend berücksichtigt.

14 Vgl. dazu die kritische Bestandsaufnahme des neurologischen Wahrnehmungsparadigmas durch Andreas K. Engel und Peter König in: Gold/Engel 1998; die wichtigsten Argumente aus dieser Debatte finden sich hier in gebündelter Form. Zum Verhältnis von Leiblichkeit und Kognition vgl. den Beitrag von Barbara Becker im gleichen Band sowie Olaf Kaltenborn, *Das künstliche Leben* (2001).

15 Vgl. dazu die ähnlich lautende Kritik Husserls an der Gestalttheorie: Hua I, 76 f.; Hua V, 156. Die Berechtigung dieser Kritik ist eine andere Sache.

5. Selbstherstellung im Zeichen eines technologischen Aprioris

Die Selbstherstellung und verwandt damit die Selbstorganisation, die wir als Schlüsselmotive des hypermodernen Technik-Paradigmas herausgestellt haben, tauchen auch bei der Suche nach flexibleren und lebensnäheren Erkenntniskonzeptionen auf. Problematisch ist weniger der Begriff eines Sichordnens ohne Ordner, der auch im physikalischen Bereich dynamischer Systeme große Bedeutung erlangt hat, als vielmehr der Begriff der Selbstherstellung, der Autopoiesis, der sich bei radikalen Konstruktivisten und geistesverwandten Systemtheoretikern großer Beliebtheit erfreut, seit Humberto Maturana ihn in die Biologie eingeführt hat.[16] Die Idee der Autopoiesis unterscheidet sich von Rechner- und Netzwerkmodellen dadurch, daß nicht nur spezielle Ordnungsformen der Erfahrung in eine technologische Form überführt werden, sondern daß vielmehr die Erfahrungserkenntnis, manchmal bescheidener als biologische Erkenntnis, das andere Mal weniger bescheiden als Erkenntnis überhaupt gefaßt, neu konzipiert wird. Von Modellen kann streng genommen nicht mehr gesprochen werden, wenn es Systeme *gibt* und wenn die Autopoiese *stattfindet* wie das Leben selbst. Daran ändert sich wenig, wenn solche Aussagen einem Beobachter in den Mund gelegt werden, der das System beschreibt. Wir nähern uns damit dem Problem einer Biotechnik, die das Leben als solches ins Visier nimmt. Im folgenden werden zunächst einige Aporien zur Sprache kommen, die mit dem Projekt der Selbstherstellung verknüpft sind. Ich benutze zumeist die deutsche Begriffsfassung, da die Diskussion weit über den Rahmen einer speziellen Theorie der Autopoiesis hinausführt.

Der Begriff der Selbstherstellung eröffnet eine doppelte Frontlinie und bietet dementsprechend eine doppelte Angriffsfläche. Diese Verdoppelung resultiert aus dem zwiefachen Sinn, mit dem dieses Begriffswort spielt.

Selbstherstellung kann zunächst bedeuten, daß etwas sich *von selbst* und *aus sich selbst* bewegt wie die Geräte des Dädalus und des Hephaistos, die schon bei Homer ›automatisch‹ daherkommen (vgl. *Ilias* XVIII, 376). Was sich automatisch herstellt, kommt von innen heraus, aus eigenem Antrieb und auf eigene Initiative zustande. Der

16 Diese Debatte soll hier nicht noch einmal in ihren Einzelheiten aufgenommen werden; vgl. hierzu das bereits erwähnte Schlußkapitel in *Grenzen der Normalisierung.*

neue Begriff der Selbstherstellung tritt in Konflikt zu dem klassischen Technik-Paradigma, indem er Attribute, die bislang dem natürlichen Entstehen (γένεσις) vorbehalten schienen, für das Herstellen (ποίησις) beansprucht. Daraus resultiert der Bastardbegriff eines *künstlichen* oder zumindest *kunstförmigen Entstehens.* Dies betrifft auch die Schattenseite des Untergangs. Während traditionell natürliches Vergehen und künstliches Zerstören gesondert auftraten, keimt nun die Idee einer Selbstzerstörung als eines *künstlichen Vergehens.* Beachtet man, daß die Genesis schon sprachlich dem Zeugungs- und Geburtsakt verwandt ist (s. o., S. 85), so kündigt sich die Idee einer künstlichen Herstellung an, die über eine bloße Herbeiführung von Leben und Tod weit hinausgeht. Ganz fremd ist diese Idee auch der Tradition nicht, nur blieb sie einem Schöpfergott vorbehalten, der in seiner biblischen Gestalt bereits mit dem Zauber der Natur bricht und damit dem modernen Paradigma vorgreift, der aber zugleich als jemand, der Leben *gibt* und Leben *nimmt,* das technologische Paradigma hinter sich läßt.

Selbstherstellung kann aber noch etwas anderes bedeuten, nämlich eine Herstellung *ihrer selbst durch sich selbst,* eine Art künstlicher Urzeugung (γένεσις αὐτόματος), in der die Technik selbstreflexiv wird. Die ποίησις ποιήσεως, vorbereitet durch die diffizile Denkfigur einer *causa sui,* wäre die technische Variante jener νόησις νοήσεως, die einst Gott als den Ersten Beweger auszeichnete. Doch diese Selbstherstellung kompliziert sich zusehends. Eine Selbstherstellung muß das Selbst der *Auto*poiesis mit herstellen und den Selbstbezug aus sich selbst erwirken. Außerdem muß sie das Gesetz mit herstellen, demzufolge es sich vollzieht; gäbe es solche Gesetze nicht, so wäre die Autopoiesis von einem chaotischen Brodeln nicht zu unterscheiden. Die Selbstherstellung nimmt damit Züge einer technologisch zu verstehenden *Autonomie* an, einer Selbstregulierung oder einer Selbstorganisation, wie die geläufigen Ausdrücke lauten. Dem traditionellen Demiurgen oder Techniten blieb eine entsprechende kosmogonische Aufgabe erspart, da seine Herstellung sich an Grundmustern orientierte, ohne diese ihrerseits herzustellen (vgl. etwa *Gorgias* 503 d oder *Timaios* 28 a); dies gilt selbst dann, wenn die »autopoietische Kunst« eines Gottes die »Sachen selbst« hervorbringt (vgl. *Sophistes* 266 a). Eine autogen und autologisch aufgeladene Autopoiesis gerät aber auch in Konflikt mit dem modernen Technik-Paradigma. Dieses beruht auf einem freiheitlichen, praktischen Subjekt, das in seinem Handeln und indirekt auch in seinem Herstellen Gesetzen folgt, *die* *es sich selbst gibt*, die es aber nicht produziert nach Art einer Rechts- oder Moralmaschine. Unter diesen Aspekten kann Selbstherstellung nur besagen, daß der Hersteller, ohne den es keine zu verantwortende Herstellung gäbe, sich selbst herstellt und daß er Hersteller und Hergestelltes in eins ist. An den Maßstäben des modernen Denkens gemessen, das sich auf die beiden Säulen eines freien Subjekts und einer universalen Vernunft stützt, stellt sich der Begriff einer *Herstellung des Selbst durch sich selbst* ebenfalls als ein Bastardbegriff dar, der Unvereinbares zusammenzwingt.

Es wäre ein leichtes, den kosmogonischen und autogenetischen Überschwang der Autopoiesis zu dämpfen, indem man altbewährte Einsichten wachruft. Im Falle eines künstlichen Entstehens drängt sich der Einwand auf, daß künstliche Eingriffe in die Natur diese selbst bereits voraussetzen. Erdfaltungen, Entwicklung der Arten, Ausbildung der Sinne oder Arealisierung des Gehirns haben nicht darauf gewartet, bis ein geologischer, biologischer oder neurophysiologischer Experte für Ordnung sorgen würde, und der »bestirnte Himmel über mir« mag für viele keine Bewunderung mehr wecken, für eigene Überraschungen ist er immer noch gut. Berücksichtigt man die vielfältigen Erfindungen der Natur, so wäre diese längst ein ernsthafter Anwärter auf den Nobelpreis. Das Argument, alle besagten Naturphänomene träten nur in einer künstlichen Beschreibungssprache auf, zählt so viel oder so wenig wie die alte Annahme, alles, wovon wir sinnvoller Weise sprechen können, träte im Bewußtsein auf und unterläge konstitutiven Bewußtseinsbedingungen. Um auch die zweite Annahme einer Selbstherstellung des Selbst durch sich selbst zu entkräften, könnte man die alten Einwände gegen das Reflexionsmodell des Selbstbewußtseins technologisch adjustieren und darauf bestehen, daß ein Selbst, das sich selbst herstellt, sich entweder schon voraussetzt oder sich in einen unendlichen Regreß verwikkelt. In den Aporien eines herstellenden Tuns würden sich nur die eines vorstellenden Denkens wiederholen. Doch auf diese Weise würde man bloße Rückzugsgefechte liefern, die wenig zur Sache beitrügen. Sie würden die entfesselte Technologie der Gegenwart an älteren Mustern messen, die aber die neu zu verhandelnde Sache nur sehr ausschnitthaft treffen. So dubios und auch nebulös die Idee einer Selbstherstellung sein mag, was zählt, ist der Versuch, die Herstellung und das Selbst der Herstellung von der praktizierten Technisierung her zu befragen.

Die leitende Strategie der Technisierung besteht darin, den Gegen-

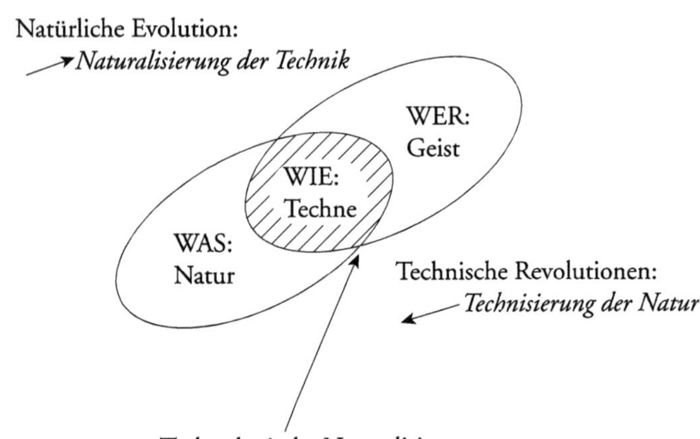

Technologische Neutralisierung:
natura qua mens, mens qua natura

Schema 11: Natur – Techne – Geist

satz von natürlicher Entstehung und künstlicher Herstellung nicht aufzuheben, sondern ihn zu unterlaufen und zu neutralisieren. Die technologische Reduktion, von der wir gesprochen haben, erfolgt mehr oder weniger spontan. Sie steht im Zeichen eines *funktional-technologischen Apriori*, das in der Sprache des Wie verfaßt ist: Wie funktioniert eine Maschine, ein System, ein Regel- oder Netzwerk? Dazu gehört ein technisches *Know-how*, ein Wissen darum, wie man es macht.[17] Machen und Sichmachen oder, sprachgerechter formuliert: *faire* und *se faire* nähern sich einander an. Der Techno-Logos konkretisiert sich in den bereits erwähnten Repertoires, die aus funktionalen Regelungen oder assoziativen Mustern bestehen. Ähnlich wie Michel Foucault es in seiner *Ordnung der Dinge* tut, sollten wir genauer von Quasi-Aprioris sprechen, da diese Vorgaben selbst materialisiert und nicht bloß auf gegebene Materialien appliziert werden und da sie ferner in historisch variierende Dispositive eingebaut sind. Zieht man schließlich in Betracht, daß jede Maschine jede andere simulieren kann (vgl. Gold 1998, S. 92), so ergibt sich so etwas wie eine durchgängige *analogia artis*, in der die alte *analogia entis* ihre technologische Neuauflage erlebt.

17 Daraus ergibt sich eine Verwandtschaft mit dem Pragmatismus ungeachtet dessen,

Die Neutralisierung des Unterschiedes von Natürlichkeit und Künstlichkeit folgt zunächst dem einseitigen Trend einer *Technisierung der Natur*, unter Einschluß einer Technisierung des Lebens und gestützt auf technomorphe Züge des Geistes. Doch bliebe es dabei, so hätten wir es lediglich mit einer Erweiterung des Herstellungsradius zu tun, durch die das neuzeitliche Projekt einer Beherrschung der Natur fortgesetzt und verstärkt würde.[18] Vieles läßt sich in der Tat so beschreiben, aber nicht alles und nicht das Entscheidende. Der Mischbegriff eines künstlichen Entstehens, den wir zur Erläuterung der Selbstherstellung gebraucht haben, schillert zwischen Entstehen und Herstellen, er läßt sich auch in die Gegenrichtung wenden als *Naturalisierung der Technik* einschließlich ihrer mentalen Ausrüstung; die von Quine propagierte Naturalisierung der Erkenntnis oder eine allgemeine Naturalisierung des Geistes bietet den erforderlichen epistemologischen Rückhalt. Der technische Zugriff auf die Natur wirkt zurück auf das Verständnis dieser selbst.

Die Natur erfindet, rechnet und würfelt; sie bewegt sich nicht lediglich auf vorgegebenen Bahnen und folgt auch nicht bloß äußeren Befehlen. Diese Einsicht ist so neu nicht, doch neu scheint die Entschiedenheit, mit der die kreativen Züge der Natur in den Vordergrund gerückt werden. »Schön ist Mutter Natur, deiner Erfindungen Pracht«, so äußert sich noch der Dichter auf der Schwelle des Maschinenzeitalters; die hypermoderne Natur ist nicht unbedingt schön, obwohl sie ihre eigentümliche Ästhetik gefunden hat (vgl. Cramer/Kaempfer 1992), und Mütterlichkeit erscheint nur noch als eine Metapher unter anderen. Dies schließt nicht aus, daß die Technik auf ein gleichsam physisches »Entgegenkommen« stößt, um Freuds treffenden Ausdruck aufzugreifen. Das Presto technologischer Revolutionen findet seinen Resonanzboden im Andante der natürlichen Evolution. Die Verschränkung von Technik und Natur gestattet es, ohne anthropomorphe Anleihen von einer natürlichen Technik zu sprechen, so wie wir von einem *wisdom of the body* und einige Stufen weiter von einer Alltagsphysik sprechen. Übergreifende Mechanismen erlauben solche chiasmatischen Verschränkungen, ohne daß damit einer kontinuierlichen Entwicklung das Wort geredet würde. Das Wort ›Entwicklung‹ gewinnt selbst einen neuen

daß dieser auf der Ebene der Praxis angesiedelt ist und nicht auf der alleinigen Ebene der Poiesis.

18 Das Projekt selbst gehört zur Bewertung der Technik und läßt sich nicht einer bloßen Beschreibung zurechnen.

Klang. Das Lebewesen tritt in eine engere Beziehung zum Logos, als es üblicherweise angenommen wurde. Es erscheint nicht mehr als ein Wesen, das einen Logos hat oder nicht hat, sondern als *verkörperter Logos*, als Verkörperung eines *Bio-Logos* und speziell eines *Neuro-Logos*, der insgesamt mit dem Irrationalismus eines dahinbrausenden Lebensstromes wenig gemein hat und der auch nicht ohne weiteres mit einem Mittel im Überlebenskampf gleichgesetzt werden kann. Die Tatsache, daß eine Ordnung überlebt, besagt nicht ohne weiteres, daß sie eine Ordnung ist, weil sie überlebt. Auf jeden Fall scheint es so zu sein, daß es unter der Leitidee eines funktional-technischen Wie relativ gleichgültig wird, ob die Natur oder der Geist das Wort ergreift. In der funktional-technologischen Mittelzone, die sich in beiden Richtungen ständig erweitert, herrscht trotz immer wieder auftretender Spannungen Neutralität.

Ungeachtet dieser Neutralisierung bleibt das Rätsel des Selbst, das in der Idee einer künstlich bewirkten Entstehung ebenso beschlossen liegt wie in der Idee einer natürlich entstehenden Herstellung. Zunächst könnte man hartnäckig bleiben und darauf bestehen, daß die Reduktion auf das Wie des Sichherstellens kein καθ᾽ αὑτό duldet, daß sie alles ausschaltet, was *an sich selbst* Bestand hat. Es bleibt weder Raum für jemanden, der mehr wäre als Hersteller, noch für etwas, das mehr wäre als Hergestelltes. Die Frage nach einem Wer und Was, nach einem eigenständigen Selbst oder umgekehrt nach einem eigenständigen Sein der ›Sachen selbst‹ scheint beantwortet durch die Angabe von *Funktionsträgern*, die ihre Bestimmung von der Funktion her empfangen. Der Funktionär, der in der zweiten Hälfte des 18. Jahrhunderts erstmals unter diesem Namen auftritt, ist ein Mann ohne Eigenschaften, ausgenommen jener, die ihn zum Funktionär machen. Damit betreten wir bereits den Bereich einer Soziotechnik. Doch selbst im engen Bereich des Maschinenwesens gilt, daß die Hardware zur »*Form* von Materie« wird (Gold 1998, S. 93), die sich, wenn wir von den mathematischen Faktoren absehen, mit der οἰκεία ὕλη vergleichen läßt, die Aristoteles bei der seelischen Durchformung des Körpers in Betracht zieht. Von dem noch in der *Sechsten Meditation* von Descartes zitierten Seelen-Schiffsmann bleibt nichts übrig, da die Frage etwa, ob eine Raumfähre bemannt ist, selbst zu den technischen Modalitäten gehört, so wie für Marx der Arbeiter ökonomisch nur noch als zu kapitalisierende Arbeitskraft zu Buche schlägt.

Dies alles mag zutreffen, doch die Neutralisierung herkömmlicher

Differenzen liefert keine Antwort auf die Frage, wie diese durch Reduktion gewonnene Zwischensphäre des Wie selbst zu bestimmen ist. Methodische Neutralität ist nicht mit ontologischer Identität zu verwechseln. Wird eine solche Verwechslung vorgenommen, so verfestigt sich das funktionale Wie seinerseits zu einem Was (oder einem quasi-mythischen Wer), so daß die Funktionalisierung hinter ihre eigenen Voraussetzungen zurückfällt. Gleichzeitig würde sich die Frage stellen, welche Funktion die Ontologisierung der Technik ihrerseits wahrnimmt. Wir drehen uns im Kreise. Ein Ausweg böte sich, wenn sich innerhalb der technologischen Sphäre ein Spalt öffnete, der es erlaubt, von der Technik *als* Technik zu sprechen, ohne sie schlicht vorauszusetzen. Vielleicht trifft auf die technologische Reduktion ähnliches zu wie auf das, was Merleau-Ponty im Vorwort seiner *Phänomenologie der Wahrnehmung* von der phänomenologischen Reduktion behauptet, daß nämlich gerade die Unmöglichkeit ihrer vollständigen Durchführung uns eine entscheidende Lektion erteilt, indem sie deren Voraussetzungen sichtbar werden läßt. Das Selbst der in Anspruch genommenen Selbstherstellung könnte uns auf die Sprünge helfen. Vielleicht stellt die Autopoiesis einen technologischen Wendepunkt dar, dann aber fragt sich, wohin die Wende führt.

6. Selbstbezug, Selbstentzug und selbstreferentielle Systeme

Grundlegend ist ähnlich wie in früheren Fällen die Frage, ob das Selbst sich überhaupt im Rahmen der funktionellen Rationalität formulieren und dementsprechend maschinell simulieren läßt beziehungsweise welcher Transformationen es bedarf, damit etwas vom Selbst in technische Apparaturen und Konstruktionen eingehen und sich neurophysiologisch realisieren kann. Die Frage stellt sich nicht nur ähnlich wie in früheren Zusammenhängen, sondern sie stellt sich mit größerer Dringlichkeit, wenn nicht nur spezielle Ordnungsstrukturen der Erfahrung betroffen sind, sondern die Erfahrung selbst auf dem Spiel steht, eine Erfahrung, die ohne zumindest rudimentäre Formen der Selbstheit ihren Erfahrungscharakter zugunsten bloß registrierbarer und manipulierbarer Vorgänge einbüßen würde.

Wenn wir auf unsere Ausführungen in Kapitel V zurückgreifen, so sehen wir das Selbst mit Grundzügen ausgestattet, die sich gegen eine autopoietische Sichtweise sperren. Das Selbst, dem wir uns nur auf indirekte Weise nähern können, ist *nicht etwas* und auch *nicht jemand*, sondern es zeigt sich, indem es sich selbst entzieht.[19] Dieser *Selbstentzug* verbindet sich mit einer Selbstaffektion, einem Pathos, das mir zustößt, bevor ich es intendiere. Sofern das Pathos etwas ist, das von anderswoher kommt, stellt es sich gleichzeitig als Fremdaffektion dar, die den Zirkel der Selbstheit sprengt. Die Frage nach dem Wem des Widerfahrnisses geht der Frage nach dem Wer eines zuschreibbaren Aktes voraus. Die Urspaltung, die Tatsache also, daß das Selbst nur über einen Spalt hinweg mit sich in Kontakt steht, führt zu einer zeit-räumlichen *Selbstverschiebung*, die eine reine Innenperspektive ebenso ausschließt wie eine reine Außenperspektive. Das Zugleich von Selbstbezug und Selbstentzug spricht für einen genuinen Fremdbezug, und es verheißt eine Konzeption des Leibes und des Unbewußten, die sich von den üblichen Dualismen freihält. Doch zunächst geht es um Möglichkeit oder Unmöglichkeit einer Funktionalisierung des Selbst und ihrer technischen Umsetzung.

Es liegt auf der Hand, daß ein Selbst, das auftritt, indem es sich entzieht und sich selbst affiziert, der Poiesis in all ihren Formen keine direkte Handhabe bietet. Wie kann man eine Abwesenheit herstellen, ohne sie in einen anwesenden Zustand zu verwandeln, und wie kann man ein Pathos, einen Affekt erzeugen, ohne auf die Seite des Affizierenden überzuwechseln? Und wie kann man das Worauf einer Antwort bewerkstelligen, ohne es vorweg einer Antwortregel oder einem Antwortmuster zuzuordnen? Als Schlüsselbegriff, der über die Grenzen der verschiedenen natürlichen und künstlichen Systeme hinweg als besonders attraktiv erscheint, bietet sich der Begriff der Selbstreferenz oder der Selbstbezüglichkeit an.

Die Selbstreferenz ist dabei, den älteren philosophischen Begriff der Reflexion zu verdrängen oder wenigstens zurückzudrängen. In ihrer bewußtseinstheoretischen Fassung setzt Reflexion ein Subjekt voraus, das sich explizit auf sich, seine Erlebnisse und seine Welt besinnt, und dies in einem eigens vollzogenen Akt, der selbst wiederum reflektierbar ist. Der Begriff der Reflexion wirft zumindest zwei Pro-

19 Wenn Robert Spaemann diese Unterscheidung schlichtweg als gegeben ansetzt, so gelingt ihm dies nur, weil er eine onto-theologische Außenperspektive einnimmt und es versäumt, diesen Unterschied aus einer Differenzerfahrung und einer Differenzierungspraxis zu entwickeln. Vgl. das ebenso fundamental wie essayistisch angelegte Werk *Personen* (1996), das den Untertitel trägt: *Versuche über den Unterschied von ›etwas‹ und ›jemand‹*. Auf die aktuellen Konsequenzen dieser Unterscheidung komme ich weiter unten bei der Erörterung der Bioethik zu sprechen.

bleme auf. Er ist eng an ein Selbst-bewußtsein, also an eine Form des Wissens gekoppelt, und er führt gleichzeitig zu den Aporien einer Selbstobjektivierung, die immer zu spät kommt, weil sie schon ein Selbst voraussetzt, oder zu früh kommt, weil sie auf einen weiteren Akt der Objektivierung angewiesen ist. Der Begriff der Selbstreferenz hat demgegenüber den Vorteil einer flexiblen und weitläufigen Verwendbarkeit. Er steht für eine *Operation der Bezugnahme auf sich selbst,* die weder an ein Vollzugswissen noch gar an einen persönlichen Bezugsakt gebunden ist. Er eignet sich überall dort, wo ein komplexes System mit seinen eigenen Elementen interagiert, wo diese aufeinander reagieren und wo schließlich gegenwärtige Zustände des Systems mit vergangenen in Verbindung stehen.

Ein zentrales, neuartiges Exempel liefert das Gehirn, das nicht bloß im Sinne einer *linearen Kausalität* passiv auf Außenreize reagiert und auch nicht bloß im Sinne einer *zirkulären Kausalität* efferente Auswirkungen in afferente Einwirkungen ummünzt, sondern – maschinell gesprochen – sein eigenes Programm mitbestimmt und verändert. So stellt sich das Gehirn als neuronales Netzwerk dar, das zugleich als ein *bedeutungszuweisendes* und *bewertendes System fungiert.*[20] Bedeutung steht für die selektive Wirkung eines physikalischen Signals auf das neuronale kognitive System, Bewertung für die teils angeborene, teils erworbene Ausbildung von Kriterien, nach denen die sensorischen Erregungen gemessen werden. Dies besagt beispielsweise für den Aufbau einer Sinneswelt, daß die Verarbeitungsbahnen für die einzelnen Sinnesqualitäten festliegen, während die Unterschiede zwischen den Sinnesmodalitäten, aber auch die Unterscheidung zwischen Körper und Nichtkörper, zwischen Objekt und Hintergrund, zwischen Eigen- und Fremdbewegung sich durch innersystemische Differenzialdiagnosen allmählich herauskristallisieren. Diese semantische, operative Geschlossenheit schließt einen »Dialog zwischen Umwelt und Gehirn« nicht aus (W. Singer 1991, S. 118), sie verhindert nur, daß die neuronalen Antworten sich auf bloße energetisch bewirkte Reaktionen reduzieren. »Das Gehirn stellt [...] Fragen an die Umwelt [...], und es bekommt von der Umwelt über die Sinnesorgane Erregungsmuster zurück. Diese sind aber keine Antworten im Sinne von objektiven Informationen, sie sind nur Versatzstücke zu möglichen Antworten, die sich das System selbst geben muß« (Roth 1991, S. 364, vgl. auch 1996, S. 105-108).

20 Ich beziehe mich exemplarisch auf die von Gerhard Roth und Wolf Singer vertretenen Forschungsansätze.

Sieht man von den informationstheoretischen und kybernetischen Präzisierungen ab, so deckt sich dieser neurobiologische Ansatz in der Art der Beschreibung weitgehend mit älteren biologischen Verhaltensforschungen, die ebenfalls die Zirkularität des Verhaltens, intraorganische Querverbindungen, neuronale Ersatzleistungen, Gestaltungs- und Strukturierungsleistungen sowie ähnliche Formen einer Selbstorganisation des sensorischen und motorischen Verhaltens herausstellen.[21] *Mutatis mutandis* findet sich das Konzept der Selbstreferenz auch in anderen Systembereichen, seien es soziale Systeme, die sich auf gemeinsame Konstrukte einer sozialen Welt beziehen, oder formale mathematische Systeme, in denen der axiomatische Aufbau an die Grenzen seiner Grundlegung stößt. Das Wuchern der Paradoxien hängt zusammen mit dieser Selbstbezüglichkeit, die weder in einem vorausliegenden Fundament noch in einer universalen Regelung, noch in einem alle Relationen entfaltenden Ganzen zur Ruhe kommt.

Doch damit ist die Frage nach dem Selbst dieser Autoreferenz und die Frage nach einer etwaigen Autopoiese noch nicht beantwortet. Sätze wie der zitierte Hinweis auf »Antworten, die *sich* das System *selbst* geben muß«, bedürfen weiterer Explikation. Selbstreferenz wird allzu leicht verwechselt mit *Selbstidentifizierung*. Deren Resultat bestünde in einer reflexiven Relation ›x R x‹, die sich von der schlichten Identität lediglich dadurch unterschiede, daß beide Bezugsglieder qualitativ gleich oder individuell identisch wären. Dies würde beispielsweise besagen, daß x *nicht bloß etwas* sieht, berührt, beurteilt, identifiziert oder herstellt, sondern eben *sich selbst*. In diesem ›sich selbst‹ liegt der springende Punkt. Es bezeichnet, grammatisch betrachtet, kein Akkusativobjekt, das durch transitive Verben zu ergänzen wäre, sondern ein Reflexivpronomen, das gerade den intransitiven Charakter von Verben wie ›Sichwaschen‹, ›Sichfreuen‹, ›Sichbenehmen‹, ›Sichausdrücken‹ oder ›Sichaufhalten‹ ausmacht. Wer sich freut, sucht nicht nach einem geeigneten Träger der Freude. Wie die Aporie eines reflexiven Selbstbewußtseins zeigt, ist es die Sprache, die uns dazu verleitet, das ›Sichwissen‹ in das ›Wissen eines Selbst‹ zu

21 Vgl. dazu von phänomenologischer Seite Merleau-Pontys frühes Werk *Die Struktur des Verhaltens*, auf das Varela zu Recht verweist. Neuere informationstheoretische und biokybernetische Ansätze werden in Merleau-Pontys späten Vorlesungen berücksichtigt, die unter dem Titel *Die Natur* erschienen sind. Bemerkenswert ist die Tatsache, daß umgekehrt gestalttheoretische Motive in der neurologischen Forschung wiederauftauchen, nachdem die Gestaltgesetze lange Zeit durch Bedeutungsregeln überholt schienen.

verwandeln. Wir werden das ›Subjekt‹ nicht los, weil wir noch an die Grammatik glauben, so könnte man den bekannten Nietzsche-Ausspruch abwandeln. Infolgedessen verwechselt man Selbstheit oder Ipseität mit einer spezifischen Form von Selbigkeit oder Identität, so wie man die Selbstreferenz als Sonderform der Referenz behandelt. Diese Verwechslung geht bis auf John Locke zurück, wenn er das Selbst als etwas definiert, das sich über zeitliche Abstände und wechselnde Umstände hinweg als dasselbe durchhält. Charakterisiert man das Selbst als ein Wesen, das *sich selbst* steuert, das *von sich* weiß, *sich* bestimmte Merkmale zuschreibt und *seine eigenen* Leistungen abschätzt, so ist dies durchaus plausibel, doch das Sich wäre erschlichen durch eine tautologische Sprechweise, die jene geforderte heautologische Sprechweise überdeckt.

Der Gebrauch des Modells der Selbstreferenz führt jedoch in eine andere Richtung, selbst wenn die Gebrauchsanweisungen einiges zu wünschen übriglassen. Das Sich-Selbst der Selbstreferenz erscheint durchweg als eine *Eigenschaft von Operationen*, nicht als Gegenstand transitiver Akte, und es verbindet sich durchweg mit einem Prozeß der *Grenzziehung*, einer *Selbstabgrenzung*, genauer noch einer *Selbsteingrenzung* und *Fremdausgrenzung*. Letztere konstituiert eine Innen/Außen-Differenz, also eine topologisch und asymmetrisch bestimmte Differenz, bei der das eine Bezugsglied privilegiert und markiert ist, nämlich als der Ort, von wo aus die Unterscheidung getroffen wird. Das Sichunterscheiden würde auf den Stand eines bloß gegebenen Unterschieds, das Innen/Außen auf eine relative Lagebestimmung herabsinken, wäre das Innere nicht der Ort, wo *sich aufhält*, was sich unterscheidet, und dieses Sich würde andererseits nicht als solches hervortreten, würde es nicht dorthin zurückkehren. Das Sich oder Selbst ist nicht zu denken ohne Bezug auf elementare Chronotopen (vgl. Bachtin 1997, S. 342, 366). Die rekursive Operation unterscheidet sich vom hergebrachten reflexiven Bewußtseinsakt darin, daß es von vornherein um Wiederkehr geht und nicht um Koinzidenz oder Spiegelreflexe. Das Zurückgehen auf … ist die notwendige Bedingung für eine Identifikation, die eine zumindest minimale Differenz voraussetzt, aber es bedeutet nicht selbst eine Identifizierung. Die Art der Distanz, die sich hier andeutet, könnte ausschlaggebend sein für eine notwendige Aufschlüsselung der Selbstreferenz.

Was wird nun aus der Selbstherstellung, wenn das Selbst einer Selbstabgrenzung entstammt, die jeder Identifizierung vorausgeht?

Das Resultat fällt ernüchternd aus, wenn wir einen Vorschlag in Betracht ziehen, der dem Begriff der Autopoiese seinen »mystischen Beigeschmack« zu nehmen verspricht.[22] Es wird empfohlen, deutlich zwischen Selbstherstellung und Selbsterhaltung zu unterscheiden. Erstere käme dem Begriff der Selbstorganisation nahe, der schon im Bereich der Materie Anwendung findet. Die Selbstorganisation der Materie, wie sie in den Forschungen von Manfred Eigen und Hermann Haken konzipiert ist, äußert sich im Auftreten von musterbildenden Strukturen. In solchen Fällen bleibt die Abgrenzung labil; physische Systeme haben außerdem einen gefäßartig »aufgezwungenen Rand«. Bei Organismen dagegen verstärkt sich die Selbstorganisation in Form einer Selbsterhaltung, die zu relativ stabilen Grenzen führt und einen »autonomen Rand« entstehen läßt. Wir begreifen diese Unterscheidung in der Weise, daß in allen Fällen ein systemisches Selbst entsteht, das auf der gleichzeitigen Eingrenzung eines Innenraums und der Ausgrenzung eines Außenfeldes beruht. Auch materielle Muster gehen nicht abstandslos in das Umfeld über, wenn Kräfte sich im Kräftefeld verteilen und nicht nur Veränderungen in einem homogenen Raum erzeugen. Von dieser Selbstorganisation können wir sagen, daß sie sich ohne Organisatoren *von selbst aus sich selbst* vollzieht. Das organismische Selbst steigert dagegen seine Selbstheit. Es geht nicht einfach in der Selbstbildung auf wie ein Strudel in der Strömung, sondern es nimmt auf die Erhaltung und Fortbildung seiner selbst Einfluß. Es ist nicht nur in der Selbstabgrenzung beschlossen wie eine Gestalt, die sich von einem Hintergrund abhebt, sondern in der Aufrechterhaltung der Grenze, in der Regelung des Grenzverkehrs und in der Ausdifferenzierung des Innenraums bringt es förmliche Selbstbezugsinstanzen hervor. Zu denken ist zum Beispiel an die Berührungs- und Abgrenzungsfunktion der Haut, die wir in Kapitel II erörtert haben, oder an die Ausformung des Körperschemas, an propriozeptive Rückmeldungen und ihre neurophysiologischen Korrelate. Die Selbsterhaltung des Organismus, die in ihrer Dynamik über eine *bloße* Selbsterhaltung hinausschießt, zeichnet sich dadurch aus, daß etwas nicht nur von selbst und aus sich entsteht, sondern *durch sich selbst* hervorgebracht wird.

22 Vgl. E. Oeser und F. Seitelberger 1988, S. 47 f. sowie G. Roth 1996, S. 80 f., auf dessen frühere Schriften sich die beiden Autoren beziehen. Beachtenswert sind nach wie vor die Grenzerwägungen in Helmuth Plessners *Stufen des Organischen*, die ich in meinen eigenen Überlegungen zu »Schwellenerfahrung und Grenzziehung« herangezogen habe, vgl. *Vielstimmigkeit der Rede*, Kapitel 9.

Auf diese Weise überlagern sich Entstehungs- und Herstellungsprozesse.

Man könnte versucht sein, die Steigerungsreihe fortzusetzen bis zu dem Punkt, wo dieser Prozeß der Selbstorganisation sich selbst theoretisch einholt. Die Systemtheorie wäre dann das (vorerst?) letzte Produkt der Evolution. Sie wäre gewissermaßen ihr eigenes Markenzeichen. Doch damit würde der Funktionalismus sich selbst Lügen strafen, indem er der Gefahr einer Selbstontologisierung unterliegt. Das einzige Was, das es gibt, wäre das Wie, das als funktionales *ipsum esse* immer noch onto-theologische Gelüste befriedigen würde. Der konsequente Funktionalist müßte das Kunststück fertigbringen, sich mit funktionalen Mitteln selbst zu relativieren.

Der Ansatzpunkt liegt abermals in der Selbstreferenz, die sich in der Selbstorganisation, Selbsterhaltung und Selbstabgrenzung von dem schlichten Identifizierungsschema lossagt. Stellen wir nochmals unsere Ausgangsfrage, ob und wie das Selbst sich funktionalisieren und technisieren läßt. Die Antwort lautet: durch eine *Vervielfältigung und Verallgemeinerung der funktionalen Bezüge*, so daß der Einzelprozeß nicht mehr nur von bestimmten Programmen und Aufgabenstellungen abhängig ist, sondern von einem sich selbst programmierenden Ganzen. Diese allgemeine Funktionalisierung ist um so wirkungsvoller, je unsichtbarer sie ist, je weniger sie von bestimmten Befehlszentralen abhängt. Dies entspricht der Omnipräsenz einer Macht ohne Machthaber, die Michel Foucault für unsere Gesellschaft diagnostiziert hat. Doch gleichwohl öffnet sich ein diastematischer Spalt innerhalb des systemischen Gefüges. Das Selbst, ohne dessen Annahme Systeme keine Binnenperspektive entwickeln würden, ist ein Attribut *anonymer Operationen*, durch die das System *sich* verändert, ohne seinen eigenen Beitrag als solchen kenntlich zu machen. Es wird ferner auf *Differenzen* zurückgeführt, in denen etwas sich unterscheidet, ohne sich von sich selbst zu unterscheiden. Was sich also dieser Funktionalisierung entzieht, das ist die in aller Systemtheorie vorausgesetzte Tatsache, daß ein System nicht nur von selbst und durch sich selbst entsteht, sondern *als es selbst* hervortritt. Dieses Als verweist nicht auf eine weitere Stufe oder Phase der Selbstorganisation, sondern auf das Ordnungsgeschehen selbst. An dieser Stelle taucht der *Beobachter* auf. Auch er bestimmt sich rein operational als unentbehrliche Möglichkeit, die innerhalb der Innen/Außen-Differenz fungierende Selbstreferenz zu thematisieren. Rein funktional betrachtet, macht es keinen Unterschied, ob es sich um eine

Selbst- oder eine Fremdbeobachtung handelt, da die Thematisierung des Selbst mit Fragen der Identität, also mit der Frage, ob Beobachtung und Beobachtetes demselben Beobachter zuzuschreiben sind, unmittelbar nichts zu tun hat. Der blinde Fleck, der das Fungieren als solches ins Dunkel rückt, macht aus jedem Beobachtungsblick einen fremden Blick. Auf das fungierende System als solches trifft ähnliches zu wie auf Freuds Es: Es kann nicht sagen, was es tut. Läßt sich also das Selbst, das in gängigen Konzepten wie Selbstreferenz, Selbstorganisation, Selbsterhaltung oder Selbstabgrenzung vorausgesetzt wird, funktional bestimmen? Die Antwort lautet: Es läßt sich funktional bestimmen, soweit es nichts anderes besagt als die *Grenze der Funktionalität selbst*, die eines nicht in sich einschließt, nämlich die Tatsache des Funktionierens. »Das Ich ist die Grenze der Welt«, heißt es in Wittgensteins *Traktat*; ähnlich auch hier: Das System ist die Grenze der Welt. Neurobiologisch gewendet hieße dies: Das Gehirn ist die Grenze seiner Wirklichkeit. Diese Konsequenz zieht Gerhard Roth in der Tat. Seine grundlegende Schrift *Das Gehirn und seine Wirklichkeit* gipfelt in der Annahme, daß das »*reale* Gehirn« zusammen mit der Wirklichkeit insgesamt auch mich und mein »*wirkliches* Gehirn« als Konstrukt hervorbringt, und zwar so, daß es selbst mir auf immer unzugänglich bleibt (1996, S. 328 f.). Im Anschluß an Kant könnte man von einem »Gehirn an sich«, im Anschluß an Husserl von einem »fungierenden Gehirn« sprechen. Was jenseits seiner Grenzen liegt, sind Dysfunktionalitäten, denen man nur durch eine Umfunktionalisierung beikommen kann, indem man eine Wirklichkeit gegen eine andere vertauscht. Die operationale Geschlossenheit selbst läßt sich nur beobachten. Ob die Beobachtung ironische, neugierige oder enthusiastische Züge annimmt, scheint eine abwegige Frage, weil sie die Reinheit der Beobachtung, die sich durch ein nicht mitmachendes Machen auszeichnet, trübt. Das System schuf, und der Systemtheoretiker sah, daß es – so war.[23]

23 Die Anklänge an Husserls »unbeteiligten Zuschauer«, aber auch an Hegels »reines Zusehen« sind nicht zu überhören; sie lassen die Frage aufkommen, wie weit Luhmanns Systemtheorie als Funktionalisierung sowohl der Husserlschen wie der Hegelschen Phänomenologie begriffen werden kann – und woran eine solche Funktionalisierung scheitert.

7. Offene Schere zwischen natürlicher und technischer Entwicklung

Ich denke, die Schleier der Autopoiese lüften sich, wenn wir nochmals auf den Prozeß der Funktionalisierung und Technisierung zurückkommen. Wir gingen aus von den Versuchen, natürliche und geistige Prozesse gleichermaßen mechanisch zu simulieren, und zwar mit dem Bau von Maschinen, die regelkreis- oder netzförmig arbeiten, und mit dem Einbau von Programmen, durch die zumindest umrißhaft bestimmte Ziele vorgegeben und bestimmte Aufgaben gestellt werden. Solche Maschinen werden nicht gebraucht wie Werkzeuge, die man zur Hand nimmt, sie werden nicht bloß an- und abgestellt wie Kraftmaschinen, aber sie werden immerhin eingesetzt, selbst dort, wo ihnen Such- oder Lösungsaufgaben gestellt werden. Als Programmierer steht der Mensch nicht mehr hinter der Maschine wie hinter einem Schraubstock, aber er hat noch seine Hand und seinen Kopf im Spiel. Dabei zeichnet sich ein Trend ab von abstrakteren zu konkreteren Aufgaben. Der Trend verläuft etwa von der Rechenmaschine, die Zahlenaufgaben löst, zum Roboter, der mit Sensoren und Effektoren ausgestattet ist und der räumliche Orientierungsprobleme zu bewältigen oder Hindernisse zu vermeiden hat. Oder es gibt einen Trend von Rechenmaschinen, die exakte Berechnungen durchführen, zu solchen, die den flexibleren Gesetzen der *Fuzzy Logic* folgen, indem sie situationsnahe Spielräume, unscharfe Mengen und Näherungswerte einkalkulieren. Solche Trends erfahren einen nochmaligen Knick in der systematischen Neutralisierung der Differenz von Natürlichkeit und Künstlichkeit, der zufolge dynamische Systeme der physischen Natur, lebende Systeme, soziale und politische Systeme sowie formale Systeme gleichsam parallelgeschaltet werden. Die Technik arbeitet nicht mehr nach der Natur, sondern wie die moderne Kunst »parallel zur Natur«. Systeme, die ihre eigenen Programme fortschreiben, machen Programmierer nicht überflüssig, aber sie weisen ihnen ihren Platz zu. Systeme setzt man nicht ein, weil der Einsatzpart selbst systemisch verortet ist und weil die Einsätze selbst durch psychische oder kommunikative Systeme codiert sind. Gegen Maschinen mochte man anstürmen, wenngleich auf die Dauer erfolglos, gegen Systeme anzukämpfen scheint von vornherein hoffnungslos, denn sie bieten keine Widerstandsfläche. Doch vielleicht ist dies nur die Hochrechnung eines Trends, der so eindeutig gar nicht abläuft.

Selbst bei dem doppelten Trend einer Technisierung der Natur, einschließlich des naturalisierten Geistes, und einer Naturalisierung der Technik, die in der Verquickung von natürlichem Entstehen und künstlicher Herstellung eine sich ständig vergrößernde Schnittfläche hat, läßt sich eine Konvergenz nicht ausmachen. Diese könnte nur darin bestehen, daß die künstliche Herstellung selbst in natürliches Entstehen übergeht, indem sie ihre naturgegebenen Voraussetzungen einholt, und daß umgekehrt das natürliche Entstehen in Herstellung übergeht, indem es sich seiner Ziele bewußt wird. Doch zu einer solchen Versöhnung bedarf es einer ›Substanz‹, die im Grunde bereits ›Subjekt‹ ist, und eines ›Geistes‹, der nicht bloß alles gegen alles verrechnet, sondern alles mit allem versöhnt. Dieser Geist würde auf den alten Namen νοῦς oder *spiritus* hören, nicht aber auf den neueren Namen *mens* oder *mind*. In Ermangelung eines solch allumfassenden Geistes und in ebensolcher Ermangelung einer Natur, die beides wäre: *natura naturans* und *natura naturata*, unterliegt der besagte Doppeltrend einer *Richtungsdifferenz*, die sich in Polarisierungen, Extrembildungen und Pendelbewegungen bekundet und eine eindeutige physiko-technische Fortschritts- oder auch Rückschrittsgeschichte ausschließt.

Nehmen wir das alte Gegensatzpaar von *Tyche* und *Techne*. Beide bilden eine Polarität und unterliegen keinem einseitigen Gefälle. Dies zeigt sich in ihrer zwiespältigen Bewertung. Der Zufall, der auf der Seite des spontanen Entstehens auftritt, verheißt ein höheres Maß an Erfindungsreichtum und einen Überfluß an außerordentlichen Möglichkeiten, der über die unmittelbare Verwertbarkeit hinausgeht. Andererseits kann er ins Chaotische, ins blind Gewaltsame ausschlagen. Der Zufall steht näher bei den Widerfahrnissen, die uns zustoßen, und er ist überhaupt dem Passiv verbunden oder auch der graziösen Anmut, die sich der gravitätischen Würde entgegenstellt. Umgekehrt verbindet sich die Technik mit dem Herstellen, das Regelhaftigkeit, Genauigkeit, Klarheit und Ökonomie der Mittel auf seiner Seite hat. Andererseits kann die Technik in Pedanterie, Beckmesserei und Kargheit ausarten. Die Technik ist aufgrund des größeren Planungsanteils stärker mit der aktiven Seite der Erfahrung verbunden. Abgesehen davon sind die Anteile von spontanem Entstehen und aktiver Herstellung ungleich verteilt. Die Eingriffsmöglichkeiten nehmen zu, je mehr die Techniken auf die Existenz des Technikers selbst übergreifen in Form einer Auto-Technik, die nicht nur aus sich selbst und durch sich selbst entsteht, sondern das Selbst seinerseits in Angriff nimmt. Das Verhältnis von Erdfaltungen und Vulkanausbrüchen zur Geologie, das Verhältnis der Entstehung pflanzlicher und tierischer Arten zur Botanik und Zoologie, zur Pflanzen- und Tierzüchtung und schließlich das Verhältnis vom menschlichen Organismus zur medizinischen Anthropologie und Therapie stellt sich dar als zunehmende Verquickung von Natur- und Technikgeschichte. Die Schere von Natur und Technik scheint sich mehr und mehr zu schließen.

Diese als bedrohlich empfundene Entwicklung führt immer wieder dazu, daß in Reaktion auf eine drohende Verschmelzung von Natur und Technik die Polarität zu einem Gegensatz gesteigert wird. Auf diese Weise werden Natürlichkeit und Künstlichkeit gegeneinander ausgespielt und bis ins Extrem eines Ökologismus beziehungsweise eines Technizismus andererseits getrieben, und auch hier berühren sich die Extreme. Nichts ist künstlicher als eine Natur, die als reine Natur erstrebt wird; umgekehrt verwandelt sich die Technik in eine Art zweiter Natur, wenn sie ihren natürlichen Widerpart verliert. Nicht nur die Natur kehrt durch die Hintertüre zurück, sondern auch die ›Kunst‹. Das Spiel mit den Extremen führt zu einer schwankenden Bewegung und verleitet zu einem schielenden Blick, der eine illusionäre Aufhebung der Gegensätze anvisiert. Im Bereich der Geschichte hat Merleau-Ponty eine schlechte Zweideutigkeit aufgedeckt in Gestalt der spätmarxistischen Dialektik, die einmal auf fatalistische Weise den ehernen Gesetzen der Geschichte freien Lauf läßt, das andere Mal voluntaristisch in den Gang des Geschehens eingreift und einen Zeitpunkt verheißt, wo wir Menschen »mit Bewußtsein die Geschichte selbst machen«. Von solchen Abenteuern der Dialektik ist auch der Umgang mit der Technik nicht frei, auch sie hat ihre Fatalisten und Voluntaristen. Hierbei stellt sich die Frage nach dem Umschlagplatz, an dem die beiden Trends sich kreuzen, ohne sich notwendigerweise zu einem Gesamttrend zu vereinen.

Eine ähnlich labile Mittellage ergibt sich aus der Sicht der aktuellen Forschung. Die technologische Neutralisierung der Differenz von Natur und Geist oder Natur und Kultur, die wir einem technologischen Apriori zugeschrieben haben, schließt zwei extreme Möglichkeiten aus, nämlich *rein objektive, reale Prozesse* und *rein subjektive, persönliche Akte*. Erstere unterlägen rein äußeren Bedingungen, deren Zusammenhang sich der bloßen Außenperspektive erschlösse, während letztere internen Bedeutungsregeln und Wertmaßstäben folgen würden, die einzig einer reflexiven Innenperspektive zugänglich wären. Die verschiedenen Formen der Selbstorganisation und Selbstherstellung lassen beide Extreme als unzureichend erscheinen. Damit stellt sich abermals die Frage nach einem Umschlagort, der einer gebrochenen Art von Zusammenhang entspräche. Das Problem wird verschleiert, wenn man die theoretischen Positionen und praktischen Eingriffe selbst dem System zurechnet, das sie beobachten und in das sie eingreifen. Mit einem bloßen Stellungswechsel, der sich jeder Stellungnahme enthält, ist es nicht getan, da hierbei entscheidende Fragen, die uns im folgenden beschäftigen werden, in der Schwebe bleiben. Demgegenüber kommt es darauf an, den Spalt, der sich hier auftut, als solchen zu erkunden. Das Konzept der Diastase, das wir in der phänomenologischen Analyse der Erfahrung wiederholt benutzt haben, könnte auch Möglichkeiten eines Außen im Innen und eines Innen im Außen erschließen derart, daß beides weder zur Deckung kommt noch in Stücke zerfällt.[24] Es steht zu vermuten, daß das immer wieder gesuchte und sich immer wieder entziehende Selbst hier seinen Ort beziehungsweise seinen Nicht-Ort hat, der nicht mit der Kommandozentrale eines Ich zu verwechseln ist. Diesem prekären Ort werden wir uns nähern, indem wir zunächst von Fällen einer epistemischen Fremdbeobachtung, dann von Fällen einer praktischen Fremdbehandlung ausgehen – mit der extremen Möglichkeit biotechnischer Eingriffe als Flucht- und Wendepunkt.

8. Neurobiologische Beobachtung des fremden Gehirns

Die explosiv angewachsene Hirnforschung liegt in der Fluchtlinie einer Technologie, die nicht nur mit selbstreferentiellen Modellen arbeitet, sondern auf gewisse Weise selbstreferentiell wird. Die schon von Nietzsche ins Auge gefaßte Möglichkeit, daß wir Menschen »mit uns selbst experimentiren« (KSA 3, 294), rückt in greifbare Nähe; es fragt sich nur, was dies des näheren besagt. Wir werden bei dem epistemischen Charakter der Neurobiologie ansetzen. Dieser ist von der Neuroinformatik und von der Neurotechnik nicht zu trennen; denn die Neurobiologie arbeitet nicht nur mit technologischen Modellen, sondern sie verdankt ihren Forschungsschub in beträchtlichem Maße Meßbeobachtungsverfahren wie der Positronen-Emmissions-Tomographie oder der Kernresonanz-Spektroskopie, die es erlauben,

24 Zur Genese dieser umwegigen Denkweise vgl. Petra Gehring: *Innen des Außen – Außen des Innen* (1994).

der Gehirntätigkeit mittels lokaler Erhöhung der Hirndurchblutung oder des Hirnstoffwechsels indirekt auf die Spur zu kommen. Doch dies schließt wie auch in anderen Bereichen, etwa in dem der Genetik, nicht aus, daß der Erkenntnisertrag gegenüber technischen oder therapeutischen Anwendungen sein eigenes Gewicht behält. Erprobung bedeutet mehr als Nutzbarmachung, die von möglicher Schadbarmachung nicht zu trennen ist.

Die Betrachtung des Gehirns als eines natürlichen Systems, das bisher wenigstens allen Computer-Simulationen überlegen ist, fügt sich ein in das hypermoderne Paradigma, das sich um das Geschehen der Selbstorganisation gruppiert. Es geht um den Aufbau einer vielfältig differenzierten und vernetzten Umwelt, und diese Konstitutionsleistung läßt sich weder allein auf physische Kausalwirkungen noch auf mentale Akte zurückführen. Vorausgesetzt ist ein systemisches Selbst, das sich im Zuge der Selbstbildung von der Umwelt absetzt und diese aktiv gestaltet. In diesem Sinne handelt es sich um eine *Selbst-Wissenschaft*. Angesichts der Tatsache, daß dieses Selbst als lebendiges System behandelt wird, relativiert sich der Unterschied zwischen Mensch und Tier ähnlich wie im Falle der genetischen Ausstattung. Eben deshalb können wir von einem Bio-Logos sprechen. Dies bedeutet nicht, daß entsprechende hirnanatomische und hirndynamische Unterschiede auf der Ebene des Forschungsgegenstandes keine Rolle spielen, nur reduzieren sie sich auf eine Differenzierung des Wie, auf die Weise der Selbstorganisation, ganz entsprechend dem funktional-technologischen Apriori, das die Frage nach einem darüber hinausgehenden Wer und Was ausschließt. Dies gilt jedoch nicht in gleichem Maße für die Forschungssituation und deren forschungspraktische Horizonte. Epistemologisch und natürlich auch juridisch betrachtet, macht es einen bedeutsamen Unterschied, ob der Forscher es mit einem Versuchstier oder mit einer Versuchsperson zu tun hat. Da es uns auf die Kontaktstellen zwischen phänomenologischer Erfahrung und technologischer Zurichtung ankommt, werden wir uns vorwiegend auf die neurobiologische Erforschung des menschlichen Gehirns beziehen.

Die Forschungskonstellation läßt zwei Bruchstellen erkennen; diese dienen vielfach als Breschen, durch die der Cartesianische Dualismus in zeitgemäßem Gewande zurückkehrt. Dies hat zur Folge, daß das moderne Paradigma der Naturbeherrschung und der Fremdheitsüberwindung sich erneut einmischt. Die eine Bruchlinie findet sich auf seiten der Versuchsperson. Dualistisch betrachtet, sondert sie subjektiv erlebte Akte und Zustände von neuronalen Prozessen und Zuständen, von denen das Subjekt aus eigenem Erleben nichts weiß. Wir erkennen hier den klassischen *Dualismus von Seele und Körper* wieder. Die zweite Bruchlinie trennt die Position des Versuchsleiters von der Versuchsperson. Nach dualistischem Verständnis sind dem Neurologen neuronale Vorgänge und äußere Verhaltensaspekte zugänglich, nicht aber die Erlebnisseite, die der Introspektion vorbehalten bleibt. Dies entspricht dem klassischen *Dualismus von Eigen- und Fremdpsychischem*. Doch bei näherem Hinsehen entpuppen sich diese neocartesianischen Angebote als bloße Verlegenheitslösungen, die der neuen Forschungslage keineswegs gerecht werden.

Beginnen wir auf seiten der Versuchsperson. Es ist weithin üblich, zwischen einer *Erste-* und einer *Dritte-Person-Perspektive* oder zwischen *Erlebnis-* und *Beobachter-Perspektive* zu unterscheiden, um damit einer Beziehung wie der zwischen Gehirnbesitzer und Hirnforscher gerecht zu werden. Ein »ontologischer Sprung« (vgl. Roth 1991, S. 361) von der psychischen oder mentalen Sphäre in die physische oder umgekehrt stünde vor dem Dilemma, daß einerseits ohne kausale Wechselwirkung eine schlichte Wahrnehmung ebensowenig zu erklären wäre wie eine selbstausgeführte Bewegung, daß andererseits eine psychische Kausalität mit dem Energieerhaltungssatz in Konflikt geriete und der Voraussetzung eines lückenlosen physischen Geschehens widerspräche. Ein ontologischer Dualismus scheitert an seinen eigenen Voraussetzungen (vgl. Roth 1996, S. 278 ff.). Das Postulat zweier Perspektiven begnügt sich demgegenüber mit verschiedenen *Beschreibungssystemen* und *Zuschreibungsarten*. Auf dieses Weise schreibt der Hirnforscher der Versuchsperson etwas zu, von dem sie aus eigenem Erleben nichts weiß und nichts wissen kann, und umgekehrt erlebt diese etwas, was sich der Fremdbeobachtung entzieht. Die Versuchsperson kann Resultate der Fremdbeobachtung und Fremdzuschreibung übernehmen, doch dies setzt den Umweg über die Außenperspektive voraus, während Selbstbeobachtung und Selbstzuschreibung umgekehrt ein Selbst voraussetzen, *das sich selbst* beobachtet und *sich selbst* etwas zuschreibt. Diese Selbstvorgängigkeit teilt die Selbstzuschreibung mit dem Selbstbewußtsein. Doch die Zweigleisigkeit von Selbstbezug und Fremdbezug, auf die sich einst Fechner berief, gibt keine Antwort auf die Frage nach dem X, das wechselweise einer Innen- und einer Außenbeobachtung unterworfen wird und das diese miteinander verbindet. Die Hirnforschung setzt wie die Hirnchirurgie auf selbstverständliche Weise ein solches Band voraus, wenn sie der Versuchsperson zubilligt, von »ihrem Gehirn« zu sprechen. Nun mag man einwenden, ich könne durchaus etwas »mein« nennen, was ich von einem anderen bekommen habe, sei es ein Bild, ein Haus oder mein Name. Doch es wäre absurd anzunehmen, die Versuchsperson verdanke ihr Gehirn gleichsam der Urimplantation eines Neuroingenieurs. Also muß es für mich eine »Sonderbefugnis« geben, die mir gestattet, dieses Gehirn »mein Gehirn« zu nennen, so wie Descartes mir generell das Recht zugesteht, einen bestimmten Körper »meinen Leib« zu nennen. Ohne ihn könnte ich keines Dinges habhaft werden, denn Besitz setzt eine Disponibilität voraus, die an die Verkörperung im Hier und Jetzt gebunden ist. Man könnte einwenden, das Gehirn mitsamt dem Körper sei eine Entität, die mir selbst äußerlich und fremd ist, an die ich mich lediglich gewöhnt habe wie an meine Brille. Doch eine derartige Vermutung würde den Grundannahmen der Neurobiologie strikt zuwiderlaufen, denn diese schließen die Annahme ein, daß all unsere Verhaltensleistungen und Verhaltensdispositionen, so auch das »Haben eines Gehirns«, auf neuronalen Vorgängen beruhen.

Wir stehen also vor einem epistemologischen Dilemma. Einerseits wird von der Hirnforschung zugegeben, daß eine Vielzahl von Explananda wie Geruchs- oder Farbqualitäten, Schmerzerlebnisse, Gefühle, Versprechensakte oder Überzeugungen, also all das, was ohne jemanden, der sie erlebt, schlichtweg sinnlos wäre, einem anderen Beschreibungssystem angehört als dem neurologischen, andererseits wird ebenso behauptet, eine Einheit zwischen neuronalen und mentalen Ereignissen werde als solche nicht erlebt (Roth 1991, S. 369), es herrsche ein »erlebnismäßiger Abgrund« (1996, S. 131) – was nicht ausschließt, daß es diese Einheit gibt. In seiner neurobiologischen Theorie nähert sich der zitierte Autor dieser unfaßlichen Einheit, indem er vorschlägt, nun eben das Gehirn einer doppelten, nämlich physikochemischen und mentalistischen Beschreibung zu unterwerfen und zwischen dem »Gehirn als neuronaler Maschine« und dem »kognitiven Gehirn« zu unterscheiden (1991, S. 366). Dies führt dazu, daß das Gehirn immer wieder, und zwar nicht nur metonymisch, unter einem *nomen agentis* auftritt als Gehirn, das etwas an sich selbst erlebt, das sich in einer Situation befindet und sie bewertet, das einer Selbstzuschreibung und Selbstbeschreibung fähig ist und das am Ende den Zustand subjektiven Erlebens als »Kennzeichnung« benutzt, um bewußte von unbewußten Gehirnprozessen zu unterscheiden (Roth 1996, S. 296). Doch damit gliche das Gehirn doch wieder jenem ominösen, mit einem ›inneren Auge‹ ausgestatteten Homunculus, der genau das voraussetzt, was er erklären soll, nämlich einen Selbst- oder Innenbezug, der mehr besagt als eine operationale Schleife oder eine Quervernetzung.[25] Kühne Konstruktionen, so etwa gesonderte »Metarepräsentationen«, das heißt »nichtlokale, dynamische Gebilde [...], die arealübergreifend als synchrone Zustände in Erscheinung treten«,[26] oder die Entstehung des phänomenalen Selbst als Resultat einer »mentalen Selbstmodellierung« des jeweiligen Systems in seiner Umwelt,[27] sind nur technisch versierter, aber nicht überzeugender als die alten Selbstbewußtseinsmodelle, die in Form einer schlechten Dialektik das Selbst als Genitivus objectivus gegen den Genitivus subjectivus austauschen und vice versa. Die Kluft wird lediglich *verbaliter* in der einen oder in der anderen Richtung überquert. Natürlich muß eine mit Modellen operierende Forschung dieses alte Rätsel nicht lösen, aber sie sollte auch nicht so tun, als gelänge ihr dies, wenn nicht jetzt, so doch auf die Dauer, so daß – wie in Wolf Singers erwähntem Vortrag – von Emil du Bois-Reymonds berühmtem Eingeständnis nur noch ein faktisches *Ignoramus* übrigbleibt. Es geht keineswegs darum, *etwas* der Forschung zu entziehen, es geht einzig um die Frage, ob das Selbst tatsächlich *etwas* ist, das auf seine funktionale und am Ende auch technologische Lösung wartet.

Die Alternative, die unsere früheren Überlegungen zu Status und Genesis des leiblichen Selbst nahelegen, geht nicht über den Dualismus hinaus, sondern hinter ihn zurück. Einem Selbst, das sich auf sich selbst bezieht, indem es sich entzieht, stößt die Spaltung nicht von außen zu, vielmehr fällt diese Urspaltung mit der Genesis des Selbst zusammen. Diese *gelebte Spaltung* geht jeder Thematisierung des Spalts voraus. Die Selbstspaltung entzieht dem leiblichen Selbst nicht nur sein eigenes Erleben und Tun, auf das es immer nur reflexiv zurückkommt, sie entzieht ihm auch die Körpermechanismen, mittels deren sich das eigene Erleben und Verhalten realisiert. Ebendes-

25 Engel und König sprechen in diesem Zusammenhang im Anschluß an A. Kenny von einem *homunculus fallacy* (in: Gold/Engel 1998, S. 184). Daß dieser Homunculus nahezu einhellig, also auch von den im Text zitierten Autoren, abgelehnt wird, schließt nicht aus, daß er sich auf neue Weise einschleicht.

26 So Wolf Singer in einer Rede vor der Berlin-Brandenburger Akademie der Wissenschaften (vgl. *Frankfurter Allgemeine Zeitung* vom 23. 11. 2000).

27 So Thomas Metzinger in: Krämer 1996, S. 148; ausführlicher dazu vom gleichen Autor: *Subjekt und Selbstmodell* (1993).

halb stellt sich der Leib als Leibkörper dar, nicht als reines Medium. Als Leibkörper ist er *mein mehr oder weniger eigener Leib*, dessen Eigenheit mit Fremdheit durchsetzt ist. Von daher läßt sich eine Brükke schlagen zur Konzeption des Unbewußten, die dessen Entzugscharakter betont, und es ist nicht einzusehen, warum dies nicht auf andere Weise auch für den Bereich der Hirnforschung gelten sollte. Wenn Hirnforscher ausdrücklich darauf hinweisen, daß ein Großteil unserer Gehirnfunktionen nicht von Bewußtsein begleitet ist, so setzen sie gleichwohl eine Beziehung zum bewußten Denken und Handeln voraus, die über bloße faktische Korrelationen, aber auch über bloße Kausalwirkungen hinausgeht. Ohne eine störanfällige Zusammengehörigkeit wäre das jeweilige Unbewußte, das unser Welt- und Selbstverhältnis von innen heraus prägt, nicht zu unterscheiden von bloß Nichtgewußtem, das unser eigenes Wissen und Wollen nichts angeht.

Hinzu kommt die zeitliche Dimension des leiblich-körperlichen Selbst, die uns veranlaßt, von einer Selbstverschiebung zu sprechen. Wenn das leibliche Selbst eine *Geschichte* und *Vorgeschichte* hat, so auch das Gehirn als leibliches Organ, und tatsächlich ist eine quasihistorische Auffassung des Hirngeschehens inzwischen gang und gäbe. So weist etwa Wolf Singer (1991, S. 118) darauf hin, daß die »gesamte Vorgeschichte mitentscheidet, welcher Ast der je nächsten Verzweigungen im ontogenetischen Entwicklungsprozeß beschritten werden soll«. Wenn im Hirngeschehen »Entscheidungen« fallen, die nicht nur ein fertiges Programm realisieren, so ordnet es sich einer diachronen Achse zu, die nicht aus der bloßen Abfolge synchroner Gesamtzustände besteht. Geschichte unterscheidet sich von einer kausalen Entwicklungsreihe dadurch, daß eine Vorgeschichte als Vorgeschichte wirksam ist, daß die Geschichte *auf sich selbst* zurückkommt und nicht nur die Wirkung vorausgegangener Zustände mit sich trägt. Nun bedeutet Vorgeschichte aber wie auch sonst üblich mehr als eine frühere Phase der Geschichte, nämlich eine *Frühgeschichte*, eine Tiefengeschichte, die der bewußten Gestaltung und Erinnerung entrückt ist und die gleich der psychoanalytischen Urszene nur in ihren Nachwirkungen faßbar ist. Dem entspricht eine gestufte Genese des Gehirns, wobei das limbische System, das als neuronale Grundanlage der affektiven und motivationalen Persönlichkeitsanteile, aber auch als Sitz des Geruchssinns fungiert, zu jenen Hirnpartien gehört, die sich in den ersten zwei bis drei Jahren entwickeln. Diese frühen Gehirnpartien sind also in besonderem

Maße als ›unbewußt‹ zu bezeichnen, da sie sich gegenüber den im Stirnhirn lokalisierten Funktionen, die mit bewußten und geplanten Erlebnisweisen korreliert sind, als äußerst änderungsresistent erweisen. Wolf Singer bringt dies in Zusammenhang mit einer frühkindlichen *Amnesie*; sie bedeutet, daß sich noch kein episodisches Gedächtnis ausgebildet hat, in dem die kontextuellen Umstände des Lernens festgehalten werden.[28] Da tiefe Überzeugungen nicht bloß kognitiv und voluntativ gebildet werden, sondern auf emotional gefärbte Einstellungen zurückgehen, ist es niemals leicht zu sagen, was man im Grunde meint und will. Die Frühgeschichte der Hirnentwicklung und ihr Fortwirken zeigen also eine deutliche Nähe zu entsprechenden Einsichten der Psychoanalyse.[29]

Daran denkt auch Gerhard Roth (1996, Kapitel 9),wenn er auf der unlöslichen Einheit von Kognition und Emotion besteht, so daß es sich verbietet, das limbische System als »stammesgeschichtlich älter« anzusetzen und die subcorticalen Strukturen der Herrschaft des rationalen Neocortex unterzuordnen. Ohne das limbische »Bewertungssystem«, das Wichtiges von Unwichtigem scheidet, verlieren alle Intelligenzleistungen ihren Sitz im Leben. Ohne *Pathos* kein *Mathos,* so könnte man die Folgen einer pathologischen Dissoziation von Rationalität und Gefühlen charakterisieren. Allerdings fragt es sich, ob die Kategorien von Lust und Unlust, die Orientierung an der Überlebensfähigkeit und die Beschränkung auf »begleitende Gefühle«, in denen sich das Wirken des limbischen Systems anzeigt, an jenes pathische Geschehen heranreichen, das jeder Bewertung vorauseilt. Gefühle sind »konzentrierte Erfahrungen«, so lautet die durchaus treffende Kennzeichnung, mit der das wichtige Kapitel dieses Buches schließt. Doch pathisch gedachte Gefühle sind mehr als das, nämlich abgründige Erfahrungen einer Frühgeschichte, die *jetzt* stattfindet.

Dies alles führt uns zurück auf die der Ersten Person zugeschriebene Erlebnisperspektive und allgemeiner noch auf die Beschaffenheit des Selbst, das in einer dynamischen Gehirnauffassung vorausgesetzt wird. Seit Thomas Nagel in diesem Zusammenhang die Frage »What is it like to be ...?« aufgeworfen hat, wird das Problem eines irreduziblen Erlebniskernes unter dem Thema der *Qualia* verhandelt. Für

28 Vgl. den in Anmerkung 26 zitierten Vortragstext.

29 Zum Status eines neurologischen Unbewußten vgl. Roth 1996, S. 31, 219 ff. Ernst Pöppel nähert sich dem Problem eines vielfältigen Nicht-Bewußten auf dem Weg über die Zeitlichkeit, vgl. *Grenzen des Bewußtseins* (1997), Kapitel 19.

die Verteidiger dieser Urqualitäten handelt es sich um einfache, dem jeweiligen Subjekt und nur dem jeweiligen Subjekt direkt zugängliche, unmittelbar gewisse *Erlebniszustände* – um ein vorgegenständliches Selbstbewußtsein im alten sensualistischen Gewande, und dies bedeutet eigentlich seit Hume nicht viel Neues, wenn man von dem raffinierter gewordenen sprachlogischen Apparat absieht. Die funktionale Neurobiologie scheint hier an ihre Grenzen zu stoßen, da eine einfache Qualität durch die Maschen eines relational verfaßten Netzwerkes fällt. Für Regelungen gilt ähnliches; die individuelle Qualität ist unsagbar, also auch nicht zu regeln, da jede Regel mit typischen Fällen rechnet. Kritiker dieser Art von Letztgegebenheit können sich auf die Möglichkeit einer kontrollierten, elektronischen Selbstbeobachtung berufen, die sich bereits frühzeitig in der Idee eines Autozerebroskops angekündigt hat; damit würde der Gegensatz von Eigen- und Fremdpsychischem an Schärfe verlieren (Roth 1996, S. 274 f.). Dies setzt sich fort in dem Versuch, die Statik vorgegebener Was-Formen aufzulösen zugunsten funktionaler Wie-Prozesse, so daß subjektive Zustände sich in *Zustandsformen* verwandeln, die sich im Rahmen von Vektorräumen und in Form topologischer Eigenschaften berechnen lassen. Zieht man dazu noch in Betracht, daß es auch ein Farbunterscheidungsverhalten ohne Seherlebnis gibt und daß ein Schmerzerleiden den persönlichen Erlebnisbezug einbüßen kann, so entpuppt sich am Ende das ›jemand‹ als »repräsentationale Fiktion«. Zu diesem Resultat gelangt Thomas Metzinger in einem Aufsatz, der den provokanten »*Niemand* sein« trägt (in S. Krämer: *Bewußtsein* 1996). Provokationen können heilsam sein, doch hier wird schlicht wegfunktionalisiert, was Martin Kurthen im gleichen Band als Bewußtsein, das heißt als qualitative Phänomenalität verteidigt, als »Irgendwie-Sein-*für*« (ebd., S. 17 sowie zum Status der Qualia S. 22-26). Dieses Für geht in der Tat nicht zurück auf eine funktionale Vernetzung von Daten und Phänomenen, sondern es bezeichnet – ähnlich wie das dem Bedeuten und Begehren eingeschriebene Als und In – eine Instanz, die an der Phänomenalisierung als solcher beteiligt ist, also indirekt auch an der Bearbeitung der Phänomene durch die Neurologie. Wenn der zuletzt erwähnte Autor das Grundfaktum der Phänomenalität am Ende verharmlost zu einem natürlichen sozialen und kulturellen »Vorkommen« unter tausend anderen (ebd., S. 32), so ersetzt er nur eine Ausflucht durch die andere. Daß der Begriff des ›Bewußtseins‹ ein kulturelles Produkt ist wie die Hutmode, hat etwas Wahres; doch dies gilt ebenso für die natürliche, soziale oder kulturelle ›Geschichte‹, die im gleichen Zusammenhang als hermeneutischer Nährboden angeführt wird. Sind dies nicht spätzeitliche Diadochenkämpfe?

Entscheidend ist etwas anderes, nämlich der selbstverständliche Rückgang auf erlebte *Zustände* (oder Zustandsformen). Was nicht intentional ist und sich nicht über Bedeutungs- und Bewertungsstrukturen funktionalisieren läßt, bleibt als Zustand zurück. Der Gegenständlichkeit, in der etwas repräsentiert wird, tritt die Zuständlichkeit gegenüber, die sich präsentiert.[30] Das grundlegende Manko scheint mir darin zu liegen, daß das Etwas, das als etwas erfahren, gedeutet oder behandelt wird, beziehungsweise das Etwas, das in etwas erstrebt wird, subtraktiv der signifikativen beziehungsweise der appetitiven Differenz entzogen wird – ein Etwas, das dem Bewußtsein schwer im Magen liegt wie ein nicht verwendeter Baustein oder das dem Selbst des Bewußtseins vorbehalten bleibt als subjektiver Restbestand. Dazu paßt, daß Gefühlen und Emotionen funktionale Hilfsleistungen zugewiesen werden, etwas als »Intentionalitätsferment«, als »Zielgeber des vitalen Bedarfs« oder als »Indikator« primärer Verhaltensbereitschaft und Kompetenz (Oeser/Seitelberger 1988, S. 105, 114). Die beiden Autoren weisen allerdings ebenfalls darauf hin, daß das Gehirn – anders als der Computer – im *eigenen Leib* einen reichen Erfahrungsschatz und konkrete Lebensaufgaben vorfindet und daß umgekehrt das Gehirnsystem mit seiner »lebenslangen und ununterbrochenen Einverleibung – das heißt Informationsarbeit im buchstäblichen Sinne« – zur Ausformung einer »kosmomorphen Einheit der Individualexistenz« beiträgt (ebd., S. 104 f.). Der affektive Hintergrund des eigenen Leibes, ohne den auch das eigene Gehirn kein eigenes Gehirn wäre, unterscheidet ein Selbst, das sich *als Selbst* erfährt, von einem bloß systemischen Selbst, das sich durch seine Leistungen definiert. Dabei ist der Unterschied zwischen menschlichem und tierischem Selbst in der Art und Weise zu suchen, wie das Selbst sich als Selbst erfährt, von sich selbst Abstand gewinnt und auf Anderes antwortet.

Dazu gehört, daß das Selbst nicht als Etwas oder als Jemand bestimmt wird, dem man über seine intentionalen Akte hinaus private oder interne Zustände zuschreibt, sondern daß das Selbst außer sich ist, getroffen von ... und antwortend auf ..., ohne daß dieses Wovon

30 So von phänomenologischer Seite und in äußerst fragwürdiger Berufung auf Husserl Ferdinand Fellmann, »Intentionalität und zuständliches Bewußtsein«, in: Krämer 1996.

und Worauf operationalisierbaren Bedeutungs- und Bewertungskriterien unterläge. Dieser bedeutungs- und ziellose Überschuß erscheint funktional betrachtet als *dysfunktional*, als Störphänomen, doch man könnte ihn mit ebensolchem Recht als *afunktional* bezeichnen, weil der Auftritt des Bedeutens und Bestrebens nicht selbst bedeutungsvoll und wertvoll ist.[31] Man pflegt der operationalen Geschlossenheit des selbstreferentiellen Systems eine infraoperationale, nämlich physikalisch-energetische Offenheit entgegenzustellen, doch das Pathos oder Widerfahrnis hat einen supraoperationalen Charakter; es ist bedeutungs- und wert-los und doch kein schlechthin bedeutungs- und wertfremder Kausalreiz. Wenn man den im limbischen System neuronal fundierten Gefühlen Neugier, Angst oder Aggressivität zurechnet (vgl. Oeser/Seitelberger 1988, S. 61), so stellt sich die Frage, ob ein selbstreferentielles System, sei es natürlich oder künstlich, so etwas wie Neugier oder Angst überhaupt entwikkeln kann. Daß solche Affekte eine funktional faßbare, etwa selbsterhaltende oder arterhaltende Wirkung ausüben, besagt nicht, daß sie selbst aus funktionalen Zuordnungen herzuleiten sind. Ähnliches gilt für den Schmerz; man kann ihn betrachten wie eine Betriebsstörung, und es gibt neural bestimmte Krankheitsfälle, wo Schmerzen tatsächlich des persönlichen Schmerzgefühls verlustig gehen. Doch dies besagt nicht, daß das Schmerzerleben nichts weiter ist als ein Betriebsschaden. Im Leiden liegt ebenso wie im Erstaunen oder in der Angst ein unberechenbarer Überschuß.

Beziehen wir diese pathischen Züge der Erfahrung in die sogenannte Erlebnisperspektive mit ein, so ist diese nur noch bedingt als Erste-Person-Perspektive zu bezeichnen, da das *Ich* aus einem *Mir* hervorgeht, dem etwas geschieht, und dieses Geschehen hat die Form eines »Es geschieht«, an dem ich beteiligt bin, aber als ›Patient‹, nicht als Akteur. Die Kondition eines Selbst, das niemals völlig Herr der Lage und Herr seiner selbst ist, wäre historisch betrachtet zwischen cartesianischem Dualismus und spinozistischem Monismus anzusetzen, da weder die Einheit noch die Zweiheit obsiegt. Ich *bin* nicht nur mein Leib, ich *bin* auch mein Gehirn, aber derart, daß das, was ich bin, sich mir weitgehend entzieht. Das »ICH ist ein anderer« hat auch einen neurophysiologischen Sinn.

In diesem Zusammenhang sind neurobiologische Beobachtungen

31 Vgl. oben Kapitel I, 6 und 10. Anders als bei Elmar Holenstein (in: Krämer 1996, S. 203) bezieht sich diese »afunktionale« Bestimmung nicht auf eine Begleiterscheinung, sondern auf das Erscheinen selbst.

und Messungen aufschlußreich, die zeigen, daß es zwischen den Hirnprozessen, die einem »Bereitschaftspotential«, dem Willensakt und der Handlungsbewegung zuzuordnen sind, zu zeitlichen Verschiebungen kommt. Diese Verzögerungen sprechen gegen die schlichte Ursächlichkeit eines Willensaktes zugunsten eines vielschichtigen Antriebsgeschehens, bei dem corticale und limbische Systemanteile ineinandergreifen. Der bewußte Vorsatz ist dann nur ein Moment. Gerhard Roth (1996, S. 310) resümiert diesen Tatbestand in seiner neurophänomenologischen Mischsprache wie folgt: »Der unmittelbare Anstoß, etwas zu tun, kommt nicht von diesem bewußten Vorsatz, sondern aus den ›Abgründen‹ des limbischen Systems.« Die Entgegensetzung von »subjektiv empfundenem Willensakt« und »Fähigkeit des Gehirns, *aus innerem Antrieb* Handlungen durchzuführen«, führt uns allerdings auf die Bahnen eines cerebralen Agenten zurück. Demgegenüber bleibt Oliver Sacks der gelebten Erfahrung näher, wenn er in einer seiner Krankengeschichten eine 60jährige Spastikerin vorstellt, die in späten Jahren ihre Hände entdeckt, mit denen sie bis dahin buchstäblich nichts anzufangen wußte. Der Neuropsychologe aus der Schule von Alexander R. Lurija und Kurt Goldstein verfiel auf den Einfall, einmal nicht helfend einzugreifen, sondern durch Fernrücken der Eßsachen eine manuelle Eigenbewegung kräftig zu provozieren. Das erstaunliche Gelingen dieses Versuchs kommentiert er mit einer Abwandlung des Faustzitats: nicht »Im Anfang war die Tat«, sondern »Im Anfang ist der Impuls«, und er fährt fort: »Nicht eine Tat, nicht ein Reflex, sondern ein ›Impuls‹, der eindeutiger und gleichzeitig doch geheimnisvoller ist als eine Tat oder ein Reflex …« Geheimnisvoller, da er anderswoher kommt, auch für jene, die »einem solchen Impuls den Weg bahnen« (*Der Mann, der seine Frau mit einem Hut verwechselte,* Kapitel 5: »Hände«).

Dies verweist bereits auf die zweite Bruchlinie, die sich in die neurobiologische Forschungskonstellation einzeichnet. Sie verläuft zwischen Versuchsperson und Versuchsleiter und berührt also den Fremdheitscharakter der Fremdbeobachtung. Es ist zu erwarten, daß die Revision des Leib-Seele-Dualismus sich ummittelbar auf den Dualismus von Eigen- und Fremdpsychischem auswirkt. Nachdem wir in Kapitel V diese Problematik ausgiebig erörtert haben, können wir uns damit begnügen, die Problematik forschungsgerecht zu spezifizieren. Die Beschreibung der Relation zwischen Versuchsperson und Versuchsleiter beruht in der Regel auf einer Reihe von systemgerechten Voraussetzungen.

1. Eine *intersystemische* Relation besagt, daß nicht bloß ein Etwas in der eigenen Umwelt beobachtet wird, sondern ein System, im vorliegenden Fall ein neurobiologisches System, das sich selbst abgrenzt und *seine* Umwelt mit Bedeutungen und Bewertungen versieht. Es geht um die Frage, was im fremden System aufgrund seiner eigenen Leistungen sichtbar ist. Die Beobachtung richtet sich auf eine *natürlich oder künstlich hergestellte Erfahrung*, nicht auf etwas in der Erfahrung Gegebenes. Die Differenz zwischen beobachtendem und beobachtetem System beruht nicht bloß auf einer regionalen Unterscheidung, sondern auf der Unterscheidung von *performativer* und *observativer Einstellung* beziehungsweise zwischen einem *fungierenden* Bedeuten, Bewerten und Verknüpfen und deren *Thematisierung*.[32]
2. Die Fremdheit, die in der Fremdbeobachtung impliziert ist, definiert sich als das *mir als Beobachter Unzugängliche*, das erst durch geeignete Operationen zugänglich gemacht wird. Die operationale Geschlossenheit selbstreferentieller Systeme führt auf der Ebene sozialer Wirkungen zu einem *operationalen Solipsismus*.[33] Neurobiologisch betrachtet, heißt dies, daß das fremde Gehirnsystem in letzter Instanz auf Konstruktionen meines Gehirns zurückgeht – nur in letzter Instanz, da das Gehirn als Gegenstand der Neurologie natürlich ein kollektiv erzeugtes Konstrukt darstellt.
3. Die Fremdheit konstituiert sich als eigenes Konstitut mittels einer *Fremdzuschreibung* passender Zustände und Prozesse und speziell einer Zuschreibung solcher Zustände und Akte, die eine Fremdperson samt ihrer Umwelt kennzeichnen. Die Zuschreibung richtet sich nach *Kriterien*, die der Beobachter, gegebenenfalls auch der Selbstbeobachter, auf etwas anwendet, das ihm auf diese Weise als solches zugänglich wird. Hier entsteht das Problem, ob etwa im Falle des fremden Bewußtseins dessen Faktizität über das Vorhandensein des Bewußtsein entscheidet oder ob das Vorkommen des Bewußtsein selbst nur ein natürliches, soziales und kulturelles Phänomen ist (vgl. Kurthen 1996). Im neurosystemischen Ansatz liegt die Konsequenz, daß die soziale Zuschreibungspraxis nicht das erste und so auch kein letztes Wort haben kann; denn dies würde über alle individuell zu verarbeitenden phylogenetischen Vorfor-

32 Zu dieser Einstellungsvielfalt vgl. meine Ausführungen in *Das leibliche Selbst*, Kapitel VI.

33 Zum Solipsismus in konstruktivistischem Gewand vgl. Heinz v. Foerster 1993, S. 47 f., 215 f.

men hinaus ein Kollektivgehirn voraussetzen, das einem Großen Lebewesen entspräche.

4. Die intersystemische Relation nimmt die spezielle Form einer *intersubjektiven* Relation an, wenn die Beziehung eine wechselseitige ist wie im Falle der Versuchsperson, die ihrerseits den Versuchsleiter beobachten kann, während dieser in der Lage ist, fremde Zuschreibungen als eigene zu übernehmen, so daß die Fremdheit sich auch im Eigensystem festsetzt.
5. Die Konstitution des Anderen als eines *Alter* bildet das Fundament für eine kommunikative Einstellung, in der wir einander unter Anwendung entsprechender Kriterien zu *Adressaten* machen. Neurobiologisch gesprochen hat ein individuelles Gehirn es mit »anderen Gehirnen« zu tun (Roth 1996, S. 334). Die Position des *alter ego* kehrt wieder als *alterum cerebrum*; doch diese Alterität unterscheidet sich nur dann von einer schlichten Diversität, wenn man dem Gehirn ein Selbst unterschiebt, das sich in seinem Anderen wiederfindet und zugleich nicht wiederfindet. Die weitergehende Formel »Ich sehe, was du nicht siehst«, die Niklas Luhmann gern gebraucht, läßt sich streng genommen erst auf der kommunikativen Stufe anwenden. Die Beobachtung kennt nur ein Ich und ein Er, Sie oder Es. Auch die Geschlechterdifferenz sinkt auf der Ebene der Fremdbeobachtung herab zu einer bestehenden, genetisch angelegten Differenz, die lediglich eine geschlechtsneutrale Differenzierungsleistung voraussetzt. Darin unterscheidet sich der systemische nicht von dem traditionalen Logos. So ist zu verstehen, daß bei der Darstellung der neurobiologischen Forschungssituation die Erste- und die Dritte-Person-Perspektive herangezogen werden, während von einer Zweite-Person-Perspektive nicht weiter die Rede ist. Sie wäre unter diesen Voraussetzungen in der Tat nur ein Derivat der beiden anderen Perspektiven: *Ich* schaue *etwas* an *wie mich* und nenne dieses Etwas *Du*. Bei D. C. Dennett wird dieser forschende Blick aus der Dritte-Person-Perspektive, der sich auf ein Wesen richtet, dem eine Erste-Person-Perspektive unterstellt wird, zur Grundlage einer »Heterophänomenologie« (vgl. *Consciousness Explained*, Kapitel 4). Der Andere steht dabei prinzipiell unter Zombie-Verdacht, der aktuellen Variante des Descartesschen Maschinen-Verdachts.

Erwähnt sei in diesem Zusammenhang die merkwürdige Tatsache, daß es offensichtlich gesichtsspezifische Hirnrindenareale und entsprechende Gesichterneuronen gibt, die teils merkmalorientiert, teils individuell ausgerichtet sind und bei deren Ausfall es zu der seit langem bekannten Prosopagnosie kommt (vgl. Roth 1996, S. 171-174; Pöppel 1997, S. 160 f.). Die auch bei Affen nachgewiesene Eigenart einer derartigen neuronalen Spezifizierung ist gewiß keine bloße Frage der Wiedererkennung komplizierter Merkmalskombinationen, sondern die einer selektiven »Bewertung« gerade dieser Merkmalsgruppe, bei der eine besondere Mitwirkung des limbischen Systems zu erwarten ist, und nicht nur das, sondern darüber hinaus eine systemüberschreitende oder auch systemerschütternde Wirkung. Vielleicht ist das Gesicht nicht faßbar ohne ein spezifisch asystematisches Rauschen.

Diese systemische Behandlung der Fremdreferenz läßt sich nutzen in einer Rahmung neurobiologischer und ähnlicher Forschungsabläufe, die sich auf verschiedenen Ebenen gleichzeitig abspielen: Installation einer Versuchsanordnung – korrelierende und messende Beobachtung von Umwelt, Verhaltensaspekten und neuronalen Vorgängen – kommunikative Einlagen, bei denen der Versuchsperson Aufgaben gestellt werden und diese ihre Selbstbeobachtungen mitteilt – Auswertung und etwaige therapeutische Anwendung. Die einseitige Rollenverteilung setzt der Kommunikation zwischen Versuchsperson und Versuchsleiter Schranken, abgesehen davon, daß die Grenzen, die der Beobachter zieht, niemals mit den Grenzen zusammenfallen, die lebende Systeme von sich aus ziehen. Beobachtetes System und Beobachter sind zwar denselben physischen Einwirkungen ausgesetzt, aber sie haben nicht vorweg schon eine gemeinsame Umwelt.

Ähnlich wie im Falle der Zweiheit von Erlebnissen, die ursprünglich in der Erste-Person-Perspektive, und Vorgängen, die nur in der Dritte-Person-Perspektive zugänglich sind, stellt sich auch hier die Frage nach dem X, in dem Selbsterlebtes und Fremdbeobachtetes sich treffen. Eine fertig gegebene Gemeinsamkeit steht nicht zur Debatte, sie würde der paradigmatischen Grundannahme sich selbst organisierender Systeme widerstreiten. Würde die Frage auf dem Boden des eigenen Systems gestellt, so wäre die individuelle Eigenart wie schon im Falle des eigenen Leibes und des eigenen Gehirns ihrerseits als fertig gegeben vorausgesetzt. Der operative Solipsismus würde sich damit zu einem ontologischen Solipsismus verfestigen. Zwischen kompakter Gemeinsamkeit und abgekapselter Eigenheit zeichnet sich eine dritte Möglichkeit ab, daß nämlich Signalen durch individuelle Gehirne in gewissem Umfang identische Bedeutungen zugeordnet werden (Roth 1996, S. 335), und für die Bewertung müßte ähnliches gelten. Man mag dies mit Kant als einen »glücklichen Zufall« begrüßen, doch wäre dies nicht wiederum ein Hirnkonstrukt? Die Alternative, die einem genuinen Sichabgrenzen vom Anderen und einer Gleichursprünglichkeit von Selbst- und Fremderfahrung entspricht, bestünde in einem *Doppel-Selbst*, einer ursprünglichen Verdoppelung des Selbst im Anderen, die abermals einen Spalt aufreißt, in dem sich die Fremderfahrung und in abkünftiger Weise auch die Fremdbeobachtung einnistet, ohne daß sich der Spalt schließt. Die funktionale, technologisch ausgerichtete Reduktion auf das Wie stößt damit an ihre Grenze. Wer die oder der Andere ist und wer ich selbst bin, zeigt sich im Wovon eines vorgängigen Getroffenseins und im Worauf eines nachträglichen Antwortens, das durch kein *Know-how* und keine systemische Eigenleistung zu bewältigen ist. Daß der fremde Anspruch *als Geräusch* qualifizierbar ist, gehört zur Zweideutigkeit eines Grenzphänomens, das nicht innerhalb eines Ordnungsbereichs Platz findet, ohne sich deswegen außerhalb seiner festzusetzen. Man könnte geneigt sein, diese und ähnliche Fragen ethischen Bewertungen oder rechtlichen Rahmenregelungen zu überlassen und die interne Forschung davon freizuhalten. Eine solche Grenzziehung erweist sich vollends als schwierig, wenn wir von der Fremdbeobachtung lebendiger Systeme, die auf technische Apparaturen zurückgreift, überwechseln zur Möglichkeit gezielter technologischer Eingriffe in das Leben. Die Grenzen zwischen einer technologisch versierten Wissenschaft und einer wissenschaftlich gestützten Technologie, die Grenzen zwischen Grundlagenforschung und angewandter Forschung sind selten eindeutig zu ziehen. Doch das schließt nicht aus, daß das Gewicht auf der einen oder anderen Seite liegt. Im folgenden betrachten wir die Gewichtsverlagerung der Biowissenschaften hin zu einem *Bio-engeneering*, das die Lebenssubstanz angreift.

9. Medizinische Behandlung des fremden Körpers

Die Frage nach dem Spalt, der das leibliche Selbst von sich selbst trennt und der das fremde Selbst dem eigenen Zugriff entrückt, erreicht eine neue Schärfe, wenn wir die jüngsten Möglichkeiten biotechnischer Eingriffe bedenken. Bevor wir uns auf Fragen der moralisch-rechtlichen Beurteilung einlassen, sollten wir schauen, was hier eigentlich vor sich geht. Eine Phänomenologie und Phänomenotechnik der Erfahrung wird zunächst darauf bedacht sein, das Umfeld zu beleuchten, aus dem die neuen Fragen erwachsen. Wenn die Technik nicht bloß äußerlich an die Phänomene herantritt, stellen biotechnische Eingriffe uns vor die Frage, wer wir selbst und die Anderen als leiblich lebende Wesen für uns selbst und für einander sind.

Eingriffe in laufende Prozesse und bestehende Verhältnisse können wir generell als ein *Bewirken* verstehen, das über die epistemische Praxis des Beobachtens, Beschreibens und Erklärens hinausgeht, indem es sich verändernd in den Gang der Dinge einschaltet. Natürlich verändern auch Beobachtungen die Situation, und dies auf besondere Weise, wenn sie mit komplizierten Meß- und Untersuchungsverfahren einhergehen, eben deshalb sprechen wir von epistemischer Praxis. Doch es ist etwas anderes, wenn die Veränderungen ausdrücklich angezielt werden wie bei einer chirurgischen Operation oder bei einem genetischen Auswahltest. Hierbei ist zu unterscheiden zwischen einem *Bewirken von etwas*, also einer Zustandsänderung oder einer Änderung der Verlaufsrichtung von Prozessen, und einem *Einwirken auf jemanden*, der die Wirkung erleidet, dem sie zugedacht, zugemutet oder gewaltsam aufgezwungen wird. Dieses Einwirken hat nicht nur einen Zielzustand, sondern auch einen Adressaten. Anders gesagt: die Wie-Frage nach der Wirkung provoziert nicht nur Was-Fragen, sondern auch Wem-Fragen. In diesem Sinne sprechen wir von Fremdeinwirkung, so wie wir von Fremderfahrung und Fremdsprache zu reden gewohnt sind.

Wichtiges hängt von der Frage ab, ob in bestimmten Fällen überhaupt eine solche Fremdeinwirkung vorliegt. Die soziale Einwirkung trägt wie all unser Verhalten von vornherein und durchgängig technische Züge, in diesem Falle soziotechnische Züge, da das Wie der Einwirkung sich niemals hinreichend von dem Wozu, dem Wem und dem Wer der Einwirkung bestimmen läßt. Behandlungs*weisen* werden erfunden, beim Umgang mit den Dingen und mit dem eigenen Körper ebenso wie beim Umgang mit Anderen. Ferner fügt sich das Bewirken in die Zyklen des Bedeutens und Begehrens ein; denn Wirkungen werden auf bestimmte Weise verstanden und gedeutet, sie werden erstrebt, gemieden und eingeschätzt, und dies über den bloßen Erfolg hinaus. Die Einwirkung auf Andere reicht allerdings weiter als kognitive und appetitive Prozesse. Sie greift über auf den pathischen Hintergrund, so etwa in der Weckung von Aufmerksamkeit, in der begeisternden oder verführerischen Wirkung, in der Erregung von Staunen oder Angst, in der Auslösung von Gelächter oder Tränen, in der Erzeugung von Lust und Unlust, von Freude und Schmerz. Wie schon früher erwähnt, besteht die klassische Rhetorik nicht zuletzt in einer Untersuchung verbaler Wirkungen. Austins *doing things with words* betrifft kein bloßes Tun, sondern stets auch das, was wir Anderen antun. Diese Fremdeinwirkung findet allerdings ihre Grenze in dem, wovon Andere selbst getroffen sind und worauf sie auf diese oder jene Weise zu antworten haben. Wird dieses Wovon und Worauf selbst in ein praktisch zu erzielendes Wozu beziehungsweise in ein technologisch disponibles Wie verwandelt, so pflegen wir von einem manipulierten oder einem mechanischen Verhalten zu sprechen, das durch Selbstmanipulation und Selbstnormalisierung verstärkt wird. Dies gehört zu den Winkelzügen des sozialen Lebens, durch die immerzu fremde Ansprüche auf ein Normalmaß heruntergeschraubt oder zum Schweigen gebracht werden. Doch in keinem Falle fällt das Einwirken auf jemanden mit einem schlichten Bewirken von etwas zusammen. Selbst Folter und Mord sind pervertierte Antworten auf fremde Ansprüche und keine sozialen Naturereignisse. Davon war in unseren Analysen der Gewalt ausführlich die Rede.

Gehen wir nun einen Schritt weiter und wählen wir den speziellen Fall einer ärztlichen Behandlung, die wir durchgehend als *Fremdbehandlung* zu verstehen haben. Auf gewisse Weise gilt dies auch für die Tiermedizin; doch um die folgenden Überlegungen nicht mit zu vielen Einzelfragen zu belasten, beschränke ich mich auf die Humanmedizin, die auch moralisch und juridisch betrachtet eigenen Bedingungen unterliegt. Die Differenz zwischen Animalität und Humanität, die selbst einem kulturell variablen und somit auch problematischen Differenzierungsprozeß entstammt, läßt sich allerdings nicht völlig ausklammern, da sie in die Bestimmung des Humanen unweigerlich hineinspielt. Dem Verhältnis von Versuchsperson und Versuchsleiter, das in der neurobiologischen Fremdbeobachtung auftritt, entspricht nun also im humanmedizinischen Bereich das Verhältnis von Patient und Arzt. Die Behandlung beginnt in der Regel damit, daß jemand sich als psychosomatisches Wesen diagnostischen, manuellen und maschinellen Einwirkungen aussetzt. Schon der therapeutische Rahmen ist alles andere als unproblematisch,[34] doch diese Art der Fremdbehandlung setzt sich selbst

34 Ich verweise auf meine diesbezüglichen Ausführungen unter dem Titel »Der Kranke als Fremder«, in: *Grenzen der Normalisierung*.

eine Grenze, die auch institutionell abgesichert ist. Der Patient hat einen Status, der ihm nicht nur Schutz, sondern darüber hinaus bestimmte Rechte zugesteht.[35] Das Selbst des Patienten oder der Patientin, die unter etwas leiden und Abhilfe oder Linderung suchen, wird *in actu* vielfach ausgeblendet, so etwa wenn der Körper in Organe zerlegt und diese wie Zellhaufen bearbeitet werden, doch wird das Selbst nie völlig ausgelöscht. Würde das Selbst des Patienten, der als Kranker leidet und nicht bloß unter eine Krankheitsrubrik fällt, negiert, so gäbe es weder Erkrankung noch Heilung. Wäre das Selbst des Patienten ein bloßes Behandlungsobjekt unter anderen, so wären neurophysiologische Vorgänge so bedeutungslos wie elektronische Prozesse im Computer. Die vielerörterte Frage, ob Computer denken können, wäre zu vertiefen durch die Frage, ob sie leiden können.

Freilich sind in diesem Zusammenhang einige Einschränkungen vonnöten. Die ärztliche Behandlung unterliegt einem deutlichen Gefälle. Es ist üblich, zwischen leichten und schweren, episodischen und chronischen Erkrankungen zu unterscheiden. Dabei pflegt man von Chancen der Heilung und Graden der Erträglichkeit auszugehen; darin liegen verschiedene Möglichkeiten, *mit der Krankheit* zu leben. Diese Differenzen bemessen sich daran, wie weit der leibliche Organismus betroffen ist, ob an der Peripherie, in lokal umgrenzbaren Bereichen oder zentral und als Ganzes. Für den Patienten stellt sich die Frage, wieweit das leidende Selbst in Mitleidenschaft gezogen wird, wieweit der Patient sich *als Kranker* oder *Kranke* definiert oder – in der von uns gewählten Sprache formuliert – wieweit der Patient, dem etwas Widriges und Schmerzhaftes widerfährt, imstande ist, *als Respondent* mit eigener Stimme und in eigener Regie zu antworten. Ist ein Patient nicht imstande, eigene Wünsche zu äußern und eigene Rechte wahrzunehmen, so pflegen – wenn es gutgeht – Angehörige, Amtsärzte oder Nothelfer einzuspringen, indem sie den Patienten ihre Stimme leihen und an ihrer Stelle agieren. Daß diese Stellvertretung kein bloßer Ausnahmefall ist, zeigt sich, wenn wir an die Grenzsituationen von Zeugung, Geburt, Ohnmachtsanfällen, Wachkoma und Tod denken. Die Tatsache, daß wir von Geburtshilfe, Erster Hilfe und Sterbehilfe sprechen, weist darauf hin, daß auch

35 Manche mögen geneigt sein, nicht nur von Tier*schutz*, sondern auch von Tier*rechten* zu sprechen, doch kaum jemand wird sich beim Menschen mit einem Menschenschutz begnügen oder gar einem »Menschenpark« nachsinnen. Es stellt sich die Frage, ob nicht schon im Schutzbedürfnis ein Anspruch steckt, der über eine daseinserhaltende Schutzbedürfnisbefriedigung hinausgeht.

in solchen Grenzfällen der Charakter einer Fremdbehandlung gewahrt bleibt, selbst wenn diese in ein Gewährenlassen übergeht. Doch auf gewisse Weise gilt dies für alle Heilungsmaßnahmen, da sie auf die leiblichen Eigenkräfte des Kranken angewiesen sind. Wie die Generierung keine bloße Herstellung ist, so ist auch die Regenerierung von jemandem keine bloße Reparation von etwas. Es erübrigt sich nahezu, darauf hinzuweisen, daß Ausmaß und Intensität der ärztlichen Behandlung seit der Zeit, da das sprichwörtliche Brennen und Schneiden sich noch in handwerklichen Grenzen hielt, enorm zugenommen haben. Die Skala reicht von der Verordnung leichter und starker Medikamente und gezielten Operationen über Ex-, Im- und Transplantationen bis zu neurocerebralen Eingriffen und der künstlichen Herbeiführung und Aufrechterhaltung von elementaren Lebensfunktionen wie Atmung und Ernährung. Die ärztliche Behandlung nähert sich permanent der Grenze einer Behandlung von Krankheiten ohne Kranken, wo der Patient als Appellant und Adressat aus dem Blick gerät. Der alte Witz »Operation gelungen, Patient tot« hört auf, ein Witz zu sein, wenn das Leiden sich auf den registrierbaren und manipulierbaren Zustand eines Organismus und die Krankheit sich auf eine somatische Betriebsstörung reduziert. Doch um dieser Reduktion entgegenzuwirken, genügt keine »Pfropfethik«, die sich aus utilitären Kalkülen oder moralisch-rechtlichen Normen speist. Was hier ansteht, ist einfacher und anspruchsvoller zugleich. Ein therapeutisches Unternehmen wie die Medizin, das vom Leiden und von Heilungserwartungen ausgeht, ist durch und durch responsiv verfaßt, bezogen auf Ansprüche, die über alle praktischen Zielsetzungen und poietischen Eingriffe hinausgehen, obwohl sie nur in ihnen laut werden. Es gibt eine »ärztliche Selbstbefreiung vom Anderen her«, die in das ärztliche Berufsfeld eingeschrieben und ihr nicht von außen her auferlegt ist.[36] Dies schließt natürlich nicht aus, daß besagte Grenze überschritten wird. Dies geschieht, wenn die Linderung körperlicher Leiden in Körperbasteleien und Körperkreationen übergeht, die durch keinen Leidensdruck motiviert sind. Damit stehen wir an der Schwelle zur biotechnischen Fremdeinwirkung. Dort treten neue Probleme auf, die verbrämt werden, wenn man sich lediglich bei besonderen Gelegenheiten auf medizinische Menschheitsziele beruft. Biomedizin ist nichts ohne Biotechnik, aber ist sie deshalb ein Ableger der Biotechnik?

36 Vgl. Klaus Dörner, *Der gute Arzt* (2001). Im Umgang mit der Technik spricht sich

10. Biotechnisches Eindringen in die Lebenssubstanz

Im Falle der Biotechnik, die hier in der gesteigerten Form einer Anthropotechnik zur Erörterung steht, sprechen wir von einer Fremdeinwirkung, die sich anders als die medizinische Fremdbehandlung nicht darauf beschränkt, Lebensschäden zu heilen beziehungsweise Lebensführung und Lebensumstände heilsamer zu gestalten, sondern sich darauf verlegt, Lebensvorgänge geradewegs zu erzeugen, zu verändern, zu verbessern und zu selegieren, und dies vor dem Hintergrund der äußersten Möglichkeit, Lebendiges selbst herzustellen, zu verbrauchen und zu vernichten. In dem dichten Gewebe aus Entwicklungsbiologie, Genetik, Biomedizin (wie es neuerdings heißt), Biokybernetik und *Bioengineering* laufen so viele Fäden zusammen, daß es nicht leichtfällt, an der Frage nach Schnitt- und Angriffsflächen zwischen Erfahrung und Technologie als einem roten Faden festzuhalten. Die folgenden Überlegungen konzentrieren sich deshalb auf den Steigerungseffekt, der aus dem Zusammenstoß von Bios und Techne entsteht und der zu einer bioethischen und biopolitischen Aufladung sowie vielfach zu einer moralisch-rechtlichen Engführung der Debatte führt. Auf gewisse Weise wiederholt sich die Debatte, die Darwins Entwicklungsbiologie ausgelöst hat, nur geschieht dies auf einer nächsthöheren Stufe. Zunächst einmal könnte man denken – und viele denken in der Tat so –, daß die Entzifferung des Genoms einen ebensolchen Komplex wissenschaftlicher Forschungshypothesen darstellt wie die Mutation und Selektion bei der Entstehung der Arten, einen Komplex, der nur durch weltanschauliche Einmischungen und Ausdeutungen moralische oder auch religiöse Probleme aufwirft. Naheliegender ist jedoch der Gedanke, daß die Herauslösung der Biotechnik aus therapeutischen Rahmenbedingungen einen technologischen Freiraum schafft, der mangels andersartiger Orientierungen und Normierungen nur noch autotechnisch zu besetzen wäre. Es scheint der Zeitpunkt heranzurücken, wo

der Autor für eine »Technik-Moral-Balance« aus (vgl. S. 310 f.), und er empfiehlt, bei der Beurteilung jedes neuen Mittels und jeder neuen Technik eine »Begeisterungs-halbwertzeit« einzukalkulieren (S. 298). Dieses Buch eines erfahrenen Psychiaters enthält erfrischend temperamentvolle Attacken gegen die Reduktion der medizinischen Ethik auf eine bloß angewandte Ethik oder eine Bindestrich-Ethik, und dies in deutlicher Distanz zu dem, was seit den sechziger Jahren Bioethik heißt (vgl. S. 299). In die gleiche Richtung zielen die philosophischen Überlegungen von Martin Schnell: »Medizinische Ethik im Zeichen einer Andersheit« (2001). In beiden Fällen spielt Lévinas eine wichtige Rolle.

wir die Evolution selber in die Hand nehmen. Doch wer ist dieses Wir?

Biotechnische *Fremdeinwirkung* scheint dahin zu führen, daß die Einwirkung auf jemanden, auf ein menschliches Selbst oder allgemeinhin die Einwirkung auf ein lebendiges Wesen, sich in ein Bewirken von etwas verwandelt. Da es aber, abgesehen von den Visionen einer vielfach biologisch verbrämten Lebensmetaphysik, kein Leben gibt ohne individuelle Lebewesen, die es leben und es als empfindsame und selbstbewegliche Wesen erleben,[37] greift eine solche Einwirkung auf das Selbst über und beschränkt sich nicht auf etwas an ihm. Ebendeshalb scheint mir die Bezeichnung ›Fremdeinwirkung‹ am Platz. Eine Biotechnik, die über operative Eingriffe hinaus auf das lebende Selbst abzielt, würde sich damit dem Paradox einer *Fremdherstellung* (und *Fremdvernichtung*) annähern. Die Autopoiesis ginge gleichsam über in eine Heteropoiesis, das heißt in eine Poiesis, die kein bloßes Werk und auch nicht sich selbst, sondern ein anderes Selbst herstellt. Biotechnik würde dann besagen, daß das Leben selbst mitsamt dem allem eigenen und fremden Leben innewohnenden *Pathos* ein *Poiema*, ein Machwerk wäre. So wie der Maler bei den Griechen ζώγραφος, also Lebenszeichner heißt, so wäre der Biotechniker als ζωποιήτης, als Lebensmacher zu bezeichnen. Das erwähnte Paradox wäre jedoch ein schlechtes Paradox, da es das eine Glied der Antithese zum Verschwinden brächte. Ein Selbst, das in entscheidender Hinsicht weder von sich aus noch aus sich selbst oder durch sich selbst entstünde, wäre nur noch ein Selbes, das seine Bestimmung von außen empfinge. Es würde all unsere Vorstellungen von Selbstheit und Lebendigkeit über den Haufen werfen. Die Herstellung eines Selbst, das – sprachlich betrachtet – nur noch als Genitivus objectivus aufträte, wäre von der Herstellung eines Dinges nicht mehr zu unterscheiden. Außerdem würde die Heteropoiesis, von ihrem Produkt her betrachtet, hinter die Autopoiese zurückfallen, gleich wie die Selbst- hinter die Fremdorganisation zurückfiele.

Doch tatsächlich stellen biotechnische Verfahren nicht einfachhin etwas her, sondern sie nehmen Einfluß auf Grundvorgänge, Grundbestandteile und Programme, also auf Keimzellen, Stammzellen, Gene oder Keimbahnen, sie tun es fördernd, verstärkend, hemmend, kombinierend, trennend, einfügend oder entfernend, und dies mit

37 Vgl. hierzu Aristoteles, *Politik* VII, 16, 1335 b 19-26, wo der Autor den Zeitpunkt einer zulässigen Abtreibung von dem Eintritt der αἴσθησις als einem Kennzeichen des Lebens abhängig macht.

dem Erfolg, daß Lebendes entsteht, wächst, mutiert oder abstirbt. Es werden also durchaus Prozesse natürlicher Selbstorganisation voraus- und eingesetzt. Die Eingriffe vollziehen sich *synergetisch*, nicht einseitig ergetisch, sie vollziehen sich *in-* und *transformativ*, nicht einfach energetisch. Insofern trifft zu, daß es sich hierbei um die Fortsetzung der natürlichen Evolution mit künstlichen Mitteln handelt. Schon diese Evolution setzt eine partielle Kontinuität voraus. So wird von Entwicklungsbiologen und Biogenetikern immer wieder darauf hingewiesen, daß die Gene sich seit Entstehung der Urzelle wenig verändert haben, daß man Chromosomensätze beim Menschen gegen jene von Fliegen oder auch von Hefe aufrechnen kann, daß die Natur genetisch verschwenderisch verfährt, daß die Symbiose des mütterlichen Organismus mit der befruchteten Eizelle bei allen Säugetieren zur Ausführung des genetischen Programms erforderlich ist, und die Vergleichslinien lassen sich weiter ausziehen, so daß selbst menschlich-tierische Mischformationen nicht ausgeschlossen sind, selbst wenn schon die Xenoplantation bisher auf beträchtliche Hindernisse stößt. Manche ziehen daraus die Folgerung, daß die Biotechnik sich selbst in einen *evolutionären Monismus* eingliedert. Um nur ein Beispiel zu erwähnen: Ray Kurzweil scheut sich nicht, bestimmte technologische Trends hochzurechnen und von einem therapeutischen Klonen zu träumen, das es uns erlaubt, »unseren Körper zu verjüngen, ihn fast unendlich funktionsfähig zu halten«.[38] Andere sind vorsichtiger, so etwa Hubert Markl, der die Emergenz kultureller Ordnungen durchaus hervorhebt und daraus schließt, »daß der im Laufe seiner Evolution zu Freiheit von Urteil und Handeln aus genetischem Naturzwang entlassene Mensch tun kann, was die Natur im Tierreich sonst durch genetisches Programm erledigt, wenn er es so richtig findet«. Im gleichen Atemzug wendet der prominente Biologe sich gegen »die alleinige Fixierung des Menschenwesens auf den Besitz eines Satzes menschlicher Gene [...] und die als hochmoralisch bewertete willenlose Hinnahme jedes Zufallsunglücks in der Beschaffenheit des Gensatzes«, die er als Biologismus brandmarkt. Doch bleibt zu fragen, was die in Anspruch genommene »Freiheit von Urteil und Handeln« von der bloßen Forschungsfreiheit des Bio-

38 So äußert sich der technisch versierte Autor von *The Age of Spiritual Machines* in einem Gespräch, abgedruckt in der *Frankfurter Allgemeinen Zeitung* vom 5. 7. 2000. Weitere Zeugnisse eines technologischen, leibüberfliegenden Überschwangs finden sich bei Käte Meyer-Drawe: *Menschen im Spiegel ihrer Maschinen* (1996) und bei Olaf Kaltenborn: *Das Künstliche Leben* (2001).

logo-technikers unterscheidet.[39] Es fragt sich, ob nicht gerade die Biotechnik das evolutionäre Programm, auch das wissenschaftlich zu meisternde Programm, durchkreuzt, indem sie das Leben selbst in Angriff nimmt und es nicht nur auf andere Weise fortsetzt.

Ähnlich wie die ärztliche Behandlung sich als Fremdbehandlung darstellt, die dem Leiden des Anderen entspringt, müßten Eingriffe in das Leben Anderer als Fremdeinwirkungen verstanden werden. Dieses gilt spätestens dann, wenn in die körperliche Integrität einer fremden Person eingegriffen wird, die ihrerseits auf die »Freiheit von Urteil und Handeln« Anspruch erhebt. Daß Fremdeinwirkungen sich auf bloß Körperliches beschränken, scheint um so fraglicher, je stärker der Zusammenhang von Human- und Naturgeschichte betont wird und der cartesianische Schnitt zwischen Geistesakten und Körpermechanismen sich als untauglich erweist. Doch es mag genügen, an dieser Stelle die Humanbiologie heranzuziehen. Man sollte meinen, daß die Verdoppelung der Erfahrung in Erste- und Dritte-Person-Perspektive sich unter praktisch-technischen Vorzeichen wiederholt. Dies würde besagen, daß der Gegenstand der Fremdeinwirkung *zugleich* als mit Eigeninteresse und Eigeninitiative ausgestattetes Subjekt auftritt, daß also die biologische Bestimmung des Menschen als Lebewesen durch die moralisch-rechtliche Bestimmung als Person zu ergänzen wäre. Durch diese Zusatzbestimmung würde der evolutionäre Monismus, der trotz aller auftretenden Sprünge eine programmatische Kontinuität und eine synergetische Kooperation erkennen läßt, durch den schon erwähnten *praktischen Dualismus* überlagert. Dabei kommt es zunächst nicht darauf an, wie die menschliche Person des näheren bestimmt wird, sondern darauf, daß sie aus den biologischen und biotechnischen Zusammenhängen heraustritt. Die Zelle dient zu etwas, nicht so die Person, die gemäß einer honorablen Tradition ihre Würde hat, nicht aber ihren Preis.

Doch es sind gerade die biotechnischen Eingriffe, die diesen praktischen Dualismus auf unvorhergesehene Weise in Frage stellen. Solange man von zwei Sicht- oder Beschreibungsweisen ausgeht, darf man annehmen, daß sie einander zumindest nicht ausschließen, wie Kant in seiner Antinomienlehre ausführt. Wir haben schon anläßlich

39 Vgl. Markls Rede vor der Max-Planck-Gesellschaft in Berlin, abgedruckt in der *Frankfurter Allgemeinen Zeitung* vom 25. 6. 2001 beziehungsweise in Geyer 2001, S. 189. In späteren Äußerungen füllt der Redner die erwähnte Lücke, indem er sich an Habermas anschließt; vgl. seinen Beitrag in der *Süddeutschen Zeitung* vom 31. 10./1. 11. 2001. Zur weiteren Orientierung vgl. von demselben Autor: *Natur als Kulturaufgabe* (1986).

der Fremdbeobachtung darauf hingewiesen, daß das X, das in zwei Perspektiven auftreten soll, völlig unbestimmt bleibt ohne einen Umschlagort, wo das, was dem eigenen Erleben entstammt, sich mit dem, was der fremden Beobachtung unterliegt, kreuzt. Bei der technologischen Fremdwirkung stellt sich die Sache noch wesentlich komplizierter dar. Nehmen wir einige Beispiele. Die künstliche Befruchtung, das Einpflanzen, Einfrieren, Aussondern und Verbrauchen von Embryonen, das Anlegen von Zellkulturen und Samenbänken, Eingriffe in die Keimbahn zur Verbesserung des Genpools, Reproduktion durch Zellkerntransplantation, die Erzeugung menschlich-tierischer Hybride, das Experimentieren mit geistig Behinderten, die neuronale Veränderung der Person, die Absetzung der künstlichen Beatmung auf der Intensivstation – all das, was es teils gibt, teils gegeben hat, teils geben könnte, hat es mit dem *leibhaftigen Lebewesen* zu tun und nicht mit irgendeiner Art von Erscheinungsweise. Selbst die Unterscheidung von Embryonen *in vitro* oder *in vivo* betrifft deren Daseinsweise und deren Daseinsort; diese fügen sich in verschiedene Erscheinungsreihen ein, sind aber nicht mit bloßen Erscheinungsweisen zu verwechseln. Die perspektivische Erscheinungsweise entstammt dem Bereich der Wahrnehmung, doch selbst die Wahrnehmungsperspektive gibt zu Mißverständnissen Anlaß. *Wahrgenommenes* kann, wie wir wissen, auf verschiedene Weisen erfaßt, beschrieben und verstanden werden, doch *Wahrnehmungen* finden statt, und wenn es sich um eine bloße Trugwahrnehmung oder Halluzination gehandelt hat, so hat eben keine Wahrnehmung stattgefunden, sondern etwas anderes, das sich durch gegenteilige Konsequenzen ausweist. Ebenso lassen sich Taten und Produkte auf verschiedene Weise klassifizieren, deuten und beurteilen, doch das Handeln oder Herstellen selbst, das etwas ver-wirklicht, ist mehr als eine bloße Deutung. Ein Opfer stirbt keinen Deutungstod. Es stirbt, und es wird nicht wieder lebendig, wenn sich herausstellt, daß es sich um Mord, nicht um Totschlag oder um einen Justizirrtum gehandelt hat. Es geht wohlgemerkt nicht darum, der Erfahrung ein deutungsfreies und unbekanntes X zu unterschieben, das den Namen ›Wirklichkeit‹ oder ›Realität‹ trägt. Es geht aber sehr wohl darum, daß das, was jemandem widerfährt, *mehr* ist als ein Sinngebilde, eine Zielvorstellung oder ein Konstrukt, nämlich eine erlittene Wirkung, die sich nicht in einer Erlebnis- oder Verhaltensweise erschöpft. Dies hat zur Folge, daß biotechnische, aber auch medizinische Eingriffe, die es mit Leben, Tod und der Integrität des lebendigen Menschen zu tun haben und nicht etwa mit bloßen biologischen Merkmalen oder sozialen Rollenzuweisungen, sich als *unmittelbar ethisch*, vielfach auch als *rechtlich belangvoll* erweisen. Diese angezielten Wirkungen gehen über bloße Neben- und Nachwirkungen hinaus. Sie sind nicht wie Bau und Einsatz von Atombomben voneinander getrennt. Oder um ein naheliegenderes Beispiel zu wählen: Wenn der Gehirntod als Kriterium für den Tod und als Startzeichen für eine mögliche Organentnahme festgesetzt wird, so wird ein Handlungsszenario entworfen und keine bloße Hypothese über Leben und Tod aufgestellt. Besagtes Kriterium setzt wissenschaftliche Kenntnisse und technische Vorrichtungen voraus, doch das Kriterium selbst bedeutet eine Handlungsanweisung, kein wissenschaftlich-technisches Unterscheidungsmerkmal, es sei denn, wir enden bei einer Thanatologie, die den Tod als schlechthin natürliches Ereignis definiert und das Widerfahrnis des Sterbens zum Verschwinden bringt. Für die Frühphasen des Lebens und ihre embryologische Erfassung gilt ähnliches; das Auf-die-Welt-Kommen bedeutet mehr als ein natürliches Ereignis, das in der Welt stattfindet.

Tötung, welcher Art auch immer, läßt sich nicht auf eine Dritte-Person-Perspektive beziehen, sie greift unmittelbar über auf das, was dem Opfer, soweit es sich um einen Mitmenschen handelt, in erster Person widerfährt und was der Täter ihm in zweiter Person antut. Wenn es um Leben und Tod geht, entfällt die Möglichkeit, jemanden nicht »bloß als Mittel«, sondern »zugleich als Zweck an sich selbst« zu behandeln. Experimente mit dem Leben können sich niemals auf bloße Forschungsfreiheit berufen; denn sie nehmen eine Tötungsfreiheit für sich in Anspruch, so auch schon bei Tierexperimenten, die der Forschung dienen, aber von reiner Forschung weit entfernt sind. Man fragt sich, wie es kommt, daß die Biowissenschaften derart in »hochmoralische« Fragen hineingeraten sind. Eröffnet die Entzifferung des menschlichen Genoms und die minutiöse Aufschlüsselung des embryonalen Wachstums nicht ungeahnte Einblicke in das »Buch des Lebens«, die eine ebensolche Bewunderung auslösen sollten wie der »bestirnte Himmel über mir«? Eröffnen sich damit nicht Heilungsperspektiven, die dem Leben dienen, und zielen selbst eugenische Planspiele nicht auf ein Mehr an Lebensmöglichkeiten ab? Woher stammt also das Lebensangstgeschrei, das optimistische Forscher gern als hysterischen Pessimismus abtun? Es mag mehrere Antworten darauf geben, eine Antwort könnte lauten: Herrschaft über das Leben schließt von alters her

Herrschaft über den Tod mit ein, wer Leben gibt, kann es auch nehmen, und wer Leben bewertet, entwertet wohl oder übel anderes Leben. Es gibt keine positive ohne negative Eugenik, und es gibt kein Zufallsglück ohne Zufallsunglück. Die mit der Biotechnik verschmelzenden Biowissenschaften werfen Fragen auf, die nicht mehr auf dem Wege einer kulturellen Ressortverteilung zu bereinigen sind.

11. Vom Embryo zur Person

Daß wir neuerdings von Bioethik sprechen, bedeutet zunächst einmal, daß ein neues ethisches Aufgabenfeld im Entstehen ist. Doch dann fragt sich, wie diese neuen Aufgaben verstanden werden und wie die Bioethik mit Biowissenschaft und Biotechnik und mit den allgemeinen Aufgaben einer Ethik zurechtkommt; denn die alte Frage nach dem guten Leben ist keine bloß biologische, obwohl sie biologische Aspekte immer schon einschließt. Diese Fragen gewinnen die nötige Schärfe, wenn wir an die unmittelbar ethischen Auswirkungen der Biotechnik anknüpfen. Diese gewinnen eine besondere Dringlichkeit, wenn mit Entstehung, Weitergabe, Unterbrechung und Ende des Lebens dieses selbst ins Spiel kommt. Dies erklärt, warum die bloße Entzifferung des Genoms keine Ethik-Kommissionen entstehen ließ, ganz im Gegensatz zu Fragen wie die nach dem Status des Embryos und nach möglicher Sterbehilfe. Die Anlage von Samenbänken läßt sich einstweilen noch als Geschmacksfrage behandeln, solange niemand unmittelbar geschädigt wird. Dies schließt nicht aus, daß Biopolitik und Bioökonomie mächtig nach vorn drängen und daß auch rechtliche Probleme auf die Dauer nicht ausbleiben werden. Es hat seinen guten Sinn, wenn man die Frage nach den Lebensanfängen in den Vordergrund rückt; denn wo niemand ist, ergibt die Frage nach Lebenschancen oder Lebensrechten keinen Sinn.

Es liegt nahe, daß man versucht, die Fragen der Bioethik zu entschärfen, um der technisch orientierten und ökonomisch interessierten Forschung keine unnötigen Schranken aufzuerlegen. Die einfachste Lösung bietet ein Stufen- und Phasenmodell, dessen Eckwerte sich als bloßes *Etwas* und als eindeutiger *Jemand*, rechtlich gesprochen als *Sache* und *Person* oder, rhetorisch wirksamer formuliert, als Zellhaufen und Menschenwürde bestimmen lassen. Pascals Paradox eines denkenden Schilfrohrs würde auf die diachronische Achse überwechseln: ein Schilfrohr, das irgendwann zu denken anhebt. Dieses Entwicklungsmodell läßt alle möglichen Zwischenstufen zu, und es verweist auf raum-zeitliche Schwellen, *wo etwas zu jemand wird*. Die Schwelle wäre dann wie üblich von einer Grenzzone umlagert, in der die Unterschiede verschwimmen und nur eine künstliche Vereindeutigung Klarheit schafft. Der evolutionär eingestellte Biowissenschaftler und Biotechniker operiert innerhalb einer poietisch-synergetischen Perspektive, also zukunftsgewandt, ausgerichtet auf eine Verwirklichung von Möglichkeiten, die von geeigneten internen und externen Bedingungen abhängt und beispielsweise eine »Befruchtungskaskade« durchläuft; dieser Entwicklungsgang ist markiert durch besondere Zäsuren wie Verschmelzung von Samen- und Eizelle, Einnisten in der Gebärmutter, Abschluß der Organentwicklung nach neun Wochen, Ausbildung eines funktionsfähigen Gehirns am Ende des dritten Monats, schließlich die Geburt, gefolgt von einer epigenetischen, erfahrungsabhängigen Ausdifferenzierung der Gehirnarchitektur, die mit der Pubertät zum Abschluß kommt. Der einmal erreichte Status des Jemand würde sich wieder dem eines Etwas annähern, wenn jemandes Lebensmöglichkeiten vorübergehend herabgesetzt und in der Herbeiführung des Todes definitiv beendet werden. Der bereits erwähnte evolutionäre Monismus schließt die Möglichkeit ein, jemanden als spezifisches, höher organisiertes Etwas anzusehen – doch eben dieser Monismus gerät spätestens dann an seine Grenze, wenn der Biotechniker sich vor Gericht wegen Mords, fahrlässiger Tötung oder Beihilfe zur Tötung zu verantworten hat. Der praktische Dualismus holt ihn ein, und er holt selbst den hartgesottensten Materialisten ein, sobald die theoretische Leugnung der Personalität sich in Taten umsetzt. Da geht es ihm nicht besser als dem Leugner der Willensfreiheit, der unabhängig davon, wie er seine Handlungen einschätzt, zur Rechenschaft gezogen wird. Ihm bliebe nur der traurige Triumph, die Verurteilung ebenfalls als determiniertes Geschehen zu betrachten.

Das Stufen- und Phasenmodell läßt sich nur dann praktisch anwenden, wenn ausgemacht ist, wer oder was *als jemand*, das heißt im Extremfall als ermordungsfähig anzusehen und zu behandeln ist, und da wir es mit einem Entwicklungsmodell zu tun haben, müßte feststehen, *ab wann* beziehungsweise *bis wann* dies der Fall ist. Die gesamte bioethische Debatte, mit der sich die Biotechnik konfrontiert sieht, verlagert sich damit auf die Ebene faktisch geltender *sozialer*

Zuschreibungspraktiken, die in zivilisierten Verhältnissen rechtlich abgestützt und gerahmt sind und die in *Aberkennungspraktiken* ihre Kehrseite zeigen. So kommt es, wie schon Hobbes betont, daß etwas *als* Mord oder *als* Diebstahl gilt (vgl. *De cive*, 1, 16). Solche Praktiken sind auf *Kriterien* angewiesen, die in strittigen Fällen eine begründete Unterscheidung zulassen. Der bioethische Streit um biotechnische Eingriffe dreht sich infolgedessen um die prinzipielle Frage, welche Kriterien der Zuschreibung von Menschenwürde und der Zubilligung des Lebensrechtes zugrunde zu legen sind, und er dreht sich ferner um die Tatsachenfrage, welche Lebewesen beziehungsweise Lebensetappen darunterfallen. Der Kriterienkatalog ist bekannt; er umfaßt mit verschiedener Gewichtung allgemeine Rationalität, individuelles Selbstbewußtsein, eigene Wünsche und Interessen, Freiheit als Selbstbestimmung und Zukunftssinn; letzterer ist besonders relevant, wenn es um Überlebenswünsche geht, während Empfindungs- und speziell Schmerzempfindlichkeit ausscheiden, weil damit die Grenzen zu tierischen Lebewesen sich verwischen würden. Aufgrund dieser Kriterien werden *Personen* unterschieden von bloßen *menschlichen Lebewesen*, die als Mitglied der Spezies Homo sapiens von anderen Tierarten nicht prinzipiell unterschieden sind. Nur Personen können als Träger von Rechten, einschließlich des Rechtes auf Leben, Ansprüche geltend machen. Diese rigorose Zweiteilung hätte zur Folge, daß selbst Neugeborenen das Lebensrecht abzusprechen wäre, ganz zu schweigen von Föten oder geistig Behinderten. Peter Singer ist einer der wenigen, der ausdrücklich diese Schlußfolgerung zieht. »Ein Neugeborenes ist nicht imstande, sich selbst als ein Wesen zu sehen, das eine Zukunft haben kann oder nicht, und daher hat es auch keinen Wunsch weiterzuleben«; so scheint es sinnvoll, die notwendige Zäsur vorsichtig anzusetzen und dem Kind »vielleicht für einen Monat, ein volles legales Recht auf Leben abzusprechen« (Singer 1984, S. 170 f.). Erst von diesem Zeitpunkt an könnte Kindestötung als Kindermord bezeichnet werden. Wenn hierbei Beschränkungen am Platz sind, so wegen der »Wirkungen der Kindstötung auf andere«, auf Eltern oder Pflegepersonen, nicht aber, weil jene an sich verwerflich wäre (ebd., S. 173).

Wenn diese rigorose Konsequenz selten gezogen wird, und zwar auch von modernen Gesetzgebern, so liegt der Grund darin, daß man nicht von zwei Arten von Wesen ausgeht, sondern von einer stufenförmigen Entwicklung. Dies schafft die Möglichkeit, den Status der Person rückwärts und vorwärts auszudehnen, indem man frühe

Phasen einer *Vor-Person* zurechnet, die noch nicht Person ist, und spätere oder degenerierte Phasen einer *Nach-Person*, die nicht mehr Person ist. Biogenetische Betrachtungen legen es ferner nahe, das streng individualistische Modell der englischen Empiristen zu korrigieren, indem man die Entwicklung von vornherein als Koevolution versteht. Eine besondere Rolle spielt dabei die Symbiose des Embryo mit dem mütterlichen Organismus, der das werdende Leben nicht nur beherbergt und ernährt, sondern in einem bislang noch wenig erforschten Umfang zu seiner individuellen Prägung beiträgt.[40]

Allerdings sehen wir, daß solche Brückenprinzipien, die den Prozeß der Personwerdung berücksichtigen, den Streit um den rechten Umgang mit werdendem und sterbendem Leben keineswegs beenden. Es ergibt sich stets die Möglichkeit, daß einer dort eine Sache oder ein bloßes Lebewesen sieht, wo der andere schon oder noch eine Person erblickt, und dies geschieht nicht ohne utilitäre Hintergedanken; denn die Möglichkeit, embryonale Stammzellen zur Herstellung von Gewebeersatz zu benutzen oder einem Leichnam Organe zu entnehmen, verleitet dazu, solange an der Zuschreibungsschraube zu drehen, bis das gewünschte Resultat herauskommt.[41] Wo *etwas als jemand* behandelt wird, ist nicht ausgeschlossen, daß hinwiederum *jemand als etwas* behandelt wird. Die »Verdinglichung des Embryos« würde dann nur den Status quo wiederherstellen. So wie jemand Fleisch essen und doch ein Tierfreund sein kann, kann jemand sich für den Verbrauch von Embryonen einsetzen und sich doch als Embryonenfreund erklären. Kierkegaard nannte dies das Approximative.

Ich habe nicht vor, mich auf geradem Wege in diesen Streit einzu-

40 Vgl. den Beitrag der Entwicklungsbiologin Christiane Nüsslein-Volhard in der *Frankfurter Allgemeinen Zeitung* vom 2. 10. 2001. Hubert Markl spricht im Hinblick auf die Einnistung des frühen Embryos davon, daß dies der Zeitpunkt ist, »in dem die Mutter zu dem Embryo, der von nun an ihr werdendes Kind ist, eine einzigartige soziale, man kann sogar sagen, im Wortsinne kommunikative Beziehung eingeht«, mit der Folge, daß »jeder Eingriff an dem Embryo, der nicht die Zustimmung der Mutter (und am besten auch des Vaters) hat, auch eine Verletzung der ureigensten Menschenrechte der Mutter« darstellt (*Süddeutsche Zeitung* vom 31. 1./ 1. 11. 2001).

41 Vgl. dazu beispielsweise Klaus Dörner: »Wie jeder Fortschritt erforderte auch die Organtransplantation zwei Bedingungen ihrer Möglichkeit, die technische (Können) und die ethische (Dürfen). Nachdem die erstere gegeben war, erfolgte die letztere (Problem: die »Lebensfrische der Organe«) durch den genialen Einfall einer Harvard-Kommission von 1969, den Hirntod zum Tod des Menschen umzudefinieren« (2001, S. 302).

mischen, vielmehr scheint es mir ratsam, zunächst das Verfahren zu überprüfen, das zu einer solchen Pattsituation führt und Kompromisse hervorruft, die man bei Fragen von Leben und Tod nicht unbedingt erwarten sollte. Wie schon angedeutet, haben wir es bei dem skizzierten Stufen- und Phasenmodell mit Praktiken der Zuschreibung zu tun, die sich von den Techniken der Herstellung oder Mitherstellung unterscheiden. Doch diese Zuschreibung ist von besonderer Art. Es geht nicht um sekundäre Zuschreibungen, die darin bestehen, daß jemandem aufgrund bestimmter Qualifikationen Rechte zugebilligt werden, sondern es geht um eine originäre Zuschreibung, die jemandem, dem oder der etwas zugeschrieben wird, erst jenen Status verleiht, der ihn oder sie zu jemandem macht. In Anlehnung an den Begriff der Fremderfahrung nenne ich dies eine *Fremdzuschreibung*. Sie führt zu einem ähnlichen Paradox wie jene Erfahrung; nur als Zuschreibung des Unzuschreibbaren würde sie die Sache treffen. Doch ohne diese paradoxe Zuspitzung bleiben empfindliche Mankos zurück.

Das erste Manko liegt darin, daß *etwas* vorausgesetzt wird, ein *Träger*, ein *Hypokeimenon*, dem bestimmte Qualifikationen auferlegt beziehungsweise abverlangt werden. Dies erinnert an die alte Definition des Menschen als eines Lebewesens, das sich vor anderen Lebewesen dadurch auszeichnet, daß es über einen Logos verfügt.[42] Die überspitzte Formulierung von einem Zellhaufen oder einer empfindungslosen Zellansammlung, der Menschenwürde zugeschrieben wird, weist auf ein entsprechendes Problem hin.

Ein weiteres Manko besteht darin, daß eine Form der Fremdzuschreibung, die sich nicht in das fragliche Geschehen verwickelt sieht, die Bio- und Noogenese einem allzu schlichten Zeitschema unterwirft, als ginge es darum, auf einer *Zeitlinie* einen Anfangs- und einen Endpunkt zu markieren und diese Zeitstrecke durch Zwischenpunkte zu unterteilen. Müßte man nicht vielmehr davon ausgehen, daß ein lebendiges Selbst, das lebend antwortet und antwortend lebt, sich bewußt oder unbewußt auf eine Vorgeschichte und eine Nachgeschichte bezieht mit all den Vorgängigkeiten und Nachträglichkeiten, von denen in früheren Zusammenhängen bereits die Rede war? Was die Potentialität des Personenstatus angeht, so gerät man in eine unendliche Reihe von Antezedenzbedingungen, wenn man nicht bereits von einem aktuellen Selbst ausgeht, das mehr ist als

42 Ich sehe davon ab, daß man die Formel auch weniger schichtenförmig und additiv verstehen kann.

es ist, das also *sich* vorweg ist.[43] Wird ferner die Verleihung des personalisierenden Rechtstitels in eine Abfolge von Ereignissen und Zuständen einbezogen, so hat Peter Singer recht, wenn er darauf hinweist, daß Prinz Charles als der potentielle König von England nicht die Rechte eines Königs hat. »Weshalb sollte eine potentielle Person die Rechte einer Person haben?« (1984, S. 165) Daß bedeutsame Einschnitte nicht nur Neues auftauchen lassen, sondern daß das emergente Neue auf Altes zurückwirkt, setzt eine nichtlineare Zeitlichkeit voraus, die gewöhnlich als Geschichte bezeichnet wird. Schließlich wären die Zäsuren, die schon der Embryologe macht, willkürlich, wenn es nicht bevorzugte Knotenpunkte gäbe, Umgestaltungen und Umstrukturierungen im Geschehen selbst, die eine bestimmte Zeiteinteilung privilegieren und nahelegen. An solchen Stellen erweist sich die Alternative von fertig vorgegebenen und willkürlich gesetzten Grenzen als sachfremd.

Es bleibt noch als entscheidendes Problem die Zuschreibung selbst. Sie setzt eine *Zuschreibungsinstanz* und eine *Definitionsmacht* voraus. Woher stammt diese? Würde sie selbst wieder auf Zuschreibung zurückgeführt, so gerieten wir in einen unendlichen Regreß. Würde sie auf anderes zurückgeführt, so fragt sich, wie dieses prä-askriptiv auftretende andere aussehen könnte, wenn es mehr bedeuten soll als eine bloß angemaßte Zuschreibungskompetenz.[44]

Eine erste Möglichkeit bestünde darin, die pragmatische, von faktischen Umständen abhängige *Zuschreibung* durch eine förmliche *Zuerkennung* zu ersetzen, aufgrund deren nur zugeschrieben wird, was jemand, dem oder der etwas zugeschrieben wird, *schon besitzt*, so die unveräußerlichen Menschenrechte. Auf sie kann man nicht einmal verzichten, weil selbst der Verzicht sie in Anspruch nähme, und zu diesen Grundrechten gehören auch die Lebensrechte, um die es in dieser Debatte geht. Die Zuerkennung stellt sich als eine Form der *Anerkennung* dar, sofern die Zuerkennung nicht nur dem Anderen

43 Darin würde ich Robert Spaemann durchaus beipflichten, doch kann die Alternative lauten: »Personen sind die transzendentale Bedingung von Möglichkeiten« (1996, S. 262)? Wird nicht das Kind mit dem Bade ausgeschüttet, wenn man Evolutionstheorie durch Transzendentaltheorie ersetzt?

44 Zu den Aporien einer als »Urphänomen« angesetzten Attribution vgl. eine neuere Untersuchung von Gesa Lindemann zur technischen Konstruktion von Leben und Tod in der Intensivstation. Ich verweise nachdrücklich auf diese demnächst erscheinende Frankfurter Habilitationsschrift, in der technische Eingriffe in die Erfahrung vom Lebensende her erörtert werden, also unter einem Aspekt, der in meiner eigenen Untersuchung mehr beiläufig zur Sprache kommt.

zugedacht, sondern zugleich an ihn adressiert ist. Wenn wir von dem dialogischen Charakter der Anerkennung absehen, der eigene Probleme aufwirft (s. o., Kapitel V, 1), geraten wir auf die Bahnen einer Ontologie beziehungsweise einer Onto-theologie. Traditionell spricht man vom Wesen des Menschen oder von angeborenen Naturrechten. Doch auch die sich empirisch verstehende, alle theologischen und metaphysischen Voraussetzungen abstreifende Berufung auf das »*Interesse des Individuums* als letzte Instanz« (Hoerster 1991, S. 19) bleibt anthropologischen Voraussetzungen verhaftet, die alles andere als empirisch sind. Ontologische Bezüge treten in verschleierter oder zweideutiger Form auf, wenn etwa Robert Spaemann in der jüngsten Debatte feststellt: »Der Status einer Person steht und fällt [...] damit, daß er nicht verliehen wird, sondern daß jede Person kraft eigenen Rechts in den Kreis der Personen eintritt«; »gerade weil der Personenstatus nichts mit Biologie zu tun hat«, hat dieser Eintritt als »naturwüchsig« zu gelten, und für das, was der Mensch im Sinne moralischer Gesetze ist, muß es ein »Definitionsverbot« geben.[45] Doch man wird die Kontingenz und auch die Macht, die den Zuschreibungsprozessen innewohnt, nicht los, wenn man onto-anthropologisch ausgerichtete Aussageakte im Aussagegehalt eines behaupteten Statuts aufgehen läßt gemäß dem alten Satz: *ens et verum convertuntur*. Das verlangte Definitionsverbot gibt der Onto-anthropologie eine negative Färbung. Doch ein Definitionsverbot, das nicht bloß autoritativ daherkäme und das den ontologischen Ansprüchen gerecht zu werden versuchte, müßte davon ausgehen, daß es ›etwas‹ gibt, was sich nicht definieren läßt, ein Undefinierbares, das seine Unbestimmbarkeit gleichwohl bestimmten Definitionspraktiken verdankt und das ohne den Rückbezug auf sie gänzlich leer bliebe. Die zumindest mißverständliche Berufung auf einen Personenstatus, der nichts mit der Biologie zu tun hätte, würde diese verfestigen, anstatt sie aufzusprengen; denn dann hätte die Biologie auch nichts mit der Person zu tun, und der bioethisch-biotechnische Grabenkrieg könnte weitergehen. Er würde sich biotheologisch verstärken, wenn Vorstellungen wie die vom Menschen als Geschöpf

45 Vgl. *Frankfurter Allgemeine Zeitung* vom 21. 3. 2001 beziehungsweise in: Geyer 2001, S. 78 f., wo Spaemann – wie schon zuvor in der *Zeit* vom 18. 1. 2001 (siehe Geyer 2001, S. 41 ff.) – kritisch gegenüber Autoren wie N. Hoerster, W. Kersting, P. Singer und gegenüber den Verfechtern einer »Diskursgemeinschaft« Stellung bezieht. So erwägenswert die vorgebrachten Argumente auch sein mögen, in der Personentheorie, die im Hintergrund steht, vermischen sich teleologische, deontologische, dialogische und theologische Aspekte auf wenig überzeugende Weise.

und Ebenbild Gottes als fraglose Rückendeckung eingesetzt werden, als läge nicht beispielsweise in der Annahme eines in die Freiheit entlassenen Geschöpfes ein ähnliches Paradox wie in der technologischen Fremdeinwirkung, in der praktischen Fremdzuschreibung oder auch in der alltäglichen Zeugung von Nachkommen, die seit eh und je einen technisch-poietischen Beigeschmack hat.[46]

Einen moderaten Mittelweg verspricht die diskurstheoretische Variante. Grundlegend ist hier nicht die kontingente Zuschreibung von Qualitäten, die einen Personenstatus garantieren, und auch nicht die Bestätigung essentieller Statusvorgaben, sondern die jedem Diskurs innewohnende Bereitschaft, Argumenten Gehör zu schenken. Es kommt nicht darauf an, Argumentationsbefähigungsbeweise auszustellen und den Zugang zum Diskurs diskursiv zu regeln, wie von manchen Kritikern unterstellt wird, sondern es geht darum, die Argumentationsfähigkeit *in actu* zu erproben. Dazu gehört die Bereitschaft, auf Argumente zu hören, *woher immer* sie kommen mögen. Eine solche Bereitschaft greift als solche über den Diskurs hinaus; andernfalls würde sie den Diskurs faktischen Restriktionen unterwerfen, die sich nicht diskursiv rechtfertigen lassen. Insofern ist jeder Diskurs antizipatorisch, so daß auch der Embryo als zukünftiges Kind zukünftiger Eltern potentiell betrachtet dazu gehört, dazu: das heißt zu einer moralischen Gemeinschaft, die allen rechtlich verfaßten Geselligkeitsformen maßstäblich zugrunde liegt. Selbst Biologen und Biotechniker wären als gesellschaftliche Wesen beziehungsweise als Forscher und Techniker, die bestimmten Standards folgen, diskursiv eingebunden, ob sie es wahrhaben wollen oder nicht. Die »unsichtbare Kirche« oder das »Reich der Geister« lebt fort in der säkularisierten Form einer Menschenrechtsgemeinschaft.[47] Es liegt mir fern, erneut in eine ausführliche Debatte mit Jürgen Habermas einzutreten. Mich interessieren hier nur die techniknahen und bioethisch relevanten Aspekte neueren Datums. Der Autor operiert mit Zusatzannahmen wie der »Verkörperung der Person im Leib«, verbunden mit einem »Richtungssinn von Zentrum und Peripherie, Eigenem und Fremdem«, der »Sorge um sich selbst« oder der Möglichkeit einer »produktiven Antwort«, mit Annahmen also, die nicht auf

46 Vgl. im Griechischen τέκνον: das ›Kind‹, wörtlich das ›Erzeugnis‹, verwandt mit τεύχειν: ›herstellen‹, und abgeleitet davon τεκνοποιία: ›Kindererzeugung‹, wörtlich: ›Kinderherstellung‹.

47 Vgl. die jüngste Schrift von Jürgen Habermas: *Die Zukunft der menschlichen Natur* (2001).

diskurstheoretischem Boden gewachsen sind und von denen nicht feststeht, ob sie dort die nötige Nahrung finden. Da wird der Umgang mit vorpersonalem Leben als »gattungsethische Umgebung« für Moral und Recht angesetzt; diese »gattungsethische Einbettung« der Moral geht nicht auf individuell erhobene Geltungsansprüche zurück, sondern stützt diese ab. »Eine Bewertung der Moral im Ganzen ist nicht selbst ein moralisches, sondern ein ethisches, ein gattungsethisches Urteil«, so heißt es nun (2001, S. 124). Mit der als anthropologisch bezeichneten Unterscheidung zwischen »Gewachsenem und Gemachtem«, mit der positiven Würdigung des genetischen Zufalls und der aristotelisch gefaßten »Naturwüchsigkeit« des Generationenzusammenhangs werden Erfahrungsschichten aufgerufen, die nicht länger einer bloßen Vorstufe emanzipatorischer Bestrebungen und universalisierender Tendenzen zugerechnet werden können. Habermas beruft sich auf Hans Jonas, aber auch Robert Spaemann rückt nahe, wenn man von den onto-theologischen Stützpfeilern absieht. Die antizipatorische und advokatorische Wahrnehmung von Interessen künftig Betroffener verweist auf die Möglichkeit und Notwendigkeit, für Andere einzustehen. Insgesamt wird man allerdings sagen müssen, daß der Bezug auf technologische Prozesse, die auf eine Programmierung der Person zusteuern, einen stark defensiven Charakter aufweist. Die genannten Motive werden auch in den folgenden Überlegungen eine Rolle spielen, aber doch auf andere Weise, als es einer lediglich mit Erfahrungen unterfütterten Handlungs- und Kommunikationstheorie gelingen mag.

12. Im Dämmerlicht von Geburt und Tod

Sind Geburt und Tod Ereignisse, bei denen das Leben und speziell das menschliche Leben als solches auf dem Spiel steht, so lohnt es sich, näher auf sie einzugehen. Eine Phänomenologie der Erfahrung wird sich auch hier nicht damit begnügen, nach dem Muster gerichtlicher Verfahren einzelne Vorgänge, Tatbestände, Vorrichtungen, Operationen und Handlungen mehr oder weniger kasuistisch zu beschreiben, zu erklären und zu bewerten, sondern sie wird sich bemühen, das Umfeld zu beleuchten, innerhalb dessen solche Phänomene auftreten. Es stellt sich die Frage, wie von Geburt, Tod und Leben zu sprechen – und wie nicht davon zu sprechen ist. Nur so besteht auf die Dauer die Chance, fremde Ansprüche, die hierbei immerzu im

Spiel sind, von biogenetischen und biotechnischen Prozessen her aufzuzeigen und sie nicht bloß guten Willens von außen her zu beschwören.

Geburt und Tod sind keine bloß datierbaren und lokalisierbaren Vorkommnisse in der Welt, kraft deren etwas oder jemand entsteht oder vergeht. Solches sind sie auch, aber erst für den beobachtenden Blick und für die zugreifende Hand, die in den Apparaturen der Zeugungs- und Todestechnik ihre Verstärkung und Ausformung erhalten. Diese Techniken rühren an den Lebensnerv, aber sie produzieren ihn nicht. Dem alltäglichen und außeralltäglichen Verständnis zufolge bestehen Geburt und Tod darin, daß ein lebendiges Wesen auf die Welt kommt und sie irgendwann wieder verläßt. »All the world's a stage/And all the men and women merely players,/They have their exits and their entrances«, heißt es an berühmter Stelle, und noch für Husserl hat jede Person ihren »Auftritt« und ihren »Abgang« (Hua IV, 103). Doch im Falle menschlicher Wesen, die sich zur Welt als solcher verhalten und nicht nur einer Umwelt zugeordnet sind, kommt hinzu, daß die Welt auf gewisse Weise mit ihnen beginnt und aufhört. Eine fertig strukturierte Welt oder vor sich hinrollende Weltabläufe gibt es nur für einen Blick von nirgendwoher, und selbst dieser überfliegende Blick wäre kein Blick ohne Blickpunkte und Blickfelder, über die er sich erhebt. Geburt und Tod sind deshalb keine bloß innerweltlichen Ereignisse, sie sind zu beschreiben als ein *Sichereignen*, als Ereignisse, die sich verdichten und auf sich zurückkommen, indem sie jemandem zustoßen und nicht nur aufeinander folgen. Das Selbst, ohne das jede Rede von Lebendigem nichtig wäre, nistet in jener Urdiastase, die das Wovon des Getroffenseins vom Worauf des Antwortens scheidet. Die Substanzontologie, die auch noch in der Annahme ursprünglicher Funktions- und Rechts*träger* fortdauert, verfehlt dieses ursprüngliche Geschehen. Pathos oder Affektion haben keinen Träger, dem man vorweg bestimmte Qualitäten, Akte, Dispositionen und schließlich auch Absichten und Rechte zuschreiben könnte. Das Pathos ist kein Produkt, weder ein Eigen- noch ein Fremdprodukt. Der entscheidende Übergang im Prozeß der Selbstwerdung ist der vom Wem des Pathos zum Wer der Response, vom ›mir geschieht‹ zum ›ich tue‹; der Weg führt nicht geradewegs von einem Etwas zu einem Jemand. Es ist eine Naivität zu glauben, man könne ein Ich oder eine Person *in flagranti* erfassen, wie wenn aus heiterem Himmel ein Blick aufleuchtet und eine Stimme erklingt. Dieses Wunder-Ich käme immer schon zu früh oder zu spät, wenn wir es erfassen wollten. Es gibt eine Ichverschiebung, wie es am Himmel eine Rotverschiebung gibt.[48] Jeder Blick und jede Stimme geht *sich selbst* voraus und entgeht sich selbst. Ginge nur *etwas* voraus, so ginge es mich nichts an. Wenn immer wieder auch in der Embryologie von vorpersonalen Stadien oder von Frühphasen die Rede ist, so hat dies nur einen Sinn, wenn wir von einer Vorgeschichte des Selbst ausgehen, die durchaus die Naturgeschichte, also auch zellulare Prozesse und genetische Codierungen einschließt in Form einer naturalen Fremdheit in uns selbst. Weil es diese Vorgeschichte gibt, gehört die Gebürtlichkeit, die Hannah Arendt (1981, S. 167) der Sterblichkeit gegenüberstellt, ebenso wie diese zum Leben selbst, als eine Atmosphäre, die sich nur dann und wann, etwa in Augenblicken des Umbruchs oder der Gefahr, ereignishaft verdichtet.[49] Dies färbt ab auf Raum und Zeit. Geburt und Tod finden statt, sie bilden eine Stätte, sie tragen zur Raum- und Zeitbildung bei, bevor sie in Form eines Re-entry kartographisch und kalendarisch verzeichnet werden und in Geburts- und Todesakten sowie schließlich in demographischen Kurven auftauchen. Säkularisierte Formulierungen wie »nach unserer Zeitrechnung« lassen vergessen, daß solchen Zeitrechnungen öffentliche Ereignisse zugrunde liegen: vor und nach Christi Geburt, nach dem Tode Buddhas, nach der Flucht des Propheten, *ab urbe condita* oder (ein gescheiterter Versuch) vor und nach der Französischen Revolution. Diese Geburtsereignisse sind unberechenbar in dem Sinne, daß die Zeitrechnung selbst von ihnen ausgeht. Daß das Jahr Null stets auf ein Vorher zurückverweist, erinnert abermals an die Vorgeschichte, die der Geschichte selbst innewohnt und ihr nicht einfach vorausgeht. Dies würde bedeuten, daß es auch eine Lebenszeit des Embryos gibt, die mit der Zeitrechnung der Embryologie nicht zusammenfällt. Solche temporal angelegten Überlegungen könnten weiter führen als das Fahnden

48 Dies ist mehr als ein äußerer Vergleich, denn auch kosmologische Beobachtungen und Messungen vollziehen sich in einem unaufholbaren Hinterdrein. Wie Manfred Stöckler treffend formuliert: »Der Blick in den Himmel ist ein Blick in die Vergangenheit«; er bewegt sich »am Rande der Sichtbarkeit«, so der Titel dieses Beitrags in einem von M. Hampe und M.-S. Lotter herausgegebenen Band zu Formen der Erfahrung in den Wissenschaften (2000), S. 198.

49 Hannah Arendt schlägt von der Gebürtlichkeit oder Natalität her (vgl. *Vita activa*, 1981, S. 83) eine Brücke zur Handlungslehre: »Handeln als Neuanfang entspricht der Geburt als Jemand« (S. 167). Hierbei stellt sich die Frage, ob nicht das Handeln wie die Geburt einen Voranfang hat, der den Raum öffnet für einen eigenen Anfang vom Anderen her.

nach Spurenelementen der Person im Zellhaufen. Sie erlauben es, im »Buch des Lebens« vor- und zurückzublättern, anstatt von Kapitel zu Kapitel fortzuschreiten, angefangen bei einem schlichten Noch-nicht und endend bei einem eben so schlichten Nicht-mehr.

Hinzu kommt, daß Geburt und Tod sich nicht nur in einer Mitwelt abspielen, sondern daß das, was dem Einzelnen in Geburt und Tod zustößt, jeweils Anderen *mit widerfährt*, noch bevor bestimmte Aktionen einsetzen. Das pränatale Leben entfaltet sich in einem Raum gleichzeitiger *Erwartung*, das postmortale Leben dauert fort in einem Raum von *Abschied* und *Erinnerung*. Dies sind keine Zusatzerfahrungen, Erwartung und Erinnerung sind vielmehr konstitutiv dafür, daß die Geburt als Geburt und der Tod als Tod erfaßt wird. Die innere Zeitverschiebung, die alle Erfahrung auszeichnet, dringt auf diese Weise über die Ränder des Lebens hinaus im Sinne eines ausdrücklichen Vorlebens und Nachlebens. Eigenerfahrung und Fremderfahrung decken sich auch hier nicht, wie sie es nirgends tun, aber es kommt zu einer *Überlagerung*. Diese greift auf die Welt über. In Erwartung und Erinnerung gewinnen Geburt und Tod ein bestimmtes Umfeld; sie fügen sich ein in die Horizonte einer Lebenswelt, die nicht einfach allen gemeinsam ist, sondern wiederum aus einer Überlagerung von Eigenwelt und Fremdwelt erwächst. Geburt und Tod sind als Ein- und Austrittsstellen markiert in Form von Schwellenereignissen, die von mannigfachen Geburts- und Begräbnisritualen begleitet sind und in Geburts- und Todestagen öffentlich fortleben. Geburts- und Todesschwelle sind wie alle Schwellen mehr als bloße Gebietsabgrenzungen und Zustandswechsel, die man registriert, indem man einem Etwas erst die Eigenschaften eines Jemand zuspricht und sie ihm dann wieder abspricht, als würde im Sterben die Lebensspule wieder zurückgedreht. Eine solche Fremdzuschreibung, die alle Fremdheit vergessen läßt, wird schon den verschiedenen Rhythmen der Lebensalter nicht gerecht. Das Erleben der fremden Geburt und des fremden Todes findet zunächst als ein *Widerfahrnis von Widerfahrnissen* statt. Wenn es hier eine Anteilnahme gibt, so liegt sie zunächst im pathischen Geschehen selbst, in einem Pathos des Pathos, das tiefer reicht als jede Empathie, auch als jede Sympathie. Geburt und Tod Anderer widerfahren uns unabhängig davon, wie wir darauf antworten, beglückt, erschreckt, abwehrend, enttäuscht, schadenfroh oder – wie so oft – ambivalent. Die Kraft dieses Pathos hängt ab von der Nähe. Geburt und Tod finden statt im näheren Umkreis von Eltern, Kindern, Angehörigen und Freunden.

Auf die symbiotische Nähe von Embryo und mütterlichem Organismus wurde schon hingewiesen. Geburt und Tod sind aber auch Kernbestandteile einer Generationenfolge, die sich nicht allein, aber in beträchtlichem Maße von Geburtenjahrgängen her bestimmt. All diese Horizonte werden ausgeblendet, wenn man bloße Embryonen- oder Leichenzählung betreibt und den Prozeß der Individuierung als schablonenhaftes *fait accompli* voraussetzt.

Die Einbettung von Geburt und Tod in Erwartungs- und Erinnerungshorizonte findet allerdings ihre Grenze in der *Singularität* des Anderen. Erwartet wird *ein* Kind, nicht dieses. Wäre es anders, so könnte man in der Tat ein Embryo gegen ein mögliches anderes nach Belieben aufrechnen, und sei es auch nur wegen einer geplanten Ferienreise, die es ratsam erscheinen läßt, die Schwangerschaft per Abtreibung zu verschieben wie eine anstehende Operation. Peter Singer bringt dieses Beispiel, um damit gegen die angebliche Einzigartigkeit eines menschlichen Fötus zu polemisieren; für ihn ist sie nicht von einer anderen Beschaffenheit als die eines Hundes. In der Tat, bestünde die Einzigartigkeit in der bloßen Einmaligkeit und basierte sie auf der Annahme, daß »die erste Verschmelzung von Samenzelle und Eizelle ein nie zu wiederholendes Stück Information schaffe« (1984, S. 167), so könnten wir guten Gewissens darauf verzichten, wie die Natur selbst es in ihrer Verschwendung von Keimzellen tut. Auch das reproduktive Klonen wäre unbedenklich. Warum sollte etwas, das einmal vorkommt, nicht auch zweimal oder dreimal produziert werden? Die Einzigartigkeit, die wir hier im Auge haben und die auch den Bedenken zugrunde liegt, die sich gegen das reproduktive Klonen richten, bezieht sich nicht auf etwas Vorhandenes. Alles, was auf die klassische Frage »Was ist dies?« antwortet, ist von bestimmter Art. Anders steht es mit der Frage »Wer bist du?« Dort, wo diese Frage sinnvollerweise gestellt werden kann, und zwar auch vorzeitig und nachträglich, läßt sie keine definitive Antwort zu, und dies schon deshalb nicht, weil sie auf ein Antworten abzielt und nicht auf einen Antwortgehalt. Ginge es bei dieser Frage nur um die nötige Information, so könnte ich mir die Antwort selbst geben, indem ich beispielsweise nach deinem Paß verlange und dich mit seiner Hilfe identifiziere. Eine Erwartung, die sich auf den Anderen oder auf die Andere selbst richtet, stößt auf *Unerwartbares* innerhalb des Erwarteten. Ebendeshalb sprechen wir traditionellerweise vom Kind als einem Geschenk, selbst dann, wenn es zur Last fällt und wenn eine Geburtenplanung vorausging. Was zu erwarten ist, läßt sich in gewissem Umfang planend vorwegnehmen. Diese Planung tilgt die Singularität des Anderen, wenn der Überschuß des Unerwartbaren als erwartbares Etwas behandelt wird. Stechlins knappe Bemerkung: »Frau Katzler erwartet« hat etwas Komisches, weil hier die Kindeserwartung zu einem Habitus geworden ist. Die Bestellung eines garantiert waschechten Spermiums von der Samenbank, dessen Spender nach Haut- und Augenfarbe aussortiert wird, ist nicht deshalb bedenklich, weil überhaupt geplant oder ausgesucht wird – das geschieht mehr oder weniger bewußt bei jeder Paarbildung –, bedenklich ist die Annäherung an einen Warenhauskatalog, der die Nachkommen einem kalkulierbaren Einkommen annähert. So gänzlich neu ist auch das nicht. Schon Karl Kraus schlug vor, »Monogamie« mit »Einheirat« zu übersetzen. Der Gotha war nur feiner als eine Samenbankkatalog, selegierend gewirkt hat auch er. Die Singularität taucht auf andere Weise auf im Abschied vom Sterbenden, in der Trauer um Verstorbene und in der Erinnerung an sie. Die Nachgeschichte hat eine Bestimmtheit, die der Vorgeschichte abgeht; das gilt selbst noch für den Leichnam. Dennoch gibt es auch hier ein *Unerinnerbares* in der Erinnerung, nämlich die Abwesenheit, die sich nicht darauf reduziert, daß jemand oder etwas nicht in der Welt existiert. Wer seine eigenen Eltern, sein eigenes Kind oder seinen eigenen Freund verloren hat, hat ein Stück von sich selbst verloren; ebendeshalb wendet sich das, was Freud Trauerarbeit nennt, nach innen und bleibt nicht bei einem äußeren, mehr oder weniger ersetzbaren Verlust stehen. Gedenkstätten und Gedenktage, unter ihnen Geburtstage ebenso wie Todestage, die wie Inseln aus dem Schwemmland der privaten und kollektiven Geschichte herausragen, verlören ihre Bedeutung, wenn es bei Geburt und Tod nur um Input- und Outputdaten ginge. Tatsachen wollen berücksichtigt sein, sie lassen sich nicht feiern. Rituale, die auch bei Geburt und Tod auftreten, bewegen sich auf dem schmalen Grad einer Normalisierung des Nicht-Normalisierbaren; nimmt die Normalisierung überhand, so entleeren die Rituale sich.

13. Stellvertretende Erfahrung

Der Gedanke, daß in den Grenzereignissen von Geburt und Sterben eigene und fremde Erfahrungen sich überlagern, bedarf weiterer Erläuterung, weil hier nicht nur die Miterfahrung fremder Geburt und fremden Sterbens, sondern auch der Umgang mit ihnen und dessen technische Verfaßtheit in den Blick drängt.

Die Stellvertretung ist eine komplizierte Figur, die wir in Kapitel I im Zusammenhang mit der Repräsentation von Erfahrung erläutert haben. Stellvertretung besagt, daß einer an die Stelle oder an den Platz des anderen tritt, daß er ihn *vertritt*. Handelt es sich um eine austauschbare Funktion, so sagen wir, daß einer den anderen *ersetzt*. Die Person selbst gilt als vertretbar, aber unersetzbar. Versteht man unter Stellvertretung einen solchen Positionswechsel, so kann sie auf verschiedene Weise scheitern. Sie läuft dann ins Leere, wenn es *niemanden* gibt, dessen Stellung ich einnehmen könnte. Wer behauptet, das Embryo sei nur eine Zellansammlung und habe keinerlei eigene Stimme, schließt die Möglichkeit einer Stellvertretung aus. Umgekehrt scheitert die Stellvertretung auch, wenn da *jemand* ist, der für sich selbst mit eigener Stimme eintritt. Wer ihn vertreten wollte, würde ihn bevormunden. Die mittlere Möglichkeit, die der Stellvertretung Raum gibt, besteht darin, daß jemand noch nicht, vorübergehend oder auch dauerhaft und schließlich endgültig nicht mehr mit eigener Stimme spricht. So der Mensch in frühen und späten Lebenslagen oder in Situationen und Zuständen einer verminderten Zurechnungsfähigkeit. Diese Übernahme einer fremden Position bedeutet ein *Provisorium*; sie besteht darin, daß jemand den Platz eines Anderen freihält, ohne ihn in einen eigenen zu verwandeln. Das institutionelle Paradigma ist der *Vormund*, der in eigener Stimme für einen Anderen spricht und dabei dessen Interessen und Wünsche wahrnimmt. Die Figur des Advokaten trifft die Sache genau genommen nicht, denn von einem Rechtsanwalt *lasse ich mich* vertreten, wie auch von einem politischen Abgeordneten. Diese Formen der Delegation brauchen uns hier nicht zu interessieren, weil sie eine eigene Stimmfähigkeit voraussetzen, auch wenn selbstgewählte Unmündigkeit den Einzelnen am Gebrauch seiner eigenen Stimme hindert. Doch selbst wenn man sich auf diese Positionierung einigt, ist in den entscheidenden bioethischen und biotechnischen Fragen, etwa in der Frage, ob oder wann ein Embryo eine Stellvertretung zuläßt, noch nichts entschieden. Ebendies veranlaßt einen Diskurs-

	Vergangenheit	Gegenwart	Zukunft
Alter	A	A	(A)
Erwach-senen-stadium	E	(E)	E
Kindheit	(K)	K	K

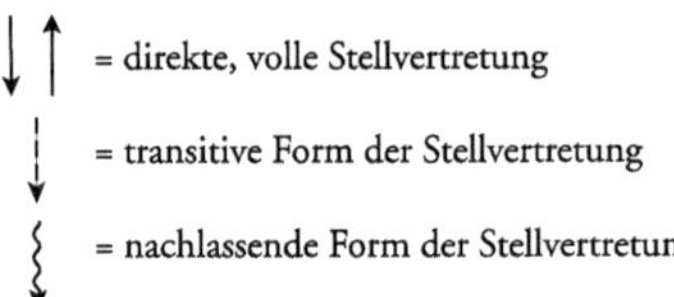

Schema 12: Generationenüberlagerung

theoretiker wie Jürgen Habermas, sich gattungsgeschichtlich zu orientieren.[50]

Es ist wohl so, daß die Konzeption, in der die Stellvertretung auf eine aktive Stellung-nahme und damit auf eine säuberliche Trennung von Stellvertretendem und Stellvertretenem festgelegt wird, von vornherein zu hoch ansetzt und entscheidende Etappen der sozialen Genese überspringt. Wenn demgegenüber von einer stellvertretenden Erfahrung gesprochen wird, so heißt dies, daß ich mich in dem, was ich und wo ich selbst bin, zugleich an der Stelle eines Anderen *befinde*, bevor ich ihm gegenüber Stellung *nehme*, und daß umgekehrt Andere sich an meiner Stelle *befinden,* bevor sie mir gegenüber Stellung *beziehen*. Wenn Erfahrung damit beginnt, daß mir etwas widerfährt, so beginnt Fremderfahrung damit, daß mir widerfährt, wie dem Anderen etwas widerfährt. Das ›bevor‹ ist nicht als zeitliches Prius zu verstehen, sondern als Überlagerung und zeitliche Verschie-

50 Der Begriff der Menschengattung, der neuerdings von verschiedener Seite erneut herangezogen wird, bedarf allerdings weiterer Erläuterungen. Wie verhalten sich Menschengattung und menschliche Spezies zueinander? Worauf beruht die Einheit und der Zusammenhang der Menschengattung? Wie verhält sich der Einzelne zur Gattung? Welche Rolle spielen Generativität und Generationenfolge? Wie steht es mit der Parole der Brüderlichkeit, und wo bleibt die Schwesterlichkeit?

bung eigener und fremder Erfahrung, wie sie für die Grundphänomene der Natalität, der Generativität und der Mortalität kennzeichnend ist. Es handelt sich um eine *originäre Stellvertretung*, sofern diese konstitutiv ist für das, was ich selbst bin und was Andere sind. Für die Abfolge der Generationen bedeutet dies, daß die Lebensalter sich ineinanderschieben.

Die eigene Vor- und Nachgeschichte ist verzahnt mit der Gegenwartsgeschichte der Vorfahren und Nachkommen, so daß jeder und jede auf die Dauer des Lebens sowohl Stellvertretung übt wie erfährt. Auch Frühverstorbene haben an diesen Verschiebungen teil, sonst wäre ihr Leben nicht fragmentarisch, sondern einfach kürzer. Die Abfolge der Generationen bringt es mit sich, daß diese Verflechtung der eigenen Geschichte mit einer gemeinsamen Vor- und Nachgeschichte über familiäre Beziehungen hinausgreift. Auf gewisse Weise haben Kinderlose ebenfalls Kinder, und sei es auch nur, daß die der Anderen im Alter für sie einstehen. Daß unser Wort »Familienbande«, wie wiederum Karl Kraus vermerkt, durchaus etwas Ambivalentes anzeigt, schließt jede Idyllisierung aus. Eine solche Idyllisierung liegt auch Lévinas fern, wenn er die Beziehung zum Anderen generell und wesentlich als Substitution begreift, als ein Einstehen für den Anderen. Diese Substitution ist viel elementarer anzusetzen als jedes Mitgefühl oder Mitleiden, das ich für den Anderen oder für die Andere empfinde, und elementarer auch als jedes Wohlwollen, das ich Anderen entgegenbringe. Eine originäre und radikale Stellvertretung, die dazu führt, daß ich die Anderen in mir und ich mich in den Anderen vorfinde, daß ich von ihnen gezeichnet, vielleicht auch geschlagen bin und sie von mir, gipfelt in dem Paradox einer *Vertretung des Unvertretbaren*. Ich bin, wo du bist und ich nicht sein kann; ich bin dort, ohne daß ich die Stellung des Anderen völlig besetzen oder umgekehrt mich völlig von ihr lösen kann. In Freuds Analysen der Trauerarbeit klingt dieses Paradox an, wenngleich in abgeschwächter Form.

Eine Erfahrung, die aus der Widerfahrnis erwächst, trägt stets Züge einer besonderen *Schutz-* und *Hilflosigkeit*. Das, wovon wir getroffen werden, durchbricht unsere Abwehr- und Vorsorgemaßnahmen. Dies gilt in besonderem Maße für die Früh- und Spätstadien des Lebens und für Notsituationen, doch im Hintergrund steht eine durchgängige *Verletzlichkeit*, die zu unserer leiblichen Verfassung gehört. Wir entfernen uns allzuweit von der Erfahrung, wenn wir um Lebensrechte streiten, wo zunächst *Lebensschutz* und *Lebenshil-*

fe gefragt ist. Geburts-, Alters- und Nothilfe, die ungeachtet aller eigenen Vorsorge nicht durch Eigenfähigkeit zu ersetzen sind, implizieren eine eigene Form der Stellvertretung, nämlich ein stellvertretendes Tun. Dieses wird treffend als Beistand oder Assistenz bezeichnet, das heißt als eine sich selbst so weit wie möglich zurücknehmende Mitwirkung, die in Form der *overprotection*, wie sie dem Paternalismus oder Maternalismus innewohnt, in Beherrschung ausartet.[51] Natürlich gehen auch Rechtsprozesse von Verletzungen aus, die bis zur tödlichen Gewalt gehen können, doch im Vordergrund stehen keine Verletzungen, die jemandem zugefügt werden, sondern Verstöße gegen das Gesetz; daß auch diese als Rechts*verletzungen* bezeichnet werden, kann nicht darüber hinwegtäuschen, daß es sich um etwas anderes handelt, nämlich um Konflikte, die zwischen Rechtsbürgern aufkommen und die argumentativ ausgetragen werden. Die Argumente, die der Rechtsanwalt vorbringt, könnte bei geeignetem Sachverstand auch das Opfer der Straftat vorbringen, sofern es noch am Leben ist. Ebendeshalb ist diese Art der Stellvertretung eine sekundäre, im Gegensatz zur stellvertretenden Erfahrung oder auch zum stellvertretenden Tun. Der Fürsprecher nimmt eine bloße Metaposition ein, und dies auf Abruf.

Blicken wir von da aus auf die laufenden Bio-Debatten, so kommt zwar alles vor, aber wie in einem Puzzle, von dessen Einzelstücken nicht ausgemacht ist, wie und ob sie zusammenpassen. Wir finden: klassische Distinktionen wie Sache, Lebewesen und Person, Zuschreibungsdebatten am Rande von Labortests, Berufungen auf das Grundgesetz wie auf einen zivilreligiösen Dekalog, ein Pochen auf Forschungsfreiheit und ökonomische Nutzung des Erforschten, medizinische Heilungsprognosen, aber auch gedämpfte Erwartungen, dazwischen evolutionär-technische Großvisionen, die all diese Debatten als Liliput-Kämpfe erscheinen lassen. Der Rückgang auf stellvertretende Formen der Erfahrung könnte aus einigen Engpässen und unzureichenden Alternativen hinausführen. Nehmen wir die forschungstheoretisch genutzte Unterscheidung von Erste- und Dritte-Person-Perspektive. Weder ist der Embryo ein Ich, noch hat die Mutter des werdenden Lebens die nötige Distanz, um es als Etwas zu betrachten. Die mehrfach erwähnte Symbiose zwischen Embryo und mütterlichem Organismus paßt nicht in das geläufige Per-

51 Man kann unter Maternalismus allerdings auch eine Gegenhaltung verstehen, die von der Sorge für Andere ausgeht (vgl. K. Dörner 2001, S. 326).

sonenstandsregister.[52] Nehmen wir weiterhin die Berufung auf Zuschreibungsprozesse, die nicht selten den Eindruck erwecken, als sei der Embryo wie ein Meteor vom Himmel gefallen. Die Stellvertretungsperspektive unterläuft solche einseitigen Zuschreibungsprozesse dadurch, daß Eigenes in Fremdes und Fremdes in Eigenes eingeschrieben ist, und dies auch mit genetischen Lettern. Sie relativiert auch die advokatorische Übernahme fremder Positionen zugunsten einer vorgängigen Exposition, einem dem Anderen Ausgesetztsein, auf das wir immer nur zurückkommen können. Der Andere wartet nicht, bis wir für ihn einzutreten geruhen, er sprengt unsere Erwartungen, er verlangt Unmögliches.

Bedeutet dieser Rückgang auf Erfahrungen, die wir durchmachen und nicht bloß herstellen, daß wir uns in einem prätechnischen Raum bewegen, wo das Naturwüchsige noch nicht durch künstlich Gemachtes geformt oder verformt ist? Es bedeutet dies keineswegs. Wie jeder Blick in die Kulturgeschichte zeigt, sind Geburt, Krankheit und Tod von alters her nicht frei von Künstlichkeit. Es mag veraltet klingen, wenn man heute noch an Mondkalender, Reinigungsriten, Hebammenkoffer, Fruchtbarkeitsriten, Sterbebetten und Sargformen erinnert, nicht zu vergessen eiserne Foltergeräte und Waffenkammern oder die sanfte Gewalt des Gifts. Leben und Tod waren immer *auch* gemacht, und dies notwendigerweise. Ein Wesen, das sich zu seiner Herkunft und zum Tod seiner selbst und zu dem der Anderen verhält und das nicht einfach entsteht und vergeht wie das Gras auf dem Feld (obwohl auch dieser Vergleich seine Wahrheit hat), ist gezwungen, selbst elementare Lebensvorgänge ordnend einzurichten. Dazu gehören technische Formen des Lebensersatzes, die weit über den gängigen Gebrauch von Prothesen hinausgehen. Auch die Buchkultur kann als ein gigantisches Implantat betrachtet werden, das unser Gedächtnis nicht nur entlastet, sondern verändert hat; die Warnung vor einem übermäßigen Konsum von Lektüre hat sie nicht umsonst von Anfang an begleitet. Die heutige digitale Bilderproduktion spielt eine vergleichbare Rolle im Bereich der Sinne. Bis zu einem gewissen Grad ist unsere Erfahrung ein Kunstprodukt. Dies gilt auch für die Geschichte von Geburt, Altern und Tod, wo immerzu künstlich Gemachtes mit natürlich Gewachsenem durchmischt ist. Probleme entstehen dort, wo die künstlichen Machenschaften Überhand nehmen, wo wir uns einem Kunstleben und

52 Zur Rolle der Mutterschaft in der Ethik von Lévinas vgl. Sabine Gürtler, *Elementare Ethik* (2001).

Kunststerben nähern, mit dem jeder Lebensanspruch und natürlich auch jedes Lebensrecht verspielt würde. Es gibt ein richtiges, aber kein geglücktes oder rechtmäßiges Funktionieren. Welche Alternativen bleiben?

Die Bio-Debatten, deren Ausmaße noch nicht abzusehen sind, sollten nicht in einer Kasuistik versanden, die jede weitergehende Perspektive vermissen läßt. Ein solcher Ausgang läßt sich nicht dadurch vermeiden, daß man Prinzipien aufstellt, deren Anwendung auf die Dauer die nötigen Hintertüren zu öffnen pflegt, sondern viel eher so, daß man die Lebenszusammenhänge beachtet, in denen die Probleme auftreten. Deshalb haben wir den Versuch gemacht, Geburt und Tod dort aufzusuchen, wo sie uns begegnen, in unserer Vor- und Nachgeschichte sowie in den Verwicklungen der Generationenfolgen, und zwar in Form von Widerfahrnissen, die sich mit einer eigentümlichen Unerbittlichkeit aufdrängen. Dies spricht in konkreten Fällen für *Schonung* überall dort, wo Lebendiges im Entstehen ist und wo fremde Ansprüche sich ankündigen, hervortretend aus Anspruchsfeldern, die sich nicht in punktuelle Anrechte auflösen lassen. Leibliche Existenz begegnet uns von Anfang an nicht ohne ein Umfeld, aus dem sie erwächst. Dies spricht gegen die Annahme von Prüfungsphasen, in denen das Leben sich gleichsam für das Fortleben zu qualifizieren hat. Schonung bedeutet ein Tun, das gewähren läßt, was sich von sich aus regt. Es bedeutet nicht, daß wir gar nicht in das Wachstum eingreifen und wachsen lassen, was wächst. Selbst der Verzicht auf Geburtenkontrolle ist dann, wenn er explizit geschieht, nicht naturwüchsig, sondern eine Form tätiger Unterlassung. Schonung bedeutet aber sehr wohl, heranwachsendes Leben nicht als etwas zu behandeln, mit dem man zu beliebigen Zwecken experimentiert, das man für fremde Zwecke einsetzt oder das man verbraucht wie irgendwelche Materialien. Es ist weit entfernt von bloßer Spitzfindigkeit, wenn man die gezielte, langfristige Nutzung von Lebendigem unterscheidet von dem exzeptionellen Fall, wo bei der Entstehung von Lebendigem ein Leben mit anderem Leben, zumeist mit dem der Mutter, konfligiert. Ein Konflikt bleibt auch dies, wie nicht wenige Frauen zugestehen.[53]

53 Dies gilt auch für Kriegshandlungen und sonstige staatlich legitimierte Zwangsmaßnahmen; Gewalt bleibt Gewalt, auch wenn sie einem staatlichen oder zwischenstaatlichen Monopol unterliegt. Man sollte erwarten, daß prinzipielle Abtreibungsgegner zum Pazifismus neigen oder zur Abschaffung der Todesstrafe, doch oft ist das Gegenteil der Fall. Dies ist ein heikles Kapitel aus der doppelten moralischen Buchführung.

Gegen diese Sicht der Dinge läßt sich mancherlei vorbringen. Man kann zunächst einwenden, die Ansprüche werdenden Lebens, das noch keine persönlich zu benennenden Rechtsträger kennt, seien zu schwach, um gegen die berechtigten Heilungsansprüche leidender oder gar schwer leidender Patienten ins Gewicht zu fallen. An besagten Ansprüchen wird nun kaum jemand ernstlich zweifeln, doch es fällt schwer, eine sozusagen saubere therapeutische Biotechnik herauszufiltern, die allen anderen Zwecken entsagt. Es gibt wohl kein Bioprodukt, das auf die Dauer einen therapeutischen Nebeneffekt ausschlösse. Diese offene Nutzbarkeit gehört zu den Vorzügen der Technik. Die Technik als solche verträgt sich mit keiner moralischen Gängelung, umgekehrt sollte man von ihr keine Moral erwarten. Daß der Techniker mehr ist als Techniker, ist eine andere Frage, die uns aber an diesem Punkt nicht weiterhilft. Abgesehen nun von der Zweifelhaftigkeit solcher Nutzenerwägungen stellt sich die Frage, ob man werdendes Leben als *quantité maniable* behandeln kann, ohne das daraus hervorgegangene Leben selbst anzutasten, das heißt ohne das Ich von dem Status eines Vor-Ich abzulösen und es auf diese Weise seiner eigenen Vorgeschichte zu berauben. Was den *Homunculus* vom *Homo* unterscheidet ist nicht zuletzt die Tatsache, daß er keine eigene Vorgeschichte hat. Die Fremdheit des eigenen Leibes würde sich in der Fremdherstellung reduzieren auf die eines Fremdkörpers durch und durch. Wer die Geburt als »Akt der Menschwerdung« gegen die Zeugung ausspielt, verwechselt den Akt der Geburt mit der Ausstellung einer Geburtsurkunde.[54]

Nun könnte man zusätzlich einwenden, ebendas, was wir Schonung nennen, lasse deutliche Grenzen vermissen, so daß am Ende jeder Eingriff ins Leben in den Verdacht der Lebenswidrigkeit gerate. Darauf wäre folgendes zu erwidern. Normalisierungsprozesse, die der Biotechnik und Biopolitik ihren Gang vorschreiben, pflegen sich auf dem Wege statistischer Veränderungen auszubreiten, die durch Gebots- und Verbotsregeln nicht zu fassen sind. Insofern erscheint es als durchaus sinnvoll, gegen bestimmte Tendenzen anzukämpfen, bevor diese sich Schritt für Schritt artikulieren wie eine förmliche Prozedur. Es gibt Wirkungen, die aus harmlos aussehenden Anlässen

54 Vgl. Volker Gerhardt, *Der Mensch wird geboren* (2001). In dieser Streitschrift wird jede Würdigung der menschlichen Geburt einem strikten Natalismus gutgeschrieben, als ginge die umgekehrte Würdigung des pränatalen Lebens auf Kosten der Natalität, sprich: der Humanität. Gegen ein »Lob der Geburt« ist gewiß nichts zu sagen, wohl aber gegen dessen biotaktische Nutzung.

entstehen, sich akkumulieren und mit einem Male eskalieren. Statistische Erhebungen und gezielte Fallstudien sind den Überraschungseffekten der Erfahrung näher als die Prüfung kognitiver und praktischer Geltungsansprüche. Angesichts von Prozessen, die sich einer präzisen Prognose und Planung entziehen und deren Folgen nur sehr begrenzt absehbar sind, hat es durchaus einen Sinn, von dem Motto *in dubio pro vivo* auszugehen, analog dem *in dubio pro reo*, mit dem die Rechtssprechung sich selbst Grenzen auferlegt.

Wenn wir uns auf einen schonenden Umgang mit Lebendigem und analog mit Sterbenden einstellen, so vermeiden wir eine überzogene Juridisierung der Lebensvorgänge. Leben, das im Dämmerlicht einer Vorgeschichte entsteht und ins Dämmerlicht einer Nachgeschichte entschwindet, entbindet uns von dem abwegigen Versuch, den Embryo als einen Personenanwärter zu behandeln, der auf seine Inthronisierung wartet wie ein potentieller Würdenträger. Ich gestehe, daß diese und ähnliche Vorstellungen auch mir reichlich verschroben vorkommen, und es fällt in der Tat leicht, den Gedanken, die Wiege des Menschen stehe im Labor, als einen »kruden Biologismus« zu brandmarken, der »Zeugung« mit »fabrikmäßiger Erzeugung« gleichstellt (Gerhardt 2001, S. 24). Eine solch massive Kritik, die den gesamten pränatalen Bereich ins Biologische abschiebt, setzt freilich voraus, was gerade in Frage steht, nämlich die Scheidung in eine Naturgeschichte, in der das faktische Sein regiert, und eine Kulturgeschichte, in der das Wollen und Sollen den Ton angibt. Mit der Berufung auf die Person als Selbstzweck scheint moralisches Festland in Sicht, obwohl doch die Rede von einem Selbst*zweck* alte teleologische Vorstellungen wachruft, die ihrerseits der Befragung bedürfen. Der Ausschluß einer Nutzung zu fremden Zwecken ist das eine, doch es könnte sein, daß die Achtung, die uns fremde Ansprüche abverlangen, und zwar auch solche, die unausgesprochen bleiben, über jedes Warum und Wozu hinausgeht. Ähnlich steht es mit der Bejahung (oder Verneinung) des Lebens; sie richtet sich auf kein bloßes Naturfaktum, und doch folgt sie keinem Gebot und entspringt keiner Bewertung. Vielleicht klingt die Bio-Debatte vielfach deshalb so scholastisch, weil manch neuer biogenetischer Wein in die alten Schläuche einer unzulänglichen praktischen Philosophie geschüttet wird.

Schließlich sind die Fragen, die durch die neueste Bio-Revolution aufgeworfen werden, nicht nur solche auf Leben und Tod, bei denen das Strafrecht ein Wort mitzureden hat. Aus ähnlichen Gründen, wie sie im Umfeld von Lebenstötung und Lebensschützung geltend zu machen sind, könnte man vorschlagen oder sich vornehmen, auf Samenbänke, auf künstliche Befruchtung überhaupt, auch auf bestimmte Formen medizinischer Überversorgung oder der Leidensüberbewältigung zu verzichten, oder darauf zu hoffen, daß manches sich nicht einspielt – und dies ohne Verbotsgesetze und Rechtsverordnungen, die in Fragen des geglückten Lebens nicht am Platz sind. Was spräche für solche Verzichte auf bestehende Möglichkeiten? Gewiß nicht der bloße Wunsch, die Regelung des Lebenshaushaltes einer bloßen Naturlotterie zu überlassen. Ich sehe davon ab, daß die »große Apotheke« der Natur vielleicht zu unseren Gunsten weniger kurzfristig plant als konjunkturabhängige Unternehmungen. Wichtiger ist etwas anderes, nämlich das schon wiederholt bedachte Gewicht von Zu-fällen und Ein-fällen, in denen fremde, unerhörte Ansprüche sich bemerkbar machen, Ansprüche also, die in einer Normalisierung des Lebens unterzugehen drohen. Das Leben geht auch weiter, wenn die Rituale, mit denen Neugeborene und Sterbende willkommen geheißen und verabschiedet werden, sich der Aktenaufnahme und der Datenspeicherung annähern. Man könnte dies als Verlust jener Vorsprache bezeichnen, aus der jede lebendige Sprache erwächst wie aus einem Humus. Auch Gruß- und Abschiedsbekundungen gehören in diesen Schwellenbereich. Das Leben geht auch weiter ohne sie, doch was für ein Leben? Manche werden vielleicht raten, darauf zu vertrauen, daß das Leben sich schon selbst zu wehren weiß, doch das kann auch auf monströse Weise geschehen, ganz abgesehen davon, daß ›das Leben‹ wenig mehr ist als eine Beschwörungsformel.

14. Was sich der Technik entzieht

Die Gänge durch den Grenzbereich von Phänomenologie und Technologie haben mehr und mehr in das Herz der Erfahrung geführt und so viele Fragen aufgerührt, daß ein Resümee sich nicht erbringen läßt. Doch möchte ich zum Abschluß nochmals die einleitend formulierte Frage aufwerfen, ob es ein Schlüsselmotiv gibt, das die Technologie auf ähnliche Weise umtreibt wie das Unbewußte in der Psychoanalyse. Es ist nicht leicht auf diese Frage zu antworten, schon deshalb, weil die Technologie verschiedene Paradigmen durchlaufen hat. Doch bleiben wir bei dem letzten Paradigma, das wir als Entfesselung der Technik umschrieben haben. Das eigentlich Bedrohliche liegt nicht mehr in der *Macht durch Technik*, die einst als Technokratie bezeichnet wurde, sondern in der *Macht der Technik*, die den möglichen Machthabern selbst noch über den Kopf wächst und aus den Händen gleitet. Wenn Fremdheit ein Entzugsphänomen ist, so zeigt sich hier ein spezifischer Fremdheitsaspekt, der dieser entfesselten Technik selbst innewohnt. Ich wüßte nicht, wie eine Xenotechnologie aussehen sollte. Wenn es etwas gibt, das sich nicht erzeugen und steuern läßt, dann ist es das Fremde und Fremdartige als das Nichtzuermöglichende. Doch dies schließt nicht aus, daß die Technologie selbst zur Quelle der Fremdheit wird. Dies würde besagen, daß sie Gegenwirkungen hervorruft und uns mit Herausforderungen konfrontiert, denen wir uns zu »stellen« haben. In diesem und nur in diesem Sinne folge ich Heidegger, wenn er die Technik als ein »Geschick« und ein »Ge-stell« denkt, das nicht unserer Vorstellung und Verfügung unterliegt wie »etwas Anwesendes« und das sich darin als »befremdlich« erweist (*Identität und Differenz*, S. 24).

Auf diese Situation kann man verschieden reagieren. *Antitechnische* Reaktionen haben etwas von einer Donquichotterie an sich; denn jede Reaktion, die sich aus den Kräften des Gegners speist, ist Wasser auf dessen Mühle. Die Flucht in ein *prätechnisches* Reservat scheidet ebenfalls aus, weil es buchstäblich nichts gibt, was nicht von den technischen Zurüstungen berührt ist. *Etwas* der Technik entziehen zu wollen wäre so vergeblich, wie *etwas* dem Bewußtsein entreißen zu wollen. Die Technik ist *aliquomodo* alles, aber auf diesen Modus kommt es an. Deshalb haben wir von einer technologischen Reduktion gesprochen, die gleich der phänomenologischen Reduktion die Einstellung zur Welt im ganzen thematisiert und sich nicht bereits auf dem Boden einer Welt bewegt.[55] Schließlich bleibt die Versuchung zu einem *hypertechnischen* Mitmachen, das alles Technische auf die Spitze treibt und einer auf alles ausgreifenden Technomanie ihr gutes Gewissen oder, weil sie dafür keinen Bedarf hat, ihren Spaß gibt. Platon hätte vielleicht von den φιλοτέχνικοι gesprochen, die wie alle begeisterten Liebhaber natürlich auch vieles spielerisch und spielfreudig entdecken. Was wir unter den Titel einer Phänomenotechnik gestellt haben, weist in eine andere Richtung. Wäre alles, was

55 Dies hat Hans Blumenberg früher erfaßt als andere, die das Technische in die höheren, später errichteten Stockwerke der Lebenswelt verbannen. Vgl. *Lebenswelt und Technisierung unter Aspekten der Lebenswelt* (1963), wiederabgedruckt in: *Wirklichkeiten, in denen wir leben* (1981).

sich zeigt, im weiten und vollen Sinne dieses Wortes durch und durch technisch hergestellt oder technikförmig entstanden, so wäre es schwer, überhaupt etwas zur Technik zu sagen, was Techniker aller Sorten nicht selbst schon sagen. Würden wir dagegen versuchen, das, was sich zeigt, von allem technischen Zubehör abzulösen, so würden wir uns technischen Wirkungen um so schutzloser ausliefern. Nichts Technischeres als ein angeblich reines Denken.

Der Ausweg, der mir vorschwebt, ist im strengen Sinne kein Ausweg, denn er führt nicht aus der Technik heraus, sondern in wiederholten Anläufen in sie hinein, bis diese von sich selbst abläßt. Dies ist ein schwieriges Unterfangen, zu dem ich, wie ich hoffe, einige Proben vorgelegt habe. Das Befremdliche, das sich in der Technik abzeichnet, bezeichne ich als das *Atechnische* oder auch das *Afunktionale*. Darunter ist das zu verstehen, was sich dem Technischen entzieht und eben dadurch einen spezifischen Bezug zu ihm aufrechterhält, ähnlich dem *Apolitischen*, das nichts Unpolitisches ist, sondern die Kehrseite des Politischen, ähnlich dem Anästhetischen, dem Anökonomischen und so fort. In der Sprache des bekannten sophokleischen Chorliedes gesprochen, gäbe es ein *Aporetisches*, eine Ausweglosigkeit, die den Erfindungen des allgewandten und durchtriebenen Menschen, des *Pantoporos*, nicht vorausgeht, sondern mitten in ihnen auftaucht.[56]

Die Stellen, wo es nicht einfach weitergeht, lassen sich markieren in Form von feinen *Abweichungen*. Was unterscheidet die Bedeutung und Bedeutsamkeit von strukturellen Differenzen, die Entscheidung von binären oder auch ternären Schaltungen, das sprachliche Medium von genetischen oder künstlichen Codes? Worin unterscheidet sich das Speichern und Löschen von einem Sicheinprägen und Vergessen, worin unterscheidet sich die überprüfbare Differenz zwischen Ist- und Sollzustand von einem menschlichen Begehren? Was macht den Unterschied aus zwischen Hautgrenze und Systemgrenze, zwischen Ertasten und Tastatur, zwischen Anschlüssen oder Blockaden und sozialen Kontakten, sprachlichem Verstummen und Äußerungshemmung? Was hat die Bitte einem maschinellen Befehl, die Gesprächspause einer Funkstille voraus? Worin unterscheidet sich der Ausdruck von Gewalt und Haß von Kernexplosionen? Diese Fragereihe ließe sich fortsetzen. An einigen entscheidenden Stellen habe ich das alte Wort ›Urphänomen‹ gebraucht. Dieses Wort ist dann am

56 Bei Sophokles ist es der Tod, der sich dem Zugriff des Menschen entzieht: »Vor dem Hades allein gibt es für ihn kein Entrinnen.« *Antigone* 361 f.

Platz, wenn das, was sich zeigt, und der, dem es sich zeigt, das funktionale Wie der Herstellung, auch das der Selbstherstellung, übersteigt. Dies trifft zu auf Lust und Schmerz, die in jeder Lusterzeugung und Schmerzvermeidung als qualitative Tönung und Färbung des Lebens vorausgesetzt sind, aber auch für eine Bedeutsamkeit, die sich nicht nach vorhandenen oder blindlings produzierten Bewertungsskalen mißt. Es handelt sich um *feine* Abweichungen. Verteidiger der Lebenswelt machen sich die Sache zu einfach, wenn sie den technischen Widerpart auf allzu grobe und rudimentäre Muster festlegen, so daß das, was voneinander abweicht, *im Grunde* nichts miteinander zu tun hat. Es sieht dann so aus, als würde ein Gospieler gegen einen Schachspieler antreten – ein hoffnungsloser Fall. Die Verteidiger technischer Errungenschaften machen sich die Sache ebenfalls zu einfach, wenn sie jenen phänomenalen Überschuß einem Noch-nicht des technischen Entwicklungsstandes zuschreiben und Emergenz als bloße Erklärungslücke betrachten. Ein technischer Attentismus, der ältere Formen eines religiösen oder politischen Attentismus ablöst, wäre genau so nichtig wie diese, ähnlich dem Blinzeln eines »letzten Menschen«, der Glücksberechnungen durch Hochrechnungen auffrischt. Feine Abweichungen, die eine besondere Form der Genauigkeit erfordern, verweisen, je mehr die wissenschaftlich-technischen Möglichkeiten sich steigern, auf ein *Fast-Nichts*, doch eben auf diese Winzigkeit käme es an. Man könnte dies als Ironie der Technik bezeichnen, vergleichbar der Ironie eines Sokrates, der den normalen Wissens- und Wertehaushalt auf fruchtbare Weise in Frage stellt, ohne nach Art des Diogenes einfach auszusteigen.

Die Technologie erreicht, wie wir zu zeigen versuchten, eine neue Qualität, wenn ihr *Logos*, ihre Regelungen, auf das *Auto-* übergreifen, auf das Selbst, das sich seit eh und je mit dem Leben verbindet, das über kognitive und appetitive Prozesse hinausgeht, das aus dem Pathos erwächst und sich in den Ansprüchen des fremden Selbst verdoppelt und vervielfältigt. Natürlich könnte man wiederum auf Unterschieden bestehen, etwa auf dem Unterschied zwischen selbst- und fremdreferentiellen Operationen oder auf dem Unterschied zwischen Selbst- und Fremdaffektion. Doch hier ist mehr im Spiel. Das Selbst, das eigene wie das fremde, verweist auf *Hohlformen*, die als Ferne und Abwesenheit eine eigentümliche Unfaßbarkeit implizieren. Eine Technisierung des Lebens müßte das Kunststück fertigbringen, die Pathogenese durch eine *Pathotechnik* zu ersetzen, also Zufälle in Zu-griffe, Widerfahrnisse in bloße Widerstände, Leiden in evolutionäre Betriebskosten, kurz Pathos in Poiesis zu verwandeln und diese letzten Endes in eine Autopoiesis übergehen zu lassen. Doch dies führt unweigerlich zu einer Rache der Technik, die sich nicht mit der feinen Ironie begnügt. Diese Rache besteht darin, daß der Versuch einer technischen Beherrschung des Pathos in ein *Leiden unter der Technik* umschlägt. Dieses als unvermeidliches Schicksal ausgeben hieße, sich hinter technischen Prozessen zu verschanzen, hinter Prozessen also, die der Techniker zwar weniger und weniger beherrscht, an denen er aber kräftig mitwirkt. Das Leiden unter der Technik, das alle Mitglieder einer technologisch geprägten Gesellschaft trifft, ist sicherlich nur die Kehrseite von dem, was man einst den Segen der Technik nannte und was heutige Bio-Fundamentalisten in einen Fluch umschlagen sehen. Dieses Leiden läßt sich wie alles Leiden nicht völlig ausschalten; es hat teil an dem schillernden Charakter des Pathos. Doch zumutbar ist eine Schonung jener Bereiche, in denen Leben entsteht, versinkt, abirrt und endet und in denen Unerwartetes und Unerinnerbares auftaucht. Warum sollte nicht auch die Technik ihren blinden Fleck haben? Dieses Atechnische, das nicht selbst wieder technologisch einholbar ist, wäre genau der Punkt, wo die Technik sich selbst entgleitet und wo Chancen und Gefahren eng beieinanderwohnen.

Literaturverzeichnis

Abel, G., *Nietzsche. Die Dynamik der Willen zur Macht und die ewige Wiederkehr*, Berlin [2]1998.
Alter, No. 7 (1999): *Émotion et affectivité.*
Angehrn, E., und B. Baertschi, *Emotion und Vernunft/Émotion et rationalité*, Bern, Stuttgart, Wien 2000.
Anzieu, D., *Das Haut-Ich*, übersetzt von M. Korte und M.-H. Lebourdais-Weiss, Frankfurt am Main [3]1992.
Arendt, H., *Vita activa oder Vom tätigen Leben*, München [2]1981.
Baas, B., *Le désir pur*, Leuven 1992. – Deutsch: *Das reine Begehren*, übersetzt von G. Schmitz, Wien 1995.
–, *De la chose à l'objet. Jacques Lacan et la traversée de la phénoménologie*, Leuven 1998.
Bachtin, M. M., *Die Ästhetik des Wortes*, herausgegeben von R. Grübel, übersetzt von R. Grübel und S. Reese, Frankfurt am Main 1979.
Baudrillard, J., *Der symbolische Tausch und der Tod*, übersetzt von G. Bergfleth, G. Ricke und R. Vouillé, München 1982.
Becker, B., »Leiblichkeit und Kognition. Anmerkungen zum Programm der Kognitionswissenschaften«, in: Gold/Engel 1998.
Bedorf, Th., *Dimensionen des Dritten. Sozialphilosophische Modelle zwischen Ethischem und Politischem*, Diss. Bochum 2002.
Bergson, H., *Œuvres*, Paris 1959.
–, *Materie und Gedächtnis und andere Schriften*, Frankfurt am Main 1964.
–, *Einführung in die Metaphysik*, frz/dt., übersetzt von S. S. Gehlhaar, Cuxhaven 1988.
Blanchot, M., *La part du feu*, Paris 1949.
–, *L'entretien infini*, Paris 1969.
–, *L'écriture du désastre*, Paris 1980.
Blumenberg, H., *Wirklichkeiten, in denen wir leben*, Stuttgart 1981.
Brentano, F., *Psychologie vom empirischen Standpunkt*, 2 Bde., Hamburg 1955/1959.
Bühler, K., *Ausdruckstheorie*, Jena 1933.
–, *Sprachtheorie*, Stuttgart/New York 1982.
Canguilhem, G., *Das Normale und das Pathologische*, übersetzt von M. Noll und R. Schubert, München 1974.
Carrier, M., und J. Mittelstraß, *Geist, Gehirn, Verhalten*, Berlin 1989.
Castoriadis, C., *L'institution imaginaire de la société*, Paris 1975. – Deutsch: *Gesellschaft als imaginäre Institution*, übersetzt von H. Brühmann, Frankfurt am Main 1984.
Ciaramelli, F., »La nostalgia dell'origine e l'eccesso del desiderio«, in: F. Ciara-

melli, B. Moroncini, F. C. Papparo (Hg.), *Diffrazioni. La filosofia alla prova della psicoanalisi*, Mailand 1994.
–, »L'inquiétante étrangeté de l'origine«, in: *Revue philosophique de Louvain* 96 (1998), S. 512-524.
–, *La distruzione del desiderio*, Bari 2000.
Courtine, F.-J., *Heidegger et la phénoménologie*, Paris 1990.
Cramer, F. und W. Kaempfer, *Die Natur der Schönheit*, Frankfurt/M. 1992.
Cremonini, A., *Durchquerung des Cogito*, München 2003.
Critchley, S., *The Ethics of Deconstruction: Derrida and Lévinas*, London 1992.
Dabag, M., und A. Kapust, B. Waldenfels (Hg.), *Gewalt. Strukturen, Formen, Repräsentationen*, München 2000.
Därmann, I., *Tod und Bild*, München 1995.
Delhom, P., »Verletzungen«, in: Dabag/Kapust/Waldenfels 2000.
–, *Der Dritte. Lévinas' Philosophie zwischen Verantwortung und Gerechtigkeit*, München 2000.
Dennett, D. C., *Consciousness Explained*, Berlin, Toronto, London 1991.
Derrida, J., *L'écriture et la différence*, Paris 1967. – Deutsch: *Die Schrift und die Differenz*, übersetzt von R. Gasché und U. Köppen, Frankfurt am Main 1972.
–, *De la grammatologie*, Paris 1967. – Deutsch: *Grammatologie*, übersetzt von H.-J. Rheinberger und H. Zischler, Frankfurt am Main 1974.
–, *Gesetzeskraft*, übersetzt von A. G. Düttmann, Frankfurt am Main 1991.
–, »Donner la mort«, in: J-M. Rabaté und M. Wetzel (Hg.), *L'éthique du don*, Paris 1992. – Deutsch: »Den Tod geben«, übersetzt von H.-D. Gondek, in: A. Haverkamp (Hg.), *Gewalt und Gerechtigkeit. Derrida – Benjamin*, Frankfurt am Main 1994.
–, *Auslassungspunkte*, übersetzt von K. Schreiner u. a.,Wien 1998.
–, *Le toucher, Jean-Luc Nancy*, Paris 2000.
Dornes, M., *Der kompetente Säugling*, Frankfurt am Main 1993.
Dörner, D., »Über die Mechanisierbarkeit der Gefühle«, in: S. Krämer (Hg.), *Geist – Gehirn – künstliche Intelligenz*, Berlin/New York 1994.
Dörner, K., *Der gute Arzt. Lehrbuch der ärztlichen Grundhaltung*, Stuttgart/New York 2001.
Dreyfus, H. L., *Was Computer nicht können. Die Grenzen künstlicher Intelligenz*, Frankfurt am Main 1989.
–, »Was Computer immer noch nicht können«, in: *Deutsche Zeitschrift für Philosophie* 41 (1993), S. 653-680.
Düsing, K., *Selbstbewußtseinsmodelle. Moderne Kritiken und systematische Entwürfe zur konkreten Subjektivität*, München 1997.
Eden, T., *Lebenswelt und Sprache. Eine Studie zu Husserl, Quine und Wittgenstein*, München 1999.
Engel, A. K. und P. König, »Das neurologische Wahrnehmungsparadigma. Eine kritische Bestandsaufnahme«, in: Gold/Engel 1998.
Escoubas, E., und B. Waldenfels (Hg.), *Phénoménologie française et phénoménologie allemande/Deutsche und französische Phänomenologie*,

Paris 2000.
Fabeck, H. von, *An den Grenzen der Phänomenologie. Eros und Sexualität im Werk Maurice Merleau-Pontys*, München 1994.
Fellmann, F., »Intentionalität und zuständliches Bewußtsein«, in: Krämer 1996.
Figal, G., *Martin Heidegger. Phänomenologie der Freiheit*, Frankfurt am Main 1988.
Fink-Eitel, H., und G. Lohmann (Hg.), *Zur Philosophie der Gefühle*, Frankfurt am Main 1993.
Florey, E., »Gehirn und Zeit«, in: Schmidt 1991.
Foerster, H. von, *Wissen und Gewissen*, Frankfurt am Main 1993.
Forget, Ph. (Hg.), *Text und Interpretation*, München 1984.
Foucault, M., *La volonté de savoir* (Histoire de la sexualité I), Paris 1976. – Deutsch: *Der Wille zum Wissen* (Sexualität und Wahrheit I), übersetzt von U. Raulff und W. Seitter, Frankfurt am Main 1971.
Frege, G., *Logische Untersuchungen*, herausgegeben von G. Patzig, Göttingen 1966.
Freud, S., *Gesammelte Werke* (Imago), London und Frankfurt am Main 1940 ff.
–, *Studienausgabe*, hg. von A. Mitscherlich u. a., 10 Bde., Frankfurt am Main 1969-79.
–, *Briefe an Wilhelm Fließ 1887-1904*, Frankfurt am Main 1986.
Frostholm, B., *Leib und Unbewußtes. Freuds Begriff des Unbewußten interpretiert durch den Leibbegriff Merleau-Pontys*, Bonn 1978.
Gadamer, H.-G., »Und dennoch: Macht des guten Willens«, in: Ph. Forget (Hg.), *Text und Interpretation*, München 1984.
Gamm, G., *Flucht aus der Kategorie. Die Positivierung des Unbestimmten als Ausgang aus der Moderne*, Frankfurt am Main 1994.
Gehring, P., *Innen des Außen – Außen des Innen. Foucault. Derrida. Lyotard*, München 1994.
Gelhard, A., *Das Denken des Unmöglichen. Sprache, Tod und Inspiration in den Schriften bei Maurice Blanchots*, München 2005.
Gerhardt, V., *Der Mensch wird geboren*, München 2001.
Geyer, Ch. (Hg.), *Biopolitik*, Frankfurt am Main 2001.
Giuliani, R. (Hg.), *Merleau-Ponty und die Kulturwissenschaften*, München 2001.
Glasersfeld, E. von, *Radikaler Konstruktivismus*, übersetzt von W. K. Köck, Frankfurt am Main 1996.
Goffman, E., *Das Individuum im öffentlichen Austausch*, Frankfurt am Main 1974.
Gold, P., »Philosophische Aspekte Künstlicher Intelligenz«, in: Gold/Engel 1998.
Gold, P., und A. E. Engel (Hg.), *Der Mensch in der Perspektive der Kognitionswissenschaften*, Frankfurt am Main 1998.

Goldstein, K., *Der Aufbau des Organismus*, Den Haag 1934.
Gondek, H.-D., *Angst Einbildungskraft Sprache. Ein verbindender Aufriß zwischen Freud – Kant – Lacan*, München 1990.
–, »Trauma – Über Emmanuel Lévinas«, in: E. Escoubas und B. Waldenfels (Hg.), *Phénoménologie française et phénoménologie allemande/Deutsche und Französische Phänomenologie*, Paris/Offenbach 2000.
–, und P. Widmer, *Ethik und Psychoanalyse*, Frankfurt am Main 1994.
Gorling, R., »›Yo lo ví‹ – Trauma und Übertragung«, in: V. Borsò und B. Goldammer (Hg.), *Moderne(n) der Jahrhundertwenden*, Baden-Baden 2000.
Großheim, M., *Ludwig Klages und die Phänomenologie*, Berlin 1994.
Grünbaum, A., *Psychoanalyse in wissenschaftstheoretischer Sicht*, Konstanz 1987.
Gürtler, S., *Elementare Ethik. Alterität, Generalität und Geschlechterverhältnis bei Emmanuel Lévinas*, München 2001.
Haar, M., »L'obsession de l'autre. L'éthique comme traumatisme«, in: *Emmanuel Lévinas* (Cahier de l'Herne), herausgegeben von C. Chalier und M. Abensour, Paris 1991.
Habermas, J., *Erkenntnis und Interesse*, Frankfurt am Main [2]1973.
–, *Theorie des kommunikativen Handelns*, 2 Bde., Frankfurt am Main 1981.
–, *Die Zukunft der menschlichen Natur*, Frankfurt am Main 2001.
Hare, R. M., *Die Sprache der Moral*, Frankfurt am Main 1972.
Hegel, G. W. F., *Werke in zwanzig Bänden*, Redaktion E. Moldenhauer und K. M. Michel, Frankfurt am Main 1970 ff.
Heidegger, M., *Sein und Zeit*, Tübingen [7]1953.
–, Die Frage nach der Technik, in: *Vorträge und Aufsätze*, Pfullingen 1954.
–, *Vom Wesen des Grundes*, Frankfurt am Main 1955.
–, *Was ist Metaphysik?*, Frankfurt am Main [7]1955.
–, *Identität und Differenz*, Pfullingen 1957.
–, *Unterwegs zur Sprache*, Pfullingen 1959.
–, *Was heißt Denken?*, Tübingen [2]1961.
–, *Wegmarken*, GA 9, Frankfurt am Main 1976.
Hemecker, W. W., *Vor Freud. Philosophiegeschichtliche Voraussetzungen der Psychoanalyse*, München 1991.
Henry, M., *Généalogie de la psychanalyse*, Paris 1985.
Herrmann, Th., »Informationstheoretische Modelle zur Darstellung der kognitiven Ordnung«, in: *Handbuch der Psychologie*, Bd. I/2, Göttingen 1964.
Hesnard, A., *L'œuvre de Freud et son importance pour le monde moderne*, mit einem Vorwort von M. Merleau-Ponty, Paris 1960.
Hoerster, N., *Abtreibung im säkulären Staat*, Frankfurt am Main 1991.
Holenstein, E., *Phänomenologie der Assoziation*, Den Haag 1972.
–, »Die kausale Rolle von Bewußtsein und Vernunft«, in: Krämer 1996.
Husserl, E., *Husserliana* (= Hua), Den Haag/Dordrecht 1950 ff.
Jakobson, R., »Die zwei Seiten der Sprache und zwei Typen aphatischer Stö-

rungen«, in: *Aufsätze zur Linguistik und Poetik*, herausgegeben von W. Raible, München 1974.
–, *Hölderlin. Klee. Brecht*, eingeleitet und herausgegeben von E. Holenstein, Frankfurt am Main 1976.
James, W., *Studies in Radical Empiricism*, New York 1912, Neudruck Cambridge, Mass./London 1976.
Juranville, A., *Lacan und die Philosophie*, übersetzt von H.-D. Gondek, München 1990.
Kafka, F., *Hochzeitsvorbereitungen auf dem Lande und andere Prosa aus dem Nachlaß*. Gesamtausgabe in 7 Bänden, Frankfurt am Main 1983.
Kaiser, U., *Das Motiv der Hemmung in Husserls Phänomenologie*, München 1997.
Kaltenborn, O., *Das Künstliche Leben*, München 2001.
Kapust, A., *Berührung ohne Berührung. Ethik und Ontologie bei Merleau-Ponty und Lévinas*, München 1999.
–, »Der sogenannte barbarische Rest der Natur und sein menschlicher Logos«, in: Giuliani 2000.
Katz, D., *Der Aufbau der Tastwelt*, Leipzig 1925.
Klass, T., *Das Versprechen. Zur Rhetorik sozialer Verbindlichkeit im Anschluß an Searle, Hume und Nietzsche*, Diss. Bochum 1999.
Klein, M., Die Psychoanalyse des Kindes, München/Basel [2]1971.
Koffka, K., *Die Grundlagen der psychischen Entwicklung*, Darmstadt 1966.
Krämer, S. (Hg.), *Bewußtsein*, Frankfurt am Main 1996.
Kühn, R., »Cogitatio als Affekt. Zur phänomenologischen Meta-Genealogie Descartes–Freud«, in Trinks 2000.
Kurthen, M., »Das harmlose Faktum des Bewußtseins«, in: Krämer 1996.
Lacan, J., *Écrits*, Paris 1966. – Teilweise deutsch in: Schriften I-III, übersetzt von N. Haas, Olten/Freiburg 1973-80.
–, Le Séminaire, Livre VII: *L'éthique de la psychanalyse*, Paris 1986. – Deutsch: Das Seminar, B. VII: *Die Ethik der Psychoanalyse*, übersetzt von N. Haas, Weinheim/Berlin 1996.
–, Le Séminaire, Livre XI: *Les quatre concepts fondamentaux de la psychanalyse*, Paris 1973. – Deutsch: Das Seminar, B. XI: *Die vier Grundbegriffe der Psychoanalyse*, übersetzt von N. Haas, Olten 1978.
Lang, H., *Die Sprache und das Unbewußte*, Frankfurt am Main 1973.
Lannoy, J.-L., »D'une ambiguïté«, in: *Études Phénoménologiques* VI (1990), S. 11-44.
Laplanche, J., *Die unvollendete kopernikanische Revolution in der Psychoanalyse*, übersetzt von U. Hock, Frankfurt am Main 1996 (vollständige frz. Originalausgabe Paris 1992, Neuauflage 1997).
–, und J.-B. Pontalis, »Fantasme originaire, fantasmes des origines, origine du fantasme«, in: *Les Temps modernes* 1964, Nr. 215, S. 1833-1868. – Deutsch: *Urphantasie. Phantasien über den Ursprung, Ursprünge der Phantasie*, übersetzt von M. Looser, Frankfurt am Main 1992.

–, und J.-B. Pontalis, *Das Vokabular der Psychoanalyse*, Frankfurt am Main 1973.
Leroi-Gourhan, A., *Hand und Wort*, übersetzt von M. Bischoff, Frankfurt am Main [2]1984.
Lévinas, E., *De l'existence à l'existant*, Paris [3]1981. – Deutsch: *Vom Sein zum Seienden*, übersetzt von A. und W. N. Krewani, Freiburg/München 1997.
–, *Totalité et infini*, Den Haag 1961. – Deutsch: *Totalität und Unendlichkeit*, übersetzt von W. N. Krewani, Freiburg/München 1987.
–, *Difficile liberté*, Paris 1963. – Deutsch: *Schwierige Freiheit*, übersetzt von E. Moldenhauer, Frankfurt am Main 1992.
–, *En découvrant l'existence avec Husserl et Heidegger*, Paris [2]1967. – Teilweise deutsch in: *Die Spur des Anderen*, übersetzt von W. N. Krewani, Freiburg/München 1983.
–, *Autrement qu'être ou au-delà de l'essence*, Den Haag 1974. – Deutsch: *Jenseits des Seins oder anders als Sein geschieht*, übersetzt von Th. Wiemer, Freiburg/München 1992.
–, *Le temps et l'autre*, Montpellier 1979. – Deutsch: *Die Zeit und der Andere*, übersetzt von L. Wenzler, Hamburg 1984.
Lipps, Th., *Vom Fühlen, Wollen und Denken*, Leipzig [3]1926.
Llewelyn, J., *The HypoCritical Imagination. Between Kant and Lévinas*, London 2000.
Lobsien, E., *Kunst der Assoziation. Phänomenologie eines ästhetischen Grundbegriffs vor und nach der Romantik*, München 1999.
Lyotard, J.-F., *Le différend*, Paris 1983. – Deutsch: *Der Widerstreit*, übersetzt von J. Vogl, München 1987.
Markl, H., *Natur als Kulturaufgabe*, Stuttgart 1986.
Marquard, O., *Abschied vom Prinzipiellen*, Stuttgart 1981.
Merleau-Ponty, M., *Phénoménologie de la perception*, Paris 1945. – Deutsch: *Phänomenologie der Wahrnehmung*, übersetzt von R. Boehm, Berlin 1966.
–, *Signes*, Paris 1960.
–, *Le visible et l'invisible*, Paris 1964. – Deutsch: *Das Sichtbare und das Unsichtbare*, übersetzt von R. Giuliani und B. Waldenfels, München 1986.
–, *La prose du monde*, Paris 1969. – Deutsch: *Die Prosa der Welt*, übersetzt von R. Giuliani, München 1984.
–, *Merleau-Ponty à la Sorbonne, Résumé de cours 1949-1952*, Grenoble 1988. – Deutsch: *Keime der Vernunft*, übersetzt von A. Kapust, herausgegeben von B. Waldenfels, München 1994.
–, *Le nature. Notes. Cours du Collège de France*, Paris 1995. – Deutsch: *Die Natur*, übersetzt von M. Séglard-Köller, München 2000.
Métraux, A., und B. Waldenfels (Hg.), *Leibhaftige Vernunft. Spuren von Merleau-Pontys Denken*, München 1986.
Metzinger, Th., *Subjekt und Selbstmodell*, Paderborn 1993.
–, »Niemand sein. Kann man eine naturalistische Perspektive auf die Subjektivität des Menschen einnehmen?«, in: Krämer 1996.
Meyer-Drawe, K., *Menschen im Spiegel ihrer Maschinen*, München 1996.

Montavont, A., *De la passivité dans la phénoménologie de Husserl*, Paris 1999.
Musil, R., *Der Mann ohne Eigenschaften*, Reinbek 1978.
Nabokov, V., *Einladung zur Enthauptung*, Reinbek 1999.
Nancy, J.-L., *Die Musen*, übersetzt von G. Febel und J. Legueil. Stuttgart 1999.
–, *Der Eindringling*, übersetzt von G. Düttmann, Berlin 2000.
Nietzsche, F., *Kritische Studienausgabe* (KSA), herausgegeben von G. Colli und M. Montinari, Berlin 1980.
–, *Briefwechsel* (KBG), herausgegeben von G. Colli und M. Montinari, Berlin 1975 ff.
Oeser, E., und F. Seitelberger, *Gehirn, Bewußtsein und Erkenntnis*, Darmstadt 1988
Oesterreich, T. K., *Die Phänomenologie des Ich und seine Grundprobleme*, Leipzig 1910.
O'Neill, J., »Der Spiegelleib. Merleau-Ponty und Lacan zum frühkindlichen Verhältnis von Selbst und Anderem«, in: Métraux/Waldenfels 1986.
Peters, M., *Blick – Wort – Berührung. Differenzen als ästhetisches Potential in der Rezeption plastischer Werke von Arp, Maillol und F. E. Walther*, München 1996.
Plessner, H., *Philosophische Anthropologie*, Frankfurt am Main 1970.
–, *Die Stufen des Organischen und der Mensch* (Gesammelte Schriften, Bd. IV), Frankfurt am Main 1981.
Plügge, H., *Der Mensch und sein Leib*, Tübingen 1967.
Politzer, G., *Kritik der Grundlagen der Psychologie*, übersetzt von H. Füchtner, Frankfurt am Main 1978.
Ponge, F., *Le parti pris des choses*, Paris 1942. – Deutsch: *Im Namen der Dinge*, übersetzt von G. Henninger, Frankfurt am Main 1973.
Pöppel, E., *Grenzen des Bewußtseins*, Frankfurt am Main/Leipzig 1997.
Prigogine, I., und I. Stengers, *Dialog mit der Natur*, München [5]1986.
Proust, M., *À la recherche du temps perdu* (Pléiade), Paris 1954. – Deutsch: *Auf der Suche nach der verlorenen Zeit*, übersetzt von E. Reichel-Mertens, Frankfurt am Main 1953-57.
Ricœur, P., *De l'interprétation*, Paris 1965, – Deutsch: *Die Interpretation*, übersetzt von E. Moldenhauer, Frankfurt am Main 1969.
–, *Soi-même comme un autre*, Paris 1990, – Deutsch: *Das Selbst als ein Anderer*, übersetzt von J. Greisch, München 1996.
Riedenauer, M., *Orexis und Eupraxia. Ethikbegründung im Streben bei Aristoteles*, Würzburg 2000.
Rolf, Th., *Normalität*, München 1999.
Rölli, M., *Transzendentaler Empirismus*, Diss. Bochum 2002.
Roth, G., »Die Konstitution von Bedeutung im Gehirn«, in: Schmidt 1991.
–, *Das Gehirn und seine Wirklichkeit. Kognitive Neurobiologie und ihre philosophischen Konsequenzen*, Frankfurt am Main [5]1996.
Sacks, O., *Der Mann, der seine Frau mit einem Hut verwechselte*, übersetzt von D. van Gunsteren, Reinbek 1990.

Sartre, J.-P., *L'être et le néant*, Paris 1943. – Deutsch: *Das Sein und das Nichts*, übersetzt von H. Schöneberg und T. König, Reinbek 1991.
–, *Bewußtsein und Selbsterkenntnis*, übersetzt von M. Fleischer und H. Schöneberg, Reinbek 1973 (frz. 1948).
Scheler, M., *Der Formalismus in der Ethik und die materiale Wertethik*, Gesammelte Werke, Bd. 2, Bern/München 1966.
–, *Wesen und Formen der Sympathie* (Gesammelte Werke, Bd. 7) Bern/München 1973.
Scherer K. R., »Zur Rationalität der Emotionen«, in: H. Roessner (Hg.), *Der ganze Mensch*, München 1986.
–, »Theorien und aktuelle Probleme der Emotionspsychologie«, in: K. R. Scherer (Hg.), *Enzyklopädie der Psychologie*, Bd. C/IV/3: Psychologie der Emotion, Göttingen 1990.
Schmidt, S. (Hg.), *Gedächtnis*, Frankfurt am Main 1991.
Schmitz, H., »Gefühle als Atmosphären und das affektive Betroffensein von ihnen«, in: Fink-Eitel/Lohmann 1993.
Schnell, M. W., »Medizinische Ethik im Zeichen der Andersheit«, in: H. Friesen und K. Berr (Hg.), *Praktizierende Philosophie – Angewandte Ethik*, Emden 2001.
Schöpf, A., *Sigmund Freud*, München 1982.
Schütz, A., *Der sinnhafte Aufbau der sozialen Welt*, Frankfurt am Main [3]1974.
Searle, J. R., *Intentionality*, Cambridge 1983.
Seewald, J., *Leib und Symbol. Ein sinnverstehender Zugang zur kindlichen Entwicklung*, München 1992.
Singer, P., *Praktische Ethik*, übersetzt von J.-C. Wolf, Stuttgart 1984.
Singer, W., »Die Entwicklung kognitiver Strukturen – ein selbstreferentieller Lernprozeß«, in: Schmidt 1991.
–, »Wie gelangt Wisssen über die Welt in das Gehirn?«, in: R. Burkholz, Ch. Gärtner, F. Zehentreiter (Hg.), *Materialität des Geistes*, Weilerswist 2001.
Spaemann, R., *Personen. Versuche über den Unterschied zwischen ›etwas‹ und ›jemand‹*, Stuttgart 1996.
Spitz, R., *Vom Säugling zum Kleinkind*, übersetzt von G. Theusner-Stampa, Stuttgart 1967.
Stocker, W., »Am Rande der Sichtbarkeit. Zur Rolle der Erfahrung in der Kosmologie«, in: M. Hampe und M.-S. Lotter (Hg.), *»Die Erfahrungen, die wir machen, sprechen gegen die Erfahrungen, die wir haben.« Über Formen der Erfahrung in den Wissenschaften*, Berlin 2000.
Stoller, S. und H. Vetter (Hg.), *Phänomenologie und Geschlechterdifferenz*, Wien 1997.
Straus, E., *Vom Sinn der Sinne*, Berlin/Göttingen/Heidelberg [2]1956.
Tengelyi, J., *Der Zwitterbegriff der Lebensgeschichte*, München 1998.
Trinks, J. (Hg.), *Bewußtes und Unbewußtes*, Wien 2000.
Tugendhat, E., *Vorlesungen zur Einführung in die sprachanalytische Philosophie*, Frankfurt am Main 1976.

–, *Selbstbewußtsein und Selbstbestimmung. Sprachanalytische Interpretationen*, Frankfurt am Main 1979.
Valéry, P., *Cahiers*, 2 Bde., Paris 1973-74. – Deutsch: *Cahiers/Hefte*, 6 Bde., Frankfurt am Main 1987-93.
Vanni, M., *L'impatience des réponses: L'éthique d'Emmanuel Lévinas au risque de son inscription pratique*, Diss. Lausanne 2001.
Varela, J. V., und E. Thompson, *Der mittlere Weg der Erkenntnis*, übersetzt von H. G. Holl, Bern/München/Wien 1982.
Vrhunc, M., *Bild und Wirklichkeit. Zur Philosophie Henri Bergsons*, München 2002.
Waldenfels, B., *Das Zwischenreich des Dialogs*, Den Haag 1971.
–, *Der Spielraum des Verhaltens*, Frankfurt am Main 1980.
–, *In den Netzen der Lebenswelt*, Frankfurt am Main 1985.
–, *Ordnung im Zwielicht*, Frankfurt am Main 1987.
–, *Der Stachel des Fremden*, Frankfurt am Main 1990.
–, *Antwortregister* (= AR), Frankfurt am Main 1994.
–, *Deutsch-Französische Gedankengänge*, Frankfurt am Main 1995.
–, *Topographie des Fremden. Studien zur Phänomenologie des Fremden*, Bd. 1, Frankfurt am Main 1997.
–, *Grenzen der Normalisierung. Studien zur Phänomenologie des Fremden*, Bd. 2, Frankfurt am Main 1998.
–, *Phänomenologie in Frankreich*, [2]1998.
–, *Sinnesschwellen. Studien zur Phänomenologie des Fremden*, Bd. 3, Frankfurt am Main 1999.
–, *Vielstimmigkeit der Rede. Studien zur Phänomenologie des Fremden*, Bd. 4, Frankfurt am Main 1999.
–, »Aporien der Gewalt«, in: Dabag/Kapust/Waldenfels 2000.
–, *Das leibliche Selbst*, Frankfurt am Main 2000.
–, »Das Phänomen des Fremden und seine Spuren in der klassischen griechischen Philosophie«, in: B. Jostes und J. Trabant (Hg.), *Fremdes in fremden Sprachen*, München 2001.
Watzlawick, P., J. H. Beavin und D. D. Jackson, *Menschliche Kommunikation*, Bern/Stuttgart/Wien 1969.
Weber, S., *Rückkehr zu Freud*, Frankfurt am Main 1978.
Weinmayr, E., *Einstellung. Die Metaphysik im Denken Martin Heideggers*, München 1991.
Welsch, W., *Aisthesis. Grundzüge und Perspektiven der Aristotelischen Sinneslehre*, Stuttgart 1987.
Wieland, W., *Platon und die Formen des Wissens*, Göttingen 1982.
Wyschogrod, E., »Doing before Hearing: on the primacy of touch«, in: F. Laruelle (Hg.), *Textes pour Emmanuel Lévinas*, Paris 1980.
Yamaguchi, I., *Ki als leibhaftige Vernunft. Beitrag zur interkulturellen Phänomenologie der Leiblichkeit*, München 1997.
Zeuch, U., *Umkehr der Sinneshierarchie. Herder und die Aufwertung des Tastsinns seit der frühen Neuzeit*, Tübingen 2000.

Namenregister

Sachregister

Hinweise auf Psychoanalyse (= PA) und Technologie (= T) wurden gesondert eingefügt